U0906599

重慶调查年鉴

2022

国家统计局重庆调查总队　重庆市统计局　编
NBS SURVEY OFFICE IN CHONGQING
CHONGQING MUNICIPAL BUREAU OF STATISTICS

中国统计出版社
China Statistics Press

图书在版编目（CIP）数据

重庆调查年鉴 . 2022 = Chongqing Survey Yearbook 2022 : 汉英对照 / 国家统计局重庆调查总队，重庆市统计局编 . -- 北京 : 中国统计出版社，2022.8
ISBN 978-7-5037-9857-3

Ⅰ . ①重… Ⅱ . ①国… ②重… Ⅲ . ①统计资料—重庆— 2022 —年鉴—汉、英 Ⅳ . ① C832.719-54

中国版本图书馆 CIP 数据核字 (2022) 第 123581 号

重庆调查年鉴—2022

作　　者 / 国家统计局重庆调查总队　重庆市统计局
责任编辑 / 张　洁
封面设计 / 巩委伟
出版发行 / 中国统计出版社有限公司
通信地址 / 北京市丰台区西三环南路甲 6 号　邮政编码 /100073
电　　话 / 邮购（010）63376909　书店（010）68783171
网　　址 / http://www.zgtjcbs.com/
印　　刷 / 重庆恒昌印务有限公司
经　　销 / 新华书店
开　　本 / 890mm × 1230mm　1/16
字　　数 / 790 千字
印　　张 / 32.625
版　　别 / 2022 年 8 月第 1 版
版　　次 / 2022 年 8 月第 1 次印刷
定　　价 / 220 .00 元

《重庆调查年鉴 2022》

编辑委员会

CHONGQING SURVEY YEARBOOK 2022

EDITORIAL BOARD

编辑说明

一、《重庆调查年鉴》是真实地反映重庆城乡居民生活、消费和生产价格变动、农业生产和农村经济发展、农民工基本情况等方面的权威性工具书。《重庆调查年鉴》是《重庆统计年鉴》相关部分内容的深化和补充。

二、《重庆调查年鉴 2022》一书分为六章，即：一、年度报告；二、综合；三、人民生活；四、市场物价；五、农业农村；六、农民工。为方便读者使用，主要章节末附有《主要统计指标解释》。

三、本年鉴调查数据篇第五章中有关农业方面 2007 年以后的数据为第三次农业普查衔接数据，读者在使用资料时，如与以往年份有出入，均以本年鉴为准。

四、本年鉴所涉及的全国性统计数据均未包括香港、澳门特别行政区和台湾省数据。

五、本年鉴所使用的计量单位，除部分面积单位使用亩或万亩外，其他均为国际统一标准计量单位。

六、本年鉴统计表中，“#”表示其中的主要项，“空格”表示统计指标无数据。

七、在本年鉴的编辑过程中得到了有关单位和部门的大力支持与协助，在此我们深表谢意！由于我们的水平有限，书中难免有欠缺与不当，敬请广大读者批评指正，以促进我们不断提高编辑水平。

EDITOR'S NOTES

I. *Chongqing Survey Yearbook* is an authoritative reference book that truly reflects the urban and rural people's living conditions, price changes of consumer and Producer, agricultural production and development of rural economy, basic situation of migrant workers. *Chongqing Survey Yearbook* is related contents' deepening and supplementary of *Chongqing Statistical Yearbook*.

II. *Chongqing Survey Yearbook 2022* contains 6 chapters, including 1.Annual Report, 2.Comprehensive Statistics, 3.People's Livelihood, 4.Market Prices, 5.Agriculture and Rural Areas, 6. Migrant workers. For ease of use, Explanatory Notes on Main Statistical Indicators are provided at the end of main chapters.

III. In Chapter 5, survey data part of the yearbook, Part of the data about agriculture after 2007 are Convergence data to the Third Agricultural Census. If readers find differences to previous yearbooks, please take this yearbook as final.

IV. The national data in this book do not include those of the Hong Kong Special Administrative Region, the Macao Special Administrative Region and Taiwan Province.

V. The units of measurement used in this yearbook are international standard measurement units except that unit of area is partly used mu or 10 000 mu.

VI. In this yearbook, " # " indicates that the major items of total, "(blank)" indicates that the date is not available.

VII. We are particularly grateful to vigorous assistances of various circles during edition. Due to our limited level and hasty time, faults and shortage are unavoidable. Any criticism or suggestion is appreciated in order to improve editing capability.

目 录
CONTENTS

一 年度报告

Annual Report

二 综合

Comprehensive Statistics

三 人民生活

People's Livelihood

四 市场物价

Market Prices

五 农业农村

Agriculture and Rural Areas

六 农民工

Migrant Workers

一 年度报告

Annual Report

2021年重庆市国民经济和社会发展统计公报

2021年是党和国家历史上具有里程碑意义的一年。在以习近平同志为核心的党中央坚强领导下，全市坚持以习近平新时代中国特色社会主义思想为指导，深入学习贯彻党的十九大和十九届历次全会精神，全面贯彻习近平总书记对重庆提出的营造良好政治生态，坚持“两点”定位、“两地”“两高”目标，发挥“三个作用”和推动成渝地区双城经济圈建设等重要指示要求，认真落实党中央、国务院决策部署，坚持稳中求进工作总基调，立足新发展阶段、贯彻新发展理念、融入新发展格局、推动高质量发展，扎实做好“六稳”工作、落实“六保”任务，全市疫情防控成果持续巩固，经济发展保持良好态势，社会大局保持和谐稳定，如期打赢脱贫攻坚战、全面建成小康社会，实现了“十四五”良好开局。

一、综合

初步核算，全年实现地区生产总值27894.02亿元，比上年增长8.3%，两年平均增长6.1%。按产业分，第一产业增加值1922.03亿元，增长7.8%；第二产业增加值11184.94亿元，增长7.3%；第三产业增加值14787.05亿元，增长9.0%。三次产业结构比为6.9 ∶ 40.1 ∶ 53.0。全年人均地区生产总值达到86879元，比上年增长7.8%。民营经济增加值16628.56亿元，增长9.4%，占全市经济总量的59.6%。

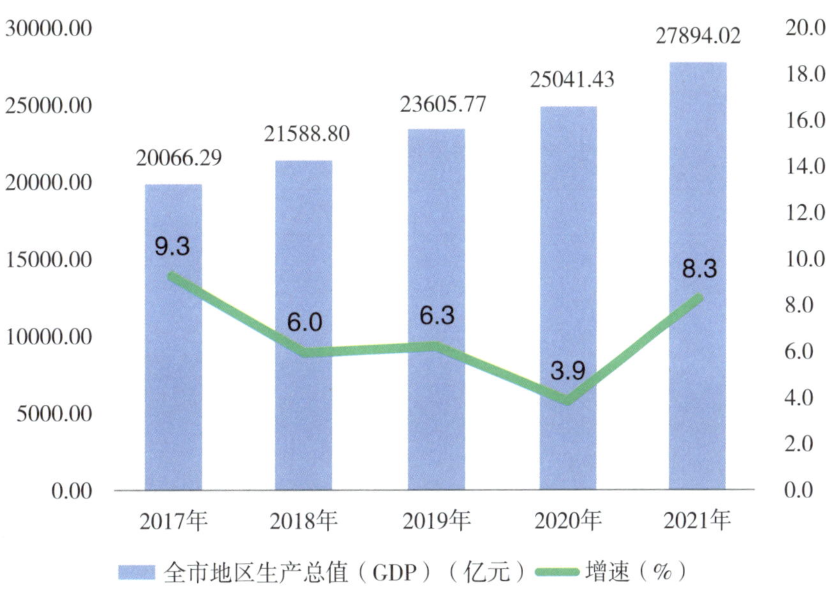

图1　2017-2021年全市地区生产总值及其增长速度

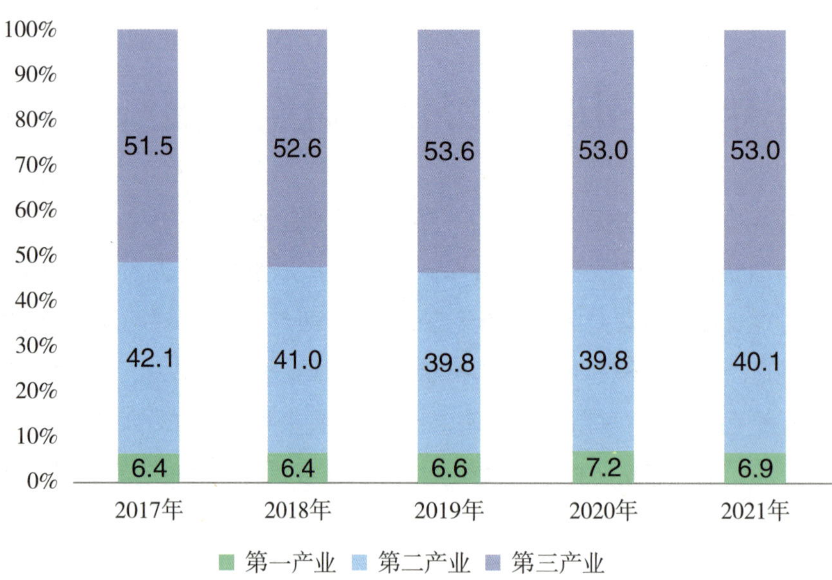

图 2　2017–2021 年三次产业增加值占全市地区生产总值比重

全市年末常住人口 3212.43 万人，比上年增加 3.50 万人。其中，城镇人口 2259.13 万人，占常住人口比重（常住人口城镇化率）为 70.32%，比上年提高 0.86 个百分点。全年外出市外人口 412.56 万人，市外外来人口 222.77 万人。

全年人口出生率为 6.49‰，死亡率为 8.04‰，人口自然增长率为 –1.55‰。全市常住人口性别比（以女性为 100，男性对女性的比例）为 102.39，出生婴儿性别比为 107.94。

表 1　2021 年年末常住人口数及其构成

指 标	年末数（万人）	比重（%）
全市常住人口	3212.43	100.0
按城乡分		
城 镇	2259.13	70.32
乡 村	953.30	29.68
按性别分		
男 性	1625.22	50.6
女 性	1587.21	49.4
按年龄段分		
0–15岁（含不满16周岁）	530.05	16.50
16–59岁（含不满60周岁）	1986.25	61.83
60周岁及以上	696.13	21.67
#65周岁及以上	570.21	17.75

城镇新增就业人员 75.08 万人，比上年增长 14.5%。年末城镇登记失业率 2.9%，比上年末下降 1.6 个百分点；全年城镇调查失业率控制在 5.5% 以内。

全市农民工总量 756.3 万人，比上年增长 2.7%。其中，外出农民工 513.6 万人，下降 1.7%；本地农民工 242.7 万人，增长 13.4%。

全年居民消费价格比上年上涨 0.3%，其中食品价格下降 4.4%。工业生产者出厂价格上涨 3.2%。工业生产者购进价格上涨 7.2%。农产品生产者价格下降 1.6%。全年新建商品住宅销售价格、二手住宅销售价格总体呈先升后回落的走势。12 月份，新建商品住宅销售价格环比指数为 100.3、同比指数为 107.9；二手住宅销售价格环比指数为 99.6、同比指数为 104.4。

表 2　2021 年居民消费价格比上年涨跌幅度

指　标	比上年增长（%）
居民消费价格	0.3
食品烟酒	−2.2
衣　着	1.4
居　住	0.4
生活用品及服务	0.7
交通通信	4.7
教育文化娱乐	1.7
医疗保健	−0.4
其他用品及服务	−2.7

新产业新业态新模式逆势成长。全年规模以上工业战略性新兴产业增加值比上年增长 18.2%，高技术制造业增加值增长 18.1%，占规模以上工业增加值的比重分别为 28.9% 和 19.1%。新一代信息技术产业、生物产业、新材料产业、高端装备制造产业增加值分别增长 18.6%、11.9%、19.6% 和 13.2%。全年高技术产业投资比上年增长 8.4%，占固定资产投资的比重为 8.5%。全市限额以上单位通过公共网络实现商品零售额比上年增长 27.3%，高于社会消费品零售总额增速 8.8 个百分点。全年新增市场主体 57.88 万户，年末市场主体总数 320.37 万户。

生态环境保护取得新成效。全年全市万元地区生产总值能耗比上年下降 3.5%。全市环境空气质量满足优良天数 326 天。环境空气细颗粒物（PM2.5）平均浓度为 35 微克 / 立方米。地表水总体水质为优，Ⅰ～Ⅲ类水质的断面比例为 95.9%，集中式生活饮用水源地水质达标率为 100%，库区一级支流水质呈富营养的断面比例为 34.8%。

成渝地区双城经济圈建设成势见效。全面落实双城经济圈建设规划纲要，召开两次川渝党政联席会议，设立 300 亿元双城经济圈发展基金，共同实施 85 项年度重点任务，推进 67 个重大合作项目，打造 10 个区域合作平台。推动基础设施互联互通，多层次轨道交通规划获批启动实施，成渝中线、郑万高铁重庆段、渝西高铁、涪江双江航电枢纽、川渝电网一体化等项目取得积极进展。推动科技创新区域协同，集中开工 40 个重大科技项目，合作共建 6 个重点实验室，组建成渝地区高新区联盟、技术转移联盟和协同创新联盟。推动产业发展协同协作，制定汽车、电子、装备制造、工业互联网高质量协同发展实施方案，获批共建工业互联网一体化发展示范区和全国一体化算力网络国家枢纽节点。推动生态环保联建联治，共同实施长江干流生态保护修复重大工程，开展跨界河流污染专项整治和大气污染联防联控。推动公共服务共建共享，启动第二批便捷生活行动，210 项“川渝通办”事项全面实施，跨省医疗结算、公积金异地贷款等实现“一地办”。

"一区两群"经济协调发展。建立健全"一区两群"协调发展工作调度机制和区县对口协同发展机制，促进各片区发挥优势、彰显特色、协同发展。全年主城都市区实现地区生产总值21455.64亿元，同比增长8.0%；渝东北三峡库区城镇群实现地区生产总值4895.15亿元，同比增长9.1%；渝东南武陵山区城镇群实现地区生产总值1543.19亿元，同比增长7.6%。从工业生产看，主城都市区产业门类齐全，配套体系完善。从投资看，渝东北三峡库区城镇群投资增长加快。从消费看，主城都市区消费市场持续复苏；两群地区在特色山地效益农业、文旅融合发展的推动下，消费市场呈现稳健复苏的良好态势。

二、农业

全年农林牧渔业增加值1960.86亿元，比上年增长7.8%。

全年粮食播种面积3019.79万亩，比上年增长0.5%。粮食综合单产361.89公斤/亩，增长0.5%。

全年粮食总产量1092.84万吨，比上年增长1.1%。其中，夏粮产量121.06万吨，增长1.2%；秋粮产量971.78万吨，增长1.0%。全年谷物产量761.38万吨，增长1.0%。其中，稻谷产量493.05万吨，增长0.8%；小麦产量6.15万吨，增长1.0%；玉米产量254.56万吨，增长1.4%。全年猪肉产量142.01万吨，增长30.5%。生猪出栏1806.86万头，增长26.0%。年末生猪存栏1179.83万头，增长9.0%。

表3　2021年主要农产品产量及其增长速度

产品名称	产量	比上年增长（%）
粮食（万吨）	1092.84	1.1
禽蛋（万吨）	47.87	4.7
牛奶（万吨）	3.07	-4.4
出栏生猪（万头）	1806.86	26.0
出栏牛（万头）	57.20	3.0
出栏羊（万只）	454.65	1.1
出栏家禽（万只）	24077.59	5.3
猪肉（万吨）	142.01	30.5
水产品（万吨）	54.53	4.1

三、工业和建筑业

全年实现工业增加值7888.68亿元，比上年增长9.6%。规模以上工业增加值比上年增长10.7%。分经济类型看，国有控股企业增加值增长11.1%，股份制企业增长10.7%，外商及港澳台商投资企业增长10.5%，私营企业增长10.0%。分门类看，采矿业下降15.7%，制造业增长11.6%，电力、热力、燃气及水生产和供应业增长12.8%。

全年规模以上工业中，分产业看，汽车产业增加值比上年增长12.6%，摩托车产业增长5.9%，电子产业增长17.3%，装备产业增长16.8%，医药产业增长14.5%，材料产业增长5.9%，消费品产业增长8.9%，能源工业增长3.4%。分行业看，农副食品加工业增加值比上年增长14.0%，化学原料和化学制品制造业增长4.3%，非金属矿物制品业下降0.8%，黑色金属冶炼和压延加工业增长11.5%，有色金属冶炼和压延加工业增长6.4%，通用设备制造业增长7.1%，铁路、船舶、航空航天和其他运输设备制造业增长6.9%，电气机械和器材制造业增长27.0%，计算机、通信和其他电子设备制造业增长13.5%，电力、热力生产和供应业增长15.6%。

表 4　2021 年规模以上工业主要产品产量及其增长速度

产品名称	产量	比上年增长(%)
汽车（万辆）	199.80	26.1
#新能源汽车	15.22	252.1
微型计算机设备（万台）	10730.36	17.5
#笔记本计算机	9385.29	19.1
智能手机（万台）	8649.68	11.6
液晶显示屏（亿片）	3.65	29.7
钢材（万吨）	1310.46	-0.4
铝材（万吨）	217.72	18.6
水泥（万吨）	6232.94	-3.9

全年规模以上工业企业利润总额比上年增长 40.8%。分经济类型看，国有控股企业利润增长 92.7%，股份制企业增长 39.9%，外商及港澳台商投资企业增长 48.2%，私营企业增长 21.3%。分门类看，采矿业利润比上年下降 7.8%，制造业增长 44.0%，电力、热力、燃气及水生产和供应业增长 11.1%。

全年建筑业增加值 3296.26 亿元，比上年增长 1.9%。全市总承包和专业承包建筑业企业总产值 9943.01 亿元，增长 10.8%。

四、服务业

全年批发和零售业增加值 2697.53 亿元，比上年增长 13.4%；交通运输、仓储和邮政业增加值 1087.34 亿元，增长 9.9%；住宿和餐饮业增加值 550.31 亿元，增长 14.1%；金融业增加值 2459.78 亿元，增长 4.0%；房地产业增加值 1658.35 亿元，增长 4.1%；其他服务业增加值 6333.74 亿元，增长 10.0%。全年规模以上服务业企业营业收入 5246.66 亿元，比上年增长 15.4%。

全年货物运输总量 14.43 亿吨，货物运输周转量 3841.66 亿吨公里。全年内河港口货物吞吐量 19804.25 万吨，增长 20.0%。空港货物吞吐量 47.87 万吨，增长 16.0%。国际标准集装箱吞吐量 171.21 万标准箱，其中铁路吞吐量 38.14 万标准箱，增长 20.1%。

表 5　2021 年各种运输方式货物运输量及其增长速度

指 标	绝对量	比上年增长（%）
货物运输总量（万吨）	144254.39	18.8
铁　路	1592.82	-15.2
公　路	121185.16	21.6
水　运	21461.83	8.3
航　空	14.57	10.2
货物运输周转量（亿吨公里）	3841.66	9.0
铁　路	246.66	25.5
公　路	1155.84	9.5
水　运	2435.94	7.3
航　空	3.22	48.2

全年旅客运输总量3.53亿人次，比上年下降11.4%。旅客运输周转量644.57亿人公里，增长1.7%。空港旅客吞吐量3741.63万人次，增长2.8%。

表6　2021年各种运输方式旅客运输量及其增长速度

指　标	绝对量	比上年增长（%）
旅客运输总量（万人次）	35250.15	-11.4
铁　路	6497.06	24.2
公　路	25647.88	-18.4
水　运	610.14	16.6
航　空	2495.07	-3.8
旅客运输周转量（亿人公里）	644.57	1.7
铁　路	156.64	22.8
公　路	120.39	-14.4
水　运	2.98	39.3
航　空	364.56	0.4

年末全市民用车辆拥有量837.09万辆，比上年末增长9.4%。其中私人汽车拥有量768.23万辆，增长10.2%。民用轿车拥有量273.84万辆，增长7.8%。其中私人轿车254.56万辆，增长8.8%。

全年完成邮政业务总量163.19亿元，比上年增长20.2%。邮政业全年完成邮政函件业务1489.16万件，包裹业务21.16万件，快递业务9.79亿件，快递业务收入103.43亿元。

全年完成电信业务总量4412.36亿元，同比增长38.3%。全市电话用户4359.11万户，其中移动电话用户3751.11万户。移动电话普及率为117.02部/百人。互联网用户4824.73万户，其中移动互联网用户3288.50万户，固定宽带互联网用户1536.23万户；手机上网用户3284.45万户，增长5.6%。

五、国内贸易

全年社会消费品零售总额比上年增长18.5%，扣除价格因素实际增长16.9%。按经营地统计，城镇消费品零售额增长17.8%，乡村消费品零售额增长23.2%。按消费类型统计，商品零售额增长17.0%，餐饮收入增长28.5%。

在限额以上单位中，粮油、食品类商品零售额比上年增长12.6%，饮料类商品增长47.5%，烟酒类商品增长24.6%，服装、鞋帽、针纺织品类商品增长7.9%，化妆品类商品增长10.0%，金银珠宝类商品增长38.6%，家用电器和音像器材类商品增长17.4%，中西药品类商品增长9.8%，文化办公用品类商品增长18.3%，家具类商品增长24.1%，通讯器材类商品增长8.8%，建筑及装潢材料类商品增长27.3%，石油及制品类商品增长25.9%，汽车类商品增长13.0%。

从零售业态看，全年无店铺零售比上年增长25.8%。其中，网上商店增长20.6%，邮购增长49.4%；在有店铺零售企业中，百货店增长3.5%，超市增长17.6%，仓储会员店和厂家直销中心增长70.2%。

六、固定资产投资

全年固定资产投资总额比上年增长6.1%。其中，基础设施投资增长7.4%，工业投资增长9.1%，民间投资增长9.3%。

表 7　2021 年按产业分固定资产投资增长速度

指标	比上年增长（%）
固定资产投资总额	6.1
第一产业	15.7
第二产业	8.0
#工业	9.1
汽车产业	-1.9
摩托车产业	22.2
电子产业	7.3
装备产业	22.8
医药产业	10.9
材料产业	9.1
消费品产业	12.9
能源工业	3.6
第三产业	5.2
#房地产开发	0.1

全年房地产开发投资 4354.96 亿元，比上年增长 0.1%。其中，住宅投资 3288.11 亿元，增长 3.1%；办公楼投资 80.88 亿元，下降 9.7%；商业营业用房投资 413.07 亿元，下降 7.4%。全年全市棚户区改造 1.5 万户。

表 8　2021 年商品房建设与销售主要指标及其增长速度

指标	绝对量	比上年增长（%）
施工面积（万平方米）	26893.17	-1.7
#住宅	17709.78	-2.9
办公楼	738.76	5.3
商业营业用房	2900.18	-4.6
新开工面积（万平方米）	4873.36	-18.1
#住宅	3231.19	-21.3
办公楼	104.52	-5.6
商业营业用房	470.78	3.8
竣工面积（万平方米）	4196.21	11.2
#住宅	2724.39	5.4
办公楼	141.53	127.6
商业营业用房	398.93	8.9
销售面积（万平方米）	6197.71	0.9
#住宅	4945.42	2.7
办公楼	110.45	3.5
商业营业用房	371.87	-28.4
销售额（亿元）	5391.26	6.3
#住宅	4786.06	11.5
办公楼	91.65	-28.4
商业营业用房	305.36	-30.6

全市高速公路通车总里程 3839 公里。公路路网密度 223 公里 / 百平方公里。铁路营业里程 2394 公里。轨道交通营运里程 370 公里，日均客运量 300.6 万人次。

七、对外经济

全年货物进出口总额 8000.59 亿元，比上年增长 22.8%。其中，出口 5168.33 亿元，增长 23.4%；进口 2832.26 亿元，增长 21.7%。按美元计算，货物进出口 1238.33 亿美元，比上年增长 31.5%。其中，出口 800.06 亿美元，增长 32.2%；进口 438.27 亿美元，增长 30.2%。全市对东盟、欧盟、美国三大贸易伙伴分别进出口 1292.33 亿元、1239.79 亿元、1199.35 亿元，分别比上年增长 15.2%、19.5%、11.4%；对“一带一路”沿线国家进出口 2207.01 亿元，比上年增长 26.0%。

表 9　2021 年货物进出口总额及其增长速度

指　标	绝对量（亿元）	比上年增长（%）
进出口总额	8000.59	22.8
出口额	5168.33	23.4
#国有企业	180.41	35.9
外资企业	2650.13	11.4
民营企业	2335.76	39.9
#一般贸易	1581.00	31.0
加工贸易	3084.28	15.0
#机电产品	4721.88	23.1
#高新技术产品	3758.75	19.5
#笔记本电脑	2000.88	15.9
进口额	2832.26	21.7
#国有企业	495.13	30.8
外资企业	1174.93	5.1
民营企业	1158.20	40.3
#一般贸易	1106.55	37.2
加工贸易	545.74	9.1
#机电产品	2065.09	18.3
#高新技术产品	1840.79	16.4

全市新增外商投资企业 351 家，比上年增长 22.3%。全年实际使用外资金额 106.65 亿美元，增长 3.8%。其中，外商直接投资 22.36 亿美元，增长 6.4%。截至年底，累计有 312 家世界 500 强企业落户重庆。

全年对外承包工程新签合同额 4.52 亿美元，比上年下降 6.3%；对外承包工程完成营业额 4.25 亿美元，下降 25.7%。

中国（重庆）自由贸易试验区新增注册企业（含分支机构）14246 户，注册资本总额 1147.04 亿元。其中，新增注册外资企业（含分支机构）99 户，注册资本 4.17 亿美元。引进项目 479 个，签订合同（协议）总额 1649.37 亿元。

全年西部陆海新通道总运输 11.24 万箱，同比增长 54.2%；总运输货值 187.16 亿元，同比增长 40.1%；其中外贸货值 115.60 亿元，同比增长 38.1%。物流网络辐射 107 个国家和地区 315 个港口。中欧班列（成渝）

总运输41.86万箱，位居全国第一。外贸货物吞吐量578万吨，同比增长9.4%，开行沪渝直达快线1192艘次，同比增长32.6%，运输集装箱22.65万标箱，同比增长40.3%，江海联运可通达环太平洋、大西洋200个国家和地区600个港口。新开国际航线5条，国际航空货邮吞吐量达到22.14万吨，同比增长46.8%。

八、财政金融

全年一般公共预算收入2285.4亿元，比上年增长9.1%。其中税收收入1543.4亿元，增长7.9%。一般公共预算支出4835.1亿元，比上年下降1.2%。

金融机构资产规模7.44万亿元，比上年增长11.7%。年末全市金融机构本外币存款余额45908.04亿元，比上年末增长7.1%。其中，人民币存款余额44270.21亿元，增长7.3%。金融机构本外币贷款余额46927.61亿元，比上年末增长12.0%。其中，人民币贷款余额46043.22亿元，增长12.4%。

表10　2021年年末金融机构存贷款余额及其增长速度

指　标	年末数（亿元）	比上年末增长（%）
本外币存款余额	45908.04	7.1
#人民币存款余额	44270.21	7.3
#住户存款	22239.89	10.0
非金融企业存款	11358.16	3.8
政府存款	6786.10	-0.6
非银行业金融机构存款	3852.46	17.9
本外币贷款余额	46927.61	12.0
#人民币贷款余额	46043.22	12.4
#短期贷款	7597.31	13.5
中长期贷款	34516.69	9.6
#个人贷款及透支	19360.46	15.9

全市共有证券公司总部1家，证券营业部208家，证券分公司49家。境内上市公司63家，总股本960.01亿股，股票总市值11367.88亿元。

全市共有保险法人机构5家，省级分公司60家。保费总收入969.53亿元。其中，财产保险收入217.21亿元，人寿保险收入519.23亿元，健康和意外伤害保险收入233.09亿元。全年赔付各类保险金305.02亿元。其中，财产保险赔付150.14亿元，人寿保险赔付62.11亿元，健康和意外伤害保险赔付92.77亿元。

九、居民收入消费和社会保障

全市居民人均可支配收入33803元，比上年增长9.7%。按常住地分，城镇居民人均可支配收入43502元，增长8.7%；农村居民人均可支配收入18100元，增长10.6%。按全体居民五等份收入分组，低收入组人均可支配收入11019元，中间偏下收入组人均可支配收入19741元，中间收入组人均可支配收入28978元，中间偏上收入组人均可支配收入42616元，高收入组人均可支配收入76297元。

全市居民人均消费支出24598元，比上年增长13.5%。按常住地分，城镇居民人均消费支出29850元，增长12.8%；农村居民人均消费支出16096元，增长13.8%。全市居民恩格尔系数为33.2%，比上年下降0.4个百分点。其中城镇为32.0%，农村为36.6%。

表 11　2021 年居民人均可支配收入及其增长速度

指 标	全市居民		城镇常住居民		农村常住居民	
	绝对量（元）	比上年增长（%）	绝对量（元）	比上年增长（%）	绝对量（元）	比上年增长（%）
人均可支配收入	33803	9.7	43502	8.7	18100	10.6
工资性收入	18138	9.8	25396	8.7	6386	11.3
经营净收入	5358	9.3	4894	9.2	6110	9.8
财产净收入	2090	9.6	3106	8.6	446	9.9
转移净收入	8217	9.5	10107	8.5	5157	10.9

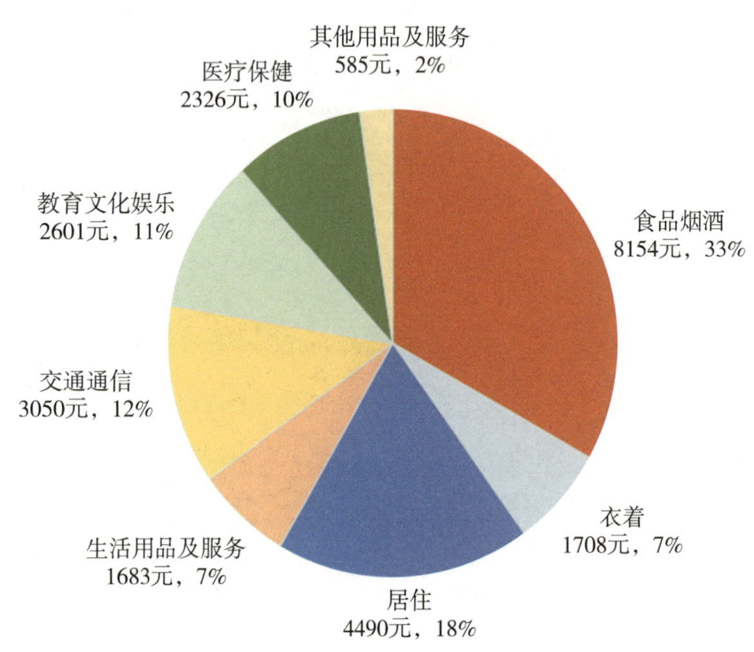

图 3　2021 年全市居民人均消费支出及其构成

全市城镇职工基本养老保险参保人数 1354.25 万人，比上年增长 12.5%。城乡居民基本养老保险参保人数 1139.93 万人，下降 2.3%。城镇职工基本医疗保险参保人数 795.85 万人，增长 3.8%。城乡居民基本医疗保险参保人数 2465.88 万人，下降 1.4%。工伤保险参保人数 765.73 万人，增长 5.4%。生育保险参保人数 536.55 万人，增长 6.1%；享受生育保险待遇 26.32 万人次，下降 2.3%。失业保险参保人数 598.30 万人，增长 9.1%。

年末全市共有 23.93 万人享受城市居民最低生活保障，58.57 万人享受农村居民最低生活保障。城市特困人员救助供养人数 8.19 万人，农村特困人员救助供养人数 9.77 万人。全年资助 154.28 万困难群众参加医疗保险。

城市居民最低生活保障标准为 636 元 / 月，农村居民最低生活保障标准为 515 元 / 月，特困人员救助供养标准为 827 元 / 月，集中供养孤儿补助标准 1477 元 / 月，社会散居孤儿补助标准 1277 元 / 月。

十、科学技术和教育

截至年底，市级及以上重点实验室 220 个，其中国家重点实验室 10 个。市级及以上工程技术研究中心 364 个，其中国家级中心 10 个。新型研发机构 179 个，其中高端研发机构 77 个。有效期内高新技术企业 5108 家。全年技术市场签订成交合同 7266 项，成交金额 310.8 亿元。

全年专利授权 7.62 万件，其中发明专利授权 0.94 万件。有效发明专利 4.23 万件。

全市共有有效注册商标 71.99 万件，比上年增长 19.2%。驰名商标 161 件，地理标志 286 件。

年末全市共有产品检验检测机构 88 家，其中国家质检中心 19 个。现有认证机构 10 家。法定计量技术机构 7 个，全年强制检定计量器具 450.14 万台（件）。全年修订、制定地方标准（不含工程建设、食品安全）115 项。

全市共有普通高等教育学校 69 所，成人高校 3 所，中等职业学校 129 所（不含技工校），普通中学 1123 所，普通小学 2717 所，幼儿园 5684 所，特殊教育学校 39 所。高等教育毛入学率 58.03%，高中阶段教育毛入学率 98.61%，初中入学率 99.60%，小学入学率 99.93%，学前教育三年毛入园率 91.01%。在园幼儿普惠率 93.15%。九年义务教育巩固率 95.67%。

表 12　2021 年全市教育主要指标

指 标	招生数（万人）	在校学生数（万人）	毕业生数（万人）
研究生教育	3.13	9.74	2.23
普通高校本专科教育	31.91	100.27	21.58
成人本专科教育	2.06	5.66	3.13
中等职业学校教育	13.67	36.42	9.52
普通高中教育	21.76	63.99	20.18
普通初中教育	35.09	113.23	37.17
普通小学教育	34.27	203.09	34.48
特殊教育	0.46	2.74	0.49
指 标	入园人数（万人）	在园幼儿数（万人）	离园人数（万人）
学前教育	27.69	99.52	34.68

十一、文化旅游、卫生健康和体育

全市共有博物馆 111 个，文化馆 41 个，公共图书馆 43 个，公有制艺术表演团体 20 个。广播综合人口覆盖率 99.49%，电视综合人口覆盖率 99.56%。全年生产电视剧 3 部、电影 35 部、电视动画片 1730 分钟。出版各类期刊 3036 万册，图书 14292.97 万册（张）。全市共有国家级综合档案馆 40 个、市级专业档案馆 1 个、市级部门档案馆 4 个。

全市旅游及相关产业实现增加值 1076.09 亿元，较上年增长 9.9%；占地区生产总值比重为 3.9%，与上年持平。年末全市拥有国家 A 级景区 269 个，其中 5A 级景区 10 个，4A 级景区 131 个。

年末全市共有各级各类医疗卫生机构 21358 个。其中，医院 858 个，社区卫生服务中心（站）577 个，乡镇卫生院 819 个，村卫生室 9492 个。医疗卫生机构实有床位数 24.07 万张。其中，医院床位 17.81 万张，乡镇卫生院床位 4.56 万张。全市共有卫生技术人员 24.41 万人。其中，执业医师和执业助理医师 9.17 万人，注册护士 11.34 万人。

年末全市共有体育场地 13.66 万个，体育场地面积 6675.00 万平方米，人均体育场地面积 2.08 平方米。全市获全国最高水平比赛奖牌 47 枚，其中金牌 11 枚。

十二、资源、环境和应急管理

全年规模以上工业综合能源消费量比上年增长 5.5%，其中，六大高耗能行业综合能源消费量增长 7.6%。单位工业增加值能耗下降 4.7%。全社会用电量增长 13.0%。

全年水资源总量 719.65 亿立方米。年平均降水量 1365 毫米。全年总用水量 72.12 亿立方米。治理水土流失面积 913.15 平方公里。

全市自然保护区 58 个，其中国家级自然保护区 7 个。完成营造林面积 34.9 万公顷。全市森林覆盖率 54.5%。

全市功能区声环境质量稳中向好，昼间达标率为 98.9%，全市区域环境噪声昼间平均等效声级为 52.5 分贝，道路交通噪声昼间平均等效声级为 64.4 分贝。城市区域噪声总体水平等级为二级，评价为较好；道路交通噪声总体水平等级为一级，评价为好。

全年生产安全事故死亡人数 876 人（含道路运输事故次责及以下），比上年下降 7.0%；较大生产安全事故 8 起，同比持平；未发生重大生产安全事故。亿元地区生产总值生产安全事故死亡人数 0.031 人，比上年下降 18.4%。道路交通万车死亡人数 1.69 人，上升 0.6%。

注：

1. 本公报中 2021 年数据均为初步统计数，部分数据因四舍五入的原因，存在与分项合计不等的情况。

2. 地区生产总值、三次产业及相关行业增加值、人均地区生产总值绝对数按现价计算，增长速度按可比价计算。

3. 两年平均增速是指以 2019 年同期数为基数，采用几何平均的方法计算的增速。

4. 外出农民工是指在户籍所在乡镇地域外从业 6 个月及以上的农村劳动力；本地农民工是指在户籍所在乡镇地域以内从业 6 个月及以上的农村劳动力。

5. 工业战略性新兴产业包括新一代信息技术、高端装备制造、新材料、生物、新能源汽车、新能源、节能环保和数字创意等八大产业中的工业相关行业。工业战略性新兴产业增加值增速按可比口径计算。

6. 高技术制造业包括医药制造业，航空、航天器及设备制造业，电子及通信设备制造业，计算机及办公设备制造业，医疗仪器设备及仪器仪表制造业，信息化学品制造业。

7. 高技术产业投资包括医药制造、航空航天器及设备制造等六大类高技术制造业投资和信息服务、电子商务服务等九大类高技术服务业投资。

8. 规模以上工业企业财务指标增速按可比口径计算。

9. 其他服务业包括农、林、牧、渔专业及辅助性活动，信息传输、软件和信息技术服务业，租赁和商务服务业，科学研究和技术服务业，水利、环境和公共设施管理业，居民服务、修理和其他服务业，教育，卫生和社会工作，文化、体育和娱乐业，公共管理、社会保障和社会组织等行业。

10. 邮政业务总量按 2020 年价格计算。

11. 基础设施投资是指建造或购置为社会生产和生活提供基础性、大众性服务的工程和设施的支出。本公报中的基础设施投资包括电力、热力、燃气及水生产和供应业，交通运输、邮政业，电信、广播电视和卫星传输服务业，互联网和相关服务业，水利、环境和公共设施管理业投资。

12. 民间固定资产投资是指具有集体、私营、个人性质的内资企事业单位以及由其控股（包括绝对控股和相对控股）的企业单位建造或购置固定资产的投资。

13. 居民五等份收入分组是指将所有调查户按人均收入水平从低到高顺序排列，平均分为五个等份，处于最高 20% 的收入群体为高收入组，依此类推依次为中间偏上收入组、中间收入组、中间偏下收入组、低收入组。

14. 体育场地调查对象不包括军队、铁路系统所属体育场地。体育场地面积是指体育训练、比赛、健身场地的有效面积。

15. 行业统计标准：

规模以上工业：年主营业务收入 2000 万元及以上的工业法人单位。

有资质的建筑业：有总承包和专业承包资质的建筑业法人单位。

限额以上批发和零售业：年主营业务收入 2000 万元及以上的批发业、年主营业务收入 500 万元及以上的零售业企业（单位）。

限额以上住宿和餐饮业：年主营业务收入 200 万元及以上的住宿和餐饮业企业（单位）。

房地产开发经营业：全部房地产开发经营业法人单位。

规模以上服务业：年营业收入 2000 万元及以上服务业法人单位。包括：交通运输、仓储和邮政业，信息传输、软件和信息技术服务业，水利、环境和公共设施管理业三个门类和卫生行业大类。

年营业收入 1000 万元及以上服务业法人单位。包括：租赁和商务服务业、科学研究和技术服务业、教育三个门类，以及物业管理、房地产中介服务、房地产租赁经营和其他房地产业四个行业大类。

年营业收入 500 万元及以上服务业法人单位。包括：居民服务、修理和其他服务业，文化、体育和娱乐业两个门类，以及社会工作行业大类。

资料来源（以文中数据为序）：

本公报中城镇新增就业、登记失业、社会保障数据来自市人力社保局；噪音、空气、水质监测数据来自市生态环境局；市场主体、质量检测数据来自市市场监管局；内陆开放高地建设数据来自市政府口岸物流办；水产品数据来自市农业农村委；交通数据来自市交通局；民用汽车数据来自市公安局；邮政数据来自市邮政管理局；通信数据来自市通信管理局；城市棚户区数据来自市住房城乡建委；货物进出口数据来自重庆海关；对外经济数据来自市商务委；财政数据来自市财政局；部分金融数据来自市金融监管局和人行重庆营管部；证券数据来自重庆证监局；保险数据来自重庆银保监局；医疗保险数据来自市医保局；城乡低保、城乡特困人员救助数据来自市民政局；科技数据来自市科技局；专利、商标、地理标志数据来自市知识产权局；教育数据来自市教委；文化、旅游数据来自市文化旅游委；电影、期刊、图书数据来自市委宣传部；档案数据来自市档案局；医疗卫生数据来自市卫生健康委；体育数据来自市体育局；水资源数据来自市水利局；自然保护区、林业、森林数据来自市林业局；生产安全事故数据来自市应急局。其他数据来自市统计局、国家统计局重庆调查总队。

2021年重庆居民收支与生活状况报告

习近平总书记指出："在全面建设社会主义现代化国家新征程中，我们必须把促进全体人民共同富裕摆在更加重要的位置，脚踏实地、久久为功"。2021年，重庆市上下坚决落实党中央决策部署，围绕"十四五"规划提出的"共同富裕要迈出坚实步伐"的目标，扎实做好"六稳""六保"工作，疫情防控成果持续巩固，经济发展保持良好态势，居民收入增速回升，城乡差距逐渐缩小，蹄疾步稳奔向共同富裕。同时，重庆以建设国际消费中心城市为契机，全面深化"巴渝新消费"八大行动，促进消费提质扩容，不断挖掘消费潜力，增强消费动力，释放消费活力，城乡居民消费均实现较快增长，消费结构持续升级。

一、2021年重庆居民收入回升，蹄疾步稳奔向共同富裕

（一）2021年重庆居民收入增速回升，夯实共同富裕基础

2021年重庆全体居民人均可支配收入33803元，同比增长9.7%，与2020年相比，增速提高3.1个百分点，比全国高0.6个百分点。以2019年为基期，两年平均增长8.1%。重庆居民人均可支配收入增速回升，增速与经济增长基本同步，四项收入均实现不同程度增长，为实现共同富裕奠定坚实基础。

1. 居民人均可支配收入增长与经济增长基本同步。2021年，重庆全体居民人均可支配收入33803元，比上年增长9.7%，增速在全国排第7位，在西部12个省市区中排第4位，扣除物价影响因素，实际增长9.4%，高于重庆地区生产总值增速，居民收入增长与经济增长基本同步。

2. 四项收入均有不同程度增长。2021年，重庆全体居民人均工资性收入18138元，同比增长9.8%，两年平均增长8.3%；经营净收入5358元，同比增长9.3%，两年平均增长6.8%；财产净收入2090元，同比增长9.6%，两年平均增长8.0%；转移净收入8217元，同比增长9.5%，两年平均增长8.7%。

（二）城乡收入差距持续缩小，蹄疾步稳奔向共同富裕

2021年重庆城镇居民收入实现恢复性增长，农村居民收入增速快于城镇居民，城乡差距持续缩小，蹄疾步稳奔向共同富裕。

1. 城镇居民收入实现恢复性增长。

2021年重庆城镇居民人均可支配收入43502元，比2020年增长8.7%，增速与2019年持平，新冠肺炎疫情对城镇居民收入增长的制约力度逐渐减弱。扣除物价影响因素，实际增长8.4%。以2019年为基期，两年平均增长7.1%。

从收入来源看，城镇居民四大类收入均呈增长态势。得益于营商环境的不断优化和疫情防控形势良好，经营净收入实现较快增长，增长9.2%；工资性收入增长8.7%；财产净收入增长8.6%；转移净收入增长8.5%。

从收入占比来看，城镇居民工资性收入仍是居民增收的主要组成部分，工资性收入占比高达58.4%。转移净收入占比为23.2%；经营净收入占比为11.3%；财产净收入占比为7.1%。

表 1　2021 年重庆城镇居民收入结构情况

单位：元、%

指标名称	2021年	2020年	增加值	同比增幅	两年平均增幅	四大类占比
人均可支配收入	43502	40006	3496	8.7	7.1	100.0
工资性收入	25396	23353	2043	8.7	7.2	58.4
经营净收入	4894	4480	414	9.2	5.9	11.3
财产净收入	3106	2860	245	8.6	6.8	7.1
转移净收入	10107	9313	794	8.5	7.6	23.2

注：部分数据因四舍五入的原因，存在总计与分项合计不等的情况。

2. 农村居民收入增速高于城镇居民。

2021 年，重庆农村居民人均可支配收入 18100 元，比上年增长 10.6%，比城镇居民收入增速高出 1.9 个百分点，扣除物价影响因素，实际增长 10.3%。以 2019 年为基期，两年平均增长 9.4%。

从收入来源看，农村居民四大类收入实现较快增长。2021 年重庆就业形势稳中有固、稳中向好。受此影响，四项收入中，农村居民工资性收入增幅最高，增幅达 11.3%；转移净收入增长 10.9%；财产净收入增长 9.9%；经营净收入增长 9.8%。

从收入占比来看，工资性收入和经营净收入两项占农村居民可支配收入的比重为 69.0%，为农村居民实现共同富裕发挥了重要作用。具体来看，农村居民的工资性收入、经营净收入、转移净收入和财产净收入占比分别为 35.3%、33.7%、28.5% 和 2.5%。

表 2　2021 年重庆农村居民收入结构情况

单位：元、%

指标名称	2021年	2020年	增加值	同比增幅	两年平均增幅	四大类占比
人均可支配收入	18100	16361	1738	10.6	9.4	100.0
工资性收入	6386	5740	646	11.3	9.6	35.3
经营净收入	6110	5566	544	9.8	8.3	33.7
财产净收入	446	406	40	9.9	10.2	2.5
转移净收入	5157	4649	508	10.9	10.3	28.5

注：部分数据因四舍五入的原因，存在总计与分项合计不等的情况。

3. 城乡居民收入差距持续缩小。

2021 年，重庆进一步巩固拓展脱贫攻坚成果，全面推进乡村振兴，收入分配格局不断优化，实现城乡居民人均可支配收入比逐年缩小，向着共同富裕目标迈进。2021 年，重庆城乡居民收入比值由 2020 年的 2.45 缩小至 2.40，城乡居民收入相对差距持续多年缩小。

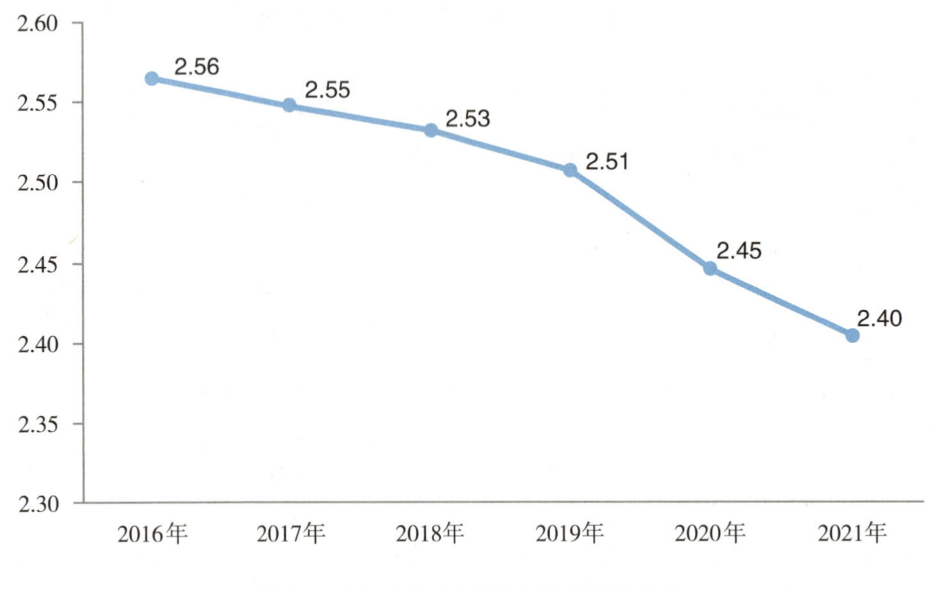

图1　2016-2021年重庆城乡居民收入比

（三）多方发力，为共同富裕保驾护航

1. 全市经济保持平稳恢复，为居民增收奠定基础。

2021年，重庆经济继续保持恢复态势，生产供给稳定恢复，质量效益稳步提升。2021年，全市地区生产总值同比增长8.3%，固定资产投资同比增长6.1%，社会消费品零售总额同比增长18.5%，进出口总值同比增长22.8%，一般公共预算收入同比增长9.1%，居民消费价格上涨0.3%，经济发展韧性持续显现，为居民增收奠定了坚实基础。

2. 全市就业形势稳中向好，为居民增收增添动力。

2021年，全市上下深入实施就业优先政策，就业帮扶精准有效，就业活力持续恢复，就业形势稳中向好，城镇新增就业75.1万人，城镇调查失业率全年均控制在目标任务5.5%以内。重点群体就业优化提升，据市教委和市人社局数据显示，2021年，全市共有24.2万名应届高校毕业生，比上年增加7000人，全市应届高校毕业生7月份毕业时的去向落实率同比提高14个百分点，其中22.56万重庆市户籍应届高校毕业生综合就业率96.5%，4.5万离校未就业高校毕业生就业率达93.3%。全市脱贫人口就业77.8万人，规模超过2020年。另据重庆市农民工监测数据显示，2021年重庆市农民工总量为756.3万人，同比增长2.7%，农民工就业形势稳定。

3. 全市农业生产保持稳定，为居民增收提供支撑。

一是粮油总产量稳中有增。2021年全市粮食种植面积3019.8万亩，同比增长0.5%，总产量达1092.8万吨，同比增长1.1%，种植面积和总产量创近十三年新高。二是蔬菜生产持续向好。2021年全市蔬菜收获面积1187.07万亩，同比增长2.5%；产量2184.33万吨，同比增长4.4%。三是特经作物发展较快。2021年，全市油菜籽实现连续十五年增产，产量达52.4万吨，同比增长2.0%。据初步统计，全年水果产量553.2万吨，同比增长7.8%。四是生猪出栏大幅增加。2021年全市生猪出栏1806.9万头，同比增长26.0%。

4. 全市惠民政策落实落地，为居民增收提供保障。

2021年，全市在财政收支压力较大的情况下，坚持以人民为中心的发展思想，持续改善民生、促进增收。一是上调养老金。2021年，继续上调了企业和机关事业单位退休人员基本养老金。二是加强社会保障。

2021年，城乡低保、特困人员供养、重点优抚对象抚恤补助标准均有提高。三是惠农政策全面落地。2021年，及时兑付了耕地地力补贴、实际种粮农民一次性补贴和农机购置补贴；继续实施种粮大户补贴，对良种能繁母猪和种公猪引进给予1000元/头的补助等。

二、城乡居民消费实现较快增长

（一）全体居民消费支出超过全国平均水平

2021年，重庆全体居民人均消费支出24598元，比全国平均水平高2.1%，同比增加2920元，增长13.5%，增速比去年高9.1个百分点。分城乡来看，城镇居民人均消费支出29850元，比全国平均水平低1.5%，同比增加3385元，增长12.8%，增速比去年高10.2个百分点；农村居民人均消费支出16096元，比全国平均水平高1.1%，同比增加1956元，增长13.8%，增速比去年高6.0个百分点。与2019年相比，全体、城镇、农村居民人均消费支出两年分别平均增长8.8%、7.6%、10.8%，分别比全国平均水平高3.1、3.7、1.5个百分点。

单位：元

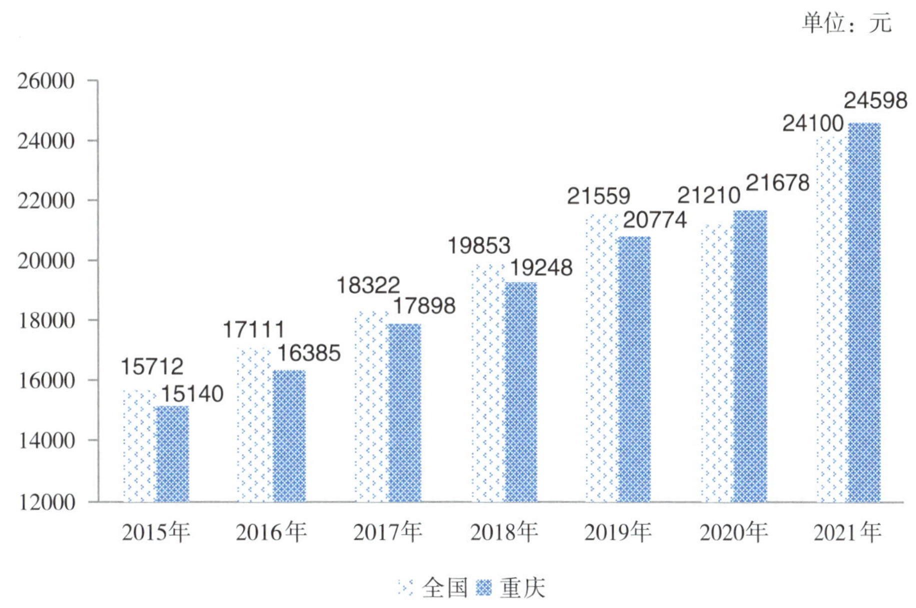

图2　2015年以来重庆与全国居民人均消费支出情况

（二）八大类消费实现较快增长

从分类来看，重庆全体居民八大类消费支出均呈现两位数增长态势。其中，人均教育文化娱乐消费支出增长最快，同比增长22.7%，此外，衣着、其他用品和服务、交通通信消费支出增长态势较好，分别同比增长17.1%、16.7%、15.9%。分城乡来看，城镇居民增长最快的前三类为教育文化娱乐、其他用品和服务、衣着消费支出，同比分别增长22.4%、16.5%、15.5%；农村居民增长最快的前三类为教育文化娱乐、衣着、交通通信消费支出，同比分别增长21.4%、20.7%、15.7%。

表 3　2021 年重庆城乡居民人均生活消费支出情况

单位：元、%

指标名称	全体		城镇		农村	
	本年	同比	本年	同比	本年	同比
人均消费支出	24598	13.5	29850	12.8	16096	13.8
（一）食品烟酒	8154	11.9	9557	10.9	5884	13.5
（二）衣着	1708	17.1	2215	15.5	888	20.7
（三）居住	4490	10.5	5467	10.0	2909	10.6
（四）生活用品及服务	1683	10.9	2125	12.0	965	5.0
（五）交通通信	3050	15.9	3796	15.3	1842	15.7
（六）教育文化娱乐	2601	22.7	3241	22.4	1566	21.4
（七）医疗保健	2326	10.7	2662	8.9	1782	14.2
（八）其他用品和服务	585	16.7	787	16.5	259	13.6

三、城乡居民生活质量持续得到提升

（一）家庭恩格尔系数有所下降

2021 年，全体居民人均食品烟酒支出占人均消费支出的比重（恩格尔系数）为 33.2%，比上年下降 0.4 个百分点。分城乡来看，城镇、农村居民的恩格尔系数分别为 32.0%、36.6%，分别比上年下降 0.6、0.1 个百分点。

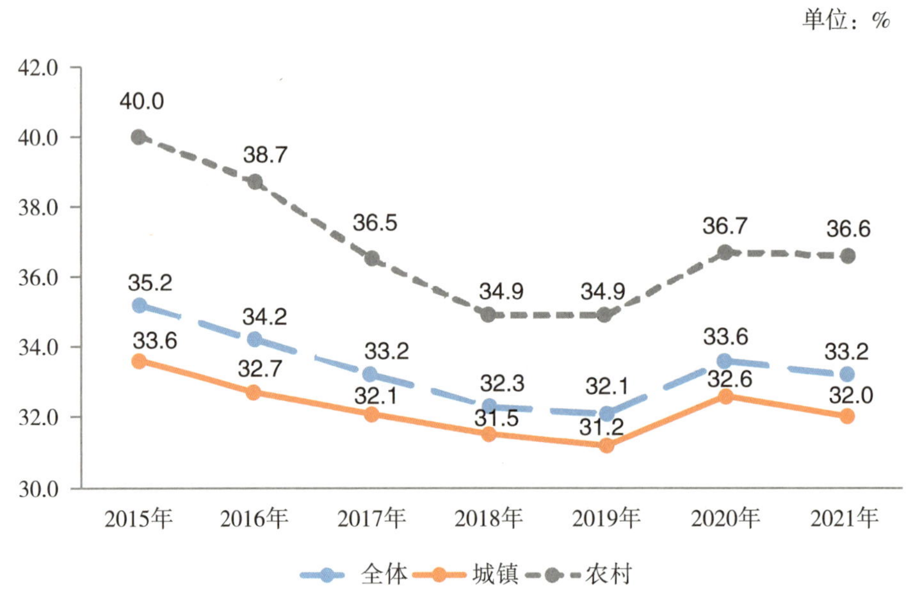

图 3　2015 年以来城乡居民家庭恩格尔系数变动情况

（二）城乡居民消费结构更加合理

从消费类型来看，全体居民生存型消费比重有所下降，发展型消费比重提高。2021 年，全体居民人均生存型消费支出 14353 元，同比增长 12.1%，占消费支出的比重为 58.4%，比上年下降 0.7 个百分点；人均发展型消费支出 7238 元，同比增长 16.4%，占消费支出的比重为 29.4%，比上年上升 0.7 个百分点；人均享受型消费支出 3007 元，同比增长 13.3%，占消费支出的比重为 12.2%，与上年持平。

分城乡来看，城镇居民人均生存型、发展型、享受型消费支出分别为17239元、8666元、3945元，同比分别增长11.2%、15.6%、13.9%，占消费支出的比重分别为57.8%、29.0%、13.2%。农村居民人均生存型、发展型、享受型消费支出分别为9681元、4926元、1488元，同比分别增长13.2%、17.1%、7.7%，占消费支出的比重分别为60.2%、30.6%、9.2%。

图4　2021年重庆居民各类消费支出情况

（三）服务性消费支出比重有所提高

2021年，全体居民人均服务性消费支出10046元，同比增长19.8%，占人均消费支出的比重为40.8%，比上年提高2.1个百分点。分城乡看，城镇居民人均服务性消费支出占比42.7%，比上年提高2.8个百分点；农村居民人均服务性消费支出占比35.1%，与上年持平。服务性消费占比提升进一步说明居民消费结构的持续升级。

（四）粮食、蔬菜、肉类等消费量稳步上升

重庆牢牢把握稳住农业基本盘的总要求，突出抓好粮食安全、耕地保护等问题，抓实抓细重要农产品稳产保供，带动全市居民粮食、蔬菜、肉类等消费量稳步上升。一是粮食消费量小幅增长。2021年，全体居民人均粮食消费量为161.0公斤，同比增长7.7%。二是蔬菜、水果消费量稳定增长。2021年，全体居民人均蔬菜及菜制品消费量为147.4公斤，同比增长13.1%；人均干鲜瓜果类消费量为54.9公斤，同比增长18.2%，其中鲜瓜果消费量为49.5公斤，同比增长18.2%。三是肉、蛋、奶消费增长较快。受猪肉价格下降较大的影响，肉类消费量明显增长，禽类消费量增速有所放缓。2021年，全体居民人均肉类消费量为46.9公斤，同比增长32.7%，其中猪肉消费量为39.6公斤，同比增长32.7%；禽类消费量为14.6公斤，同比增长7.5%。此外，全体居民人均水产品消费量为14.9公斤，同比增长18.5%；蛋类及蛋制品消费量为14.2公斤，同比增长19.8%；奶和奶制品消费量为17.5公斤，同比增长24.6%。四是动物油消费量有所下降。2021年，全体居民油脂类消费量为16.2公斤，同比增长6.2%。其中，植物油消费量为14.4公斤，同比增长7.7%，动物油消费量为1.8公斤，同比下降4.2%。

四、城乡居住环境进一步改善

（一）居住条件更加舒适

2021 年，全体居民人均住房建筑面积为 46.1 平方米，比上年提高 1.0 平方米，其中城镇居民人均住房建筑面积为 40.3 平方米，比上年提高 0.7 平方米，农村居民人均住房面积为 55.5 平方米，比上年提高 1.8 平方米。从居住空间样式来看，全体居民住单栋楼房的户比重为 39.1%，比上年提高 2.1 个百分点；住单栋平房的户比重为 9.6%，比上年降低 0.7 个百分点；住单元房的户比重为 50.9%，比上年降低 1.6 个百分点。从主要建筑材料来看，全体居民居住在钢筋混凝土住房的户比重为 48.0%，比上年提高 1.3 个百分点；住砖混材料住房的户比重为 42.4%，比上年提高 0.5 个百分点。

全体居民使用经过净化处理的自来水户比重为 85.5%，比上年提高 2.5 个百分点，其中农村居民户比重为 67.0%，比上年提高 5.7 个百分点。全体居民获取饮用水无困难户比重为 98.8%，比上年提高 0.8 个百分点，其中农村居民户比重为 97.9%，比上年提高 1.5 个百分点。全体居民使用水冲式卫生厕所的户比重为 94.5%，比上年提高 1.5 个百分点，其中农村居民户比重为 87.3%，比上年提高 2.7 个百分点。全体居民有洗澡设施的户比重为 97.0%，比上年提高 2.4 个百分点，其中农村居民户比重为 93.7%，比上年提高 5.3 个百分点。

（二）耐用消费品升级换代

随着居民收入水平的不断提高，消费能力不断增强，全体居民主要耐用品拥有量不断增多，升级换代已成趋势。一是交通工具拥有量不断增加。2021 年，全体居民家庭每百户家用汽车拥有量为 31.8 辆，同比增长 9.9%；每百户摩托车拥有量为 25.0 辆，同比增长 10.6%；每百户助力车拥有量为 17.1 辆，同比增长 5.1%。二是主要家用电器基本普及。2021 年，全体居民家庭每百户洗衣机拥有量为 99.3 台，同比增长 3.5%；每百户电冰箱拥有量为 104.8 台，同比增长 0.8%；每百户空调拥有量为 176.6 台，同比增长 7.4%；每百户彩色电视机拥有量为 121.2 台，同比减少 2.7%，这与居民逐渐通过移动电话、平板电脑、投影仪等方式看电视有关。三是信息化耐用品升级换代。2021 年，全体居民家庭每百户移动电话拥有量为 261.7 部，同比减少 1.2%，其中可接入互联网的移动电话拥有量为 217.0 部，同比增加 2.9%，不可接入互联网的移动电话已逐渐淘汰。每百户计算机拥有量为 53.9 台，同比增长 12.3%，其中可接入互联网的计算机拥有量为 50.2 台，同比增长 17.9%。

2021年重庆居民消费价格总体平稳

2021年，重庆市委、市政府认真贯彻落实中央决策部署，坚持稳中求进总基调，统筹推进疫情防控和经济社会发展，扎实做好“六稳”工作，全面落实“六保”任务，全市经济继续保持恢复态势，消费复苏内生动能持续增强，市场供应总体充足，居民消费价格总体平稳，但物价运行中存在的问题仍然值得高度关注。

一、居民消费价格运行特征

（一）价格总体运行特征

1. 价格总体运行平稳。

2021年，重庆CPI上涨0.3%。其中，翘尾因素影响-0.5个百分点，新涨价因素影响0.8个百分点。从近两年看，2020年、2021年CPI平均上涨1.3%，低于近五年平均涨幅0.4个百分点，基本处在合理运行区间，总体运行平稳。扣除食品和能源的核心CPI上涨0.9%，涨幅比上年扩大0.2个百分点。从近两年看，2020年、2021年核心CPI平均上涨0.8%，低于近五年平均涨幅0.4个百分点。

2. 价格波动趋于平缓。

从环比走势看，1-12月CPI波动幅度明显减缓，幅度高低相差1.4个百分点，较上年收窄2.4个百分点。1-2月份，受春节效应和全国大范围雨雪天气双重因素叠加影响，食品价格和服务价格上涨，拉动CPI分别上涨0.9%和0.4%；春节过后，主要鲜活食品和服务价格有所回落，3月份CPI下降0.5%；4、5月份在原材料价格上涨、“五一”假日消费拉动影响下，工业消费品价格和服务价格明显上涨，冲抵猪肉价格持续下降影响，CPI环比持平；6月，随着假日效应消退，服务价格回落，加之猪肉、鲜菜等食品价格下降，影响CPI下降0.5%。7-9月，受国内零星散发疫情影响，旅游消费市场“旺季不旺”，相关服务价格涨幅低于往年水平，CPI在99.8-100.2之间低位波动。10、11月份受寒潮天气、重庆及部分地区疫情散发拉动需求，加之生产运输成本增加等因素叠加影响，鲜菜、猪肉价格上涨带动CPI上涨0.6%。12月份天气晴好，重庆疫情消除，鲜菜、猪肉价格有所回落，带动CPI下降0.5%。

从同比看，大部分月份CPI涨幅在1.0%以下波动，呈现低位运行的特点。1-3月份，受上年同期对比基数较高影响，各月同比指数分别下降1.0%、1.8%、0.3%；4-6月，工业消费品价格明显上涨、服务消费持续恢复影响CPI同比转正，分别上涨0.9%、1.2%、0.9%。7-9月，受上年同期高基数和猪肉价格回落影响，食品价格持续下降，加之零星疫情影响相关服务价格涨势趋缓，带动CPI涨势回落，9月份CPI由涨转降。10-11月受寒潮天气、部分地区疫情散发及生产运输成本增加等因素叠加影响，猪肉、鲜菜价格上涨带动CPI同比转正，分别上涨0.6%、1.6%，12月份随着鲜菜、猪肉价格回落，CPI涨幅收窄至1.0个百分点。

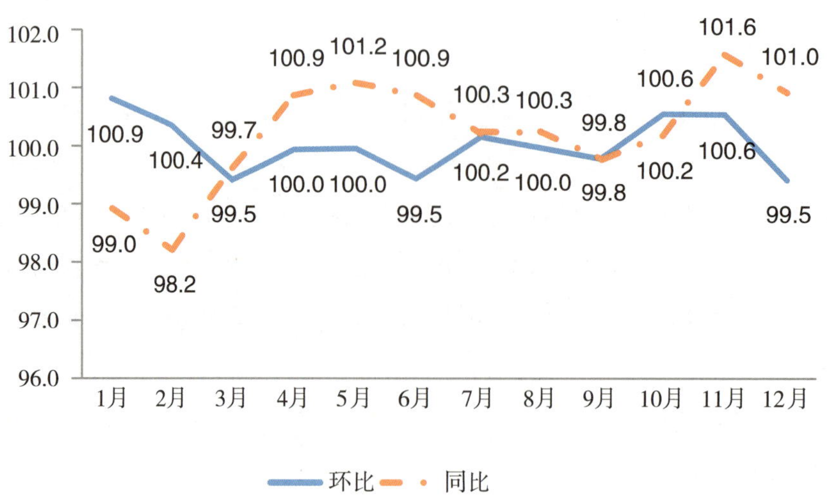

图 1 2021 年 1–12 月重庆 CPI 环同比走势

3. 在全国排名靠后。

从 1–12 月走势看，重庆 CPI 与全国走势基本一致，但各月同比指数均低于全国。从整体看，重庆 CPI 较全国水平低 0.6 个百分点。其中，翘尾因素影响 –0.5 个百分点，较全国低 0.5 个百分点；新涨价影响为 0.8 个百分点，较全国低 0.1 个百分点。从构成看，食品价格是重庆 CPI 偏低的主要因素，降幅较全国高 3.0 个百分点。在全国 31 个省、自治区（市）中，重庆 CPI 位列第 28 位，在西部 12 个省、自治区（市）中位列第 10 位。

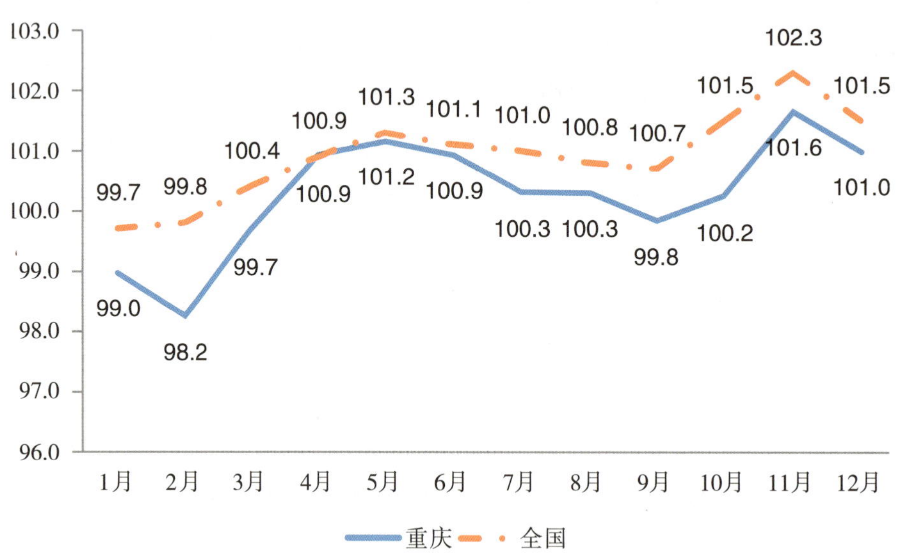

图 2 2021 年 1–12 月重庆与全国 CPI 同比对比

（二）构成类别价格变化特点

1. 八大类商品和服务价格“五涨三降”，结构性特征明显。

从构成居民消费的八大类商品和服务价格来看，衣着、居住、生活用品及服务、交通和通信、教育文化和娱乐价格分别上涨 1.4%、0.4%、0.7%、4.7%、1.7%，食品烟酒、医疗保健、其他用品和服务类价格分别下降 2.2%、0.4%、2.7%。从三大主要构成看，食品价格下降 4.4%，降幅创近二十一年新低；服务价格上涨 0.6%，涨幅为近十二年第二低位；工业消费品价格上涨 2.1%，涨幅创近二十一年新高。

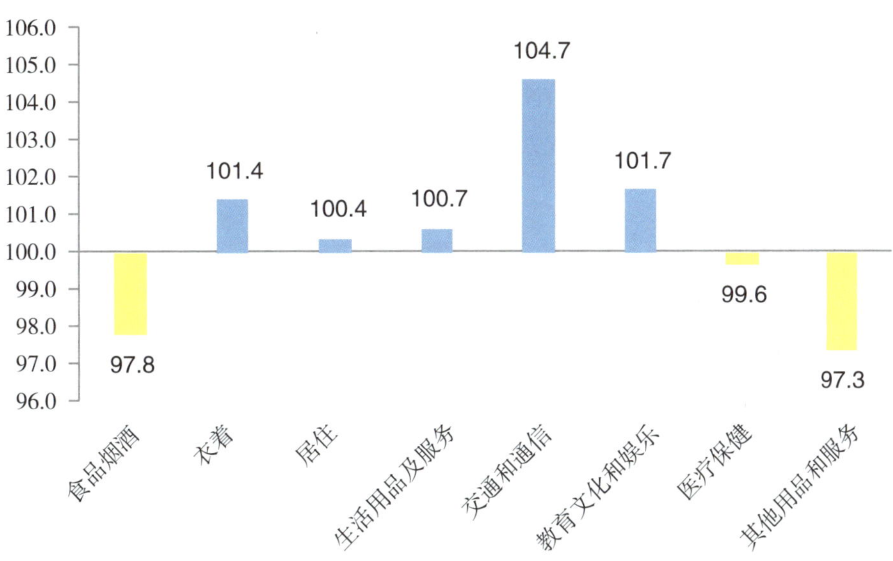

图 3　2021 年重庆 CPI 八大类商品和服务价格指数

2. 猪肉价格大幅回落，食品价格运行接近正常水平。

2021 年，随着政府“保供稳价”政策措施的持续发力，政策效应不断显现，市场供应得到保障，食品价格由上年的上涨 10.3% 转为下降 4.4%。从近两年看，2020 年、2021 年食品价格平均上涨 2.7%，略高于近五年平均上涨 2.6% 的水平，处于合理运行区间。一是猪肉价格明显回落。生猪产能明显恢复，据农业部数据显示，2021 年 11 月末能繁母猪存栏 4296 万头，相当于正常保有量的 104.8%，1–11 月规模以上生猪定点屠宰企业屠宰量为 23589 万头，较 2020 年同期上涨 66.1%。猪肉市场供应充足带动猪肉价格下降明显，后腿肉、三线肉价格由 1 月的 50.4、54.85 元 / 千克降至 12 月的 27.77、30.85 元 / 千克，接近 2018 年同期水平。全年猪肉价格下降 34.1%，拉动食品价格下行 4.8 个百分点，成为拉动食品价格下行的主要因素。二是鸡肉价格小幅下降。受疫情影响，活禽交易受限，加之猪肉价格下跌的带动影响，冻鸡消费需求不旺，促使鸡肉价格下降 11.3%。三是鲜菜价格平稳运行。2021 年天气良好，蔬菜丰收，全年重庆蔬菜产量同比增长 4.4%，市场供应总体充足，带动鲜菜价格平稳上涨 1.2%，涨幅较上年收窄 9.0 个百分点。另外，部分食品价格有所上涨。其中，受国际大豆涨价影响，上游成本增加，推动豆类、食用植物油价格分别上涨 7.5%、8.2%；受长江流域禁渔及环保政策影响，淡水鱼产能有所下降，供应减少，加之受水产饲料涨价影响，养殖成本增加，两方面因素影响淡水鱼价格上涨 14.9%；受豆粕、玉米等饲料价格上涨影响，蛋鸡养殖成本增加，加之今年以来随着餐饮、加工食品消费恢复，鸡蛋消费需求增加，拉动鸡蛋价格上涨 10.8%。

3. 服务价格稳中有升，但回升动力不足。

随着服务消费逐步恢复，服务价格稳步回升，特别是自 4 月份以来同比转正，呈现稳中有升的态势。全年服务价格上涨 0.6%，涨幅分别较一季度、上半年、前三季度扩大 2.1、0.7、0.1 个百分点。但从近两年看，2020 年、2021 年服务价格平均上涨 0.5%，明显低于近五年平均上涨 1.7% 的水平，回升动力不足。一是旅行社收费涨幅有限，其他旅游出行相关类别价格涨势明显。2021 年，受散发疫情影响，随团旅游需求减少，旅行社收费价格仅上涨 1.1%，明显低于近 5 年 5.6% 的平均涨幅；但自由行增加，带动飞机票价格上涨 19.1%，景点门票价格上涨 9.7%，在外住宿价格上涨 4.3%。二是教育需求热度不减，教育服务价格继续上涨。课外教育、小学初中教育价格分别上涨 5.6%、3.0%。三是受人工成本上涨影响，劳动密集型服务价格继续上涨。衣着洗涤保养、家政服务、车辆修理与保养价格分别上涨 4.5%、3.0%、3.3%。四是房地产价格上涨带动居住类服务价格上行。私房房租、装潢维修费价格分别上涨 3.6%、1.7%。另外，为规范市场秩序，提升服务水平，解决高定价、高手续费等突出问题，银保监会于 2020 年 9 月开展车险综合改革，受此影响，车辆保险价格下降 16.0%；受疫情影响，部分服务消费恢复缓慢，价格有所下降。其中，专业技能培训价格下降 2.0%，旅游保险价格下降 1.6%。

4. 国际大宗商品价格推动工业消费品价格明显上涨。

2021 年，重庆工业消费品价格上涨 2.1%，涨幅为近二十一年新高。其中，受国际大宗商品价格推动影响，汽、柴油价格分别上涨 16.9%、18.9%，其他车用能源价格上涨 2.1%，燃气价格上涨 1.5%，家用器具（白家电）、文娱耐用消费品（黑家电）、燃油小汽车价格分别上涨 2.5%、3.6%、1.5%；受人工、物流等成本上涨和技术升级影响，通信工具价格上涨 4.8%，服装价格上涨 1.4%，鞋类价格上涨 1.7%，教育用品价格上涨 2.8%。此外，部分行业产能过剩，市场竞争激烈，部分工业消费品价格下降。其中，家用纺织品价格下降 0.9%，家庭日用杂品价格下降 0.4%，个人护理用品价格下降 1.3%，其他用品价格下降 2.0%。

二、影响价格变动的原因分析

（一）宏观经济平稳运行为稳定物价奠定良好基础

2021 年，面对国内外形势的深刻复杂变化，中央坚持稳中求进工作总基调，实施积极有为的财政政策和灵活适度的货币政策，巩固拓展统筹疫情防控和经济社会发展成果，扎实做好“六稳”“六保”工作，使经济发展和疫情防控保持全球领先地位，产业链韧性得到提升，民生保障有力有效，为物价平稳运行奠定坚实基础。

（二）农业生产形势良好对稳定主要农产品价格起到积极作用

2021 年，重庆市高度重视重要民生商品保供稳价工作，压紧扣死“米袋子”“菜篮子”“肉盘子”责任制，切实保障猪肉等农产品有效供给；扎实推动农业高质量发展，不断优化种植结构，加之全年气候条件较好，农业生产形势总体良好，粮食、蔬菜、水果产量均有所增加；大力发展生猪规模养殖，生猪产能持续恢复，猪肉供应相对充足，多因素叠加使得主要农产品价格走低，对抑制物价上涨起到了关键性作用。

（三）疫情反复影响服务消费需求，价格低位运行

2021 年，常态化疫情防控对重庆文旅市场发展产生一定影响，1、2 月份因新冠疫情防控需要，大部分居民“就地过年”，旅游、出行需求明显减少；8 月份的国内零星疫情和 11 月份的本市疫情使跨省旅游受限、影剧院演出排片减少，导致全市旅游人数和旅游收入仍未恢复到疫情前同期水平，影响文娱、旅游等服务性消费恢复。数据显示，前三季度全市接待游客人次、旅游收入仅为疫情前同期的 71.5%、80.6%。受疫情反复影响，居民服务需求恢复受到阻碍，价格低位运行。

（四）国际大宗商品价格波动影响

一方面，为应对疫情对经济造成的冲击，刺激经济尽快恢复，欧美等发达国家实施量化宽松政策，使过多的货币流向各类市场，通胀压力加大；另一方面，由于全球疫情防控形势不均衡，特别是巴西、印度、阿根廷、智利等资源产出国疫情仍未得到有效控制，全球贸易运输受限，上游大宗商品供应不足，两方面因素导致国内部分能源和金属供给偏紧，工业生产者出厂价格持续走高，对消费端产生一定传导效应。

（五）市场总体供给充足抑制物价上涨

一方面，随着供给侧结构性改革不断推进，中高档工业和服务产品的供给能力逐步提升，产品生产升级换代，社会消费品市场供给充裕；另一方面，“互联网+”的迅速发展带来消费模式的巨大变革，网络消费增长迅速，加剧市场竞争，市场总体供大于求的格局未有大的改变，对抑制物价上涨起到了重要作用。

三、值得关注的问题

（一）服务消费需求依然偏弱

虽然今年以来服务消费持续恢复，但整体消费价格仍处于低位。2021年，服务价格上涨0.6%，涨幅为近12年第二低位，反映出服务行业恢复缓慢、需求偏弱的市场形势。特别是全国多地零星疫情时有发生，对服务消费信心仍有冲击，服务消费全面回暖尚需时日。因此，要持续巩固疫情防控成果，营造安全放心的消费环境，保就业稳收入，为服务消费增长提供保障，合理引导消费，促进服务消费持续向好发展。

（二）PPI与CPI的涨幅“剪刀差”明显扩大

2021年在国际大宗商品价格推动下，PPI持续上行，PPI与CPI的“剪刀差”由年初的0.8个百分点扩大至12月份的4.4个百分点。一方面，12月份重庆PPI上涨5.4%，CPI中的工业消费品价格上涨2.3%，为近二十一年同期新高，反映出PPI对CPI中工业消费品的价格传导影响已有所显现，后期仍有传导压力；另一方面，因市场竞争激烈，上游原材料涨价幅度明显高于消费端，生产企业利润下滑、经营压力增加，影响企业的持续良性发展。因此，要密切关注国际大宗商品价格变化，加强对主要原材料价格和市场供给情况的动态监测，保持产业链供应链安全稳定，保证工业品的有效供给和价格合理运行。

四、对后期物价的预判

2022年，中央将继续坚持稳中求进工作总基调，实施稳健有效的宏观政策和精准灵活的调控手段，着力畅通国民经济循环，巩固拓展统筹疫情防控和经济社会发展成果，继续做好“六稳”“六保”工作，持续改善民生，着力稳定宏观经济大盘，保持经济运行在合理区间，为物价平稳运行奠定基础。除此之外，影响后期物价变动的因素主要有以下几个方面：一是中央保供稳价政策将对物价稳定运行起到积极作用。根据中央农业会议精神，我国将继续推进乡村振兴，全力抓好粮食生产和重要农产品供给，稳定粮食面积，大力扩大大豆和油料生产，强化“菜篮子”市长负责制，稳定生猪生产，确保畜禽水产和蔬菜有效供给，对主要农产品保供稳价起到积极作用。二是工业消费品价格仍有上行空间。上游原材料对下游消费端价格的传导压力仍然存在，加之部分领域关键零部件供应短缺，工业消费品价格仍有上行空间。三是服务价格或有提振空间。2021年受疫情影响，服务消费恢复缓慢，价格低位运行，2022年全国科学精准做好疫情防控工作，疫情对服务业的影响有望进一步消退，服务类消费价格或有提振空间。四是国内消费市场总体供大于求的格局未有大的改变，将一定程度上平抑物价上行。五是2021年对2022年翘尾因素影响将有所增强。

综合以上分析，初步判断2022年重庆居民消费价格总水平涨幅总体高于2021年。

2021 年重庆工业生产者价格止跌上涨

2021 年，我国经济整体持续回升，市场需求稳定释放，企业生产活力稳步增强，大宗商品价格高位运行。重庆工业生产者价格止跌上涨，出厂价格上涨 3.2%，购进价格上涨 7.2%。

一、重庆工业生产者价格总体运行情况

（一）环比价格整体呈上涨态势

1–11 月，受煤炭、钢材、铜、铝价格走高影响，重庆工业生产者出厂价格环比呈持续上涨态势。年初价格持平，2–4 月涨幅逐渐扩大至 0.7%，随后指数震荡上行，10 月涨幅扩大为 1.3%，达到 2011 年以来的最大涨幅，11 月涨幅回落至 0.3%，12 月价格转降。购进价格 1–11 月均呈上涨态势，12 月价格转降。

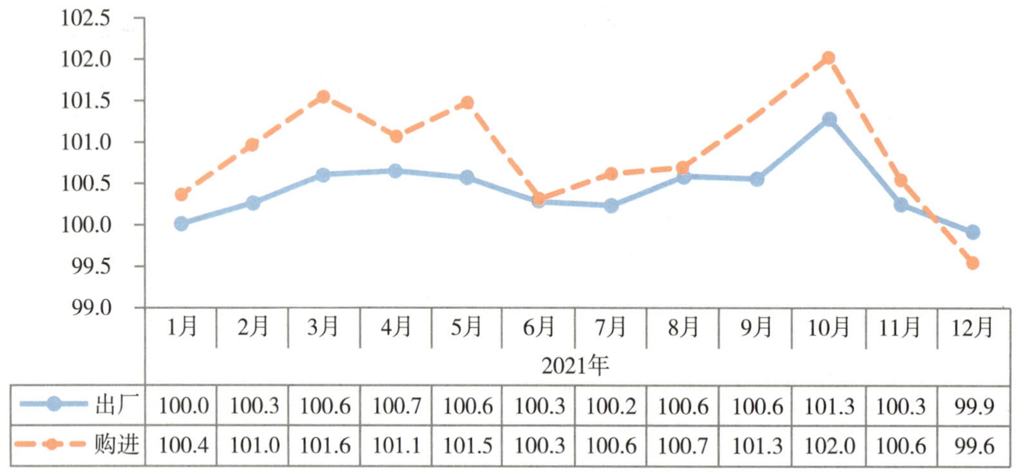

	1月	2月	3月	4月	5月	6月	7月	8月	9月	10月	11月	12月
出厂	100.0	100.3	100.6	100.7	100.6	100.3	100.2	100.6	100.6	101.3	100.3	99.9
购进	100.4	101.0	101.6	101.1	101.5	100.3	100.6	100.7	101.3	102.0	100.6	99.6

图 1　2021 年重庆工业生产者价格环比指数

（二）同比价格涨幅创新高

1–10 月，重庆工业生产者出厂价格同比指数持续上行，10 月涨幅扩大至 6.0%，为 2011 年以来的最大涨幅 ,12 月涨幅回落为 5.4%。购进价格涨势更加明显，11 月涨幅达到 12.8%，为 2009 年以来的最大涨幅，12 月涨幅回落至 11.1%。

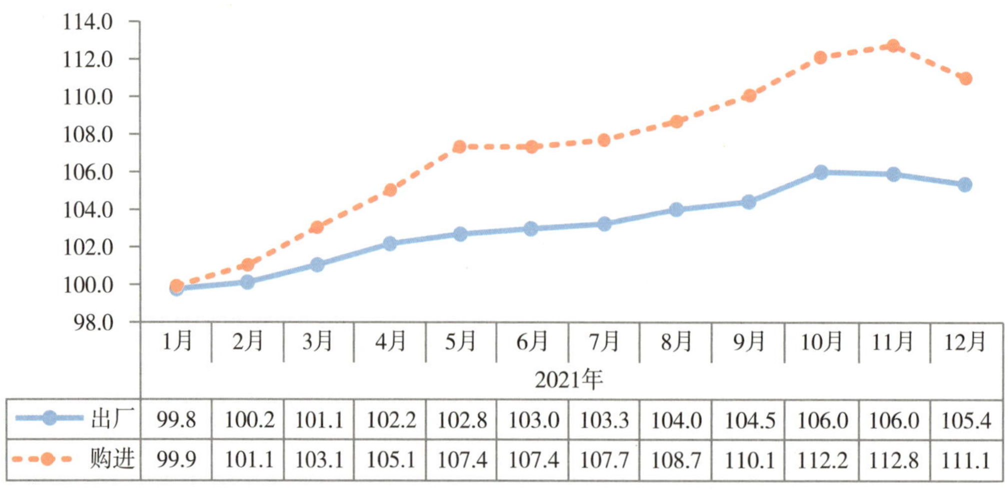

	1月	2月	3月	4月	5月	6月	7月	8月	9月	10月	11月	12月
出厂	99.8	100.2	101.1	102.2	102.8	103.0	103.3	104.0	104.5	106.0	106.0	105.4
购进	99.9	101.1	103.1	105.1	107.4	107.4	107.7	108.7	110.1	112.2	112.8	111.1

图 2　2021 年重庆工业生产者价格同比指数

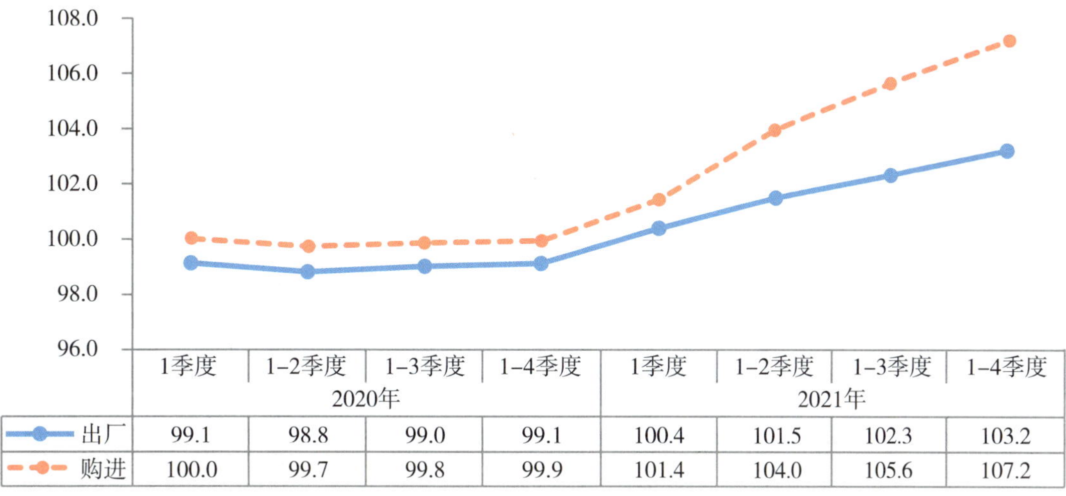

	1季度	1-2季度	1-3季度	1-4季度	1季度	1-2季度	1-3季度	1-4季度
	2020年				2021年			
出厂	99.1	98.8	99.0	99.1	100.4	101.5	102.3	103.2
购进	100.0	99.7	99.8	99.9	101.4	104.0	105.6	107.2

图 3　2020 年至今重庆工业生产者价格各季度走势

（三）重庆工业生产者价格指数与全国的比较及排位

2021 年，全国工业生产者出厂价格同比上涨 8.1%，重庆涨幅小于全国 4.9 个百分点。重庆 PPI 在全国 31 个省（自治区、直辖市）中居第 28 位，在西部 12 个省（自治区、直辖市）中居 11 位。

同期全国工业生产者购进价格同比上涨 11.0%，重庆涨幅小于全国 3.8 个百分点。重庆 IPI 在全国 30 个省（自治区、直辖市）（除西藏外）中居第 28 位，在西部 11 个省（自治区、直辖市）（除西藏外）中居第 11 位。

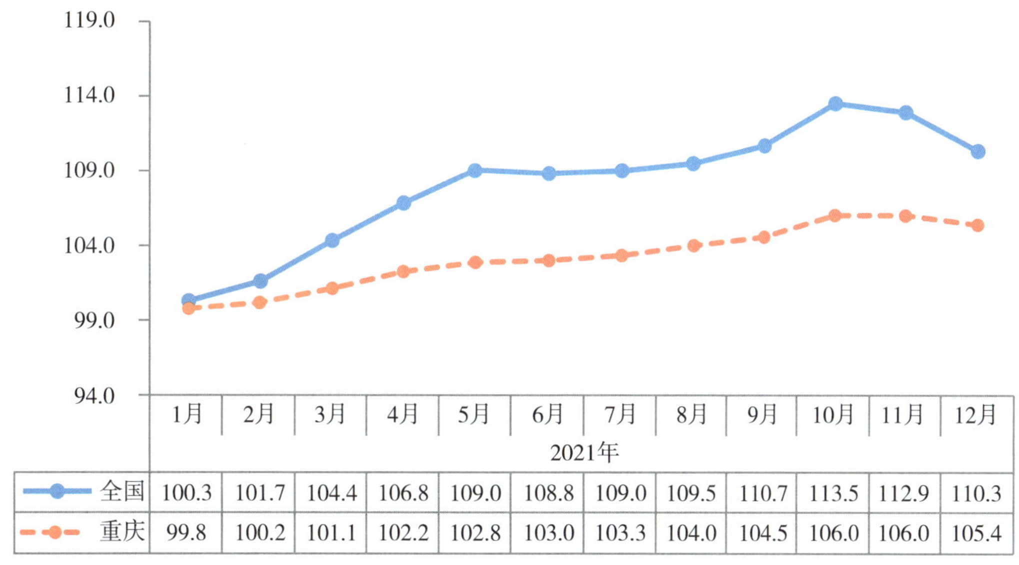

	1月	2月	3月	4月	5月	6月	7月	8月	9月	10月	11月	12月
	2021年											
全国	100.3	101.7	104.4	106.8	109.0	108.8	109.0	109.5	110.7	113.5	112.9	110.3
重庆	99.8	100.2	101.1	102.2	102.8	103.0	103.3	104.0	104.5	106.0	106.0	105.4

图 4　2021 年全国与重庆 PPI 同比指数

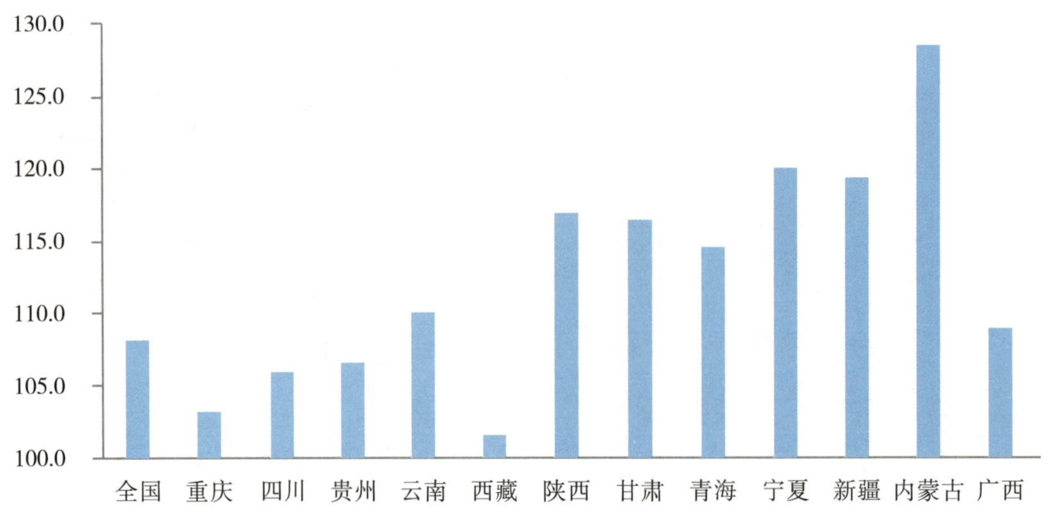

图 5　2021 年全国与西部地区 PPI 同比指数

二、重庆工业生产者价格运行特点

（一）生产资料价格涨幅明显高于生活资料

2021 年，重庆生产资料出厂价格上涨 4.4%，影响全市工业生产者出厂价格总水平上涨 3.1 个百分点，是影响 PPI 上涨的主导因素。其中采掘工业、原材料工业、加工工业出厂价格分别上涨 2.1%、11.0%、3.4%。

同期，生活资料出厂价格上涨 0.2%。其中食品价格上涨 1.7%，衣着、一般日用品、耐用消费品价格分别下降 1.7%、0.3%、0.2%。

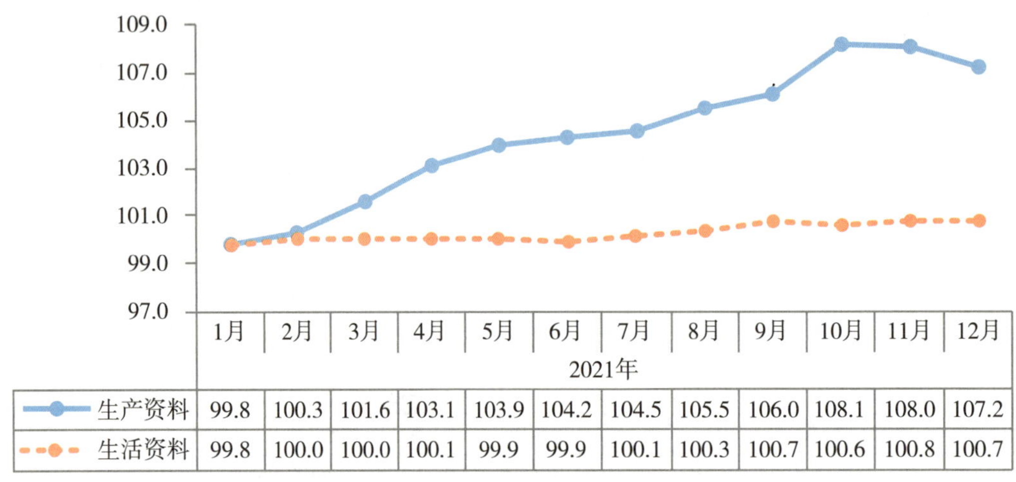

2021年	1月	2月	3月	4月	5月	6月	7月	8月	9月	10月	11月	12月
生产资料	99.8	100.3	101.6	103.1	103.9	104.2	104.5	105.5	106.0	108.1	108.0	107.2
生活资料	99.8	100.0	100.0	100.1	99.9	99.9	100.1	100.3	100.7	100.6	100.8	100.7

图 6　2021 年重庆两大部类出厂价格同比指数

表 1　2021 年两大部类出厂价格同比指数

单位：%

项目名称	同比
总指数	103.2
(1)生产资料	104.4
1.采掘	102.1
2.原材料	111.0
3.加工	103.4
(2)生活资料	100.2
1.食品	101.7
2.衣着	98.3
3.一般日用品	99.7
4.耐用消费品	99.8

（二）中间产品、初级产品、最终产品价格涨幅依次减小

2021 年，生产领域中间产品、初级产品、最终产品价格分别上涨 4.0%、2.6%、1.1%。受重庆自然资源禀赋及产业结构影响，初级产品种类少，其中天然气开采价格上涨 6.3%。中间产品受钢材、铜、铝价格高涨影响，铜压延加工、钢压延加工、铝压延加工出厂价格分别上涨 33.8%、25.3%、19.0%。最终产品以肥料、玻璃为代表的产品因原材料上涨价格有所上浮，肥料制造、玻璃制造出厂价格分别上涨 34.8%、19.7%，汽车价格持平，计算机价格下降。在终端消费市场领域，CPI 中工业消费品价格上涨 2.1%。

表 2　2021 年初级、中间、最终产品出厂价格同比指数

单位：%

项目名称	同比
初级产品	102.6
中间产品	104.0
最终产品	101.1

（三）黑色金属行业、有色金属行业价格高涨，计算机行业价格下降

在全市调查的 39 个工业行业大类中，产品出厂价格“29 升 2 平 8 降”，行业上涨面为 74.4%，比上年扩大 38.5 个百分点。其中，黑色金属冶炼和压延加工业、有色金属冶炼和压延加工业、化学原料和化学制品制造业、非金属矿物制品业出厂价格分别上涨 25.8%、23.1%、18.8%、3.3%，对总指数的贡献率为 80.3%，共拉动总指数上升 2.6 个百分点。汽车制造业价格持平，汽车消费市场整体保持稳定，1–11 月全国汽车产销量同比分别增长 3.5%、4.5%。计算机、通信和其他电子设备制造业出厂价格下降 1.2%，计算机出口价格下降主要受人民币贬值影响。

表 3　2021 年六大行业出厂价格同比指数

单位：%

项目名称	同比	贡献率	拉动力
总指数	103.2	--	--
#黑色金属冶炼和压延加工业	125.8	25.3	0.8
有色金属冶炼和压延加工业	123.1	26.7	0.9
化学原料和化学制品制造业	118.8	21.7	0.7
非金属矿物制品业	103.3	6.6	0.2
汽车制造业	100.0	0.00	0.0
计算机、通信和其他电子设备制造业	98.8	-9.2	-0.3

（四）九大类原材料购进价格全面上涨

2021 年，九大类原材料购进价格同比全面上涨。其中，化工原料类，木材及纸浆类，燃料、动力类，纺织原料类购进价格止跌上涨，涨幅分别为 16.0%、5.4%、4.4%、0.5%；有色金属材料类、黑色金属材料类、建筑材料类及非金属矿类、其他工业原材料及半成品类购进价格分别上涨 25.0%、15.7%、10.1%、2.3%，涨幅均比上年有所扩大；农副产品类购进价格上涨 2.9%，涨幅比上年回落 6.6 个百分点。

表 4　2021 年工业生产者购进价格同比指数

单位：%

项目名称	同比
总指数	107.2
(1)燃料、动力类	104.4
(2)黑色金属材料类	115.7
(3)有色金属材料类	125.0
(4)化工原料类	116.0
(5)木材及纸浆类	105.4
(6)建筑材料类及非金属矿类	110.1
(7)其他工业原材料及半成品类	102.3
(8)农副产品类	102.9
(9)纺织原料类	100.5

三、重庆工业生产者价格走势成因分析

（一）煤炭、钢材、铝材等大宗商品市场价格高涨

2021 年，随着经济持续回升，大宗商品市场需求相对提振，煤炭、钢材、铝材等需求回升。与此同时，在“能耗双控”、限电能源供应偏紧、安全环保检查等因素影响下，市场供应能力受限，供给端受到明显挤压。进口商品受国外疫情及国际政经关系等因素影响，进口量有所下降。此外，各国新一轮货币宽松引起的全球通货膨胀浪潮也在一定程度上助推大宗商品价格上涨。数据显示：从 2021 年 3 月起，全国动力煤、原油、铝、螺纹钢价格进入快速上涨通道，10 月价格达到近年新高，较年初分别上涨 119.2%、61.5%、50.2%、

36.8%[1]。11 月后，随着保供稳价政策效果持续显现，以及气温继续下降、基建房地产等施工逐步放缓，加之疫情反弹又进一步影响了市场需求，大宗商品价格陆续回落，但仍处于较高历史水平。

（二）经济整体继续回升

2021 年我国经济整体继续回升，年内经济增速虽持续下行，但年底时有所趋稳，后期有回升迹象。1–11 月固定资产投资额增长 5.2%、房地产投资增长 6.0%，均保持合理增速。1–12 月中国制造业采购经理指数（PMI）均值为 50.5%，高于 2019、2020 年全年均值。12 月份 PMI 为 50.3%，较上月上升 0.2 个百分点，连续 2 个月上升。从分项指数变化来看，生产活动保持上升，生产指数为 51.4%，连续 2 个月运行在 50% 以上；保供稳价措施成效继续扩大，购进价格指数为 48.1%，原材料价格冲高回落；市场需求趋稳回升，新订单指数为 49.7%，较上月上升 0.3 个百分点，连续 2 个月上升。

（三）翘尾因素影响

据测算，在 2021 年重庆工业生产者出厂价格总水平同比涨幅 3.2% 中，上年价格变动的翘尾因素约为 0.5 个百分点，新涨价因素约为 2.7 个百分点。

四、当前应密切关注的问题

（一）大宗商品价格剧烈波动，扰乱企业正常经营节奏

面对煤炭、原油、钢材、铝材等原材料剧烈波动，企业正常生产经营节奏被打乱。在原材料价格相对稳定时，企业有计划的接收订单、购买原材料，资金链正常流转。而在原材料价格持续大幅上涨时，企业面临涨价与否的两难抉择，企业生产、采购受到一定程度抑制。如果产品不涨价，可能出现企业生产越多、亏损越多的局面；如果产品涨价，高涨的价格可能降低下游客户的购货意愿，甚至在激烈的市场竞争下，贸然涨价会导致原有客户流失。部分资金宽裕的企业主动囤积一些原料，但同时也承担一定风险，如果原材料继续涨价，企业可以节约一定的成本，而一旦原材料价格下跌，企业反而增加了成本，得不偿失。

（二）能源价格接连上涨，企业生产成本易升难降

煤炭、原油、天然气、电作为工业企业生产的主要能源，其价格变化影响着企业的生产成本。2021 年，煤炭、原油价格暴涨，电力、天然气价格也出现上浮，基础能源价格上涨引起企业生产成本全面上升。部分企业特别是高能耗企业陆续感受到了基础能源价格上升带来的成本压力。如某石粉生产企业主要能源是电，用电成本占生产成本 25% 左右，电价上涨让企业的生产成本随之上涨，企业产品价格暂时不变，导致企业经营出现亏损。某化工生产企业的主要产品为精甲醇，主要原材料是天然气，主要消耗能源是电力。工业用电价格上调后，企业每月多支付电费 60 万元，成本上升导致企业利润受到影响。企业均表示，如果基础能源价格长期居高不下，企业无法自行消化上涨成本，届时只能择机上调产品价格，向下游转移压力。

（三）购销价格上涨不同步，“高进低出”持续存在

2021 年，重庆工业生产者价格同比持续呈现“高进低出”态势。1–11 月 IPI 与 PPI 之间的剪刀差由 0.1 个百分点扩大为 6.8 个百分点，12 月剪刀差收窄为 5.7 个百分点。“高进低出”持续存在，表明产业链上下游价格传导不畅，上游价格变动难以及时向下游传导，利润向上游企业集中，下游企业生产经营环境愈发艰难。作为自然资源相对匮乏的重庆，大部分加工企业处于产业链中下游，不得不面对“高进低出”情况。如某齿轮生产企业表示上游原材料价格高涨，但下游客户对产品价格敏感，只能慢慢调价以稳定客户，由此带来的损失只能由企业自己承担。

[1] 数据来源于商品价格网

五、重庆工业生产者价格后期走势与展望

2021 年，在疫情后期全球经济增速趋势性放缓、国际大宗商品价格持续暴涨、零星疫情多点散发以及自然灾害频发等不利因素的冲击下，我国经济整体回升，显示我国经济具备强大的韧性和活力。预计 2022 年，在统筹推进疫情防控和经济社会发展不放松的情况下，在宏观和微观政策有机结合、各项改革稳步推进的带动下，我国经济的韧性和活力将进一步展现。综合来看，2022 年重庆工业生产者价格将保持在合理区间运行，涨幅或将有所回落。

2021年重庆农业农村经济稳中有进

2021年，重庆认真贯彻落实习近平总书记对“三农”工作重要指示和中央一号文件精神，坚持农业农村优先发展，深入实施乡村振兴战略，抓实抓细重要农产品稳产保供，着力稳住农业基本盘、培育发展新动能，有效促进农业农村经济稳中有进、持续向好。

一、农业生产稳中向好

2021年，全市农林牧渔业总产值达2935.65亿元，按可比价计算增长9.4%。分行业看，农业产值1784.08亿元，增长5.6%；林业产值143.56亿元，增长12.9%；畜牧业产值814.23亿元，增长16.6%；渔业产值138.17亿元，增长4.9%；农林牧渔辅助行业产值55.61亿元，增长10.2%。分季度看，一季度增长13.0%、二季度增长9.1%、三季度增长8.8%、四季度增长7.8%，呈逐季回落态势。

（一）粮食生产稳定发展

2021年，重庆各级党委政府积极贯彻国家粮食安全战略，全面落实粮食安全党政同责，切实扛起粮食安全的政治责任，深入实施“藏粮于地、藏粮于技”战略，积极推动各项助农惠农措施精准到位，不断巩固提升粮食综合生产能力，有效保障粮食生产稳定发展。全年粮食总播种面积3019.79万亩（2013.19千公顷），同比增0.5%；总产量1092.84万吨，增1.1%；单产361.9公斤/亩，增0.5%。全年粮食喜获丰收，面积继续稳定在3000万亩（2000千公顷）以上、单产创历史新高、产量创自近13年新高，为“十四五”开好局、起好步提供了有力的支撑。

分收获季节看，夏粮播种557.75万亩（371.84千公顷），增0.4%；产量121.06万吨，增1.2%。秋粮播种2462.03万亩（1641.36千公顷），增0.5%；产量971.78万吨，同比增1.0%。

分品种看，水稻播种988.36万亩（658.91千公顷），增长0.2%；产量493.05万吨，增长0.8%。玉米播种665.65万亩（443.77千公顷），增长0.6%；产量254.56万吨，增长1.4%。大豆播种149.17万亩（99.45千公顷），增长1.3%；产量20.56万吨，增长1.7%。薯类播种999.88万亩（666.59千公顷），增长0.4%；产量289.31万吨（折粮），增长1.1%。此外，冬小麦播种面积28.02万亩（18.68千公顷），增长0.9%；产量6.15万吨，增长1.0%，实现了2008年以来的首次增长。

（二）蔬菜生产持续向好

近年来重庆积极优化蔬菜生产布局，做大做强“菜园子”规模，切实增强面向国计民生的蔬菜保供能力，“春淡”缺口已降到10万吨以下，“秋淡”已基本解决，供需紧平衡状态已基本形成。2021年重庆蔬菜收获面积1187.07万亩（791.38千公顷），同比增长2.5%；产量2184.33万吨，同比增长4.4%；单产1840.11公斤/亩，同比增长1.8%。

（三）特经作物较快发展

近年来，重庆各地持续发力扶持特色效益农业发展，尤其是乡村振兴战略规划落地实施、脱贫攻坚成效持续巩固，有效发掘了广大山区的资源优势，为发展经济作物生产培育了大量增长点，油料、水果、中药材等主要经济作物得到较快发展。在政策扶持、适宜气候等有利因素的推动下，2021年，油菜籽实现连续十五年增产，产量达52.4万吨，较上年同比增长2.0%。柑橘、李子等特色水果产业不断丰富品质、提升质量，进入了快速增长阶段。据初步统计，全年水果产量553.2万吨，增长7.8%。其中，园林水果产量

491.5 万吨，增长 8.6%；瓜果产量 61.7 万吨，增长 1.2%。

初步统计，茶叶产量 5.1 万吨，增长 5.8%。中草药材收获面积 186.9 万亩（124.6 千公顷），增长 5.1%。花椒收获面积 86.2 万亩（57.5 千公顷）），增长 6.7%；产量 8.2 万吨，增长 6.4%。

（四）生猪生产恢复到正常年份水平

经过近两年生猪规模养殖的大力发展，重庆生猪生产已经从非洲猪瘟疫情影响中完全恢复，特别是 2021 年万州德康、梁平东方希望等多个大型生猪养殖项目建成投产，生猪和能繁殖母猪存栏持续增长，已基本恢复到 2017 年同期水平。2021 年末，生猪存栏 1179.8 万头，同比增长 9.0%；其中能繁殖母猪存栏 116.1 万头，同比增长 6.3%。随着生猪产能的持续释放，2021 年生猪出栏 1806.9 万头，同比增长 26.0%，是 2016 年以来的最高水平。

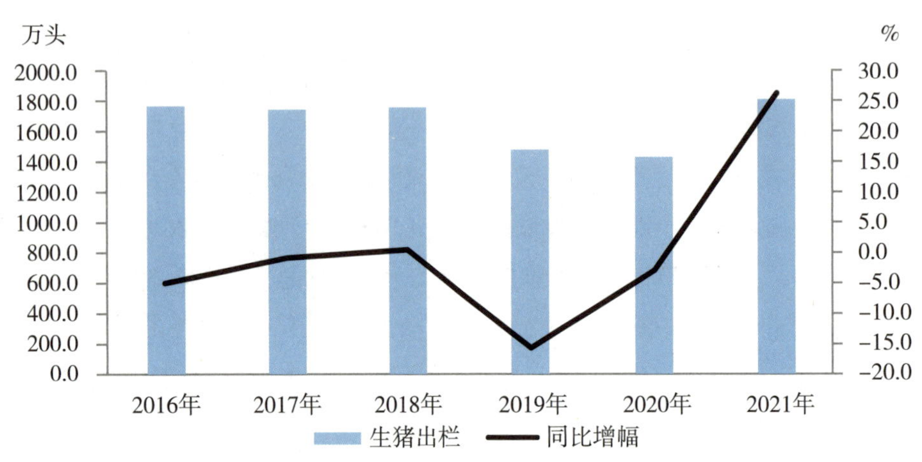

图 1　2016-2021 年重庆生猪出栏情况

（五）家禽、牛、羊生产稳定增长

2021 年，随着重庆家禽生产逐步适应禁止活禽宰杀后的新形势，家禽出栏 24077.6 万只，同比增长 5.3%；禽蛋产量 47.9 万吨，同比增长 4.7%。由于近年来价格持续处于高位，养殖效益较好，养殖积极性较高，牛羊生产保持平稳发展。2021 年，重庆牛出栏 57.2 万头，同比增长 3.0%；羊出栏 454.7 万只，同比增长 1.1%。

二、农产品价格逐季走低

2021 年，重庆市农产品生产者价格综合指数为 98.4，活猪价格的下跌是带动农产品生产者价格总指数走低的主要因素。分季度看，总指数呈现“由正转负，逐季走低”的走势。四个季度的当季指数分别为 109.0、97.6、97.3 和 91.2。从综合指数的构成来看，四大类农产品价格指数“两涨一平一跌”。种植业、渔业价格同比分别上涨 5.0%、22.2%，林产品价格保持稳定，畜牧业价格下跌 16.7%。

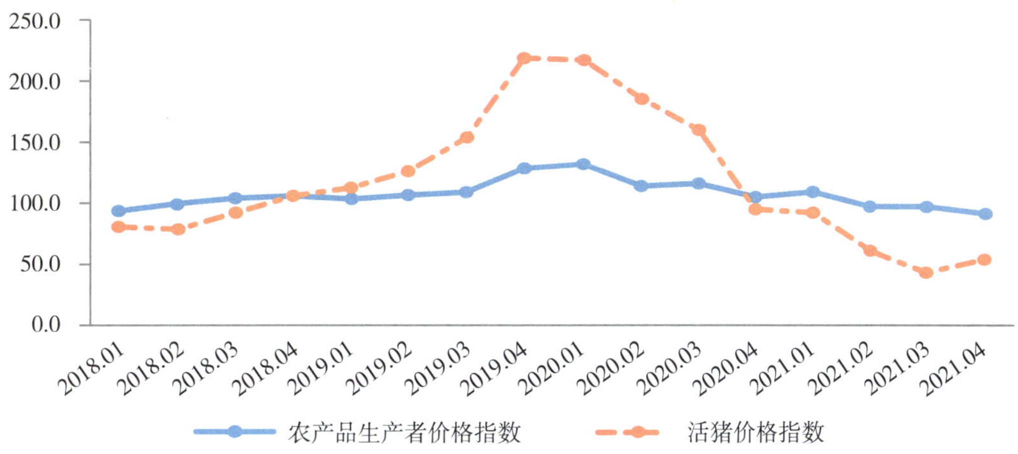

图 2　2018 年以来农产品生产者价格当季指数与活猪价格指数走势图

（一）生猪价格快速下跌

随着生猪产能的快速恢复，市场供求关系发生改变，生猪价格快速下跌，全年价格下跌 36.1%，带动总指数下跌 6.2 个百分点。分季看，前三季度加速下跌，价格同比分别下跌 8.1%、39.4% 和 55.9%，四季度活猪价格有所反弹，跌幅收窄至 45.7%。受活猪价格下跌传导影响，全年仔猪价格下跌 36.2%。

（二）主要谷物价格持续上涨

受国际粮价持续上涨、国内农资价格较快上涨和生猪生产快速恢复的影响，全年谷物价格同比上涨 13.4%，四个季度当季价格分别上涨 17.5%、25.7%、13.1% 和 7.3%。其中，稻谷价格同比上涨 7.1%，连续 6 个季度小幅上涨；玉米价格上涨 31.9%，连续 8 个季度上涨。

（三）蔬菜价格小幅上涨

蔬菜价格同比上涨 2.9%。分季度看，一季度因其他榨菜头主产省份减产，本地产榨菜头供不应求，价格大幅上涨 56.0%，带动一季度蔬菜价格上涨 39.0%。二季度，随着地产茄果类、瓜类、豆类等夏季蔬菜大量上市，蔬菜价格涨幅回落至 2.4%；三季度，蔬菜价格由涨转跌，下跌 2.3%；四季度，因全国大范围的降温、连续降雨给蔬菜生产造成了不利影响，供求关系发生变化，蔬菜价格上涨 2.7%。分品种看，叶菜类、根茎类、豆类、茄果类、莴苣类、水生蔬菜价格分别上涨 8.0%、7.5%、5.3%、10.5%、12.4% 和 6.2%，白菜类、甘蓝类、瓜菜类蔬菜价格分别下跌 16.5%、0.4%、11.9%。

（四）水果价格稳定上涨

水果价格同比上涨 3.1%。其中，柑橘类水果和李子作为重庆在市场上具有较好知名度和竞争力，且近年来重点发展的水果，价格稳定上涨，分别增长 1.5% 和 9.8%。

三、多种因素促进农业农村经济稳中有进

（一）农业气象总体较好，“稳”的条件持续有利

据气象部门统计，2021 年重庆平均气温 17.7 度，与常年相当；降水量 1309 毫米，较常年 1141 毫米偏多 1 成；日照时数 1116 小时，与常年相当。粮油作物生育期，光温水匹配好，农业气象条件总体利大于弊，属正常略偏好年景。大春播种育苗期光温水配合较好，移栽期水稻不缺栽秧水；春末夏初晴雨相间，高温强度低，持续时间短，无明显干旱，玉米苗势较好，水稻生长健壮、分蘖数多；生殖生长后期光热条件转好，无明显伏旱。

据市农业农村委调查，2021年重庆粮食受灾26.0万亩、成灾11.4万亩，绝收3.7万亩，分别同比减少59.8%、58.5%和44.9%；秋粮作物主要病虫害发生面积2195.8万亩次，同比减18.8%；防治面积1926.6万亩次，占发生面积的87.7%。

（二）政策措施落实到位，“稳”的基础不断夯实

1.严格落实粮食安全党政同责。近年来，重庆市委、市政府高度重视粮食生产工作，把确保粮食安全作为“三农”工作的首要任务，实施最严格的耕地保护制度，扎实推进粮食生产各项措施落地。市政府办公厅下发《重庆市人民政府办公厅关于防止耕地“非粮化”稳定粮食生产的实施意见》，有效稳定粮食生产。

2.统筹推进撂荒地综合利用。市农业农村委数据显示，2021年重庆盘活利用各类撂荒地59.7万亩，其中25.85万亩用于粮油生产。

3.持续推进高标准农田建设。2021年，在各级支出大幅压减的情况下，重庆共投入22.08亿元资金用于高标准农田建设。据农业部门统计，截止11月底，2021年重庆市新建高标准农田161万亩（107.3千公顷），累计建成高标准农田1462万亩（974.7千公顷）。

4.积极推进强农惠农政策落地。加强粮食生产社会化服务扶持、水稻玉米政策性保险等惠农力度，充分调动农民种粮积极性。2021年以来重庆及时兑付耕地地力补贴21.72亿元，以及2021年实际种粮农民一次性补贴3.3亿元和农机购置补贴0.72亿元，并继续实施230元/亩的种粮大户补贴。

（三）乡村振兴全面推进，“进”的动能不断汇集

1.乡村建设加快推进。启动实施农村人居环境整治提升五年行动，新（改）建农村卫生户厕5万座，实施危房改造5097户。新建“四好农村路”3230公里，农村地区实现光纤和4G网络全覆盖。

2.农村改革成效加快显现。一是农村土地制度改革稳妥推进。突出抓好合川区承担的全国第二轮土地承包到期后再延长30年试点，有序开展大足、永川、梁平区宅基地制度改革试点，稳步推进农村“三权”分置改革，发展适度规模经营，重庆土地流转率44.1%、规模经营集中度37.5%。二是积极探索农村集体经济有效发展路径，新完成16个村级集体经济组织、60个组级集体经济组织的产权制度改革，重庆98%的村实现了经营性收入，基本消除“空壳村”，43%的村年经营收入超过5万元。三是农村“三变”改革扩面深化。在68个乡镇全域推进，新增试点村1643个，试点范围稳步扩大到2234个村，占重庆行政村比重提高到24.3%，355万农民成为股东。

3.农村消费市场日益活跃。随着电子商务进农村和农产品出村进城深入推进，提振农村消费市场潜力的各项政策措施效果显现，城乡生产与消费实现多层次、有效衔接，农村消费市场的全面激活。2021年，重庆乡村市场实现社会消费品零售总额1980.50亿元，同比增长23.2%；两年平均增长13.0%，领先城镇4个百分点，乡村市场占全市消费品市场的比重由上年的13.6%提高到14.2%。

4.农业农村投资力度加大。围绕实施“十四五”农业农村发展规划，聚焦高标准农田、农产品仓储保鲜冷链物流设施、现代农业园区、乡村建设等领域，切实加大农业农村投资建设力度，把农业基础打得更牢，把“三农”短板补得更实，为促进乡村全面振兴提供坚实支撑。2021年，重庆第一产业投资同比增长15.7%，增速比第二、三产业快7.7和10.5个百分点。

5.科技创新扎实推进。加快建设西南特色作物种质资源库、区域性畜禽基因库。高标准建设国家生猪技术创新中心、长江上游种质创制科学设施等，荣昌区、潼南区创建全国农业科技现代化先行县。组建水产、畜禽、种植农业科技创新联盟。国家级重庆（荣昌）生猪大数据中心网上交易额累计超过1000亿元。

（四）产业融合加快发展，“进”的态势更加明显

1. 农产品加工业强力推进。累计培育 7 个 100 亿级、8 个 50 亿级农产品加工业示范园区，扶持 400 户农产品加工业示范企业，积极争创中国（重庆）国际农产品加工产业园。2021 年，除皮羽加工业外，重庆农产品加工业中的其余 15 个子行业全部实现正增长，共同支撑规模以上农产品加工业总产值同比增长 15.8%。

2. “农产品 + 互联网”取得实效。深入推进“互联网 +”农产品出村进城工程和品牌农产品网销行动，预计全年农产品网络零售额达 150 亿元、同比增长 15% 左右。积极培育忠县“柑橘网”，强化“数据 + 金融 + 电商”的平台运营管理模式，累计交易额达到 34 亿元；持续培育恒都牛肉等爆款电商品牌，截止 8 月底已实现销售额近 10 亿元；持续开展“益农优品”“一期一会”“品味二十四节气”“品味山地重庆”为主题的电商运营活动，多渠道助力农产品销售。

四、农业农村经济存在的主要问题

（一）产业基础还显薄弱，生产稳定性有待进一步提高

虽然近年来重庆在农业产业建设性建设上取得了一定成效，但受财政制约、自然环境影响，农业基础设施建设相对落后。特别是与农业农村现代化目标相比，问题更为突出。一是农业基础设施主要由政府主导，而重庆自然资源禀赋决定农业基础建设难度更大、投入成本更高，而近年来各级财政预算吃紧，相关资金存在较大缺口，有限的政府投入，并不能完全满足需求。二是由于农业基础设施建设大都属政府工程，是公益性基础设施建设工程，项目建设重心多放在工程建设上，建成后的管护资金普遍无保障，从而后期管护工作往往不到位，致使相关设施使用寿命缩短。三是高标准农田等基础设施工程招标往往采用最低价中标法，各标段中标价普遍偏低，加之全程严格监管高标准农田建设难度大，重庆农田水利设施实际建成标准相对不足。重庆已建成的高标准农田中仅有 1/3 达到“高标准”，加之近年自然灾害频繁、管护不到位等因素，耕地损毁、退化不同程度存在。

（二）农资价格上升，挤压农产品利润空间

随着疫情的持续蔓延，全球农资生产受挫，加之原油等农资原材料价格和企业生产成本上涨，化肥、柴油、种子、饲料等农资价格持续上涨，农业生产成本持续加大。市农业信息中心监测数据显示，第 50 周重庆市农资总体同比上涨 6.6%。具体来看，高浓度复合肥、0 号柴油、尿素、育肥猪饲料、豆粕和麦麸价格涨幅较大，分别同比上涨 11.9%、32.9%、11.7%、11.0%、10.1% 和 11.8%。农资价格的上涨增加了农业生产成本，在一定程度上弱化了支农惠农政策效应，压缩了农业产业增收空间。

五、对策建议

（一）强化基础设施建设，维持生产稳定

农业基础设施是农业现代化的根本保障，要深刻认识农业基础设施建设对保障初级农产品有效供给的极端重要性，以更大力度推动农业基础设施建设迈上新台阶。要引导各类社会主体投资参与，有效拓宽资金投入渠道；考虑山区地形地貌特点，分类制定不同区域、不同类型的投入标准，提升建设质量；并根据不同区县实际需求和财政状况，优化财政投入结构。要充分调动农村集体经济组织、经营主体等的管护积极性，探索社会化和专业化的多种水利工程管理模式，明确管护标准、经费来源、责任主体和监督主体，真正做到“建管并重”。要严格按照建设、验收的国家标准开展相关工作，坚持高标准治田、高强度配水、高效率统筹，不断提升农业基础设施建设质量和水平。

（二）稳定农业生产利润

1. 稳定农资市场。一方面要通过加大执法检查力度严厉打击农资囤积居奇，哄抬价格，串通涨价等推动农资价格过高上涨等不正当价格行为；另一方面要密切关注市场价格动态，实行市场与政府有机结合的价格调控机制，控制农资价格不合理上涨。

2. 稳定主要农产品价格。政府应加大履行农产品质量监控职能义务，应积极组织指导农产品的生产、流通和销售，并通过各种方式，不失时机地对市场供求进行调节。通过实施主要农产品最低收购价政策、给种地农户发放种粮补贴、适时收购冻储猪肉等，稳定农业生产和农产品价格。通过完善主要农产品现货市场、丰富农产品期货品种，指导农业生产，避免价格波动带来的损失。建立健全反映主要农产品价格周期波动各项制度，及时发现主要农产品价格波动预兆，并及时化解。

2021 年重庆畜牧生产形势良好

2021 年，重庆认真贯彻落实中央及全市农村工作会议精神，坚持将保障生猪等重要农产品有效供给作为政治任务，着力防疫情、稳产能、保供给、促转型，努力化解新冠肺炎和非洲猪瘟疫情对畜牧业的影响。制定多项扶持畜牧业发展的政策措施，加快畜禽重点产能建设，畜禽生产总体发展形势向好，尤其是生猪恢复超过预期，生猪出栏创近年新高，牛羊禽生产稳定发展，产量持续增加，肉蛋市场供给充足。2021 年重庆猪牛羊禽肉类总产量 193.3 万吨，同比增长 22.3%，其中猪肉产量 142.0 万吨，同比增长 30.5%；禽蛋产量 47.9 万吨，同比增长 4.7%。

一、畜牧生产发展总体形势良好

（一）生猪恢复超预期

经过近两年生猪规模养殖的大力发展，重庆生猪和能繁殖母猪存栏持续增长，生猪生产已经从前期非洲猪瘟疫情等影响中恢复。2021 年重庆生猪生产发展势头强劲，万州德康、梁平东方希望等多个大型生猪养殖项目建成投产，恢复和新增的产能集中释放。2021 年末，生猪存栏 1179.8 万头，同比增长 9.0%；其中能繁母猪存栏 116.1 万头，同比增长 6.3%。生猪和能繁母猪存栏基本恢复到 2017 年同期水平。全年生猪出栏 1806.9 万头，同比增长 26.0%，是 2016 年以来的最高水平。

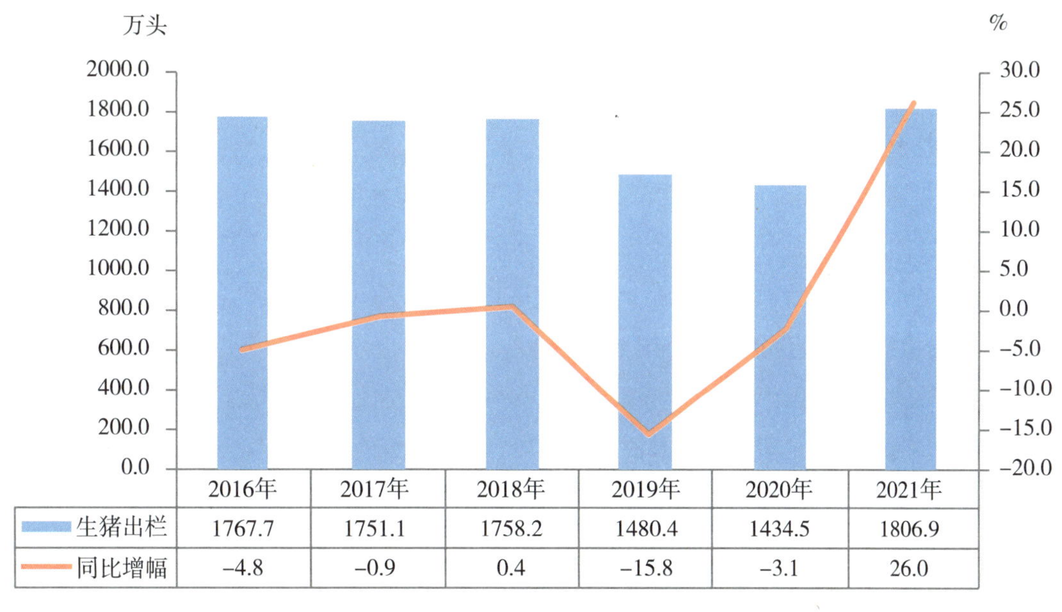

图 1　2016–2021 年重庆生猪出栏情况

（二）家禽产能持续提升

近年，重庆家禽饲养规模持续扩大，蛋鸡规模养殖“大起步”，家禽出栏量和禽蛋产量较快增长。2021 年末，家禽存栏 12049.8 万只，同比略降 2.7%，保持在近五年较高水平。全年家禽出栏 24077.6 万只，同比增长 5.3%；禽蛋产量 47.9 万吨，同比增长 4.7%，均创历史新高。

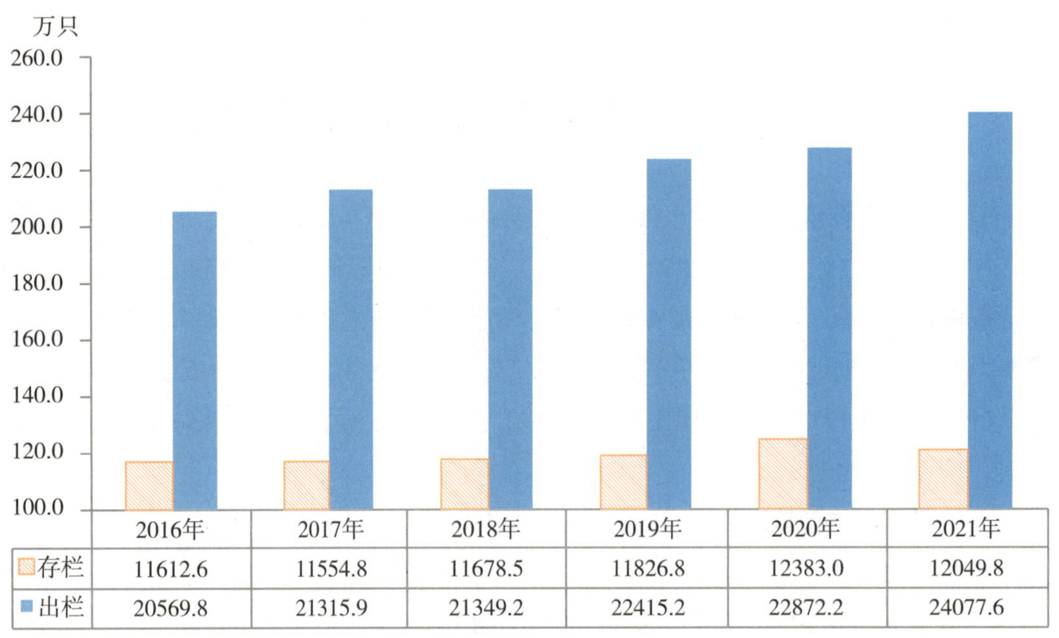

	2016年	2017年	2018年	2019年	2020年	2021年
存栏	11612.6	11554.8	11678.5	11826.8	12383.0	12049.8
出栏	20569.8	21315.9	21349.2	22415.2	22872.2	24077.6

图 2　2016–2021 年重庆家禽存、出栏情况

（三）牛羊生产平稳发展

近年来，牛羊价格持续处于高位，养殖效益较好，养殖户积极性较高，重庆牛羊生产呈现持续、稳定、健康发展的良好态势。2021 年，重庆牛出栏 57.2 万头，同比增长 3.0%；年末牛存栏 107.4 万头，同比增长 2.7%。羊出栏 454.7 万只，同比增长 1.1%；年末羊存栏 329.7 万只，同比增长 2.0%。

二、畜牧生产发展的主要特点

（一）政策扶持力度大

一是高度重视生猪稳产保供工作。市委、市政府主要领导和分管领导在市委农村工作会和全市农业工作会上多次强调部署，市政府召开 7 次专题会议进行研究。二是年初明确目标任务清单。市政府专门研究印发《2021 年各区县粮食生猪蔬菜和农产品加工业发展目标任务清单》，明确各区县目标任务。三是细化出台政策措施。出台《关于促进生猪产业持续健康发展政策举措的通知》《猪肉加工扶持政策措施》等文件，对能繁母猪更替、贷款贴息、肉产品加工等给予专项支持。四是加强协调调度。坚持生猪生产工作专班和市级生猪生产恢复协调机制，定期调度，及时分析预警，指导生猪生产平稳发展。出台《重庆市生猪产能调控实施方案（暂行）》。五是强化督查考核。开展生猪生产专项督查，将生猪生产纳入乡村振兴战略实绩考核指标实行扣分考核。

（二）现代山地畜牧业蓬勃发展

大力推动现代畜牧业加快转型，配套发展牛羊产业。制定《重庆市畜牧业“十四五”发展规划》及生猪、牛羊肉区域布局和生产供给方案、荣昌猪全产业链生产发展方案、制定山羊产业发展方案、万头奶牛发展方案、肉牛肉羊生产发展五年行动方案，建设饲草试验基地和优质饲草生产试验示范基地。规模化养殖不断提升，德康、天兆等大型企业在合川、荣昌等区县相继建设多层式楼房养猪；西南单体最大现代种猪场在合川、黔江区建成；丰都华裕 5000 万只肉鸡、铜梁兔管家 500 万只肉兔等基地相继投产。智慧畜牧业建设提速，国家（荣昌）生猪大数据中心、生猪交易市场、有牛网、蛋联通、重庆能繁母猪存栏指数等在全国反响热烈。全国第一个现代 AI 种猪场在合川德康建成，琪金集团实现生鲜猪肉工业化宰杀分割和产品质量全程追溯。

（三）持续推进绿色生态发展

坚决贯彻以农业供给侧结构性改革为主线，以绿色发展为导向，采取一系列措施，大力整治畜禽养殖污染。全年印发了《关于进一步做好畜禽粪污资源化利用工作的通知》，加强畜禽粪污资源化利用日常指导；持续抓好项目实施，推进秀山县非畜牧大县畜禽粪污资源化利用整县推进项目实施；开展畜禽粪污资源化利用延伸绩效考核；开展畜禽粪污处理设施运行问题专项整治及全市农业面源污染突出问题整改专项督察。坚持绿色发展理念，发展适度规模化养殖，推广家庭农场等新型农业经营方式。

三、需关注的问题

（一）价格大幅波动影响生产生活

2019 年受非洲猪瘟疫情影响后，生猪生产急剧下降，猪价大幅上涨创下历史新高，对居民生活消费造成较大影响。2020 年猪价保持在 30 元 / 公斤以上的高位运行。2021 年，重庆生猪价格大幅波动：从年初的 38.2 元 / 公斤降到 10 月上旬的年度最低价 12.9 元 / 公斤，是 2019 年 11 月的最高价 41.8 元 / 公斤的 30.9%。随着生猪产能的快速恢复，2021 年生猪出栏总量达到 1806.9 万头的新高峰，生猪供应充足，猪价面临下行压力，需警惕新一轮猪价下降导致养殖业结构调整，对生产生活造成影响

（二）抵御风险能力不强

动物疫病一直是影响畜牧生产的重大因素。高致病性蓝耳病、H7N9 流感等疫情曾给畜牧行业造成冲击，非洲猪瘟病毒进入中国后，更是对生猪产业造成巨大威胁，并且这种威胁将长期存在，其他人畜疫情也可能对畜牧生产造成直接或间接影响。同时，基层畜牧兽医人员力量不足、散户饲养环境复杂、生产管理方式不够先进等都加大了动物疾病防控难度。

（三）规模化程度有待进一步提升

与发达地区相比，重庆畜牧业规模化发展仍然相对滞后。在广大农村地区，小规模散养依然占有较大比重，散养户的养殖设施设备简陋、技术水平不高、没有统一操作标准，生物安全、防疫安全意识不强，使得生产效率较低，抗风险能力不强，畜牧产品竞争能力偏弱。

（四）畜禽种业体系不健全

重庆畜禽种质水平整体不高，与全国平均水平及发达国家的差距很大，缺乏竞争力。种畜禽企业综合实力不强，缺乏能带动一批基地、一个产业、一方经济的引领龙头企业。本地优良畜牧品种没有得到充分的开发利用，牛、羊等的本地供种能力还不足，大部分畜牧原种主要依靠从外部引进，外部依赖度大。

（五）畜禽养殖成本较高

基础设施、环保、人工、饲料等成本越来越高。畜牧养殖饲料中最主要的玉米和豆粕、小麦麸、鱼粉等配料都需要外调或进口。草食牲畜尤其是奶牛养殖需要的优质牧草在重庆本地也比较缺乏。因此造成重庆畜牧养殖饲料的外部依赖性较高，饲料成本相对较高。

四、建议

（一）持续稳定生猪生产

巩固延续现有政策成果，深化拓展土地、财政、金融、市场调控等政策措施，持续推进生猪养殖业高质量发展。用先进的生产理念，先进的生产手段，先进的养殖技术改造传统畜牧业，实现畜牧业发展的规模化、标准化、产业化、生态化。

（二）加快牛羊禽产业发展

结合各地资源条件和养殖基础，发挥比较优势。引进国内外优良品种进行杂交改良，优化种群结构；重点发展蛋鸡、生态土鸡和水禽；引导规模养殖场户加强牛羊养殖和扩繁，走“小群体、大规模”路子。充分发挥区县的地缘、交通、资源、区域和产业等优势，提高畜牧优势产业技术层次和加工深度。

（三）加大力度推进种养循环

大力推进绿色种养循环农业发展，积极促进形成可复制可推广的养殖场户、服务组织和种植主体紧密衔接的绿色循环农业发展模式，扎实推进粪肥还田、种养结合工作，提升畜禽粪污综合利用率，有效促进化肥减量增效、耕地质量提升和农产品品质提升，形成畜禽养殖废弃物资源化利用“重庆模式”。

（四）全力打造畜牧业全产业链

依托现代畜牧业示范区、现代农业园区，鼓励大型龙头企业建设规模化、标准化养殖基地，推动饲料生产、养殖、屠宰、加工和销售等产业融合发展，着力构建一二三产业融合发展的现代畜牧业体系，增强市场调控能力和抗风险能力。

（五）健全畜牧业支持保护体系

制定支持现代畜牧业高质量发展的财政倾斜政策，建立长期稳定的财政支持投入机制，发挥补贴引导作用，扩大农业保险范围，建立风险防范机制，创新完善金融服务，引导各类金融机构加大信贷支农力度，增加畜牧业金融服务，发挥扶持资金在畜牧业高质量发展中的引导和支撑作用。

（六）加强对畜产品市场的监测预警

建立完善科学高效的监测、分析、预警等机制，加强对畜牧业生产与市场价格的动态监测，密切关注畜产品市场形势的变化，完善信息发布制度，定期发布市场预警信息，充分发挥政府信息对畜产品产销的调控引导作用。

2021 年重庆农民工总量同比增长 2.7%

2021 年，重庆深入贯彻落实习近平总书记对重庆提出的重要指示要求和党中央决策部署，扎实统筹推进疫情防控和经济高质量发展，扎实做好“六稳”工作，全面落实“六保”任务，全市疫情防控基本面良好，经济继续保持恢复态势，就业形势总体稳定、稳中向好，农民工总量比上年增长 2.7%。

一、农民工总量恢复性增长

据国家统计局核定数据显示，2021 年重庆农民工总量为 756.3 万人，比 2020 年增长 2.7%，比 2019 年减少 0.4%。数量恢复到接近 2019 年水平。

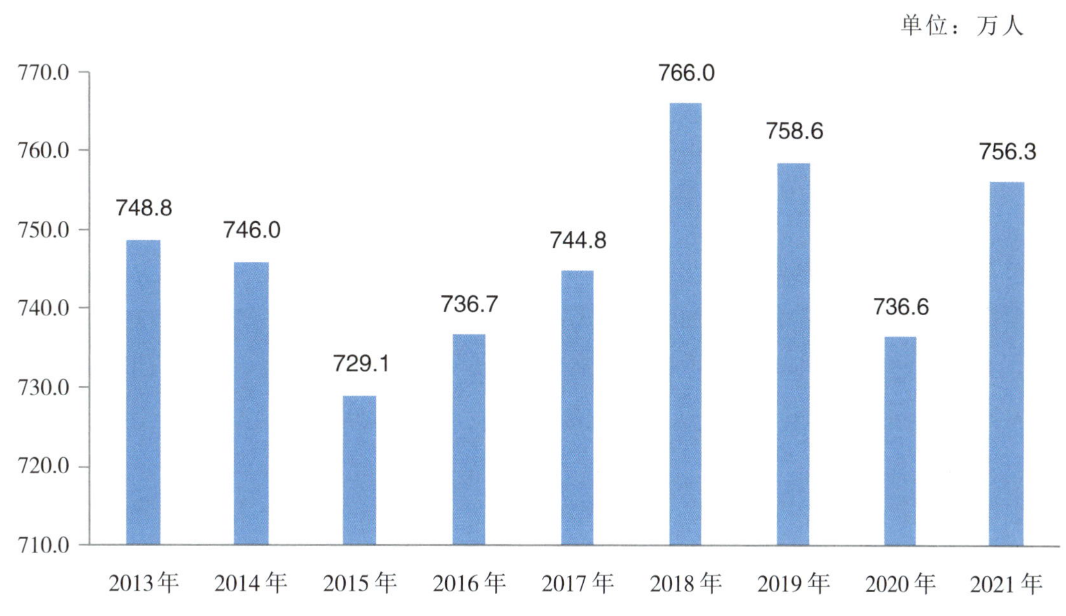

图 1　2013–2021 年重庆全市农民工数量

二、乡内农民工稳步增加，乡外农民工逐年减少

2021 年，重庆市围绕农民工就业创业，采取了一系列政策措施，从稳定就业岗位、提升农民工职业技能、扶持农民工返乡创业等方面大力促进农民工在市内就近就业。乡内从业农民工 242.7 万人，比 2020 年增长 13.4%，比 2019 年增长 12.0%；乡外从业农民工 513.6 万人，比 2020 年减少 1.7%，比 2019 年减少 5.2%。从近四年数据看，总体呈现乡内从业农民工数量稳步增加、外出农民工数量逐年减少的趋势。

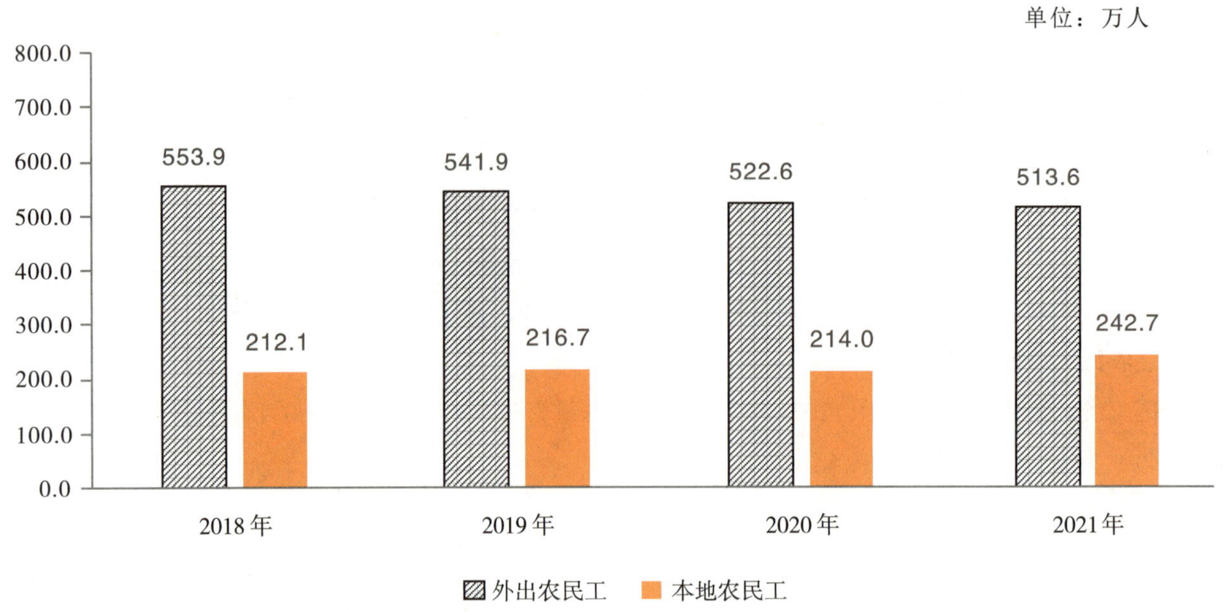

图 2　2018-2021 年重庆乡内与乡外农民工数量

三、农民工年龄结构趋于高龄化

随着城镇化进程和人口老龄化程度加深，重庆农民工也逐步呈现高龄化趋势。2021 年重庆农民工中，16–29 岁、30–50 岁和 51 岁以上人群所占比重分别为 16.0%、53.2% 和 30.7%。从近四年数据看，30–50 岁人群占比仍保持在 50% 以上，51 岁以上人群占比逐年上升，而 16–29 岁年轻人群占比逐年下降。

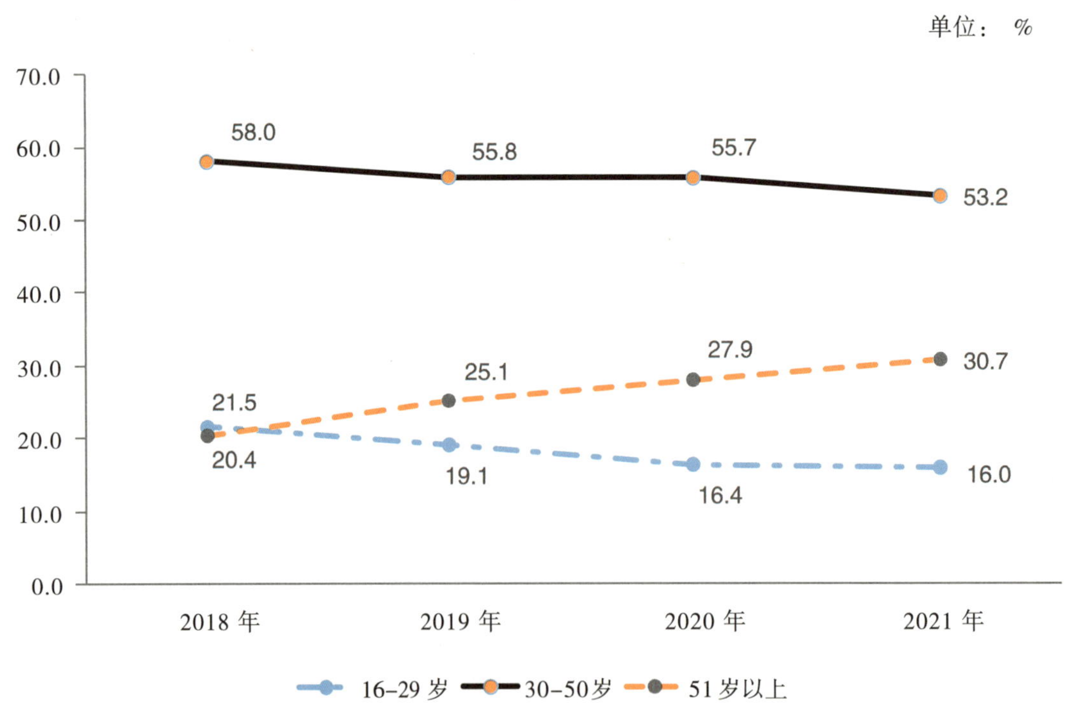

图 3　2018-2021 年重庆农民工各年龄分组占比

四、农民工受教育程度稳步提高

2021 年，重庆农民工中具有大学专科、大学本科和研究生文化程度的人群占比分别为 7.0%、3.0% 和 0.1%，其中大学专科和大学本科占比分别较 2020 年提高 0.2 和 0.7 个百分点。

表 1　近两年重庆农民工受教育程度各分组占比

单位：%

受教育程度	2021年	2020年	增减幅度
未上过学	0.1	0.1	0.0
小学	16.4	17.0	–0.6
初中	56.3	56.6	–0.3
高中	17.0	17.0	0.0
大学专科	7.0	6.8	0.2
大学本科	3.0	2.3	0.7
研究生	0.1	0.1	0.0

二 综合

Comprehensive Statistics

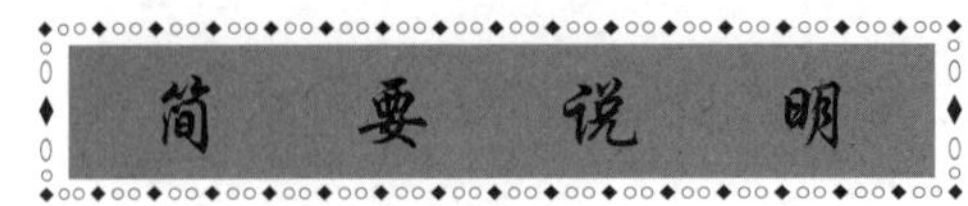

简要说明

一、本篇主要内容

本篇资料反映重庆行政区划、人口分布、就业情况、地区生产总值、财政收入与支出、金融机构存贷款等基本情况。

二、数据来源

（一）户籍人口与常住人口

主要内容包括全市及各区县户籍人口、常住人口数及其分布情况。户籍统计人口资料由市公安局提供；常住人口资料由市统计局提供。

（二）就业人员

主要内容包括全市就业人员数及其结构。就业人员资料由市统计局提供。

（三）地区生产总值（GDP）

主要内容包括全市地区生产总值、构成，各区县地区生产总值、构成及指数。地区生产总值资料由市统计局提供。

（四）财政收入与支出

主要内容包括全市财政收入和支出情况。由市统计局根据市财政局的有关资料整理编辑。

（五）金融机构存贷款

主要内容包括全市金融机构（含外资）存贷款年末余额。资料来源于中国人民银行重庆营管部。

2-1 行政区划（2021 年）
Divisions of Administrative Areas（2021）

单位：个（unit）

地　　区	Region	乡 Townships	镇 Towns	街道办事处 Street Communities	居委会 Neighborhood Committees	村委会 Village Committees
全市总计	**Total**	**147**	**625**	**245**	**3273**	**7954**
万州区	Wanzhou District	9	27	14	197	413
黔江区	Qianjiang District	6	18	6	81	138
涪陵区	Fuling District	2	14	11	120	303
渝中区	Yuzhong District	0	0	11	79	0
大渡口区	Dadukou District	0	3	5	62	32
江北区	Jiangbei District	0	3	9	111	13
沙坪坝区	Shapingba District	0	4	18	112	48
九龙坡区	Jiulongpo District	0	4	9	111	48
南岸区	Nan'an District	0	7	8	102	48
北碚区	Beibei District	0	8	9	86	104
渝北区	Yubei District	0	11	11	184	173
巴南区	Ba'nan District	0	14	9	115	198
长寿区	Changshou District	0	12	7	49	221
江津区	Jiangjin District	0	25	5	126	175
合川区	Hechuan District	0	23	7	97	322
永川区	Yongchuan District	0	16	7	56	207
南川区	Nanchuan District	2	29	3	60	184
綦江区	Qijiang District	0	16	5	79	302
綦江区(不含万盛)	Qijiang District (excluding Wansheng)	0	8	3	36	246
大足区	Dazu District	0	21	6	106	203
璧山区	Bishan District	0	9	6	60	131
铜梁区	Tongliang District	0	23	5	67	266
潼南区	Tongnan District	0	20	3	96	208
荣昌区	Rongchang District	0	15	6	64	92
开州区	Kaixian District	5	27	8	112	423
梁平区	Liangping District	2	26	5	74	269
武隆区	Wulong District	8	10	4	30	184
城口县	Chengkou County	13	10	2	31	173
丰都县	Fengdu County	5	23	2	76	261
垫江县	Dianjiang County	2	22	2	79	222
忠　县	Zhongxian County	5	19	4	92	280
云阳县	Yunyang County	6	31	4	98	380
奉节县	Fengjie County	7	18	4	78	314
巫山县	Wushan County	11	11	2	39	301
巫溪县	Wuxi County	11	19	2	41	288
石柱土家族自治县	Shizhu County	13	17	3	38	204
秀山土家族苗族自治县	Xiushan County	4	18	5	66	202
酉阳土家族苗族自治县	Youyang County	18	19	2	8	270
彭水苗族土家族自治县	Pengshui County	18	18	3	59	237

2–2 户籍人口与常住人口（1978–2021 年）
Household Registered Population and Resident Population（1978–2021）

单位：万人、%（10000 persons, %）

年份 Year	户籍总人口 Household Registered Population	农业 Agriculture	非农业 Non-agriculture	常住人口 Resident Population	城镇 Urban	乡村 Rural	城镇化率 Rate of Urban Population
1978	2635.56	2304.66	330.90				
1980	2664.79	2291.51	373.28				
1985	2768.26	2310.89	457.37				
1987	2845.14	2370.06	475.08				
1988	2873.34	2390.36	482.98				
1989	2897.01	2405.25	491.76				
1990	2920.90	2427.92	492.98				
1991	2938.99	2439.61	499.38				
1992	2950.78	2438.94	511.84				
1993	2964.92	2438.27	526.65				
1994	2985.59	2440.41	545.18				
1995	3001.77	2442.33	559.44				
1996	3022.77	2445.65	577.12	2875.30	848.21	2027.09	29.5
1997	3042.92	2448.34	594.58	2873.36	890.74	1982.62	31.0
1998	3059.69	2445.66	614.03	2870.75	935.86	1934.89	32.6
1999	3072.34	2437.18	635.16	2860.37	981.11	1879.26	34.3
2000	3091.09	2430.20	660.89	2848.82	1013.88	1834.94	35.6
2001	3097.91	2408.39	689.52	2829.21	1058.12	1771.09	37.4
2002	3113.83	2392.38	721.45	2814.83	1123.12	1691.71	39.9
2003	3130.10	2376.18	753.92	2803.19	1174.55	1628.64	41.9
2004	3144.23	2358.40	785.83	2793.32	1215.42	1577.90	43.5
2005	3169.16	2351.88	817.28	2798.00	1265.95	1532.05	45.2
2006	3198.87	2353.44	845.43	2808.00	1311.29	1496.71	46.7
2007	3235.32	2358.35	876.97	2816.00	1361.35	1454.65	48.3
2008	3257.05	2349.67	907.38	2839.00	1419.09	1419.91	50.0
2009	3275.61	2326.92	948.69	2859.00	1474.92	1384.08	51.6
2010	3303.45	2196.45	1107.00	2884.62	1529.55	1355.07	53.0
2011	3329.81	2052.17	1277.64	2944.43	1603.83	1340.60	54.5
2012	3343.44	2026.19	1317.25	2974.88	1686.46	1288.42	56.7
2013	3358.42	2014.37	1344.05	3011.03	1757.53	1253.50	58.4
2014	3375.20	2003.08	1372.12	3043.48	1820.00	1223.48	59.8
2015	3371.84	1980.82	1391.02	3070.02	1889.01	1181.01	61.5
2016	3392.11	1776.60	1615.51	3109.96	1969.84	1140.12	63.3
2017	3389.82	1753.01	1636.81	3143.51	2042.34	1101.17	65.0
2018	3403.64	1747.92	1655.72	3163.14	2104.45	1058.69	66.5
2019	3416.29	1738.50	1677.79	3187.84	2172.52	1015.32	68.2
2020	3412.71	1731.44	1681.27	3208.93	2229.08	979.85	69.5
2021	3414.66	1722.04	1692.61	3212.43	2259.13	953.30	70.3

注：2016 年户籍人口取消农业和非农业划分，改用乡村与城镇进行划分。

Note:The agriculture and non-agriculture population of household registration from 2016 adopted the classification of urban and rural population.

2-3 各区县户籍人口与常住人口（2021 年）
Household Registered Population and Resident Population by Region of Chongqing （2021）

单位：万人、%（10000 persons, %）

地 区	Region	户籍总人口 Household Registered Population	城镇人口 Urban Population	乡村人口 Rural Population	常住人口 Resident Population	城镇化率 Rate of Urban Population
全 市	**Total**	**3414.66**	**1692.61**	**1722.04**	**3212.43**	**70.32**
主城都市区	The city proper of Chongqing	1736.80	1074.05	662.76	2118.63	79.23
中心城区	The central urban area of Chongqing	728.37	612.74	115.63	1038.99	93.13
主城新区	The new area of Chongqing city proper	1008.44	461.31	547.13	1079.64	65.86
渝东北三峡库区城镇群	The city cluster of Three-Gorges Reservoir area in northeast Chongqing	1079.73	388.12	691.61	807.62	53.78
渝东南武陵山区城镇群	The city cluster of Wuling Mountain area in southeast Chongqing	373.51	120.39	253.12	286.18	51.06
万州区	Wanzhou District	171.47	70.65	100.82	156.87	69.64
黔江区	Qianjiang District	55.52	22.16	33.37	48.86	60.27
涪陵区	Fuling District	113.34	51.93	61.40	111.92	72.71
渝中区	Yuzhong District	49.10	49.10	0.00	58.83	100.00
大渡口区	Dadukou District	28.63	28.63	0.00	42.42	97.78
江北区	Jiangbei District	64.69	63.05	1.64	92.95	99.29
沙坪坝区	Shapingba District	93.42	84.26	9.16	148.34	97.00
九龙坡区	Jiulongpo District	99.46	84.51	14.94	152.90	94.03
南岸区	Nan'an District	79.54	74.59	4.94	120.40	96.90
北碚区	Beibei District	65.13	47.45	17.69	83.79	87.29
渝北区	Yubei District	152.20	120.76	31.44	220.58	89.70
巴南区	Ba'nan District	96.21	60.40	35.81	118.78	83.90
长寿区	Changshou District	87.49	38.34	49.15	69.22	70.64
江津区	Jiangjin District	147.31	70.50	76.81	136.28	61.16
合川区	Hechuan District	149.32	72.91	76.40	124.25	64.32
永川区	Yongchuan District	113.86	52.15	61.71	114.92	71.14
南川区	Nanchuan District	68.18	26.91	41.27	57.31	61.66
綦江区	Qijiang District	117.55	58.59	58.96	101.28	68.40
#綦江区（不含万盛）	Qijiang District (excluding Wansheng)	91.35	40.17	51.18	77.65	65.05
大足区	Dazu District	107.06	51.46	55.59	83.64	61.54
璧山区	Bishan District	65.45	34.69	30.76	75.84	71.86
铜梁区	Tongliang District	84.55	40.33	44.22	68.94	62.85
潼南区	Tongnan District	94.60	30.87	63.73	69.04	59.50
荣昌区	Rongchang District	84.35	42.68	41.67	67.00	60.84
开州区	Kaizhou District	166.92	64.05	102.86	120.47	51.61
梁平区	Liangping District	91.69	37.71	53.98	64.54	51.08
武隆区	Wulong District	40.69	11.94	28.75	35.65	50.49
城口县	Chengkou County	24.99	7.18	17.81	19.80	41.77
丰都县	Fengdu County	80.28	24.76	55.52	55.60	50.20
垫江县	Dianjiang County	95.49	40.70	54.80	64.99	50.25
忠 县	Zhongxian County	96.23	33.45	62.78	72.15	50.01
云阳县	Yunyang County	132.27	46.51	85.76	93.09	54.03
奉节县	Fengjie County	104.35	28.13	76.22	74.73	50.96
巫山县	Wushan County	62.53	15.98	46.54	46.42	44.68
巫溪县	Wuxi County	53.52	19.00	34.52	38.96	40.91
石柱县	Shizhu County	54.61	16.34	38.27	38.80	58.84
秀山县	Xiushan County	67.32	21.59	45.73	49.63	46.95
酉阳县	Youyang County	85.31	27.80	57.51	60.72	43.41
彭水县	Pengshui County	70.06	20.57	49.49	52.52	49.85

2-4 就业人员及就业结构（1985-2021 年）
Number of Employed Persons and Its Composition （1985-2021）

单位：万人（10000 persons）

年份 Year	就业人员总计 Total Employed Persons	按产业分 By Industry			按城乡分 By Urban and Rural Areas	
		第一产业 Primary Industry	第二产业 Secondary Industry	第三产业 Tertiary Industry	城镇 Urban Areas	乡村 Rural Areas
1985	1432.03	1042.22	223.37	166.44	269.37	1162.66
1986	1469.13	1048.32	241.66	179.15	275.35	1193.78
1987	1507.33	1064.06	258.93	184.34	282.39	1224.94
1988	1512.49	1056.49	262.83	193.17	288.70	1223.79
1989	1540.03	1082.41	263.81	193.81	291.29	1248.74
1990	1569.34	1103.04	263.86	202.44	296.92	1272.42
1991	1620.67	1130.47	275.72	214.48	307.87	1312.80
1992	1662.58	1118.59	277.77	266.22	313.51	1349.07
1993	1658.95	1088.70	287.88	282.37	310.05	1348.90
1994	1729.55	1062.90	301.13	365.52	326.75	1402.80
1995	1709.26	1018.30	310.88	380.08	347.06	1362.20
1996	1719.43	1001.89	320.31	397.23	463.98	1255.45
1997	1715.40	989.07	313.77	412.56	483.74	1231.66
1998	1710.97	979.48	303.18	428.31	505.22	1205.75
1999	1699.06	959.71	296.12	443.23	518.40	1180.66
2000	1661.16	920.92	290.23	450.01	528.97	1132.19
2001	1616.08	870.52	287.31	458.25	539.80	1076.28
2002	1551.77	801.04	285.09	465.64	549.17	1002.60
2003	1499.99	742.90	280.83	476.26	560.28	939.71
2004	1471.34	704.22	280.73	486.39	573.97	897.37
2005	1456.30	678.32	283.08	494.90	589.27	867.03
2006	1454.77	664.35	286.46	503.96	602.99	851.78
2007	1468.87	658.52	294.43	515.92	631.65	837.22
2008	1492.43	652.19	307.66	532.58	665.74	826.69
2009	1513.00	638.08	326.04	548.88	696.82	816.18
2010	1551.03	603.85	351.86	595.32	743.30	807.73
2011	1587.04	568.95	390.80	627.29	787.70	799.34
2012	1605.89	531.18	422.73	651.98	835.70	770.19
2013	1618.69	495.08	452.21	671.40	869.50	749.19
2014	1632.12	463.78	464.48	703.86	902.35	729.77
2015	1647.41	440.30	473.70	733.41	935.50	711.91
2016	1658.32	419.19	476.66	762.47	976.13	682.19
2017	1659.33	402.91	461.68	794.74	1004.52	654.81
2018	1663.23	390.62	442.56	830.05	1032.46	630.77
2019	1668.16	381.48	434.06	852.62	1068.58	599.58
2020	1676.01	378.00	421.00	877.01	1100.12	575.89
2021	1668.27	366.16	426.83	875.28	1108.23	560.04

2-5 地区生产总值（1978-2021年）
Gross Domestic Product and Its Composition （1978-2021）

单位：亿元、%、元（100 million yuan, %, yuan）

年份 Year	本市生产总值 Gross Domestic Product	按产业分 By Industry			分产业比重 Proportion by Industry			本市人均生产总值（元） Per Capita GDP
		第一产业 Primary Industry	第二产业 Secondary Industry	第三产业 Tertiary Industry	第一产业 Primary Industry	第二产业 Secondary Industry	第三产业 Tertiary Industry	
1978	71.70	24.81	34.46	12.43	34.6	48.1	17.3	287
1979	80.98	28.79	38.21	13.98	35.6	47.2	17.2	321
1980	90.68	32.57	42.42	15.69	35.9	46.8	17.3	357
1981	97.20	36.32	43.69	17.19	37.4	44.9	17.7	379
1982	108.08	40.62	47.14	20.32	37.6	43.6	18.8	419
1983	120.01	45.44	50.56	24.01	37.9	42.1	20.0	461
1984	141.64	50.66	60.63	30.35	35.8	42.8	21.4	542
1985	164.32	53.73	73.49	37.10	32.7	44.7	22.6	624
1986	184.60	60.06	81.38	43.16	32.5	44.1	23.4	694
1987	206.73	62.69	90.77	53.27	30.3	43.9	25.8	766
1988	261.27	75.00	117.61	68.66	28.7	45.0	26.3	958
1989	303.75	81.99	135.84	85.92	27.0	44.7	28.3	1103
1990	327.75	100.40	135.62	91.73	30.6	41.4	28.0	1181
1991	374.63	109.49	154.28	110.86	29.2	41.2	29.6	1340
1992	462.47	117.28	195.10	150.09	25.4	42.2	32.4	1645
1993	611.05	141.99	273.64	195.42	23.2	44.8	32.0	2165
1994	838.14	196.19	379.43	262.52	23.4	45.3	31.3	2951
1995	1130.60	264.19	497.13	369.28	23.4	44.0	32.6	3957
1996	1326.40	287.56	575.20	463.64	21.7	43.4	34.9	4613
1997	1525.26	307.21	658.77	559.28	20.1	43.2	36.7	5306
1998	1622.42	300.89	685.83	635.70	18.5	42.3	39.2	5649
1999	1687.81	286.16	709.74	691.91	17.0	42.1	40.9	5890
2000	1822.06	280.45	774.63	766.98	15.4	42.5	42.1	6383
2001	2014.59	290.10	859.92	864.57	14.4	42.7	42.9	7096
2002	2279.80	312.57	981.32	985.91	13.7	43.0	43.3	8079
2003	2615.57	332.86	1164.12	1118.59	12.7	44.5	42.8	9311
2004	3059.54	420.43	1392.55	1246.56	13.7	45.5	40.8	10934
2005	3448.35	455.08	1559.17	1434.10	13.2	45.2	41.6	12335
2006	3900.26	379.68	1873.42	1647.16	9.7	48.0	42.3	13915
2007	4770.72	469.43	2237.30	2063.99	9.8	46.9	43.3	16966
2008	5899.49	555.05	2651.79	2692.65	9.4	44.9	45.7	20865
2009	6651.22	581.05	3016.81	3053.36	8.7	45.4	45.9	23346
2010	8065.26	649.48	3624.12	3791.66	8.1	44.9	47.0	28084
2011	10161.17	794.14	4571.26	4795.77	7.8	45.0	47.2	34864
2012	11595.37	879.67	5308.14	5407.56	7.6	45.8	46.6	39178
2013	13027.60	941.24	5988.62	6097.74	7.2	46.0	46.8	43528
2014	14623.78	990.75	6774.58	6858.45	6.8	46.3	46.9	48307
2015	16040.54	1067.72	7208.01	7764.81	6.7	44.9	48.4	52476
2016	18023.04	1236.98	7765.38	9020.68	6.9	43.1	50.0	58327
2017	20066.29	1276.09	8455.02	10335.18	6.4	42.1	51.5	64176
2018	21588.80	1378.68	8842.23	11367.89	6.4	41.0	52.6	68464
2019	23605.77	1551.59	9391.96	12662.22	6.6	39.8	53.6	74337
2020	25041.43	1803.54	9969.55	13268.34	7.2	39.8	53.0	78294
2021	27894.02	1922.03	11184.94	14787.05	6.9	40.1	53.0	86879

注：1.本表人均地区生产总值按常住人口计算。2.1991年以来的历史数据根据全国第四次经济普查结果修订。

Note: 1.The per capita GDP hereof is calculated by registered population. 2.Historical data since 1991 has been adjusted according to the result of the 4th National Economic Census.

2-6 各区县生产总值指数（2021 年）
Indices of Gross Domestic Product by Region of Chongqing（2021）

单位：%（%）

区县	Region	地区生产总值指数（可比价） Indices of GDP (constant prices)	第一产业 Primary Industry	第二产业 Secondary Industry	第三产业 Tertiary Industry	人均地区生产总值指数 Indices of Per Capita GDP
全 市	**Total**	**108.3**	**107.8**	**107.3**	**109.0**	**107.8**
主城都市区	The city proper of Chongqing	108.0	106.9	107.3	108.7	107.4
中心城区	The central urban area of Chongqing	108.0	103.5	108.4	107.9	107.0
主城新区	The new area of Chongqing city proper	108.0	107.4	106.6	110.0	107.8
渝东北三峡库区城镇群	The city cluster of three gorges reservoir area in northeast Chongqing	109.1	108.8	107.6	110.3	109.0
渝东南武陵山区城镇群	The city cluster of Wuling mountain area in southeast Chongqing	107.6	107.2	107.0	108.1	107.7
万州区	Wanzhou District	108.4	112.0	104.4	109.6	108.2
黔江区	Qianjiang District	107.8	110.2	105.7	108.7	107.5
涪陵区	Fuling District	108.7	106.4	106.7	112.0	108.2
渝中区	Yuzhong District	106.1	100.0	101.5	106.5	106.8
大渡口区	Dadukou District	108.8	102.5	113.7	105.0	107.6
江北区	Jiangbei District	108.5	103.3	107.6	108.7	108.1
沙坪坝区	Shapingba District	107.5	106.6	106.3	108.1	106.5
九龙坡区	Jiulongpo District	109.2	97.3	107.4	110.3	108.4
南岸区	Nan'an District	106.2	101.7	105.0	107.0	105.0
北碚区	Beibei District	108.9	101.6	110.1	108.2	108.0
渝北区	Yubei District	108.5	104.6	109.3	108.2	106.8
巴南区	Ba'nan District	108.3	104.3	112.1	105.5	107.3
长寿区	Changshou District	109.7	107.4	110.1	109.6	110.5
江津区	Jiangjin District	108.4	106.9	107.1	110.8	108.0
合川区	Hechuan District	100.2	106.0	86.5	111.8	100.8
永川区	Yongchuan District	109.4	106.4	108.9	110.7	109.0
南川区	Nanchuan District	108.7	104.9	107.4	111.2	108.2
綦江区	Qijiang District	104.8	103.5	104.9	105.1	
#綦江区（不含万盛）	Qijiang District (excluding Wansheng)	103.2	103.0	102.8	103.6	103.5
大足区	Dazu District	108.6	106.0	109.1	108.3	109.7
璧山区	Bishan District	110.3	114.5	109.8	110.1	109.5
铜梁区	Tongliang District	110.4	106.6	112.1	109.0	107.3
潼南区	Tongnan District	108.3	110.6	107.5	109.0	108.8
荣昌区	Rongchang District	109.5	108.7	109.7	109.5	109.2
开州区	Kaizhou District	109.4	108.8	109.8	109.0	110.0
梁平区	Liangping District	110.1	109.0	110.0	110.6	110.3
武隆区	Wulong District	107.8	104.8	106.0	110.3	107.6
城口县	Chengkou County	106.6	105.8	116.5	104.0	106.3
丰都县	Fengdu County	107.5	108.7	103.0	111.7	108.3
垫江县	Dianjiang County	109.3	107.0	109.8	109.6	109.7
忠 县	Zhongxian County	110.0	109.7	111.1	109.0	109.9
云阳县	Yunyang County	109.6	108.7	108.4	110.9	109.4
奉节县	Fengjie County	108.4	109.4	102.9	112.6	108.0
巫山县	Wushan County	109.4	108.0	109.7	109.8	109.0
巫溪县	Wuxi County	106.7	105.0	102.1	109.4	106.0
石柱县	Shizhu County	107.8	108.7	104.7	108.8	107.7
秀山县	Xiushan County	108.0	106.3	108.0	108.3	107.6
酉阳县	Youyang County	106.0	104.7	102.2	107.3	105.7
彭水县	Pengshui County	107.9	108.8	111.1	105.4	109.7

2-7 财政收入及支出（1994-2021 年）
Government Revenue and Expenditure （1994-2021）

单位：万元（10000 yuan）

年 份 Year	财政收入 Government Revenue	# 地方财政一般预算收入 General Budgetary Revenue of Local Government	基金预算收入 Budgetary Revenue from Funds	# 中央四税收入 Revenue from the 4 Taxes of Central Government	# 地方财政一般预算支出 General Budgetary Expenditure of Local Government	基金预算支出 Budgetary Expenditure for Funds
1994	716172	366325		349847	560818	
1995	837748	460052		377696	662235	
1996	942682	549412		393270	794216	
1997	1180555	593060	152236	435259	1010110	141517
1998	1338867	711287	146759	480821	1257608	101866
1999	1402935	767341	131571	504023	1502365	121320
2000	1632353	872442	172128	587783	1876433	148173
2001	1961761	1061243	202847	697671	2375486	180044
2002	2694610	1260674	317977	991425	3058591	392083
2003	3412781	1615618	453697	1205457	3415775	497789
2004	4629591	2006241	1018198	1435206	3957233	893988
2005	5811921	2568072	1381552	1656599	4873543	1379973
2006	7421702	3177165	2117414	1944772	5942543	2259393
2007	10572948	4427000	3458604	2491920	7683886	3339659
2008	12901828	5775738	3857654	3023634	10160112	4325469
2009	15353975	6818189	4838943	3403122	13180913	4879759
2010	29751187	10182938	9722944	4687841	17691065	9776826
2011	35236522	14883336	14205767	5607771	25702404	13896341

2–7 财政收入及支出（1994–2021 年）
Government Revenue and Expenditure （1994–2021）

续表（continued） 单位：万元（10000 yuan）

年 份 Year	财政收入 Government Revenue	# 地方公共财政预算收入 Public Budgetary Revenue of Local Government	政府性基金预算收入 Budgetary Revenue from Governmental Funds	国有资本经营预算收入 State–owned Capital Operational Budgetary Revenue	# 中央两税（四税）收入 Revenue from the 2（4）Taxes of Central Government	# 地方公共财政预算支出 Public Budgetary Expenditure of Local Government	政府性基金预算支出 Budgetary Expenditure from Governmental Funds	国有资本经营预算支出 State–owned Capital Operational Budgetary Expenditure
2012	37268412	14658509	14808929	1911999	5888975	27177878	15114916	1131344
2013	41055563	16932438	16698044	659489	6765592	30622848	17353191	646773

注：财政收入 2002 年前为地方财政收入与中央两税（增值税和消费税）之和，2002 年起为地方财政收入、中央四税收入和其他中央收入之和。其中其他中央收入不含关税，自 2003 年起包含车辆购置税（以下各表同）。2012 年同期数已按公共财政预算口径作相应调整。

Note: Government revenue before 2002 is the sum of revenue of local government and revenue from the 2 taxes of Central Government （value–added tax and consumption tax）, whereas it has been the sum of revenue of local government, revenue from the 4 taxes of Central Government and other revenue of Central Government since 2002. Other revenue of Central Government does not include tariff, while vehicle purchasing tax has been included since 2003 （the same applies to the following tables）. The data of 2012 has been adjusted in accordance with the statistic scope of public financial budget.

年 份	地方一般公共预算收入 General Public Budgetary Revenue of Local Government	基金预算收入 Budgetary Revenue from Funds	国有资本经营预算收入 State–owned Capital Operational Budgetary Revenue	# 中央四税收入 Revenue from the 4 Taxes of Central Government	地方一般公共预算支出 General Public Budgetary Expenditure of Local Government	政府性基金预算支出 Budgetary Expenditure from Governmental Funds	国有资本经营预算支出 State–owned Capital Operational Budgetary Expenditure
2013	16868717	16726787	659489	6765586	30589372	17353191	646772
2014	19220159	18412843	680138	7767125	33043884	18600130	663118
2015	21548276	16642130	905730	8759172	37919973	17531573	748848

年 份	地方一般公共预算收入 General Public Budgetary Revenue of Local Government	基金预算收入 Budgetary Revenue from Funds	国有资本经营预算收入 State–owned Capital Operational Budgetary Revenue	地方一般公共预算支出 General Public Budgetary Expenditure of Local Government	政府性基金预算支出 Budgetary Expenditure from Governmental Funds	国有资本经营预算支出 State–owned Capital Operational Budgetary Expenditure
2015	20806250	16443229	905730	38138156	17313390	748848
2016	22279117	14973130	904940	40018090	17381158	727387
2017	22523788	22511136	1267342	43362800	21822878	988242
2018	22655421	23162545	1052203	45409487	26777294	521548
2019	21349326	22479326	1317955	48476795	24192717	462001
2020	20948541	24578576	985213	48939461	31326457	523321
2021	22854533	23579430	1039975	48350551	29530244	404356

注：2017 年起按营改增试点后新的收入划分办法及新增建设用地土地有偿使用收入等基金列转公共预算，与往年不可比。

Note: Due to the change of replacing business tax with VAT under the new revenue division system, and the funds like the revenue from paid use of newly–added construction land have included in public budget since 2017, the data are incomparable with the previous year.

2-8 金融机构（含外资）存贷款年末余额（1980-2021 年）
Year-end Deposit and Loan Balance of Financial Institutions（Including Foreign-funded Institutions）（1980-2021）

单位：亿元（100 million yuan）

年 份 Year	本外币存款余额 Total Deposit Balance of RMB and Foreign Currencies	人民币存款余额 Total Deposit Balance of RMB	# 企业存款 Enterprise Deposits	# 储蓄存款 Urban and Rural Saving Deposits	本外币贷款余额 Total Loan Balance of RMB and Foreign Currencies	人民币贷款余额 Total Loan Balance of RMB	短期贷款 Short-term Loans	中长期贷款 Medium& Long-term Loans
1980		29.15	11.32	6.22		42.19	40.96	1.23
1981		33.98	11.86	8.35		50.29	47.69	2.21
1982		38.66	12.44	10.56		55.30	51.50	3.05
1983		45.22	15.29	13.34		63.25	58.14	4.32
1984		70.86	25.40	18.39		84.53	70.42	11.76
1985		62.38	22.87	25.41		101.56	84.85	14.89
1986		84.57	27.94	34.79		131.70	110.61	18.86
1987		110.37	31.84	44.46		163.63	125.85	22.99
1988		123.47	38.22	50.50		183.32	141.01	25.90
1989		146.71	39.27	68.17		214.41	167.66	29.65
1990		198.00	48.51	92.17		268.40	205.63	38.30
1991		253.57	63.76	121.95		336.85	249.51	58.82
1992		315.70	83.75	154.45		408.64	294.63	78.75
1993		386.86	89.57	198.05		495.71	357.59	98.88
1994		518.27	143.26	285.40		596.96	409.16	136.46
1995		676.70	193.38	401.45		755.39	501.66	185.89
1996	885.91	846.43	266.42	500.71	968.71	913.93	601.10	219.05
1997	1147.92	1098.67	429.42	580.67	1224.01	1156.13	873.14	248.06
1998	1359.52	1306.04	483.80	724.54	1443.65	1358.61	978.51	299.59
1999	1638.21	1580.80	544.00	909.10	1693.64	1611.68	1093.09	398.22
2000	1982.21	1904.71	645.54	1085.36	1966.40	1881.29	1246.81	470.70
2001	2377.99	2294.05	750.81	1317.17	1969.97	1871.98	1043.84	631.26
2002	2903.42	2821.04	909.43	1595.01	2338.17	2244.72	1191.70	754.57
2003	3512.82	3438.61	1098.15	1896.56	2976.67	2774.81	1378.85	1010.69
2004	4105.09	4039.61	1230.85	2189.73	3309.13	3246.28	1362.75	1346.91
2005	4784.76	4727.72	1337.05	2545.85	3779.28	3719.52	1471.86	1810.83
2006	5587.50	5519.75	1551.98	2949.05	4443.84	4388.28	1510.73	2392.26
2007	6662.36	6576.68	1997.71	3228.15	5197.08	5131.69	1597.12	3220.70
2008	8102.00	8021.95	2377.48	3988.96	6384.03	6320.81	1617.52	4093.50
2009	11084.82	10933.00	3770.43	4908.68	8856.56	8766.06	1499.85	6563.63
2010	13613.97	13454.98	4666.88	5839.66	10999.87	10888.15	1686.11	8705.32
2011	16128.87	15832.81	8254.56	6990.25	13195.16	13001.39	2529.81	9968.14
2012	19423.90	18934.83	9851.06	8361.64	15594.18	15131.22	3626.89	10919.76
2013	22789.17	22202.10	11697.54	9622.31	18005.69	17381.55	4613.86	12105.13
2014	25160.11	24501.54	12788.24	10774.12	20630.69	20011.50	5404.51	13615.01

注：2011 年起“企业存款”更名为“单位存款”。
Note:The index of “enterprise deposit” is replaced by “corporate deposit” since 2011.

年 份 Year	本外币存款余额 Total Deposit Balance of RMB and Foreign Currencies	人民币存款余额 Total Deposit Balance of RMB	# 住户存款 Deposits of Households	政府存款 Deposits of Governments	本外币贷款余额 Total Loan Balance of RMB and Foreign Currencies	人民币贷款余额 Total Loan Balance of RMB	短期贷款 Short-term Loans	中长期贷款 Medium& Long-term Loans
2015	28778.80	28094.37	12207.28	4235.04	22955.21	22393.93	5539.43	15394.18
2016	32160.09	31216.45	13399.44	4743.21	25524.17	24785.19	5383.08	17657.00
2017	34853.53	33718.98	14367.38	5994.81	28417.46	27871.89	5517.30	20764.52
2018	36887.34	35651.57	15907.23	6651.16	32247.75	31425.87	5371.10	23949.57
2019	39483.20	37953.11	17860.40	6994.29	37105.02	36233.20	6091.24	27571.85
2020	42854.31	41270.20	20209.77	6823.20	41908.91	40960.64	6692.63	31492.83
2021	45908.04	44270.21	22239.89	6786.10	46927.61	46043.22	7597.31	34516.69

主要指标解释

国内（地区）生产总值（GDP） 是按市场价格计算的一个国家（或地区）所有常住单位在一定时期内生产活动的最终成果。国内（地区）生产总值有三种表现形态，即价值形态、收入形态和产品形态。从价值形态看，它是所有常住单位在一定时期内所生产的全部货物和服务价值超过同期中间投入的全部非固定资产货物和服务价值的差额，即所有常住单位的增加值之和；从收入形态看，它是所有常住单位在一定时期内所创造并分配给常住单位和非常住单位的初次收入之和；从产品形态看，它是所有常住单位在一定时期内最终使用的货物和服务价值与货物和服务净出口（净流出）价值之和。在实际核算中，国内（地区）生产总值的三种表现形态表现为三种计算方法，即生产法、收入法和支出法。三种方法分别从不同的方面反映国内（地区）生产总值及其构成。

三次产业 三次产业的划分是世界上较为常用的产业结构分类，但各国的划分不尽一致。根据国家统计局2018年修订的《三次产业划分规定》（国统设管函〔2018〕74号），我国的三次产业按照如下标准界定：

第一产业是指农、林、牧、渔业（不含农、林、牧、渔专业及辅助性活动）。

第二产业是指采矿业（不含开采专业及辅助性活动），制造业（不含金属制品、机械和设备修理业），电力、热力、燃气及水生产和供应业，建筑业。

第三产业即服务业，是指除第一产业、第二产业以外的其他行业。

人口数 指一定时点、一定地区范围内的有生命的个人的总和。年度统计的年末人口数是指每年12月31日24时的人口数。

常住人口 常住人口在人口调查中的定义为下列几款人：（1）居住本乡镇街道，户口在本乡镇街道或户口在本乡镇街道，但人离开本乡镇街道不满半年的人；（2）居住本乡镇街道，离开户口登记地半年以上的人；（3）居住本乡镇街道，户口待定的人；（4）原住本乡镇街道，现在国外工作学习的人。

就业人员 指在一定年龄以上，有劳动能力，为取得劳动报酬或经营收入而从事一定社会劳动的人员。具体指年满16周岁，为取得报酬或经营利润，在调查周内从事了1小时（含1小时）以上劳动的人员；或由于学习、休假等原因在调查周内暂时处于未工作状态，但有工作单位或场所的人员；或由于临时停工放假、单位不景气放假等原因在调查周内暂时处于未工作状态，但不满三个月的人员。

一般公共预算收入 指国家财政参与社会产品分配所取得的收入，是实现国家职能的财力保证。主要包括：（1）各项税收：包括国内增值税、国内消费税、进口货物增值税和消费税、出口货物退增值税和消费税、企业所得税、个人所得税、资源税、城市维护建设税、房产税、印花税、城镇土地使用税、土地增值税、车船税、船舶吨税、车辆购置税、关税、耕地占用税、契税、烟叶税、环境保护税等。（2）非税收入：包括专项收入、行政事业性收费收入、罚没收入、国有资本经营收入、国有资源（资产）有偿使用收入和其他收入。财政收入按现行分税制财政体制划分为中央本级收入和地方本级收入。

一般公共预算支出 指国家财政将筹集起来的资金进行分配使用，以满足经济建设和各项事业的需要。主要包括：一般公共服务、外交、国防、公共安全、教育、科学技术、文化旅游体育与传媒、社会保障和就业、卫生健康、节能环保、城乡社区、农林水、交通运输、资源勘探信息等、商业服务业等、金融、援助其他地区、自然资源海洋气象等、住房保障、粮油物资储备、灾害防治及应急管理、债务付息、债务发行费用等方面的支出。财政支出根据政府在经济和社会活动中的不同职权，划分为中央财政支出和地方财政支出。

存款 指企业、机关、团体或居民把货币资金存入银行或其他信贷机构保管，可随时或按约定时间支取款项，并取得一定利息的一种信用活动形式。根据存款对象或性质的不同可划分为住户存款、非金融企业存款、政府存款、非银行业金融机构存款等科目。它是银行信贷资金的主要来源。

贷款 指银行或其他信贷机构根据资金必须归还的原则，按一定利率，为企业、个人等提供资金的一种信用活动形式。我国银行贷款分为短期贷款、中长期贷款、融资租赁、票据融资、各项垫款、境外贷款等。

三

人民生活

People's Livelihood

简要说明

一、本篇主要内容

本篇资料反映重庆人民生活现状及变化情况，分为 2013 年及以后的城乡一体化住户收支与生活状况调查（简称住户调查），2012 年及以前分别开展的城镇住户调查和农村住户调查。

二、城乡一体化住户收支与生活状况调查数据来源及调查方法

国家统计局住户调查办公室从 2012 年四季度起实施城乡一体化住户收支与生活状况抽样调查。主要内容包括：居民收入和消费情况，同时收集反映居民就业、社会保障参与、住房状况、家庭经营和生产投资以及收入分配影响因素等调查内容。

城乡一体化住户收支与生活状况调查是以各省 (区、市) 为总体，采用分层、多阶段、与人口规模大小成比例的概率抽样方法，随机抽选调查住宅，确定调查户。全国共抽选出 1650 个县 (市、区) 的 1.6 万个调查小区，对抽中小区中的 200 多万个住户进行全面摸底调查，在此基础上随机等距抽选出约 16 万住户参加记账调查。定期对调查小区和调查住宅进行轮换。

城乡一体化住户收支与生活状况调查是在 95% 的置信度下，全国居民人均可支配收入的抽样误差小于 1%。主要是采用调查户记日记账的方式采集居民收支数据，同时辅之以统一的调查问卷，收集与收入支出有关的其他调查内容。所有调查工作由国家统计局派驻重庆的调查队及区县统计局完成。由区县局队专业人员使用统一的方法和数据处理程序对原始调查资料进行编码、审核、录入，然后将分户基础数据直接传输至国家统计局重庆调查总队统一汇总计算，汇总计算出各区县居民收支数据。

根据城乡一体化住户收支与生活状况调查，新口径的城镇和农村居民人均可支配收入等数据的覆盖人群主要变化：一是计算城镇居民人均可支配收入时分母包括了在城镇地区常住的农民工，计算农村居民人均可支配收入时分母不包括在城镇地区常住的农民工；二是由本户供养的在外大学生视为常住人口。新口径的城镇居民和农村居民人均可支配收入及消费等指标口径变化主要是：计算城镇居民和农村居民人均可支配收入和消费支出时，包括了自有住房折算租金。

三、城镇住户调查数据来源及调查方法

2012 年及以前，国家统计局城市司组织开展城镇住户调查。调查内容主要包括家庭人口及其构成、家庭现金收支、主要商品购买数量及支出金额、劳动就业状况、居住状况和耐用消费品的拥有量等。

调查对象在 2001 年以前为全国非农业住户，2002 至 2012 年改为全国城市市区和县城关镇区住户。

城镇住户调查采用分层随机抽样的方法确定，首先，按照城镇规模将全国所有省（自治区、直辖市）的城镇划分为三层：大中城市（地级和地级以上的城市）、县级市和县城（镇）。第二，按各层人口占全省（自治区、直辖市）人口的比例来分配每层的样本量。第三，按城镇就业者年人均工资从高到低排队，依次计算各城镇人口累计数，然后根据样本量的大小随机起点等距抽取所需数量的调查城镇。

城镇调查户的抽选工作分两步进行。第一步进行一次性的大样本调查；第二步从大样本调查中抽出一个小样本，作为经常性调查户，开展记账工作。

大样本调查每三年进行一次，其目的主要是为经常性调查提供抽样框和为经常性调查数据评估提供基础资料。在大样本调查中，各调查市、县采取分层、二（多）阶段、与大小成比例（PPS 方法）的随机等距方法选取调查样本。即先按区分层，在层内按照 PPS 方法随机等距抽选调查社区 / 居委会，在抽中社区 / 居委会内随机等距抽选调查住宅。部分大城市根据需要可以采用三阶段抽样，即先抽选社区 / 居委会，再抽选调查小区，最后抽选调查住宅。对选出的大样本或一相样本开展调查，取得调查户家庭人口、就业人口、收入等辅助资料，然后，根据这些资料进行分组，从中按比例抽出一个小样本也称二相样本，作为经常性调查户，开展日记账工作。每年轮换三分之一的经常性调查户。

截至 2012 年底，参加国家汇总的调查样本量为 6.6 万户。

四、农村住户调查数据来源及调查方法

2012 年及以前，国家统计局农村司组织开展农村住户调查。主要内容包括农村居民家庭基本情况、住房情况、收入、生活消费支出、主要食品消费量、耐用消费品拥有量等。

农村住户调查是以各省(自治区、直辖市)为总体，直接抽选调查村，在抽中村中抽选调查户。综合运用多种抽样方法确定住户调查网点。农村住户调查网点分布在全国7000多个村，共抽取了7.4万个样本户。

农村住户调查在95%的概率把握程度下要求抽样误差不得超过±3%。为保证农村住户调查资料的准确性，国家统计局农村司为调查户设置了现金和实物两本账，并聘请了近万名辅助调查员帮助做好记账工作，及时核实、汇总住户调查资料。

为解决调查户的厌烦情绪及样本老化问题，增强抽样调查网点的代表性，更加准确、及时地反映农村社会经济情况，对农村住户调查网点实行样本轮换制度，每五年为一个周期。

3-1 居民人均收入与消费（1978-2021 年）
Per Capita residents Income and Expenditure（1978-2021）

单位：元（yuan）

年份 Year	全体居民 Total residents		城镇常住居民 Permanent Urban Residents		农村常住居民 Permanent Rural Residents	
	人均可支配收入 Per Capita Annual Disposable Income	人均消费支出 Per Capita Annual Living Expenditure	人均可支配收入 Per Capita Annual Disposable Income	人均消费支出 Per Capita Annual Living Expenditure	人均可支配收入 Per Capita Annual Disposable Income	人均消费支出 Per Capita Annual Living Expenditure
1978					126	117
1979			355	324	150	139
1980			412	452	163	149
1981			481	445	229	207
1982			505	471	237	214
1983			536	493	278	234
1984			616	552	311	245
1985			762	771	325	276
1986			984	894	359	312
1987			1109	1013	386	346
1988			1278	1278	458	427
1989			1449	1323	510	463
1990			1691	1508	587	519
1991			1892	1690	629	558
1992			2195	1853	677	574
1993			2781	2320	748	695
1994			3634	3000	1018	879
1995			4375	3932	1270	1098
1996			5023	4467	1479	1328
1997			5302	4920	1692	1390
1998			5431	4943	1804	1436
1999			5818	5345	1841	1426
2000			6152	5424	1900	1452
2001			6544	5658	1982	1556
2002			7000	6267	2112	1601
2003			7773	6991	2233	1716
2004			8793	7806	2536	2041
2005	5942	5117	9700	8417	2842	2394
2006	6632	5603	10878	9146	2911	2498
2007	7520	6138	11758	9596	3560	2906
2008	8756	7074	13321	10781	4193	3368
2009	9688	7843	14502	11710	4557	3722
2010	10984	8810	16032	12818	5378	4359
2011	13037	10263	18517	14394	6605	5414
2012	14924	11468	21003	15931	7526	6035
2013	16569	12600	23058	17124	8493	6971
2014	18352	13811	25147	18279	9490	7983
2015	20110	15140	27239	19742	10505	8938
2016	22034	16385	29610	21031	11549	9954
2017	24153	17898	32193	22759	12638	10936
2018	26386	19248	34889	24154	13781	11977
2019	28920	20774	37939	25785	15133	13112
2020	30824	21678	40006	26464	16361	14140
2021	33803	24598	43502	29850	18100	16096

注：改革开放以来，城乡住户调查经历了多次变革，现根据国家统计局住户办统一制定的方法对 1998 年以后的城乡住户调查数据按现行口径进行了技术性处理，从而导致本表中所列部分数据与历史数据存在一定差别。

Note:Since 1978,the methodology on the Integrated Urban and Rural Household Survey on Income and Expenditures and Living Conditions has been changed several times. The data on the living conditions of urban and rural residents after 1998 have been adjusted according to the NBS's latest rules,so partial data in this table are different from the histories data.

3-2 全体居民家庭基本情况（2018-2021 年）
Basic Conditions of All the Households（2018-2021）

单位：人 / 户、%（person/household, %）

指　标	Item	2018 年	2019 年	2020 年	2021 年
一、期末户均调查人口	Surveyed Population per Household at the End of Period	3.30	3.27	3.31	3.24
二、期内常住成员情况	Status of Permanent Resident during the Period				
（一）户均常住人口	Resident Population per Household	3.00	2.98	3.01	2.97
# 在校学生人数	Numbers of Current Students	0.53	0.53	0.57	0.57
（二）性别	Gender	100.0	100.0	100.0	100.0
1. 男性	Male	49.0	49.0	48.6	48.9
2. 女性	Female	51.0	51.0	51.4	51.1
（三）户口状况	Proportion of Household Registration	100.0	100.0	100.0	100.0
1. 农业	Agriculture	54.9	53.4	52.4	53.0
2. 非农业	Non-agriculture	45.1	46.6	47.5	43.3
3. 其他	Other			0.2	3.7
（四）6 岁及以上常住成员受教育程度	Educational Status of Permanent Resident(6-year-old and above)	100.0	100.0	100.0	100.0
1. 未上过学	Illiteracy	1.9	1.4	1.1	1.2
2. 小学	Primary School	33.1	32.3	30.8	28.2
3. 初中	Junior Secondary School	33.3	33.7	34.2	35.1
4. 高中	Senior Secondary School	17.0	17.3	18.0	19.5
5. 大学专科	Junior College	8.5	8.8	9.1	9.3
6. 大学本科	Undergraduate	5.7	6.1	6.2	6.3
7. 研究生	Postgraduate	0.5	0.5	0.6	0.5
三、常住从业人员情况	Status of Employees from Resident Population				
（一）户均常住从业人数	Numbers of Employment per Household from Resident Population	1.68	1.66	1.62	1.62
（二）就业状况	Employment Status	100.0	100.0	100.0	100.0
1. 雇主	Employer	0.6	0.6	0.6	0.8
2. 公职人员	Civil Servant	2.0	1.8	1.6	1.3
3. 事业单位人员	Public Institution Employee	4.3	4.2	4.1	3.2
4. 国有企业雇员	State-enterprise Employee	3.4	3.3	2.8	2.3
5. 其他雇员	Other-type Employee	50.3	51.2	52.0	54.8
6. 农业自营	Agricultural Self-operation	29.0	28.4	27.8	26.5
7. 非农自营	Non-agricultural Self-operation	10.5	10.5	11.1	11.2
（三）主要从事行业	Proportion of Employment by Industry	100.0	100.0	100.0	100.0
1. 第一产业	Primary Industry	30.4	29.6	29.1	27.5
2. 第二产业	Secondary Industry	19.3	19.1	18.6	19.9
3. 第三产业	Tertiary Industry	50.2	51.3	52.3	52.7

3-3 全体居民家庭现住房情况（2018-2021 年）
Housing Conditions of All the Household（2018-2021）

单位：平方米、%（m², %）

指　标	Item	2018 年	2019 年	2020 年	2021 年
一、人均住房建筑面积	Per Capita Floor Space of Housing	43.54	44.14	45.11	46.10
二、按居住空间样式分的户数比重	Proportion of Household by Type of Residence	100.0	100.0	100.0	100.0
（一）单栋楼房	Detached House	36.8	36.5	37.0	39.1
（二）单栋平房	Detached Bungalows	12.0	11.2	10.3	9.6
（三）单元房	Apartment	50.0	51.5	52.5	50.9
（四）筒子楼或连片平房	Tube-shaped Apartment or Terraced House	0.6	0.4	0.2	0.2
（五）其他	Other	0.5	0.3		0.2
三、按主要建筑材料分的户数比重	Proportion of Household by Main Structure Material	100.0	100.0	100.0	100.0
（一）钢筋混凝土	Ferroconcrete	45.2	45.7	46.7	48.0
（二）砖混材料	Brick and Concrete	42.6	42.7	41.9	42.4
（三）砖瓦砖木	Brick-tile and Brick-timber	11.5	11.0	10.9	9.3
（四）竹草土坯	Bamboo, Grass and Adobe	0.5	0.4	0.3	0.3
（五）其他	Other	0.2	0.2	0.2	
四、按房屋来源分的户数比重	Proportion of Household by Source of Housing	100.0	100.0	100.0	100.0
（一）租赁住房	Rental Housing	5.3	5.0	5.0	4.7
（二）自建住房	Self-build Housing	48.7	47.9	47.0	47.9
（三）购买商品房	Purchase of Commercial Housing	35.8	36.2	37.3	37.9
（四）购买房改住房	Purchase of Reform Policy Housing	2.1	2.0	1.9	1.8
（五）购买保障性住房	Purchase of Indemnificatory Housing	1.5	1.5	1.6	1.4
（六）拆迁安置房	Resettlement Housing	5.2	5.8	5.8	4.8
（七）继承或获赠住房	Housing of Inheriting or Presenting	0.3	0.3	0.2	0.3
（八）其他	Other	1.1	1.4	1.2	1.3

3-4 全体居民年末主要耐用消费品拥有量（2018-2021 年）
Main Durable Goods Owned All the Households（2018-2021）

单位：平均每百户（per hundred households）

指 标	Item	单 位	Unit	2018 年	2019 年	2020 年	2021 年
家用汽车	Automobiles	辆	vehicle	23.70	26.97	28.95	31.81
摩托车	Motorcycles	辆	vehicle	25.70	23.66	22.63	25.02
助力车	Mopeds	辆	vehicle	13.22	15.67	16.30	17.13
洗衣机	Washing Machines	台	unit	91.76	94.32	95.74	99.28
电冰箱（柜）	Refrigerators	台	unit	102.00	103.98	103.96	104.79
微波炉	Microwave Ovens	台	unit	42.41	44.89	45.52	50.03
彩色电视机	Color TV Sets	台	unit	122.56	124.75	124.56	121.19
空调	Air Conditioners	台	unit	150.11	160.66	164.45	176.62
热水器	Water Heaters	台	unit	87.59	91.06	95.24	96.61
洗碗机	Dishwashers	台	unit	0.95	1.03	1.39	1.84
排油烟机	Exhaust Fan	台	unit	52.49	55.65	57.04	63.44
固定电话	Telephones	部	unit	25.25	15.93	14.64	9.01
移动电话	Mobilephones	部	unit	261.37	265.10	264.80	261.69
计算机	Computers	台	unit	45.19	46.16	48.02	53.92
照相机	Cameras	台	unit	11.29	11.11	11.46	7.96

3-5 全体居民人均总收入和现金收入情况（2018-2021 年）
Income and Expenditure of All the Households（2018-2021）

单位：元 / 人、%（yuan/person, %）

指标	Item	2018 年		2019 年		2020 年		2021 年	
		绝对数 Value	构成 Composition	绝对数 Value	构成 Composition	绝对数 Value	构成 Composition	绝对数 Value	构成 Composition
总收入	Total Income	32062	100.0	35313	100.0	37836	100.0	40765	100.0
一、工资性收入	Wage and Salary Income	13928	43.4	15475	43.8	16514	43.6	18138	44.5
二、经营性收入	Operating Income	8496	26.5	9444	26.7	10149	26.8	10646	26.1
（一）第一产业	Primary Industry	2721	8.5	2993	8.5	3231	8.5	3020	7.4
（二）第二产业	Secondary Industry	559	1.7	549	1.6	478	1.3	519	1.3
（三）第三产业	Tertiary Industry	5216	16.3	5902	16.7	6441	17.0	7106	17.4
三、财产性收入	Property Income	1779	5.5	1922	5.4	2108	5.6	2211	5.4
四、转移性收入	Transfer Income	7858	24.5	8473	24.0	9065	24.0	9770	24.0
现金收入	Cash Income	30009	100.0	33024	100.0	35441	100.0	38019	100.0
一、现金工资性收入	Wage and Salary Income in Cash	13845	46.1	15375	46.6	16378	46.2	18028	47.4
二、现金经营性收入	Operating Income in Cash	7723	25.7	8596	26.0	9382	26.5	9736	25.6
（一）第一产业	Primary Industry	1948	6.5	2145	6.5	2464	7.0	2110	5.6
（二）第二产业	Secondary Industry	559	1.9	549	1.7	478	1.3	519	1.4
（三）第三产业	Tertiary Industry	5216	17.4	5902	17.9	6441	18.2	7106	18.7
三、现金财产性收入	Property Income in Cash	876	2.9	941	2.8	1053	3.0	1028	2.7
四、现金转移性收入	Transfer Income in Cash	7565	25.2	8111	24.6	8627	24.3	9227	24.3

3-6 全体居民人均总支出情况（2018-2021 年）
Per Capita Expenditure of All the households（2018-2021）

单位：元 / 人、%（yuan/person, %）

指 标	Item	2018 年		2019 年		2020 年		2021 年	
		绝对数 Value	构成 Composition	绝对数 Value	构成 Composition	绝对数 Value	构成 Composition	绝对数 Value	构成 Composition
总支出	Total Expenditure	29624	100.0	32862	100.0	33828	100.0	36909	100.0
一、消费支出	Consumption Expenditure	19248	65.0	20774	63.2	21678	64.1	24598	66.6
食品烟酒	Food, Tobacco and Alcohol	6221	21.0	6667	20.3	7285	21.5	8154	22.1
衣 着	Clothing	1455	4.9	1492	4.5	1459	4.3	1708	4.6
居 住	Residence	3499	11.8	3851	11.7	4062	12.0	4490	12.2
生活用品及服务	Household Facilities, Articles and Services	1339	4.5	1392	4.2	1517	4.5	1683	4.6
交通通信	Transport and Communications	2545	8.6	2633	8.0	2631	7.8	3050	8.3
教育文化娱乐	Education, Cultural and Recreation	2088	7.0	2312	7.0	2121	6.3	2601	7.0
医疗保健	Health Care and Medical Services	1660	5.6	1925	5.9	2102	6.2	2326	6.3
其他用品及服务	Miscellaneous Goods and Services	443	1.5	501	1.5	502	1.5	585	1.6
二、生产经营费用支出	Production and Operating Expenditure	3871	13.1	4406	13.4	4924	14.6	4860	13.2
第一产业	Primary Industry	932	3.1	1095	3.3	1225	3.6	898	2.4
第二产业	Secondary Industry	285	1.0	276	0.8	202	0.6	220	0.6
第三产业	Tertiary Industry	2653	9.0	3036	9.2	3498	10.3	3742	10.1
三、财产性支出	Property Expenditure	130	0.4	130	0.4	201	0.6	121	0.3
四、转移性支出	Transfer Expenditure	1361	4.6	1516	4.6	1564	4.6	1553	4.2
五、部分商业保险支出	A Portion of Commercial Insurance Expenditure	126	0.4	112	0.3	146	0.4	198	0.5
六、购置资产及非经常性转移支出	Assets Purchasing and Non-recurring Transfer Expenditure	3477	11.7	4384	13.3	3165	9.4	3725	10.1
七、借贷性支出	Debit-Credit Expenditure	1410	4.8	1540	4.7	2151	6.4	1854	5.0

3-7 全体居民人均可支配收入和消费支出情况（2010-2021 年）
Per Capita Income and Expenditure of All the Households（2010-2021 年）

单位：元 / 人（yuan/person）

指　标	Item	2010年	2011年	2012年	2013年	2014年	2015年	2016年	2017年	2018年	2019年	2020年	2021年
一、可支配收入	**Disposable Income**	**10984**	**13037**	**14924**	**16569**	**18352**	**20110**	**22034**	**24153**	**26386**	**28920**	**30824**	**33803**
（一）工资性收入	Wage and Salary Income	6283	7036	7925	8819	9889	10674	11558	12604	13928	15475	16514	18138
（二）经营净收入	Net Operating Income	1795	2250	2558	2749	2981	3315	3684	4017	4311	4697	4902	5358
（三）财产净收入	Net Property Income	524	746	932	1193	1256	1367	1414	1526	1649	1792	1907	2090
（四）转移净收入	Net Transfer Income	2382	3006	3509	3808	4226	4754	5378	6007	6497	6957	7502	8217
二、消费支出	**Consumption Expenditure**	**8810**	**10263**	**11468**	**12600**	**13811**	**15140**	**16385**	**17898**	**19248**	**20774**	**21678**	**24598**
（一）食品烟酒	Food, Tobacco and Alcohol	3108	3717	4270	4511	4972	5325	5612	5943	6221	6667	7285	8154
（二）衣着	Clothing	836	1055	1177	1213	1276	1335	1374	1395	1455	1492	1459	1708
（三）居住	Residence	1810	1880	1978	2452	2554	2743	2903	3141	3499	3851	4062	4490
（四）生活用品及服务	Household Facilities, Articles and Services	633	698	797	878	979	1064	1146	1245	1339	1392	1517	1683
（五）交通通信	Transport and Communications	773	1009	1154	1214	1476	1746	1942	2310	2545	2633	2631	3050
（六）教育文化娱乐	Education, Cultural and Recreation	866	1006	1075	1239	1319	1513	1746	1993	2088	2312	2121	2601
（七）医疗保健	Health Care and Medical Services	598	677	759	838	966	1118	1344	1472	1660	1925	2102	2326
（八）其他用品和服务	Miscellaneous Goods and Services	186	222	258	255	268	294	319	398	443	501	502	585

3-8 全体居民人均经营净收入情况（2018-2021 年）
Per Capita Net Income from Household Operations of All the Households（2018-2021）

单位：元 / 人、%（yuan/person, %）

指　标	Item	2018 年		2019 年		2020 年		2021 年	
		绝对数 Value	构成 Composition	绝对数 Value	构成 Composition	绝对数 Value	构成 Composition	绝对数 Value	构成 Composition
经营净收入	Net Operating Income	4311	100.0	4697	100.0	4902	100.0	5358	100.0
一、第一产业经营净收入	Net Operating Income of Primary Industry	1704	39.5	1806	38.5	1906	38.9	2009	37.5
（一）农业	Farming	1167	27.1	1173	25.0	1216	24.8	1272	23.7
（二）林业	Forestry	54	1.3	63	1.4	64	1.3	86	1.6
（三）牧业	Animal Husbandry	455	10.6	537	11.4	584	11.9	608	11.3
（四）渔业	Fishery	28	0.6	33	0.7	42	0.8	43	0.8
二、第二产业经营净收入	Net Operating Income of Secondary Industry	235	5.4	247	5.3	254	5.2	282	5.3
（一）采矿业	Mining Industry	1		-1		0		1	
（二）制造业	Manufacturing Industry	104	2.4	109	2.3	124	2.5	136	2.5
（三）电力、热力、燃气及水生产和供应业	Production and Supply of Electricity, Heat, Gas and Water							2	
（四）建筑业	Construction Industry	129	3.0	138	2.9	130	2.6	144	2.7
三、第三产业经营净收入	Net Operating Income of Tertiary Industry	2372	55.0	2643	56.3	2742	55.9	3067	57.2
（一）批发和零售业	Wholesale and Retail Industry	1582	36.7	1789	38.1	1883	38.4	2107	39.3
（二）交通运输、仓储和邮政业	Transportation, Warehousing and Postal Industry	190	4.4	205	4.4	215	4.4	236	4.4
（三）住宿和餐饮业	Lodging and Catering Industry	229	5.3	263	5.6	248	5.1	270	5.0
（四）房地产业	Real Estate	-1		9	0.2	9	0.2	12	0.2
（五）租赁和商务服务业	Leasing and Commercial Service Industry	34	0.8	14	0.3	30	0.6	41	0.8
（六）居民服务、修理和其他服务业	Residential Services, Repair and Other Services	290	6.7	316	6.7	286	5.8	334	6.2
（七）其他	Other	45	1.0	44	0.9	72	1.5	72	1.3
（八）农林牧渔服务业	Farming, Forestry, Animal Husbandry and Fishery Services	3	0.1	3	0.1	-1		-4	-0.1

3-9 全体居民人均财产净收入情况（2018-2021 年）
Per Capita Net Income from Properties of All the Households（2018-2021）

单位：元 / 人、%（yuan/person, %）

指　　标	Item	2018 年		2019 年		2020 年		2021 年	
		绝对数 Value	构成 Composition	绝对数 Value	构成 Composition	绝对数 Value	构成 Composition	绝对数 Value	构成 Composition
财产净收入	Net Property Income	1649	100.0	1792	100.0	1907	100.0	2090	100.0
一、利息净收入	Net Interest Income	152	9.2	158	8.8	157	8.2	173	8.3
二、红利收入	Dividend Income	170	10.3	202	11.3	176	9.2	191	9.1
（一）集体分配的红利	Dividend of Allocation from Collective	12	0.7	9	0.5	8	0.4	5	0.2
（二）其他红利收入	Other Dividend Income	158	9.6	193	10.8	168	8.8	188	9.0
三、储蓄性保险净收益	Net Income of Endowment Insurance	9	0.5	4	0.2	5	0.2	4	0.2
四、转让承包土地经营权租金净收入	Net Rental Income of Land Conveyance and Contract	42	2.5	44	2.5	46	2.4	43	2.0
五、出租房屋财产性收入	Property Income of House Renting	342	20.8	373	20.8	415	21.7	460	22.0
六、出租机械、专利、版权等资产的收入	Rental Income of Equipment, Patent and Copyright	11	0.7	12	0.7	17	0.9	23	1.1
七、其他财产净收入	Other Net Property Income	20	1.2	18	1.0	38	2.0	13	0.6
八、房屋虚拟租金	Potential Rent of House	904	54.8	981	54.8	1055	55.3	1183	56.6

3-10 全体居民人均转移净收入情况（2018-2021 年）
Per Capita Net Income from Transfers of All the households（2018-2021）

单位：元 / 人、%（yuan/person,%）

指　　标	Item	2018 年		2019 年		2020 年		2021 年	
		绝对数 Value	构成 Composition	绝对数 Value	构成 Composition	绝对数 Value	构成 Composition	绝对数 Value	构成 Composition
转移净收入	**Net Transfer Income**	**6497**		**6957**		**7502**		**8217**	
一、转移性收入	Transfer Income	7858	100.0	8473	100.0	9065	100.0	9770	100.0
（一）养老金或离退休金	Old-age Pension and Retirement Pension	5475	69.7	5712	67.4	5999	66.2	6213	63.6
1. 离退休金	Retirement Pensions	4575	58.2	4783	56.5	5009	55.3	5114	52.3
2. 居民社会养老保险	Social Pensions	552	7.0	559	6.6	577	6.4	619	6.3
3. 新型农村养老保险	New-rural Pensions	126	1.6	152	1.8	175	1.9	176	1.8
4. 其他养老金	Other Pensions	222	2.8	217	2.6	238	2.6	303	3.1
（二）社会救济和补助	Social Almsgiving and Subsidies	146	1.9	176	2.1	200	2.2	233	2.4
1. 最低生活保障费	Basic Living Allowances	62	0.8	74	0.9	85	0.9	93	0.9
2. 五保户救助金	Alms for Household of Five Guarantees	7	0.1	10	0.1	8	0.1	14	0.1
3. 扶贫款	Poverty Relief Funds	7	0.1	8	0.1	8	0.1	2	0.0
4. 救灾款	Disaster Relief Funds					1			
5. 抚恤金	Disabled and Deceased Pensions	28	0.4	41	0.5	46	0.5	69	0.7
6. 其他社会救济收入	Other Social Almsgiving Income	42	0.5	44	0.5	52	0.6	54	0.5
（三）政策性生活补贴	Govermental Living Allowances	65	0.8	74	0.9	92	1.0	118	1.2
（四）报销医疗费	Medical Subsidies	268	3.4	345	4.1	410	4.5	520	5.3
（五）家庭外出从业人员寄回带回收入	Transfer Income from Employee Worked Outside of Chongqing to Family	1209	15.4	1379	16.3	1503	16.6	1683	17.2
（六）赡养收入	Financial Supports from Children	501	6.4	587	6.9	636	7.0	739	7.6
（七）其他经常转移收入	Other Transfer Income	122	1.6	99	1.2	115	1.3	146	1.5
（八）从政府和组织得到的实物产品和服务折价	Discounts on Goods and Services Received from Government and Organizations	25	0.3	16	0.2	28	0.3	24	0.2
（九）现金政策性惠农补贴	Policy-related Cash Subsidies for Agriculture	45	0.6	85	1.0	83	0.9	95	1.0
二、转移性支出	Transfer Expenditure	1361	100.0	1516	100.0	1564	100.0	1553	100.0
（一）个人所得税	Personal Income Tax	53	3.9	64	4.2	65	4.2	65	4.2
（二）社会保障支出	Social Security Expenditure	1080	79.4	1206	79.6	1288	82.4	1286	82.8
1. 个人缴纳的养老保险	Individual Payment of Endowment Insurance	691	50.8	746	49.2	850	54.4	885	57.0
2. 个人缴纳的医疗保险	Individual Payment of Health Insurance	334	24.5	398	26.2	370	23.7	327	21.1
3. 个人缴纳的失业保险	Individual Payment of Unemployment Insurance	30	2.2	35	2.3	36	2.3	32	2.1
4. 其他社会保障支出	Other Social Security Expenditure	25	1.9	27	1.8	32	2.0	42	2.7
（三）外来从业人员寄给家人的支出	Transfer Expenditure from Employee Worked Outside of Chongqing to Family	7	0.5	13	0.9	15	1.0	14	0.9
（四）赡养支出	Financial Supports to Parents	134	9.8	153	10.1	148	9.5	117	7.5
（五）其他转移性支出	Other Transfer Expenditure	87	6.4	80	5.3	47	3.0	71	4.6

3-11 全体居民人均现金可支配收入和现金消费支出情况（2018-2021 年）
Per Capita Cash Disposable Income and Cash Consumption Expenditure of All the Households(2018-2021)

单位：元 / 人、%（yuan/person, %）

指 标	Item	2018 年		2019 年		2020 年		2021 年	
		绝对数 Value	构成 Composition	绝对数 Value	构成 Composition	绝对数 Value	构成 Composition	绝对数 Value	构成 Composition
一、现金可支配收入	Disposable Income in Cash	24790	100.0	27089	100.0	28887	100.0	31610	100.0
（一）现金工资性收入	Wage and Salary Income in Cash	13845	55.8	15375	56.8	16378	56.7	18028	57.0
（二）现金经营净收入	Net Operation Income in Cash	3995	16.1	4307	15.9	4593	15.9	5002	15.8
1. 第一产业	Primary Industry	1159	4.7	1167	4.3	1374	4.8	1338	4.2
2. 第二产业	Secondary Industry	274	1.1	274	1.0	276	1.0	300	0.9
3. 第三产业	Tertiary Industry	2562	10.3	2866	10.6	2943	10.2	3364	10.6
（三）现金财产净收入	Net Property Income in Cash	746	3.0	811	3.0	853	3.0	907	2.9
（四）现金转移净收入	Net Transfer Income in Cash	6204	25.0	6596	24.3	7063	24.5	7673	24.3
二、现金消费支出	Consumption Expenditure in Cash	16226	100.0	17345	100.0	17994	100.0	20593	100.0
（一）食品烟酒	Food, Tobacco and Alcohol	5740	35.4	6131	35.3	6669	37.1	7486	36.4
1. 食品	Food	4058	25.0	4185	24.1	4899	27.2	5073	24.6
2. 烟酒	Tobacco and Alcohol	603	3.7	655	3.8	695	3.9	789	3.8
3. 饮料	Beverage	84	0.5	94	0.5	100	0.6	135	0.7
4. 饮食服务	Catering Services	996	6.1	1197	6.9	974	5.4	1489	7.2
（二）衣着	Clothing	1453	9.0	1491	8.6	1458	8.1	1707	8.3
1. 衣类	Clothes	1178	7.3	1206	7.0	1197	6.7	1393	6.8
2. 鞋类	Footware	276	1.7	285	1.6	261	1.5	315	1.5
（三）居住	Residence	1257	7.7	1362	7.9	1453	8.1	1705	8.3
1. 租赁房房租	Rent of Residence	162	1.0	167	1.0	143	0.8	139	0.7
2. 住房维修及管理	Repairment and Management of Residence	421	2.6	503	2.9	560	3.1	804	3.9
3. 水电燃料及其他	Water, Electricity, Fuel and Other	674	4.2	692	4.0	749	4.2	762	3.7
（四）生活用品及服务	Household Facilities, Articles and Services	1326	8.2	1383	8.0	1507	8.4	1674	8.1
1. 家具及室内装饰品	Furniture and Decoration	187	1.1	169	1.0	260	1.4	283	1.4
2. 家用器具	Household Utensils	370	2.3	364	2.1	345	1.9	376	1.8
3. 家用纺织品	Household Textile	108	0.7	125	0.7	114	0.6	144	0.7
4. 家庭日用杂品	Household Daily Groceries	374	2.3	361	2.1	417	2.3	416	2.0
5. 个人用品	Personal Product	223	1.4	284	1.6	312	1.7	379	1.8
6. 家庭服务	Household Services	64	0.4	81	0.5	58	0.3	75	0.4
（五）交通通信	Transport and Communications	2543	15.7	2630	15.2	2625	14.6	3046	14.8
1. 交通	Transportation Services	1825	11.2	1916	11.0	1855	10.3	2229	10.8
2. 通信	Communication Services	718	4.4	714	4.1	770	4.3	817	4.0
（六）教育文化娱乐	Education, Cultural and Recreation	2087	12.9	2312	13.3	2121	11.8	2601	12.6
1. 教育	Educational Services	1323	8.2	1522	8.8	1485	8.3	1862	9.0
2. 文化娱乐	Cultural and Recreational Services	764	4.7	790	4.6	635	3.5	739	3.6
（七）医疗保健	Health Care and Medical Services	1382	8.5	1547	8.9	1667	9.3	1792	8.7
1. 医疗器具及药品	Medical Devices and medicine	602	3.7	629	3.6	693	3.8	654	3.2
2. 医疗服务	Medical Services	780	4.8	919	5.3	975	5.4	1138	5.5
（八）其他用品和服务	Miscellaneous Goods and Services	437	2.7	488	2.8	495	2.8	582	2.8
1. 其他用品	Miscellaneous Goods	229	1.4	238	1.4	267	1.5	282	1.4
2. 其他服务	Miscellaneous Services	208	1.3	250	1.4	228	1.3	300	1.5

3-12 全体居民人均消费支出细项情况（2018-2021 年）
Per Capita Consumption Expenditure of All the Households（2018-2021）

单位：元 / 人、%（yuan/person, %）

指 标	Item	2018 年		2019 年		2020 年		2021 年	
		绝对数 Value	构成 Composition	绝对数 Value	构成 Composition	绝对数 Value	构成 Composition	绝对数 Value	构成 Composition
消费支出	**Consumption Expenditure**	**19248**	**100.0**	**20774**	**100.0**	**21678**	**100.0**	**24598**	**100.0**
（一）食品烟酒	Food, Tobacco and Alcohol	6221	32.3	6667	32.1	7285	33.6	8154	33.2
1. 食品	Food	4478	23.3	4654	22.4	5425	25.0	5660	23.0
2. 烟酒	Tobacco and Alcohol	603	3.1	655	3.2	695	3.2	789	3.2
3. 饮料	Beverage	84	0.4	94	0.5	100	0.5	135	0.5
4. 饮食服务	Catering Services	1056	5.5	1264	6.1	1064	4.9	1570	6.4
（二）衣着	Clothing	1455	7.6	1492	7.2	1459	6.7	1708	6.9
1. 衣类	Clothes	1179	6.1	1207	5.8	1198	5.5	1394	5.7
2. 鞋类	Footware	276	1.4	285	1.4	261	1.2	315	1.3
（三）居住	Residence	3499	18.2	3851	18.5	4062	18.7	4490	18.3
1. 租赁房房租	Rent of Residence	162	0.8	167	0.8	143	0.7	139	0.6
2. 住房维修及管理	Repairment and Management of Residence	421	2.2	503	2.4	560	2.6	804	3.3
3. 水电燃料及其他	Water, Electricity, Fuel and Other	716	3.7	756	3.6	831	3.8	850	3.5
4. 自有住房折算租金	Converted Funds for Private Housing	2200	11.4	2425	11.7	2527	11.7	2698	11.0
（四）生活用品及服务	Household Facilities, Articles and Services	1339	7.0	1392	6.7	1517	7.0	1683	6.8
1. 家具及室内装饰品	Furniture and Decoration	193	1.0	172	0.8	263	1.2	284	1.2
2. 家用器具	Household Utensils	370	1.9	364	1.8	345	1.6	376	1.5
3. 家用纺织品	Household Textile	108	0.6	125	0.6	114	0.5	144	0.6
4. 家庭日用杂品	Household Daily Groceries	380	2.0	368	1.8	426	2.0	424	1.7
5. 个人用品	Personal Product	223	1.2	284	1.4	312	1.4	379	1.5
6. 家庭服务	Household Services	64	0.3	81	0.4	58	0.3	75	0.3
（五）交通通信	Transport and Communications	2545	13.2	2633	12.7	2631	12.1	3050	12.4
1. 交通	Transportation Services	1827	9.5	1919	9.2	1861	8.6	2232	9.1
2. 通信	Communication Services	718	3.7	714	3.4	770	3.5	817	3.3
（六）教育文化娱乐	Education, Cultural and Recreation	2088	10.8	2312	11.1	2121	9.8	2601	10.6
1. 教育	Educational Services	1323	6.9	1522	7.3	1485	6.9	1862	7.6
2. 文化娱乐	Cultural and Recreational Services	764	4.0	790	3.8	636	2.9	739	3.0
（七）医疗保健	Health Care and Medical Services	1660	8.6	1925	9.3	2102	9.7	2326	9.5
1. 医疗器具及药品	Medical Devices and Medicine	611	3.2	629	3.0	702	3.2	656	2.7
2. 医疗服务	Medical Services	1048	5.4	1296	6.2	1400	6.5	1670	6.8
（八）其他用品和服务	Miscellaneous Goods and Services	443	2.3	501	2.4	502	2.3	585	2.4
1. 其他用品	Miscellaneous Goods	231	1.2	240	1.2	269	1.2	284	1.2
2. 其他服务	Miscellaneous Services	212	1.1	261	1.3	233	1.1	301	1.2

3-13 全体居民家庭人均主要食品消费量（2018-2021 年）
Per Capita Consumption of Major Foods of All the Households（2018-2021）

单位：千克 / 人（kg/person）

指　　标	Item	2018 年	2019 年	2020 年	2021 年
一、粮食	**Food Crops**	**135.74**	**138.10**	**149.49**	**161.02**
（一）谷物	Cereals	121.19	123.69	133.48	144.26
（二）薯类	Tubers	5.40	4.78	5.53	5.01
（三）豆类	Beans	9.15	9.63	10.48	11.75
二、油脂	**Edible Oil**	**13.85**	**14.67**	**15.30**	**16.25**
（一）植物油	Vegetable oil	11.74	12.78	13.41	14.44
（二）动物油	Animal oil	2.11	1.89	1.89	1.81
三、蔬菜及菜制品	**Vegetables and Processed Products**	**132.01**	**132.39**	**130.32**	**147.38**
# 鲜菜	Fresh Vegetables	128.51	128.93	126.56	143.30
四、肉类	**Meat**	**43.86**	**38.93**	**35.32**	**46.85**
# 猪肉	Pork	38.79	33.70	29.87	39.64
牛肉	Beef	1.34	1.71	1.92	2.32
羊肉	Mutton	0.58	0.50	0.49	0.70
五、禽类	**Poultry**	**10.01**	**11.86**	**13.63**	**14.64**
六、水产品	**Aquatic Products**	**9.93**	**12.09**	**12.55**	**14.88**
# 鱼类	Fishes	8.56	10.43	10.83	12.72
七、蛋类及蛋制品	**Eggs and Processed Product**	**9.77**	**10.26**	**11.82**	**14.16**
# 鲜蛋	Fresh Eggs	9.36	9.83	11.32	13.71
八、奶和奶制品	**Milk and Dairy Products**	**12.64**	**13.34**	**14.01**	**17.45**
九、干鲜瓜果类	**Fruits, Nuts and Processed Products**	**43.68**	**45.95**	**46.45**	**54.90**
# 鲜瓜果	Fresh Fruits	39.48	41.48	41.87	49.48
坚果类	Nuts	3.74	3.80	3.99	4.69
十、糖果糕点类	**Sweets and Desserts**	**7.17**	**7.29**	**7.37**	**8.00**
# 食糖	Sugar	2.77	2.63	2.67	2.31
十一、烟叶	**Tobacco**	**33.34**	**35.92**	**35.93**	**38.83**
十二、酒	**Alcohol**	**9.91**	**9.20**	**9.59**	**10.34**

3-14 全体居民第一产业生产经营收支情况（2018-2021 年）
Statistics on Income and Expenditure of the First Industry Production and Operations by All the Households（2018-2021）

单位：元 / 人（yuan/person）

指　标	Item	2018 年	2019 年	2020 年	2021 年
一、第一产业经营收入	**Operating Income of Primary Industry**	**2721**	**2993**	**3231**	**3020**
（一）农业	Farming	1519	1615	1673	1596
（二）林业	Forestry	64	81	108	121
（三）牧业	Animal Husbandry	1048	1228	1312	1195
（四）渔业	Fishery	90	68	138	108
二、第一产业现金经营收入	**Operating Cash Income of Primary Industry**	**1948**	**2145**	**2464**	**2110**
（一）农业	Farming	971	1047	1227	1025
（二）林业	Forestry	24	17	39	41
（三）牧业	Animal Husbandry	868	1016	1066	942
（四）渔业	Fishery	86	64	132	102
三、第一产业生产经营费用支出	**Operating Expenditure of Primary Industry**	**932**	**1095**	**1225**	**898**
（一）农业	Farming	307	388	395	273
（二）林业	Forestry	9	16	42	34
（三）牧业	Animal Husbandry	561	657	706	548
（四）渔业	Fishery	55	33	81	43
四、第一产业生产经营现金费用支出	**Operating Cash Expenditure of Primary Industry**	**789**	**977**	**1090**	**773**
（一）农业	Farming	293	376	391	262
（二）林业	Forestry	9	16	42	34
（三）牧业	Animal Husbandry	432	553	576	435
（四）渔业	Fishery	55	33	81	42

3-15 按收入五等份分组的全体居民人均收支情况（2018 年）
Per Capita Income and Expenditure of All the Households by Income Quintile（2018）

单位：元 / 人（yuan/person）

指 标	Item	低收入户（20%）Low Income Households（20%）	中低收入户（20%）Lower Middle Income Households（20%）	中等收入户（20%）Middle Income Households (20%)	中高收入户（20%）Upper Middle Income Households (20%)	高收入户（20%）High Income Households (20%)
一、可支配收入	**Disposable Income**	**8243**	**14935**	**21943**	**33195**	**60883**
工资性收入	Wage and Salary Income	3598	7021	12111	19514	31167
经营净收入	Net Operating Income	1860	3427	3612	3877	9879
财产净收入	Net Property Income	236	561	1338	2141	4579
转移净收入	Net Transfer Income	2550	3925	4882	7662	15257
二、消费支出	**Consumption Expenditure**	**9954**	**13152**	**16608**	**23184**	**37117**
食品烟酒	Food, Tobacco and Alcohol	3512	4562	5639	7563	10826
衣 着	Clothing	528	783	1174	1902	3270
居 住	Residence	1962	2438	3017	4174	6542
生活用品及服务	Household Facilities, Articles and Services	583	876	1066	1580	2916
交通通信	Transport and Communications	1208	1597	2339	3127	4974
教育文化娱乐	Education, Cultural and Recreation	1237	1473	1695	2442	3983
医疗保健	Health Care and Medical Services	769	1218	1382	1885	3407
其他用品及服务	Miscellaneous Goods and Services	155	203	297	511	1199

3-15 按收入五等份分组的全体居民人均收支情况（2019 年）
Per Capita Income and Expenditure of All the Households by Income Quintile（2019）

续表（continued）

单位：元 / 人（yuan/person）

指 标	Item	低收入户（20%）Low Income Households（20%）	中低收入户（20%）Lower Middle Income Households（20%）	中等收入户（20%）Middle Income Households (20%)	中高收入户（20%）Upper Middle Income Households (20%)	高收入户（20%）High Income Households (20%)
一、可支配收入	**Disposable Income**	**9050**	**16455**	**24609**	**36586**	**65941**
工资性收入	Wage and Salary Income	3901	7986	13579	21238	35064
经营净收入	Net Operating Income	2022	3713	4255	4259	10366
财产净收入	Net Property Income	207	566	1435	2313	5147
转移净收入	Net Transfer Income	2919	4190	5339	8776	15365
二、消费支出	**Consumption Expenditure**	**11210**	**13616**	**18209**	**24804**	**40196**
食品烟酒	Food, Tobacco and Alcohol	3829	4850	6217	8075	11432
衣 着	Clothing	626	858	1242	1893	3213
居 住	Residence	2203	2600	3401	4395	7403
生活用品及服务	Household Facilities, Articles and Services	659	838	1110	1618	3090
交通通信	Transport and Communications	1244	1478	2129	3578	5339
教育文化娱乐	Education, Cultural and Recreation	1487	1602	2056	2675	4125
医疗保健	Health Care and Medical Services	990	1162	1662	2039	4240
其他用品及服务	Miscellaneous Goods and Services	172	229	392	531	1353

3-15 按收入五等份分组的全体居民人均收支情况（2020 年）
Per Capita Income and Expenditure of All the Households by Income Quintile（2020）

续表（continued）　　单位：元 / 人（yuan/person）

指　标	Item	低收入户（20%）Low Income Households（20%）	中低收入户（20%）Lower Middle Income Households（20%）	中等收入户（20%）Middle Income Households (20%)	中高收入户（20%）Upper Middle Income Households (20%)	高收入户（20%）High Income Households (20%)
一、可支配收入	**Disposable Income**	**10927**	**19890**	**28979**	**42774**	**75182**
工资性收入	Wage and Salary Income	4755	11548	17066	23921	41088
经营净收入	Net Operating Income	2245	3113	3148	3567	12422
财产净收入	Net Property Income	386	1002	2003	2812	5234
转移净收入	Net Transfer Income	3542	4226	6762	12475	16439
二、消费支出	**Consumption Expenditure**	**12557**	**16402**	**20727**	**27827**	**44722**
食品烟酒	Food, Tobacco and Alcohol	4881	6158	7466	9796	12237
衣　着	Clothing	639	999	1277	1962	3397
居　住	Residence	2303	3258	4053	5254	8368
生活用品及服务	Household Facilities, Articles and Services	722	930	1252	1966	3810
交通通信	Transport and Communications	1301	1727	2433	2975	6802
教育文化娱乐	Education, Cultural and Recreation	1324	1631	1943	2581	4139
医疗保健	Health Care and Medical Services	1205	1403	1952	2750	4321
其他用品及服务	Miscellaneous Goods and Services	182	296	350	542	1648

3-15 按收入五等份分组的全体居民人均收支情况（2021 年）
Per Capita Income and Expenditure of All the Households by Income Quintile（2021）

续表（continued）　　单位：元 / 人（yuan/person）

指　标	Item	低收入户（20%）Low Income Households（20%）	中低收入户（20%）Lower Middle Income Households（20%）	中等收入户（20%）Middle Income Households (20%)	中高收入户（20%）Upper Middle Income Households (20%)	高收入户（20%）High Income Households (20%)
一、可支配收入	**Disposable Income**	**11019**	**19741**	**28978**	**42616**	**76297**
工资性收入	Wage and Salary Income	4757	9665	17191	23473	41080
经营净收入	Net Operating Income	2023	4218	3911	4266	13893
财产净收入	Net Property Income	355	888	1732	3010	5202
转移净收入	Net Transfer Income	3884	4970	6143	11868	16122
二、消费支出	**Consumption Expenditure**	**14506**	**17441**	**21830**	**28257**	**45476**
食品烟酒	Food, Tobacco and Alcohol	5104	6243	7777	9846	13028
衣 着	Clothing	903	1082	1477	1943	3514
居 住	Residence	2582	3160	3915	5036	8627
生活用品及服务	Household Facilities, Articles and Services	916	1014	1378	1883	3604
交通通信	Transport and Communications	1718	2032	2659	3401	6062
教育文化娱乐	Education, Cultural and Recreation	1742	2082	2432	2640	4495
医疗保健	Health Care and Medical Services	1298	1545	1792	2912	4563
其他用品及服务	Miscellaneous Goods and Services	242	284	403	597	1583

3-16 城镇居民家庭基本情况（2018-2021 年）
Basic Conditions of Urban Households（2018-2021）

单位：人 / 户、%（person/household, %）

指 标	Item	2018 年	2019 年	2020 年	2021 年
一、期末户均调查人口	Surveyed Population per Household at the end of Period	3.17	3.15	3.16	3.14
二、期内常住成员情况	Status of Permanent Resident during the Period				
（一）户均常住人口	Resident Population per Household	3.04	3.04	3.04	3.02
# 在校学生人数	Numbers of Current Students	0.48	0.50	0.51	0.53
（二）性别	Gender	100.0	100.0	100.0	100.0
1. 男性	Male	48.4	48.6	48.2	48.1
2. 女性	Female	51.6	51.4	51.8	51.9
（三）户口状况	Proportion of Household Registration	100.0	100.0	100.0	100.0
1. 农业	Agriculture	32.0	30.8	29.9	30.2
2. 非农业	Non-agriculture	68.0	69.1	69.8	69.1
3. 其他	Other		0.1	0.2	0.7
（四）6 岁及以上常住成员受教育程度	Educational Status of Permanent Resident(6-year-old and above)	100.0	100.0	100.0	100.0
1. 未上过学	Illiteracy	1.2	0.9	0.5	0.8
2. 小学	Primary School	22.9	22.4	22.5	19.2
3. 初中	Junior Secondary School	32.8	33.0	32.4	33.0
4. 高中	Senior Secondary School	21.7	21.7	22.1	23.1
5. 大学专科	Junior College	12.4	12.5	12.6	13.7
6. 大学本科	Undergraduate	8.2	8.7	9.0	9.5
7. 研究生	Postgraduate	0.7	0.7	0.9	0.7
三、常住从业人员情况	Status of Employees from Resident Population				
（一）户均常住从业人数	Numbers of Employment per Household from Resident Population	1.56	1.55	1.52	1.51
（二）就业状况	Employment Status	100.0	100.0	100.0	100.0
1. 雇主	Employer	0.8	0.9	0.8	1.1
2. 公职人员	Civil Servant	3.3	2.9	2.7	2.2
3. 事业单位人员	Public Institution Employee	7.1	7.1	6.9	5.4
4. 国有企业雇员	State-enterprise Employee	6.0	5.7	4.9	4.0
5. 其他雇员	Other-type Employee	63.9	65.0	67.2	69.1
6. 农业自营	Agricultural Self-operation	6.6	6.3	5.6	5.0
7. 非农自营	Non-agricultural Self-operation	12.2	12.0	12.0	13.2
（三）主要从事行业	Proportion of Employment by Industry	100.0	100.0	100.0	100.0
1. 第一产业	Primary Industry	7.3	6.9	6.5	5.9
2. 第二产业	Secondary Industry	20.7	20.2	20.5	21.0
3. 第三产业	Tertiary Industry	72.0	72.9	73.0	73.1

3-17 城镇居民家庭现住房情况（2018-2021 年）
Housing Conditions of Urban Household（2018-2021）

单位：平方米、%（m^2, %）

指 标	Item	2018 年	2019 年	2020 年	2021 年
一、人均住房建筑面积	Per Capita Floor Space of Housing	36.53	37.50	39.66	40.31
二、按居住空间样式分的户数比重	Proportion of Household by Type of Residence	100.0	100.0	100.0	100.0
（一）单栋楼房	Detached House	17.1	16.9	16.9	18.8
（二）单栋平房	Detached Bungalows	2.7	2.3	1.9	1.9
（三）单元房	Apartment	79.8	80.5	81.0	79.0
（四）筒子楼或连片平房	Tube-shaped Apartment or Terraced House	0.3	0.2	0.1	0.1
（五）其他	Other		0.1		0.2
三、按主要建筑材料分的户数比重	Proportion of Household by Main Structure Material	100.0	100.0	100.0	100.0
（一）钢筋混凝土	Ferroconcrete	64.5	64.7	65.1	65.9
（二）砖混材料	Brick and Concrete	33.1	33.0	32.8	32.1
（三）砖瓦砖木	Brick-tile and Brick-timber	2.4	2.3	2.1	2.0
（四）竹草土坯	Bamboo, Grass and Adobe				
（五）其他	Other				
四、按房屋来源分的户数比重	Proportion of Household by Source of Housing	100.0	100.0	100.0	100.0
（一）租赁住房	Rental Housing	8.1	7.4	7.6	6.8
（二）自建住房	Self-build Housing	19.1	19.1	18.9	20.3
（三）购买商品房	Purchase of Commercial Housing	58.1	58.2	58.5	59.7
（四）购买房改住房	Purchase of Reform Policy Housing	3.3	2.9	2.8	2.7
（五）购买保障性住房	Purchase of Indemnificatory Housing	2.0	2.1	2.3	1.9
（六）拆迁安置房	Resettlement Housing	7.9	8.6	8.6	7.2
（七）继承或获赠住房	Housing of Inheriting or Presenting	0.2	0.3	0.2	0.3
（八）其他	Other	1.3	1.5	1.1	1.1

3-18 城镇居民年末主要耐用消费品拥有量（2018-2021 年）
Main Durable Goods Owner of Urban Households（2018-2021）

单位：平均每百户（average per a hundred household）

指　标	Item	单 位	Unit	2018 年	2019 年	2020 年	2021 年
家用汽车	Automobiles	辆	vehicle	31.04	34.40	36.30	38.99
摩托车	Motorcycles	辆	vehicle	16.71	14.70	14.05	16.75
助力车	Mopeds	辆	vehicle	10.93	13.15	13.73	13.69
洗衣机	Washing Machines	台	unit	98.44	98.80	99.24	100.87
电冰箱（柜）	Refrigerators	台	unit	103.01	103.02	103.50	103.36
微波炉	Microwave Ovens	台	unit	59.77	62.74	63.74	69.59
彩色电视机	Color TV Sets	台	unit	128.28	129.87	129.47	124.61
空调	Air Conditioners	台	unit	209.41	218.48	220.69	231.38
热水器	Water Heaters	台	unit	100.15	101.79	103.29	103.21
洗碗机	Dishwashers	台	unit	1.51	1.41	1.62	2.29
排油烟机	Exhaust Fan	台	unit	76.69	78.73	79.49	88.08
固定电话	Telephones	部	unit	30.16	19.81	17.16	11.34
移动电话	Mobilephones	部	unit	259.55	262.21	262.51	262.25
计算机	Computers	台	unit	64.37	64.07	65.13	73.12
照相机	Cameras	台	unit	17.56	16.85	17.48	12.22

3-19 城镇居民人均总收入和现金收入情况（2018-2021 年）
Per capita Income and Cash Income of Urban Households（2018-2021）

单位：元 / 人、%（yuan/person, %）

指　标	Item	2018 年		2019 年		2020 年		2021 年	
		绝对数 Value	构成 Composition	绝对数 Value	构成 Composition	绝对数 Value	构成 Composition	绝对数 Value	构成 Composition
总收入	Total Income	40958	100.0	44607	100.0	46886	100.0	51343	100.0
一、工资性收入	Wage and Salary Income	20054	49.0	22119	49.6	23353	49.8	25396	49.5
二、经营性收入	Operating Income	7939	19.4	8704	19.5	8857	18.9	10378	20.2
（一）第一产业	Primary Industry	647	1.6	637	1.4	640	1.4	704	1.4
（二）第二产业	Secondary Industry	662	1.6	570	1.3	551	1.2	652	1.3
（三）第三产业	Tertiary Industry	6630	16.2	7497	16.8	7666	16.3	9022	17.6
三、财产性收入	Property Income	2740	6.7	2931	6.6	3174	6.8	3292	6.4
四、转移性收入	Transfer Income	10224	25.0	10854	24.3	11502	24.5	12277	23.9
现金收入	Cash Income	38830	100.0	42235	100.0	44285	100.0	48433	100.0
一、现金工资性收入	Wage and Salary Income in Cash	19926	51.3	21970	52.0	23148	52.3	25241	52.1
二、现金经营性收入	Operating Income in Cash	7830	20.2	8576	20.3	8745	19.7	10242	21.2
（一）第一产业	Primary Industry	538	1.4	509	1.2	529	1.2	569	1.2
（二）第二产业	Secondary Industry	662	1.7	570	1.4	551	1.2	652	1.3
（三）第三产业	Tertiary Industry	6630	17.1	7497	17.7	7666	17.3	9022	18.6
三、现金财产性收入	Property Income in Cash	1227	3.2	1308	3.1	1450	3.3	1378	2.8
四、现金转移性收入	Transfer Income in Cash	9848	25.4	10381	24.6	10942	24.7	11572	23.9

3-20 城镇居民人均总支出情况（2018-2021 年）
Per Capital Expenditure of Urban Households（2018-2021）

单位：元 / 人、%（yuan/person, %）

指 标	Item	2018 年		2019 年		2020 年		2021 年	
		绝对数 Value	构成 Composition	绝对数 Value	构成 Composition	绝对数 Value	构成 Composition	绝对数 Value	构成 Composition
总支出	**Total Expenditure**	**35832**	**100.0**	**39459**	**100.0**	**39657**	**100.0**	**43880**	**100.0**
一、消费支出	Consumption Expenditure	24154	67.4	25785	65.3	26464	66.7	29850	68.0
（一）食品烟酒	Food, Tobacco and Alcohol	7598	21.2	8035	20.4	8619	21.7	9557	21.8
（二）衣 着	Clothing	2010	5.6	2015	5.1	1918	4.8	2215	5.0
（三）居 住	Residence	4325	12.1	4734	12.0	4971	12.5	5467	12.5
（四）生活用品及服务	Household Facilities, Articles and Services	1713	4.8	1746	4.4	1897	4.8	2125	4.8
（五）交通通信	Transport and Communications	3248	9.1	3318	8.4	3291	8.3	3796	8.7
（六）教育文化娱乐	Education, Cultural and Recreation	2589	7.2	2894	7.3	2648	6.7	3241	7.4
（七）医疗保健	Health Care and Medical Services	2055	5.7	2359	6.0	2445	6.2	2662	6.1
（八）其他用品及服务	Miscellaneous Goods and Services	617	1.7	684	1.7	675	1.7	787	1.8
二、生产经营费用支出	Production and Operating Expenditure	3668	10.2	3995	10.1	4107	10.4	5018	11.4
（一）第一产业	Primary Industry	251	0.7	226	0.6	215	0.5	244	0.6
（二）第二产业	Secondary Industry	299	0.8	205	0.5	187	0.5	256	0.6
（三）第三产业	Tertiary Industry	3118	8.7	3564	9.0	3705	9.3	4517	10.3
三、财产性支出	Property Expenditure	204	0.6	206	0.5	314	0.8	186	0.4
四、转移性支出	Transfer Expenditure	1898	5.3	2120	5.4	2189	5.5	2171	4.9
五、部分商业保险支出	A Portion of Commercial Insurance Expenditure	175	0.5	155	0.4	206	0.5	268	0.6
六、购置资产及非经常性转移支出	Assets Purchasing and Non-recurring Transfer Expenditure	3815	10.6	5192	13.2	3448	8.7	3957	9.0
七、借贷性支出	Debit-Credit Expenditure	1918	5.4	2005	5.1	2928	7.4	2431	5.5

3-21 城镇居民人均可支配收入和消费支出情况（2010–2021 年）
Per Capita Income and Expenditure of Urban Households（2010–2021）

单位：元 / 人（yuan/person）

指 标	Item	2010年	2011年	2012年	2013年	2014年	2015年	2016年	2017年	2018年	2019年	2020年	2021年
一、可支配收入	Disposable Income	16032	18517	21003	23058	25147	27239	29610	32193	34889	37939	40006	43502
（一）工资性收入	Wage and Salary Income	10542	11407	12604	13700	15020	15936	17043	18336	20054	22119	23353	25396
（二）经营性收入	Operating Income	1314	1845	2244	2408	2658	2974	3348	3685	3973	4361	4480	4894
（三）财产性收入	Property Income	918	1269	1561	1970	2026	2175	2221	2376	2536	2724	2860	3106
（四）转移性收入	Transfer Income	3258	3996	4594	4980	5443	6154	6998	7797	8326	8734	9313	10107
二、消费支出	Consumption Expenditure	12818	14394	15931	17124	18279	19742	21031	22759	24154	25785	26464	29850
（一）食品烟酒	Food, Tobacco and Alcohol	4224	4968	5848	6001	6308	6628	6884	7305	7598	8035	8619	9557
（二）衣着	Clothing	1371	1668	1808	1836	1878	1932	1939	1951	2010	2015	1918	2215
（三）居住	Residence	2610	2657	2784	3424	3521	3680	3801	3960	4325	4734	4971	5467
（四）生活用品及服务	Household Facilities, Articles and Services	940	958	1069	1156	1293	1371	1466	1592	1713	1746	1897	2125
（五）交通通信	Transport and Communications	1186	1486	1653	1674	2010	2383	2574	2992	3248	3318	3291	3796
（六）教育文化娱乐	Education, Cultural and Recreation	1301	1386	1398	1604	1714	1951	2232	2528	2589	2894	2648	3241
（七）医疗保健	Health Care and Medical Services	875	910	960	1057	1188	1394	1700	1883	2055	2359	2445	2662
（八）其他用品和服务	Miscellaneous Goods and Services	313	361	411	371	369	404	434	547	617	684	675	787

3–22 城镇居民人均经营净收入情况（2018–2021 年）
Per Capita Cash Income from Household Operations of Urban Households（2018–2021）

单位：元 / 人、%（yuan/person, %）

指标	Item	2018 年		2019 年		2020 年		2021 年	
		绝对数 Value	构成 Composition	绝对数 Value	构成 Composition	绝对数 Value	构成 Composition	绝对数 Value	构成 Composition
经营净收入	Net Operating Income	3973	100.0	4361	100.0	4480	100.0	4894	100.0
一、第一产业经营净收入	Net Operating Income of Primary Industry	378	9.5	390	8.9	411	9.2	434	8.9
（一）农业	Farming	276	7.0	285	6.5	287	6.4	302	6.2
（二）林业	Forestry	8	0.2	7	0.2	4	0.1	9	0.2
（三）牧业	Animal Husbandry	86	2.2	87	2.0	99	2.2	101	2.1
（四）渔业	Fishery	8	0.2	11	0.2	21	0.5	22	0.4
二、第二产业经营净收入	Net Operating Income of Secondary Industry	322	8.1	335	7.7	340	7.6	373	7.6
（一）采矿业	Mining Industry	–1		–1		0		0	
（二）制造业	Manufacturing Industry	135	3.4	141	3.2	169	3.8	193	3.9
（三）电力、热力、燃气及水生产和供应业	Production and Supply of Electricity, Heat, Gas and Water	2	0.1			0		2	0.0
（四）建筑业	Construction Industry	186	4.7	195	4.5	170	3.8	178	3.6
三、第三产业经营净收入	Net Operating Income of Tertiary Industry	3273	82.4	3636	83.4	3729	83.2	4086	83.5
（一）批发和零售业	Wholesale and Retail Industry	2309	58.1	2593	59.5	2697	60.2	2966	60.6
（二）交通运输、仓储和邮政业	Transportation, Warehousing and Postal Industry	183	4.6	193	4.4	210	4.7	222	4.5
（三）住宿和餐饮业	Lodging and Catering Industry	302	7.6	331	7.6	315	7.0	339	6.9
（四）房地产业	Real Estate	–1		18	0.4	15	0.3	19	0.4
（五）租赁和商务服务业	Leasing and Commercial Service Industry	48	1.2	16	0.4	47	1.1	54	1.1
（六）居民服务、修理和其他服务业	Residential Services, Repair and Other Services	365	9.2	414	9.5	338	7.5	395	8.1
（七）其他	Other	73	1.8	70	1.6	110	2.4	90	1.8
（八）农林牧渔服务业	Farming, Forestry, Animal Husbandry and Fishery Services	–4	–0.1	1	0.0	–3	–0.1	1	0.0

3-23 城镇居民人均财产净收入情况（2018-2021 年）
Per Capita Income from Properties of Urban Households（2018-2021）

单位：元 / 人、%（yuan/person, %）

指 标	Item	2018 年		2019 年		2020 年		2021 年	
		绝对数 Value	构成 Composition	绝对数 Value	构成 Composition	绝对数 Value	构成 Composition	绝对数 Value	构成 Composition
财产净收入	Net Property Income	2536	100.0	2724	100.0	2860	100.0	3106	100.0
一、利息净收入	Net Interest Income	158	6.2	168	6.2	162	5.7	177	5.7
二、红利收入	Net Dividend Income	255	10.0	301	11.0	245	8.6	259	8.3
（一）集体分配的红利	Dividend of Allocation from Collective	15	0.6	9	0.3	6	0.2	5	0.2
（二）其他红利收入	Other Dividend Income	240	9.5	292	10.7	239	8.4	256	8.2
三、储蓄性保险净收益	Net Income of Endowment Insurance	10	0.4	5	0.2	6	0.2	6	0.2
四、转让承包土地经营权租金净收入	Net Rental Income of Land Conveyance and Contract	28	1.1	16	0.6	17	0.6	18	0.6
五、出租房屋财产性收入	Property Income of House Renting	539	21.3	575	21.1	641	22.4	695	22.4
六、出租机械、专利、版权等资产的收入	Rental Income of Equipment, Patent and Copyright	11	0.4	15	0.5	21	0.7	32	1.0
七、其他财产净收入	Other Property Income	22	0.9	21	0.8	43	1.5	7	0.2
八、房屋虚拟租金	Potential Rent of House	1513	59.7	1623	59.6	1724	60.3	1914	61.6

3-24 城镇居民人均转移净收入情况（2018-2021 年）
Per Capita Income from Transfers of Urban Households（2018-2021）

单位：元 / 人、%（yuan/person, %）

指标	Item	2018 年		2019 年		2020 年		2021 年	
		绝对数 Value	构成 Composition	绝对数 Value	构成 Composition	绝对数 Value	构成 Composition	绝对数 Value	构成 Composition
转移净收入	**Net Transfer Income**	**8326**		**8734**		**9313**		**10107**	
（一）转移性收入	Transfer Income	10224	100.0	10854	100.0	11502	100.0	12277	100.0
1. 养老金或离退休金	Old-age Pension and Retirement Pension	8330	81.5	8522	78.5	8844	76.9	9060	73.8
（1）离退休金	Retirement Pensions	7400	72.4	7618	70.2	7903	68.7	7985	65.0
（2）（城镇）居民社会养老保险	Social Pensions	732	7.2	708	6.5	700	6.1	757	6.2
（3）新型农村养老保险	New-rural Pensions	39	0.4	56	0.5	66	0.6	67	0.5
（4）其他养老金	Other Pensions	160	1.6	141	1.3	176	1.5	250	2.0
2. 社会救济和补助	Social Almsgiving and Subsidies	95	0.9	133	1.2	137	1.2	164	1.3
（1）最低生活保障费	Basic Living Allowances	49	0.5	52	0.5	53	0.5	50	0.4
（2）五保户救助金	Alms for Household of Five Guarantees	2		2		1		7	0.1
（3）扶贫款	Poverty Relief Funds					1			
（4）救灾款	Disaster Relief Funds								
（5）抚恤金	Disabled and Deceased Pensions	14	0.1	33	0.3	34	0.3	63	0.5
（6）其他社会救济收入	Other Social Almsgiving Income	30	0.3	45	0.4	48	0.4	44	0.4
3. 政策性生活补贴	Govermental Living Allowances	62	0.6	60	0.6	83	0.7	116	0.9
4. 报销医疗费	Medical Subsidies	343	3.4	455	4.2	524	4.6	674	5.5
5. 家庭外出从业人员寄回带回收入	Transfer Income from Employee Worked Outside of Chongqing to Family	761	7.4	955	8.8	1110	9.6	1318	10.7
6. 赡养收入	Financial Supports from Children	455	4.4	546	5.0	592	5.1	692	5.6
7. 其他经常转移收入	Other Transfer Income	136	1.3	112	1.0	142	1.2	180	1.5
8. 从政府和组织得到的实物产品和服务折价	Discounts on Goods and Services Received from Government and Organizations	33	0.3	17	0.2	36	0.3	32	0.3
9. 现金政策性惠农补贴	Policy-related Cash Subsidies for Agriculture	9	0.1	52	0.5	34	0.3	42	0.3
（二）转移性支出	Transfer Expenditure	1898	100.0	2120	100.0	2189	100.0	2171	100.0
1. 个人所得税	Personal Income Tax	84	4.4	98	4.6	104	4.7	99	4.6
2. 社会保障支出	Social Security Expenditure	1520	80.1	1680	79.3	1823	83.3	1806	83.2
（1）个人缴纳的养老保险	Individual Payment of Endowment Insurance	1037	54.6	1119	52.8	1238	56.5	1260	58.1
（2）个人缴纳的医疗保险	Individual Payment of Health Insurance	399	21.0	465	22.0	479	21.9	436	20.1
（3）个人缴纳的失业保险	Individual Payment of Unemployment Insurance	48	2.5	55	2.6	56	2.6	50	2.3
（4）其他社会保障支出	Other Social Security Expenditure	37	1.9	41	1.9	50	2.3	60	2.8
3. 外来从业人员寄给家人的支出	Transfer Expenditure from Employee Worked Outside of Chongqing to Family	11	0.6	21	1.0	24	1.1	21	1.0
4. 赡养支出	Financial Supports to Parents	174	9.2	211	10.0	171	7.8	148	6.8
5. 其他转移性支出	Other Transfer Expenditure	108	5.7	109	5.2	67	3.1	97	4.4

3-25 城镇居民人均现金可支配收入和现金消费支出情况（2018-2021 年）
Per Capita Cash Disposable Income and Consumption Expenditure of Urban Households(2018-2021)

单位：元 / 人、%（yuan/person, %）

指 标	Item	2018 年		2019 年		2020 年		2021 年	
		绝对数 Value	构成 Composition	绝对数 Value	构成 Composition	绝对数 Value	构成 Composition	绝对数 Value	构成 Composition
一、现金可支配收入	Disposable Income in Cash	33082	100.0	35930	100.0	37692	100.0	41073	100.0
（一）现金工资性收入	Wage and Salary Income in Cash	19926	60.2	21970	61.1	23148	61.4	25240	61.4
（二）现金经营净收入	Net Operation Income in Cash	4184	12.6	4598	12.8	4655	12.4	5240	12.8
1. 第一产业	Primary Industry	309	0.9	299	0.8	330	0.9	339	0.8
2. 第二产业	Secondary Industry	363	1.1	365	1.0	364	1.0	396	1.0
3. 第三产业	Tertiary Industry	3512	10.6	3933	10.9	3960	10.5	4505	11.0
（三）现金财产净收入	Net Property Income in Cash	1023	3.1	1101	3.1	1136	3.0	1192	2.9
（四）现金转移净收入	Net Transfer Income in Cash	7949	24.0	8262	23.0	8753	23.2	9401	22.9
二、现金消费支出	Consumption Expenditure in Cash	20785	100.0	21972	100.0	22371	100.0	25430	100.0
（一）食品烟酒	Food, Tobacco and Alcohol	7402	35.6	7823	35.6	8354	37.3	9305	36.6
1. 食品	Food	5192	25.0	5279	24.0	6175	27.6	6247	24.6
2. 烟酒	Tobacco and Alcohol	649	3.1	693	3.2	711	3.2	806	3.2
3. 饮料	Beverage	96	0.5	105	0.5	114	0.5	155	0.6
4. 饮食服务	Catering Services	1465	7.0	1747	8.0	1354	6.1	2097	8.2
（二）衣着	Clothing	2009	9.7	2014	9.2	1917	8.6	2213	8.7
1. 衣类	Clothes	1652	7.9	1651	7.5	1594	7.1	1832	7.2
2. 鞋类	Footware	356	1.7	363	1.7	323	1.4	382	1.5
（三）居住	Residence	1531	7.4	1675	7.6	1735	7.8	2001	7.9
1. 租赁房房租	Rent of Residence	219	1.1	225	1.0	188	0.8	183	0.7
2. 住房维修及管理	Repairment and Management of Residence	493	2.4	611	2.8	664	3.0	939	3.7
3. 水电燃料及其他	Water, Electricity, Fuel and Other	819	3.9	840	3.8	883	3.9	879	3.5
（四）生活用品及服务	Household Facilities, Articles and Services	1705	8.2	1738	7.9	1886	8.4	2116	8.3
1. 家具及室内装饰品	Furniture and Decoration	251	1.2	211	1.0	348	1.6	381	1.5
2. 家用器具	Household Utensils	465	2.2	456	2.1	421	1.9	465	1.8
3. 家用纺织品	Household Textile	141	0.7	166	0.8	142	0.6	187	0.7
4. 家庭日用杂品	Household Daily Groceries	449	2.2	414	1.9	494	2.2	477	1.9
5. 个人用品	Personal Product	310	1.5	376	1.7	401	1.8	499	2.0
6. 家庭服务	Household Services	88	0.4	115	0.5	80	0.4	107	0.4
（五）交通通信	Transport and Communications	3246	15.6	3314	15.1	3281	14.7	3790	14.9
1. 交通	Transportation Services	2388	11.5	2481	11.3	2395	10.7	2835	11.1
2. 通信	Communication Services	858	4.1	833	3.8	886	4.0	955	3.8
（六）教育文化娱乐	Education, Cultural and Recreation	2588	12.5	2894	13.2	2648	11.8	3241	12.7
1. 教育	Educational Services	1455	7.0	1742	7.9	1758	7.9	2208	8.7
2. 文化娱乐	Cultural and Recreational Services	1133	5.4	1151	5.2	890	4.0	1033	4.1
（七）医疗保健	Health Care and Medical Services	1697	8.2	1850	8.4	1884	8.4	1982	7.8
1. 医疗器具及药品	Medical Devices and medicine	719	3.5	753	3.4	854	3.8	761	3.0
2. 医疗服务	Medical Services	979	4.7	1097	5.0	1030	4.6	1222	4.8
（八）其他用品和服务	Miscellaneous Goods and Services	608	2.9	663	3.0	666	3.0	782	3.1
1. 其他用品	Miscellaneous Goods	311	1.5	307	1.4	355	1.6	372	1.5
2. 其他服务	Miscellaneous Services	297	1.4	356	1.6	311	1.4	410	1.6

3-26 城镇居民人均消费支出细项情况（2018-2021 年）
Per Capita Consumption Expenditure of Urban Households（2018-2021）

单位：元 / 人、%（yuan/person, %）

指 标	Item	2018 年		2019 年		2020 年		2021 年	
		绝对数 Value	构成 Composition	绝对数 Value	构成 Composition	绝对数 Value	构成 Composition	绝对数 Value	构成 Composition
消费支出	Consumption Expenditure	24154	100.0	25785	100.0	26464	100.0	29850	100.0
一、食品烟酒	Food, Tobacco and Alcohol	7598	31.5	8035	31.2	8619	32.6	9557	32.0
（一）食品	Food	5293	21.9	5390	20.9	6303	23.8	6382	21.4
（二）烟酒	Tobacco and Alcohol	649	2.7	693	2.7	711	2.7	806	2.7
（三）饮料	Beverage	96	0.4	105	0.4	114	0.4	155	0.5
（四）饮食服务	Catering Services	1559	6.5	1847	7.2	1491	5.6	2213	7.4
二、衣着	Clothing	2010	8.3	2015	7.8	1918	7.2	2215	7.4
（一）衣类	Clothes	1654	6.8	1652	6.4	1595	6.0	1833	6.1
（二）鞋类	Footware	356	1.5	363	1.4	323	1.2	382	1.3
三、居住	Residence	4325	17.9	4734	18.4	4971	18.8	5467	18.3
（一）租赁房房租	Rent of Residence	219	0.9	225	0.9	188	0.7	183	0.6
（二）住房维修及管理	Repairment and Management of Residence	493	2.0	611	2.4	664	2.5	939	3.1
（三）水电燃料及其他	Water, Electricity, Fuel and Other	825	3.4	847	3.3	909	3.4	901	3.0
（四）自有住房折算租金	Converted Funds for Private Housing	2788	11.5	3051	11.8	3210	12.1	3445	11.5
四、生活用品及服务	Household Facilities, Articles and Services	1713	7.1	1746	6.8	1897	7.2	2125	7.1
（一）家具及室内装饰品	Furniture and Decoration	252	1.0	212	0.8	349	1.3	381	1.3
（二）家用器具	Household Utensils	465	1.9	456	1.8	421	1.6	465	1.6
（三）家用纺织品	Household Textile	141	0.6	166	0.6	142	0.5	187	0.6
（四）家庭日用杂品	Household Daily Groceries	456	1.9	421	1.6	505	1.9	486	1.6
（五）个人用品	Personal Product	310	1.3	376	1.5	401	1.5	499	1.7
（六）家庭服务	Household Services	88	0.4	115	0.4	80	0.3	107	0.4
五、交通通信	Transport and Communications	3248	13.4	3318	12.9	3291	12.4	3796	12.7
（一）交通	Transportation Services	2391	9.9	2485	9.6	2405	9.1	2841	9.5
（二）通信	Communication Services	858	3.6	833	3.2	886	3.3	955	3.2
六、教育文化娱乐	Education, Cultural and Recreation	2589	10.7	2894	11.2	2648	10.0	3241	10.9
（一）教育	Educational Services	1455	6.0	1742	6.8	1758	6.6	2208	7.4
（二）文化娱乐	Cultural and Recreational Services	1134	4.7	1152	4.5	891	3.4	1033	3.5
七、医疗保健	Health Care and Medical Services	2055	8.5	2359	9.1	2445	9.2	2662	8.9
（一）医疗器具及药品	Medical Devices and Medicine	732	3.0	754	2.9	868	3.3	764	2.6
（二）医疗服务	Medical Services	1322	5.5	1605	6.2	1577	6.0	1898	6.4
八、其他用品和服务	Miscellaneous Goods and Services	617	2.6	684	2.7	675	2.6	787	2.6
（一）其他用品	Miscellaneous Goods	314	1.3	310	1.2	357	1.3	374	1.3
（二）其他服务	Miscellaneous Services	303	1.3	373	1.4	318	1.2	413	1.4

3-27 城镇居民家庭人均主要食品消费量（2018-2021 年）
Per Capita Consumption of Major Foods of Urban Households（2018-2021）

单位：千克 / 人（kg/person）

指 标	Item	2018 年	2019 年	2020 年	2021 年
一、粮食	**Food Crops**	**100.83**	**106.22**	**121.95**	**138.05**
（一）谷物	Cereals	88.23	92.79	107.32	122.28
（二）薯类	Tubers	3.37	3.68	4.18	4.10
（三）豆类	Beans	9.23	9.76	10.46	11.68
二、油脂	**Edible Oil**	**13.65**	**14.36**	**14.94**	**16.60**
植物油	Vegetable oil	12.44	13.24	13.86	15.21
动物油	Animal oil	1.20	1.12	1.09	1.39
三、蔬菜及菜制品	**Vegetables and Processed Products**	**123.39**	**125.73**	**131.26**	**146.62**
# 鲜菜	Fresh Vegetables	119.02	121.29	126.58	141.57
四、肉类	**Meat**	**43.75**	**39.01**	**36.47**	**48.92**
# 猪肉	Pork	37.04	32.13	29.21	39.24
牛肉	Beef	1.96	2.41	2.66	3.17
羊肉	Mutton	0.72	0.60	0.57	0.90
五、禽类	**Poultry**	**11.44**	**12.87**	**14.45**	**14.89**
六、水产品	**Aquatic Products**	**11.34**	**13.90**	**14.15**	**16.45**
# 鱼类	Fishes	9.49	11.66	11.84	13.58
七、蛋类及蛋制品	**Eggs and Processed Product**	**9.49**	**10.36**	**11.73**	**13.31**
# 鲜蛋	Fresh Eggs	8.95	9.82	11.11	12.74
八、奶和奶制品	**Milk and Dairy Products**	**15.91**	**16.97**	**17.82**	**21.68**
九、干鲜瓜果类	**Fruits, Nuts and Processed Products**	**50.53**	**52.77**	**53.52**	**62.75**
# 鲜瓜果	Fresh Fruits	45.61	47.62	48.16	56.61
坚果类	Nuts	4.28	4.26	4.58	5.21
十、糖果糕点类	**Sweets and Desserts**	**7.16**	**6.91**	**6.93**	**8.15**
# 食糖	Sugar	2.26	1.92	1.94	1.82
十一、烟叶	**Tobacco**	**28.25**	**29.72**	**29.33**	**32.74**
十二、酒	**Alcohol**	**7.14**	**6.54**	**6.80**	**8.03**

3-28 按收入五等份分组的城镇居民人均收支情况（2018 年）
Per Capita Income and Expenditure of Urban Households by Income Quintile（2018）

单位：元 / 人（yuan/person）

	Item	低收入户（20%）Low Income Households（20%）	中低收入户（20%）Lower Middle Income Households（20%）	中等收入户（20%）Middle Income Households (20%)	中高收入户（20%）Upper Middle Income Households (20%)	高收入户（20%）High Income Households (20%)
可支配收入	**Disposable Income**	**15071**	**24512**	**32684**	**43528**	**71281**
工资性收入	Wage and Salary Income	9171	15477	20072	24356	37443
经营净收入	Net Operating Income	1861	2281	3184	3231	11278
财产净收入	Net Property Income	1015	1682	2161	3235	5628
转移净收入	Net Transfer Income	3024	5072	7267	12706	16932
消费支出	**Consumption Expenditure**	**13997**	**18414**	**22767**	**29009**	**43218**
食品烟酒	Food, Tobacco and Alcohol	4766	6228	7529	9014	12118
衣　着	Clothing	978	1437	1934	2422	3945
居　住	Residence	2684	3262	4144	5127	7519
生活用品及服务	Household Facilities, Articles and Services	917	1099	1529	2232	3367
交通通信	Transport and Communications	1807	2636	2836	3963	5918
教育文化娱乐	Education, Cultural and Recreation	1539	1937	2557	3069	4523
医疗保健	Health Care and Medical Services	1071	1471	1721	2425	4307
其他用品及服务	Miscellaneous Goods and Services	235	345	516	758	1520

3-28 按收入五等份分组的城镇居民人均收支情况（2019 年）
Per Capita Income and Expenditure of Urban Households by Income Quintile（2019）

续表（continued）

单位：元 / 人（yuan/person）

指　标	Item	低收入户（20%）Low Income Households（20%）	中低收入户（20%）Lower Middle Income Households（20%）	中等收入户（20%）Middle Income Households (20%)	中高收入户（20%）Upper Middle Income Households (20%)	高收入户（20%）High Income Households (20%)
可支配收入	**Disposable Income**	**16610**	**26431**	**35383**	**47096**	**77257**
工资性收入	Wage and Salary Income	10354	16687	21703	27263	41217
经营净收入	Net Operating Income	2182	2619	2758	4491	11734
财产净收入	Net Property Income	891	1782	2389	3299	6426
转移净收入	Net Transfer Income	3183	5342	8532	12042	17880
消费支出	**Consumption Expenditure**	**14575**	**19179**	**24623**	**31158**	**46355**
食品烟酒	Food, Tobacco and Alcohol	4986	6507	8142	9752	12446
衣　着	Clothing	1145	1396	1893	2539	3676
居　住	Residence	2784	3588	4455	5457	8647
生活用品及服务	Household Facilities, Articles and Services	814	1114	1590	2152	3691
交通通信	Transport and Communications	1532	2133	3441	4239	6323
教育文化娱乐	Education, Cultural and Recreation	1884	2392	2685	3185	4968
医疗保健	Health Care and Medical Services	1149	1673	1893	2947	4953
其他用品及服务	Miscellaneous Goods and Services	282	377	525	886	1651

3-28 按收入五等份分组的城镇居民人均收支情况（2020年）
Per Capita Income and Expenditure of Urban Households by Income Quintile（2020）

续表（continued）

单位：元/人（yuan/person）

指标	Item	低收入户（20%）Low Income Households（20%）	中低收入户（20%）Lower Middle Income Households（20%）	中等收入户（20%）Middle Income Households (20%)	中高收入户（20%）Upper Middle Income Households (20%)	高收入户（20%）High Income Households (20%)
可支配收入	**Disposable Income**	**17006**	**27220**	**37202**	**50016**	**81977**
工资性收入	Wage and Salary Income	10683	17289	20756	29137	46115
经营净收入	Net Operating Income	1808	2135	3420	2990	14389
财产净收入	Net Property Income	1271	2130	2438	3825	5522
转移净收入	Net Transfer Income	3244	5667	10587	14064	15951
消费支出	**Consumption Expenditure**	**14922**	**20013**	**25070**	**31196**	**47884**
食品烟酒	Food, Tobacco and Alcohol	5457	7097	8938	10439	12716
衣　着	Clothing	991	1337	1810	2213	3816
居　住	Residence	2930	3792	4557	6066	8722
生活用品及服务	Household Facilities, Articles and Services	863	1120	1606	2413	4185
交通通信	Transport and Communications	1549	2451	2601	3404	7597
教育文化娱乐	Education, Cultural and Recreation	1842	2140	2474	2879	4428
医疗保健	Health Care and Medical Services	1028	1724	2640	2967	4602
其他用品及服务	Miscellaneous Goods and Services	262	352	444	816	1818

3-28 按收入五等份分组的城镇居民人均收支情况（2021年）
Per Capita Income and Expenditure of Urban Households by Income Quintile（2021）

续表（continued）

单位：元/人（yuan/person）

指标	Item	低收入户（20%）Low Income Households（20%）	中低收入户（20%）Lower Middle Income Households（20%）	中等收入户（20%）Middle Income Households (20%)	中高收入户（20%）Upper Middle Income Households (20%)	高收入户（20%）High Income Households (20%)
可支配收入	**Disposable Income**	**18859**	**30221**	**40309**	**52952**	**88786**
工资性收入	Wage and Salary Income	11238	20238	22802	30466	49609
经营净收入	Net Operating Income	2032	2080	3291	4373	14989
财产净收入	Net Property Income	1558	1991	2789	3930	6186
转移净收入	Net Transfer Income	4031	5912	11427	14184	18001
消费支出	**Consumption Expenditure**	**18658**	**23110**	**26490**	**34903**	**52735**
食品烟酒	Food, Tobacco and Alcohol	6314	8028	9393	11161	14540
衣　着	Clothing	1370	1670	1839	2557	4176
居　住	Residence	3307	4079	4779	6677	9786
生活用品及服务	Household Facilities, Articles and Services	1148	1513	1724	2570	4279
交通通信	Transport and Communications	2175	2939	3298	4122	7420
教育文化娱乐	Education, Cultural and Recreation	2650	2821	2640	3454	5094
医疗保健	Health Care and Medical Services	1370	1618	2282	3431	5424
其他用品及服务	Miscellaneous Goods and Services	326	442	535	931	2017

3-29 农村居民家庭基本情况（2018-2021 年）
Basic Conditions of Rural Households（2018-2021）

单位：人 / 户、%（person/household, %）

指 标	Item	2018 年	2019 年	2020 年	2021 年
一、期末户均调查人口	Surveyed Population per Household at the End of Period	3.48	3.43	3.53	3.39
二、期内常住成员情况	Status of Permanent Resident during the Period				
（一）户均常住人口	Resident Population Per Household	2.93	2.90	2.96	2.89
# 在校学生人数	Numbers of Current Students	0.59	0.58	0.68	0.62
（二）性别	Gender	100.0	100.0	100.0	100.0
1. 男性	Male	50.0	49.7	49.2	50.0
2. 女性	Female	50.0	50.3	50.8	50.0
（三）户口状况	Proportion of Household Registration	100.0	100.0	100.0	100.0
1. 农业	Agriculture	89.1	88.1	88.0	89.2
2. 非农业	Non-agriculture	10.9	11.8	12.0	10.8
3. 其他	Other				
（四）6 岁及以上常住成员受教育程度	Educational Status of Permanent Resident(6-year-old and above)	100.0	100.0	100.0	100.0
1. 未上过学	Illiteracy	2.8	2.2	1.9	1.9
2. 小学	Primary School	48.1	47.4	43.9	42.5
3. 初中	Junior Secondary School	34.1	34.7	36.9	38.5
4. 高中	Senior Secondary School	10.0	10.4	11.6	13.6
5. 大学专科	Junior College	2.7	3.1	3.6	2.2
6. 大学本科	Undergraduate	2.1	2.1	1.9	1.2
7. 研究生	Postgraduate	0.2	0.1	0.2	0.1
三、常住从业人员情况	Status of Employees from Resident Population				
（一）户均常住从业人数	Numbers of Employed person per Household from Resident Population	1.85	1.82	1.76	1.79
（二）就业状况	Employment Status	100.0	100.0	100.0	100.0
1. 雇主	Employer	0.3	0.2	0.3	0.3
2. 公职人员	Civil Servant	0.4	0.5	0.2	0.2
3. 事业单位人员	Public Institution Employee	1.0	0.5	0.4	0.2
4. 国有企业雇员	State-enterprise Employee	0.2	0.2	0.1	0.0
5. 其他雇员	Other-type Employee	33.9	34.2	31.9	36.0
6. 农业自营	Agricultural Self-operation	55.9	55.6	57.2	54.7
7. 非农自营	Non-agricultural Self-operation	8.3	8.7	9.9	8.5
（三）主要从事行业	Proportion of Employment by Industry	100.0	100.0	100.0	100.0
1. 第一产业	Primary Industry	58.1	57.7	59.0	55.8
2. 第二产业	Secondary Industry	17.7	17.8	16.0	18.4
3. 第三产业	Tertiary Industry	24.2	24.5	25.0	25.8

3-30 农村居民家庭现住房情况（2018-2021 年）
Housing Conditions of Rural Household（2018-2021）

单位：平方米、%（m^2, %）

指　标	Item	2018 年	2019 年	2020 年	2021 年
一、人均住房建筑面积	Per Capita Floor Space of Housing	53.93	54.29	53.70	55.46
二、按居住空间样式分的户数比重	Proportion of Household by Type of Residence	100.0	100.0	100.0	100.0
（一）单栋楼房	Detached House	64.9	65.1	67.8	70.4
（二）单栋平房	Detached Bungalows	25.4	24.2	23.2	21.6
（三）单元房	Apartment	7.5	9.4	8.7	7.5
（四）筒子楼或连片平房	Tube-shaped Apartment or Terraced House	1.1	0.7	0.3	0.4
（五）其他	Other	1.2	0.6	0.0	0.1
三、按主要建筑材料分的户数比重	Proportion of Household by Main Structure Material	100.0	100.0	100.0	100.0
（一）钢筋混凝土	Ferroconcrete	17.7	18.1	18.5	20.2
（二）砖混材料	Brick and Concrete	56.2	56.7	55.8	58.3
（三）砖瓦砖木	Brick-tile and Brick-timber	24.4	23.6	24.3	20.7
（四）竹草土坯	Bamboo, Grass and Adobe	1.1	1.0	0.9	0.8
（五）其他	Other	0.6	0.6	0.5	0.0
四、按房屋来源分的户数比重	Proportion of Household by Source of Housing	100.0	100.0	100.0	100.0
（一）租赁住房	Rental Housing	1.4	1.4	1.1	1.4
（二）. 自建住房	Self-build Housing	91.0	89.7	90.0	90.5
（三）购买商品房	Purchase of Commercial Housing	4.1	4.2	4.8	4.2
（四）购买房改住房	Purchase of Reform Policy Housing	0.4	0.6	0.5	0.5
（五）购买保障性住房	Purchase of Indemnificatory Housing	0.7	0.7	0.5	0.7
（六）拆迁安置房	Resettlement Housing	1.2	1.8	1.5	1.0
（七）继承或获赠住房	Housing of Inheriting or Presenting	0.4	0.4	0.2	0.2
（八）其他	Other	0.8	1.2	1.3	1.5

3-31 农村居民年末主要耐用消费品拥有量（2018-2021 年）
Main Durable Goods Owned Rural Households（2018-2021）

单位：平均每百户（per a hundred household）

指 标	Item	单 位	Unit	2018 年	2019 年	2020 年	2021 年
家用汽车	Automobiles	辆	vehicle	13.24	16.16	17.68	20.70
摩托车	Motorcycles	辆	vehicle	38.53	36.69	35.78	37.84
助力车	Mopeds	辆	vehicle	16.48	19.34	20.25	22.45
洗衣机	Washing Machines	台	unit	82.24	87.81	90.36	96.83
电冰箱（柜）	Refrigerators	台	unit	100.56	105.39	104.66	107.01
微波炉	Microwave Ovens	台	unit	17.66	18.93	17.59	19.73
彩色电视机	Color TV Sets	台	unit	114.40	117.30	117.04	115.89
空调	Air Conditioners	台	unit	65.54	76.52	78.19	91.78
热水器	Water Heaters	台	unit	69.68	75.45	82.91	86.39
洗碗机	Dishwashers	台	unit	0.16	0.47	1.04	1.13
排油烟机	Exhaust Fan	台	unit	17.97	22.08	22.62	25.26
固定电话	Telephones	部	unit	18.25	10.29	10.77	5.39
移动电话	Mobilephones	部	unit	263.95	269.30	268.31	260.81
计算机	Computers	台	unit	17.85	20.10	21.78	24.16
照相机	Cameras	台	unit	2.33	2.77	2.24	1.35

3-32 农村居民人均总收入和现金收入情况（2018-2021 年）
Per Capita Income and Cash Disposable Income of Rural Households（2018-2021）

单位：元 / 人、%（yuan/person, %）

指 标	Item	2018 年		2019 年		2020 年		2021 年	
		绝对数 Value	构成 Composition	绝对数 Value	构成 Composition	绝对数 Value	构成 Composition	绝对数 Value	构成 Composition
总收入	Total Income	18876	100.0	21105	100.0	23582	100.0	23639	100.0
一、工资性收入	Wage and Salary Income	4848	25.7	5317	25.2	5740	24.3	6386	27.0
二、经营性收入	Operating Income	9322	49.4	10576	50.1	12185	51.7	11080	46.9
（一）第一产业	Primary Industry	5796	30.7	6594	31.2	7311	31.0	6770	28.6
（二）第二产业	Secondary Industry	406	2.2	517	2.4	363	1.5	305	1.3
（三）第三产业	Tertiary Industry	3120	16.5	3465	16.4	4511	19.1	4005	16.9
三、财产性收入	Property Income	355	1.9	380	1.8	429	1.8	461	2.0
四、转移性收入	Transfer Income	4351	23.1	4833	22.9	5228	22.2	5712	24.2
现金收入	Cash Income	16934	100.0	18942	100.0	21510	100.0	21159	100.0
一、现金工资性收入	Wage and Salary Income in Cash	4831	28.5	5293	27.9	5716	26.6	6352	30.0
二、现金经营性收入	Operating Income in Cash	7566	44.7	8627	45.5	10385	48.3	8916	42.1
（一）第一产业	Primary Industry	4040	23.9	4645	24.5	5511	25.6	4606	21.8
（二）第二产业	Secondary Industry	406	2.4	517	2.7	363	1.7	305	1.4
（三）第三产业	Tertiary Industry	3120	18.4	3465	18.3	4511	21.0	4005	18.9
三、现金财产性收入	Property Income in Cash	355	2.1	380	2.0	429	2.0	461	2.2
四、现金转移性收入	Transfer Income in Cash	4182	24.7	4641	24.5	4980	23.2	5430	25.7

3–33 农村居民人均总支出情况（2018–2021 年）
Per Capita Expenditure of Rural Households（2018–2021）

单位：元 / 人、%（yuan/person, %）

指 标	Item	2018 年		2019 年		2020 年		2021 年	
		绝对数 Value	构成 Composition	绝对数 Value	构成 Composition	绝对数 Value	构成 Composition	绝对数 Value	构成 Composition
总支出	**Total Expenditure**	**20422**	**100.0**	**22777**	**100.0**	**24648**	**100.0**	**25624**	**100.0**
一、消费支出	Consumption Expenditure	11977	58.6	13112	57.6	14140	57.4	16096	62.8
（一）食品烟酒	Food, Tobacco and Alcohol	4180	20.5	4575	20.1	5183	21.0	5884	23.0
（二）衣 着	Clothing	631	3.1	692	3.0	736	3.0	888	3.5
（三）居 住	Residence	2274	11.1	2501	11.0	2631	10.7	2909	11.4
（四）生活用品及服务	Household Facilities, Articles and Services	785	3.8	852	3.7	919	3.7	965	3.8
（五）交通通信	Transport and Communications	1503	7.4	1586	7.0	1592	6.5	1842	7.2
（六）教育文化娱乐	Education, Cultural and Recreation	1345	6.6	1423	6.2	1290	5.2	1566	6.1
（七）医疗保健	Health Care and Medical Services	1075	5.3	1262	5.5	1560	6.3	1782	7.0
（八）其他用品及服务	Miscellaneous Goods and Services	185	0.9	222	1.0	228	0.9	259	1.0
二、生产经营费用支出	Production and Operating Expenditure	4173	20.4	5035	22.1	6211	25.2	4605	18.0
（一）第一产业	Primary Industry	1942	9.5	2422	10.6	2815	11.4	1956	7.6
（二）第二产业	Secondary Industry	265	1.3	384	1.7	225	0.9	161	0.6
（三）第三产业	Tertiary Industry	1965	9.6	2230	9.8	3171	12.9	2488	9.7
三、财产性支出	Property Expenditure	20	0.1	12	0.1	23	0.1	15	0.1
四、转移性支出	Transfer Expenditure	565	2.8	593	2.6	579	2.3	555	2.2
五、部分商业保险支出	A Portion of Commercial Insurance Expenditure	54	0.3	45	0.2	50	0.2	85	0.3
六、购置资产及非经常性转移支出	Assets Purchasing and Non–recurring Transfer Expenditure	2976	14.6	3149	13.8	2720	11.0	3349	13.1
七、借贷性支出	Debit–Credit Expenditure	656	3.2	830	3.6	926	3.8	920	3.6

3-34 农村居民人均可支配收入和消费支出情况（2010-2021 年）
Per Capita Income and Expenditure of Rural Households（2010-2021）

单位：元 / 人（yuan/person）

指　标	Item	2010 年	2011 年	2012 年	2013 年	2014 年	2015 年	2016 年	2017 年	2018 年	2019 年	2020 年	2021 年
一、可支配收入	**Disposable Income**	**5378**	**6605**	**7526**	**8493**	**9490**	**10505**	**11549**	**12638**	**13781**	**15133**	**16361**	**18100**
（一）工资性收入	Wage and Salary Income	1553	1904	2230	2744	3196	3583	3966	4395	4848	5317	5740	6386
（二）经营性收入	Operating Income	2330	2726	2941	3173	3402	3775	4150	4491	4813	5210	5566	6110
（三）财产性收入	Property Income	87	132	166	227	252	278	296	308	335	367	406	446
（四）转移性收入	Transfer Income	1408	1843	2189	2348	2639	2869	3137	3444	3786	4240	4649	5157
二、消费支出	**Consumption Expenditure**	**4359**	**5414**	**6035**	**6971**	**7983**	**8938**	**9954**	**10936**	**11977**	**13112**	**14140**	**16096**
（一）食品烟酒	Food, Tobacco and Alcohol	1869	2248	2349	2657	3229	3571	3851	3993	4180	4575	5183	5884
（二）衣着	Clothing	242	334	409	437	490	530	591	598	631	692	736	888
（三）居住	Residence	922	967	997	1243	1294	1482	1660	1967	2274	2501	2631	2909
（四）生活用品及服务	Household Facilities, Articles and Services	293	393	467	531	569	652	703	749	785	852	919	965
（五）交通通信	Transport and Communications	314	449	546	643	780	888	1067	1334	1503	1586	1592	1842
（六）教育文化娱乐	Education, Cultural and Recreation	383	561	682	784	805	923	1073	1226	1345	1423	1290	1566
（七）医疗保健	Health Care and Medical Services	290	402	514	564	677	746	852	884	1075	1262	1560	1782
（八）其他用品和服务	Miscellaneous Goods and Services	45	59	72	111	137	145	158	184	185	222	228	259

3-35 农村居民人均经营净收入情况（2018-2021 年）
Per Capita Cash Income from Operations of Rural Households（2018-2021）

单位：元 / 人、%（yuan/person, %）

指　标	Item	2018 年		2019 年		2020 年		2021 年	
		绝对数 Value	构成 Composition	绝对数 Value	构成 Composition	绝对数 Value	构成 Composition	绝对数 Value	构成 Composition
经营净收入	Net Operating Income	4813	100.0	5210	100.0	5566	100.0	6110	100.0
一、第一产业经营净收入	Net Operating Income of Primary Industry	3669	76.2	3972	76.2	4261	76.6	4557	74.6
（一）农业	Farming	2488	51.7	2531	48.6	2678	48.1	2843	46.5
（二）林业	Forestry	123	2.5	150	2.9	160	2.9	210	3.4
（三）牧业	Animal Husbandry	1002	20.8	1223	23.5	1350	24.2	1429	23.4
（四）渔业	Fishery	57	1.2	68	1.3	74	1.3	76	1.2
二、第二产业经营净收入	Net Operating Income of Secondary Industry	106	2.2	113	2.2	118	2.1	135	2.2
（一）采矿业	Mining Industry	4	0.1	-1		1		2	
（二）制造业	Manufacturing Industry	59	1.2	61	1.2	51	0.9	43	0.7
（三）电力、热力、燃气及水生产和供应业	Production and Supply of Electricity, Heat, Gas and Water	-3	-0.1	2				2	
（四）建筑业	Construction Industry	46	1.0	51	1.0	66	1.2	88	1.4
三、第三产业经营净收入	Net Operating Income of Tertiary Industry	1037	21.5	1124	21.6	1186	21.3	1417	23.2
（一）批发和零售业	Wholesale and Retail Industry	505	10.5	560	10.8	599	10.8	716	11.7
（二）交通运输、仓储和邮政业	Transportation, Warehousing and Postal Industry	201	4.2	222	4.3	223	4.0	259	4.2
（三）住宿和餐饮业	Lodging and Catering Industry	122	2.5	159	3.0	142	2.6	158	2.6
（四）房地产业	Real Estate			-5	-0.1				
（五）租赁和商务服务业	Leasing and Commercial Service Industry	14	0.3	12	0.2	2		19	0.3
（六）居民服务、修理和其他服务业	Residential Services, Repair and Other Services	179	3.7	166	3.2	205	3.7	234	3.8
（七）其他	Other	3	0.1	4	0.1	12	0.2	42	0.7
（八）农林牧渔服务业	Farming, Forestry, Animal Husbandry and Fishery Services	13	0.3	7	0.1	2		-12	-0.2

3-36 农村居民人均财产净收入情况（2018-2021 年）
Per Capita Income from Properties of Rural Households（2018-2021）

单位：元 / 人、%（yuan/person, %）

指 标	Item	2018 年		2019 年		2020 年		2021 年	
		绝对数 Value	构成 Composition	绝对数 Value	构成 Composition	绝对数 Value	构成 Composition	绝对数 Value	构成 Composition
财产净收入	Net Property Income	335	100.0	367	100.0	406	100.0	446	100.0
一、利息净收入	Net Interest Income	144	43.1	143	38.8	150	36.9	167	37.4
二、红利收入	Net Dividend Income	44	13.2	51	13.9	66	16.1	82	18.4
（一）集体分配的红利	Dividend of Allocation from Collective	9	2.6	9	2.4	10	2.6	5	1.0
（二）其他红利收入	Other Dividend Income	35	10.6	42	11.5	55	13.6	77	17.4
三、储蓄性保险净收益	Net Income of Endowment Insurance	7	2.2	2	0.6	2	0.4	1	0.2
四、转让承包土地经营权租金净收入	Net Rental Income of Land Conveyance and Contract	61	18.2	87	23.7	93	22.8	83	18.5
五、出租房屋财产性收入	Property Income of House Renting	51	15.1	63	17.1	58	14.2	79	17.7
六、出租机械、专利、版权等资产的收入	Rental Income of Equipment, Patent and Copyright	11	3.2	9	2.5	9	2.2	10	2.3
七、其他财产净收入	Other Property Income	17	5.0	13	3.5	30	7.4	24	5.5

3-37 农村居民人均转移净收入情况（2018-2021 年）
Per Capita Income from Transfers of Rural Households（2018-2021）

单位：元 / 人、%（yuan/person, %）

指 标	Item	2018 年		2019 年		2020 年		2021 年	
		绝对数 Value	构成 Composition	绝对数 Value	构成 Composition	绝对数 Value	构成 Composition	绝对数 Value	构成 Composition
转移净收入	**Net Transfer Income**	**3786**		**4240**		**4649**		**5157**	
一、转移性收入	Transfer Income	4351	100.0	4833	100.0	5228	100.0	5712	100.0
（一）养老金或离退休金	Old-age Pension and Retirement Pension	1244	28.6	1415	29.3	1517	29.0	1603	28.1
1. 离退休金	Retirement Pensions	389	8.9	449	9.3	453	8.7	467	8.2
2.（城镇）居民社会养老保险	Social Pensions	285	6.5	333	6.9	382	7.3	395	6.9
3. 新型农村养老保险	New-rural Pensions	256	5.9	299	6.2	346	6.6	351	6.1
4. 其他养老金	Other Pensions	315	7.2	334	6.9	336	6.4	389	6.8
（二）社会救济和补助	Social Almsgiving and Subsidies	222	5.1	242	5.0	299	5.7	343	6.0
1. 最低生活保障费	Basic Living Allowances	81	1.9	107	2.2	135	2.6	161	2.8
2. 五保户救助金	Alms for Household of Five Guarantees	15	0.3	21	0.4	19	0.4	27	0.5
3. 扶贫款	Poverty Relief Funds	16	0.4	19	0.4	19	0.4	6	0.1
4. 救灾款	Disaster Relief Funds					2		1	0.0
5. 抚恤金	Disabled and Deceased Pensions	50	1.1	54	1.1	66	1.3	79	1.4
6. 其他社会救济收入	Other Social Almsgiving Income	60	1.4	41	0.8	58	1.1	27	0.5
（三）政策性生活补贴	Govermental Living Allowances	71	1.6	95	2.0	105	2.0	121	2.1
（四）报销医疗费	Medical Subsidies	156	3.6	178	3.7	232	4.4	270	4.7
（五）家庭外出从业人员寄回带回收入	Transfer Income from Employee Worked Outside of Chongqing to Family	1875	43.1	2027	41.9	2123	40.6	2275	39.8
（六）赡养收入	Financial Supports from Children	570	13.1	650	13.5	706	13.5	815	14.3
（七）其他经常转移收入	Other Transfer Income	102	2.3	78	1.6	72	1.4	90	1.6
（八）从政府和组织得到的实物产品和服务折价	Discounts on Goods and Services Received from Government and Organizations	13	0.3	13	0.3	16	0.3	12	0.2
（九）现金政策性惠农补贴	Policy-related Cash Subsidies for Agriculture	98	2.3	135	2.8	158	3.0	182	3.2
二、转移性支出	Transfer Expenditure	565	100.0	593	100.0	579	100.0	555	100.0
（一）个人所得税	Personal Income Tax	6	1.1	11	1.8	4	0.7	10	1.8
（二）社会保障支出	Social Security Expenditure	428	75.6	481	81.1	445	77.0	443	79.8
1. 个人缴纳的养老保险	Individual Payment of Endowment Insurance	180	31.8	175	29.6	240	41.5	277	50.0
2. 个人缴纳的医疗保险	Individual Payment of Health Insurance	237	41.9	294	49.6	198	34.2	151	27.3
3. 个人缴纳的失业保险	Individual Payment of Unemployment Insurance	2	0.4	5	0.8	4	0.7	3	0.5
4. 其他社会保障支出	Other Social Security Expenditure	9	1.6	7	1.1	3	0.6	12	2.1
（三）外来从业人员寄给家人的支出	Transfer Expenditure from Employee Worked Outside of Chongqing to Family	2	0.4	1	0.2	3	0.5	4	0.6
（四）赡养支出	Financial Supports to Parents	74	13.0	64	10.9	111	19.1	68	12.3
（五）其他转移性支出	Other Transfer Expenditure	56	9.9	36	6.0	16	2.8	30	5.4

3-38 农村居民人均现金可支配收入和现金消费支出情况（2018-2021 年）
Per Capita Cash Disposable Income and Consumption Expenditure of Rural Households（2018-2021）

单位：元 / 人、%（yuan/person, %）

指　标	Item	2018 年		2019 年		2020 年		2021 年	
		绝对数 Value	构成 Composition	绝对数 Value	构成 Composition	绝对数 Value	构成 Composition	绝对数 Value	构成 Composition
一、现金可支配收入	Disposable Income in Cash	12499	100.0	13572	100.0	15019	100.0	16290	100.0
（一）现金工资性收入	Wage and Salary Income in Cash	4831	38.7	5293	39.0	5716	38.1	6352	39.0
（二）现金经营净收入	Net Operation Income in Cash	3716	29.7	3863	28.5	4495	29.9	4617	28.3
1. 第一产业	Primary Industry	2421	19.4	2495	18.4	3017	20.1	2954	18.1
2. 第二产业	Secondary Industry	141	1.1	133	1.0	138	0.9	144	0.9
3. 第三产业	Tertiary Industry	1154	9.2	1235	9.1	1340	8.9	1518	9.3
（三）现金财产净收入	Net Property Income in Cash	335	2.7	367	2.7	406	2.7	446	2.7
（四）现金转移净收入	Net Transfer Income in Cash	3617	28.9	4049	29.8	4401	29.3	4875	29.9
二、现金消费支出	Consumption Expenditure in Cash	9468	100.0	10270	100.0	11100	100.0	12761	100.0
（一）食品烟酒	Food, Tobacco and Alcohol	3278	34.6	3544	34.5	4014	36.2	4540	35.6
1. 食品	Food	2376	25.1	2513	24.5	2889	26.0	3172	24.9
2. 烟酒	Tobacco and Alcohol	534	5.6	597	5.8	671	6.0	762	6.0
3. 饮料	Beverage	66	0.7	77	0.7	79	0.7	101	0.8
4. 饮食服务	Catering Services	301	3.2	357	3.5	375	3.4	505	4.0
（二）衣着	Clothing	630	6.7	691	6.7	736	6.6	888	7.0
1. 衣类	Clothes	474	5.0	526	5.1	571	5.1	682	5.3
2. 鞋类	Footware	156	1.6	165	1.6	165	1.5	206	1.6
（三）居住	Residence	850	9.0	882	8.6	1008	9.1	1225	9.6
1. 租赁房房租	Rent of Residence	78	0.8	79	0.8	74	0.7	67	0.5
2. 住房维修及管理	Repairment and Management of Residence	314	3.3	337	3.3	396	3.6	585	4.6
3. 水电燃料及其他	Water, Electricity, Fuel and Other	459	4.8	467	4.5	538	4.8	573	4.5
（四）生活用品及服务	Household Facilities, Articles and Services	766	8.1	842	8.2	908	8.2	959	7.5
1. 家具及室内装饰品	Furniture and Decoration	91	1.0	105	1.0	122	1.1	125	1.0
2. 家用器具	Household Utensils	229	2.4	223	2.2	226	2.0	232	1.8
3. 家用纺织品	Household Textile	60	0.6	61	0.6	70	0.6	75	0.6
4. 家庭日用杂品	Household Daily Groceries	263	2.8	282	2.7	295	2.7	318	2.5
5. 个人用品	Personal Product	93	1.0	142	1.4	172	1.6	185	1.5
6. 家庭服务	Household Services	29	0.3	28	0.3	22	0.2	23	0.2
（五）交通通信	Transport and Communications	1502	15.9	1585	15.4	1591	14.3	1842	14.4
1. 交通	Transportation Services	990	10.5	1053	10.3	1005	9.1	1247	9.8
2. 通信	Communication Services	512	5.4	532	5.2	586	5.3	595	4.7
（六）教育文化娱乐	Education, Cultural and Recreation	1345	14.2	1423	13.9	1290	11.6	1566	12.3
1. 教育	Educational Services	1128	11.9	1185	11.5	1057	9.5	1302	10.2
2. 文化娱乐	Cultural and Recreational Services	217	2.3	238	2.3	234	2.1	263	2.1
（七）医疗保健	Health Care and Medical Services	914	9.7	1084	10.6	1326	11.9	1484	11.6
1. 医疗器具及药品	Medical Devices and medicine	430	4.5	438	4.3	439	4.0	480	3.8
2. 医疗服务	Medical Services	485	5.1	647	6.3	887	8.0	1003	7.9
（八）其他用品和服务	Miscellaneous Goods and Services	183	1.9	219	2.1	227	2.0	257	2.0
1. 其他用品	Miscellaneous Goods	106	1.1	132	1.3	128	1.2	136	1.1
2. 其他服务	Miscellaneous Services	76	0.8	88	0.9	99	0.9	122	1.0

3-39 农村居民人均消费支出细项情况（2018-2021年）
Per Capita Consumption Expenditure of Rural Households（2018-2021）

单位：元/人、%（yuan/person, %）

指标	Item	2018年		2019年		2020年		2021年	
		绝对数 Value	构成 Composition	绝对数 Value	构成 Composition	绝对数 Value	构成 Composition	绝对数 Value	构成 Composition
消费支出	Consumption Expenditure	11977	100.0	13112	100.0	14140	100.0	16096	100.0
一、食品烟酒	Food, Tobacco and Alcohol	4180	34.9	4575	34.9	5183	36.7	5884	36.6
（一）食品	Food	3270	27.3	3528	26.9	4040	28.6	4490	27.9
（二）烟酒	Tobacco and Alcohol	534	4.5	597	4.6	671	4.7	762	4.7
（三）饮料	Beverage	66	0.6	77	0.6	79	0.6	103	0.6
（四）饮食服务	Catering Services	309	2.6	372	2.8	392	2.8	530	3.3
二、衣着	Clothing	631	5.3	692	5.3	736	5.2	888	5.5
（一）衣类	Clothes	475	4.0	527	4.0	571	4.0	683	4.2
（二）鞋类	Footware	156	1.3	165	1.3	165	1.2	206	1.3
三、居住	Residence	2274	19.0	2501	19.1	2631	18.6	2909	18.1
（一）租赁房房租	Rent of Residence	78	0.7	79	0.6	74	0.5	67	0.4
（二）住房维修及管理	Repairment and Management of Residence	314	2.6	337	2.6	396	2.8	585	3.6
（三）水电燃料及其他	Water, Electricity, Fuel and Other	554	4.6	618	4.7	710	5.0	767	4.8
（四）自有住房折算租金	Converted Funds for Private Housing	1328	11.1	1468	11.2	1452	10.3	1490	9.3
四、生活用品及服务	Household Facilities, Articles and Services	785	6.6	852	6.5	919	6.5	965	6.0
（一）家具及室内装饰品	Furniture and Decoration	105	0.9	110	0.8	127	0.9	127	0.8
（二）家用器具	Household Utensils	229	1.9	223	1.7	226	1.6	232	1.4
（三）家用纺织品	Household Textile	60	0.5	61	0.5	70	0.5	75	0.5
（四）家庭日用杂品	Household Daily Groceries	268	2.2	287	2.2	301	2.1	323	2.0
（五）个人用品	Personal Product	93	0.8	142	1.1	172	1.2	185	1.2
（六）家庭服务	Household Services	29	0.2	28	0.2	22	0.2	23	0.1
五、交通通信	Transport and Communications	1503	12.5	1586	12.1	1592	11.3	1842	11.4
（一）交通	Transportation Services	991	8.3	1053	8.0	1006	7.1	1247	7.7
（二）通信	Communication Services	512	4.3	532	4.1	586	4.1	595	3.7
六、教育文化娱乐	Education, Cultural and Recreation	1345	11.2	1423	10.9	1290	9.1	1566	9.7
（一）教育	Educational Services	1128	9.4	1185	9.0	1057	7.5	1302	8.1
（二）文化娱乐	Cultural and Recreational Services	217	1.8	238	1.8	234	1.7	263	1.6
七、医疗保健	Health Care and Medical Services	1075	9.0	1262	9.6	1560	11.0	1782	11.1
（一）医疗器具及药品	Medical Devices and Medicine	433	3.6	438	3.3	440	3.1	481	3.0
（二）医疗服务	Medical Services	643	5.4	824	6.3	1120	7.9	1301	8.1
八、其他用品和服务	Miscellaneous Goods and Services	185	1.5	222	1.7	228	1.6	259	1.6
（一）其他用品	Miscellaneous Goods	107	0.9	133	1.0	129	0.9	138	0.9
（二）其他服务	Miscellaneous Services	78	0.7	89	0.7	99	0.7	122	0.8

3-40 农村居民家庭人均主要食品消费量（2018-2021年）
Per Capita Consumption of Major Foods of Rural Households（2018-2021）

单位：千克/人（kg/person）

指 标	Item	2018年	2019年	2020年	2021年
一、粮食	Food Crops	187.49	186.83	192.87	198.20
（一）谷物	Cereals	170.05	170.92	174.69	179.86
（二）薯类	Tubers	8.40	6.47	7.66	6.48
（三）豆类	Beans	9.03	9.44	10.52	11.86
二、油脂	Edible Oil	14.15	15.16	15.86	15.68
（一）植物油	Vegetable oil	10.69	12.07	12.71	13.19
（二）动物油	Animal oil	3.46	3.08	3.16	2.49
三、蔬菜及菜制品	Vegetables and Processed Products	144.77	142.57	128.84	148.61
#鲜菜	Fresh Vegetables	142.57	140.63	126.53	146.09
四、肉类	Meat	44.02	38.81	33.52	43.51
#猪肉	#Pork	41.39	36.09	30.92	40.29
牛肉	Beef	0.43	0.66	0.74	0.94
羊肉	Mutton	0.37	0.36	0.36	0.39
五、禽类	Poultry	7.88	10.33	12.34	14.24
六、水产品	Aquatic Products	7.85	9.34	10.03	12.33
#鱼类	Fishes	7.18	8.54	9.24	11.34
七、蛋类及蛋制品	Eggs and Processed Product	10.19	10.10	11.96	15.54
#鲜蛋	Fresh Eggs	9.95	9.86	11.66	15.29
八、奶和奶制品	Milk and Dairy Products	7.79	7.77	8.01	10.61
九、干鲜瓜果类	Fruits, Nuts and Processed Products	33.51	35.52	35.31	42.20
#鲜瓜果	Fresh Fruits	30.39	32.08	31.97	37.94
坚果类	Nuts	2.94	3.09	3.07	3.86
十、糖果糕点类	Sweets and Desserts	7.20	7.87	8.06	7.76
食糖	Sugar	3.51	3.73	3.82	3.11
十一、烟叶	Tobacco	40.89	45.39	46.31	48.70
十二、酒	Alcohol	14.01	13.27	13.98	14.09

3-41 农村居民第一产业生产经营收支情况（2018-2021 年）
Statistics on Income and Expenditure of the First Industry Production and Operations by Rural Households（2018-2021）

单位：元 / 人（yuan/person）

指 标	Item	2018 年	2019 年	2020 年	2021 年
一、第一产业经营收入	Operating Income of Primary Industry	5796	6594	7311	6770
（一）农业	Farming	3277	3533	3715	3540
（二）林业	Forestry	147	192	260	298
（三）牧业	Animal Husbandry	2246	2720	3071	2738
（四）渔业	Fishery	125	149	264	194
二、第一产业现金经营收入	Operating Cash Income of Primary Industry	4040	4645	5511	4606
（一）农业	Farming	2032	2233	2667	2176
（二）林业	Forestry	52	41	92	104
（三）牧业	Animal Husbandry	1840	2232	2500	2146
（四）渔业	Fishery	116	139	252	181
三、第一产业生产经营费用支出	Operating Expenditure of Primary Industry	1942	2422	2815	1956
（一）农业	Farming	690	880	890	583
（二）林业	Forestry	21	40	95	84
（三）牧业	Animal Husbandry	1181	1426	1677	1224
（四）渔业	Fishery	51	76	153	65
四、第一产业生产经营现金费用支出	Operating Cash Expenditure of Primary Industry	1619	2151	2494	1652
（一）农业	Farming	656	853	880	558
（二）林业	Forestry	21	40	95	84
（三）牧业	Animal Husbandry	892	1183	1366	947
（四）渔业	Fishery	50	75	152	63

3-42 农村居民人均主要农副产品出售量（2018-2021 年）
Sales of Major Agricultural and Subsidiary Products by Rural Households（2018-2021）

单位：千克 / 人（kg/person）

指 标	Item	2018 年	2019 年	2020 年	2021 年
一、谷物	**Food Crops**	**123.02**	**139.02**	**147.56**	**142.39**
# 稻谷	Paddy	75.37	91.37	69.57	70.47
玉米	Corn	41.43	43.57	55.74	67.94
二、薯类	**Tuber**	**3.65**	**2.69**	**1.97**	**1.47**
# 红薯	Sweet Potato	1.49	1.18	0.62	0.54
马铃薯	Potato	2.01	1.41	1.18	0.74
三、豆类	**Beans**	**2.81**	**2.92**	**2.46**	**1.87**
大豆	Soybean	1.73	1.77	1.49	1.32
四、油料	**Oil Plants**	**11.86**	**18.43**	**3.97**	**1.79**
# 花生	Peanut	1.27	1.16	2.04	0.71
油菜籽	Cole	2.10	1.40	1.84	0.98
五、蔬菜	**Vegetable**	**230.91**	**218.06**	**117.76**	**173.66**
六、水果	**Fruit**	**100.46**	**85.04**	**111.40**	**88.87**
七、家畜	**Livestock**	**68.07**	**48.06**	**40.40**	**58.58**
# 猪	Pig	59.77	44.40	34.79	53.87
牛	Cattle	5.83	2.10	4.23	2.50
羊	Goat	2.36	1.29	1.37	2.10
八、家禽	**Poultry**	**6.84**	**12.40**	**9.84**	**8.59**
# 鸡	Chicken	4.73	9.60	8.03	3.95
鸭	Duck	1.61	2.40	1.21	4.12
鹅	Goose	0.20	0.24	0.48	0.51
九、蛋类	**Eggs**	**8.34**	**46.37**	**32.03**	**3.47**
十、渔业产品	**Aquatic Products**	**53.09**	**11.55**	**16.99**	**9.12**

3-43 按收入五等份分组的农村居民人均收支情况（2018 年）
Per Capita Income and Expenditure of Rural Households by Income Quintile（2018）

单位：元 / 人（yuan/person）

指 标	Item	低收入户（20%）Low Income Households（20%）	中低收入户（20%）Lower Middle Income Households（20%）	中等收入户（20%）Middle Income Households (20%)	中高收入户（20%）Upper Middle Income Households (20%)	高收入户（20%）High Income Households (20%)
一、可支配收入	**Disposable Income**	**6008**	**10119**	**13167**	**16480**	**26724**
（一）工资性收入	Wage and Salary Income	2626	3741	5444	7130	5968
（二）经营净收入	Net Operating Income	1525	2535	3453	4702	13993
（三）财产净收入	Net Property Income	117	164	295	427	795
（四）转移净收入	Net Transfer Income	1740	3678	3975	4221	5968
二、消费支出	**Consumption Expenditure**	**9184**	**9722**	**11572**	**14830**	**15932**
（一）食品烟酒	Food, Tobacco and Alcohol	3181	3600	4092	4937	5531
（二）衣 着	Clothing	437	529	631	800	834
（三）居 住	Residence	1830	1897	2086	2697	3110
（四）生活用品及服务	Household Facilities, Articles and Services	548	585	703	1042	1171
（五）交通通信	Transport and Communications	1043	1052	1342	2110	2215
（六）教育文化娱乐	Education, Cultural and Recreation	1309	1135	1449	1449	1422
（七）医疗保健	Health Care and Medical Services	712	789	1088	1537	1398
（八）其他用品及服务	Miscellaneous Goods and Services	125	135	180	258	252

3-43 按收入五等份分组的农村居民人均收支情况（2019 年）
Per Capita Income and Expenditure of Rural Households by Income Quintile（2019）

续表（continued）

单位：元 / 人（yuan/person）

指 标	Item	低收入户（20%）Low Income Households（20%）	中低收入户（20%）Lower Middle Income Households（20%）	中等收入户（20%）Middle Income Households (20%)	中高收入户（20%）Upper Middle Income Households (20%)	高收入户（20%）High Income Households (20%)
一、可支配收入	Disposable Income	**6759**	**10884**	**14099**	**18528**	**30384**
（一）工资性收入	Wage and Salary Income	2881	4371	5928	6632	7830
（二）经营净收入	Net Operating Income	1502	2658	3630	5762	15366
（三）财产净收入	Net Property Income	140	241	310	415	885
（四）转移净收入	Net Transfer Income	2237	3614	4230	5719	6304
二、消费支出	Consumption Expenditure	**10803**	**11145**	**12442**	**13943**	**19012**
（一）食品烟酒	Food, Tobacco and Alcohol	3626	3858	4575	5070	6350
（二）衣 着	Clothing	570	581	678	701	1022
（三）居 住	Residence	2064	2176	2305	2642	3660
（四）生活用品及服务	Household Facilities, Articles and Services	633	682	736	1011	1365
（五）交通通信	Transport and Communications	1324	1131	1356	1534	2931
（六）教育文化娱乐	Education, Cultural and Recreation	1487	1490	1530	1269	1275
（七）医疗保健	Health Care and Medical Services	904	1062	1040	1467	2100
（八）其他用品及服务	Miscellaneous Goods and Services	196	165	221	249	310

3-43 按收入五等份分组的农村居民人均收支情况（2020 年）
Per Capita Income and Expenditure of Rural Households by Income Quintile（2020）

续表（continued） 单位：元 / 人（yuan/person）

指　标	Item	低收入户（20%）Low Income Households（20%）	中低收入户（20%）Lower Middle Income Households（20%）	中等收入户（20%）Middle Income Households (20%)	中高收入户（20%）Upper Middle Income Households (20%)	高收入户（20%）High Income Households (20%)
一、可支配收入	Disposable Income	**7508**	**11238**	**14691**	**19135**	**33255**
（一）工资性收入	Wage and Salary Income	2623	3717	5381	8278	10637
（二）经营净收入	Net Operating Income	1802	2675	4700	4570	15196
（三）财产净收入	Net Property Income	181	216	287	405	1111
（四）转移净收入	Net Transfer Income	2902	4630	4322	5882	6312
二、消费支出	Consumption Expenditure	**11949**	**11268**	**13543**	**15409**	**20469**
（一）食品烟酒	Food, Tobacco and Alcohol	4111	4324	4976	5948	7333
（二）衣 着	Clothing	604	567	657	886	1103
（三）居 住	Residence	2292	1895	2520	2967	3907
（四）生活用品及服务	Household Facilities, Articles and Services	715	686	817	1016	1543
（五）交通通信	Transport and Communications	1392	1167	1257	1644	2781
（六）教育文化娱乐	Education, Cultural and Recreation	1262	1362	1425	1177	1113
（七）医疗保健	Health Care and Medical Services	1374	1101	1672	1473	2403
（八）其他用品及服务	Miscellaneous Goods and Services	200	166	220	298	286

3-43 按收入五等份分组的农村居民人均收支情况（2021 年）
Per Capita Income and Expenditure of Rural Households by Income Quintile（2021）

续表（continued） 单位：元 / 人（yuan/person）

指　标	Item	低收入户（20%）Low Income Households（20%）	中低收入户（20%）Lower Middle Income Households（20%）	中等收入户（20%）Middle Income Households (20%)	中高收入户（20%）Upper Middle Income Households (20%)	高收入户（20%）High Income Households (20%)
一、可支配收入	Disposable Income	**7869**	**13242**	**17097**	**22093**	**38997**
（一）工资性收入	Wage and Salary Income	3407	4863	6888	8760	10202
（二）经营净收入	Net Operating Income	1504	3192	4014	6924	19898
（三）财产净收入	Net Property Income	98	252	313	427	1512
（四）转移净收入	Net Transfer Income	2860	4935	5881	5982	7384
二、消费支出	Consumption Expenditure	**13985**	**13776**	**15489**	**17448**	**22308**
（一）食品烟酒	Food, Tobacco and Alcohol	4861	5068	5616	6731	8176
（二）衣 着	Clothing	822	836	834	895	1142
（三）居 住	Residence	2724	2251	3081	2960	3926
（四）生活用品及服务	Household Facilities, Articles and Services	912	832	833	1029	1354
（五）交通通信	Transport and Communications	1708	1602	1639	2237	2231
（六）教育文化娱乐	Education, Cultural and Recreation	1570	1589	1610	1540	1497
（七）医疗保健	Health Care and Medical Services	1171	1365	1574	1831	3633
（八）其他用品及服务	Miscellaneous Goods and Services	217	234	302	226	349

3-44 各区县全体居民家庭基本情况（2018 年）
Basic Conditions of All the Households by Region of Chongqing（2018）

单位：人 / 户、平方米 / 人（person/household, m^2/person）

区　县	Region	户均常住人口 Resident Population per Household	户均常住劳动力人数 Manpower per Household from Resident Population	户均常住成员从业人数 Employed Person per Household from Resident Population	人均住房建筑面积 Per Capita Floor Space of Housing
全　市	**Total**	**3.00**	**2.14**	**1.68**	**43.54**
万州区	Wanzhou District	2.93	2.16	1.79	38.24
黔江区	Qianjiang District	3.46	2.27	2.02	49.04
涪陵区	Fuling District	3.16	2.28	1.85	38.06
渝中区	Yuzhong District	3.04	2.39	1.57	25.09
大渡口区	Dadukou District	2.82	2.07	1.17	29.79
江北区	Jiangbei District	3.20	2.55	1.40	24.73
沙坪坝区	Shapingba District	2.88	2.26	1.44	33.15
九龙坡区	Jiulongpo District	2.74	2.06	1.39	32.62
南岸区	Nan'an District	2.91	2.10	1.34	30.88
北碚区	Beibei District	2.77	2.28	1.62	37.96
渝北区	Yubei District	2.87	2.25	1.57	37.83
巴南区	Ba'nan District	3.20	2.51	1.95	37.23
长寿区	Changshou District	2.58	1.81	1.35	48.60
江津区	Jiangjin District	3.18	2.31	1.80	41.80
合川区	Hechuan District	3.08	2.30	1.81	47.47
永川区	Yongchuan District	3.21	2.15	1.78	37.95
南川区	Nanchuan District	3.11	2.39	2.17	54.27
綦江区（不含万盛）	Qijiang District（Exclude Wansheng）	3.04	2.24	1.65	43.22
万盛经开区	Wansheng Economic Development District	2.97	2.19	1.65	41.69
大足区	Dazu District	3.56	2.56	2.05	45.51
璧山区	Bishan District	2.87	2.20	1.68	39.18
铜梁区	Tongliang District	3.00	2.12	1.89	45.77
潼南区	Tongnan District	2.81	2.07	1.75	53.20
荣昌区	Rongchang District	2.68	1.86	1.52	44.33
开州区	Kaizhou District	3.15	2.05	1.67	50.01
梁平区	Liangping District	2.90	1.94	1.66	53.37
武隆区	Wulong District	3.03	2.05	1.81	46.18
城口县	Chengkou County	3.89	2.42	1.99	42.03
丰都县	Fengdu County	3.03	2.04	1.80	45.86
垫江县	Dianjiang County	3.03	1.90	1.62	52.06
忠县	Zhongxian County	3.00	2.15	1.99	43.31
云阳县	Yunyang County	3.28	2.04	1.74	41.70
奉节县	Fengjie County	3.57	2.15	1.96	44.20
巫山县	Wushan County	3.13	1.97	1.73	47.26
巫溪县	Wuxi County	2.99	1.99	1.70	47.75
石柱县	Shizhu County	3.26	2.19	1.78	54.62
秀山县	Xiushan County	3.56	2.35	1.97	48.25
酉阳县	Youyang County	3.21	1.96	1.63	54.96
彭水县	Pengshui County	3.85	2.37	2.06	40.74

3-44 各区县全体居民家庭基本情况（2019年）
Basic Conditions of All the Households by Region of Chongqing（2019）

单位：人/户、平方米/人（person/household, m^2/person）

区 县	Region	户均常住人口 Resident Population per Household	户均常住劳动力人数 Manpower per Household from Resident Population	户均常住成员从业人数 Employed Person per Household from Resident Population	人均住房建筑面积 Per Capita Floor Space of Housing
全 市	Total	2.98	2.14	1.66	44.14
万州区	Wanzhou District	2.85	2.11	1.74	38.68
黔江区	Qianjiang District	3.47	2.11	1.81	49.78
涪陵区	Fuling District	3.10	2.31	1.80	38.20
渝中区	Yuzhong District	3.07	2.43	1.59	26.79
大渡口区	Dadukou District	2.92	2.13	1.18	30.49
江北区	Jiangbei District	3.23	2.52	1.41	25.41
沙坪坝区	Shapingba District	2.92	2.33	1.50	33.34
九龙坡区	Jiulongpo District	2.61	2.01	1.28	34.87
南岸区	Nan'an District	3.07	2.16	1.44	30.97
北碚区	Beibei District	2.79	2.28	1.58	37.98
渝北区	Yubei District	2.84	2.14	1.49	37.36
巴南区	Ba'nan District	3.11	2.38	1.79	39.76
长寿区	Changshou District	2.57	1.88	1.45	49.30
江津区	Jiangjin District	3.17	2.33	1.79	42.06
合川区	Hechuan District	3.12	2.27	1.76	46.63
永川区	Yongchuan District	3.28	2.24	1.83	40.28
南川区	Nanchuan District	3.12	2.18	1.93	53.56
綦江区（不含万盛）	Qijiang District（Exclude Wansheng）	2.82	2.10	1.63	43.58
万盛经开区	Wansheng Economic Development District	2.94	2.10	1.35	39.69
大足区	Dazu District	3.53	2.58	2.11	45.77
璧山区	Bishan District	2.90	2.29	1.83	37.54
铜梁区	Tongliang District	2.97	2.19	1.94	47.21
潼南区	Tongnan District	2.96	2.20	1.92	53.44
荣昌区	Rongchang District	2.76	1.87	1.56	43.90
开州区	Kaizhou District	3.00	1.95	1.63	51.50
梁平区	Liangping District	2.68	1.94	1.58	54.87
武隆区	Wulong District	3.34	2.21	1.95	48.96
城口县	Chengkou County	4.25	2.72	2.36	42.80
丰都县	Fengdu County	2.69	1.74	1.41	47.47
垫江县	Dianjiang County	3.00	1.93	1.74	52.31
忠县	Zhongxian County	2.78	2.09	1.87	46.24
云阳县	Yunyang County	2.68	1.79	1.66	42.67
奉节县	Fengjie County	3.30	2.19	2.06	44.74
巫山县	Wushan County	3.04	1.90	1.73	46.53
巫溪县	Wuxi County	3.29	1.98	1.84	49.90
石柱县	Shizhu County	2.99	2.10	1.74	54.18
秀山县	Xiushan County	3.46	2.27	1.91	50.38
酉阳县	Youyang County	3.16	1.98	1.65	54.77
彭水县	Pengshui County	3.68	2.24	1.90	44.74

3-44 各区县全体居民家庭基本情况（2020 年）
Basic Conditions of All the Households by Region of Chongqing（2020）

单位：人 / 户、平方米 / 人（person/household, m^2/person）

区 县	Region	户均常住人口 Resident Population per Household	户均常住劳动力人数 Manpower per Household from Resident Population	户均常住成员从业人数 Employed Person per Household from Resident Population	人均住房建筑面积 Per Capita Floor Space of Housing
全 市	**Total**	**3.01**	**2.17**	**1.62**	**45.11**
万州区	Wanzhou District	2.66	2.02	1.58	40.12
黔江区	Qianjiang District	3.50	2.30	1.86	49.94
涪陵区	Fuling District	3.15	2.29	1.80	38.23
渝中区	Yuzhong District	3.09	2.45	1.50	30.28
大渡口区	Dadukou District	2.84	2.20	1.10	30.49
江北区	Jiangbei District	3.18	2.53	1.35	29.71
沙坪坝区	Shapingba District	2.89	2.29	1.48	33.71
九龙坡区	Jiulongpo District	2.63	2.03	1.27	38.28
南岸区	Nan'an District	2.98	2.14	1.48	29.89
北碚区	Beibei District	2.76	2.26	1.55	38.57
渝北区	Yubei District	2.87	2.25	1.43	39.53
巴南区	Ba'nan District	3.05	2.37	1.78	40.35
长寿区	Changshou District	2.44	1.96	1.36	49.68
江津区	Jiangjin District	3.13	2.35	1.75	42.62
合川区	Hechuan District	3.19	2.27	1.64	46.82
永川区	Yongchuan District	3.30	2.22	1.76	40.96
南川区	Nanchuan District	3.11	2.10	1.82	53.50
綦江区（不含万盛）	Qijiang District（Exclude Wansheng）	2.92	2.21	1.56	43.90
万盛经开区	Wansheng Economic Development District	3.07	2.16	1.36	43.35
大足区	Dazu District	3.73	2.66	2.00	45.85
璧山区	Bishan District	2.91	2.26	1.79	38.78
铜梁区	Tongliang District	2.97	2.20	1.92	48.36
潼南区	Tongnan District	3.07	2.11	1.81	53.46
荣昌区	Rongchang District	2.71	1.86	1.55	44.31
开州区	Kaizhou District	2.95	2.04	1.74	52.03
梁平区	Liangping District	2.67	1.81	1.56	58.68
武隆区	Wulong District	3.03	2.04	1.72	50.25
城口县	Chengkou County	4.41	2.53	2.26	43.28
丰都县	Fengdu County	2.73	1.80	1.58	48.21
垫江县	Dianjiang County	2.91	1.99	1.72	54.97
忠县	Zhongxian County	2.72	2.19	2.11	50.50
云阳县	Yunyang County	3.30	2.22	1.80	43.53
奉节县	Fengjie County	3.51	2.18	1.84	45.10
巫山县	Wushan County	2.99	1.92	1.72	47.37
巫溪县	Wuxi County	3.46	2.06	1.91	50.14
石柱县	Shizhu County	3.02	2.01	1.65	54.21
秀山县	Xiushan County	3.50	2.20	1.97	51.40
酉阳县	Youyang County	3.16	1.94	1.63	53.75
彭水县	Pengshui County	3.44	2.30	1.88	49.04

3-44 各区县全体居民家庭基本情况（2021 年）
Basic Conditions of All the Households by Region of Chongqing（2021）

单位：人 / 户、平方米 / 人（person/household, m^2/person）

区 县	Region	户均常住人口 Resident Population per Household	户均常住劳动力人数 Manpower per Household from Resident Population	户均常住成员从业人数 Employed Person per Household from Resident Population	人均住房建筑面积 Per Capita Floor Space of Housing
全 市	Total	2.97	2.20	1.62	46.10
万州区	Wanzhou District	2.90	2.17	1.66	40.32
黔江区	Qianjiang District	3.30	2.24	1.78	50.66
涪陵区	Fuling District	3.13	2.34	1.70	38.39
渝中区	Yuzhong District	3.15	2.52	1.46	30.54
大渡口区	Dadukou District	2.89	2.35	1.30	32.64
江北区	Jiangbei District	2.74	2.25	1.12	30.90
沙坪坝区	Shapingba District	3.08	2.41	1.54	33.84
九龙坡区	Jiulongpo District	2.81	2.23	1.33	38.91
南岸区	Nan'an District	2.98	2.34	1.29	32.36
北碚区	Beibei District	2.62	2.19	1.39	38.81
渝北区	Yubei District	3.07	2.40	1.57	42.06
巴南区	Ba'nan District	3.00	2.42	1.70	40.50
长寿区	Changshou District	2.39	1.92	1.16	50.31
江津区	Jiangjin District	3.25	2.35	1.71	43.13
合川区	Hechuan District	3.22	2.40	1.73	47.20
永川区	Yongchuan District	3.16	2.23	1.80	43.00
南川区	Nanchuan District	3.19	2.26	1.95	53.59
綦江区（不含万盛）	Qijiang District（Exclude Wansheng）	3.11	2.30	1.82	44.25
万盛经开区	Wansheng Economic Development District	2.86	2.08	1.34	44.76
大足区	Dazu District	3.24	2.51	1.98	46.19
璧山区	Bishan District	2.97	2.37	1.95	40.25
铜梁区	Tongliang District	2.69	2.12	1.59	48.54
潼南区	Tongnan District	2.80	2.09	1.73	53.93
荣昌区	Rongchang District	2.87	2.14	1.70	44.73
开州区	Kaizhou District	2.87	2.00	1.70	53.22
梁平区	Liangping District	2.88	2.04	1.73	57.46
武隆区	Wulong District	3.25	2.20	1.79	50.67
城口县	Chengkou County	3.94	2.73	2.36	44.03
丰都县	Fengdu County	2.91	2.04	1.66	48.11
垫江县	Dianjiang County	3.13	2.26	1.84	55.60
忠县	Zhongxian County	3.32	2.32	2.04	50.90
云阳县	Yunyang County	3.21	2.71	2.26	46.25
奉节县	Fengjie County	3.28	2.26	1.86	42.70
巫山县	Wushan County	2.97	1.88	1.67	48.00
巫溪县	Wuxi County	3.10	1.91	1.53	51.76
石柱县	Shizhu County	3.01	2.23	1.83	54.31
秀山县	Xiushan County	3.60	2.31	1.99	52.80
酉阳县	Youyang County	3.12	2.02	1.68	53.65
彭水县	Pengshui County	3.52	2.33	1.92	50.73

3-45 各区县全体居民人均可支配收入情况（2010-2021年）
Per Capita Income of All the Households by Region of Chongqing（2010-2021）

单位：元/人（yuan/person）

区县	Region	2010年	2011年	2012年	2013年	2014年	2015年	2016年	2017年	2018年	2019年	2020年	2021年
全　市	**Total**	**10984**	**13037**	**14924**	**16569**	**18352**	**20110**	**22034**	**24153**	**26386**	**28920**	**30824**	**33803**
万州区	Wanzhou District	10642	12859	15024	17303	19328	21564	23965	26406	29047	32120	34407	37817
黔江区	Qianjiang District	7336	8985	10881	12711	14230	15991	17820	19824	21935	24298	26224	28765
涪陵区	Fuling District	11166	13378	15657	17840	19785	21884	24144	26715	29437	32505	34843	37991
渝中区	Yuzhong District	19312	21943	24478	26803	29253	31608	34263	37175	40484	44209	46994	51083
大渡口区	Dadukou District	17589	20236	22576	24904	27006	29124	31632	34591	37443	40619	42610	46200
江北区	Jiangbei District	17726	20502	23121	25732	27984	30267	32897	35884	39220	42886	45623	49655
沙坪坝区	Shapingba District	17529	20276	22860	25224	27385	29490	31994	34720	37697	40894	43213	46906
九龙坡区	Jiulongpo District	17069	19793	22309	24897	27148	29371	32075	34940	38035	41568	44234	48154
南岸区	Nan'an District	17376	20032	22583	25184	27440	29645	32160	34947	37886	41105	43593	47361
北碚区	Beibei District	15048	17688	20360	22798	24838	26965	29387	32095	35076	38384	40730	44140
渝北区	Yubei District	14671	17508	20367	22975	25007	27194	29752	32482	35557	38756	41319	45066
巴南区	Ba'nan District	14578	17221	19962	22385	24499	26650	29128	31865	34917	38392	40963	44569
长寿区	Changshou District	10860	13181	15416	17540	19341	21353	23519	25821	28122	30918	32991	35847
江津区	Jiangjin District	11728	13998	16176	18377	20393	22543	24936	27585	30330	33452	35650	38740
合川区	Hechuan District	11390	13698	15935	18009	19902	21914	24079	26491	29089	31981	34131	37018
永川区	Yongchuan District	11935	14322	16637	18806	20818	22992	25413	28032	30810	34038	36321	39497
南川区	Nanchuan District	10116	12196	14251	16172	17819	19621	21552	23749	26107	28642	30668	33320
綦江区	Qijiang District	9762	11718	13526	15351	16909	18567	20340	22568	24664	26830	28560	
綦江区（不含万盛）	Qijiang District（Exclude Wansheng）	9600	11643	13324	14968	16693	18273	20092	22398	24523	26733	28542	30972
万盛经开区	Wansheng Economic Development District	10977	12811	14584	16139	17858	19472	21095	23080	25090	27123	28615	31017
大足区	Dazu District	10028	12200	14266	16217	17942	19802	21882	24489	26906	29528	31569	34431
璧山区	Bishan District	10752	13062	15433	17692	19647	21800	24186	27102	29888	32956	35418	38604
铜梁区	Tongliang District	10414	12653	15003	17094	18918	20818	22946	25739	28341	31292	33570	36533
潼南区	Tongnan District	8826	10739	12744	14591	16206	18039	20055	22541	24813	27304	29320	31944
荣昌区	Rongchang District	9910	12104	14175	16196	17920	19784	21861	24443	26926	29813	31973	34810
开州区	Kaizhou District	7679	9374	11104	12794	14297	15991	17761	19572	21560	23938	25921	28522
梁平区	Liangping District	8437	10258	11981	13839	15515	17377	19353	21395	23625	26353	28475	31294
武隆区	Wulong District	7616	9379	11054	12919	14488	16311	18240	20279	22440	24928	26877	29483
城口县	Chengkou County	5486	6812	7970	9280	10344	11570	12810	14093	15545	17172	18534	20294
丰都县	Fengdu County	7184	8854	10685	12338	13799	15492	17270	19186	21271	23683	25600	28137
垫江县	Dianjiang County	8486	10330	12120	14024	15691	17591	19563	21697	23863	26377	28530	31441
忠县	Zhongxian County	8054	9926	11798	13666	15303	17112	19002	21121	23422	26128	28248	31064
云阳县	Yunyang County	6642	8182	9636	11061	12360	13841	15358	17000	18747	20780	22466	24674
奉节县	Fengjie County	6452	7933	9375	10803	12043	13445	14910	16551	18329	20318	21930	24078
巫山县	Wushan County	6294	7736	9266	10698	11911	13317	14809	16411	18173	20144	21759	23878
巫溪县	Wuxi County	5144	6374	7681	8871	9900	11054	12242	13474	14835	16402	17705	19394
石柱县	Shizhu County	7165	8963	10664	12404	13888	15577	17345	19251	21228	23485	25321	27735
秀山县	Xiushan County	6613	8201	9776	11431	12794	14404	16061	17827	19664	21862	23673	25954
酉阳县	Youyang County	5184	6428	7572	8857	9919	11174	12521	13912	15395	17027	18374	20146
彭水县	Pengshui County	5919	7280	8678	10104	11317	12739	14219	15794	17493	19537	21224	23292

3-46 各区县全体居民人均消费支出情况（2018-2021 年）
Per Capita Expenditure of All the Households by Region of Chongqing（2018-2021）

单位：元 / 人（yuan/person）

区县	Region	2018 年	2019 年	2020 年	2021 年
全　市	**Total**	**19248**	**20774**	**21678**	**24598**
万州区	Wanzhou District	21772	23777	24411	26678
黔江区	Qianjiang District	15533	16152	17242	19238
涪陵区	Fuling District	23163	24982	26556	29107
渝中区	Yuzhong District	29110	31093	32509	36887
大渡口区	Dadukou District	26049	27381	28068	30969
江北区	Jiangbei District	25439	26234	26942	29314
沙坪坝区	Shapingba District	27574	30572	31888	34567
九龙坡区	Jiulongpo District	25519	28044	28916	32742
南岸区	Nan'an District	27919	29875	29959	32206
北碚区	Beibei District	25155	27089	28366	32069
渝北区	Yubei District	24331	26894	29180	32279
巴南区	Ba'nan District	27117	29788	32020	34887
长寿区	Changshou District	19579	22667	23972	26052
江津区	Jiangjin District	22044	24301	25442	28019
合川区	Hechuan District	23273	25280	26813	28869
永川区	Yongchuan District	17991	21168	22699	24963
南川区	Nanchuan District	17307	18813	19659	21689
綦江区（不含万盛）	Qijiang District（Exclude Wansheng）	17834	19052	20102	21744
万盛经开区	Wansheng Economic Development District	14608	16069	16728	19864
大足区	Dazu District	18321	20511	21679	24010
璧山区	Bishan District	18104	19369	20377	23139
铜梁区	Tongliang District	17561	19417	20566	22178
潼南区	Tongnan District	16219	17374	18359	20549
荣昌区	Rongchang District	16637	18203	19576	22139
开州区	Kaizhou District	16219	18025	18759	20983
梁平区	Liangping District	15187	16712	17774	19897
武隆区	Wulong District	16451	18109	19053	20723
城口县	Chengkou County	10504	11882	13073	14730
丰都县	Fengdu County	14247	16140	16837	18204
垫江县	Dianjiang County	14264	17415	19537	21712
忠县	Zhongxian County	15640	17405	18857	21369
云阳县	Yunyang County	12189	13913	15279	16959
奉节县	Fengjie County	14076	14695	15611	16968
巫山县	Wushan County	13187	14643	15618	17337
巫溪县	Wuxi County	11220	12491	13203	14412
石柱县	Shizhu County	12956	13892	14397	16320
秀山县	Xiushan County	12928	14004	14615	16422
酉阳县	Youyang County	12185	13251	14088	15442
彭水县	Pengshui County	12853	13954	15023	16821

3-47 各区县全体居民人均可支配收入构成（2018 年）
Composition of Per Capita Disposable Income of All the Households by Region of Chongqing（2018）

单位：元 / 人（yuan/person）

区 县	Region	可支配收入 Disposable Income	工资性收入 Wage and Salary Income	经营净收入 Net Operating Income	财产净收入 Net Property Income	转移净收入 Net Transfer Income
全 市	**Total**	**26386**	**13928**	**4311**	**1649**	**6497**
万州区	Wanzhou District	29047	17859	3873	1994	5322
黔江区	Qianjiang District	21935	9411	6984	1495	4045
涪陵区	Fuling District	29437	16241	4728	1866	6603
渝中区	Yuzhong District	40484	24163	4533	2220	9568
大渡口区	Dadukou District	37443	21132	2686	2231	11393
江北区	Jiangbei District	39220	23363	2317	2195	11345
沙坪坝区	Shapingba District	37697	19226	6791	2634	9047
九龙坡区	Jiulongpo District	38035	21204	3873	3392	9566
南岸区	Nan'an District	37886	21532	3820	2418	10116
北碚区	Beibei District	35076	20256	3325	2439	9056
渝北区	Yubei District	35557	22547	2936	3041	7033
巴南区	Ba'nan District	34917	19709	5329	2627	7252
长寿区	Changshou District	28122	15029	4466	2463	6164
江津区	Jiangjin District	30330	16238	5437	1271	7384
合川区	Hechuan District	29089	12833	6704	1885	7668
永川区	Yongchuan District	30810	17905	5314	2250	5341
南川区	Nanchuan District	26107	13501	5401	1489	5715
綦江区（不含万盛）	Qijiang District（Exclude Wansheng）	24523	13093	3664	1236	6529
万盛经开区	Wansheng Economic Development District	25090	13852	4089	1516	5633
大足区	Dazu District	26906	13342	5686	1219	6659
璧山区	Bishan District	29888	18407	4792	2505	4184
铜梁区	Tongliang District	28341	15050	6481	1486	5323
潼南区	Tongnan District	24813	11928	5500	1573	5813
荣昌区	Rongchang District	26926	14039	4770	1444	6673
开州区	Kaizhou District	21560	10412	5472	1146	4529
梁平区	Liangping District	23625	11184	4971	1625	5846
武隆区	Wulong District	22440	10884	5580	1242	4734
城口县	Chengkou County	15545	8646	3144	1243	2513
丰都县	Fengdu County	21271	9912	5568	1130	4661
垫江县	Dianjiang County	23863	10471	5162	1348	6882
忠 县	Zhongxian County	23422	11281	5442	1152	5547
云阳县	Yunyang County	18747	11350	2636	1027	3734
奉节县	Fengjie County	18329	7566	6308	864	3591
巫山县	Wushan County	18173	10160	3685	836	3492
巫溪县	Wuxi County	14835	7760	4312	581	2183
石柱县	Shizhu County	21228	9596	6545	1072	4014
秀山县	Xiushan County	19664	8802	7490	791	2581
酉阳县	Youyang County	15395	7050	3831	716	3797
彭水县	Pengshui County	17493	8100	4787	1609	2996

3-47 各区县全体居民人均可支配收入构成（2019 年）
Composition of Per Capita Disposable Income of All the Households by Region of Chongqing（2019）

单位：元 / 人（yuan/person）

区 县	Region	可支配收入 Disposable Income	工资性收入 Wage and Salary Income	经营净收入 Net Operating Income	财产净收入 Net Property Income	转移净收入 Net Transfer Income
全 市	**Total**	**28920**	**15475**	**4697**	**1792**	**6957**
万州区	Wanzhou District	32120	19707	4265	2244	5904
黔江区	Qianjiang District	24298	10598	7741	1645	4314
涪陵区	Fuling District	32505	17980	5093	1983	7449
渝中区	Yuzhong District	44209	26555	5148	2467	10038
大渡口区	Dadukou District	40619	23028	2907	2351	12333
江北区	Jiangbei District	42886	25477	1934	2381	13094
沙坪坝区	Shapingba District	40894	20857	6607	2622	10808
九龙坡区	Jiulongpo District	41568	23805	4280	3534	9950
南岸区	Nan'an District	41105	24297	3674	2451	10683
北碚区	Beibei District	38384	21470	4181	2672	10061
渝北区	Yubei District	38756	24753	3149	3368	7486
巴南区	Ba'nan District	38392	21732	5687	2957	8017
长寿区	Changshou District	30918	16741	4933	2725	6519
江津区	Jiangjin District	33452	18032	5954	1393	8073
合川区	Hechuan District	31981	14157	7521	2001	8302
永川区	Yongchuan District	34038	19722	5909	2480	5927
南川区	Nanchuan District	28642	14938	5874	1597	6232
綦江区（不含万盛）	Qijiang District（Exclude Wansheng）	26733	14417	3983	1316	7017
万盛经开区	Wansheng Economic Development District	27123	15288	4248	1463	6123
大足区	Dazu District	29528	14701	6167	1341	7320
璧山区	Bishan District	32956	20335	5203	2823	4595
铜梁区	Tongliang District	31292	16847	7016	1572	5857
潼南区	Tongnan District	27304	13469	5757	1667	6411
荣昌区	Rongchang District	29813	15646	5209	1590	7367
开州区	Kaizhou District	23938	11615	6063	1267	4992
梁平区	Liangping District	26353	12452	5483	1865	6553
武隆区	Wulong District	24928	12293	6090	1364	5181
城口县	Chengkou County	17172	9497	3468	1397	2810
丰都县	Fengdu County	23683	10967	6187	1272	5258
垫江县	Dianjiang County	26377	11576	5786	1560	7455
忠 县	Zhongxian County	26128	12605	5976	1306	6242
云阳县	Yunyang County	20780	12522	2861	1175	4223
奉节县	Fengjie County	20318	8611	6929	975	3803
巫山县	Wushan County	20144	11143	4079	1008	3914
巫溪县	Wuxi County	16402	8652	4734	650	2366
石柱县	Shizhu County	23485	10489	7341	1154	4501
秀山县	Xiushan County	21862	9876	8219	890	2878
酉阳县	Youyang County	17027	7856	4205	782	4185
彭水县	Pengshui County	19537	9073	5295	1784	3385

3-47 各区县全体居民人均可支配收入构成（2020 年）
Composition of Per Capita Disposable Income of All the Households by Region of Chongqing（2020）

单位：元 / 人（yuan/person）

区 县	Region	可支配收入 Disposable Income	工资性收入 Wage and Salary Income	经营净收入 Net Operating Income	财产净收入 Net Property Income	转移净收入 Net Transfer Income
全 市	**Total**	**30824**	**16514**	**4902**	**1907**	**7502**
万州区	Wanzhou District	34407	20997	4585	2442	6384
黔江区	Qianjiang District	26224	11596	8299	1765	4563
涪陵区	Fuling District	34843	19332	5334	2084	8092
渝中区	Yuzhong District	46994	27870	5507	2541	11076
大渡口区	Dadukou District	42610	23865	2920	2478	13347
江北区	Jiangbei District	45623	27131	2024	2535	13932
沙坪坝区	Shapingba District	43213	22585	6447	2604	11577
九龙坡区	Jiulongpo District	44234	25405	4484	3703	10641
南岸区	Nan'an District	43593	25843	3941	2835	10975
北碚区	Beibei District	40730	22705	4390	2783	10852
渝北区	Yubei District	41319	26371	3243	3669	8036
巴南区	Ba'nan District	40963	23330	5837	3186	8610
长寿区	Changshou District	32991	18018	5178	2897	6898
江津区	Jiangjin District	35650	19301	6239	1497	8614
合川区	Hechuan District	34131	15183	7947	2103	8897
永川区	Yongchuan District	36321	21305	6149	2636	6231
南川区	Nanchuan District	30668	16084	6127	1705	6751
綦江区（不含万盛）	Qijiang District（Exclude Wansheng）	28542	15353	4080	1431	7677
万盛经开区	Wansheng Economic Development District	28615	15332	4309	1350	7624
大足区	Dazu District	31569	15791	6495	1445	7838
璧山区	Bishan District	35418	21669	5599	3083	5067
铜梁区	Tongliang District	33570	18145	7369	1708	6349
潼南区	Tongnan District	29320	14581	6156	1759	6824
荣昌区	Rongchang District	31973	16885	5506	1706	7876
开州区	Kaizhou District	25921	12613	6582	1348	5378
梁平区	Liangping District	28475	13624	5807	1964	7079
武隆区	Wulong District	26877	13275	6458	1483	5661
城口县	Chengkou County	18534	10186	3746	1531	3072
丰都县	Fengdu County	25600	12004	6478	1355	5763
垫江县	Dianjiang County	28530	13146	6110	1659	7615
忠 县	Zhongxian County	28248	13698	6341	1374	6836
云阳县	Yunyang County	22466	13584	3028	1268	4587
奉节县	Fengjie County	21930	9312	7442	1028	4148
巫山县	Wushan County	21759	11823	4407	1157	4373
巫溪县	Wuxi County	17705	9430	5004	701	2569
石柱县	Shizhu County	25321	11399	7717	1277	4928
秀山县	Xiushan County	23673	10822	8575	993	3282
酉阳县	Youyang County	18374	8554	4449	851	4520
彭水县	Pengshui County	21224	9804	5842	1926	3652

3-47 各区县全体居民人均可支配收入构成（2021 年）
Composition of Per Capita Disposable Income of All the Households by Region of Chongqing（2021）

单位：元 / 人（yuan/person）

区 县	Region	可支配收入 Disposable Income	工资性收入 Wage and Salary Income	经营净收入 Net Operating Income	财产净收入 Net Property Income	转移净收入 Net Transfer Income
全 市	Total	33803	18138	5358	2090	8217
万州区	Wanzhou District	37817	22945	5092	2717	7064
黔江区	Qianjiang District	28765	12654	9229	1909	4974
涪陵区	Fuling District	37991	21159	5896	2156	8780
渝中区	Yuzhong District	51083	30126	6003	2686	12268
大渡口区	Dadukou District	46200	26414	3148	2607	14031
江北区	Jiangbei District	49655	29509	2204	2810	15132
沙坪坝区	Shapingba District	46906	24521	7059	3005	12321
九龙坡区	Jiulongpo District	48154	27713	4993	3845	11603
南岸区	Nan'an District	47361	28166	4278	3077	11841
北碚区	Beibei District	44140	24407	4782	2958	11993
渝北区	Yubei District	45066	28783	3510	4009	8764
巴南区	Ba'nan District	44569	25358	6287	3486	9439
长寿区	Changshou District	35847	19647	5724	3064	7412
江津区	Jiangjin District	38740	20960	6856	1601	9324
合川区	Hechuan District	37018	16597	8739	2190	9492
永川区	Yongchuan District	39497	23044	6793	2855	6805
南川区	Nanchuan District	33320	17618	6749	1861	7093
綦江区（不含万盛）	Qijiang District（Exclude Wansheng）	30972	16542	4545	1554	8331
万盛经开区	Wansheng Economic Development District	31017	16561	4580	1421	8455
大足区	Dazu District	34431	17263	7058	1561	8549
璧山区	Bishan District	38604	23569	6183	3354	5498
铜梁区	Tongliang District	36533	19866	7869	1751	7048
潼南区	Tongnan District	31944	16049	6699	1861	7335
荣昌区	Rongchang District	34810	18354	6073	1850	8533
开州区	Kaizhou District	28522	13843	7307	1481	5890
梁平区	Liangping District	31294	14799	6448	2022	8025
武隆区	Wulong District	29483	14549	7227	1593	6114
城口县	Chengkou County	20294	11002	4176	1695	3422
丰都县	Fengdu County	28137	13043	7109	1507	6479
垫江县	Dianjiang County	31441	14709	6895	1816	8021
忠 县	Zhongxian County	31064	15103	6934	1486	7541
云阳县	Yunyang County	24674	14324	3826	1378	5146
奉节县	Fengjie County	24078	10206	8227	1126	4520
巫山县	Wushan County	23878	12705	4909	1366	4897
巫溪县	Wuxi County	19394	10384	5411	742	2858
石柱县	Shizhu County	27735	12626	8431	1378	5300
秀山县	Xiushan County	25954	11873	9192	1120	3770
酉阳县	Youyang County	20146	9442	4896	913	4894
彭水县	Pengshui County	23292	10717	6413	2096	4066

3-48 各区县全体居民人均消费支出构成情况（2018 年）
Composition of Per Capita Consumption Expenditure of All the Households by Region of Chongqing（2018）

单位：元 / 人（yuan/person）

区 县	Region	消费支出 Consumption Expenditure	食品烟酒 Food, Tobacco and Alcohol	衣着 Clothing	居住 Residence	生活用品及服务 Household Facilities, Articles and Services
全 市	**Total**	**19248**	**6221**	**1455**	**3499**	**1339**
万州区	Wanzhou District	21772	7684	2030	3277	1576
黔江区	Qianjiang District	15533	5617	1285	2993	1023
涪陵区	Fuling District	23163	7935	2170	3330	1709
渝中区	Yuzhong District	29110	8751	1830	5742	1926
大渡口区	Dadukou District	26049	8071	1737	5406	1657
江北区	Jiangbei District	25439	7838	1671	5189	1394
沙坪坝区	Shapingba District	27574	8310	2202	4128	1926
九龙坡区	Jiulongpo District	25519	8302	2164	4899	1703
南岸区	Nan'an District	27919	8342	2109	6270	1889
北碚区	Beibei District	25155	7292	2227	4044	1915
渝北区	Yubei District	24331	7679	1711	5627	1470
巴南区	Ba'nan District	27117	8940	2853	4142	2341
长寿区	Changshou District	19579	6807	1933	3664	1246
江津区	Jiangjin District	22044	8152	2512	3300	1479
合川区	Hechuan District	23273	7589	2371	4018	1891
永川区	Yongchuan District	17991	6075	1377	2902	1139
南川区	Nanchuan District	17307	5992	1316	3071	1236
綦江区（不含万盛）	Qijiang District（Exclude Wansheng）	17834	6206	1584	3117	1157
万盛经开区	Wansheng Economic Development District	14608	5140	1189	2973	893
大足区	Dazu District	18321	6868	1589	2899	1224
璧山区	Bishan District	18104	6372	1491	3055	1482
铜梁区	Tongliang District	17561	5762	1675	3219	2795
潼南区	Tongnan District	16219	5935	1293	3048	1147
荣昌区	Rongchang District	16637	5537	1840	2483	1433
开州区	Kaizhou District	16219	6168	1526	2983	1383
梁平区	Liangping District	15187	5130	946	2561	918
武隆区	Wulong District	16451	5818	1261	2837	1081
城口县	Chengkou County	10504	3878	1056	1961	714
丰都县	Fengdu County	14247	5071	1079	2804	1034
垫江县	Dianjiang County	14264	4549	996	2412	968
忠县	Zhongxian County	15640	5568	1017	3094	1307
云阳县	Yunyang County	12189	4681	698	2930	877
奉节县	Fengjie County	14076	4888	1188	2303	1008
巫山县	Wushan County	13187	4365	1146	2338	1044
巫溪县	Wuxi County	11220	4819	708	2871	970
石柱县	Shizhu County	12956	4374	1066	2400	760
秀山县	Xiushan County	12928	4802	1565	2495	835
酉阳县	Youyang County	12185	4257	1002	2403	858
彭水县	Pengshui County	12853	5318	974	2237	974

3-48 各区县全体居民人均消费支出构成情况（2018 年）
Composition of Per Capita Consumption Expenditure of All the Households by Region of Chongqing (2018)

续表（continued） 单位：元 / 人（yuan/person）

区　县	Region	交通通信 Transport and Communications	教育文化娱乐 Education, Cultural and Recreation	医疗保健 Health Care and Medical Services	其他用品和服务 Miscellaneous Goods and Services
全　市	Total	2545	2088	1660	443
万州区	Wanzhou District	2831	2420	1605	349
黔江区	Qianjiang District	1787	1543	964	321
涪陵区	Fuling District	2835	2604	1800	780
渝中区	Yuzhong District	3535	3746	2934	646
大渡口区	Dadukou District	3210	2675	2546	746
江北区	Jiangbei District	3505	2719	2575	548
沙坪坝区	Shapingba District	4953	2477	3027	550
九龙坡区	Jiulongpo District	2985	2625	2081	760
南岸区	Nan'an District	3473	3154	1920	762
北碚区	Beibei District	3588	3157	2366	566
渝北区	Yubei District	2668	2354	2296	525
巴南区	Ba'nan District	2938	2776	2654	473
长寿区	Changshou District	2092	2015	1322	500
江津区	Jiangjin District	2796	1948	1329	527
合川区	Hechuan District	2086	2473	2064	780
永川区	Yongchuan District	2886	1844	1434	334
南川区	Nanchuan District	2140	1983	1301	268
綦江区（不含万盛）	Qijiang District (Exclude Wansheng)	2085	1864	1384	439
万盛经开区	Wansheng Economic Development District	1580	1474	1023	335
大足区	Dazu District	1962	2050	1268	461
璧山区	Bishan District	2438	1768	1163	334
铜梁区	Tongliang District	1518	1497	821	275
潼南区	Tongnan District	1495	1925	1116	262
荣昌区	Rongchang District	1902	1700	1285	457
开州区	Kaizhou District	1673	1245	980	261
梁平区	Liangping District	2329	1423	1621	258
武隆区	Wulong District	2077	2096	992	290
城口县	Chengkou County	910	1095	611	279
丰都县	Fengdu County	1450	1632	922	255
垫江县	Dianjiang County	1552	1844	1598	345
忠县	Zhongxian County	1565	1466	1260	364
云阳县	Yunyang County	988	990	811	213
奉节县	Fengjie County	2106	1653	720	210
巫山县	Wushan County	1333	1589	981	392
巫溪县	Wuxi County	811	549	375	116
石柱县	Shizhu County	1473	1512	1147	225
秀山县	Xiushan County	1096	1389	561	184
酉阳县	Youyang County	1317	1308	891	149
彭水县	Pengshui County	1194	1189	750	218

3-48 各区县全体居民人均消费支出构成情况（2019 年）
Composition of Per Capita Consumption Expenditure of All the Households by Region of Chongqing（2019）

单位：元 / 人（yuan/person）

区　县	Region	消费支出 Consumption Expenditure	食品烟酒 Food, Tobacco and Alcohol	衣着 Clothing	居住 Residence	生活用品及服务 Household Facilities, Articles and Services
全　市	**Total**	**20774**	**6667**	**1492**	**3851**	**1392**
万州区	Wanzhou District	23777	8297	2133	3595	1682
黔江区	Qianjiang District	16152	5767	1319	3074	1097
涪陵区	Fuling District	24982	8491	2302	3669	1833
渝中区	Yuzhong District	31093	9242	1892	6218	2024
大渡口区	Dadukou District	27381	8619	1788	5571	1680
江北区	Jiangbei District	26234	8321	1740	5692	1801
沙坪坝区	Shapingba District	30572	9050	2270	4740	2242
九龙坡区	Jiulongpo District	28044	9099	2201	5591	1843
南岸区	Nan'an District	29875	8716	2069	6136	1764
北碚区	Beibei District	27089	8336	1930	4399	1771
渝北区	Yubei District	26894	8223	1852	6393	1601
巴南区	Ba'nan District	29788	9553	3056	4601	2485
长寿区	Changshou District	22667	7429	2063	3537	1364
江津区	Jiangjin District	24301	8910	2808	3629	1605
合川区	Hechuan District	25280	8070	2598	4332	2069
永川区	Yongchuan District	21168	7168	1506	3445	1435
南川区	Nanchuan District	18813	6327	1461	3424	1446
綦江区（不含万盛）	Qijiang District（Exclude Wansheng）	19052	6367	1700	3131	1280
万盛经开区	Wansheng Economic Development District	16069	5607	1043	3565	941
大足区	Dazu District	20511	7135	1791	3408	1392
璧山区	Bishan District	19369	6566	1537	3174	1518
铜梁区	Tongliang District	19417	6322	1855	3475	3028
潼南区	Tongnan District	17374	6308	1404	3185	1216
荣昌区	Rongchang District	18203	6092	2056	2699	1577
开州区	Kaizhou District	18025	6810	1731	3277	1528
梁平区	Liangping District	16712	5564	1019	2734	991
武隆区	Wulong District	18109	6279	1411	3069	1261
城口县	Chengkou County	11882	4336	1182	2394	817
丰都县	Fengdu County	16140	5586	1206	3358	1118
垫江县	Dianjiang County	17415	5549	1254	2887	1202
忠县	Zhongxian County	17405	5922	1200	3324	1474
云阳县	Yunyang County	13913	5225	776	3324	1005
奉节县	Fengjie County	14695	4990	1245	2379	1046
巫山县	Wushan County	14643	4756	1283	2550	1194
巫溪县	Wuxi County	12491	4967	812	3099	1057
石柱县	Shizhu County	13892	4634	1143	2493	797
秀山县	Xiushan County	14004	5171	1696	2663	894
酉阳县	Youyang County	13251	4558	1138	2647	923
彭水县	Pengshui County	13954	5560	1068	2469	1091

3-48 各区县全体居民人均消费支出构成情况（2019 年）
Composition of Per Capita Consumption Expenditure of All the Households by Region of Chongqing（2019）

续表（continued）　　单位：元 / 人（yuan/person）

区　县	Region	交通通信 Transport and Communications	教育文化娱乐 Education, Cultural and Recreation	医疗保健 Health Care and Medical Services	其他用品和服务 Miscellaneous Goods and Services
全　市	**Total**	**2633**	**2312**	**1925**	**501**
万州区	Wanzhou District	3105	2760	1800	406
黔江区	Qianjiang District	1882	1637	1047	330
涪陵区	Fuling District	2848	2959	2041	838
渝中区	Yuzhong District	4239	3821	2950	706
大渡口区	Dadukou District	3302	3243	2437	740
江北区	Jiangbei District	3511	2710	1920	538
沙坪坝区	Shapingba District	4703	3521	3156	891
九龙坡区	Jiulongpo District	3444	2921	2147	798
南岸区	Nan'an District	3650	3311	3593	635
北碚区	Beibei District	3858	3533	2606	657
渝北区	Yubei District	3092	2780	2390	563
巴南区	Ba'nan District	3343	3209	3014	527
长寿区	Changshou District	3392	2436	1880	568
江津区	Jiangjin District	3067	2201	1507	576
合川区	Hechuan District	2293	2772	2275	870
永川区	Yongchuan District	3348	2005	1829	432
南川区	Nanchuan District	2361	2099	1401	295
綦江区（不含万盛）	Qijiang District（Exclude Wansheng）	2303	2303	1438	529
万盛经开区	Wansheng Economic Development District	1932	1243	1421	316
大足区	Dazu District	2259	2419	1574	533
璧山区	Bishan District	2876	1870	1458	370
铜梁区	Tongliang District	1721	1692	1029	293
潼南区	Tongnan District	1687	2105	1185	285
荣昌区	Rongchang District	2157	1849	1277	495
开州区	Kaizhou District	1886	1402	1103	288
梁平区	Liangping District	2539	1576	1993	297
武隆区	Wulong District	2307	2217	1246	319
城口县	Chengkou County	978	1213	641	320
丰都县	Fengdu County	1625	1939	1016	292
垫江县	Dianjiang County	1923	2253	1917	432
忠县	Zhongxian County	1868	1719	1501	398
云阳县	Yunyang County	1204	1180	957	242
奉节县	Fengjie County	2275	1715	781	263
巫山县	Wushan County	1493	1794	1129	444
巫溪县	Wuxi County	955	714	724	162
石柱县	Shizhu County	1510	1764	1290	261
秀山县	Xiushan County	1195	1548	623	215
酉阳县	Youyang County	1410	1430	981	163
彭水县	Pengshui County	1339	1342	834	251

3-48 各区县全体居民人均消费支出构成情况（2020 年）
Composition of Per Capita Consumption Expenditure of All the Households by Region of Chongqing（2020）

单位：元 / 人（yuan/person）

区 县	Region	消费支出 Consumption Expenditure	食品烟酒 Food, Tobacco and Alcohol	衣着 Clothing	居住 Residence	生活用品及服务 Household Facilities, Articles and Services
全 市	Total	21678	7285	1459	4062	1517
万州区	Wanzhou District	24411	9024	2061	3707	1714
黔江区	Qianjiang District	17242	6161	1386	3257	1202
涪陵区	Fuling District	26556	8961	2427	3996	1948
渝中区	Yuzhong District	32509	9595	1904	6966	2119
大渡口区	Dadukou District	28068	9094	1559	6051	1710
江北区	Jiangbei District	26942	8764	1660	5859	1920
沙坪坝区	Shapingba District	31888	9726	2388	4981	2519
九龙坡区	Jiulongpo District	28916	9854	2111	5967	1904
南岸区	Nan'an District	29959	9245	2035	7358	1595
北碚区	Beibei District	28366	8926	1971	4926	1918
渝北区	Yubei District	29180	8770	2005	7047	1740
巴南区	Ba'nan District	32020	9961	3157	5091	2565
长寿区	Changshou District	23972	7736	2164	3912	1490
江津区	Jiangjin District	25442	9589	2878	3801	1693
合川区	Hechuan District	26813	8405	2724	4607	2218
永川区	Yongchuan District	22699	7829	1650	3806	1635
南川区	Nanchuan District	19659	6611	1524	3607	1520
綦江区（不含万盛）	Qijiang District（Exclude Wansheng）	20102	6827	1704	3219	1328
万盛经开区	Wansheng Economic Development District	16728	6427	1070	3675	968
大足区	Dazu District	21679	7547	1903	3558	1520
璧山区	Bishan District	20377	6740	1624	3393	1590
铜梁区	Tongliang District	20566	6866	1838	3714	3350
潼南区	Tongnan District	18359	6783	1465	3307	1312
荣昌区	Rongchang District	19576	6494	2246	2913	1676
开州区	Kaizhou District	18759	7366	1722	3475	1515
梁平区	Liangping District	17774	6062	1066	3083	1030
武隆区	Wulong District	19053	6828	1450	3331	1416
城口县	Chengkou County	13073	4760	1302	2644	905
丰都县	Fengdu County	16837	5936	1241	3496	1161
垫江县	Dianjiang County	19537	6368	1290	3385	1360
忠县	Zhongxian County	18857	6363	1315	3563	1618
云阳县	Yunyang County	15279	5781	842	3740	1093
奉节县	Fengjie County	15611	5303	1304	2544	1099
巫山县	Wushan County	15618	5078	1344	2776	1325
巫溪县	Wuxi County	13203	5018	935	3072	1192
石柱县	Shizhu County	14397	4859	1197	2633	821
秀山县	Xiushan County	14615	5518	1815	2851	973
酉阳县	Youyang County	14088	4880	1244	2809	998
彭水县	Pengshui County	15023	5939	1107	2739	1178

3-48 各区县全体居民人均消费支出构成情况（2020 年）
Composition of Per Capita Consumption Expenditure of All the Households by Region of Chongqing（2020）

续表（continued）　　　　单位：元 / 人（yuan/person）

区　县	Region	交通通信 Transport and Communications	教育文化娱乐 Education, Cultural and Recreation	医疗保健 Health Care and Medical Services	其他用品和服务 Miscellaneous Goods and Services
全　市	**Total**	**2631**	**2121**	**2102**	**502**
万州区	Wanzhou District	2705	2692	1998	510
黔江区	Qianjiang District	2015	1753	1127	341
涪陵区	Fuling District	2892	3157	2291	884
渝中区	Yuzhong District	4374	3657	3214	680
大渡口区	Dadukou District	3328	2981	2568	776
江北区	Jiangbei District	3539	2673	1998	527
沙坪坝区	Shapingba District	4581	3690	3080	921
九龙坡区	Jiulongpo District	3386	2641	2250	802
南岸区	Nan'an District	3188	2611	3261	666
北碚区	Beibei District	3711	3544	2597	772
渝北区	Yubei District	3288	3050	2685	595
巴南区	Ba'nan District	3677	3661	3352	556
长寿区	Changshou District	3284	2663	2075	650
江津区	Jiangjin District	3135	2139	1620	586
合川区	Hechuan District	2446	2991	2479	944
永川区	Yongchuan District	3313	1929	2043	493
南川区	Nanchuan District	2249	2232	1585	331
綦江区（不含万盛）	Qijiang District（Exclude Wansheng）	2477	2312	1647	587
万盛经开区	Wansheng Economic Development District	1712	1047	1551	278
大足区	Dazu District	2418	2469	1702	562
璧山区	Bishan District	3072	2024	1546	388
铜梁区	Tongliang District	1744	1585	1172	298
潼南区	Tongnan District	1861	2016	1307	308
荣昌区	Rongchang District	2322	2005	1378	543
开州区	Kaizhou District	1867	1376	1133	305
梁平区	Liangping District	2415	1537	2278	303
武隆区	Wulong District	2305	1999	1400	323
城口县	Chengkou County	1080	1314	718	350
丰都县	Fengdu County	1662	2011	1034	297
垫江县	Dianjiang County	2331	2065	2278	460
忠县	Zhongxian County	2053	1864	1660	421
云阳县	Yunyang County	1281	1211	1059	271
奉节县	Fengjie County	2432	1788	841	299
巫山县	Wushan County	1588	1839	1235	433
巫溪县	Wuxi County	1077	867	832	210
石柱县	Shizhu County	1559	1654	1388	285
秀山县	Xiushan County	1202	1359	657	239
酉阳县	Youyang County	1477	1442	1060	178
彭水县	Pengshui County	1448	1420	922	271

3-48 各区县全体居民人均消费支出构成情况（2021 年）
Composition of Per Capita Consumption Expenditure of All the Households by Region of Chongqing（2021）

单位：元 / 人（yuan/person）

区 县	Region	消费支出 Consumption Expenditure	食品烟酒 Food, Tobacco and Alcohol	衣着 Clothing	居住 Residence	生活用品及服务 Household Facilities, Articles and Services
全 市	**Total**	**24598**	**8154**	**1708**	**4490**	**1683**
万州区	Wanzhou District	26678	9596	2329	3931	1899
黔江区	Qianjiang District	19238	6796	1516	3655	1332
涪陵区	Fuling District	29107	9775	2594	4337	2148
渝中区	Yuzhong District	36887	10552	2141	8829	2425
大渡口区	Dadukou District	30969	10020	1692	6506	1922
江北区	Jiangbei District	29314	9495	1742	6477	1998
沙坪坝区	Shapingba District	34567	10343	2635	5511	2842
九龙坡区	Jiulongpo District	32742	11010	2518	6453	2201
南岸区	Nan'an District	32206	9899	2221	7812	1723
北碚区	Beibei District	32069	10071	2165	5454	2143
渝北区	Yubei District	32279	9520	2214	7790	1956
巴南区	Ba'nan District	34887	10518	3471	5581	2793
长寿区	Changshou District	26052	8302	2340	4411	1653
江津区	Jiangjin District	28019	10468	3207	4196	1867
合川区	Hechuan District	28869	8949	2929	4902	2362
永川区	Yongchuan District	24963	8434	1761	3958	1868
南川区	Nanchuan District	21689	7061	1612	3984	1708
綦江区（不含万盛）	Qijiang District（Exclude Wansheng）	21744	7161	1852	3421	1529
万盛经开区	Wansheng Economic Development District	19864	7618	1267	4281	1120
大足区	Dazu District	24010	8198	2053	3900	1763
璧山区	Bishan District	23139	7485	1865	3902	1800
铜梁区	Tongliang District	22178	7364	1993	3929	3619
潼南区	Tongnan District	20549	7491	1768	3871	1407
荣昌区	Rongchang District	22139	7336	2496	3509	1881
开州区	Kaizhou District	20983	8096	1961	3731	1683
梁平区	Liangping District	19897	6663	1224	3334	1188
武隆区	Wulong District	20723	7260	1532	3682	1467
城口县	Chengkou County	14730	5284	1467	2985	1024
丰都县	Fengdu County	18204	6385	1348	3814	1273
垫江县	Dianjiang County	21712	6940	1428	3648	1503
忠县	Zhongxian County	21369	7046	1445	3907	1811
云阳县	Yunyang County	16959	6345	944	4112	1231
奉节县	Fengjie County	16968	5750	1411	2799	1196
巫山县	Wushan County	17337	5527	1541	3069	1493
巫溪县	Wuxi County	14412	5442	1055	3333	1274
石柱县	Shizhu County	16320	5495	1336	3030	946
秀山县	Xiushan County	16422	6004	1977	3190	1099
酉阳县	Youyang County	15442	5288	1345	2992	1069
彭水县	Pengshui County	16821	6495	1241	3013	1255

3-48 各区县全体居民人均消费支出构成情况（2021 年）
Composition of Per Capita Consumption Expenditure of All the Households by Region of Chongqing（2021）

续表（continued） 单位：元 / 人（yuan/person）

区 县	Region	交通通信 Transport and Communications	教育文化娱乐 Education, Cultural and Recreation	医疗保健 Health Care and Medical Services	其他用品和服务 Miscellaneous Goods and Services
全 市	**Total**	**3050**	**2601**	**2326**	**585**
万州区	Wanzhou District	3076	3107	2144	596
黔江区	Qianjiang District	2284	2019	1263	374
涪陵区	Fuling District	3085	3769	2426	972
渝中区	Yuzhong District	4587	4019	3487	846
大渡口区	Dadukou District	3779	3301	2793	956
江北区	Jiangbei District	3885	2860	2264	593
沙坪坝区	Shapingba District	4690	4213	3374	960
九龙坡区	Jiulongpo District	3768	3443	2472	878
南岸区	Nan'an District	3356	2913	3430	852
北碚区	Beibei District	4279	4030	3031	896
渝北区	Yubei District	3699	3457	2984	658
巴南区	Ba'nan District	4072	4150	3693	608
长寿区	Changshou District	3501	2818	2308	720
江津区	Jiangjin District	3461	2388	1782	649
合川区	Hechuan District	2708	3276	2732	1012
永川区	Yongchuan District	3522	2328	2498	593
南川区	Nanchuan District	2531	2497	1883	412
綦江区（不含万盛）	Qijiang District（Exclude Wansheng）	2772	2572	1803	633
万盛经开区	Wansheng Economic Development District	2114	1319	1813	331
大足区	Dazu District	2673	2827	1947	649
璧山区	Bishan District	3449	2371	1781	486
铜梁区	Tongliang District	1854	1715	1381	324
潼南区	Tongnan District	2074	2254	1358	326
荣昌区	Rongchang District	2601	2216	1503	598
开州区	Kaizhou District	2243	1610	1298	360
梁平区	Liangping District	2783	1826	2524	354
武隆区	Wulong District	2606	2255	1563	358
城口县	Chengkou County	1232	1511	829	397
丰都县	Fengdu County	1829	2149	1086	321
垫江县	Dianjiang County	2642	2514	2506	531
忠县	Zhongxian County	2403	2265	1995	497
云阳县	Yunyang County	1446	1387	1186	308
奉节县	Fengjie County	2627	1952	907	326
巫山县	Wushan County	1814	2116	1286	491
巫溪县	Wuxi County	1220	960	898	229
石柱县	Shizhu County	1778	1857	1570	308
秀山县	Xiushan County	1428	1694	743	287
酉阳县	Youyang County	1614	1802	1132	199
彭水县	Pengshui County	1738	1737	1030	312

3-49　各区县城镇居民家庭基本情况（2018 年）
Basic Conditions of Urban Households by Region of Chongqing（2018）

单位：人 / 户、平方米 / 人（person/household, m^2/person）

区　县	Region	户均常住人口 Resident Population per Household	户均常住劳动力人数 Manpower per Household from Resident Population	户均常住成员从业人数 Employed Person per Household from Resident Population	人均住房建筑面积 Per Capita Floor Space of Housing
全　市	Total	3.04	2.24	1.56	36.53
万州区	Wanzhou District	2.96	2.23	1.72	32.27
黔江区	Qianjiang District	3.69	2.35	1.92	47.04
涪陵区	Fuling District	3.25	2.34	1.75	35.93
渝中区	Yuzhong District	3.04	2.39	1.57	25.09
大渡口区	Dadukou District	2.81	2.06	1.16	29.35
江北区	Jiangbei District	3.20	2.57	1.36	23.66
沙坪坝区	Shapingba District	2.87	2.26	1.42	32.89
九龙坡区	Jiulongpo District	2.74	2.06	1.36	31.38
南岸区	Nan'an District	2.91	2.11	1.32	30.13
北碚区	Beibei District	2.78	2.27	1.52	35.95
渝北区	Yubei District	2.93	2.29	1.48	32.89
巴南区	Ba'nan District	3.22	2.50	1.80	34.66
长寿区	Changshou District	2.75	1.96	1.43	40.92
江津区	Jiangjin District	3.26	2.39	1.68	40.94
合川区	Hechuan District	3.14	2.41	1.69	43.13
永川区	Yongchuan District	3.10	2.09	1.60	34.82
南川区	Nanchuan District	3.17	2.41	2.12	51.46
綦江区（不含万盛）	Qijiang District（Exclude Wansheng）	2.91	2.31	1.49	37.51
万盛经开区	Wansheng Economic Development District	3.04	2.30	1.64	37.33
大足区	Dazu District	3.58	2.69	2.09	45.23
璧山区	Bishan District	2.81	2.20	1.57	36.97
铜梁区	Tongliang District	3.18	2.19	1.81	45.03
潼南区	Tongnan District	2.90	2.18	1.78	41.83
荣昌区	Rongchang District	2.58	1.79	1.26	43.50
开州区	Kaizhou District	3.07	2.06	1.47	43.41
梁平区	Liangping District	2.85	2.06	1.65	44.67
武隆区	Wulong District	3.25	2.17	1.66	38.35
城口县	Chengkou County	2.98	2.05	1.37	50.63
丰都县	Fengdu County	3.42	2.24	1.77	37.90
垫江县	Dianjiang County	3.13	1.94	1.45	44.94
忠县	Zhongxian County	3.02	2.17	1.98	44.10
云阳县	Yunyang County	3.33	2.08	1.62	42.21
奉节县	Fengjie County	3.75	2.06	1.75	33.68
巫山县	Wushan County	3.31	2.21	1.65	43.53
巫溪县	Wuxi County	2.89	2.09	1.70	54.04
石柱县	Shizhu County	3.28	2.22	1.48	52.72
秀山县	Xiushan County	3.70	2.21	1.96	42.67
酉阳县	Youyang County	3.44	2.06	1.56	47.90
彭水县	Pengshui County	3.43	2.23	1.80	51.93

3-49 各区县城镇居民家庭基本情况（2019 年）
Basic Conditions of Urban Households by Region of Chongqing（2019）

续表（continued） 单位：人 / 户、平方米 / 人（person/household, m²/person）

区 县	Region	户均常住人口 Resident Population per Household	户均常住劳动力人数 Manpower per Household from Resident Population	户均常住成员从业人数 Employed Person per Household from Resident Population	人均住房建筑面积 Per Capita Floor Space of Housing
全 市	**Total**	**3.04**	**2.23**	**1.55**	**37.50**
万州区	Wanzhou District	2.88	2.18	1.67	33.88
黔江区	Qianjiang District	3.65	2.31	1.85	47.33
涪陵区	Fuling District	3.16	2.37	1.67	36.13
渝中区	Yuzhong District	3.07	2.43	1.59	26.79
大渡口区	Dadukou District	2.91	2.11	1.17	30.04
江北区	Jiangbei District	3.23	2.53	1.38	24.35
沙坪坝区	Shapingba District	2.91	2.32	1.49	33.22
九龙坡区	Jiulongpo District	2.59	2.00	1.23	34.02
南岸区	Nan'an District	3.06	2.15	1.42	30.27
北碚区	Beibei District	2.80	2.28	1.49	36.08
渝北区	Yubei District	3.11	2.28	1.48	33.03
巴南区	Ba'nan District	3.08	2.33	1.64	36.85
长寿区	Changshou District	2.58	1.96	1.42	41.74
江津区	Jiangjin District	3.22	2.41	1.68	41.11
合川区	Hechuan District	3.17	2.34	1.62	41.87
永川区	Yongchuan District	3.22	2.22	1.67	35.83
南川区	Nanchuan District	3.07	2.22	1.91	51.19
綦江区（不含万盛）	Qijiang District（Exclude Wansheng）	2.76	2.09	1.36	37.97
万盛经开区	Wansheng Economic Development District	2.84	2.07	1.27	35.93
大足区	Dazu District	3.60	2.67	2.08	45.57
璧山区	Bishan District	2.86	2.24	1.62	36.42
铜梁区	Tongliang District	3.19	2.29	1.91	46.41
潼南区	Tongnan District	2.94	2.26	1.86	43.00
荣昌区	Rongchang District	2.64	1.73	1.25	44.23
开州区	Kaizhou District	2.98	2.06	1.59	44.55
梁平区	Liangping District	2.62	2.04	1.61	46.59
武隆区	Wulong District	3.41	2.28	1.79	39.49
城口县	Chengkou County	3.41	2.37	2.06	50.04
丰都县	Fengdu County	2.80	1.79	1.38	41.06
垫江县	Dianjiang County	3.14	1.97	1.66	45.05
忠县	Zhongxian County	2.86	2.30	2.02	45.99
云阳县	Yunyang County	2.48	1.55	1.35	42.52
奉节县	Fengjie County	3.92	2.25	2.07	33.78
巫山县	Wushan County	3.13	2.02	1.72	46.46
巫溪县	Wuxi County	3.16	2.03	1.90	56.66
石柱县	Shizhu County	3.28	2.19	1.52	51.13
秀山县	Xiushan County	3.26	2.26	1.85	46.73
酉阳县	Youyang County	3.30	2.04	1.49	48.04
彭水县	Pengshui County	3.32	2.24	1.92	54.58

3-49 各区县城镇居民家庭基本情况（2020 年）
Basic Conditions of Urban Households by Region of Chongqing （2020）

续表（continued）　　　　单位：人 / 户、平方米 / 人（person/household, m^2/person）

区 县	Region	户均常住人口 Resident Population per Household	户均常住劳动力人数 Manpower per Household from Resident Population	户均常住成员从业人数 Employed Person per Household from Resident Population	人均住房建筑面积 Per Capita Floor Space of Housing
全 市	Total	3.04	2.28	1.52	39.66
万州区	Wanzhou District	2.75	2.08	1.49	35.27
黔江区	Qianjiang District	3.64	2.39	1.79	47.72
涪陵区	Fuling District	3.24	2.35	1.68	36.20
渝中区	Yuzhong District	3.09	2.45	1.50	30.28
大渡口区	Dadukou District	2.84	2.19	1.09	30.07
江北区	Jiangbei District	3.19	2.54	1.32	28.82
沙坪坝区	Shapingba District	2.88	2.29	1.47	33.64
九龙坡区	Jiulongpo District	2.60	2.01	1.24	37.65
南岸区	Nan'an District	2.97	2.13	1.46	29.14
北碚区	Beibei District	2.78	2.25	1.46	36.81
渝北区	Yubei District	3.09	2.39	1.40	35.86
巴南区	Ba'nan District	3.02	2.33	1.65	37.60
长寿区	Changshou District	2.34	1.97	1.21	42.70
江津区	Jiangjin District	3.19	2.34	1.61	41.33
合川区	Hechuan District	3.33	2.39	1.53	42.20
永川区	Yongchuan District	3.34	2.27	1.63	36.61
南川区	Nanchuan District	3.07	2.14	1.73	51.72
綦江区（不含万盛）	Qijiang District (Exclude Wansheng)	2.89	2.24	1.29	38.53
万盛经开区	Wansheng Economic Development District	2.99	2.14	1.28	39.46
大足区	Dazu District	3.64	2.69	1.98	45.65
璧山区	Bishan District	2.80	2.22	1.62	36.65
铜梁区	Tongliang District	3.18	2.30	1.90	47.24
潼南区	Tongnan District	3.12	2.20	1.74	43.55
荣昌区	Rongchang District	2.62	1.75	1.27	44.28
开州区	Kaizhou District	2.81	1.92	1.69	45.59
梁平区	Liangping District	2.55	2.00	1.63	52.54
武隆区	Wulong District	3.32	2.22	1.60	40.27
城口县	Chengkou County	3.77	2.03	1.97	49.01
丰都县	Fengdu County	2.84	1.81	1.50	42.38
垫江县	Dianjiang County	2.98	2.13	1.67	45.67
忠县	Zhongxian County	2.76	2.42	2.32	48.52
云阳县	Yunyang County	3.55	2.30	1.58	43.84
奉节县	Fengjie County	3.89	2.31	1.88	34.50
巫山县	Wushan County	3.09	2.10	1.76	46.76
巫溪县	Wuxi County	3.23	1.96	1.77	56.78
石柱县	Shizhu County	3.20	2.10	1.48	51.27
秀山县	Xiushan County	3.41	2.23	1.92	47.00
酉阳县	Youyang County	3.49	2.10	1.57	47.33
彭水县	Pengshui County	3.51	2.47	1.99	52.17

3-49 各区县城镇居民家庭基本情况（2021年）
Basic Conditions of Urban Households by Region of Chongqing（2021）

续表（continued）　　　　单位：人/户、平方米/人（person/household, m^2/person）

区 县	Region	户均常住人口 Resident Population per Household	户均常住劳动力人数 Manpower per Household from Resident Population	户均常住成员从业人数 Employed Person per Household from Resident Population	人均住房建筑面积 Per Capita Floor Space of Housing
全 市	Total	3.02	2.29	1.51	40.31
万州区	Wanzhou District	2.95	2.24	1.57	35.42
黔江区	Qianjiang District	3.43	2.32	1.66	48.45
涪陵区	Fuling District	3.13	2.37	1.54	36.37
渝中区	Yuzhong District	3.15	2.52	1.46	30.54
大渡口区	Dadukou District	2.90	2.35	1.30	32.01
江北区	Jiangbei District	2.74	2.26	1.09	30.04
沙坪坝区	Shapingba District	3.08	2.41	1.53	33.69
九龙坡区	Jiulongpo District	2.78	2.21	1.30	38.26
南岸区	Nan'an District	2.97	2.33	1.28	31.99
北碚区	Beibei District	2.62	2.18	1.31	37.01
渝北区	Yubei District	3.17	2.45	1.53	38.82
巴南区	Ba'nan District	3.00	2.41	1.60	37.64
长寿区	Changshou District	2.40	1.96	1.18	43.10
江津区	Jiangjin District	3.26	2.38	1.60	41.80
合川区	Hechuan District	3.21	2.42	1.53	42.48
永川区	Yongchuan District	3.20	2.30	1.77	39.02
南川区	Nanchuan District	3.22	2.28	1.88	51.73
綦江区（不含万盛）	Qijiang District（Exclude Wansheng）	3.06	2.22	1.61	38.82
万盛经开区	Wansheng Economic Development District	2.71	2.00	1.22	40.23
大足区	Dazu District	3.33	2.61	2.04	45.97
璧山区	Bishan District	3.15	2.38	1.74	37.81
铜梁区	Tongliang District	2.84	2.20	1.48	47.39
潼南区	Tongnan District	2.86	2.06	1.57	44.20
荣昌区	Rongchang District	3.00	2.25	1.56	44.33
开州区	Kaizhou District	2.81	1.98	1.74	47.32
梁平区	Liangping District	2.89	2.08	1.62	50.14
武隆区	Wulong District	3.42	2.40	1.68	40.61
城口县	Chengkou County	3.61	2.52	2.13	47.98
丰都县	Fengdu County	3.03	2.13	1.65	42.00
垫江县	Dianjiang County	2.95	2.16	1.63	45.41
忠县	Zhongxian County	3.37	2.36	2.08	48.94
云阳县	Yunyang County	3.53	2.71	1.93	43.91
奉节县	Fengjie County	3.51	2.50	2.00	34.11
巫山县	Wushan County	3.09	2.14	1.77	46.97
巫溪县	Wuxi County	2.86	2.19	1.63	56.87
石柱县	Shizhu County	3.07	2.28	1.62	51.41
秀山县	Xiushan County	3.63	2.40	1.93	49.75
酉阳县	Youyang County	3.32	2.11	1.63	47.10
彭水县	Pengshui County	3.39	2.38	1.94	52.28

3-50 各区县城镇居民人均可支配收入情况（2010-2021 年）
Per Capita Income of Urban Households by Region of Chongqing（2010-2021）

单位：元 / 人（yuan/person）

区县	Region	2010 年	2011 年	2012 年	2013 年	2014 年	2015 年	2016 年	2017 年	2018 年	2019 年	2020 年	2021 年
全 市	**Total**	**16032**	**18517**	**21003**	**23058**	**25147**	**27239**	**29610**	**32193**	**34889**	**37939**	**40006**	**43502**
万州区	Wanzhou District	15990	18582	20979	23287	25919	28459	31248	33967	36820	40171	42662	46758
黔江区	Qianjiang District	13575	15749	17960	20115	22388	24672	27164	29812	32435	35322	37335	40770
涪陵区	Fuling District	16185	18875	21611	23686	26149	28450	30897	33709	36642	39940	42336	46019
渝中区	Yuzhong District	19312	21943	24478	26803	29253	31608	34263	37175	40484	44209	46994	51083
大渡口区	Dadukou District	18255	20928	23282	25308	27434	29546	32057	35038	37911	41096	43069	46687
江北区	Jiangbei District	18644	21472	24152	26422	28695	31014	33681	36662	39998	43718	46429	50515
沙坪坝区	Shapingba District	18555	21349	24009	26050	28264	30384	32921	35669	38630	41798	44055	47800
九龙坡区	Jiulongpo District	18428	21238	23881	26150	28504	30727	33431	36339	39391	42936	45512	49517
南岸区	Nan'an District	18331	21091	23650	25944	28278	30441	32983	35770	38703	41915	44366	48183
北碚区	Beibei District	18241	20976	23626	25800	28071	30261	32758	35575	38563	41879	44120	47738
渝北区	Yubei District	18474	21243	23932	26277	28563	30819	33546	36414	39546	42749	45100	49114
巴南区	Ba'nan District	18194	20922	23471	25677	28040	30339	32978	35864	38984	42493	44958	48824
长寿区	Changshou District	15973	18672	21127	23113	25388	27571	29915	32428	35055	38056	39997	43317
江津区	Jiangjin District	16038	18625	21136	23228	25667	27951	30495	33331	36397	39600	41699	45160
合川区	Hechuan District	15897	18465	20875	22816	25098	27231	29505	32101	34875	37927	39861	43094
永川区	Yongchuan District	16253	18954	21614	23624	26034	28325	30903	33684	36749	40093	42218	45764
南川区	Nanchuan District	15597	18126	20701	22564	24730	26758	28899	31398	34067	36724	38670	41841
綦江区	Qijiang District	14506	16798	18898	20580	22535	24360	26301	28555	30892	33212	34815	37621
綦江区（不含万盛）	Qijiang District（Exclude Wansheng）	15429	17859	20092	21880	23959	25749	27809	30117	32526	34933	36610	39539
万盛经开区	Wansheng Economic Development District	13080	15010	16886	18389	20136	21767	23465	25460	27573	29641	31093	33643
大足区	Dazu District	16034	18615	20830	22726	24998	27123	29483	32107	34836	37623	39655	43026
璧山区	Bishan District	16972	19764	22470	24717	27263	29744	32510	35436	38590	41947	44296	48061
铜梁区	Tongliang District	16587	19219	21972	24037	26417	28530	30955	33865	36913	40198	42449	45972
潼南区	Tongnan District	15080	17374	19680	21609	23791	25932	28318	30923	33596	36368	38332	41552
荣昌区	Rongchang District	15923	18487	20892	22918	25152	27227	29623	32230	35066	38362	40489	43850
开州区	Kaizhou District	13570	15651	17938	19750	21903	23984	26262	28547	30945	33761	35787	39151
梁平区	Liangping District	14963	17320	19641	21703	24112	26427	28990	31599	34317	37543	39645	43292
武隆区	Wulong District	14925	17302	19781	22056	24526	27003	29703	32495	35290	38396	40508	44194
城口县	Chengkou County	12222	14103	15966	17547	19355	21116	22974	24914	26932	29087	30541	33198
丰都县	Fengdu County	13294	15459	17779	19593	21749	23902	26268	28763	31352	34236	36256	39628
垫江县	Dianjiang County	15195	17403	19712	21841	24222	26644	29202	31889	34504	37437	39533	43289
忠县	Zhongxian County	14874	17282	19866	21992	24455	26778	29295	32107	35029	38357	40543	44314
云阳县	Yunyang County	12425	14348	16328	17830	19737	21592	23611	25760	27950	30410	32174	35134
奉节县	Fengjie County	12458	14366	16327	17911	19792	21633	23634	25832	28105	30466	32099	35020
巫山县	Wushan County	13441	15477	17710	19322	21351	23315	25483	27751	30165	32759	34561	37706
巫溪县	Wuxi County	11478	13236	15023	16375	18111	19687	21380	23112	24938	26958	28357	30852
石柱县	Shizhu County	13980	16144	18582	20645	22916	25116	27527	30087	32584	35288	37194	40467
秀山县	Xiushan County	14181	16365	18655	20688	22901	25145	27483	29956	32352	35199	37100	40439
酉阳县	Youyang County	11620	13405	15183	16823	18607	20449	22473	24585	26601	28702	30123	32774
彭水县	Pengshui County	12625	14522	16572	18345	20363	22338	24482	26808	29124	31833	33775	36815

3-51 各区县城镇居民人均消费支出情况（2018-2021 年）
Per Capita Expenditure of Urban Households by Region of Chongqing（2018-2021）

单位：元 / 人（yuan/person）

区县	Region	2018 年	2019 年	2020 年	2021 年
全　市	Total	24154	25785	26464	29850
万州区	Wanzhou District	26288	28445	29097	31850
黔江区	Qianjiang District	21705	22012	23060	25660
涪陵区	Fuling District	28477	30421	32037	35012
渝中区	Yuzhong District	29110	31093	32509	36887
大渡口区	Dadukou District	26279	27603	28279	31200
江北区	Jiangbei District	26028	26812	27476	29899
沙坪坝区	Shapingba District	28249	31244	32512	35228
九龙坡区	Jiulongpo District	26235	28776	29560	33481
南岸区	Nan'an District	28689	30562	30564	32815
北碚区	Beibei District	27288	29210	30405	34250
渝北区	Yubei District	26748	29241	31490	34780
巴南区	Ba'nan District	30498	33129	35275	38392
长寿区	Changshou District	23689	27305	28510	31025
江津区	Jiangjin District	26450	28790	29709	32617
合川区	Hechuan District	27786	29892	31301	33619
永川区	Yongchuan District	20314	23864	25308	27875
南川区	Nanchuan District	21297	22949	23663	25677
綦江区（不含万盛）	Qijiang District（Exclude Wansheng）	22485	23817	24703	26738
万盛经开区	Wansheng Economic Development District	15146	16479	17523	20884
大足区	Dazu District	23465	25913	26909	29610
璧山区	Bishan District	22088	23427	24392	27574
铜梁区	Tongliang District	22626	24707	25588	27573
潼南区	Tongnan District	21604	22702	23423	26021
荣昌区	Rongchang District	21428	23130	24462	26766
开州区	Kaizhou District	21502	23700	24193	27289
梁平区	Liangping District	19759	20871	21821	24302
武隆区	Wulong District	23679	25397	26271	28229
城口县	Chengkou County	17264	19022	20438	22507
丰都县	Fengdu County	19079	21978	22732	24476
垫江县	Dianjiang County	17776	23071	25343	27763
忠县	Zhongxian County	21471	23575	25138	28656
云阳县	Yunyang County	15583	17855	19535	21755
奉节县	Fengjie County	18301	19004	19823	21458
巫山县	Wushan County	19171	21091	22274	24569
巫溪县	Wuxi County	16090	16859	17664	19352
石柱县	Shizhu County	16807	17837	18193	20529
秀山县	Xiushan County	17937	19053	19563	21814
酉阳县	Youyang County	19056	20332	20958	22785
彭水县	Pengshui County	18536	19876	20942	23123

3–52 各区县城镇居民人均可支配收入构成（2018 年）
Composition of Per Capita Disposable Income of Urban Households by Region of Chongqing（2018）

单位：元 / 人（yuan/person）

区 县	Region	可支配收入 Disposable Income	工资性收入 Wage and Salary Income	经营净收入 Net Operating Income	财产净收入 Net Property Income	转移净收入 Net Transfer Income
全 市	**Total**	**34889**	**20054**	**3973**	**2536**	**8326**
万州区	Wanzhou District	36820	24135	3700	2825	6160
黔江区	Qianjiang District	32435	15706	10305	2771	3653
涪陵区	Fuling District	36642	22082	4208	2561	7790
渝中区	Yuzhong District	40484	24163	4533	2220	9568
大渡口区	Dadukou District	37911	21305	2693	2272	11641
江北区	Jiangbei District	39998	23808	2180	2247	11763
沙坪坝区	Shapingba District	38630	19701	6953	2704	9271
九龙坡区	Jiulongpo District	39391	21845	3848	3628	10070
南岸区	Nan'an District	38703	22034	3763	2509	10396
北碚区	Beibei District	38563	22089	3358	2794	10322
渝北区	Yubei District	39546	25913	2627	3572	7435
巴南区	Ba'nan District	38984	22686	5045	2892	8361
长寿区	Changshou District	35055	21060	3610	3515	6870
江津区	Jiangjin District	36397	21248	5567	1698	7884
合川区	Hechuan District	34875	16742	6539	2430	9164
永川区	Yongchuan District	36749	22099	5338	3198	6115
南川区	Nanchuan District	34067	19095	5367	2186	7419
綦江区（不含万盛）	Qijiang District（Exclude Wansheng）	32526	19428	2954	2007	8137
万盛经开区	Wansheng Economic Development District	27573	15636	4094	1778	6066
大足区	Dazu District	34836	19059	5791	1603	8383
璧山区	Bishan District	38590	24747	4421	3843	5578
铜梁区	Tongliang District	36913	21615	7417	2338	5543
潼南区	Tongnan District	33596	19300	4750	2650	6896
荣昌区	Rongchang District	35066	20749	3877	2440	8000
开州区	Kaizhou District	30945	16810	6191	2132	5812
梁平区	Liangping District	34317	18009	5334	2991	7984
武隆区	Wulong District	35290	19942	6139	2506	6703
城口县	Chengkou County	26932	15340	3277	3055	5260
丰都县	Fengdu County	31352	17262	5960	2140	5990
垫江县	Dianjiang County	34504	18033	4661	2587	9223
忠县	Zhongxian County	35029	18916	6555	2205	7353
云阳县	Yunyang County	27950	19698	1420	2172	4660
奉节县	Fengjie County	28105	13123	8043	1869	5070
巫山县	Wushan County	30165	19175	3502	1927	5561
巫溪县	Wuxi County	24938	16422	4469	1245	2802
石柱县	Shizhu County	32584	16251	7753	1546	7034
秀山县	Xiushan County	32352	15772	12015	1571	2994
酉阳县	Youyang County	26601	14365	4223	1694	6318
彭水县	Pengshui County	29124	13973	6028	4109	5014

3-52 各区县城镇居民人均可支配收入构成（2019 年）
Composition of Per Capita Disposable Income of Urban Households by Region of Chongqing（2019）

续表（continued） 单位：元 / 人（yuan/person）

区 县	Region	可支配收入 Disposable Income	工资性收入 Wage and Salary Income	经营净收入 Net Operating Income	财产净收入 Net Property Income	转移净收入 Net Transfer Income
全 市	**Total**	**37939**	**22119**	**4361**	**2724**	**8734**
万州区	Wanzhou District	40171	26225	4060	3136	6750
黔江区	Qianjiang District	35322	17331	11097	2956	3938
涪陵区	Fuling District	39940	24009	4578	2676	8676
渝中区	Yuzhong District	44209	26555	5148	2467	10038
大渡口区	Dadukou District	41096	23208	2913	2391	12584
江北区	Jiangbei District	43718	25949	1769	2435	13565
沙坪坝区	Shapingba District	41798	21317	6763	2675	11043
九龙坡区	Jiulongpo District	42936	24486	4272	3760	10419
南岸区	Nan'an District	41915	24787	3626	2535	10967
北碚区	Beibei District	41879	23090	4338	3067	11383
渝北区	Yubei District	42749	28131	2822	3913	7883
巴南区	Ba'nan District	42493	24751	5370	3232	9139
长寿区	Changshou District	38056	22966	4051	3810	7229
江津区	Jiangjin District	39600	23162	6058	1823	8557
合川区	Hechuan District	37927	18202	7355	2542	9828
永川区	Yongchuan District	40093	24114	5862	3429	6688
南川区	Nanchuan District	36724	20720	5772	2293	7940
綦江区（不含万盛）	Qijiang District（Exclude Wansheng）	34933	21037	3205	2090	8601
万盛经开区	Wansheng Economic Development District	29641	17135	4314	1693	6500
大足区	Dazu District	37623	20589	6224	1735	9075
璧山区	Bishan District	41947	26864	4819	4233	6031
铜梁区	Tongliang District	40198	23745	7991	2420	6042
潼南区	Tongnan District	36368	21000	5250	2690	7428
荣昌区	Rongchang District	38362	22696	4288	2616	8762
开州区	Kaizhou District	33761	18366	6789	2294	6312
梁平区	Liangping District	37543	19590	5820	3349	8783
武隆区	Wulong District	38396	21967	6575	2670	7184
城口县	Chengkou County	29087	16475	3575	3321	5716
丰都县	Fengdu County	34236	18556	6690	2342	6648
垫江县	Dianjiang County	37437	19329	5442	2942	9724
忠县	Zhongxian County	38357	20647	7127	2433	8150
云阳县	Yunyang County	30410	21245	1563	2401	5200
奉节县	Fengjie County	30466	14603	8670	2000	5193
巫山县	Wushan County	32759	20459	3929	2193	6178
巫溪县	Wuxi County	26958	17833	4869	1333	2923
石柱县	Shizhu County	35288	17154	8728	1674	7731
秀山县	Xiushan County	35199	17254	12945	1720	3280
酉阳县	Youyang County	28702	15558	4558	1789	6797
彭水县	Pengshui County	31833	15328	6601	4379	5525

3-52 各区县城镇居民人均可支配收入构成（2020 年）
Composition of Per Capita Disposable Income of Urban Households by Region of Chongqing（2020）

续表（continued）　　　　单位：元 / 人（yuan/person）

区 县	Region	可支配收入 Disposable Income	工资性收入 Wage and Salary Income	经营净收入 Net Operating Income	财产净收入 Net Property Income	转移净收入 Net Transfer Income
全 市	Total	40006	23353	4480	2860	9313
万州区	Wanzhou District	42662	27678	4327	3397	7261
黔江区	Qianjiang District	37335	18462	11555	3084	4234
涪陵区	Fuling District	42336	25479	4757	2779	9321
渝中区	Yuzhong District	46994	27870	5507	2541	11076
大渡口区	Dadukou District	43069	24029	2921	2518	13601
江北区	Jiangbei District	46429	27589	1861	2587	14392
沙坪坝区	Shapingba District	44055	23043	6559	2649	11804
九龙坡区	Jiulongpo District	45512	26039	4475	3914	11084
南岸区	Nan'an District	44366	26317	3883	2924	11242
北碚区	Beibei District	44120	24250	4529	3167	12173
渝北区	Yubei District	45100	29583	2920	4205	8393
巴南区	Ba'nan District	44958	26305	5479	3455	9720
长寿区	Changshou District	39997	24210	4216	3963	7608
江津区	Jiangjin District	41699	24443	6267	1925	9064
合川区	Hechuan District	39861	19154	7693	2626	10388
永川区	Yongchuan District	42218	25678	6012	3569	6959
南川区	Nanchuan District	38670	21881	5933	2398	8458
綦江区（不含万盛）	Qijiang District（Exclude Wansheng）	36610	21885	3311	2214	9199
万盛经开区	Wansheng Economic Development District	31093	16902	4373	1542	8277
大足区	Dazu District	39655	21764	6475	1840	9576
璧山区	Bishan District	44296	27998	5193	4513	6592
铜梁区	Tongliang District	42449	25100	8257	2560	6532
潼南区	Tongnan District	38332	22218	5544	2771	7799
荣昌区	Rongchang District	40489	23982	4523	2729	9255
开州区	Kaizhou District	35787	19569	7124	2373	6720
梁平区	Liangping District	39645	20766	6297	3400	9183
武隆区	Wulong District	40508	23109	6877	2828	7694
城口县	Chengkou County	30541	17183	3797	3510	6051
丰都县	Fengdu County	36256	19923	6980	2417	6936
垫江县	Dianjiang County	39533	21232	5505	3008	9788
忠县	Zhongxian County	40543	21847	7483	2486	8727
云阳县	Yunyang County	32174	22455	1634	2503	5582
奉节县	Fengjie County	32099	15301	9175	2033	5590
巫山县	Wushan County	34561	21181	4237	2408	6734
巫溪县	Wuxi County	28357	18818	5025	1382	3132
石柱县	Shizhu County	37194	18163	8930	1839	8262
秀山县	Xiushan County	37100	18341	13241	1859	3660
酉阳县	Youyang County	30123	16444	4709	1885	7085
彭水县	Pengshui County	33775	16110	7373	4532	5760

3–52 各区县城镇居民人均可支配收入构成（2021 年）
Composition of Per Capita Disposable Income of Urban Households by Region of Chongqing（2021）

续表（continued） 单位：元 / 人（yuan/person）

区 县	Region	可支配收入 Disposable Income	工资性收入 Wage and Salary Income	经营净收入 Net Operating Income	财产净收入 Net Property Income	转移净收入 Net Transfer Income
全 市	**Total**	**43502**	**25396**	**4894**	**3106**	**10107**
万州区	Wanzhou District	46758	30241	4858	3781	7879
黔江区	Qianjiang District	40770	20107	12761	3312	4590
涪陵区	Fuling District	46019	27856	5212	2870	10081
渝中区	Yuzhong District	51083	30126	6003	2686	12268
大渡口区	Dadukou District	46687	26602	3145	2648	14292
江北区	Jiangbei District	50515	29991	2025	2868	15631
沙坪坝区	Shapingba District	47800	24997	7185	3066	12551
九龙坡区	Jiulongpo District	49517	28369	5001	4062	12085
南岸区	Nan'an District	48183	28664	4231	3173	12115
北碚区	Beibei District	47738	25958	4934	3365	13481
渝北区	Yubei District	49114	32249	3151	4592	9121
巴南区	Ba'nan District	48824	28544	5872	3773	10636
长寿区	Changshou District	43317	26338	4683	4182	8114
江津区	Jiangjin District	45160	26484	6819	2054	9804
合川区	Hechuan District	43094	20912	8470	2726	10986
永川区	Yongchuan District	45764	27670	6742	3852	7501
南川区	Nanchuan District	41841	23754	6638	2609	8840
綦江区（不含万盛）	Qijiang District（Exclude Wansheng）	39539	23525	3621	2410	9984
万盛经开区	Wansheng Economic Development District	33643	18223	4666	1617	9137
大足区	Dazu District	43026	23719	6940	1980	10387
璧山区	Bishan District	48061	30332	5699	4904	7126
铜梁区	Tongliang District	45972	27393	8765	2614	7200
潼南区	Tongnan District	41552	24335	5991	2933	8293
荣昌区	Rongchang District	43850	26004	4909	2954	9982
开州区	Kaizhou District	39151	21340	8029	2605	7177
梁平区	Liangping District	43292	22503	6913	3479	10397
武隆区	Wulong District	44194	25201	7623	3036	8335
城口县	Chengkou County	33198	18403	4207	3882	6706
丰都县	Fengdu County	39628	21505	7728	2685	7710
垫江县	Dianjiang County	43289	23529	6288	3279	10193
忠县	Zhongxian County	44314	23963	8115	2678	9558
云阳县	Yunyang County	35134	23799	2376	2707	6252
奉节县	Fengjie County	35020	16780	10016	2214	6009
巫山县	Wushan County	37706	22672	4846	2786	7402
巫溪县	Wuxi County	30852	20601	5394	1444	3414
石柱县	Shizhu County	40467	19994	9692	1993	8788
秀山县	Xiushan County	40439	20088	14133	2079	4139
酉阳县	Youyang County	32774	18050	5120	2009	7594
彭水县	Pengshui County	36815	17528	8134	4935	6218

3-53 各区县城镇居民人均消费支出构成情况（2018 年）
Composition of Per Capita Consumption Expenditure of Urban Households by Region of Chongqing（2018）

单位：元 / 人（yuan/person）

区 县	Region	消费支出 Consumption Expenditure	食品烟酒 Food, Tobacco and Alcohol	衣着 Clothing	居住 Residence	生活用品及服务 Household Facilities, Articles and Services
全 市	**Total**	**24154**	**7598**	**2010**	**4325**	**1713**
万州区	Wanzhou District	26288	9239	2770	3747	1951
黔江区	Qianjiang District	21705	7726	2041	3764	1545
涪陵区	Fuling District	28477	9536	2903	3846	2118
渝中区	Yuzhong District	29110	8751	1830	5742	1926
大渡口区	Dadukou District	26279	8115	1762	5514	1681
江北区	Jiangbei District	26028	7998	1721	5342	1438
沙坪坝区	Shapingba District	28249	8509	2256	4230	1974
九龙坡区	Jiulongpo District	26235	8461	2235	5021	1749
南岸区	Nan'an District	28689	8542	2171	6488	1937
北碚区	Beibei District	27288	7669	2450	4316	2091
渝北区	Yubei District	26748	8283	1939	6293	1636
巴南区	Ba'nan District	30498	9904	3297	4672	2633
长寿区	Changshou District	23689	8145	2708	3827	1571
江津区	Jiangjin District	26450	9601	3326	3658	1645
合川区	Hechuan District	27786	8875	3178	4566	2250
永川区	Yongchuan District	20314	6593	1702	3281	1286
南川区	Nanchuan District	21297	7340	1848	3551	1591
綦江区（不含万盛）	Qijiang District（Exclude Wansheng）	22485	7438	2309	3785	1423
万盛经开区	Wansheng Economic Development District	15146	5391	1282	3036	901
大足区	Dazu District	23465	8671	2176	3526	1606
璧山区	Bishan District	22088	7787	2063	3711	1690
铜梁区	Tongliang District	22626	7060	2461	4002	3880
潼南区	Tongnan District	21604	7650	2050	3800	1600
荣昌区	Rongchang District	21428	6842	2795	2884	1828
开州区	Kaizhou District	21502	8097	2555	3475	1720
梁平区	Liangping District	19759	6990	1582	2879	1330
武隆区	Wulong District	23679	8168	1849	3925	1470
城口县	Chengkou County	17264	6238	1845	3716	1187
丰都县	Fengdu County	19079	6587	1701	3887	1450
垫江县	Dianjiang County	17776	5650	1540	2938	1307
忠县	Zhongxian County	21471	7036	1726	4024	2085
云阳县	Yunyang County	15583	6010	907	4244	1007
奉节县	Fengjie County	18301	6096	1795	2808	1299
巫山县	Wushan County	19171	6063	1855	3138	1411
巫溪县	Wuxi County	16090	6126	1226	3852	1333
石柱县	Shizhu County	16807	5480	1772	3072	958
秀山县	Xiushan County	17937	6498	2756	3300	952
酉阳县	Youyang County	19056	5994	2023	3581	1367
彭水县	Pengshui County	18536	7213	1802	3713	1485

3-53 各区县城镇居民人均消费支出构成情况（2018年）
Composition of Per Capita Consumption Expenditure of Urban Households by Region of Chongqing（2018）

续表（continued） 单位：元/人（yuan/person）

区 县	Region	交通通信 Transport and Communications	教育文化娱乐 Education, Cultural and Recreation	医疗保健 Health Care and Medical Services	其他用品和服务 Miscellaneous Goods and Services
全 市	**Total**	**3248**	**2589**	**2055**	**617**
万州区	Wanzhou District	3455	2934	1763	430
黔江区	Qianjiang District	2798	2098	1274	459
涪陵区	Fuling District	3571	3245	2234	1023
渝中区	Yuzhong District	3535	3746	2934	646
大渡口区	Dadukou District	3151	2720	2577	759
江北区	Jiangbei District	3603	2709	2651	566
沙坪坝区	Shapingba District	5076	2538	3102	564
九龙坡区	Jiulongpo District	3090	2736	2145	798
南岸区	Nan'an District	3552	3264	1959	776
北碚区	Beibei District	4037	3475	2630	619
渝北区	Yubei District	2865	2697	2444	590
巴南区	Ba'nan District	3350	3178	2948	515
长寿区	Changshou District	2699	2697	1491	550
江津区	Jiangjin District	3681	2381	1477	682
合川区	Hechuan District	2407	3001	2473	1035
永川区	Yongchuan District	3593	1949	1510	400
南川区	Nanchuan District	2614	2337	1676	340
綦江区（不含万盛）	Qijiang District（Exclude Wansheng）	2687	2304	2001	538
万盛经开区	Wansheng Economic Development District	1580	1544	1048	363
大足区	Dazu District	2636	2610	1600	641
璧山区	Bishan District	2930	2424	1124	360
铜梁区	Tongliang District	2053	2036	815	319
潼南区	Tongnan District	2110	2796	1193	405
荣昌区	Rongchang District	2438	2258	1664	719
开州区	Kaizhou District	2450	1667	1238	300
梁平区	Liangping District	3102	1615	1938	323
武隆区	Wulong District	3207	3205	1427	428
城口县	Chengkou County	1422	1634	757	465
丰都县	Fengdu County	2179	1724	1183	368
垫江县	Dianjiang County	2115	2246	1508	473
忠县	Zhongxian County	2355	2018	1647	580
云阳县	Yunyang County	1035	1017	985	378
奉节县	Fengjie County	3481	1853	563	404
巫山县	Wushan County	1845	2390	1768	702
巫溪县	Wuxi County	1159	1293	830	271
石柱县	Shizhu County	1731	2152	1407	234
秀山县	Xiushan County	1274	2103	729	326
酉阳县	Youyang County	2279	2041	1491	280
彭水县	Pengshui County	1482	1466	979	396

3–53 各区县城镇居民人均消费支出构成情况（2019 年）
Composition of Per Capita Consumption Expenditure of Urban Households by Region of Chongqing（2019）

单位：元 / 人（yuan/person）

区 县	Region	消费支出 Consumption Expenditure	食品烟酒 Food, Tobacco and Alcohol	衣着 Clothing	居住 Residence	生活用品及服务 Household Facilities, Articles and Services
全　市	**Total**	**25785**	**8035**	**2015**	**4734**	**1746**
万州区	Wanzhou District	28445	9872	2849	4086	2071
黔江区	Qianjiang District	22012	7759	2046	3864	1583
涪陵区	Fuling District	30421	10114	3027	4238	2247
渝中区	Yuzhong District	31093	9242	1892	6218	2024
大渡口区	Dadukou District	27603	8664	1806	5643	1688
江北区	Jiangbei District	26812	8483	1791	5841	1861
沙坪坝区	Shapingba District	31244	9237	2323	4841	2296
九龙坡区	Jiulongpo District	28776	9254	2266	5747	1887
南岸区	Nan'an District	30562	8861	2100	6330	1807
北碚区	Beibei District	29210	8852	2088	4638	1898
渝北区	Yubei District	29241	8756	2068	7061	1758
巴南区	Ba'nan District	33129	10538	3502	5121	2778
长寿区	Changshou District	27305	8669	2825	3849	1698
江津区	Jiangjin District	28790	10379	3651	3991	1762
合川区	Hechuan District	29892	9363	3424	4878	2437
永川区	Yongchuan District	23864	7943	1843	3677	1695
南川区	Nanchuan District	22949	7723	1968	4017	1787
綦江区（不含万盛）	Qijiang District（Exclude Wansheng）	23817	7600	2464	3618	1609
万盛经开区	Wansheng Economic Development District	16479	5837	1103	3534	932
大足区	Dazu District	25913	8873	2397	4053	1809
璧山区	Bishan District	23427	7959	2080	3806	1721
铜梁区	Tongliang District	24707	7670	2678	4277	4153
潼南区	Tongnan District	22702	8032	2173	3952	1664
荣昌区	Rongchang District	23130	7361	3063	3225	2008
开州区	Kaizhou District	23700	8909	2789	3791	1880
梁平区	Liangping District	20871	7235	1613	3034	1387
武隆区	Wulong District	25397	8522	2145	3939	1873
城口县	Chengkou County	19022	6993	2016	4099	1346
丰都县	Fengdu County	21978	7357	1855	4885	1526
垫江县	Dianjiang County	23071	7348	1988	3677	1689
忠县	Zhongxian County	23575	7426	1990	4276	2285
云阳县	Yunyang County	17855	6680	1019	4696	1192
奉节县	Fengjie County	19004	6196	1805	2895	1350
巫山县	Wushan County	21091	6528	2064	3364	1618
巫溪县	Wuxi County	16859	6287	1402	3744	1515
石柱县	Shizhu County	17837	5752	1776	3236	956
秀山县	Xiushan County	19053	6876	2902	3437	1007
酉阳县	Youyang County	20332	6238	2289	3877	1444
彭水县	Pengshui County	19876	7512	1943	4010	1647

3-53 各区县城镇居民人均消费支出构成情况（2019 年）
Composition of Per Capita Consumption Expenditure of Urban Households by Region of Chongqing（2019）

续表（continued） 单位：元 / 人（yuan/person）

区 县	Region	交通通信 Transport and Communications	教育文化娱乐 Education, Cultural and Recreation	医疗保健 Health Care and Medical Services	其他用品和服务 Miscellaneous Goods and Services
全 市	**Total**	**3318**	**2894**	**2359**	**684**
万州区	Wanzhou District	3769	3291	2003	504
黔江区	Qianjiang District	2821	2126	1346	466
涪陵区	Fuling District	3555	3658	2495	1087
渝中区	Yuzhong District	4239	3821	2950	706
大渡口区	Dadukou District	3289	3298	2465	751
江北区	Jiangbei District	3610	2702	1968	556
沙坪坝区	Shapingba District	4807	3611	3219	911
九龙坡区	Jiulongpo District	3555	3036	2196	836
南岸区	Nan'an District	3758	3396	3662	649
北碚区	Beibei District	4275	3856	2868	735
渝北区	Yubei District	3317	3147	2510	624
巴南区	Ba'nan District	3736	3583	3301	570
长寿区	Changshou District	3934	3216	2332	782
江津区	Jiangjin District	3943	2664	1670	732
合川区	Hechuan District	2627	3329	2702	1133
永川区	Yongchuan District	4033	2204	1923	547
南川区	Nanchuan District	2840	2471	1767	377
綦江区（不含万盛）	Qijiang District（Exclude Wansheng）	2997	2799	2044	687
万盛经开区	Wansheng Economic Development District	2048	1232	1437	356
大足区	Dazu District	3008	3064	1989	720
璧山区	Bishan District	3622	2513	1311	414
铜梁区	Tongliang District	2292	2272	1024	341
潼南区	Tongnan District	2257	2963	1240	421
荣昌区	Rongchang District	2775	2407	1523	769
开州区	Kaizhou District	2741	1869	1391	329
梁平区	Liangping District	3030	1838	2370	363
武隆区	Wulong District	3423	3227	1809	458
城口县	Chengkou County	1519	1736	775	537
丰都县	Fengdu County	2429	2200	1301	425
垫江县	Dianjiang County	2756	2943	2046	624
忠县	Zhongxian County	2723	2326	1924	623
云阳县	Yunyang County	1331	1308	1204	425
奉节县	Fengjie County	3649	1964	650	495
巫山县	Wushan County	2069	2669	2005	773
巫溪县	Wuxi County	1277	1372	954	308
石柱县	Shizhu County	1767	2564	1464	321
秀山县	Xiushan County	1362	2297	802	371
酉阳县	Youyang County	2383	2179	1623	300
彭水县	Pengshui County	1646	1600	1074	443

3-53 各区县城镇居民人均消费支出构成情况（2020 年）
Composition of Per Capita Consumption Expenditure of Urban Households by Region of Chongqing（2020）

单位：元 / 人（yuan/person）

区 县	Region	消费支出 Consumption Expenditure	食品烟酒 Food, Tobacco and Alcohol	衣着 Clothing	居住 Residence	生活用品及服务 Household Facilities, Articles and Services
全 市	**Total**	**26464**	**8619**	**1918**	**4971**	**1897**
万州区	Wanzhou District	29097	10753	2731	4197	2102
黔江区	Qianjiang District	23060	8115	2093	4051	1702
涪陵区	Fuling District	32037	10580	3154	4592	2375
渝中区	Yuzhong District	32509	9595	1904	6966	2119
大渡口区	Dadukou District	28279	9136	1570	6128	1716
江北区	Jiangbei District	27476	8913	1704	5997	1979
沙坪坝区	Shapingba District	32512	9933	2436	5055	2574
九龙坡区	Jiulongpo District	29560	9985	2164	6126	1946
南岸区	Nan'an District	30564	9374	2067	7559	1622
北碚区	Beibei District	30405	9414	2117	5215	2047
渝北区	Yubei District	31490	9271	2215	7718	1894
巴南区	Ba'nan District	35275	10949	3586	5607	2839
长寿区	Changshou District	28510	8904	2902	4034	1826
江津区	Jiangjin District	29709	11051	3672	4119	1837
合川区	Hechuan District	31301	9653	3514	5141	2589
永川区	Yongchuan District	25308	8576	1990	4205	1866
南川区	Nanchuan District	23663	7947	2019	4191	1875
綦江区（不含万盛）	Qijiang District（Exclude Wansheng）	24703	8069	2385	3591	1621
万盛经开区	Wansheng Economic Development District	17523	6917	1153	3793	985
大足区	Dazu District	26909	9164	2495	4152	1954
璧山区	Bishan District	24392	8051	2164	4021	1790
铜梁区	Tongliang District	25588	8221	2546	4519	4517
潼南区	Tongnan District	23423	8433	2194	4031	1764
荣昌区	Rongchang District	24462	7656	3281	3465	2084
开州区	Kaizhou District	24193	9438	2730	3928	1896
梁平区	Liangping District	21821	7664	1627	3492	1423
武隆区	Wulong District	26271	8990	2228	4206	2127
城口县	Chengkou County	20438	7495	2167	4375	1456
丰都县	Fengdu County	22732	7799	1884	5048	1562
垫江县	Dianjiang County	25343	8271	1908	4227	1851
忠县	Zhongxian County	25138	7881	2129	4506	2467
云阳县	Yunyang County	19535	7355	1099	5259	1285
奉节县	Fengjie County	19823	6559	1850	3006	1371
巫山县	Wushan County	22274	6929	2095	3720	1800
巫溪县	Wuxi County	17664	6256	1569	3632	1699
石柱县	Shizhu County	18193	5990	1832	3286	1008
秀山县	Xiushan County	19563	7251	3016	3668	1072
酉阳县	Youyang County	20958	6477	2435	3959	1542
彭水县	Pengshui County	20942	7857	1950	4305	1779

3-53 各区县城镇居民人均消费支出构成情况（2020 年）
Composition of Per Capita Consumption Expenditure of Urban Households by Region of Chongqing（2020）

续表（continued） 单位：元 / 人（yuan/person）

区 县	Region	交通通信 Transport and Communications	教育文化娱乐 Education, Cultural and Recreation	医疗保健 Health Care and Medical Services	其他用品和服务 Miscellaneous Goods and Services
全 市	**Total**	**3291**	**2648**	**2445**	**675**
万州区	Wanzhou District	3216	3246	2202	650
黔江区	Qianjiang District	2948	2245	1428	478
涪陵区	Fuling District	3572	3860	2772	1132
渝中区	Yuzhong District	4374	3657	3214	680
大渡口区	Dadukou District	3317	3029	2595	788
江北区	Jiangbei District	3629	2670	2043	542
沙坪坝区	Shapingba District	4665	3771	3137	942
九龙坡区	Jiulongpo District	3477	2737	2289	837
南岸区	Nan'an District	3256	2681	3320	686
北碚区	Beibei District	4054	3864	2832	860
渝北区	Yubei District	3505	3419	2816	652
巴南区	Ba'nan District	4082	3978	3637	597
长寿区	Changshou District	3984	3452	2544	864
江津区	Jiangjin District	3973	2574	1749	734
合川区	Hechuan District	2753	3532	2913	1206
永川区	Yongchuan District	3824	2025	2241	582
南川区	Nanchuan District	2649	2553	2008	421
綦江区（不含万盛）	Qijiang District（Exclude Wansheng）	3194	2833	2280	730
万盛经开区	Wansheng Economic Development District	1778	1010	1576	311
大足区	Dazu District	3175	3145	2082	743
璧山区	Bishan District	3816	2678	1447	424
铜梁区	Tongliang District	2278	2101	1069	337
潼南区	Tongnan District	2460	2756	1339	446
荣昌区	Rongchang District	2944	2578	1625	829
开州区	Kaizhou District	2668	1752	1419	360
梁平区	Liangping District	2813	1778	2654	371
武隆区	Wulong District	3331	2911	2026	451
城口县	Chengkou County	1630	1887	853	575
丰都县	Fengdu County	2450	2253	1309	428
垫江县	Dianjiang County	3204	2694	2506	682
忠县	Zhongxian County	2938	2481	2091	645
云阳县	Yunyang County	1432	1334	1308	463
奉节县	Fengjie County	3730	2024	731	552
巫山县	Wushan County	2138	2818	2042	732
巫溪县	Wuxi County	1416	1579	1115	398
石柱县	Shizhu County	1838	2330	1558	350
秀山县	Xiushan County	1344	1968	845	399
酉阳县	Youyang County	2374	2142	1718	312
彭水县	Pengshui County	1728	1683	1171	468

3-53 各区县城镇居民人均消费支出构成情况（2021 年）
Composition of Per Capita Consumption Expenditure of Urban Households by Region of Chongqing（2021）

单位：元 / 人（yuan/person）

区 县	Region	消费支出 Consumption Expenditure	食品烟酒 Food, Tobacco and Alcohol	衣着 Clothing	居住 Residence	生活用品及服务 Household Facilities, Articles and Services
全 市	**Total**	**29850**	**9557**	**2215**	**5467**	**2125**
万州区	Wanzhou District	31850	11449	3078	4444	2324
黔江区	Qianjiang District	25660	8931	2278	4520	1865
涪陵区	Fuling District	35012	11499	3359	4994	2622
渝中区	Yuzhong District	36887	10552	2141	8829	2425
大渡口区	Dadukou District	31200	10068	1705	6577	1929
江北区	Jiangbei District	29899	9667	1788	6622	2059
沙坪坝区	Shapingba District	35228	10556	2687	5596	2904
九龙坡区	Jiulongpo District	33481	11159	2587	6634	2257
南岸区	Nan'an District	32815	10027	2252	8007	1751
北碚区	Beibei District	34250	10576	2315	5785	2292
渝北区	Yubei District	34780	10035	2437	8526	2124
巴南区	Ba'nan District	38392	11565	3934	6137	3092
长寿区	Changshou District	31025	9601	3135	4576	2014
江津区	Jiangjin District	32617	12045	4084	4537	2010
合川区	Hechuan District	33619	10253	3769	5435	2742
永川区	Yongchuan District	27875	9202	2055	4410	2167
南川区	Nanchuan District	25677	8253	2125	4570	2152
綦江区（不含万盛）	Qijiang District（Exclude Wansheng）	26738	8551	2569	3680	1908
万盛经开区	Wansheng Economic Development District	20884	8233	1350	4393	1141
大足区	Dazu District	29610	9841	2661	4570	2285
璧山区	Bishan District	27574	8876	2470	4566	2044
铜梁区	Tongliang District	27573	8807	2728	4799	4887
潼南区	Tongnan District	26021	9190	2641	4633	1893
荣昌区	Rongchang District	26766	8311	3557	4120	2245
开州区	Kaizhou District	27289	10486	3051	4218	2142
梁平区	Liangping District	24302	8337	1829	3844	1668
武隆区	Wulong District	28229	9527	2389	4516	2219
城口县	Chengkou County	22507	8136	2384	4817	1617
丰都县	Fengdu County	24476	8379	1986	5444	1707
垫江县	Dianjiang County	27763	8805	2041	4493	2027
忠县	Zhongxian County	28656	8778	2324	4925	2731
云阳县	Yunyang County	21755	8159	1240	5810	1415
奉节县	Fengjie County	21458	7065	1981	3288	1494
巫山县	Wushan County	24569	7491	2389	4049	2039
巫溪县	Wuxi County	19352	6828	1772	3946	1845
石柱县	Shizhu County	20529	6734	2023	3715	1184
秀山县	Xiushan County	21814	7851	3284	3954	1225
酉阳县	Youyang County	22785	6963	2642	4125	1636
彭水县	Pengshui County	23123	8590	2187	4523	1889

3-53 各区县城镇居民人均消费支出构成情况（2021 年）
Composition of Per Capita Consumption Expenditure of Urban Households by Region of Chongqing（2021）

续表（continued）　　　　单位：元 / 人（yuan/person）

区 县	Region	交通通信 Transport and Communications	教育文化娱乐 Education, Cultural and Recreation	医疗保健 Health Care and Medical Services	其他用品和服务 Miscellaneous Goods and Services
全 市	**Total**	**3796**	**3241**	**2662**	**787**
万州区	Wanzhou District	3657	3787	2345	766
黔江区	Qianjiang District	3311	2632	1601	522
涪陵区	Fuling District	3807	4566	2927	1238
渝中区	Yuzhong District	4587	4019	3487	846
大渡口区	Dadukou District	3775	3355	2821	970
江北区	Jiangbei District	3981	2854	2317	611
沙坪坝区	Shapingba District	4767	4304	3434	981
九龙坡区	Jiulongpo District	3855	3577	2497	914
南岸区	Nan'an District	3421	2991	3490	876
北碚区	Beibei District	4621	4368	3306	987
渝北区	Yubei District	3932	3875	3131	719
巴南区	Ba'nan District	4511	4501	4001	650
长寿区	Changshou District	4248	3656	2838	957
江津区	Jiangjin District	4377	2851	1903	809
合川区	Hechuan District	3048	3865	3219	1288
永川区	Yongchuan District	4063	2489	2769	721
南川区	Nanchuan District	2918	2806	2330	522
綦江区（不含万盛）	Qijiang District（Exclude Wansheng）	3565	3200	2480	786
万盛经开区	Wansheng Economic Development District	2245	1292	1861	368
大足区	Dazu District	3508	3587	2294	863
璧山区	Bishan District	4222	3137	1710	549
铜梁区	Tongliang District	2420	2283	1284	365
潼南区	Tongnan District	2750	3077	1370	467
荣昌区	Rongchang District	3184	2715	1735	899
开州区	Kaizhou District	3247	2101	1616	429
梁平区	Liangping District	3216	2088	2912	408
武隆区	Wulong District	3567	3236	2270	504
城口县	Chengkou County	1825	2128	959	642
丰都县	Fengdu County	2596	2491	1405	468
垫江县	Dianjiang County	3550	3303	2756	789
忠县	Zhongxian County	3459	3103	2587	748
云阳县	Yunyang County	1607	1523	1479	521
奉节县	Fengjie County	4001	2232	795	602
巫山县	Wushan County	2477	3267	2054	804
巫溪县	Wuxi County	1571	1735	1223	432
石柱县	Shizhu County	2134	2586	1776	377
秀山县	Xiushan County	1610	2464	948	479
酉阳县	Youyang County	2565	2671	1834	348
彭水县	Pengshui County	2068	2043	1281	541

3-54 各区县农村居民家庭基本情况（2018年）
Basic Conditions of Rural Households by Region of Chongqing（2018）

单位：人/户、平方米/人（person/household, m^2/person）

区 县	Region	户均常住人口 Resident Population per Household	户均常住劳动力人数 Manpower per Household from Resident Population	户均常住成员从业人数 Employed Person per Household from Resident Population	人均住房建筑面积 Per Capita Floor Space of Housing
全 市	**Total**	**2.93**	**2.01**	**1.85**	**53.93**
万州区	Wanzhou District	2.87	2.05	1.91	49.54
黔江区	Qianjiang District	3.26	2.20	2.10	50.97
涪陵区	Fuling District	3.00	2.16	2.04	42.42
渝中区	Yuzhong District				
大渡口区	Dadukou District	3.45	2.82	1.75	46.31
江北区	Jiangbei District	3.15	2.13	2.13	51.00
沙坪坝区	Shapingba District	3.21	2.40	1.68	38.22
九龙坡区	Jiulongpo District	2.78	2.01	1.78	49.11
南岸区	Nan'an District	2.94	2.00	1.59	46.31
北碚区	Beibei District	2.73	2.32	2.09	47.31
渝北区	Yubei District	2.60	2.11	1.91	59.65
巴南区	Ba'nan District	3.14	2.57	2.55	47.78
长寿区	Changshou District	2.33	1.58	1.23	62.51
江津区	Jiangjin District	3.05	2.16	2.02	43.50
合川区	Hechuan District	2.97	2.09	2.04	56.35
永川区	Yongchuan District	3.47	2.28	2.20	44.58
南川区	Nanchuan District	3.02	2.37	2.24	58.33
綦江区（不含万盛）	Qijiang District（Exclude Wansheng）	3.21	2.15	1.86	50.04
万盛经开区	Wansheng Economic Development District	2.72	1.79	1.69	60.33
大足区	Dazu District	3.54	2.37	1.99	45.90
璧山区	Bishan District	2.95	2.19	1.81	42.03
铜梁区	Tongliang District	2.80	2.05	1.97	46.66
潼南区	Tongnan District	2.72	1.95	1.71	65.64
荣昌区	Rongchang District	2.82	1.94	1.86	45.33
开州区	Kaizhou District	3.22	2.05	1.86	55.72
梁平区	Liangping District	2.95	1.83	1.68	60.41
武隆区	Wulong District	2.88	1.97	1.90	52.01
城口县	Chengkou County	4.64	2.74	2.50	37.43
丰都县	Fengdu County	2.77	1.91	1.82	52.36
垫江县	Dianjiang County	2.96	1.86	1.75	57.83
忠县	Zhongxian County	2.99	2.13	2.01	42.72
云阳县	Yunyang County	3.25	2.01	1.83	41.33
奉节县	Fengjie County	3.45	2.20	2.10	51.92
巫山县	Wushan County	3.02	1.83	1.78	49.74
巫溪县	Wuxi County	3.06	1.93	1.71	44.32
石柱县	Shizhu County	3.24	2.16	1.99	56.03
秀山县	Xiushan County	3.47	2.44	1.98	52.01
酉阳县	Youyang County	3.11	1.91	1.67	58.53
彭水县	Pengshui County	4.12	2.46	2.23	34.63

3-54 各区县农村居民家庭基本情况（2019年）
Basic Conditions of Rural Households by Region of Chongqing（2019）

续表（continued）　　　　单位：人/户、平方米/人（person/household, m²/person）

区　县	Region	户均常住人口 Resident Population per Household	户均常住劳动力人数 Manpower per Household from Resident Population	户均常住成员从业人数 Employed Person per Household from Resident Population	人均住房建筑面积 Per Capita Floor Space of Housing
全　市	Total	2.90	2.00	1.82	54.29
万州区	Wanzhou District	2.79	1.98	1.88	48.38
黔江区	Qianjiang District	3.30	1.92	1.78	52.29
涪陵区	Fuling District	2.96	2.16	2.05	42.74
渝中区	Yuzhong District				
大渡口区	Dadukou District	3.59	2.98	1.88	48.57
江北区	Jiangbei District	3.20	2.24	2.22	52.37
沙坪坝区	Shapingba District	3.29	2.39	1.74	35.93
九龙坡区	Jiulongpo District	2.92	2.23	2.00	47.17
南岸区	Nan'an District	3.16	2.37	1.82	46.51
北碚区	Beibei District	2.71	2.28	2.01	47.66
渝北区	Yubei District	2.01	1.69	1.53	58.21
巴南区	Ba'nan District	3.23	2.62	2.50	52.69
长寿区	Changshou District	2.54	1.73	1.51	64.01
江津区	Jiangjin District	3.07	2.18	2.00	44.12
合川区	Hechuan District	3.00	2.14	2.07	57.14
永川区	Yongchuan District	3.42	2.30	2.22	50.57
南川区	Nanchuan District	3.21	2.12	1.97	57.25
綦江区（不含万盛）	Qijiang District（Exclude Wansheng）	2.91	2.13	2.01	50.76
万盛经开区	Wansheng Economic Development District	3.46	2.22	1.77	56.68
大足区	Dazu District	3.43	2.46	2.14	46.05
璧山区	Bishan District	2.97	2.37	2.13	39.12
铜梁区	Tongliang District	2.73	2.07	1.97	48.24
潼南区	Tongnan District	2.98	2.13	2.00	65.65
荣昌区	Rongchang District	2.93	2.06	2.01	43.47
开州区	Kaizhou District	3.03	1.85	1.67	57.92
梁平区	Liangping District	2.74	1.85	1.56	62.01
武隆区	Wulong District	3.28	2.15	2.06	56.45
城口县	Chengkou County	4.95	3.00	2.60	38.68
丰都县	Fengdu County	2.60	1.69	1.43	53.05
垫江县	Dianjiang County	2.90	1.89	1.80	58.59
忠县	Zhongxian County	2.71	1.93	1.76	46.44
云阳县	Yunyang County	2.86	2.01	1.95	42.78
奉节县	Fengjie County	2.93	2.15	2.05	53.36
巫山县	Wushan County	2.98	1.82	1.73	46.57
巫溪县	Wuxi County	3.37	1.96	1.81	45.98
石柱县	Shizhu County	2.79	2.04	1.89	56.57
秀山县	Xiushan County	3.62	2.28	1.95	53.01
酉阳县	Youyang County	3.09	1.95	1.72	58.40
彭水县	Pengshui County	3.93	2.24	1.89	39.00

3-54 各区县农村居民家庭基本情况（2020 年）
Basic Conditions of Rural Households by Region of Chongqing（2020）

续表（continued）　　　　单位：人 / 户、平方米 / 人（person/household, m^2/person）

区　县	Region	户均常住人口 Resident Population per Household	户均常住劳动力人数 Manpower per Household from Resident Population	户均常住成员从业人数 Employed Person per Household from Resident Population	人均住房建筑面积 Per Capita Floor Space of Housing
全　市	**Total**	**2.96**	**2.00**	**1.76**	**53.70**
万州区	Wanzhou District	2.49	1.91	1.75	50.18
黔江区	Qianjiang District	3.37	2.22	1.93	52.36
涪陵区	Fuling District	2.95	2.16	2.06	42.91
渝中区	Yuzhong District				
大渡口区	Dadukou District	3.00	2.71	1.34	48.62
江北区	Jiangbei District	2.91	2.21	2.13	54.10
沙坪坝区	Shapingba District	3.34	2.44	1.75	35.39
九龙坡区	Jiulongpo District	3.22	2.36	1.88	48.39
南岸区	Nan'an District	3.07	2.28	1.86	48.12
北碚区	Beibei District	2.68	2.29	2.01	48.14
渝北区	Yubei District	2.07	1.74	1.56	59.14
巴南区	Ba'nan District	3.18	2.55	2.46	53.51
长寿区	Changshou District	2.68	1.94	1.73	64.39
江津区	Jiangjin District	3.00	2.36	2.04	45.60
合川区	Hechuan District	2.89	2.03	1.87	57.90
永川区	Yongchuan District	3.22	2.11	2.07	51.77
南川区	Nanchuan District	3.17	2.04	1.96	56.44
綦江区（不含万盛）	Qijiang District（Exclude Wansheng）	2.96	2.17	1.95	51.25
万盛经开区	Wansheng Economic Development District	3.55	2.32	1.82	62.38
大足区	Dazu District	3.87	2.62	2.03	46.15
璧山区	Bishan District	3.09	2.31	2.09	41.99
铜梁区	Tongliang District	2.72	2.08	1.95	49.94
潼南区	Tongnan District	3.01	2.01	1.89	65.86
荣昌区	Rongchang District	2.86	2.03	1.99	44.36
开州区	Kaizhou District	3.10	2.17	1.80	58.37
梁平区	Liangping District	2.80	1.63	1.49	64.32
武隆区	Wulong District	2.83	1.91	1.80	58.60
城口县	Chengkou County	4.92	2.92	2.50	39.80
丰都县	Fengdu County	2.64	1.80	1.64	53.56
垫江县	Dianjiang County	2.85	1.87	1.76	63.55
忠县	Zhongxian County	2.68	1.99	1.93	52.21
云阳县	Yunyang County	3.12	2.16	1.97	43.28
奉节县	Fengjie County	3.24	2.08	1.81	54.10
巫山县	Wushan County	2.92	1.79	1.68	47.82
巫溪县	Wuxi County	3.61	2.12	2.00	46.03
石柱县	Shizhu County	2.89	1.95	1.78	56.66
秀山县	Xiushan County	3.57	2.18	2.01	54.90
酉阳县	Youyang County	2.99	1.85	1.66	57.45
彭水县	Pengshui County	3.40	2.19	1.82	47.09

3-54 各区县农村居民家庭基本情况（2021 年）
Basic Conditions of Rural Households by Region of Chongqing（2021）

续表（continued）

单位：人 / 户、平方米 / 人（person/household, m^2/person）

区　县	Region	户均常住人口 Resident Population per Household	户均常住劳动力人数 Manpower per Household from Resident Population	户均常住成员从业人数 Employed Person per Household from Resident Population	人均住房建筑面积 Per Capita Floor Space of Housing
全　市	Total	2.89	2.07	1.79	55.46
万州区	Wanzhou District	2.81	2.04	1.83	50.49
黔江区	Qianjiang District	3.17	2.16	1.90	53.07
涪陵区	Fuling District	3.12	2.30	2.06	43.05
渝中区	Yuzhong District				
大渡口区	Dadukou District	2.56	2.25	1.27	59.30
江北区	Jiangbei District	2.65	2.09	1.99	54.51
沙坪坝区	Shapingba District	3.06	2.43	1.75	37.64
九龙坡区	Jiulongpo District	3.24	2.67	1.95	49.36
南岸区	Nan'an District	3.13	2.43	1.60	41.23
北碚区	Beibei District	2.60	2.21	1.84	48.58
渝北区	Yubei District	2.62	2.19	1.75	59.36
巴南区	Ba'nan District	3.02	2.49	2.20	54.20
长寿区	Changshou District	2.35	1.84	1.12	65.50
江津区	Jiangjin District	3.23	2.28	1.96	46.19
合川区	Hechuan District	3.24	2.34	2.21	58.51
永川区	Yongchuan District	3.07	2.06	1.86	52.87
南川区	Nanchuan District	3.15	2.23	2.04	56.69
綦江区（不含万盛）	Qijiang District（Exclude Wansheng）	3.17	2.41	2.12	51.70
万盛经开区	Wansheng Economic Development District	3.86	2.63	2.13	66.26
大足区	Dazu District	3.11	2.36	1.90	46.51
璧山区	Bishan District	2.73	2.36	2.23	43.95
铜梁区	Tongliang District	2.51	2.02	1.72	50.17
潼南区	Tongnan District	2.72	2.14	1.93	66.09
荣昌区	Rongchang District	2.70	2.00	1.88	45.28
开州区	Kaizhou District	2.93	2.03	1.66	59.02
梁平区	Liangping District	2.88	2.01	1.82	64.20
武隆区	Wulong District	3.12	2.06	1.88	59.10
城口县	Chengkou County	4.17	2.87	2.51	41.64
丰都县	Fengdu County	2.81	1.96	1.68	53.71
垫江县	Dianjiang County	3.32	2.36	2.06	65.02
忠县	Zhongxian County	3.27	2.28	2.00	52.59
云阳县	Yunyang County	2.99	2.70	2.50	48.20
奉节县	Fengjie County	3.10	2.09	1.76	49.90
巫山县	Wushan County	2.89	1.71	1.60	48.78
巫溪县	Wuxi County	3.27	1.71	1.46	48.59
石柱县	Shizhu County	2.96	2.19	1.99	56.72
秀山县	Xiushan County	3.57	2.25	2.04	55.14
酉阳县	Youyang County	3.02	1.98	1.70	57.41
彭水县	Pengshui County	3.61	2.30	1.90	49.76

3-55 各区县农村居民人均可支配收入情况（2010-2021 年）
Per Capita Income of Rural Households by Region of Chongqing（2010-2021）

单位：元 / 人（yuan/person）

区县	Region	2010 年	2011 年	2012 年	2013 年	2014 年	2015 年	2016 年	2017 年	2018 年	2019 年	2020 年	2021 年
全　市	Total	5378	6605	7526	8493	9490	10505	11549	12638	13781	15133	16361	18100
万州区	Wanzhou District	5208	6437	7397	8417	9562	10729	11898	13088	14318	15864	17292	19281
黔江区	Qianjiang District	4345	5362	6113	6944	7878	8855	9820	10792	11806	12975	14104	15670
涪陵区	Fuling District	5437	6720	7782	8817	9963	11089	12253	13466	14691	16175	17550	19463
渝中区	Yuzhong District												
大渡口区	Dadukou District	8467	10035	11310	12667	14035	15439	16844	18343	19847	21534	23063	25439
江北区	Jiangbei District	8297	10003	11331	12736	14125	15594	16989	18552	20110	21799	23412	25964
沙坪坝区	Shapingba District	8236	9986	11172	12524	13864	15264	16653	18168	19676	21388	23142	25595
九龙坡区	Jiulongpo District	8274	10020	11189	12576	13984	15480	16935	18408	20028	21851	23686	26244
南岸区	Nan'an District	8773	9948	11813	13313	14831	16366	17839	19427	21039	23059	24869	27455
北碚区	Beibei District	7598	9308	10564	11853	13169	14499	15898	17417	18897	20598	22258	24528
渝北区	Yubei District	7189	8828	9949	11223	12458	13766	15074	16513	17950	19530	21140	23465
巴南区	Ba'nan District	7170	8775	10020	11274	12548	13878	15252	16747	18254	20125	21856	24216
长寿区	Changshou District	6160	7589	8621	9725	10863	12047	13252	14418	15571	17019	18227	20104
江津区	Jiangjin District	6868	8441	9656	10950	12318	13722	15177	16695	18248	20128	21698	23933
合川区	Hechuan District	6699	8240	9402	10605	11899	13184	14516	15837	17254	18850	20377	22435
永川区	Yongchuan District	6887	8505	9759	11037	12406	13808	15258	16738	18244	20068	21694	23950
南川区	Nanchuan District	5757	7086	8078	9088	10160	11237	12349	13485	14631	16079	17414	19208
綦江区	Qijiang District	5896	7236	8198	9321	10421	11494	12615	13764	14895	16182	17400	
綦江区（不含万盛）	Qijiang District（Exclude Wansheng）	5960	7319	8288	9423	10535	11538	12669	13822	14955	16241	17475	19223
万盛经开区	Wansheng Economic Development District	5727	7021	7963	9054	10123	11165	12248	13338	14458	15745	16863	18566
大足区	Dazu District	6408	7849	8909	10031	11235	12437	13718	15035	16313	17944	19415	21512
璧山区	Bishan District	7004	8692	10039	11394	12807	14229	15680	17217	18698	20418	21990	24299
铜梁区	Tongliang District	6881	8525	9813	11108	12452	13747	15108	16543	17949	19690	21127	23303
潼南区	Tongnan District	5703	7055	8156	9208	10387	11582	12821	14026	15204	16702	18055	19933
荣昌区	Rongchang District	6528	8075	9271	10485	11775	13035	14325	15686	17051	18671	20034	22138
开州区	Kaizhou District	4946	6157	7082	8022	9097	10170	11238	12299	13443	14881	16220	18069
梁平区	Liangping District	5421	6749	7768	8825	10034	11268	12485	13671	14983	16691	18210	20268
武隆区	Wulong District	4499	5660	6543	7459	8489	9562	10643	11744	12871	14274	15473	17175
城口县	Chengkou County	3619	4499	5079	5744	6491	7224	7946	8661	9458	10404	11257	12473
丰都县	Fengdu County	4640	5833	6749	7653	8679	9729	10770	11869	13044	14518	15810	17581
垫江县	Dianjiang County	5542	6895	7950	9039	10241	11480	12697	13979	15237	16822	18370	20501
忠县	Zhongxian County	5282	6623	7623	8660	9803	10960	12100	13298	14588	16207	17617	19608
云阳县	Yunyang County	4349	5466	6292	7122	8084	9054	9982	10960	12001	13261	14375	15956
奉节县	Fengjie County	4093	5125	5881	6648	7513	8385	9228	10151	11146	12339	13412	14914
巫山县	Wushan County	3848	4772	5440	6142	6935	7733	8537	9357	10208	11229	12161	13511
巫溪县	Wuxi County	3551	4407	5029	5672	6392	7121	7826	8546	9324	10284	11123	12313
石柱县	Shizhu County	4644	5829	6674	7568	8586	9642	10674	11752	12845	14232	15456	17156
秀山县	Xiushan County	4009	5012	5749	6519	7431	8360	9263	10189	11116	12261	13352	14821
酉阳县	Youyang County	3575	4440	5039	5704	6479	7263	8069	8852	9719	10739	11620	12887
彭水县	Pengshui County	4104	5117	5848	6598	7469	8388	9294	10196	11144	12370	13397	14857

3-56 各区县农村居民人均消费支出情况（2018-2021 年）
Per Capita Expenditure of Rural Households by Region of Chongqing（2018-2021）

单位：元 / 人（yuan/person）

区县	Region	2018 年	2019 年	2020 年	2021 年
全 市	**Total**	**11977**	**13112**	**14140**	**16096**
万州区	Wanzhou District	13213	14352	14697	15956
黔江区	Qianjiang District	9578	10134	10897	12234
涪陵区	Fuling District	12287	13036	13906	15478
渝中区	Yuzhong District				
大渡口区	Dadukou District	17435	18486	19092	21114
江北区	Jiangbei District	10984	11588	12210	13195
沙坪坝区	Shapingba District	14528	16062	17032	18824
九龙坡区	Jiulongpo District	16022	17481	18564	20861
南岸区	Nan'an District	12026	14568	15295	17454
北碚区	Beibei District	15260	16297	17255	20179
渝北区	Yubei District	13662	15593	16853	18929
巴南区	Ba'nan District	13266	14906	16451	18123
长寿区	Changshou District	12141	13634	14410	15571
江津区	Jiangjin District	13271	14573	15601	17416
合川区	Hechuan District	14042	15092	16041	17469
永川区	Yongchuan District	13077	14949	16225	17737
南川区	Nanchuan District	11556	12384	13028	15084
綦江区（不含万盛）	Qijiang District（Exclude Wansheng）	12276	12955	13790	14894
万盛经开区	Wansheng Economic Development District	12306	14215	12959	15032
大足区	Dazu District	11449	12782	13817	15593
璧山区	Bishan District	12981	13710	14305	16432
铜梁区	Tongliang District	11421	12526	13529	14617
潼南区	Tongnan District	10328	11142	12028	13708
荣昌区	Rongchang District	10824	11782	12727	15652
开州区	Kaizhou District	11651	12793	13416	14781
梁平区	Liangping District	11491	13121	14055	15849
武隆区	Wulong District	11069	12345	13014	14443
城口县	Chengkou County	6890	7826	8608	10016
丰都县	Fengdu County	10303	11070	11421	12442
垫江县	Dianjiang County	11417	12528	14175	16126
忠县	Zhongxian County	11203	12399	13426	15068
云阳县	Yunyang County	9701	10834	11732	12963
奉节县	Fengjie County	10971	11307	12084	13208
巫山县	Wushan County	9212	10087	10629	11915
巫溪县	Wuxi County	8563	9959	10446	11360
石柱县	Shizhu County	10114	10799	11243	12823
秀山县	Xiushan County	9555	10369	10811	12278
酉阳县	Youyang County	8705	9437	10138	11221
彭水县	Pengshui County	9751	10502	11331	12890

3-57 各区县农村居民人均可支配收入构成（2018 年）
Composition of Per Capita Disposable Income of Rural Households by Region of Chongqing（2018）

单位：元 / 人（yuan/person）

区　县	Region	可支配收入 Disposable Income	工资性收入 Wage and Salary Income	经营净收入 Net Operating Income	财产净收入 Net Property Income	转移净收入 Net Transfer Income
全　市	**Total**	**13781**	**4848**	**4813**	**335**	**3786**
万州区	Wanzhou District	14318	5964	4200	420	3734
黔江区	Qianjiang District	11806	3339	3780	264	4423
涪陵区	Fuling District	14691	4284	5791	442	4174
渝中区	Yuzhong District					
大渡口区	Dadukou District	19847	14631	2440	692	2084
江北区	Jiangbei District	20110	12431	5678	927	1075
沙坪坝区	Shapingba District	19676	10035	3643	1275	4722
九龙坡区	Jiulongpo District	20028	12694	4203	251	2880
南岸区	Nan'an District	21039	11178	4987	540	4334
北碚区	Beibei District	18897	11753	3171	790	3183
渝北区	Yubei District	17950	7690	4301	698	5261
巴南区	Ba'nan District	18254	7511	6495	1541	2707
长寿区	Changshou District	15571	4112	6015	558	4886
江津区	Jiangjin District	18248	6260	5178	421	6389
合川区	Hechuan District	17254	4835	7043	770	4606
永川区	Yongchuan District	18244	9032	5263	245	3704
南川区	Nanchuan District	14631	5437	5451	486	3258
綦江区（不含万盛）	Qijiang District（Exclude Wansheng）	14955	5521	4513	314	4607
万盛经开区	Wansheng Economic Development District	14458	6217	4066	398	3777
大足区	Dazu District	16313	5706	5546	705	4356
璧山区	Bishan District	18698	10254	5267	786	2391
铜梁区	Tongliang District	17949	7091	5347	454	5057
潼南区	Tongnan District	15204	3861	6320	394	4629
荣昌区	Rongchang District	17051	5899	5854	236	5062
开州区	Kaizhou District	13443	4879	4851	293	3420
梁平区	Liangping District	14983	5667	4677	521	4118
武隆区	Wulong District	12871	4139	5163	302	3267
城口县	Chengkou County	9458	5067	3073	274	1044
丰都县	Fengdu County	13044	3914	5248	305	3577
垫江县	Dianjiang County	15237	4341	5568	344	4984
忠县	Zhongxian County	14588	5470	4595	350	4173
云阳县	Yunyang County	12001	5230	3528	188	3055
奉节县	Fengjie County	11146	3483	5033	126	2504
巫山县	Wushan County	10208	4172	3807	111	2118
巫溪县	Wuxi County	9324	3035	4226	218	1845
石柱县	Shizhu County	12845	4684	5654	722	1785
秀山县	Xiushan County	11116	4106	4442	265	2303
酉阳县	Youyang County	9719	3346	3632	221	2521
彭水县	Pengshui County	11144	4895	4110	245	1894

3-57 各区县农村居民人均可支配收入构成（2019 年）
Composition of Per Capita Disposable Income of Rural Households by Region of Chongqing（2019）

续表（continued） 单位：元 / 人（yuan/person）

区 县	Region	可支配收入 Disposable Income	工资性收入 Wage and Salary Income	经营净收入 Net Operating Income	财产净收入 Net Property Income	转移净收入 Net Transfer Income
全 市	**Total**	**15133**	**5317**	**5210**	**367**	**4240**
万州区	Wanzhou District	15864	6546	4679	442	4196
黔江区	Qianjiang District	12975	3683	4293	298	4701
涪陵区	Fuling District	16175	4737	6224	462	4752
渝中区	Yuzhong District					
大渡口区	Dadukou District	21534	15834	2675	733	2292
江北区	Jiangbei District	21799	13521	6123	1001	1154
沙坪坝区	Shapingba District	21388	10923	3237	1476	5753
九龙坡区	Jiulongpo District	21851	13981	4397	286	3187
南岸区	Nan'an District	23059	13371	4725	594	4369
北碚区	Beibei District	20598	13229	3377	659	3333
渝北区	Yubei District	19530	8485	4726	742	5579
巴南区	Ba'nan District	20125	8281	7095	1729	3020
长寿区	Changshou District	17019	4619	6650	612	5138
江津区	Jiangjin District	20128	6914	5729	462	7023
合川区	Hechuan District	18850	5225	7886	807	4932
永川区	Yongchuan District	20068	9588	6018	292	4171
南川区	Nanchuan District	16079	5952	6033	516	3578
綦江区（不含万盛）	Qijiang District（Exclude Wansheng）	16241	5946	4978	326	4991
万盛经开区	Wansheng Economic Development District	15745	6943	3951	428	4423
大足区	Dazu District	17944	6275	6085	776	4808
璧山区	Bishan District	20418	11230	5739	856	2593
铜梁区	Tongliang District	19690	7862	5746	468	5614
潼南区	Tongnan District	16702	4661	6350	470	5221
荣昌区	Rongchang District	18671	6459	6410	254	5548
开州区	Kaizhou District	14881	5391	5394	321	3775
梁平区	Liangping District	16691	6288	5192	583	4628
武隆区	Wulong District	14274	4640	5707	330	3597
城口县	Chengkou County	10404	5533	3408	304	1159
丰都县	Fengdu County	14518	4376	5750	342	4050
垫江县	Dianjiang County	16822	4878	6083	366	5495
忠县	Zhongxian County	16207	6080	5042	391	4694
云阳县	Yunyang County	13261	5710	3874	217	3461
奉节县	Fengjie County	12339	3900	5560	170	2709
巫山县	Wushan County	11229	4560	4184	170	2315
巫溪县	Wuxi County	10284	3331	4656	254	2043
石柱县	Shizhu County	14232	5263	6254	746	1969
秀山县	Xiushan County	12261	4564	4816	292	2589
酉阳县	Youyang County	10739	3707	4014	239	2779
彭水县	Pengshui County	12370	5427	4533	272	2138

3-57 各区县农村居民人均可支配收入构成（2020 年）
Composition of Per Capita Disposable Income of Rural Households by Region of Chongqing（2020）

续表（continued） 单位：元 / 人（yuan/person）

区 县	Region	可支配收入 Disposable Income	工资性收入 Wage and Salary Income	经营净收入 Net Operating Income	财产净收入 Net Property Income	转移净收入 Net Transfer Income
全 市	Total	16361	5740	5566	406	4649
万州区	Wanzhou District	17292	7147	5119	463	4564
黔江区	Qianjiang District	14104	4107	4748	327	4922
涪陵区	Fuling District	17550	5146	6666	481	5257
渝中区	Yuzhong District					
大渡口区	Dadukou District	23063	16872	2887	783	2521
江北区	Jiangbei District	23412	14513	6525	1110	1265
沙坪坝区	Shapingba District	23142	11685	3771	1521	6165
九龙坡区	Jiulongpo District	23686	15216	4636	315	3519
南岸区	Nan'an District	24869	14359	5343	675	4492
北碚区	Beibei District	22258	14287	3631	689	3651
渝北区	Yubei District	21140	9228	4969	809	6133
巴南区	Ba'nan District	21856	9102	7550	1901	3303
长寿区	Changshou District	18227	4968	7206	651	5402
江津区	Jiangjin District	21698	7440	6173	509	7576
合川区	Hechuan District	20377	5653	8558	849	5317
永川区	Yongchuan District	21694	10456	6489	323	4426
南川区	Nanchuan District	17414	6484	6447	558	3925
綦江区（不含万盛）	Qijiang District（Exclude Wansheng）	17475	6392	5136	357	5590
万盛经开区	Wansheng Economic Development District	16863	7890	4009	437	4526
大足区	Dazu District	19415	6811	6525	853	5226
璧山区	Bishan District	21990	12096	6213	921	2760
铜梁区	Tongliang District	21127	8397	6124	514	6092
潼南区	Tongnan District	18055	5034	6922	494	5605
荣昌区	Rongchang District	20034	6936	6883	271	5944
开州区	Kaizhou District	16220	5773	6048	340	4059
梁平区	Liangping District	18210	7061	5357	645	5146
武隆区	Wulong District	15473	5048	6106	358	3960
城口县	Chengkou County	11257	5945	3715	331	1266
丰都县	Fengdu County	15810	4729	6016	380	4685
垫江县	Dianjiang County	18370	5680	6668	413	5609
忠县	Zhongxian County	17617	6652	5353	412	5200
云阳县	Yunyang County	14375	6190	4190	238	3757
奉节县	Fengjie County	13412	4295	5990	186	2941
巫山县	Wushan County	12161	4806	4533	219	2603
巫溪县	Wuxi County	11123	3630	4991	281	2221
石柱县	Shizhu County	15456	5779	6710	810	2157
秀山县	Xiushan County	13352	5043	4989	328	2991
酉阳县	Youyang County	11620	4018	4300	257	3045
彭水县	Pengshui County	13397	5872	4887	301	2337

3-57 各区县农村居民人均可支配收入构成（2021 年）
Composition of Per Capita Disposable Income of Rural Households by Region of Chongqing（2021）

续表（continued） 单位：元 / 人（yuan/person）

区 县	Region	可支配收入 Disposable Income	工资性收入 Wage and Salary Income	经营净收入 Net Operating Income	财产净收入 Net Property Income	转移净收入 Net Transfer Income
全 市	**Total**	**18100**	**6386**	**6110**	**446**	**5157**
万州区	Wanzhou District	19281	7821	5576	511	5374
黔江区	Qianjiang District	15670	4525	5376	377	5392
涪陵区	Fuling District	19463	5703	7475	507	5778
渝中区	Yuzhong District					
大渡口区	Dadukou District	25439	18416	3285	839	2899
江北区	Jiangbei District	25964	16237	7116	1224	1387
沙坪坝区	Shapingba District	25595	13168	4037	1550	6839
九龙坡区	Jiulongpo District	26244	17171	4864	360	3850
南岸区	Nan'an District	27455	16101	5414	742	5198
北碚区	Beibei District	24528	15953	3954	739	3882
渝北区	Yubei District	23465	10280	5427	898	6860
巴南区	Ba'nan District	24216	10118	8275	2110	3712
长寿区	Changshou District	20104	5547	7917	708	5932
江津区	Jiangjin District	23933	8220	6942	555	8216
合川区	Hechuan District	22435	6241	9385	903	5906
永川区	Yongchuan District	23950	11569	6919	382	5080
南川区	Nanchuan District	19208	7455	6932	620	4200
綦江区（不含万盛）	Qijiang District（Exclude Wansheng）	19223	6967	5812	379	6064
万盛经开区	Wansheng Economic Development District	18566	8680	4172	489	5224
大足区	Dazu District	21512	7560	7234	931	5787
璧山区	Bishan District	24299	13341	6914	1010	3035
铜梁区	Tongliang District	23303	9315	6612	541	6835
潼南区	Tongnan District	19933	5691	7582	522	6138
荣昌区	Rongchang District	22138	7630	7706	301	6501
开州区	Kaizhou District	18069	6471	6598	376	4624
梁平区	Liangping District	20268	7719	6020	683	5846
武隆区	Wulong District	17175	5637	6897	386	4255
城口县	Chengkou County	12473	6516	4157	369	1431
丰都县	Fengdu County	17581	5269	6540	424	5348
垫江县	Dianjiang County	20501	6566	7455	465	6015
忠县	Zhongxian County	19608	7442	5912	456	5798
云阳县	Yunyang County	15956	6427	5034	271	4224
奉节县	Fengjie County	14914	4699	6729	215	3272
巫山县	Wushan County	13511	5233	4956	302	3019
巫溪县	Wuxi County	12313	4070	5421	308	2514
石柱县	Shizhu County	17156	6505	7383	867	2401
秀山县	Xiushan County	14821	5558	5393	382	3487
酉阳县	Youyang County	12887	4494	4768	284	3341
彭水县	Pengshui County	14857	6469	5339	326	2723

3-58 各区县农村居民人均消费支出构成情况（2018 年）
Composition of Per Capita Consumption Expenditure of Rural Households by Region of Chongqing（2018）

单位：元 / 人（yuan/person）

区　县	Region	消费支出 Consumption Expenditure	食品烟酒 Food, Tobacco and Alcohol	衣着 Clothing	居住 Residence	生活用品及服务 Household Facilities, Articles and Services
全　市	Total	11977	4180	631	2274	785
万州区	Wanzhou District	13213	4737	626	2387	865
黔江区	Qianjiang District	9578	3582	556	2248	520
涪陵区	Fuling District	12287	4658	670	2275	873
渝中区	Yuzhong District					
大渡口区	Dadukou District	17435	6422	792	1370	752
江北区	Jiangbei District	10984	3927	457	1428	295
沙坪坝区	Shapingba District	14528	4473	1149	2154	1005
九龙坡区	Jiulongpo District	16022	6192	1228	3281	1090
南岸区	Nan'an District	12026	4211	818	1792	886
北碚区	Beibei District	15260	5541	1191	2781	1100
渝北区	Yubei District	13662	5012	704	2688	738
巴南区	Ba'nan District	13266	4989	1031	1970	1143
长寿区	Changshou District	12141	4384	531	3370	659
江津区	Jiangjin District	13271	5268	893	2586	1149
合川区	Hechuan District	14042	4959	720	2897	1156
永川区	Yongchuan District	13077	4978	690	2100	829
南川区	Nanchuan District	11556	4048	549	2381	723
綦江区（不含万盛）	Qijiang District（Exclude Wansheng）	12276	4733	717	2318	839
万盛经开区	Wansheng Economic Development District	12306	4066	791	2704	859
大足区	Dazu District	11449	4460	806	2062	713
璧山区	Bishan District	12981	4551	757	2212	1214
铜梁区	Tongliang District	11421	4188	722	2269	1480
潼南区	Tongnan District	10328	4059	464	2225	652
荣昌区	Rongchang District	10824	3953	681	1997	955
开州区	Kaizhou District	11651	4500	636	2557	1092
梁平区	Liangping District	11491	3627	432	2304	585
武隆区	Wulong District	11069	4068	824	2027	790
城口县	Chengkou County	6890	2617	634	1023	461
丰都县	Fengdu County	10303	3835	572	1920	695
垫江县	Dianjiang County	11417	3656	556	1986	694
忠县	Zhongxian County	11203	4451	478	2386	715
云阳县	Yunyang County	9701	3707	545	1968	781
奉节县	Fengjie County	10971	4000	743	1931	794
巫山县	Wushan County	9212	3238	675	1806	800
巫溪县	Wuxi County	8563	4107	426	2336	771
石柱县	Shizhu County	10114	3557	545	1904	614
秀山县	Xiushan County	9555	3660	762	1953	756
酉阳县	Youyang County	8705	3377	484	1807	601
彭水县	Pengshui County	9751	4284	522	1431	695

3-58 各区县农村居民人均消费支出构成情况（2018 年）
Composition of Per Capita Consumption Expenditure of Rural Households by Region of Chongqing（2018）

续表（continued）　　　　单位：元 / 人（yuan/person）

区　县	Region	交通通信 Transport and Communications	教育文化娱乐 Education, Cultural and Recreation	医疗保健 Health Care and Medical Services	其他用品和服务 Miscellaneous Goods and Services
全　市	**Total**	**1503**	**1345**	**1075**	**185**
万州区	Wanzhou District	1647	1448	1305	197
黔江区	Qianjiang District	811	1008	664	189
涪陵区	Fuling District	1327	1291	912	281
渝中区	Yuzhong District				
大渡口区	Dadukou District	5440	1000	1381	277
江北区	Jiangbei District	1095	2967	723	92
沙坪坝区	Shapingba District	2585	1293	1580	287
九龙坡区	Jiulongpo District	1587	1148	1239	256
南岸区	Nan'an District	1842	883	1124	469
北碚区	Beibei District	1507	1682	1139	318
渝北区	Yubei District	1800	840	1641	240
巴南区	Ba'nan District	1254	1128	1451	300
长寿区	Changshou District	993	780	1017	407
江津区	Jiangjin District	1035	1085	1035	221
合川区	Hechuan District	1429	1394	1227	260
永川区	Yongchuan District	1390	1622	1274	194
南川区	Nanchuan District	1458	1472	759	165
綦江区（不含万盛）	Qijiang District（Exclude Wansheng）	1365	1338	645	320
万盛经开区	Wansheng Economic Development District	1579	1175	916	215
大足区	Dazu District	1061	1301	824	222
璧山区	Bishan District	1806	925	1215	301
铜梁区	Tongliang District	870	842	828	221
潼南区	Tongnan District	821	971	1031	105
荣昌区	Rongchang District	1251	1023	825	139
开州区	Kaizhou District	1001	880	757	228
梁平区	Liangping District	1705	1267	1364	206
武隆区	Wulong District	1235	1271	667	188
城口县	Chengkou County	637	806	533	179
丰都县	Fengdu County	855	1556	708	162
垫江县	Dianjiang County	1095	1518	1670	242
忠县	Zhongxian County	963	1045	965	199
云阳县	Yunyang County	954	970	684	92
奉节县	Fengjie County	1095	1506	835	67
巫山县	Wushan County	992	1057	457	186
巫溪县	Wuxi County	621	144	127	31
石柱县	Shizhu County	1282	1039	956	218
秀山县	Xiushan County	976	909	449	89
酉阳县	Youyang County	830	937	587	83
彭水县	Pengshui County	1036	1038	625	121

3-58 各区县农村居民人均消费支出构成情况（2019 年）
Composition of Per Capita Consumption Expenditure of Rural Households by Region of Chongqing（2019）

单位：元 / 人（yuan/person）

区 县	Region	消费支出 Consumption Expenditure	食品烟酒 Food, Tobacco and Alcohol	衣着 Clothing	居住 Residence	生活用品及服务 Household Facilities, Articles and Services
全 市	Total	13112	4575	692	2501	852
万州区	Wanzhou District	14352	5116	686	2601	897
黔江区	Qianjiang District	10134	3721	572	2262	598
涪陵区	Fuling District	13036	4926	710	2421	923
渝中区	Yuzhong District					
大渡口区	Dadukou District	18486	6806	1107	2681	1400
江北区	Jiangbei District	11588	4221	468	1911	271
沙坪坝区	Shapingba District	16062	5011	1128	2551	1076
九龙坡区	Jiulongpo District	17481	6859	1269	3333	1206
南岸区	Nan'an District	14568	5494	1396	1800	818
北碚区	Beibei District	16297	5709	1124	3182	1127
渝北区	Yubei District	15593	5658	811	3176	843
巴南区	Ba'nan District	14906	5163	1069	2286	1178
长寿区	Changshou District	13634	5013	578	2929	713
江津区	Jiangjin District	14573	5726	982	2843	1264
合川区	Hechuan District	15092	5214	774	3126	1257
永川区	Yongchuan District	14949	5381	730	2910	835
南川区	Nanchuan District	12384	4157	673	2503	915
綦江区（不含万盛）	Qijiang District（Exclude Wansheng）	12955	4789	723	2507	859
万盛经开区	Wansheng Economic Development District	14215	4568	771	3706	978
大足区	Dazu District	12782	4648	924	2487	795
璧山区	Bishan District	13710	4624	780	2294	1233
铜梁区	Tongliang District	12526	4567	784	2430	1564
潼南区	Tongnan District	11142	4291	504	2288	691
荣昌区	Rongchang District	11782	4440	745	2013	1016
开州区	Kaizhou District	12793	4874	754	2803	1204
梁平区	Liangping District	13121	4120	507	2475	650
武隆区	Wulong District	12345	4505	830	2380	777
城口县	Chengkou County	7826	2827	709	1426	517
丰都县	Fengdu County	11070	4048	642	2032	763
垫江县	Dianjiang County	12528	3995	619	2204	780
忠县	Zhongxian County	12399	4701	558	2551	816
云阳县	Yunyang County	10834	4088	587	2252	859
奉节县	Fengjie County	11307	4042	805	1974	807
巫山县	Wushan County	10087	3504	731	1976	894
巫溪县	Wuxi County	9959	4203	470	2725	792
石柱县	Shizhu County	10799	3757	646	1911	673
秀山县	Xiushan County	10369	3942	827	2105	813
酉阳县	Youyang County	9437	3653	518	1985	643
彭水县	Pengshui County	10502	4422	558	1571	767

3-58 各区县农村居民人均消费支出构成情况（2019 年）
Composition of Per Capita Consumption Expenditure of Rural Households by Region of Chongqing（2019）

续表（continued）　　单位：元 / 人（yuan/person）

区 县	Region	交通通信 Transport and Communications	教育文化娱乐 Education, Cultural and Recreation	医疗保健 Health Care and Medical Services	其他用品和服务 Miscellaneous Goods and Services
全 市	**Total**	**1586**	**1423**	**1262**	**222**
万州区	Wanzhou District	1765	1689	1389	208
黔江区	Qianjiang District	918	1134	739	190
涪陵区	Fuling District	1294	1426	1044	293
渝中区	Yuzhong District				
大渡口区	Dadukou District	3830	1046	1325	291
江北区	Jiangbei District	994	2920	704	99
沙坪坝区	Shapingba District	2451	1577	1794	474
九龙坡区	Jiulongpo District	1839	1264	1451	260
南岸区	Nan'an District	1241	1436	2053	331
北碚区	Beibei District	1736	1887	1273	258
渝北区	Yubei District	2011	1012	1812	270
巴南区	Ba'nan District	1591	1546	1737	334
长寿区	Changshou District	2338	916	998	150
江津区	Jiangjin District	1167	1198	1154	238
合川区	Hechuan District	1556	1543	1334	289
永川区	Yongchuan District	1769	1546	1612	166
南川区	Nanchuan District	1618	1520	831	167
綦江区（不含万盛）	Qijiang District（Exclude Wansheng）	1416	1669	664	327
万盛经开区	Wansheng Economic Development District	1409	1292	1352	138
大足区	Dazu District	1188	1494	981	264
璧山区	Bishan District	1835	973	1663	308
铜梁区	Tongliang District	978	937	1037	231
潼南区	Tongnan District	1021	1101	1121	125
荣昌区	Rongchang District	1352	1121	957	139
开州区	Kaizhou District	1098	972	837	250
梁平区	Liangping District	2114	1349	1666	240
武隆区	Wulong District	1424	1418	801	210
城口县	Chengkou County	670	916	565	196
丰都县	Fengdu County	927	1712	769	177
垫江县	Dianjiang County	1203	1656	1806	265
忠县	Zhongxian County	1174	1226	1157	216
云阳县	Yunyang County	1105	1080	764	99
奉节县	Fengjie County	1195	1519	885	80
巫山县	Wushan County	1085	1175	511	211
巫溪县	Wuxi County	768	333	591	78
石柱县	Shizhu County	1308	1137	1153	214
秀山县	Xiushan County	1075	1009	495	102
酉阳县	Youyang County	886	1027	635	90
彭水县	Pengshui County	1160	1192	694	139

3-58 各区县农村居民人均消费支出构成情况（2020 年）
Composition of Per Capita Consumption Expenditure of Rural Households by Region of Chongqing（2020）

单位：元 / 人（yuan/person）

区 县	Region	消费支出 Consumption Expenditure	食品烟酒 Food, Tobacco and Alcohol	衣着 Clothing	居住 Residence	生活用品及服务 Household Facilities, Articles and Services
全 市	**Total**	**14140**	**5183**	**736**	**2631**	**919**
万州区	Wanzhou District	14697	5439	672	2690	911
黔江区	Qianjiang District	10897	4029	615	2390	657
涪陵区	Fuling District	13906	5223	750	2620	963
渝中区	Yuzhong District					
大渡口区	Dadukou District	19092	7266	1098	2785	1482
江北区	Jiangbei District	12210	4673	447	2070	292
沙坪坝区	Shapingba District	17032	4797	1266	3229	1208
九龙坡区	Jiulongpo District	18564	7754	1262	3420	1236
南岸区	Nan'an District	15295	6111	1262	2484	947
北碚区	Beibei District	17255	6267	1173	3349	1216
渝北区	Yubei District	16853	6094	887	3468	919
巴南区	Ba'nan District	16451	5237	1105	2626	1252
长寿区	Changshou District	14410	5274	610	3654	782
江津区	Jiangjin District	15601	6217	1045	3069	1361
合川区	Hechuan District	16041	5408	829	3324	1327
永川区	Yongchuan District	16225	5974	808	2817	1064
南川区	Nanchuan District	13028	4397	705	2640	933
綦江区（不含万盛）	Qijiang District（Exclude Wansheng）	13790	5123	772	2708	926
万盛经开区	Wansheng Economic Development District	12959	4108	678	3114	885
大足区	Dazu District	13817	5116	1012	2666	868
璧山区	Bishan District	14305	4756	807	2443	1288
铜梁区	Tongliang District	13529	4967	847	2586	1716
潼南区	Tongnan District	12028	4720	554	2402	746
荣昌区	Rongchang District	12727	4866	795	2138	1104
开州区	Kaizhou District	13416	5328	731	3030	1140
梁平区	Liangping District	14055	4589	550	2708	669
武隆区	Wulong District	13014	5019	799	2599	821
城口县	Chengkou County	8608	3102	777	1594	571
丰都县	Fengdu County	11421	4224	650	2070	792
垫江县	Dianjiang County	14175	4611	720	2608	906
忠县	Zhongxian County	13426	5051	611	2747	883
云阳县	Yunyang County	11732	4470	627	2474	934
奉节县	Fengjie County	12084	4252	847	2157	872
巫山县	Wushan County	10629	3690	781	2068	969
巫溪县	Wuxi County	10446	4253	543	2725	879
石柱县	Shizhu County	11243	3920	669	2091	665
秀山县	Xiushan County	10811	4187	891	2223	897
酉阳县	Youyang County	10138	3962	560	2148	684
彭水县	Pengshui County	11331	4743	581	1762	802

3-58 各区县农村居民人均消费支出构成情况（2020 年）
Composition of Per Capita Consumption Expenditure of Rural Households by Region of Chongqing（2020）

续表（continued）　　单位：元 / 人（yuan/person）

区 县	Region	交通通信 Transport and Communications	教育文化娱乐 Education, Cultural and Recreation	医疗保健 Health Care and Medical Services	其他用品和服务 Miscellaneous Goods and Services
全 市	**Total**	**1592**	**1290**	**1560**	**228**
万州区	Wanzhou District	1647	1545	1574	220
黔江区	Qianjiang District	997	1217	800	192
涪陵区	Fuling District	1323	1534	1180	313
渝中区	Yuzhong District				
大渡口区	Dadukou District	3791	948	1423	300
江北区	Jiangbei District	1078	2773	780	97
沙坪坝区	Shapingba District	2601	1768	1731	434
九龙坡区	Jiulongpo District	1917	1105	1620	252
南岸区	Nan'an District	1541	922	1836	193
北碚区	Beibei District	1842	1800	1316	293
渝北区	Yubei District	2130	1078	1986	291
巴南区	Ba'nan District	1737	2146	1988	360
长寿区	Changshou District	1807	999	1086	199
江津区	Jiangjin District	1202	1137	1324	246
合川区	Hechuan District	1710	1691	1437	315
永川区	Yongchuan District	2046	1693	1553	271
南川区	Nanchuan District	1586	1701	885	181
綦江区（不含万盛）	Qijiang District（Exclude Wansheng）	1494	1597	780	391
万盛经开区	Wansheng Economic Development District	1396	1221	1433	125
大足区	Dazu District	1280	1454	1131	291
璧山区	Bishan District	1945	1035	1697	333
铜梁区	Tongliang District	996	861	1315	243
潼南区	Tongnan District	1113	1090	1267	136
荣昌区	Rongchang District	1450	1200	1032	142
开州区	Kaizhou District	1079	1006	851	251
梁平区	Liangping District	2049	1316	1934	240
武隆区	Wulong District	1447	1236	877	216
城口县	Chengkou County	747	967	636	213
丰都县	Fengdu County	938	1789	780	178
垫江县	Dianjiang County	1524	1484	2067	255
忠县	Zhongxian County	1287	1331	1288	228
云阳县	Yunyang County	1156	1109	851	112
奉节县	Fengjie County	1345	1590	934	87
巫山县	Wushan County	1176	1105	631	208
巫溪县	Wuxi County	868	426	657	93
石柱县	Shizhu County	1327	1093	1247	230
秀山县	Xiushan County	1093	892	513	116
酉阳县	Youyang County	962	1039	682	100
彭水县	Pengshui County	1273	1256	766	148

3-58 各区县农村居民人均消费支出构成情况（2021 年）
Composition of Per Capita Consumption Expenditure of Rural Households by Region of Chongqing（2021）

单位：元 / 人（yuan/person）

区县	Region	消费支出 Consumption Expenditure	食品烟酒 Food, Tobacco and Alcohol	衣着 Clothing	居住 Residence	生活用品及服务 Household Facilities, Articles and Services
全 市	Total	16096	5884	888	2909	965
万州区	Wanzhou District	15956	5755	778	2866	1020
黔江区	Qianjiang District	12234	4468	684	2712	750
涪陵区	Fuling District	15478	5795	830	2820	1053
渝中区	Yuzhong District					
大渡口区	Dadukou District	21114	7971	1156	3475	1624
江北区	Jiangbei District	13195	4759	479	2461	326
沙坪坝区	Shapingba District	18824	5263	1391	3500	1369
九龙坡区	Jiulongpo District	20861	8620	1399	3536	1291
南岸区	Nan'an District	17454	6817	1457	3103	1058
北碚区	Beibei District	20179	7316	1350	3644	1331
渝北区	Yubei District	18929	6767	1024	3864	1055
巴南区	Ba'nan District	18123	5508	1255	2924	1366
长寿区	Changshou District	15571	5564	665	4063	892
江津区	Jiangjin District	17416	6830	1184	3410	1537
合川区	Hechuan District	17469	5818	914	3621	1449
永川区	Yongchuan District	17737	6528	1034	2838	1126
南川区	Nanchuan District	15084	5087	763	3014	972
綦江区（不含万盛）	Qijiang District（Exclude Wansheng）	14894	5256	869	3068	1009
万盛经开区	Wansheng Economic Development District	15032	4707	873	3750	1020
大足区	Dazu District	15593	5729	1139	2893	979
璧山区	Bishan District	16432	5382	948	2896	1430
铜梁区	Tongliang District	14617	5341	961	2708	1842
潼南区	Tongnan District	13708	5366	675	2919	798
荣昌区	Rongchang District	15652	5969	1007	2651	1370
开州区	Kaizhou District	14781	5745	888	3252	1232
梁平区	Liangping District	15849	5125	669	2866	746
武隆区	Wulong District	14443	5363	815	2984	838
城口县	Chengkou County	10016	3555	911	1875	665
丰都县	Fengdu County	12442	4554	761	2316	874
垫江县	Dianjiang County	16126	5218	862	2868	1020
忠县	Zhongxian County	15068	5548	685	3028	1016
云阳县	Yunyang County	12963	4834	698	2697	1078
奉节县	Fengjie County	13208	4648	933	2390	947
巫山县	Wushan County	11915	4054	906	2334	1084
巫溪县	Wuxi County	11360	4586	613	2954	922
石柱县	Shizhu County	12823	4467	765	2461	748
秀山县	Xiushan County	12278	4585	973	2602	1002
酉阳县	Youyang County	11221	4325	600	2340	744
彭水县	Pengshui County	12890	5188	651	2070	860

3-58 各区县农村居民人均消费支出构成情况（2021年）
Composition of Per Capita Consumption Expenditure of Rural Households by Region of Chongqing（2021）

续表（continued）　　　　单位：元/人（yuan/person）

区　县	Region	交通通信 Transport and Communications	教育文化娱乐 Education, Cultural and Recreation	医疗保健 Health Care and Medical Services	其他用品和服务 Miscellaneous Goods and Services
全　市	**Total**	**1842**	**1566**	**1782**	**259**
万州区	Wanzhou District	1871	1699	1725	243
黔江区	Qianjiang District	1164	1350	894	213
涪陵区	Fuling District	1420	1931	1271	358
渝中区	Yuzhong District				
大渡口区	Dadukou District	3950	994	1597	348
江北区	Jiangbei District	1228	3009	824	109
沙坪坝区	Shapingba District	2845	2049	1939	466
九龙坡区	Jiulongpo District	2357	1287	2073	296
南岸区	Nan'an District	1783	1013	1973	250
北碚区	Beibei District	2418	2192	1532	395
渝北区	Yubei District	2457	1229	2198	336
巴南区	Ba'nan District	1970	2472	2220	409
长寿区	Changshou District	1926	1051	1191	220
江津区	Jiangjin District	1350	1322	1503	281
合川区	Hechuan District	1893	1863	1562	349
永川区	Yongchuan District	2180	1929	1827	275
南川区	Nanchuan District	1889	1984	1142	231
綦江区（不含万盛）	Qijiang District（Exclude Wansheng）	1685	1710	875	423
万盛经开区	Wansheng Economic Development District	1497	1448	1584	154
大足区	Dazu District	1417	1685	1425	326
璧山区	Bishan District	2281	1214	1888	392
铜梁区	Tongliang District	1061	921	1516	267
潼南区	Tongnan District	1230	1225	1343	150
荣昌区	Rongchang District	1783	1517	1179	175
开州区	Kaizhou District	1257	1127	986	293
梁平区	Liangping District	2386	1585	2168	304
武隆区	Wulong District	1802	1434	972	235
城口县	Chengkou County	873	1137	750	249
丰都县	Fengdu County	1123	1834	792	186
垫江县	Dianjiang County	1804	1786	2276	292
忠县	Zhongxian County	1490	1541	1482	279
云阳县	Yunyang County	1311	1273	942	130
奉节县	Fengjie County	1476	1718	1000	96
巫山县	Wushan County	1317	1253	710	256
巫溪县	Wuxi County	1003	481	697	104
石柱县	Shizhu County	1483	1252	1398	250
秀山县	Xiushan County	1288	1101	586	140
酉阳县	Youyang County	1067	1303	729	113
彭水县	Pengshui County	1532	1546	874	170

3-59 全国各地区全体居民人均可支配收入情况（2010–2021年）
Per Capita Income of All the Households by Region of the Nation（2010–2021）

单位：元/人（yuan/person）

地 区	Region	2010年	2011年	2012年	2013年	2014年	2015年	2016年	2017年	2018年	2019年	2020年	2021年
全 国	Total	12520	14551	16510	18311	20167	21966	23821	25974	28228	30733	32189	35128
东部地区	Eastern Region												
北 京	Beijing	29228	33176	36817	40830	44489	48458	52530	57230	62361	67756	69434	75002
天 津	Tianjin	19266	21714	24030	26359	28832	31291	34074	37022	39506	42404	43854	47449
河 北	Hebei	10428	12059	13647	15190	16647	18118	19725	21484	23446	25665	27136	29383
辽 宁	Liaoning	13953	16429	18761	20818	22820	24576	26040	27835	29701	31820	32738	35112
上 海	Shanghai	30436	34731	38550	42174	45966	49867	54305	58988	64183	69442	72232	78027
江 苏	Jiangsu	17006	19820	22432	24776	27173	29539	32070	35024	38096	41400	43390	47498
浙 江	Zhejiang	21159	24195	27020	29775	32658	35537	38529	42046	45840	49899	52397	57541
福 建	Fujian	14566	16909	19141	21218	23331	25404	27608	30048	32644	35616	37202	40659
山 东	Shandong	12922	15077	17127	19008	20864	22703	24685	26930	29205	31597	32886	35705
广 东	Guangdong	16579	18916	21268	23421	25685	27859	30296	33003	35810	39014	41029	44993
海 南	Hainan	10342	12392	14180	15733	17476	18979	20653	22553	24579	26679	27904	30457
中部地区	Central Region												
山 西	Shanxi	10149	11959	13592	15120	16538	17854	19049	20420	21990	23828	25214	27426
吉 林	Jilin	10798	12621	14395	15998	17520	18684	19967	21368	22798	24563	25751	27770
黑龙江	Heilongjiang	10846	12605	14302	15903	17404	18593	19838	21206	22726	24254	24902	27159
安 徽	Anhui	9955	11873	13593	15154	16796	18363	19998	21863	23984	26415	28103	30904
江 西	Jiangxi	10217	11870	13567	15100	16734	18437	20110	22031	24080	26262	28017	30610
河 南	Henan	9520	11206	12772	14204	15695	17125	18443	20170	21964	23903	24810	26811
湖 北	Hubei	11069	12941	14809	16472	18283	20026	21787	23757	25815	28319	27881	30829
湖 南	Hunan	10861	12612	14391	16005	17622	19317	21115	23103	25241	27680	29380	31993
西部地区	Western Region												
重 庆	Chongqing	10984	13037	14924	16569	18352	20110	22034	24153	26386	28920	30824	33803
四 川	Sichuan	9373	11130	12753	14231	15749	17221	18808	20580	22461	24703	26522	29080
贵 州	Guizhou	7226	8594	9850	11083	12371	13697	15121	16704	18430	20397	21795	23996
云 南	Yunnan	8184	9739	11233	12578	13772	15223	16720	18348	20084	22082	23295	25666
西 藏	Tibet	6628	7510	8568	9740	10730	12254	13639	15457	17286	19501	21744	24950
陕 西	Shaanxi	9412	11229	12885	14372	15837	17395	18874	20635	22528	24666	26226	28568
甘 肃	Gansu	7358	8463	9768	10954	12185	13467	14670	16011	17488	19139	20335	22066
青 海	Qinghai	8659	10024	11470	12948	14374	15813	17302	19001	20757	22618	24037	25919
宁 夏	Ningxia	9864	11480	13104	14566	15907	17329	18832	20562	22400	24412	25735	27904
新 疆	Xinjiang	9042	10443	12151	13670	15097	16859	18355	19975	21500	23103	23845	26075
内蒙古	Inner Mongolia	12538	14715	16800	18693	20559	22310	24127	26212	28376	30555	31497	34108
广 西	Guangxi	9739	11054	12644	14082	15557	16873	18305	19905	21485	23328	24562	26727

3-60 全国各地区全体居民人均消费支出情况（2018-2021 年）
Per Capita Expenditure of All the Households by Region of the Nation（2018-2021）

单位：元 / 人（yuan/person）

地 区	Region	2018 年	2019 年	2020 年	2021 年
全 国	**Total**	**19853**	**21559**	**21210**	**24100**
东部地区	**Eastern Region**				
北 京	Beijing	39843	43038	38903	43640
天 津	Tianjin	29903	31854	28461	33188
河 北	Hebei	16722	17987	18037	19954
辽 宁	Liaoning	21398	22203	20672	23831
上 海	Shanghai	43351	45605	42536	48879
江 苏	Jiangsu	25007	26697	26225	31451
浙 江	Zhejiang	29471	32026	31295	36668
福 建	Fujian	22996	25314	25126	28440
山 东	Shandong	18780	20427	20940	22821
广 东	Guangdong	26054	28995	28492	31589
海 南	Hainan	17528	19555	18972	22242
中部地区	**Central Region**				
山 西	Shanxi	14810	15863	15733	17191
吉 林	Jilin	17200	18075	17318	19605
黑龙江	Heilongjiang	16994	18111	17056	20636
安 徽	Anhui	17045	19137	18877	21911
江 西	Jiangxi	15792	17650	17955	20290
河 南	Henan	15169	16332	16143	18391
湖 北	Hubei	19538	21567	19246	23846
湖 南	Hunan	18808	20479	20998	22798
西部地区	**Western Region**				
重 庆	Chongqing	19248	20774	21678	24598
四 川	Sichuan	17664	19338	19783	21518
贵 州	Guizhou	13798	14780	14874	17957
云 南	Yunnan	14250	15780	16792	18851
西 藏	Tibet	11520	13029	13225	15342
陕 西	Shaanxi	16160	17465	17418	19347
甘 肃	Gansu	14624	15879	16175	17456
青 海	Qinghai	16557	17545	18284	19020
宁 夏	Ningxia	16715	18297	17506	20024
新 疆	Xinjiang	16189	17397	16512	18961
内蒙古	Inner Mongolia	19665	20743	19794	22658
广 西	Guangxi	14935	16418	16357	18088

3-61 全国各地区城镇居民人均可支配收入情况（2010-2021年）
Per Capita Income of Urban Households by Region of the Nation（2010-2021）

单位：元/人（yuan/person）

地 区	Region	2010年	2011年	2012年	2013年	2014年	2015年	2016年	2017年	2018年	2019年	2020年	2021年
全 国	Total	18779	21427	24127	26467	28844	31195	33616	36396	39251	42359	43834	47412
东部地区	Eastern Region												
北 京	Beijing	32132	36365	40306	44564	48532	52859	57275	62406	67990	73849	75602	81518
天 津	Tianjin	21800	24158	26586	28980	31506	34101	37110	40278	42976	46119	47659	51486
河 北	Hebei	16009	18006	20222	22227	24141	26152	28249	30548	32977	35738	37286	39791
辽 宁	Liaoning	18487	21362	24238	26697	29082	31126	32876	34993	37342	39777	40376	43051
上 海	Shanghai	32584	37079	41130	44878	48841	52962	57692	62596	68034	73615	76437	82429
江 苏	Jiangsu	22273	25570	28808	31585	34346	37173	40152	43622	47200	51056	53102	57743
浙 江	Zhejiang	26802	30340	33846	37080	40393	43714	47237	51261	55574	60182	62699	68487
福 建	Fujian	19914	22772	25650	28174	30722	33275	36014	39001	42121	45620	47160	51140
山 东	Shandong	18971	21678	24496	26882	29222	31545	34012	36789	39549	42329	43726	47066
广 东	Guangdong	21332	24010	26981	29537	32148	34757	37684	40975	44341	48118	50257	54854
海 南	Hainan	15229	17954	20446	22411	24487	26356	28453	30817	33349	36017	37097	40213
中部地区	Central Region												
山 西	Shanxi	15510	17965	20232	22258	24069	25828	27352	29132	31035	33262	34793	37433
吉 林	Jilin	14759	17043	19352	21331	23218	24901	26530	28319	30172	32299	33396	35646
黑龙江	Heilongjiang	14741	16699	18894	20848	22609	24203	25736	27446	29191	30945	31115	33646
安 徽	Anhui	15566	18345	20729	22789	24839	26936	29156	31640	34393	37540	39442	43009
江 西	Jiangxi	15656	17692	20085	22120	24309	26500	28673	31198	33819	36546	38556	41684
河 南	Henan	15463	17661	19843	21741	23672	25576	27233	29558	31874	34201	34750	37095
湖 北	Hubei	15891	18183	20623	22668	24852	27051	29386	31889	34455	37601	36706	40278
湖 南	Hunan	17229	19599	22173	24352	26570	28838	31284	33948	36698	39842	41698	44866
西部地区	Western Region												
重 庆	Chongqing	16032	18517	21003	23058	25147	27239	29610	32193	34889	37939	40006	43502
四 川	Sichuan	15364	17787	20180	22228	24234	26205	28335	30727	33216	36154	38253	41444
贵 州	Guizhou	14073	16413	18608	20565	22548	24580	26743	29080	31592	34404	36096	39211
云 南	Yunnan	15528	17956	20371	22460	24299	26373	28611	30996	33488	36238	37500	40905
西 藏	Tibet	15258	16496	18362	20394	22016	25457	27802	30671	33797	37410	41156	46503
陕 西	Shaanxi	15343	17836	20269	22346	24366	26420	28440	30810	33319	36098	37868	40713
甘 肃	Gansu	13820	15707	17979	19873	21804	23767	25693	27763	29957	32323	33822	36187
青 海	Qinghai	14462	16287	18336	20352	22307	24542	26757	29169	31515	33830	35506	37745
宁 夏	Ningxia	15093	17291	19507	21476	23285	25186	27153	29472	31895	34328	35720	38291
新 疆	Xinjiang	14480	16464	19019	21091	23214	26275	28463	30775	32764	34664	34838	37642
内蒙古	Inner Mongolia	18050	20813	23611	26004	28350	30594	32975	35670	38305	40782	41353	44377
广 西	Guangxi	16613	18356	20681	22689	24669	26416	28324	30502	32436	34745	35859	38530

3-62 全国各地区城镇居民人均消费支出情况（2018-2021 年）
Per Capita Expenditure of Urban Households by Region of the Nation（2018-2021 年）

单位：元 / 人（yuan/person）

地 区	Region	2018 年	2019 年	2020 年	2021 年
全 国	**Total**	**26112**	**28063**	**27007**	**30307**
东部地区	**Eastern Region**				
北 京	Beijing	42926	46358	41726	46776
天 津	Tianjin	32655	34811	30895	36067
河 北	Hebei	22127	23483	23167	24192
辽 宁	Liaoning	26448	27355	24849	28438
上 海	Shanghai	46015	48272	44839	51295
江 苏	Jiangsu	29462	31329	30882	36558
浙 江	Zhejiang	34598	37508	36197	42193
福 建	Fujian	28145	30946	30487	33942
山 东	Shandong	24798	26731	27291	29314
广 东	Guangdong	30924	34424	33511	36621
海 南	Hainan	22971	25317	23560	27565
中部地区	**Central Region**				
山 西	Shanxi	19790	21159	20332	21965
吉 林	Jilin	22394	23394	21623	24421
黑龙江	Heilongjiang	21035	22165	20397	24422
安 徽	Anhui	21523	23782	22683	26495
江 西	Jiangxi	20760	22714	22134	24587
河 南	Henan	20989	21972	20645	23178
湖 北	Hubei	23996	26422	22885	28506
湖 南	Hunan	25064	26924	26796	28294
西部地区	**Western Region**				
重 庆	Chongqing	24154	25785	26464	29850
四 川	Sichuan	23484	25367	25133	26971
贵 州	Guizhou	20788	21402	20587	25333
云 南	Yunnan	21626	23455	24569	27441
西 藏	Tibet	23029	25637	24927	28159
陕 西	Shaanxi	21966	23514	22866	24784
甘 肃	Gansu	22606	24454	24615	25757
青 海	Qinghai	22998	23799	24315	24513
宁 夏	Ningxia	21977	24161	22379	25386
新 疆	Xinjiang	24191	25594	22952	25724
内蒙古	Inner Mongolia	24437	25383	23888	27194
广 西	Guangxi	20159	21591	20907	22555

3-63 全国各地区农村居民人均可支配收入情况（2010-2021 年）
Per Capita Income of Rural Households by Region of the Nation（2010-2021）

单位：元 / 人（yuan/person）

地　区	Region	2010 年	2011 年	2012 年	2013 年	2014 年	2015 年	2016 年	2017 年	2018 年	2019 年	2020 年	2021 年
全　国	Total	6272	7394	8389	9430	10489	11422	12363	13432	14617	16021	17131	18931
东部地区	Eastern Region												
北　京	Beijing	12368	13742	15365	17101	18867	20569	22310	24240	26490	28928	30126	33303
天　津	Tianjin	9764	11941	13593	15353	17014	18482	20076	21754	23065	24804	25691	27955
河　北	Hebei	6014	7187	8158	9188	10186	11051	11919	12881	14031	15373	16467	18179
辽　宁	Liaoning	6671	8011	9061	10161	11191	12057	12881	13747	14656	16108	17450	19217
上　海	Shanghai	13702	15737	17452	19208	21192	23205	25520	27825	30375	33195	34911	38521
江　苏	Jiangsu	9067	10744	12133	13521	14958	16257	17606	19158	20845	22675	24198	26791
浙　江	Zhejiang	12277	14197	15806	17494	19373	21125	22866	24956	27302	29876	31930	35247
福　建	Fujian	7573	8952	10164	11405	12650	13793	14999	16335	17821	19568	20880	23229
山　东	Shandong	7034	8395	9506	10687	11882	12930	13954	15118	16297	17775	18753	20794
广　东	Guangdong	7484	8889	9999	11068	12246	13360	14512	15780	17168	18818	20143	22306
海　南	Hainan	5566	6801	7816	8802	9913	10858	11843	12902	13989	15113	16279	18076
中部地区	Central Region												
山　西	Shanxi	5263	6225	7064	7949	8809	9454	10082	10788	11750	12902	13878	15308
吉　林	Jilin	6341	7634	8741	9781	10780	11326	12123	12950	13748	14936	16067	17642
黑龙江	Heilongjiang	6040	7382	8367	9369	10453	11095	11832	12665	13804	14982	16168	17888
安　徽	Anhui	5776	6811	7826	8850	9916	10821	11720	12758	13996	15416	16620	18368
江　西	Jiangxi	5991	7133	8103	9089	10117	11139	12138	13242	14460	15796	16981	18684
河　南	Henan	5846	6989	7963	8969	9966	10853	11697	12719	13831	15164	16108	17533
湖　北	Hubei	6375	7540	8582	9692	10849	11844	12725	13812	14978	16391	16306	18259
湖　南	Hunan	6063	7082	8024	9029	10060	10993	11930	12936	14093	15395	16585	18295
西部地区	Western Region												
重　庆	Chongqing	5378	6605	7526	8493	9490	10505	11549	12638	13781	15133	16361	18100
四　川	Sichuan	5400	6505	7432	8381	9348	10247	11203	12227	13331	14670	15929	17575
贵　州	Guizhou	3768	4499	5159	5898	6671	7387	8090	8869	9716	10756	11642	12856
云　南	Yunnan	4327	5170	5930	6724	7456	8242	9020	9862	10768	11902	12842	14197
西　藏	Tibet	4123	4886	5698	6553	7359	8244	9094	10330	11450	12951	14598	16935
陕　西	Shaanxi	4477	5484	6285	7092	7932	8689	9396	10265	11213	12326	13316	14745
甘　肃	Gansu	3747	4278	4931	5589	6277	6936	7457	8076	8804	9629	10344	11433
青　海	Qinghai	4028	4806	5594	6462	7283	7933	8664	9462	10393	11499	12342	13604
宁　夏	Ningxia	5125	5931	6776	7599	8410	9119	9852	10738	11708	12858	13889	15337
新　疆	Xinjiang	4993	5853	6876	7847	8724	9425	10183	11045	11975	13122	14056	15575
内蒙古	Inner Mongolia	5780	6942	7956	8985	9976	10776	11609	12584	13803	15283	16567	18337
广　西	Guangxi	5214	6003	6894	7793	8683	9467	10359	11325	12435	13676	14815	16363

3-64 全国各地区农村居民人均消费支出情况（2018-2021 年）
Per Capita Expenditure of Rural Households by Region of the Nation（2018-2021）

单位：元 / 人（yuan/person）

地 区	Region	2018 年	2019 年	2020 年	2021 年
全 国	**Total**	**12124**	**13328**	**13713**	**15916**
东部地区	**Eastern Region**				
北 京	Beijing	20195	21881	20913	23574
天 津	Tianjin	16863	17843	16844	19285
河 北	Hebei	11383	12372	12644	15391
辽 宁	Liaoning	11455	12030	12311	14606
上 海	Shanghai	19965	22449	22095	27205
江 苏	Jiangsu	16567	17716	17022	21130
浙 江	Zhejiang	19707	21352	21555	25415
福 建	Fujian	14943	16281	16339	19290
山 东	Shandong	11270	12309	12660	14299
广 东	Guangdong	15411	16949	17132	20012
海 南	Hainan	10956	12418	13169	15487
中部地区	**Central Region**				
山 西	Shanxi	9172	9728	10290	11410
吉 林	Jilin	10826	11457	11864	13411
黑龙江	Heilongjiang	11417	12495	12360	15225
安 徽	Anhui	12748	14546	15024	17163
江 西	Jiangxi	10885	12497	13579	15663
河 南	Henan	10392	11546	12201	14073
湖 北	Hubei	13946	15328	14472	17647
湖 南	Hunan	12721	13969	14974	16951
西部地区	**Western Region**				
重 庆	Chongqing	11977	13112	14140	16096
四 川	Sichuan	12723	14056	14953	16444
贵 州	Guizhou	9170	10222	10818	12557
云 南	Yunnan	9123	10260	11069	12386
西 藏	Tibet	7452	8418	8917	10577
陕 西	Shaanxi	10071	10935	11376	13158
甘 肃	Gansu	9065	9694	9923	11206
青 海	Qinghai	10352	11343	12134	13300
宁 夏	Ningxia	10790	11465	11724	13536
新 疆	Xinjiang	9421	10318	10778	12821
内蒙古	Inner Mongolia	12661	13816	13594	15691
广 西	Guangxi	10617	12045	12431	14165

3-65 脱贫县农村居民人均可支配收入与消费支出（2018-2021 年）
Per Capita Disposable Income and Consumption Expenditure of Rural Households in Overcome Poverty Counties（2018-2021）

单位：元 / 人（yuan/person）

指 标	Item	2018 年	2019 年	2020 年	2021 年
一、可支配收入	**Disposable Income**	**12470**	**13832**	**15019**	**16668**
（一）工资性收入	Wage and Salary Income	3752	4228	4564	5173
（二）经营净收入	Net Operating Income	4807	5298	5686	6209
（三）财产净收入	Net Property Income	196	218	244	278
（四）转移净收入	Net Transfer Income	3715	4088	4525	5008
二、消费支出	**Consumption Expenditure**	**11058**	**12145**	**13158**	**14836**
（一）食品烟酒	Food, Tobacco and Alcohol	3843	4119	4622	5293
（二）衣 着	Clothing	624	673	743	836
（三）居 住	Residence	2162	2388	2473	2577
（四）生活用品及服务	Household Facilities, Articles and Services	718	765	839	884
（五）交通通信	Transport and Communications	1317	1451	1505	1738
（六）教育文化娱乐	Education, Cultural and Recreation	1306	1480	1387	1714
（七）医疗保健	Health Care and Medical Services	930	1073	1409	1569
（八）其他用品及服务	Miscellaneous Goods and Services	158	196	180	225

3-66 脱贫县农村住房设施及耐用消费品拥有情况（2018-2021 年）
Housing Conditions and Main Durable Goods Owned of Overcome Poverty Counties（2018-2021）

指 标	Item	单位	Unit	2018 年	2019 年	2020 年	2021 年
农村住房及家庭设施状况	**Status of Rural Housing and Household Facility**						
#居住竹草土坯房的户比重	Proportion of Households Live in Bamboo, Grass and Adobe Housing	%	%	0.3	0.1		
使用管道供水的户比重	Proportion of Households use Piped Water	%	%	87.9	88.2	93.0	95.7
使用经过净化处理自来水的户比重	Proportion of Households use Decontaminated Tap Water	%	%	60.3	68.4	89.4	93.0
饮水无困难的户比重	Proportion of Households get Potable Water without Trouble	%	%	91.8	96.9	98.9	99.1
独用厕所的户比重	Proportion of Households have Private Washroom	%	%	99.7	99.7	100.0	100.0
炊用柴草的户比重	Proportion of Households use Firewood and Grass to cook	%	%	45.7	41.9	24.8	29.9
农村住户耐用消费品拥有情况	**Status of Durable Goods Possession of Rural Households**						
#百户汽车拥有量	Numbers of Automobiles Owned per a Hundred Household	辆	vehicle	14.6	16.7	18.5	19.2
百户洗衣机拥有量	Numbers of Washing Machines Owned per a Hundred Household	台	unit	91.8	94.5	96.5	99.5
百户电冰箱拥有量	Numbers of Refrigerators Owned per a Hundred Household	台	unit	101.1	105.6	106.7	108.1
百户移动电话拥有量	Numbers of Mobilephones Owned per a Hundred Household	部	unit	266.3	274.0	285.3	287.7
百户计算机拥有量	Numbers of Computers Owned per a Hundred Household	台	unit	22.6	25.4	28.1	28.8

主要指标解释

居民可支配收入 指居民在调查期内获得的、可用于最终消费支出和储蓄的总和，即居民可以用来自由支配的收入。可支配收入既包括现金，也包括实物收入。按照收入的来源，可支配收入包含四项，分别为：工资性收入、经营净收入、财产净收入和转移净收入。

工资性收入 指就业人员通过各种途径得到的全部劳动报酬和各种福利，包括受雇于单位或个人、从事各种自由职业、兼职和零星劳动得到的全部劳动报酬和福利。

经营净收入 指居民从事生产经营活动所获得的净收入，是全部经营收入中扣除经营费用、生产性固定资产折旧和生产税之后得到的净收入。

财产净收入 指居民将其所拥有的金融资产、住房等非金融资产和自然资源交由其他机构单位、住户或个人支配而获得的回报并扣除相关的费用之后得到的净收入。财产净收入包括利息净收入、红利收入、储蓄性保险净收益、转让承包土地经营权租金净收入、出租房屋净收入、出租其他资产净收入和自有住房折算净租金等。

转移净收入 计算公式为：转移净收入 = 转移性收入 – 转移性支出

转移性收入 指国家、单位、社会团体对居民的各种经常性转移支付和居民之间的经常性收入转移。包括政府、非行政事业单位、社会团体对居民转移的养老金或退休金、社会救济和补助、惠农补贴、政策性生活补贴、救灾款、经常性捐赠和赔偿以及报销医疗费等；居民之间的赡养收入、经常性捐赠和赔偿以及农村地区（村委会）在外（含国外）工作的本住户非常住成员寄回带回的收入等。

转移性收入不包括住户之间的实物馈赠。

转移性支出 指居民对国家、单位、住户或个人的经常性或义务性转移支付。包括缴纳的税款、各项社会保障支出、赡养支出、经常性捐赠和赔偿支出以及其他经常转移支出等。

居民消费支出 指居民用于满足家庭日常生活消费需要的全部支出，包括用于消费品的支出和用于服务性消费的支出。根据用途不同，消费支出可划分为食品烟酒、衣着、居住、生活用品及服务、交通通信、教育文化娱乐、医疗保健、其他用品及服务八大类。

家庭收入分组方法 是将所有调查户按家庭人均可支配收入由低到高排队，按各 20% 的比例分为低收入户、中低收入户、中等收入户、中高收入户、高收入户等五组。

四

市场物价

Market Prices

简 要 说 明

一、本篇主要内容

本章主要内容包括居民消费价格总指数、商品零售价格总指数、居民消费价格分类指数、商品零售价格分类指数、各月居民消费价格分类同比指数、各月居民消费价格分类环比指数、全国各地区居民消费价格指数、全国各地区商品零售价格指数、农产品生产价格指数、全国36个大中城市居民消费价格指数、全国36个大中城市商品零售价格指数、工业生产者出厂价格指数、工业生产者购进价格指数、固定资产投资价格指数、新建商品住宅销售价格指数、二手住宅销售价格指数等。

二、数据来源及调查方法

（一）居民消费价格指数

居民消费价格，是指城乡居民购买并用于日常生活消费的商品和服务项目的价格。居民消费价格指数，是反映一定时期内居民所消费商品及服务项目的价格水平变动趋势和变动程度。居民消费价格水平的变动率在一定程度上反映了通货膨胀(或紧缩）的程度。编制居民消费价格指数的目的，是了解当地价格变动的基本情况，分析研究价格变动对社会经济和居民生活的影响，满足政府制定政策和计划、进行宏观调控的需要，以及为国民经济核算提供参考依据。

1. 数据来源。通过商场（店）、超市、农贸市场、服务网点和互联网电商等场所，调查城乡居民购买并用于日常生活消费的商品和服务项目的价格。包括食品烟酒、衣着、居住、生活用品及服务、交通通信、教育文化娱乐、医疗保健、其他用品及服务等8个大类，268个基本分类的价格。

2. 调查方法。通过手持数据采价器，采用定人、定点、定时的方法直接调查。通过相关政府部门发布的通知、公告等文件，以及部分企业、单位公开发布的收费信息资料和被调查单位的电子数据进行辅助采价，以及从互联网采集特定商品和服务价格。

（二）商品零售价格指数

商品零售价格是商品在流通过程中最后一个环节的价格，是工业、商业、餐饮业和其他零售企业向城乡居民、机关团体出售生活消费品和办公用品的价格。商品零售价格指数，是反映市场商品零售价格的变动趋势和变动程度。编制商品零售价格指数的目的在于掌握商品价格的变动趋势，为政府宏观调控和国民经济核算提供参考依据。

1. 数据来源。调查工业、商业、餐饮业和其他行业的零售商品以及农民对非农业居民出售商品的价格。包括食品、饮料烟酒、服装鞋帽、纺织品、家用电器及音像器材、文化办公用品、日用品、体育娱乐用品、交通通信用品、家具、化妆品、金银饰品、中西药品及医疗保健用品、书报杂志及电子出版物、燃料、建筑材料及五金电料等16个大类，197个基本分类的商品零售价格。

2. 调查方法。通过手持数据采价器，采用定人、定点、定时的方法直接调查。通过相关政府部门发布的通知、公告等文件，以及部分企业、单位公开发布的收费信息资料和被调查单位的电子数据进行辅助采价，以及从互联网采集特定商品和服务价格。

（三）农产品生产价格指数

农产品生产价格指数是反映一定时期内，农产品生产者出售农产品价格水平变动趋势及幅度的相对数。该指数可以客观反映全国农产品生产价格水平和结构变动情况，满足农业与国民经济核算需要。

编制农产品生产价格指数是以代表产品（类别）的价格变动来反映全部农产品的价格变化趋势和变动幅度。代表品的价格指数采用几何平均法计算，大、中、小类价格指数和总指数采取加权算术平均法计算。代表品权数主要根据农产品销售金额确定，价格指数的对比基期为上年同期。季度累计价格指数的计算方法与分季指数的计算方法相同。

我国农产品生产价格调查的类别和代表产品包括农业、林业、畜牧、渔业4个大类，谷物、棉花、油料、糖料，蔬菜、园艺、水果、中药材、林产品、牲畜、家禽、禽蛋、奶类、海水产品和淡水产品等15个中类，30个小类，180种代表品。目前，重庆农产品生产者价格调查主要包括农林牧渔业的19类农产品，46个代表品，涉及16个区县，490个样本。

（四）工业生产者价格指数

1. 调查方式。工业生产者价格调查采用重点调查与典型调查相结合的调查方法。将全部年主营业务收入2000万元以上的企业列为抽样对象，采用重点调查的方法选择调查企业；适当补充部分年主营业务收入2000万元以下的企业，采用典型调查的方法选择调查企业。

2. 调查日期。工业生产者价格调查实行月报，调查日期为调查月的 5 日和 20 日。

3. 调查内容。工业生产者价格调查内容包括报告月调查日的工业生产者出厂价格和购进价格及相应的基期价格。

企业上报的报表包括报告期单价和上月单价，产品报告期单价为报告月 5 日、20 日两次所采单价的简单平均值。对于报表中的产品代码、产品名称、销售条件等内容都要认真填报。

工业生产者出厂价格统计调查 41 个工业行业大类，207 个工业行业中类，666 个工业行业小类的工业产品。根据我国工业企业产品的实际销售情况，从《统计用产品分类目录》中选定了 20000 多种工业产品，并将其划分为 1638 个基本分类。

工业生产者购进价格调查项目由上述出厂调查目录的大部分和部分农副产品两部分组成，包括 10000 多种调查产品，确定为 981 个基本分类。

（五）固定资产投资价格指数

1. 调查方式。固定资产投资价格基础数据采取重点调查、典型调查以及非传统数据替代相结合的方法。建筑安装工程价格采用重点调查和典型调查的方法从企业采集数据，并采用“造价办”（隶属于住建部门）相关数据作为补充。设备、工器具价格数据使用工业生产者出厂价格指数中的相关数据。其他费用价格使用国土部门和信贷部门以及其他部门数据。

2. 调查日期。固定资产投资价格调查实行季报。调查日期为调查季每月的 15 日。

3. 调查内容。固定资产投资价格调查内容包括构成当年建筑工程实体的金属材料，非金属材料，化工材料，木、竹材及其制品，装饰材料及配件，水暖、洁具及卫生器具，电气电料，仪表等主要材料含税价格；作为活劳动投入的劳动力价格（单位工资）和各种施工机械使用价格；设备、工器具购置和其他费用投资价格。

（六）住宅销售价格指数

1. 调查方式。住宅销售价格统计调查基础数据采用重点调查与典型调查相结合的方法。主城九区的新建住宅销售价格调查表（网签数据）CQV220 表由重庆调查总队统一向重庆市城乡和住房建设委员会收取网签备案数据；新建商品住宅销售价格调查表（并行方案）CQV225 表和二手住宅销售价格调查表 CQV222 表由被抽中的大型房地产企业和房地产经纪公司定期填报。

2. 调查日期。住宅销售价格统计调查实行月报。网签数据的调查日期为调查月内全部数据，非网签数据的调查日期为调查月 15 日。

3. 调查内容。住宅销售价格调查内容为新建商品住宅、二手住宅销售价格，销售面积，销售金额等，并按面积分为 90 平方米及以下、90–144 平方米、144 平方米以上三个基本分类。

4-1 居民消费价格总指数（1951-2021 年）
Consumer Price Indices （CPI）（1951-2021）

年份 Year	以不同基期计算的价格指数 CPI Calculated by Different Base Period			
	上年 =100 Preceding Year = 100	2000 年 =100 2000 Year=100	1978 年 =100 1978 Year=100	1950 年 =100 1950 Year=100
1951	109.1			109.1
1952	97.3			106.2
1953	98.7			104.8
1954	100.2			105.0
1955	101.4			106.5
1956	102.4			109.1
1957	104.6			114.1
1958	99.3			113.3
1959	99.8			113.0
1960	99.9			112.9
1961	135.6			153.1
1962	95.2			145.8
1963	91.9			134.0
1964	95.3			127.7
1965	98.0			125.1
1966	101.5			127.0
1967	102.1			129.7
1968	100.3			130.1
1969	99.7			129.7
1970	99.6			129.2
1971	100.5			129.8
1972	100.1			129.9
1973	100.4			130.4
1974	100.3			130.8
1975	100.3			131.2
1976	100.2			131.5
1977	100.1			131.6
1978	102.9		100.0	135.4
1979	101.5		101.5	137.5
1980	107.9		109.5	148.3
1981	101.3		110.9	150.3
1982	102.7		113.9	154.3
1983	102.8		117.1	158.6
1984	102.9		120.5	163.2
1985	109.9		132.4	179.4

4-1 居民消费价格总指数（1951-2021 年）
Consumer Price Indices （CPI）（1951-2021）

续表（continued）

年份 Year	以不同基期计算的价格指数 CPI Calculated by Different Base Period			
	上年=100 Preceding Year = 100	2000 年=100 2000 Year=100	1978 年=100 1978 Year=100	1950 年=100 1950 Year=100
1986	104.2		138.0	186.9
1987	109.8		151.5	205.2
1988	122.7		185.9	251.8
1989	117.1		217.7	294.9
1990	101.4		220.7	299.0
1991	107.0		236.1	319.9
1992	111.2		262.5	355.7
1993	118.7		311.6	422.2
1994	129.7		404.1	547.6
1995	119.4		482.5	653.8
1996	109.7		529.3	717.2
1997	103.3		546.8	741.2
1998	96.4		527.1	714.5
1999	99.3		523.4	709.5
2000	96.7	100.0	506.1	686.1
2001	101.7	101.7	514.7	697.8
2002	99.6	101.3	512.6	695.0
2003	100.6	101.9	515.7	699.2
2004	103.7	105.6	534.8	725.1
2005	100.8	106.5	539.1	730.9
2006	102.4	109.0	552.0	748.4
2007	104.7	114.2	577.9	783.6
2008	105.6	120.6	610.3	827.5
2009	98.4	118.7	600.5	814.3
2010	103.2	122.5	619.8	840.3
2011	105.3	129.0	652.6	884.9
2012	102.6	132.3	669.5	907.8
2013	102.7	135.8	687.2	931.8
2014	101.8	138.2	699.3	948.2
2015	101.3	140.0	708.1	960.1
2016	101.8	142.5	720.8	977.3
2017	101.0	143.9	728.0	987.1
2018	102.0	146.9	742.9	1007.3
2019	102.7	150.8	763.0	1034.5
2020	102.3	154.3	780.5	1058.3
2021	100.3	154.7	782.9	1061.5

4-2 商品零售价格总指数（1951-2021 年）
Retail Price Indices（1951-2021）

年份 Year	以不同基期计算的价格指数 RPI Calculated by Different Base Period			
	上年 =100 Preceding Year = 100	2000 年 =100 2000 Year=100	1978 年 =100 1978 Year=100	1950 年 =100 1950 Year=100
1951	111.8			111.7
1952	97.2			108.6
1953	97.9			106.3
1954	100.6			107.0
1955	101.5			108.6
1956	103.2			112.1
1957	103.9			116.4
1958	98.3			114.4
1959	99.5			113.9
1960	99.9			113.8
1961	146.2			166.3
1962	95.0			158.0
1963	90.6			143.2
1964	94.6			135.4
1965	98.2			133.0
1966	101.7			135.2
1967	102.4			138.5
1968	100.3			138.9
1969	99.7			138.5
1970	99.5			137.8
1971	100.6			138.6
1972	100.1			138.8
1973	100.4			139.3
1974	100.3			139.7
1975	100.3			140.2
1976	100.2			140.4
1977	100.1			140.6
1978	103.2		100.0	145.1
1979	101.6		101.6	147.4
1980	108.6		110.3	160.1
1981	101.4		111.9	162.3
1982	102.7		114.9	166.7
1983	102.8		118.1	171.4
1984	101.7		120.1	174.3
1985	110.0		132.0	191.7

4-2 商品零售价格总指数（1951-2021 年）
Retail Price Indices（1951-2021）

续表（continued）

年份 Year	以不同基期计算的价格指数 RPI Calculated by Different Base Period			
	上年 =100 Preceding Year = 100	2000 年 =100 2000 Year=100	1978 年 =100 1978 Year=100	1950 年 =100 1950 Year=100
1986	104.2		137.5	199.8
1987	110.5		151.9	220.7
1988	123.3		187.3	272.2
1989	116.5		218.2	317.1
1990	100.1		218.4	317.4
1991	106.1		231.7	336.7
1992	109.8		254.4	369.7
1993	116.3		295.9	430.0
1994	126.5		374.3	544.0
1995	116.3		435.3	632.6
1996	106.1		461.9	671.2
1997	101.7		470.4	682.6
1998	94.5		444.5	645.1
1999	96.5		428.9	622.5
2000	95.5	100.0	409.6	594.5
2001	99.0	99.0	405.5	588.6
2002	98.9	97.9	401.0	582.1
2003	99.5	97.4	399.0	579.2
2004	101.4	98.8	404.6	587.3
2005	98.7	97.5	399.3	579.7
2006	101.6	99.1	405.7	589.0
2007	103.7	102.7	420.7	610.8
2008	105.0	107.8	441.7	641.3
2009	97.3	104.9	429.8	624.0
2010	101.7	106.7	437.1	634.6
2011	104.7	111.7	457.5	664.2
2012	101.6	113.5	464.8	674.7
2013	101.8	115.5	473.2	687.0
2014	100.9	116.5	477.3	693.0
2015	100.2	116.8	478.3	694.4
2016	101.3	118.3	484.4	703.3
2017	100.8	119.3	488.5	709.2
2018	101.2	120.7	494.2	717.6
2019	101.6	122.6	502.1	729.0
2020	102.2	125.3	513.2	745.1
2021	101.4	127.1	520.4	755.5

4-3 居民消费价格分类指数（2001–2021 年）
Consumer Price Indices by Category（2001–2021）

上年 =100（preceding year=100）

项 目	Item	2001 年	2002 年	2003 年	2004 年	2005 年	2006 年
居民消费价格总指数	**Consumer Price Index**	**101.7**	**99.6**	**100.6**	**103.7**	**100.8**	**102.4**
非食品价格指数	Non–food Price Index	103.1	100.0	98.5	99.5	101.1	102.0
服务项目价格指数	Price Index of Service Item	113.6	105.7	100.6	104.3	105.0	103.8
工业品价格指数	Industrial Price Index						100.8
扣除食品烟酒和能源价格指数	Excluding Food Tobacco Liquor and Energy Price Index						101.6
消费品价格指数	Consumer Goods Price Index	98.2	97.5	100.6	103.4	99.3	101.9
食品	**Food**	**99.2**	**98.7**	**104.3**	**111.0**	**100.1**	**103.1**
粮食	Grain	96.3	103.0	100.5	127.1	102.7	101.3
大米	Rice	94.4	105.3	101.0	130.3	98.8	101.6
油脂	Oil or Fat	91.7	99.3	114.2	121.4	83.8	98.8
肉禽及其制品	Meal, Poultry and Processed Products	97.8	103.8	99.2	121.5	101.4	99.6
食用畜肉及副产品	Meat and its Subsidiary Products	99.2	102.3	98.0	126.1	96.3	99.6
猪肉	Pork	99.4	104.6	98.5	131.6	93.8	98.7
禽	Poultry	95.1	109.2	103.4	118.1	109.4	98.8
蛋	Eggs	104.2	104.2	98.3	117.2	104.8	97.7
水产品	Aquatic Products	98.4	97.8	104.7	111.6	104.1	98.7
菜	Vegetables	108.9	88.9	120.6	112.6	98.7	114.2
鲜菜	Fresh Vegetables	110.8	88.3	122.8	114.5	98.7	114.7
调味品	Flavoring	97.1	100.0	97.5	102.5	98.8	101.9
糖	Carbohydrate	102.3	95.3	100.3	103.1	102.9	105.7
茶及饮料	Tea and Beverages	96.3	99.3	98.5	101.9	97.6	100.5
干鲜瓜果	Dried and Fresh Melons and Fruits	103.1	89.7	122.6	99.6	96.0	116.2
糕点饼干面包	Cake, Biscuit and Bread	104.4	100.3	99.5	101.4	101.1	99.6
液体乳及乳制品	Milk and Its Products	95.1	97.9	100.5	100.1	97.0	103.6
在外用膳食品	Dining Out	98.2	98.0	101.3	100.1	101.4	100.9
其他食品	Other Foods and Manufacturing Services	97.7	100.5	102.6	101.2	99.1	102.3
烟酒	**Tobacco and Liquor**	**96.8**	**98.4**	**98.2**	**100.4**	**101.2**	**100.3**
烟草	Tobacco	95.4	98.0	97.0	98.5	101.8	99.3
酒	Liquor	99.9	99.2	101.1	106.0	99.8	102.6
吸烟、饮酒用品	Articles for Smoking and Drinking	97.1	98.5	98.2	98.6	100.3	100.9

注：根据国家统计局城市司 2011 年新的调查制度，2011 年数据中，原指标“扣除食品和能源价格指数”改为“扣除食品烟酒和能源价格指数”；原指标“烟酒及用品”改为“烟酒”，原“吸烟、饮酒用品”指标取消。下同。

Note：According to the new survey system of 2011 from Department of Urban Surveys National Bureau of Statistics, in the data of 2011, the original “Excluding Food and Energy Price Index” changed to “Excluding Food Tobacco Liquor and Energy Price Index”, the original index “Tobacco, Liquor and Articles” changed to “Tobacco and Liquor”, the original “Articles for Smoking and Drinking” index canceled.（the same below）

4-3 居民消费价格分类指数（2001–2021 年）
Consumer Price Indices by Category （2001–2021）

续表 1（continued1）　　　　上年 =100（preceding year=100）

项 目	Item	2007 年	2008 年	2009 年	2010 年	2011 年	2012 年	2013 年	2014 年	2015 年
居民消费价格总指数	**Consumer Price Index**	**104.7**	**105.6**	**98.4**	**103.2**	**105.3**	**102.6**	**102.7**	**101.8**	**101.3**
非食品价格指数	Non–food Price Index	100.0	100.1	97.5	101.7	101.5	101.5	101.9	101.0	101.0
服务项目价格指数	Price Index of Service Item	100.7	101.4	98.4	104.6	102.5	102.1	102.0	101.4	101.5
工业品价格指数	Industrial Price Index	99.5	99.3	96.9	100.0	100.8	101.1	101.8	100.6	100.5
扣除食品烟酒和能源价格指数	Excluding Food Tobacco Liquor and Energy Price Index	99.7	100.0	97.5	101.4	101.0	101.2	102.0	101.1	101.4
消费品价格指数	Consumer Goods Price Index	106.2	107.1	98.4	102.8	106.5	102.8	102.9	101.9	101.1
食品	**Food**	**114.1**	**115.7**	**100.0**	**106.5**	**114.1**	**104.7**	**104.1**	**103.3**	**101.8**
粮食	Grain	107.9	112.0	106.2	113.1	115.4	107.7	103.0	101.8	102.3
大米	Rice	108.5	109.7	108.4	117.7	115.8	107.1	102.7	98.8	100.7
油脂	Oil or Fat	132.3	128.5	80.9	105.2	116.0	106.0	98.6	94.7	96.1
肉禽及其制品	Meal, Poultry and Processed Products	136.7	122.7	86.7	104.7	130.1	99.1	103.7	99.4	106.7
食用畜肉及副产品	Meat and its Subsidiary Products	143.5	126.5	80.5	102.8	135.6	97.3	104.5	97.6	109.6
猪肉	Pork	149.8	122.4	76.4	103.1	140.2	93.1	100.8	94.0	111.8
禽	Poultry	134.3	111.7	92.8	106.8	121.5	102.3	101.7	103.4	101.3
蛋	Eggs	120.5	103.2	98.8	106.4	120.2	100.6	109.1	103.5	95.7
水产品	Aquatic Products	109.8	125.0	102.3	106.0	107.2	106.7	102.7	104.7	102.3
菜	Vegetables	110.5	108.2	115.0	109.3	103.5	112.3	107.1	105.7	100.6
鲜菜	Fresh Vegetables	111.1	107.4	116.6	108.7	103.8	113.2	106.4	105.4	100.3
调味品	Flavoring	103.5	105.5	104.1	112.3	110.1	103.4	104.7	102.0	100.8
糖	Carbohydrate	104.9	109.6	103.5	106.3	109.4	104.1	104.4	100.0	97.6
茶及饮料	Tea and Beverages	103.2	105.6	100.7	104.4	108.2	104.3	104.2	101.6	100.4
干鲜瓜果	Dried and Fresh Melons and Fruits	99.3	118.1	113.2	114.9	116.4	108.0	101.7	117.7	102.4
糕点饼干面包	Cake, Biscuit and Bread	107.4	111.0	101.6	102.3	109.2	102.4	103.2	101.8	100.3
液体乳及乳制品	Milk and Its Products	101.6	114.2	101.0	103.3	107.5	104.4	106.1	108.5	94.9
在外用膳食品	Dining Out	107.2	110.2	103.9	104.2	107.1	105.9	104.6	102.5	101.4
其他食品	Other Foods and Manufacturing Services	102.1	112.6	98.9	96.7	106.8	107.6	100.8	101.5	98.4
烟酒	**Tobacco and Liquor**	**102.4**	**102.8**	**101.6**	**104.3**	**103.7**	**107.1**	**100.6**	**97.8**	**99.1**
烟草	Tobacco	99.8	99.4	100.0	101.4	99.8	99.8	100.0	99.7	102.8
酒	Liquor	109.6	112.4	105.3	112.7	112.7	122.0	101.6	94.5	92.6
吸烟、饮酒用品	Articles for Smoking and Drinking	100.3	96.3	100.6	101.1					

注：根据国家统计局城市司 2011 年新的调查制度，2011 年数据中，原指标“扣除食品和能源价格指数”改为“扣除食品烟酒和能源价格指数”；原指标“烟酒及用品”改为“烟酒”，原“吸烟、饮酒用品”指标取消。下同。

Note: According to the new survey system of 2011 from Department of Urban Surveys National Bureau of Statistics, in the data of 2011, the original "Excluding Food and Energy Price Index" changed to "Excluding Food Tobacco Liquor and Energy Price Index", the original index "Tobacco, Liquor and Articles" changed to "Tobacco and Liquor", the original "Articles for Smoking and Drinking" index canceled. (the same below)

4-3 居民消费价格分类指数（2001-2021 年）
Consumer Price Indices by Category （2001-2021）

续表 2（continued2） 上年 =100（preceding year=100）

类 别	Item	2016 年	2017 年	2018 年	2019 年	2020 年	2021 年
居民消费价格总指数	**Consumer Price Index**	101.8	101.0	102.0	102.7	102.3	100.3
非食品价格指数	Non-food Price Index	101.1	102.0	102.2	101.1	100.3	101.4
服务价格指数	Price Index of Service Item	101.0	102.7	103.1	101.9	100.4	100.6
工业品价格指数	Industrial Price Index	101.0	101.8	101.6	100.0	99.2	102.1
扣除食品和能源价格指数	Excluding Food Tobacco Liquor and Energy Price Index	101.3	101.9	102.0	101.2	100.7	100.9
消费品价格指数	Consumer Goods Price Index	102.2	100.1	101.5	103.2	103.5	100.0
食品烟酒	**Food,Tobacco,Liquor**	103.6	98.2	101.4	106.8	107.9	97.8
食品	Food	104.7	97.0	101.4	109.6	110.3	95.6
粮食	Grain	102.4	100.6	98.2	97.7	97.4	98.5
大 米	Rice	100.7	100.6	95.7	96.8	95.9	98.5
薯类	Tubers	126.0	94.1	104.3	98.1	105.4	101.5
食用油	Oil	103.0	98.7	98.6	102.9	100.0	106.6
菜及食用菌	Vegetables and Edible Fungus	108.7	93.0	106.4	101.9	109.1	101.2
鲜 菜	Fresh Vegetable	109.3	92.3	107.0	101.5	110.2	101.2
畜肉类	Livestock ,Meat	111.9	92.1	96.5	133.1	139.9	78.1
猪 肉	Pork	117.1	86.8	93.0	145.8	151.6	65.9
禽肉类	Poultry	100.3	101.3	105.8	110.8	101.6	94.0
水产品	Aquatic Products	104.7	103.0	101.1	101.4	102.5	107.6
蛋类	Eggs	96.4	98.3	115.8	104.7	86.9	109.7
奶类	Dairy Products	99.4	98.2	100.3	100.9	95.9	98.8
干鲜瓜果类	Dried and Fresh Melons and Fruits	97.8	99.9	101.2	105.7	84.4	99.9
糖果糕点类	Confectionery，Cakes	101.4	101.2	99.9	100.6	101.3	104.0
调味品	Flavoring	100.5	101.4	101.1	101.2	101.7	101.9
其他食品类	Other Foods	101.6	101.4	100.9	102.3	102.0	96.3
茶及饮料	Tea and Beverages	98.9	102.2	101.9	100.6	100.3	100.1
烟酒	Tobacco and Liquor	100.2	101.0	99.7	99.7	100.5	100.2
卷烟	Tobacco	100.4	99.8	99.8	100.0	100.2	101.6
酒类	Liquor	99.8	103.0	99.5	99.1	101.2	97.5
在外餐饮	Dining out	102.3	100.2	101.8	102.6	104.4	102.1

注：根据国家统计局城市司 2016 年新的调查制度，2016 年数据中，原指标“食品”改为“食品烟酒”，原“烟酒”指标取消。下同。

Note：According to the new survey system of 2016 from Department of Urban Surveys National Bureau of Statistics, in the data of 2016,the original index “Food” changed to “Food alcohol and tobacco”，the original “Tobacco and Liquor” index canceled.（the same below）

4-3 居民消费价格分类指数（2001-2021 年）
Consumer Price Indices by Category （2001-2021）

续表 3 （continued3）　　　　上年 =100（preceding year=100）

项 目	Item	2001 年	2002 年	2003 年	2004 年	2005 年	2006 年
衣着	**Clothing**	**97.4**	**93.5**	**94.2**	**91.2**	**92.1**	**98.2**
服装	Garments	98.2	92.3	93.9	93.4	94.0	100.4
衣着材料	Clothing Material	101.0	98.9	103.1	101.8	96.3	100.0
鞋袜帽	Footgear and Hats	94.8	96.0	94.3	84.4	86.1	91.3
衣着加工服务费	Clothing Manufacturing Services	100.0	101.3	98.9	98.8	101.0	102.5
家庭设备用品及维修服务	**Household Facilities, Articles and Services**	**95.7**	**96.8**	**95.5**	**98.5**	**100.1**	**100.3**
耐用消费品	Durable Consumer Goods	92.6	93.8	94.2	95.6	99.1	99.8
室内装饰品	Interior Decorations	91.5	99.9	99.6	99.1	100.3	98.2
床上用品	Bed Articles	99.7	100.4	99.0	99.1	99.1	92.7
家庭日用杂品	Daily Use Household Articles	98.8	97.4	94.0	103.8	100.3	99.4
家庭服务及加工维修服务	Household Services and Maintenance and Renovation	101.7	105.3	99.8	100.8	104.6	109.5
医疗保健和个人用品	**Health Care and Personal Articles**	**98.9**	**95.6**	**99.3**	**99.4**	**102.5**	**100.8**
医疗保健	Health Care	98.7	94.4	99.2	98.7	104.0	100.1
西药	Western Medicine	93.7	89.5	97.7	91.9	101.5	101.1
医疗保健服务	Health Care Services	100.0	101.2	104.3	116.0	107.2	99.8
个人用品及服务	Personal Articles and Services	99.3	99.1	99.8	101.2	98.1	102.8
交通和通信	**Transportation and Communication**	**102.4**	**99.4**	**98.7**	**99.2**	**99.9**	**98.7**
交通	Transportation	106.7	100.7	100.2	100.8	102.3	102.1
市区公共交通费	Incity Traffic Fare	120.8	103.6	99.2	100.0	100.0	100.0
城市间交通费	Intercity Traffic Fare	101.4	99.0	102.2	101.1	103.9	98.2
通信	Communication	99.5	98.4	97.7	98.0	98.1	96.6
娱乐教育文化用品及服务	**Recreation, Education and Culture Articles**	**114.8**	**105.5**	**99.6**	**103.2**	**104.1**	**104.3**
文娱用耐用消费品及服务	Durable Consumer Goods for Cultural and Recreational Use and Services	91.2	91.4	93.0	93.0	90.4	94.8
教育	Education	133.5	111.8	102.2	107.2	112.2	106.4
文化娱乐类	Cultural and Recreational Articles	104.0	103.2	98.8	99.0	100.7	102.1
旅游	Touring and Outing	91.4	94.3	98.7	105.5	90.5	109.3
居住	**Residence**	**102.6**	**104.1**	**102.2**	**100.9**	**103.0**	**106.0**
建房及装修材料	Building and Building Decoration Materials	99.1	99.9	100.0	97.6	101.2	107.5
租房	Renting	108.5	115.6	99.9	100.5	100.0	100.0
自有住房	Private Housing	100.0	92.4	98.5	103.1	106.1	102.7
水、电、燃料	Water, Electricity and Fuels	104.4	109.0	106.1	102.1	103.6	108.0
水	Water	121.0	149.3	105.4	101.9	107.8	102.6
电	Electricity	103.9	100.7	108.0	102.8	103.9	105.4
管道燃气	Pipeline Gas	100.0	103.7	100.9	100.0	100.0	117.4

4-3 居民消费价格分类指数（2001-2021 年）
Consumer Price Indices by Category （2001-2021）

续表 4（continued4） 上年 =100（preceding year=100）

项 目	Item	2007 年	2008 年	2009 年	2010 年	2011 年	2012 年	2013 年	2014 年	2015 年
衣着	**Clothing**	**94.2**	**94.2**	**94.7**	**98.4**	**101.3**	**102.2**	**106.3**	**102.0**	**102.8**
服装	Garments	95.7	94.5	98.7	99.6	101.6	101.1	106.2	102.3	103.1
衣着材料	Clothing Material	100.0	100.0	100.3	100.5	114.1	101.4	102.6	100.9	99.0
鞋袜帽	Footgear and Hats	89.0	92.9	82.2	94.8	100.1	105.2	106.9	101.0	102.2
衣着加工服务费	Clothing Manufacturing Services	100.3	102.1	100.0	100.0	102.4	108.0	106.7	105.7	103.8
家庭设备用品及维修服务	**Household Facilities, Articles and Services**	**101.8**	**102.5**	**97.2**	**100.2**	**102.2**	**100.9**	**101.6**	**100.5**	**100.0**
耐用消费品	Durable Consumer Goods	102.5	101.3	94.4	96.0	97.3	99.9	100.4	100.6	98.9
室内装饰品	Interior Decorations	97.0	96.6	96.2	99.6	95.3	98.0	98.0	98.6	100.2
床上用品	Bed Articles	95.0	102.4	96.5	100.6	109.9	97.9	101.0	98.1	100.1
家庭日用杂品	Daily Use Household Articles	102.3	102.8	102.4	104.9	104.6	102.8	100.6	99.5	100.2
家庭服务及加工维修服务	Household Services and Maintenance and Renovation	104.0	108.6	100.5	107.4	110.6	104.2	111.4	106.0	102.9
医疗保健和个人用品	**Health Care and Personal Articles**	**99.1**	**101.9**	**99.4**	**102.5**	**102.0**	**101.9**	**101.0**	**101.7**	**102.6**
医疗保健	Health Care	98.8	101.4	99.8	103.4	101.5	102.0	101.2	102.8	104.1
西药	Western Medicine	98.5	101.9	100.9	100.4	98.8	100.4	101.1	100.5	100.8
医疗保健服务	Health Care Services	98.2	100.0	100.3	101.0	100.3	100.6	100.6	100.5	101.0
个人用品及服务	Personal Articles and Services	100.0	103.1	97.9	101.0	102.7	101.7	100.6	99.8	99.9
交通和通信	**Transportation and Communication**	**99.0**	**99.3**	**98.2**	**99.5**	**99.1**	**98.3**	**98.3**	**100.3**	**98.0**
交通	Transportation	100.4	102.7	100.7	103.6	103.2	101.3	99.3	102.0	97.6
市区公共交通费	Incity Traffic Fare	100.0	100.0	100.3	105.7	102.7	100.8	101.1	106.5	103.0
城市间交通费	Intercity Traffic Fare	99.6	102.5	109.0	98.3	103.3	103.8	96.1	99.6	99.1
通信	Communication	98.0	97.3	96.5	96.4	95.5	95.5	97.2	98.5	98.4
娱乐教育文化用品及服务	**Recreation, Education and Culture Articles**	**99.4**	**100.3**	**98.5**	**102.7**	**98.9**	**100.9**	**101.4**	**100.1**	**101.2**
文娱用耐用消费品及服务	Durable Consumer Goods for Cultural and Recreational Use and Services	93.4	93.4	88.8	86.6	86.8	95.6	99.3	96.9	98.7
教育	Education	103.6	101.2	102.8	105.9	101.8	102.6	103.3	101.1	103.2
文化娱乐类	Cultural and Recreational Articles	102.0	101.5	102.3	101.6	100.3	101.0	101.9	101.0	101.6
旅游	Touring and Outing	88.4	104.6	88.3	112.5	104.2	102.5	98.2	99.1	98.0
居住	**Residence**	**105.5**	**101.8**	**95.9**	**105.4**	**103.7**	**102.5**	**102.8**	**101.6**	**101.2**
建房及装修材料	Building and Building Decoration Materials	108.2	104.5	100.9	101.4	104.0	102.6	102.9	102.9	100.2
租房	Renting	101.5	103.8	99.9	103.2	106.5	104.9	103.7	102.5	101.4
自有住房	Private Housing	105.5	101.7	81.4	107.0	103.1	102.9	103.3	101.8	102.1
水、电、燃料	Water, Electricity and Fuels	105.1	100.4	100.0	106.9	103.6	101.0	101.5	100.3	100.1
水	Water	102.6	100.0	100.0	124.3	101.9	100.7	101.6	101.5	100.2
电	Electricity	105.0	100.0	100.0	100.0	100.0	101.1	101.0	100.0	100.0
管道燃气	Pipeline Gas	107.4	100.0	100.0	109.1	112.6	101.1	102.2	100.0	100.0

4-3 居民消费价格分类指数（2001-2021 年）
Consumer Price Indices by Category（2001-2021）

续表 5（continued5）　　　　上年 =100（preceding year=100）

项　目	Item	2016 年	2017 年	2018 年	2019 年	2020 年	2021 年
衣着	**Clothing**	**102.4**	**102.8**	**101.5**	**100.2**	**98.3**	**101.4**
服装	Garments	102.3	102.7	101.7	100.2	98.5	101.4
衣着材料及配件	Clothing Material and Parts	99.7	99.5	100.9	100.6	97.5	102.4
其他衣着材料及配件	Other Clothing and Parts	100.3	100.3	100.2	99.3	99.1	103.4
衣着服务费	Clothing Manufacturing Services	101.7	104.5	102.6	100.7	101.7	104.2
居住	**Residence**	**101.1**	**101.9**	**102.8**	**102.0**	**99.5**	**100.4**
租赁房房租	Rent of Rental House	101.6	103.5	103.5	101.5	100.6	102.9
住房保养维修及管理	Housing Maintenance and Management	100.2	102.2	102.5	100.6	100.2	101.1
水电燃料	Water，Electricity and Fuels	100.1	100.3	101.4	101.9	100.0	100.4
自有住房	Private Housing	101.9	102.5	103.5	102.5	99.0	99.9
生活用品及服务	**Articles for Daily Use and Services**	**100.6**	**100.7**	**101.7**	**100.6**	**100.0**	**100.7**
家具及室内装饰品	Furniture and Interior Decorations	102.6	101.0	103.5	102.4	100.4	101.4
家用器具	Home Appliances	98.8	101.7	99.2	96.6	97.4	102.5
家用纺织品	Home Textiles	101.2	101.9	100.8	100.8	98.7	99.1
家庭日用杂品	Daily Use Household Articles	100.8	98.7	102.2	101.3	100.3	99.6
个人护理用品	Personal-care Supplies	100.6	99.8	100.8	100.5	101.9	98.7
家庭服务	Household Services	100.7	102.6	106.4	106.3	102.9	102.7
交通通信	**Transportation and Communications**	**100.6**	**101.5**	**100.1**	**98.6**	**97.3**	**104.7**
交通	Transportation	101.0	101.9	102.1	98.5	94.7	106.0
交通工具用燃料	Fuels for Transport Facility	95.5	111.3	112.6	94.2	86.0	116.8
交通费	Traffic Fee	105.7	101.9	99.4	101.7	94.9	103.9
通信	Communications	99.9	100.7	96.5	98.6	102.1	101.5
教育文化娱乐	**Education，Culture and Recreation**	**99.5**	**103.3**	**103.0**	**101.9**	**101.8**	**101.7**
教育	Education	101.3	101.4	103.3	104.4	102.2	101.9
文化娱乐	Culture and Recreation	97.9	104.9	102.7	99.7	101.4	101.4
旅游	Touring and Outing	95.6	110.5	106.9	100.0	104.5	100.9
医疗保健	**Health Care**	**101.8**	**104.2**	**105.7**	**100.7**	**101.9**	**99.6**
药品及医疗器具	Medicine and Medical Instrument	104.3	105.7	104.4	101.7	101.0	98.8
中药	Traditional Chinese Medicines	107.7	107.8	104.9	102.2	102.8	101.5
西药	Western Medicines	103.6	106.5	104.9	101.6	101.2	99.4
医疗服务	Medical Services	100.0	103.2	106.7	100.0	102.5	100.1
其他用品及服务	**Other Articles and Services**	**102.6**	**100.8**	**100.9**	**102.8**	**102.7**	**97.3**
其他用品	Other Articles	104.1	100.1	99.0	103.1	108.8	98.0
其他服务	Other Services	101.6	101.2	102.1	102.6	98.8	96.9

4-4 商品零售价格分类指数（2003-2021 年）
Retail Price Indices by Category （2003-2021）

上年 =100（preceding year=100）

项 目	Item	2003 年	2004 年	2005 年	2006 年	2007 年	2008 年	2009 年	2010 年	2011 年
商品零售价格总指数	**Retail Price Index**	**99.5**	**101.4**	**98.7**	**101.6**	**103.7**	**105.0**	**97.3**	**101.7**	**104.7**
食品	Food	104.4	111.2	100.2	103.1	114.4	116.0	100.1	106.5	113.6
饮料烟酒	Beverages, Tobacco and Liquor	98.6	101.4	100.4	100.4	103.0	103.9	101.6	104.5	105.6
服装鞋帽	Garments, Shoes and Hats	94.0	91.1	92.2	98.4	94.2	94.1	94.7	98.4	101.4
纺织品	Textiles	100.5	99.8	98.7	93.6	95.8	102.2	96.9	100.6	111.9
家用电器及音像器材	Household Appliances, Music and Video Equipment	93.5	93.0	95.6	96.3	97.6	97.8	91.0	88.4	90.5
文化办公用品	Cultural and Office Appliances	98.2	98.2	99.8	100.0	99.3	97.9	96.3	95.0	93.2
日用品	Articles for Daily Use	94.9	99.9	100.0	101.0	101.7	103.3	100.5	99.5	104.5
体育娱乐用品	Sports and Recreation Articles	98.9	96.7	94.1	98.1	95.0	98.2	99.1	96.8	96.9
交通、通信用品	Transportation and Communication Appliances	90.8	89.6	88.9	88.8	88.6	89.4	91.5	92.3	93.2
家具	Furniture	98.2	99.7	101.3	100.5	101.0	100.4	96.8	101.0	99.8
化妆品	Cosmetics	97.1	101.8	100.8	98.5	99.0	101.1	100.6	100.1	102.0
金银饰品	Gold and Silver Ornaments	110.5	106.5	104.0	123.5	106.5	119.7	91.0	119.2	113.3
中西药品及医疗保健用品	Traditional Chinese and Western Medicines and Health Care Articles	97.8	93.2	102.6	100.2	98.9	102.0	99.7	104.3	102.4
书报杂志及电子出版物	Books, Newspapers, Magazines and Electronic Publications	100.2	101.1	99.7	100.5	100.0	100.4	103.4	100.6	101.0
燃料	Fuels	105.3	106.2	107.9	116.5	106.0	107.0	95.3	109.2	111.3
建筑材料及五金电料	Building Materials and Hardware	100.1	99.0	101.3	106.4	109.2	105.1	99.7	103.1	105.1

4-4 商品零售价格分类指数（2003–2021 年）
Retail Price Indices by Category （2003–2021）

续表（continued） 上年 =100（preceding year=100）

项　目	Item	2012 年	2013 年	2014 年	2015 年	2016 年	2017 年	2018 年	2019 年	2020 年	2021 年
商品零售价格总指数	Retail Price Index	101.6	101.8	100.9	100.2	101.3	100.8	101.2	101.6	102.2	101.4
食品	Food	104.8	103.3	101.8	101.4	104.0	97.9	101.5	107.4	108.4	97.6
饮料烟酒	Beverages, Tobacco and Liquor	106.2	102.0	99.2	99.6	99.9	101.3	100.2	99.9	100.5	100.1
服装鞋帽	Garments, Shoes and Hats	101.8	106.3	102.1	102.9	102.4	102.8	101.5	100.2	98.2	101.4
纺织品	Textiles	96.4	100.8	98.2	100.0	101.1	102.4	101.0	100.6	98.7	99.4
家用电器及音像器材	Household Appliances, Music and Video Equipment	98.4	100.4	98.7	97.8	97.9	101.7	98.3	95.9	96.9	103.2
文化办公用品	Cultural and Office Appliances	98.2	98.7	99.7	100.1	102.4	102.6	100.8	100.7	99.3	101.0
日用品	Articles for Daily Use	102.5	100.5	100.3	101.2	99.6	98.8	101.7	101.5	100.0	99.6
体育娱乐用品	Sports and Recreation Articles	100.5	99.8	99.8	100.0	100.0	100.0	100.4	101.5	100.2	99.9
交通、通信用品	Transportation and Communication Appliances	90.7	96.9	98.5	96.4	99.6	99.5	97.5	98.0	103.2	101.1
家具	Furniture	98.5	99.6	100.3	101.4	103.0	101.0	103.8	102.8	100.5	101.4
化妆品	Cosmetics	102.3	102.6	100.9	100.2	100.9	100.1	101.3	100.7	101.9	98.4
金银饰品	Gold and Silver Ornaments	99.0	93.9	94.3	95.4	109.5	100.6	98.2	104.9	116.9	96.1
中西药品及医疗保健用品	Traditional Chinese and Western Medicines and Health Care Articles	102.7	101.3	104.3	105.5	104.3	105.7	104.4	101.7	101.0	98.8
书报杂志及电子出版物	Books, Newspapers, Magazines and Electronic Publications	101.9	100.7	100.9	103.0	100.0	100.4	102.4	103.3	100.8	101.7
燃料	Fuels	102.1	100.7	99.4	93.4	98.1	105.1	107.8	101.3	94.8	110.5
建筑材料及五金电料	Building Materials and Hardware	102.6	103.1	102.6	99.5	100.3	101.2	102.2	100.4	100.3	101.9

4-5 各月居民消费价格分类同比指数（2011 年）
Year-on-year Consumer Price Indices by Category& Month（2011）

上年同期 =100（same period last year=100）

类 别	Item	1 月 January	2 月 February	3 月 March	4 月 April	5 月 May	6 月 June
居民消费价格总指数	**General Consumer Price Index**	**105.0**	**105.4**	**105.5**	**104.8**	**104.6**	**105.5**
非食品价格指数	Non-food Price Index	101.5	101.4	101.6	101.2	101.1	101.3
服务项目价格指数	Price Indices of Service Item	105.0	103.9	104.2	102.7	101.3	101.1
工业品价格指数	Industrial Products Price Index	99.1	99.7	99.8	100.2	100.9	101.4
扣除食品烟酒和能源价格指数	Excluding Food Tobacco Liquor and Energy Price Index	100.9	100.8	101.0	100.5	100.4	100.6
消费品价格指数	Consumer Goods Price Index	105.0	106.0	106.0	105.6	105.9	107.3
食品	**Food**	**113.3**	**114.8**	**114.6**	**113.1**	**112.8**	**115.5**
粮食	Grain	117.2	116.5	115.0	115.7	115.1	115.9
大米	Rice	121.9	120.9	117.5	117.5	117.0	116.5
油脂	Oil or Fat	117.8	116.7	118.0	119.1	117.8	119.0
肉禽及其制品	Meal, Poultry and Processed Products	118.7	122.1	126.0	131.2	131.7	138.0
食用畜肉及副产品	Meat and its Subsidiary Products	120.4	125.1	130.9	137.6	138.0	147.1
猪肉	Pork	121.4	127.4	135.9	144.9	144.6	155.1
禽	Poultry	117.4	118.0	118.6	122.3	123.4	125.2
蛋	Eggs	117.6	117.8	116.1	119.7	119.8	122.7
水产品	Aquatic Products	106.5	102.0	103.2	106.2	109.1	109.8
菜	Vegetables	117.0	128.4	118.8	90.8	86.9	92.4
鲜菜	Fresh Vegetables	117.9	130.6	120.2	89.5	85.5	92.4
调味品	Flavoring	117.2	114.2	113.2	116.3	112.9	113.0
糖	Carbohydrate	109.3	108.4	108.2	108.7	109.2	110.3
茶及饮料	Tea and Beverages	108.8	108.5	108.6	109.7	110.7	111.3
干鲜瓜果	Dried and Fresh Melons and Fruits	121.5	120.0	119.7	124.4	121.8	124.0
糕点饼干面包	Cake, Biscuit and Bread	107.4	108.9	108.7	110.1	109.8	109.8
液体乳及乳制品	Milk and Its Products	107.9	107.4	105.7	107.4	106.1	106.5
在外用膳食品	Dining Out	106.2	105.7	106.8	106.8	108.5	108.3
其他食品	Other Foods and Manufacturing Services	99.7	100.9		102.4	103.2	106.6
烟酒	**Tobacco and Liquor**	**103.4**	**102.7**	**103.1**	**103.4**	**103.2**	**102.8**
烟草	Tobacco	99.9	100.0	99.8	99.8	99.8	99.8
酒	Liquor	112.0	109.3	110.9	112.0	111.2	109.7

4-5 各月居民消费价格分类同比指数（2011 年）
Year-on-year Consumer Price Indices by Category& Month（2011）

续表 1（continued1） 上年同期 =100（same period last year=100）

类 别	Item	7 月 July	8 月 August	9 月 September	10 月 October	11 月 November	12 月 December
居民消费价格总指数	**General Consumer Price Index**	**105.6**	**105.7**	**106.1**	**105.8**	**104.8**	**104.9**
非食品价格指数	Non-food Price Index	101.2	101.2	101.5	101.9	101.8	102.1
服务项目价格指数	Price Indices of Service Item	100.8	101.3	101.6	103.3	101.8	102.8
工业品价格指数	Industrial Products Price Index	101.4	101.1	101.4	100.9	101.7	101.6
扣除食品烟酒和能源价格指数	Excluding Food Tobacco Liquor and Energy Price Index	100.5	100.8	101.3	101.7	101.4	101.8
消费品价格指数	Consumer Goods Price Index	107.6	107.5	107.9	106.8	106.0	105.8
食品	**Food**	**116.1**	**116.0**	**116.4**	**114.5**	**111.3**	**111.1**
粮食	Grain	117.4	115.5	115.7	115.4	114.3	111.6
大米	Rice	117.1	112.9	112.4	113.1	114.0	110.7
油脂	Oil or Fat	117.4	119.9	120.3	116.9	106.8	105.9
肉禽及其制品	Meal, Poultry and Processed Products	142.9	140.0	137.2	131.5	124.0	120.7
食用畜肉及副产品	Meat and its Subsidiary Products	153.6	147.2	144.0	136.8	127.9	123.7
猪肉	Pork	163.2	153.9	149.2	139.9	129.8	125.2
禽	Poultry	126.1	128.7	125.6	122.5	116.5	115.4
蛋	Eggs	125.1	125.0	120.8	124.7	119.0	114.3
水产品	Aquatic Products	109.8	108.6	107.7	107.1	107.7	108.8
菜	Vegetables	92.1	95.9	107.0	102.7	101.9	111.8
鲜菜	Fresh Vegetables	92.2	95.6	107.7	102.9	102.2	113.3
调味品	Flavoring	109.4	109.5	104.7	104.8	104.5	104.5
糖	Carbohydrate	110.1	110.3	111.1	111.9	108.3	106.5
茶及饮料	Tea and Beverages	108.6	108.5	105.5	106.1	106.0	106.3
干鲜瓜果	Dried and Fresh Melons and Fruits	115.8	110.3	110.9	112.0	111.5	106.3
糕点饼干面包	Cake, Biscuit and Bread	110.6	110.4	110.1	108.9	108.5	107.9
液体乳及乳制品	Milk and Its Products	107.7	110.1	107.8	108.4	107.8	107.3
在外用膳食品	Dining Out	108.6	108.6	108.5	107.3	104.8	105.5
其他食品	Other Foods and Manufacturing Services	106.9	111.3	109.5	112.6	113.7	113.5
烟酒	**Tobacco and Liquor**	**102.6**	**103.0**	**103.2**	**103.6**	**106.5**	**107.3**
烟草	Tobacco	99.8	99.8	99.9	99.9	99.8	99.9
酒	Liquor	108.9	110.3	110.6	111.9	121.3	123.6

4-5 各月居民消费价格分类同比指数（2011 年）
Year-on-year Consumer Price Indices by Category& Month（2011）

续表 2（continued2） 上年同期 =100（same period last year=100）

类 别	Item	1月 January	2月 February	3月 March	4月 April	5月 May	6月 June
衣着	**Clothing**	**95.8**	**97.2**	**96.8**	**99.2**	**102.3**	**104.1**
服装	Garments	98.8	99.3	99.1	102.3	102.7	105.1
衣着材料	Clothing Material	109.8	113.5	114.9	116.2	117.1	115.4
鞋袜帽	Footgear and Hats	87.5	91.0	90.1	90.3	101.1	101.2
衣着加工服务费	Clothing Manufacturing Services	100.9	100.9	100.9	100.9	102.0	102.0
家庭设备用品及维修服务	**Household Facilities, Articles and Services**	**101.5**	**101.6**	**101.9**	**101.3**	**101.3**	**101.2**
耐用消费品	Durable Consumer Goods	95.5	96.2	95.9	95.1	96.0	95.0
室内装饰品	Interior Decorations	97.0	95.4	95.1	94.9	94.9	94.9
床上用品	Bed Articles	111.5	112.0	112.0	112.0	112.0	111.5
家庭日用杂品	Daily Use Household Articles	104.3	103.7	104.5	103.5	103.2	104.5
家庭服务及加工维修服务	Household Services and Maintenance and Renovation	111.2	110.5	112.6	112.8	108.8	108.9
医疗保健和个人用品	**Health Care and Personal Articles**	**101.9**	**102.1**	**102.0**	**102.1**	**101.6**	**101.5**
医疗保健	Health Care	102.7	102.7	102.4	101.9	101.3	101.3
西药	Western Medicine	100.9	101.2	100.7	98.7	98.5	97.8
医疗保健服务	Health Care Services	100.0	100.0	100.0	100.0	100.0	100.0
个人用品及服务	Personal Articles and Services	100.6	101.2	101.4	102.4	102.1	102.0
交通和通信	**Transportation and Communication**	**98.1**	**98.9**	**99.3**	**99.6**	**99.6**	**100.3**
交通	Transportation	102.0	102.5	103.0	103.8	103.7	104.5
市区公共交通费	Incity Traffic Fare	105.1	105.1	105.1	105.1	105.4	105.4
城市间交通费	Intercity Traffic Fare	95.0	97.8	98.2	101.4	102.3	103.9
通信	Communication	94.8	95.8	96.1	96.1	96.2	96.7
娱乐教育文化用品及服务	**Recreation, Education and Culture Articles**	**101.4**	**100.8**	**99.1**	**96.9**	**96.9**	**97.5**
文娱用耐用消费品及服务	Durable Consumer Goods for Cultural and Recreational Use and Services	82.9	85.6	85.8	84.9	85.0	84.9
教育	Education	108.6	108.7	106.1	99.9	99.3	99.3
文化娱乐类	Cultural and Recreational Articles	100.8	100.8	97.9	98.8	98.8	99.2
旅游	Touring and Outing	113.4	103.6	103.3	101.7	102.5	106.2
居住	**Residence**	**106.0**	**104.7**	**106.4**	**105.1**	**103.3**	**102.4**
建房及装修材料	Building and Building Decoration Materials	103.3	103.4	103.9	103.7	105.1	105.0
租房	Renting	107.5	107.5	109.8	109.8	109.8	107.0
自有住房	Private Housing	105.9	104.1	107.0	104.4	100.4	99.3
水、电、燃料	Water, Electricity and Fuels	106.8	105.4	105.4	105.4	105.9	105.9
水	Water	107.1	100.0	100.0	100.0	102.0	102.0
电	Electricity	100.0	100.0	100.0	100.0	100.0	100.0
管道燃气	Pipeline Gas	122.9	122.9	122.9	122.9	122.9	122.9

4-5 各月居民消费价格分类同比指数（2011 年）
Year-on-year Consumer Price Indices by Category& Month（2011）

续表 3（continued3）　　上年同期 =100（same period last year=100）

类 别	Item	7 月 July	8 月 August	9 月 September	10 月 October	11 月 November	12 月 December
衣着	**Clothing**	**102.5**	**103.1**	**103.7**	**102.9**	**104.1**	**103.8**
服装	Garments	102.7	102.2	102.4	101.6	101.7	101.7
衣着材料	Clothing Material	115.5	115.5	115.0	115.8	113.5	107.4
鞋袜帽	Footgear and Hats	102.0	105.7	107.3	106.4	111.3	109.9
衣着加工服务费	Clothing Manufacturing Services	102.0	102.2	103.4	104.7	104.7	104.3
家庭设备用品及维修服务	**Household Facilities, Articles and Services**	**101.3**	**101.8**	**104.0**	**103.9**	**103.8**	**102.6**
耐用消费品	Durable Consumer Goods	95.6	97.0	101.0	100.1	100.6	100.0
室内装饰品	Interior Decorations	94.9	95.0	94.3	94.1	95.7	96.7
床上用品	Bed Articles	111.1	109.1	107.8	110.7	106.7	103.5
家庭日用杂品	Daily Use Household Articles	104.1	104.2	105.8	105.7	105.8	105.6
家庭服务及加工维修服务	Household Services and Maintenance and Renovation	108.9	110.9	112.0	112.0	112.0	106.6
医疗保健和个人用品	**Health Care and Personal Articles**	**102.0**	**102.1**	**102.2**	**102.0**	**102.1**	**101.9**
医疗保健	Health Care	101.5	100.8	101.0	101.0	101.0	100.9
西药	Western Medicine	97.9	98.1	98.2	97.8	97.8	97.5
医疗保健服务	Health Care Services	100.0	100.6	100.6	100.6	100.6	100.6
个人用品及服务	Personal Articles and Services	102.9	104.4	104.3	103.8	104.1	103.7
交通和通信	**Transportation and Communication**	**100.0**	**99.6**	**98.5**	**98.4**	**98.5**	**98.3**
交通	Transportation	103.2	103.6	103.5	103.3	103.0	102.4
市区公共交通费	Incity Traffic Fare	100.3	100.3	100.3	100.3	100.3	100.3
城市间交通费	Intercity Traffic Fare	105.0	106.2	106.2	107.7	109.8	107.2
通信	Communication	97.1	96.1	94.1	94.1	94.5	94.7
娱乐教育文化用品及服务	**Recreation, Education and Culture Articles**	**98.1**	**97.8**	**98.2**	**100.4**	**99.9**	**99.8**
文娱用耐用消费品及服务	Durable Consumer Goods for Cultural and Recreational Use and Services	86.3	86.4	89.0	90.5	90.9	91.2
教育	Education	99.4	99.8	100.5	100.5	100.5	101.2
文化娱乐类	Cultural and Recreational Articles	101.1	101.0	101.1	101.3	101.5	101.5
旅游	Touring and Outing	103.7	100.7	97.6	110.1	105.7	102.8
居住	**Residence**	**102.5**	**102.3**	**102.7**	**103.3**	**101.9**	**103.9**
建房及装修材料	Building and Building Decoration Materials	105.0	104.5	105.0	99.8	104.8	104.6
租房	Renting	103.0	103.1	103.1	104.0	106.9	107.4
自有住房	Private Housing	99.9	102.1	103.3	105.7	101.2	105.0
水、电、燃料	Water, Electricity and Fuels	105.9	101.5	100.5	100.5	100.5	100.5
水	Water	102.0	102.0	102.0	102.0	102.0	102.0
电	Electricity	100.0	100.0	100.0	100.0	100.0	100.0
管道燃气	Pipeline Gas	122.9	103.8	100.0	100.0	100.0	100.0

4-5 各月居民消费价格分类同比指数（2012 年）
Year-on-year Consumer Price Indices by Category& Month（2012）

上年同期 =100（same period last year=100）

类 别	Item	1 月 January	2 月 February	3 月 March	4 月 April	5 月 May	6 月 June
居民消费价格总指数	**General Consumer Price Index**	**105.0**	**103.6**	**103.6**	**103.8**	**103.3**	**102.2**
非食品价格指数	Non-food Price Index	102.0	102.0	101.7	101.5	100.8	100.5
服务项目价格指数	Price Indices of Service Item	102.8	102.3	101.7	101.6	101.6	101.6
工业品价格指数	Industrial Products Price Index	101.5	101.8	101.8	101.4	100.2	99.7
扣除食品烟酒和能源价格指数	Excluding Food Tobacco Liquor and Energy Price Index	101.7	101.7	101.3	101.1	100.4	100.1
消费品价格指数	Consumer Goods Price Index	105.9	104.1	104.4	104.7	103.9	102.4
食品	**Food**	**111.3**	**106.8**	**107.5**	**108.7**	**108.5**	**105.7**
粮食	Grain	111.1	110.2	110.3	108.9	110.0	108.1
大米	Rice	110.1	107.7	108.2	106.9	107.9	107.3
油脂	Oil or Fat	105.5	105.5	104.9	105.7	107.8	107.6
肉禽及其制品	Meal, Poultry and Processed Products	120.6	111.9	109.4	104.8	102.6	96.4
食用畜肉及副产品	Meat and its Subsidiary Products	124.1	113.6	109.2	103.2	100.5	93.4
猪肉	Pork	124.8	113.1	106.7	99.4	96.5	88.5
禽	Poultry	114.0	108.2	110.0	108.2	106.5	101.9
蛋	Eggs	107.9	99.7	98.0	95.1	94.1	102.6
水产品	Aquatic Products	110.2	107.7	109.5	108.8	109.7	108.5
菜	Vegetables	109.7	96.5	109.6	135.9	142.1	131.6
鲜菜	Fresh Vegetables	111.2	96.7	111.0	140.6	147.2	133.7
调味品	Flavoring	104.3	103.7	101.4	103.9	105.2	102.9
糖	Carbohydrate	106.9	106.4	105.7	104.7	104.2	103.7
茶及饮料	Tea and Beverages	106.2	107.0	106.8	105.3	104.4	104.3
干鲜瓜果	Dried and Fresh Melons and Fruits	113.0	109.3	107.5	104.0	106.8	107.2
糕点饼干面包	Cake, Biscuit and Bread	106.4	104.4	104.4	103.4	102.5	101.7
液体乳及乳制品	Milk and Its Products	107.4	106.0	106.0	104.9	104.3	105.1
在外用膳食品	Dining Out	105.9	106.2	105.9	107.0	105.1	104.4
其他食品	Other Foods and Manufacturing Services	113.8	113.7	113.3	112.3	110.5	109.4
烟酒	**Tobacco and Liquor**	**108.1**	**108.5**	**108.5**	**108.5**	**108.3**	**108.2**
烟草	Tobacco	100.1	100.1	100.1	100.3	99.9	99.8
酒	Liquor	125.5	126.8	126.5	125.8	125.9	126.0

4-5 各月居民消费价格分类同比指数（2012 年）
Year-on-year Consumer Price Indices by Category& Month（2012）

续表 1（continued1）　　　　上年同期 =100（same period last year=100）

类 别	Item	7 月 July	8 月 August	9 月 September	10 月 October	11 月 November	12 月 December
居民消费价格总指数	**General Consumer Price Index**	**101.6**	**101.3**	**101.5**	**101.6**	**101.6**	**102.0**
非食品价格指数	Non-food Price Index	101.0	101.2	101.9	102.2	101.8	101.9
服务项目价格指数	Price Indices of Service Item	102.2	102.5	102.9	102.7	101.9	101.8
工业品价格指数	Industrial Products Price Index	100.1	100.2	101.3	101.8	101.7	101.9
扣除食品烟酒和能源价格指数	Excluding Food Tobacco Liquor and Energy Price Index	100.7	100.9	101.6	101.8	101.6	101.7
消费品价格指数	Consumer Goods Price Index	101.4	100.8	101.0	101.2	101.5	102.1
食品	**Food**	**103.0**	**101.5**	**100.7**	**100.6**	**101.3**	**102.3**
粮食	Grain	106.1	105.1	105.5	106.7	105.5	105.3
大米	Rice	105.6	105.1	106.9	107.6	106.4	105.8
油脂	Oil or Fat	107.3	105.2	105.7	105.9	105.6	105.6
肉禽及其制品	Meal, Poultry and Processed Products	91.6	88.9	89.2	91.1	93.6	96.7
食用畜肉及副产品	Meat and its Subsidiary Products	87.4	85.3	85.7	88.5	91.6	95.9
猪肉	Pork	81.7	79.9	80.3	82.8	86.4	91.3
禽	Poultry	100.2	95.8	96.1	96.1	96.8	97.7
蛋	Eggs	95.1	98.2	103.7	101.5	102.4	107.4
水产品	Aquatic Products	107.1	105.8	104.2	104.2	102.9	102.7
菜	Vegetables	119.8	117.4	104.1	97.4	98.0	100.0
鲜菜	Fresh Vegetables	120.7	118.6	103.7	96.2	96.5	98.8
调味品	Flavoring	103.8	102.4	103.8	104.0	102.8	102.9
糖	Carbohydrate	104.1	103.6	103.5	102.0	102.2	103.0
茶及饮料	Tea and Beverages	103.8	103.2	102.0	102.4	103.0	103.3
干鲜瓜果	Dried and Fresh Melons and Fruits	112.7	109.8	108.1	106.6	105.5	105.8
糕点饼干面包	Cake, Biscuit and Bread	102.2	101.1	100.6	101.6	100.6	100.2
液体乳及乳制品	Milk and Its Products	103.6	101.9	101.7	101.4	105.2	105.6
在外用膳食品	Dining Out	104.2	105.0	106.8	107.6	106.8	105.9
其他食品	Other Foods and Manufacturing Services	109.3	104.6	104.3	102.0	100.6	100.1
烟酒	**Tobacco and Liquor**	**108.1**	**107.7**	**107.2**	**106.5**	**103.5**	**103.0**
烟草	Tobacco	99.7	99.7	99.5	99.5	99.7	99.8
酒	Liquor	125.7	124.2	122.7	120.3	110.6	108.6

4-5 各月居民消费价格分类同比指数（2012 年）
Year-on-year Consumer Price Indices by Category& Month（2012）

续表 2（continued2） 上年同期 =100（same period last year=100）

类 别	Item	1 月 January	2 月 February	3 月 March	4 月 April	5 月 May	6 月 June
衣着	**Clothing**	**103.9**	**104.3**	**104.4**	**102.2**	**98.7**	**96.9**
服装	Garments	101.7	101.6	101.7	99.1	98.5	96.1
衣着材料	Clothing Material	105.7	104.2	103.1	102.1	101.4	100.8
鞋袜帽	Footgear and Hats	110.7	112.2	112.5	111.7	99.1	99.0
衣着加工服务费	Clothing Manufacturing Services	106.0	106.2	107.0	109.2	109.3	109.3
家庭设备用品及维修服务	**Household Facilities, Articles and Services**	**102.3**	**102.8**	**101.8**	**102.2**	**101.4**	**100.7**
耐用消费品	Durable Consumer Goods	99.6	100.4	100.1	100.9	101.0	100.9
室内装饰品	Interior Decorations	97.1	99.3	99.1	98.2	98.1	97.8
床上用品	Bed Articles	100.7	100.5	100.7	96.6	95.0	95.0
家庭日用杂品	Daily Use Household Articles	106.1	106.4	104.1	106.3	104.5	101.9
家庭服务及加工维修服务	Household Services and Maintenance and Renovation	107.1	107.1	104.8	104.8	104.8	104.7
医疗保健和个人用品	**Health Care and Personal Articles**	**101.9**	**102.1**	**102.2**	**102.3**	**102.0**	**101.8**
医疗保健	Health Care	101.1	101.3	101.7	102.3	102.2	102.1
西药	Western Medicine	97.9	97.7	98.2	100.4	100.6	100.8
医疗保健服务	Health Care Services	100.6	100.6	100.6	100.6	100.6	100.6
个人用品及服务	Personal Articles and Services	103.3	103.4	103.0	102.2	101.5	101.4
交通和通信	**Transportation and Communication**	**98.0**	**98.1**	**98.4**	**98.2**	**97.7**	**97.4**
交通	Transportation	102.0	101.9	102.2	102.3	101.5	100.7
市区公共交通费	Incity Traffic Fare	100.3	100.3	100.3	100.3	100.0	100.0
城市间交通费	Intercity Traffic Fare	106.7	105.8	106.1	105.1	103.4	103.7
通信	Communication	94.5	94.7	95.0	94.4	94.1	94.2
娱乐教育文化用品及服务	**Recreation, Education and Culture Articles**	**99.9**	**99.1**	**99.8**	**100.1**	**100.1**	**100.3**
文娱用耐用消费品及服务	Durable Consumer Goods for Cultural and Recreational Use and Services	91.6	93.2	93.8	95.4	94.7	95.0
教育	Education	101.2	101.2	101.3	101.4	101.7	101.9
文化娱乐类	Cultural and Recreational Articles	101.2	101.9	101.9	101.6	101.6	101.5
旅游	Touring and Outing	103.3	95.3	98.5	99.2	99.3	99.7
居住	**Residence**	**103.8**	**103.7**	**102.2**	**102.1**	**101.9**	**102.2**
建房及装修材料	Building and Building Decoration Materials	103.9	103.3	102.0	102.1	101.6	103.4
租房	Renting	107.1	106.8	104.6	104.6	104.6	104.0
自有住房	Private Housing	105.0	105.0	102.8	102.6	102.6	102.7
水、电、燃料	Water, Electricity and Fuels	100.4	100.4	100.4	100.4	100.0	100.0
水	Water	102.0	102.0	102.0	102.0	100.0	100.0
电	Electricity	100.0	100.0	100.0	100.0	100.0	100.0
管道燃气	Pipeline Gas	100.0	100.0	100.0	100.0	100.0	100.0

4-5 各月居民消费价格分类同比指数（2012年）
Year-on-year Consumer Price Indices by Category& Month（2012）

续表3（continued3）　　上年同期=100（same period last year=100）

类 别	Item	7月 July	8月 August	9月 September	10月 October	11月 November	12月 December
衣着	**Clothing**	**99.2**	**99.9**	**102.1**	**104.4**	**104.9**	**106.0**
服装	Garments	99.1	100.0	101.3	103.8	105.3	105.8
衣着材料	Clothing Material	100.5	100.1	100.5	99.5	99.4	99.7
鞋袜帽	Footgear and Hats	99.2	99.4	104.5	106.2	103.9	106.5
衣着加工服务费	Clothing Manufacturing Services	109.3	109.1	107.9	106.6	107.4	108.9
家庭设备用品及维修服务	**Household Facilities, Articles and Services**	**100.5**	**100.1**	**99.5**	**99.4**	**99.7**	**100.1**
耐用消费品	Durable Consumer Goods	100.4	98.9	98.9	98.8	99.2	100.0
室内装饰品	Interior Decorations	97.7	97.4	97.7	98.5	97.4	97.4
床上用品	Bed Articles	95.0	99.4	99.0	97.4	97.5	97.5
家庭日用杂品	Daily Use Household Articles	102.2	101.3	99.8	100.2	100.9	101.0
家庭服务及加工维修服务	Household Services and Maintenance and Renovation	104.8	103.3	102.2	102.3	102.4	102.6
医疗保健和个人用品	**Health Care and Personal Articles**	**101.7**	**101.5**	**101.7**	**102.0**	**101.9**	**101.9**
医疗保健	Health Care	102.2	102.1	102.1	102.4	102.4	102.3
西药	Western Medicine	101.2	101.0	101.2	101.9	102.1	102.1
医疗保健服务	Health Care Services	100.6	100.6	100.6	100.6	100.6	100.6
个人用品及服务	Personal Articles and Services	100.9	100.5	101.1	101.3	100.9	101.3
交通和通信	**Transportation and Communication**	**97.1**	**97.7**	**99.6**	**99.4**	**99.2**	**98.8**
交通	Transportation	100.1	99.9	101.6	101.4	101.3	100.4
市区公共交通费	Incity Traffic Fare	101.0	102.1	101.8	101.1	101.1	101.1
城市间交通费	Intercity Traffic Fare	103.4	100.7	105.5	102.3	103.0	99.8
通信	Communication	94.2	95.6	97.7	97.5	97.2	97.2
娱乐教育文化用品及服务	**Recreation, Education and Culture Articles**	**101.4**	**101.6**	**102.4**	**102.4**	**101.9**	**102.1**
文娱用耐用消费品及服务	Durable Consumer Goods for Cultural and Recreational Use and Services	95.2	96.1	98.6	97.9	98.1	98.0
教育	Education	102.5	102.1	104.1	104.1	104.7	104.9
文化娱乐类	Cultural and Recreational Articles	100.6	100.6	100.5	100.4	100.2	100.4
旅游	Touring and Outing	107.0	108.0	105.9	107.2	103.0	103.1
居住	**Residence**	**102.4**	**102.6**	**103.0**	**102.8**	**102.0**	**101.8**
建房及装修材料	Building and Building Decoration Materials	102.9	102.6	102.3	101.4	102.6	102.7
租房	Renting	104.5	105.5	106.2	105.6	102.8	102.4
自有住房	Private Housing	102.5	102.9	103.2	103.1	101.7	101.4
水、电、燃料	Water, Electricity and Fuels	101.1	101.1	102.0	102.0	102.0	102.0
水	Water	100.0	100.0	100.0	100.0	100.0	100.0
电	Electricity	102.1	102.1	102.1	102.1	102.1	102.1
管道燃气	Pipeline Gas	100.0	100.0	103.3	103.3	103.3	103.3

4-5 各月居民消费价格分类同比指数（2013 年）
Year-on-year Consumer Price Indices by Category& Month（2013）

上年同期 =100（same period last year=100）

类 别	Item	1 月 January	2 月 February	3 月 March	4 月 April	5 月 May	6 月 June
居民消费价格总指数	**General Consumer Price Index**	**102.0**	**103.4**	**102.6**	**102.5**	**102.1**	**102.5**
非食品价格指数	Non-food Price Index	102.1	102.4	102.8	102.5	102.3	102.3
服务项目价格指数	Price Indices of Service Item	102.1	103.3	103.1	102.6	102.0	102.2
工业品价格指数	Industrial Products Price Index	102.1	101.8	102.5	102.5	102.6	102.5
扣除食品烟酒和能源价格指数	Excluding Food Tobacco Liquor and Energy Price Index	102.0	102.4	102.8	102.6	102.5	102.4
消费品价格指数	Consumer Goods Price Index	102.0	103.5	102.4	102.5	102.1	102.7
食品	**Food**	**101.9**	**105.4**	**102.2**	**102.6**	**101.5**	**102.9**
粮食	Grain	104.9	104.3	103.9	104.0	102.9	103.3
大米	Rice	105.3	105.3	104.5	104.0	102.9	103.4
油脂	Oil or Fat	104.9	105.7	105.5	103.0	98.7	98.2
肉禽及其制品	Meal, Poultry and Processed Products	97.6	104.8	99.7	99.2	100.1	103.6
食用畜肉及副产品	Meat and its Subsidiary Products	97.4	105.7	98.2	98.8	100.9	105.2
猪肉	Pork	93.8	102.1	92.2	93.0	95.2	101.1
禽	Poultry	97.0	103.2	102.9	99.0	97.1	99.2
蛋	Eggs	110.5	119.3	117.8	118.0	119.4	105.9
水产品	Aquatic Products	101.3	107.5	103.3	102.0	100.0	100.3
菜	Vegetables	104.0	108.4	93.5	101.4	93.9	98.8
鲜菜	Fresh Vegetables	103.2	107.6	91.5	100.2	92.1	97.3
调味品	Flavoring	103.3	103.9	106.5	104.0	104.4	105.1
糖	Carbohydrate	103.4	103.8	104.0	105.0	106.1	105.6
茶及饮料	Tea and Beverages	104.0	103.7	104.3	103.5	103.4	103.7
干鲜瓜果	Dried and Fresh Melons and Fruits	93.3	99.5	99.1	97.7	96.9	98.5
糕点饼干面包	Cake, Biscuit and Bread	100.2	101.2	101.4	102.1	103.4	104.3
液体乳及乳制品	Milk and Its Products	104.9	105.6	106.1	105.7	106.7	105.2
在外用膳食品	Dining Out	105.8	105.7	106.1	105.3	105.2	105.8
其他食品	Other Foods and Manufacturing Services	99.1	99.0	98.3	100.2	101.4	101.4
烟酒	**Tobacco and Liquor**	**102.2**	**101.6**	**101.0**	**100.8**	**100.9**	**101.0**
烟草	Tobacco	99.8	99.7	99.7	99.5	100.0	100.2
酒	Liquor	106.4	104.8	103.3	103.0	102.4	102.3

4-5 各月居民消费价格分类同比指数（2013 年）
Year-on-year Consumer Price Indices by Category& Month（2013）

续表 1（continued1）

上年同期 =100（same period last year=100）

类 别	Item	7 月 July	8 月 August	9 月 September	10 月 October	11 月 November	12 月 December
居民消费价格总指数	**General Consumer Price Index**	**103.3**	**103.2**	**103.1**	**102.5**	**102.5**	**102.0**
非食品价格指数	Non-food Price Index	102.3	102.0	101.5	101.0	100.9	100.9
服务项目价格指数	Price Indices of Service Item	102.1	101.9	101.7	100.9	101.0	101.3
工业品价格指数	Industrial Products Price Index	102.5	102.1	101.3	101.0	100.8	100.6
扣除食品烟酒和能源价格指数	Excluding Food Tobacco Liquor and Energy Price Index	102.3	102.0	101.6	101.1	101.0	100.9
消费品价格指数	Consumer Goods Price Index	103.8	103.8	103.7	103.1	103.1	102.2
食品	**Food**	**105.3**	**105.7**	**106.4**	**105.7**	**105.8**	**104.2**
粮食	Grain	103.6	103.5	102.2	100.6	101.6	102.0
大米	Rice	103.6	103.5	101.2	99.4	99.7	99.7
油脂	Oil or Fat	98.0	95.4	92.4	93.0	94.3	95.2
肉禽及其制品	Meal, Poultry and Processed Products	107.2	108.0	107.8	106.2	106.1	104.7
食用畜肉及副产品	Meat and its Subsidiary Products	109.0	109.6	109.6	107.4	107.5	105.1
猪肉	Pork	106.3	107.5	107.1	105.1	105.1	102.3
禽	Poultry	103.3	104.9	103.6	103.3	103.1	103.8
蛋	Eggs	110.1	105.9	101.5	102.3	103.3	101.5
水产品	Aquatic Products	100.1	100.9	102.8	103.8	105.5	105.6
菜	Vegetables	109.2	107.1	117.0	122.4	125.2	111.6
鲜菜	Fresh Vegetables	108.5	106.3	117.3	123.5	126.9	111.5
调味品	Flavoring	105.1	105.1	105.2	104.1	105.0	104.8
糖	Carbohydrate	105.0	103.8	103.7	104.4	104.5	103.6
茶及饮料	Tea and Beverages	103.8	105.4	105.8	104.7	104.7	103.6
干鲜瓜果	Dried and Fresh Melons and Fruits	101.2	110.0	113.0	104.7	103.2	104.6
糕点饼干面包	Cake, Biscuit and Bread	103.7	104.3	105.3	103.3	104.2	105.1
液体乳及乳制品	Milk and Its Products	105.5	105.9	108.0	109.1	105.0	105.1
在外用膳食品	Dining Out	105.7	105.1	103.5	102.5	102.4	102.2
其他食品	Other Foods and Manufacturing Services	102.6	102.3	101.6	100.2	101.7	101.4
烟酒	**Tobacco and Liquor**	**100.5**	**99.9**	**100.0**	**99.7**	**99.7**	**99.4**
烟草	Tobacco	100.1	100.1	100.2	100.2	100.1	100.0
酒	Liquor	101.4	99.6	99.7	99.1	99.1	98.3

4-5 各月居民消费价格分类同比指数（2013 年）
Year-on-year Consumer Price Indices by Category& Month（2013）

续表 2（continued2） 上年同期 =100（same period last year=100）

类 别	Item	1月 January	2月 February	3月 March	4月 April	5月 May	6月 June
衣着	**Clothing**	**106.6**	**107.0**	**108.5**	**108.9**	**108.9**	**108.9**
服装	Garments	106.5	107.1	108.4	108.5	108.3	108.4
衣着材料	Clothing Material	99.6	100.0	101.0	101.4	101.7	102.5
鞋袜帽	Footgear and Hats	107.2	106.8	108.7	110.1	110.9	110.6
衣着加工服务费	Clothing Manufacturing Services	106.8	107.1	107.6	106.0	104.8	104.8
家庭设备用品及维修服务	**Household Facilities, Articles and Services**	**100.4**	**99.6**	**101.4**	**101.0**	**101.5**	**101.6**
耐用消费品	Durable Consumer Goods	100.4	99.1	100.1	99.5	100.0	99.4
室内装饰品	Interior Decorations	97.3	97.7	98.2	99.3	99.7	97.9
床上用品	Bed Articles	98.1	98.8	98.8	103.1	104.4	104.4
家庭日用杂品	Daily Use Household Articles	100.6	98.3	101.5	99.1	99.5	100.1
家庭服务及加工维修服务	Household Services and Maintenance and Renovation	104.6	107.4	110.2	110.3	110.5	112.4
医疗保健和个人用品	**Health Care and Personal Articles**	**101.8**	**101.4**	**101.6**	**101.5**	**101.4**	**101.1**
医疗保健	Health Care	101.8	101.6	101.5	101.5	101.4	101.2
西药	Western Medicine	101.9	101.8	102.0	101.8	101.6	101.3
医疗保健服务	Health Care Services	100.6	100.6	100.6	101.0	101.0	101.0
个人用品及服务	Personal Articles and Services	101.8	101.1	101.7	101.4	101.4	101.0
交通和通信	**Transportation and Communication**	**98.6**	**99.6**	**98.8**	**98.1**	**96.7**	**97.7**
交通	Transportation	99.7	101.5	99.8	97.9	97.3	98.9
市区公共交通费	Incity Traffic Fare	101.1	101.1	101.1	101.1	101.1	101.1
城市间交通费	Intercity Traffic Fare	95.5	105.8	98.0	94.7	92.5	97.2
通信	Communication	97.6	97.7	97.8	98.3	96.2	96.5
娱乐教育文化用品及服务	**Recreation, Education and Culture Articles**	**102.3**	**103.9**	**103.7**	**102.5**	**102.4**	**102.3**
文娱用耐用消费品及服务	Durable Consumer Goods for Cultural and Recreational Use and Services	98.8	99.3	100.2	99.9	101.0	100.7
教育	Education	105.2	105.2	105.4	105.1	104.7	104.5
文化娱乐类	Cultural and Recreational Articles	101.5	100.7	101.4	101.8	102.5	101.9
旅游	Touring and Outing	100.7	112.4	108.0	100.7	98.2	99.7
居住	**Residence**	**102.5**	**102.6**	**103.0**	**103.2**	**103.1**	**102.7**
建房及装修材料	Building and Building Decoration Materials	103.1	102.3	103.9	104.0	103.7	101.3
租房	Renting	102.3	102.7	102.9	103.8	104.2	104.3
自有住房	Private Housing	102.6	102.9	103.2	103.3	103.1	103.0
水、电、燃料	Water, Electricity and Fuels	102.0	102.0	102.0	102.4	102.4	102.4
水	Water	100.0	100.0	100.0	102.1	102.1	102.1
电	Electricity	102.1	102.1	102.1	102.1	102.1	102.1
管道燃气	Pipeline Gas	103.3	103.3	103.3	103.3	103.3	103.3

4-5 各月居民消费价格分类同比指数（2013年）
Year-on-year Consumer Price Indices by Category& Month（2013）

续表3（continued3） 上年同期=100（same period last year=100）

类 别	Item	7月 July	8月 August	9月 September	10月 October	11月 November	12月 December
衣着	**Clothing**	**108.8**	**106.9**	**104.6**	**102.8**	**102.8**	**102.0**
服装	Garments	108.2	106.5	104.7	102.7	102.6	102.5
衣着材料	Clothing Material	103.1	103.9	104.1	104.6	105.0	104.3
鞋袜帽	Footgear and Hats	110.5	107.9	104.3	103.0	103.1	100.6
衣着加工服务费	Clothing Manufacturing Services	104.8	104.8	107.8	108.9	108.7	108.1
家庭设备用品及维修服务	**Household Facilities, Articles and Services**	**102.1**	**102.5**	**102.5**	**102.8**	**102.3**	**101.6**
耐用消费品	Durable Consumer Goods	100.4	101.6	101.0	101.8	101.2	100.6
室内装饰品	Interior Decorations	97.7	97.4	97.9	97.9	97.4	97.4
床上用品	Bed Articles	104.4	100.1	100.4	100.7	100.0	99.5
家庭日用杂品	Daily Use Household Articles	100.2	101.8	102.2	102.1	101.4	100.2
家庭服务及加工维修服务	Household Services and Maintenance and Renovation	113.1	113.3	113.4	113.4	113.9	114.1
医疗保健和个人用品	**Health Care and Personal Articles**	**100.8**	**100.7**	**100.4**	**100.4**	**100.3**	**100.4**
医疗保健	Health Care	100.9	100.7	100.7	100.8	100.7	101.0
西药	Western Medicine	100.7	100.5	100.6	100.3	100.2	100.2
医疗保健服务	Health Care Services	101.0	100.4	100.4	100.4	100.4	100.4
个人用品及服务	Personal Articles and Services	100.7	100.6	99.8	99.5	99.4	99.3
交通和通信	**Transportation and Communication**	**98.4**	**98.4**	**98.5**	**97.9**	**98.0**	**98.5**
交通	Transportation	99.8	99.8	99.8	98.7	98.8	99.9
市区公共交通费	Incity Traffic Fare	101.1	100.0	100.3	101.4	101.6	101.6
城市间交通费	Intercity Traffic Fare	95.7	95.9	97.5	92.4	92.2	95.5
通信	Communication	96.9	97.0	97.1	97.1	97.1	97.1
娱乐教育文化用品及服务	**Recreation, Education and Culture Articles**	**101.8**	**100.9**	**100.0**	**99.0**	**99.2**	**99.2**
文娱用耐用消费品及服务	Durable Consumer Goods for Cultural and Recreational Use and Services	100.4	99.3	98.2	98.7	97.9	97.6
教育	Education	104.2	104.0	100.8	100.8	100.2	100.0
文化娱乐类	Cultural and Recreational Articles	102.2	102.5	102.2	101.9	102.1	102.0
旅游	Touring and Outing	97.2	92.8	96.0	89.9	92.9	93.1
居住	**Residence**	**102.7**	**103.1**	**102.8**	**102.6**	**102.4**	**102.7**
建房及装修材料	Building and Building Decoration Materials	101.7	102.2	102.4	103.6	102.5	103.6
租房	Renting	104.1	104.4	104.3	103.8	103.6	103.6
自有住房	Private Housing	103.5	104.1	104.0	103.4	103.1	103.6
水、电、燃料	Water, Electricity and Fuels	101.3	101.3	100.4	100.4	100.4	100.4
水	Water	102.1	102.1	102.1	102.1	102.1	102.1
电	Electricity	100.0	100.0	100.0	100.0	100.0	100.0
管道燃气	Pipeline Gas	103.3	103.3	100.0	100.0	100.0	100.0

4-5 各月居民消费价格分类同比指数（2014 年）
Year-on-year Consumer Price Indices by Category& Month（2014）

上年同期 =100（same period last year=100）

类 别	Item	1 月 January	2 月 February	3 月 March	4 月 April	5 月 May	6 月 June
居民消费价格总指数	**General Consumer Price Index**	**101.9**	**101.5**	**101.8**	**101.2**	**101.8**	**102.0**
非食品价格指数	Non-food Price Index	100.7	100.7	100.2	100.3	100.7	100.8
服务项目价格指数	Price Indices of Service Item	101.2	101.1	100.8	101.0	101.4	101.4
工业品价格指数	Industrial Products Price Index	100.3	100.4	99.7	99.8	100.2	100.4
扣除食品烟酒和能源价格指数	Excluding Food Tobacco Liquor and Energy Price Index	100.7	100.8	100.3	100.4	100.8	100.9
消费品价格指数	Consumer Goods Price Index	102.1	101.6	102.1	101.2	101.9	102.2
食品	**Food**	**104.1**	**102.9**	**104.8**	**102.8**	**103.9**	**104.4**
粮食	Grain	102.7	102.8	103.1	100.6	100.5	100.7
大米	Rice	100.6	100.7	100.8	97.3	97.0	97.0
油脂	Oil or Fat	94.8	93.7	92.6	93.7	94.4	94.5
肉禽及其制品	Meal, Poultry and Processed Products	100.4	94.0	96.9	97.5	102.5	102.0
食用畜肉及副产品	Meat and its Subsidiary Products	99.2	91.3	95.6	94.8	101.1	100.2
猪肉	Pork	95.1	85.9	91.4	90.3	98.8	96.6
禽	Poultry	103.3	99.2	98.4	102.9	106.1	106.9
蛋	Eggs	99.5	96.7	100.3	101.2	105.5	103.1
水产品	Aquatic Products	105.2	101.8	104.0	104.0	104.3	104.7
菜	Vegetables	108.8	113.2	122.0	103.4	101.7	106.2
鲜菜	Fresh Vegetables	108.8	113.7	123.4	102.9	101.1	106.4
调味品	Flavoring	105.1	104.2	104.9	103.7	101.9	101.8
糖	Carbohydrate	102.6	102.1	102.0	100.5	98.5	99.2
茶及饮料	Tea and Beverages	102.8	102.3	102.8	103.1	102.7	102.1
干鲜瓜果	Dried and Fresh Melons and Fruits	118.7	121.1	121.2	122.7	123.1	121.8
糕点饼干面包	Cake, Biscuit and Bread	104.6	104.0	104.8	103.3	101.1	101.5
液体乳及乳制品	Milk and Its Products	109.5	111.0	111.3	111.9	110.7	110.6
在外用膳食品	Dining Out	102.4	102.3	101.8	101.4	101.4	102.7
其他食品	Other Foods and Manufacturing Services	102.9	102.8	104.3	102.2	102.2	100.3
烟酒	**Tobacco and Liquor**	**99.4**	**99.0**	**98.7**	**97.6**	**97.4**	**97.3**
烟草	Tobacco	100.0	99.9	100.0	99.7	99.6	99.5
酒	Liquor	98.5	97.5	96.6	94.3	93.8	93.6

4-5 各月居民消费价格分类同比指数（2014 年）
Year-on-year Consumer Price Indices by Category& Month（2014）

续表 1（continued1） 上年同期 =100（same period last year=100）

类别	Item	7月 July	8月 August	9月 September	10月 October	11月 November	12月 December
居民消费价格总指数	**General Consumer Price Index**	**101.9**	**101.7**	**101.6**	**102.2**	**101.9**	**101.8**
非食品价格指数	Non-food Price Index	100.8	101.1	101.4	101.6	101.6	101.5
服务项目价格指数	Price Indices of Service Item	101.2	101.0	101.9	102.1	102.0	101.9
工业品价格指数	Industrial Products Price Index	100.6	101.2	101.0	101.3	101.3	101.3
扣除食品烟酒和能源价格指数	Excluding Food Tobacco Liquor and Energy Price Index	100.9	101.2	101.6	101.9	101.9	101.9
消费品价格指数	Consumer Goods Price Index	102.2	101.9	101.5	102.2	101.8	101.8
食品	**Food**	**104.0**	**102.8**	**102.1**	**103.2**	**102.4**	**102.4**
粮食	Grain	101.1	101.2	101.5	102.6	102.1	102.5
大米	Rice	97.9	97.9	98.2	99.0	98.8	99.9
油脂	Oil or Fat	94.8	96.5	97.8	95.7	95.1	93.0
肉禽及其制品	Meal, Poultry and Processed Products	99.1	100.0	100.6	101.3	100.8	98.2
食用畜肉及副产品	Meat and its Subsidiary Products	97.4	98.6	98.8	99.8	99.1	96.1
猪肉	Pork	93.0	95.2	96.3	97.2	96.3	92.5
禽	Poultry	102.7	103.2	105.1	105.5	105.1	103.2
蛋	Eggs	106.2	106.4	106.0	106.2	106.0	105.3
水产品	Aquatic Products	103.2	104.7	105.3	106.9	106.6	105.8
菜	Vegetables	112.0	103.3	96.4	98.4	97.2	108.2
鲜菜	Fresh Vegetables	112.9	102.6	95.0	97.3	95.9	108.3
调味品	Flavoring	100.9	99.0	100.6	101.1	99.6	100.9
糖	Carbohydrate	99.1	100.1	100.6	99.0	98.1	98.5
茶及饮料	Tea and Beverages	101.6	100.5	100.4	100.7	100.2	100.7
干鲜瓜果	Dried and Fresh Melons and Fruits	115.8	110.5	110.7	119.7	115.2	112.5
糕点饼干面包	Cake, Biscuit and Bread	101.1	100.4	99.9	101.1	100.7	99.4
液体乳及乳制品	Milk and Its Products	109.9	108.1	105.9	105.7	105.8	101.7
在外用膳食品	Dining Out	103.3	103.2	103.0	103.1	102.9	102.8
其他食品	Other Foods and Manufacturing Services	99.0	99.4	101.1	102.0	100.4	101.1
烟酒	**Tobacco and Liquor**	**97.7**	**98.0**	**97.5**	**97.3**	**96.8**	**96.5**
烟草	Tobacco	99.7	99.7	99.7	99.7	99.7	99.7
酒	Liquor	94.5	95.1	93.9	93.2	91.9	91.2

4-5 各月居民消费价格分类同比指数（2014 年）
Year-on-year Consumer Price Indices by Category& Month（2014）

续表 2（continued2） 上年同期 =100（same period last year=100）

类 别	Item	1月 January	2月 February	3月 March	4月 April	5月 May	6月 June
衣着	**Clothing**	**101.4**	**100.9**	**99.9**	**100.3**	**100.8**	**101.1**
服装	Garments	101.8	101.3	100.3	100.8	101.2	101.6
衣着材料	Clothing Material	104.5	104.1	102.1	101.3	100.8	100.6
鞋袜帽	Footgear and Hats	100.2	99.6	98.7	99.0	99.4	99.5
衣着加工服务费	Clothing Manufacturing Services	108.1	108.9	107.0	106.5	106.4	106.4
家庭设备用品及维修服务	**Household Facilities, Articles and Services**	**101.3**	**102.1**	**100.4**	**100.5**	**100.9**	**100.6**
耐用消费品	Durable Consumer Goods	100.2	101.3	101.0	101.2	101.5	102.0
室内装饰品	Interior Decorations	97.4	96.9	96.7	96.8	96.6	98.7
床上用品	Bed Articles	99.6	98.3	96.5	98.5	98.4	97.3
家庭日用杂品	Daily Use Household Articles	100.3	102.4	99.5	98.9	99.8	98.9
家庭服务及加工维修服务	Household Services and Maintenance and Renovation	111.5	110.8	106.5	106.3	106.3	104.8
医疗保健和个人用品	**Health Care and Personal Articles**	**100.4**	**100.8**	**100.7**	**100.4**	**100.7**	**100.9**
医疗保健	Health Care	101.1	101.2	101.4	101.2	101.4	101.4
西药	Western Medicine	100.4	100.5	100.3	100.3	100.6	100.6
医疗保健服务	Health Care Services	100.3	100.3	100.6	100.2	100.2	100.3
个人用品及服务	Personal Articles and Services	99.0	99.9	99.4	99.0	99.5	100.1
交通和通信	**Transportation and Communication**	**99.3**	**99.3**	**99.3**	**99.7**	**101.6**	**101.6**
交通	Transportation	101.9	101.8	101.8	102.3	103.5	103.3
市区公共交通费	Incity Traffic Fare	103.8	107.0	107.0	107.0	107.0	107.0
城市间交通费	Intercity Traffic Fare	100.4	97.5	98.0	97.8	100.2	98.4
通信	Communication	96.7	96.8	96.8	97.1	99.7	99.8
娱乐教育文化用品及服务	**Recreation, Education and Culture Articles**	**99.3**	**98.6**	**98.7**	**99.7**	**99.4**	**99.5**
文娱用耐用消费品及服务	Durable Consumer Goods for Cultural and Recreational Use and Services	96.2	95.2	94.3	94.9	95.1	95.8
教育	Education	99.8	99.9	100.0	100.1	100.0	100.0
文化娱乐类	Cultural and Recreational Articles	101.0	101.2	101.0	101.1	100.6	101.0
旅游	Touring and Outing	97.5	94.3	95.3	100.3	100.0	99.2
居住	**Residence**	**102.1**	**102.2**	**101.6**	**101.4**	**101.5**	**101.7**
建房及装修材料	Building and Building Decoration Materials	103.4	104.4	102.0	102.6	102.8	103.5
租房	Renting	104.0	104.1	103.6	102.7	102.3	102.3
自有住房	Private Housing	102.2	102.3	101.7	101.4	101.7	101.9
水、电、燃料	Water, Electricity and Fuels	100.4	100.4	100.6	100.2	100.2	100.2
水	Water	102.1	102.1	103.3	101.2	101.2	101.2
电	Electricity	100.0	100.0	100.0	100.0	100.0	100.0
管道燃气	Pipeline Gas	100.0	100.0	100.0	100.0	100.0	100.0

4-5 各月居民消费价格分类同比指数（2014 年）
Year-on-year Consumer Price Indices by Category& Month（2014）

续表 3（continued3）　　上年同期 =100（same period last year=100）

类 别	Item	7 月 July	8 月 August	9 月 September	10 月 October	11 月 November	12 月 December
衣着	**Clothing**	**101.0**	**102.7**	**102.8**	**104.1**	**104.5**	**104.2**
服装	Garments	101.5	102.9	103.4	104.4	104.5	103.9
衣着材料	Clothing Material	100.1	99.8	99.6	99.4	99.0	99.4
鞋袜帽	Footgear and Hats	99.6	102.2	101.1	103.3	104.6	104.9
衣着加工服务费	Clothing Manufacturing Services	106.4	106.4	103.5	102.2	103.6	103.9
家庭设备用品及维修服务	**Household Facilities, Articles and Services**	**100.1**	**100.2**	**100.0**	**99.9**	**99.7**	**100.2**
耐用消费品	Durable Consumer Goods	100.6	100.2	100.2	99.7	99.7	99.7
室内装饰品	Interior Decorations	99.3	100.2	100.1	100.1	100.1	100.1
床上用品	Bed Articles	97.4	98.5	97.2	97.6	98.6	99.3
家庭日用杂品	Daily Use Household Articles	99.0	99.2	98.9	99.3	98.4	99.5
家庭服务及加工维修服务	Household Services and Maintenance and Renovation	104.2	104.5	104.9	104.9	104.2	104.2
医疗保健和个人用品	**Health Care and Personal Articles**	**101.8**	**102.9**	**102.9**	**102.8**	**102.8**	**103.8**
医疗保健	Health Care	102.7	104.6	104.5	104.2	104.3	105.5
西药	Western Medicine	100.7	101.0	100.4	100.3	100.3	100.4
医疗保健服务	Health Care Services	100.4	100.4	100.8	100.8	100.8	100.9
个人用品及服务	Personal Articles and Services	100.3	99.7	100.0	100.2	100.2	100.5
交通和通信	**Transportation and Communication**	**101.6**	**100.9**	**100.3**	**100.4**	**100.0**	**99.3**
交通	Transportation	103.5	102.4	101.6	101.6	100.9	99.7
市区公共交通费	Incity Traffic Fare	107.3	107.3	107.3	106.0	105.8	105.8
城市间交通费	Intercity Traffic Fare	99.9	98.5	99.4	102.0	103.2	100.2
通信	Communication	99.6	99.4	98.9	99.2	99.1	99.0
娱乐教育文化用品及服务	**Recreation, Education and Culture Articles**	**99.1**	**99.4**	**102.0**	**101.9**	**101.9**	**101.8**
文娱用耐用消费品及服务	Durable Consumer Goods for Cultural and Recreational Use and Services	96.1	97.4	99.4	99.5	99.8	99.9
教育	Education	99.7	99.7	103.3	103.4	103.4	103.3
文化娱乐类	Cultural and Recreational Articles	100.8	100.7	101.1	101.3	101.2	101.2
旅游	Touring and Outing	97.2	98.1	103.2	102.0	101.8	101.3
居住	**Residence**	**101.7**	**101.3**	**101.3**	**101.5**	**101.6**	**101.3**
建房及装修材料	Building and Building Decoration Materials	103.6	103.5	102.8	102.4	102.7	101.0
租房	Renting	102.3	101.3	101.8	102.0	102.0	102.0
自有住房	Private Housing	101.8	101.3	101.4	101.9	101.9	101.8
水、电、燃料	Water, Electricity and Fuels	100.2	100.2	100.2	100.2	100.2	100.2
水	Water	101.2	101.2	101.2	101.2	101.2	101.2
电	Electricity	100.0	100.0	100.0	100.0	100.0	100.0
管道燃气	Pipeline Gas	100.0	100.0	100.0	100.0	100.0	100.0

4-5 各月居民消费价格分类同比指数（2015 年）
Year-on-year Consumer Price Indices by Category& Month（2015）

上年同期 =100（same period last year=100）

类 别	Item	1月 January	2月 February	3月 March	4月 April	5月 May	6月 June
居民消费价格总指数	**General Consumer Price Index**	**100.9**	**101.2**	**101.4**	**101.5**	**101.4**	**101.3**
非食品价格指数	Non-food Price Index	101.3	101.2	101.3	101.2	101.0	100.9
服务项目价格指数	Price Indices of Service Item	101.9	101.6	101.7	101.6	101.5	101.4
工业品价格指数	Industrial Products Price Index	100.9	100.9	100.9	100.8	100.6	100.5
扣除食品烟酒和能源价格指数	Excluding Food Tobacco Liquor and Energy Price Index	101.8	101.7	101.8	101.6	101.4	101.3
消费品价格指数	Consumer Goods Price Index	100.6	101.1	101.3	101.5	101.3	101.2
食品	**Food**	**100.2**	**101.3**	**101.7**	**102.3**	**102.0**	**102.0**
粮食	Grain	101.9	101.9	101.3	103.1	103.8	101.8
大米	Rice	98.2	98.9	98.4	102.0	103.4	100.5
油脂	Oil or Fat	94.0	93.7	94.6	94.5	95.8	96.8
肉禽及其制品	Meal, Poultry and Processed Products	97.1	102.3	104.9	108.0	106.4	107.2
食用畜肉及副产品	Meat and its Subsidiary Products	95.4	102.0	105.7	111.0	108.2	110.4
猪肉	Pork	91.9	100.9	105.4	113.2	109.5	113.1
禽	Poultry	101.2	104.0	104.4	103.4	103.8	101.2
蛋	Eggs	102.8	103.7	101.0	96.5	93.1	95.1
水产品	Aquatic Products	103.5	103.2	102.7	102.6	102.4	101.9
菜	Vegetables	99.4	101.7	95.9	99.7	101.5	103.1
鲜菜	Fresh Vegetables	98.5	101.3	95.3	99.2	101.1	102.9
调味品	Flavoring	100.1	98.8	96.4	100.0	100.0	99.9
糖	Carbohydrate	97.3	96.5	97.9	97.9	98.6	97.3
茶及饮料	Tea and Beverages	101.1	101.0	100.3	99.7	99.9	100.1
干鲜瓜果	Dried and Fresh Melons and Fruits	107.7	103.7	112.7	106.3	104.2	102.1
糕点饼干面包	Cake, Biscuit and Bread	100.1	99.7	99.5	100.3	101.1	99.3
液体乳及乳制品	Milk and Its Products	96.9	94.1	93.1	92.9	93.1	95.2
在外用膳食品	Dining Out	102.2	102.1	102.5	102.3	102.3	100.9
其他食品	Other Foods and Manufacturing Services	100.4	99.6	97.4	99.2	98.6	99.6
烟酒	**Tobacco and Liquor**	**96.2**	**95.7**	**96.2**	**97.2**	**99.1**	**99.7**
烟草	Tobacco	99.7	99.8	99.8	100.1	103.5	104.4
酒	Liquor	90.4	89.0	90.1	92.0	91.6	91.8

4-5 各月居民消费价格分类同比指数（2015 年）
Year-on-year Consumer Price Indices by Category& Month（2015）

续表 1（continued1）　　　　上年同期 =100（same period last year=100）

类 别	Item	7 月 July	8 月 August	9 月 September	10 月 October	11 月 November	12 月 December
居民消费价格总指数	**General Consumer Price Index**	**101.6**	**101.8**	**101.3**	**101.0**	**100.8**	**101.0**
非食品价格指数	Non-food Price Index	100.9	100.8	100.9	100.7	100.7	100.7
服务项目价格指数	Price Indices of Service Item	101.7	101.8	101.5	101.3	101.2	101.3
工业品价格指数	Industrial Products Price Index	100.3	100.1	100.4	100.3	100.3	100.4
扣除食品烟酒和能源价格指数	Excluding Food Tobacco Liquor and Energy Price Index	101.3	101.3	101.3	101.1	100.9	101.0
消费品价格指数	Consumer Goods Price Index	101.6	101.8	101.2	100.8	100.6	100.8
食品	**Food**	**103.0**	**103.5**	**102.0**	**101.4**	**101.0**	**101.4**
粮食	Grain	101.7	102.2	102.8	102.1	102.2	102.9
大米	Rice	100.3	101.6	102.4	101.3	99.9	101.5
油脂	Oil or Fat	96.8	95.5	95.0	97.5	98.8	100.3
肉禽及其制品	Meal, Poultry and Processed Products	112.9	113.3	109.7	107.5	105.3	106.4
食用畜肉及副产品	Meat and its Subsidiary Products	118.5	119.6	114.8	111.7	108.6	109.9
猪肉	Pork	124.5	124.8	118.5	115.2	111.9	114.0
禽	Poultry	102.5	101.0	99.0	98.6	98.3	99.0
蛋	Eggs	91.9	94.0	93.2	93.2	91.4	93.7
水产品	Aquatic Products	103.5	102.9	102.0	100.9	100.6	101.5
菜	Vegetables	97.5	103.2	105.7	100.8	100.6	99.1
鲜菜	Fresh Vegetables	96.5	103.4	106.0	100.8	100.6	98.9
调味品	Flavoring	101.8	102.8	102.5	102.7	102.8	102.0
糖	Carbohydrate	97.6	97.9	96.8	98.2	97.1	97.6
茶及饮料	Tea and Beverages	100.0	100.1	100.3	100.4	101.0	101.0
干鲜瓜果	Dried and Fresh Melons and Fruits	108.2	102.0	91.5	96.5	98.3	95.7
糕点饼干面包	Cake, Biscuit and Bread	99.9	100.3	100.4	101.0	100.8	101.3
液体乳及乳制品	Milk and Its Products	95.0	94.8	95.2	95.0	95.0	99.0
在外用膳食品	Dining Out	100.5	100.6	100.7	100.7	100.9	100.9
其他食品	Other Foods and Manufacturing Services	97.7	99.7	98.5	97.5	96.9	96.6
烟酒	**Tobacco and Liquor**	**99.6**	**100.3**	**100.7**	**101.2**	**101.3**	**101.9**
烟草	Tobacco	104.4	104.5	104.3	104.4	104.6	104.5
酒	Liquor	91.3	93.0	94.4	95.5	95.4	97.3

4-5 各月居民消费价格分类同比指数（2015 年）
Year–on–year Consumer Price Indices by Category& Month（2015）

续表 2（continued2）　　上年同期 =100（same period last year=100）

类 别	Item	1 月 January	2 月 February	3 月 March	4 月 April	5 月 May	6 月 June
衣着	**Clothing**	**103.7**	**104.4**	**103.9**	**103.3**	**102.6**	**102.1**
服装	Garments	103.3	103.9	103.8	103.1	102.7	102.4
衣着材料	Clothing Material	99.1	99.1	99.8	99.5	99.2	99.0
鞋袜帽	Footgear and Hats	105.0	105.9	104.4	103.7	102.2	101.4
衣着加工服务费	Clothing Manufacturing Services	103.9	102.8	104.2	104.3	104.4	104.4
家庭设备用品及维修服务	**Household Facilities, Articles and Services**	**100.0**	**99.4**	**100.0**	**100.2**	**99.2**	**99.6**
耐用消费品	Durable Consumer Goods	99.7	98.9	99.0	99.4	98.9	98.5
室内装饰品	Interior Decorations	100.1	100.6	100.9	100.9	101.2	100.8
床上用品	Bed Articles	99.8	99.7	99.8	99.2	99.3	99.7
家庭日用杂品	Daily Use Household Articles	98.6	98.7	99.5	100.0	97.5	99.1
家庭服务及加工维修服务	Household Services and Maintenance and Renovation	104.1	101.9	104.4	104.0	103.6	103.4
医疗保健和个人用品	**Health Care and Personal Articles**	**103.7**	**103.6**	**103.3**	**103.6**	**103.5**	**103.4**
医疗保健	Health Care	105.5	105.4	105.3	105.4	105.3	105.5
西药	Western Medicine	100.3	100.4	100.3	100.4	100.3	100.7
医疗保健服务	Health Care Services	101.3	101.3	101.0	101.2	101.2	101.1
个人用品及服务	Personal Articles and Services	100.3	100.5	99.7	100.4	100.0	99.7
交通和通信	**Transportation and Communication**	**98.0**	**97.1**	**98.2**	**98.0**	**97.8**	**97.4**
交通	Transportation	96.9	95.4	97.6	97.3	97.2	96.9
市区公共交通费	Incity Traffic Fare	103.6	100.5	100.5	100.5	100.5	100.5
城市间交通费	Intercity Traffic Fare	98.3	93.5	104.3	102.4	98.9	97.5
通信	Communication	99.1	99.0	98.9	98.9	98.5	97.9
娱乐教育文化用品及服务	**Recreation, Education and Culture Articles**	**101.6**	**102.3**	**101.5**	**101.0**	**101.4**	**101.5**
文娱用耐用消费品及服务	Durable Consumer Goods for Cultural and Recreational Use and Services	100.3	100.0	100.0	98.7	99.2	98.7
教育	Education	103.3	103.3	103.7	103.2	103.4	103.5
文化娱乐类	Cultural and Recreational Articles	102.5	102.7	101.6	101.8	101.7	101.3
旅游	Touring and Outing	97.1	101.4	97.0	96.2	97.7	99.4
居住	**Residence**	**101.7**	**101.4**	**101.6**	**101.5**	**101.3**	**101.1**
建房及装修材料	Building and Building Decoration Materials	100.8	100.9	101.9	100.8	100.5	100.2
租房	Renting	102.5	101.5	101.8	101.8	101.5	101.7
自有住房	Private Housing	102.7	102.1	102.4	102.4	102.2	101.8
水、电、燃料	Water, Electricity and Fuels	100.2	100.2	100.0	100.0	100.0	100.0
水	Water	101.2	101.2	100.0	100.0	100.0	100.0
电	Electricity	100.0	100.0	100.0	100.0	100.0	100.0
管道燃气	Pipeline Gas	100.0	100.0	100.0	100.0	100.0	100.0

4-5 各月居民消费价格分类同比指数（2015 年）
Year-on-year Consumer Price Indices by Category& Month（2015）

续表 3（continued3）　　　　上年同期 =100（same period last year=100）

类 别	Item	7 月 July	8 月 August	9 月 September	10 月 October	11 月 November	12 月 December
衣着	**Clothing**	102.1	102.4	103.1	102.4	101.7	102.2
服装	Garments	102.6	102.8	103.3	103.2	102.7	102.9
衣着材料	Clothing Material	98.9	98.6	98.4	98.5	98.9	98.5
鞋袜帽	Footgear and Hats	100.9	101.1	102.4	100.1	98.8	100.4
衣着加工服务费	Clothing Manufacturing Services	104.4	104.4	104.4	104.4	102.4	102.4
家庭设备用品及维修服务	**Household Facilities, Articles and Services**	100.3	100.2	100.3	100.1	100.4	100.5
耐用消费品	Durable Consumer Goods	98.9	99.1	98.7	98.7	98.5	99.0
室内装饰品	Interior Decorations	99.8	100.1	100.1	98.9	99.7	99.7
床上用品	Bed Articles	100.6	100.0	101.3	100.4	100.7	100.5
家庭日用杂品	Daily Use Household Articles	101.0	101.0	101.3	101.3	102.3	102.2
家庭服务及加工维修服务	Household Services and Maintenance and Renovation	103.2	102.5	102.0	102.0	102.1	101.6
医疗保健和个人用品	**Health Care and Personal Articles**	102.7	101.6	101.6	101.5	101.6	100.9
医疗保健	Health Care	104.5	102.6	102.7	102.7	102.6	101.5
西药	Western Medicine	100.8	100.8	101.5	101.4	101.4	101.3
医疗保健服务	Health Care Services	101.1	101.1	100.6	100.6	100.6	100.5
个人用品及服务	Personal Articles and Services	99.3	99.8	99.7	99.5	99.7	99.7
交通和通信	**Transportation and Communication**	97.5	97.7	97.8	98.1	98.7	99.7
交通	Transportation	97.2	97.8	97.3	98.0	98.9	100.6
市区公共交通费	Incity Traffic Fare	102.4	104.2	104.2	103.7	106.1	108.7
城市间交通费	Intercity Traffic Fare	99.0	100.9	98.1	100.0	96.8	100.4
通信	Communication	97.8	97.7	98.3	98.2	98.5	98.7
娱乐教育文化用品及服务	**Recreation, Education and Culture Articles**	101.6	101.5	100.7	100.4	100.5	100.5
文娱用耐用消费品及服务	Durable Consumer Goods for Cultural and Recreational Use and Services	98.1	98.5	97.6	97.7	97.6	97.6
教育	Education	103.6	103.7	102.7	102.7	102.7	102.6
文化娱乐类	Cultural and Recreational Articles	101.5	101.3	101.5	101.4	101.0	100.7
旅游	Touring and Outing	100.6	99.4	97.3	95.2	96.6	97.2
居住	**Residence**	101.1	101.2	101.2	101.2	100.7	100.5
建房及装修材料	Building and Building Decoration Materials	99.7	99.6	99.7	100.0	99.5	99.3
租房	Renting	101.7	101.7	100.7	100.6	100.6	100.6
自有住房	Private Housing	101.9	102.1	102.4	102.2	101.4	101.1
水、电、燃料	Water, Electricity and Fuels	100.0	100.0	100.0	100.0	100.0	100.0
水	Water	100.0	100.0	100.0	100.0	100.0	100.0
电	Electricity	100.0	100.0	100.0	100.0	100.0	100.0
管道燃气	Pipeline Gas	100.0	100.0	100.0	100.0	100.0	100.0

4-5 各月居民消费价格分类同比指数（2016 年）
Year-on-year Consumer Price Indices by Category& Month（2016）

上年同期 =100（same period last year=100）

类 别	Item	1 月 January	2 月 February	3 月 March	4 月 April	5 月 May	6 月 June
居民消费价格总指数	**Consumer Price Index**	**101.4**	**101.7**	**102.0**	**102.2**	**102.2**	**102.1**
非食品价格指数	Non-food Price Index	100.8	100.7	100.8	100.8	100.8	100.9
服务价格指数	Price Index of Service Item	101.2	100.9	101.1	101.2	101.1	101.1
工业品价格指数	Industrial Price Index	100.3	100.3	100.2	100.2	100.3	100.4
扣除食品和能源价格指数	Excluding Food Tobacco Liquor and Energy Price Index	101.1	100.9	101.0	101.1	101.1	101.2
消费品价格指数	Consumer Goods Price Index	101.4	102.2	102.5	102.8	102.8	102.7
食品烟酒	**Food,Tobacco and Liquor**	**102.7**	**104.3**	**105.1**	**105.6**	**105.6**	**105.3**
食品	Food	103.7	106.0	107.3	108.0	107.9	107.5
粮食	Grain	101.3	101.4	101.7	102.0	102.0	102.2
大 米	Rice	100.6	100.4	100.5	100.6	100.4	100.5
薯类	Tubers	107.4	110.7	112.0	119.2	125.0	128.9
食用油	Oil	102.5	103.7	104.3	104.1	104.1	104.0
菜	Vegetables	104.3	113.9	119.3	120.0	118.1	114.4
鲜 菜	Fresh Vegetables	104.4	114.9	120.6	121.4	119.4	115.5
畜肉类	Meat of Livestock	114.8	116.9	118.4	120.2	121.0	121.0
猪 肉	Pork	123.7	126.6	129.5	131.9	132.9	132.6
禽肉类	Meat of Poultry	100.6	100.4	100.4	100.5	100.3	100.3
水产品	Aquatic Products	103.6	104.9	105.0	105.4	105.3	105.4
蛋类	Eggs	96.0	96.8	96.4	97.1	97.3	97.4
奶类	Milk	99.4	100.1	100.2	100.3	100.2	99.8
干鲜瓜果类	Dried and Fresh Melons and Fruits	92.0	92.1	91.6	92.6	94.0	95.6
糖果糕点类	Candy and Cake	101.9	101.3	100.7	101.0	101.0	101.2
调味品	Flavoring	102.1	101.1	100.9	100.9	100.8	100.7
其他食品类	Other Foods	102.4	102.5	103.0	103.0	103.0	102.7
茶及饮料	Tea and Beverages	99.7	99.2	98.9	98.7	98.8	98.8
烟酒	Tobacco and Liquor	100.1	100.4	100.4	100.4	100.3	100.1
烟草	Tobacco	101.7	101.7	101.7	101.7	101.2	100.8
酒类	Liquor	97.4	98.1	98.1	98.2	98.6	98.7
在外餐饮	Dining Out	101.3	101.5	101.7	101.9	102.1	102.2

4-5 各月居民消费价格分类同比指数（2016 年）
Year-on-year Consumer Price Indices by Category& Month（2016）

续表 1（continued1）　　　　上年同期 =100（same period last year=100）

类 别	Item	7 月 July	8 月 August	9 月 September	10 月 October	11 月 November	12 月 December
居民消费价格总指数	**Consumer Price Index**	**102.0**	**101.9**	**101.8**	**101.8**	**101.8**	**101.8**
非食品价格指数	Non-food Price Index	100.9	100.9	101.0	101.0	101.1	101.1
服务价格指数	Price Index of Service Item	101.1	101.0	101.0	101.0	101.0	101.0
工业品价格指数	Industrial Price Index	100.5	100.6	100.7	100.8	100.9	101.0
扣除食品和能源价格指数	Excluding Food Tobacco Liquor and Energy Price Index	101.2	101.2	101.2	101.3	101.3	101.3
消费品价格指数	Consumer Goods Price Index	102.5	102.3	102.2	102.2	102.2	102.2
食品烟酒	**Food,Tobacco and Liquor**	**104.8**	**104.2**	**103.9**	**103.8**	**103.7**	**103.6**
食品	Food	106.6	105.7	105.3	105.0	104.9	104.7
粮食	Grain	102.4	102.5	102.4	102.5	102.5	102.4
大 米	Rice	100.7	100.5	100.4	100.4	100.6	100.7
薯类	Tubers	131.2	131.1	129.9	128.3	127.0	126.0
食用油	Oil	103.7	103.6	103.4	103.4	103.1	103.0
菜	Vegetables	111.3	109.0	108.2	108.3	109.0	108.7
鲜 菜	Fresh Vegetables	112.1	109.6	108.8	108.8	109.7	109.3
畜肉类	Meat of Livestock	119.2	116.6	114.8	113.5	112.6	111.9
猪 肉	Pork	129.3	124.9	121.8	119.7	118.3	117.1
禽肉类	Meat of Poultry	100.3	100.2	100.2	100.3	100.3	100.3
水产品	Aquatic Products	105.5	105.3	105.1	105.0	104.9	104.7
蛋类	Eggs	97.2	96.6	96.5	96.4	96.5	96.4
奶类	Milk	99.5	99.6	99.7	99.7	99.6	99.4
干鲜瓜果类	Dried and Fresh Melons and Fruits	96.1	96.7	97.4	97.4	97.7	97.8
糖果糕点类	Candy and Cake	101.3	101.3	101.4	101.4	101.4	101.4
调味品	Flavoring	100.4	100.4	100.3	100.5	100.5	100.5
其他食品类	Other Foods	102.6	102.2	102.1	102.0	101.8	101.6
茶及饮料	Tea and Beverages	98.9	98.9	98.9	98.9	98.9	98.9
烟酒	Tobacco and Liquor	100.0	100.1	100.1	100.1	100.2	100.2
烟草	Tobacco	100.7	100.5	100.5	100.4	100.4	100.4
酒类	Liquor	98.9	99.2	99.3	99.5	99.7	99.8
在外餐饮	Dining Out	102.2	102.3	102.3	102.3	102.3	102.3

4-5 各月居民消费价格分类同比指数（2016 年）
Year-on-year Consumer Price Indices by Category& Month（2016）

续表 2（continued2） 上年同期 =100（same period last year=100）

类 别	Item	1 月 January	2 月 February	3 月 March	4 月 April	5 月 May	6 月 June
衣着	**Clothing**	**102.3**	**102.2**	**102.4**	**102.5**	**102.6**	**102.6**
服装	Garments	102.4	102.4	102.7	102.8	102.8	102.8
服装材料	Garments Material	99.4	99.4	99.4	99.4	99.5	99.5
其他衣着及配件	Other Clothing and Parts	99.1	98.8	99.4	99.7	99.8	99.8
衣着加工服务费	Clothing Manufacturing Services	103.3	103.6	103.0	102.5	102.3	102.1
居住	**Residence**	**100.6**	**100.8**	**101.1**	**101.1**	**101.1**	**101.1**
租赁房房租	Rent of Rental Housing	99.9	100.6	101.2	101.1	101.2	101.1
住房保养维修及管理	Housing Maintenance and Management	99.8	99.6	99.6	99.6	99.7	99.7
水电燃料	Water,Electricity and Fuels	100.0	100.0	100.0	100.0	100.0	100.0
自有住房	Private Housing	101.3	101.6	102.0	102.0	102.0	102.1
生活用品及服务	**Daily Necessities and Services**	**100.5**	**100.5**	**100.4**	**100.3**	**100.3**	**100.3**
家具及室内装饰品	Furniture and Interior Decorations	103.8	103.5	103.1	102.9	103.0	102.8
家用器具	Home Appliances	98.5	98.5	98.2	98.1	98.0	97.8
家用纺织品	Home Textiles	100.0	100.1	100.4	100.5	100.5	100.8
家庭日用杂品	Daily Use Household Articles	101.0	100.8	101.0	101.1	101.2	101.2
个人护理用品	Personal Care Products	98.9	99.2	99.2	99.4	99.7	99.9
家庭服务	Household Services	102.1	102.2	101.4	101.1	101.0	100.9
交通和通信	**Transport and Communications**	**100.3**	**100.1**	**99.3**	**99.2**	**99.1**	**99.4**
交通	Transport	101.0	101.2	100.1	99.9	99.7	99.9
交通工具用燃料	Fuels for Transport Facility	92.2	92.8	91.3	90.8	90.1	90.3
交通费	Traffic Fee	106.1	106.0	104.5	104.9	105.0	105.8
通信	Communications	99.2	98.3	98.0	97.8	98.0	98.4
教育文化和娱乐	**Education,Culture and Recreation**	**100.6**	**99.4**	**99.8**	**100.0**	**99.8**	**99.6**
教育	Education	102.0	101.9	101.6	101.6	101.5	101.4
文化娱乐	Culture and Recreation	99.3	97.3	98.3	98.6	98.3	98.0
旅游	Touring and Outing	99.3	94.3	96.2	96.7	95.8	95.2
医疗保健	**Health Care**	**100.8**	**100.9**	**101.0**	**101.1**	**101.1**	**101.2**
药品及医疗器具	Medicine and Medical Equipment	101.7	101.9	102.0	102.3	102.5	102.7
中药	Traditional Chinese Medicines	101.4	101.9	102.1	102.8	103.2	103.8
西药	Western Medicines	101.3	101.3	101.3	101.4	101.5	101.8
医疗服务	Medical Services	100.2	100.2	100.2	100.2	100.1	100.1
其他用品和服务	**Other Articles and Services**	**100.9**	**101.4**	**101.8**	**102.0**	**102.1**	**102.1**
其他用品类	Other Articles	98.7	100.5	101.6	101.9	102.2	102.6
其他服务类	Other Services	102.3	102.0	101.9	102.0	102.0	101.8

4-5 各月居民消费价格分类同比指数（2016年）
Year-on-year Consumer Price Indices by Category& Month（2016）

续表 3（continued3）　　　　上年同期 =100（same period last year=100）

类　别	Item	7月 July	8月 August	9月 September	10月 October	11月 November	12月 December
衣着	**Clothing**	102.7	102.7	102.6	102.5	102.5	102.4
服装	Garments	102.8	102.8	102.7	102.5	102.4	102.3
服装材料	Garments Material	99.5	99.6	99.7	99.7	99.7	99.7
其他衣着及配件	Other Clothing and Parts	99.8	100.1	100.1	100.1	100.2	100.3
衣着加工服务费	Clothing Manufacturing Services	101.9	101.8	101.8	101.7	101.7	101.7
居住	**Residence**	101.1	101.2	101.1	101.1	101.1	101.1
租赁房房租	Rent of Rental Housing	101.2	101.3	101.4	101.4	101.5	101.6
住房保养维修及管理	Housing Maintenance and Management	99.8	99.8	99.9	100.0	100.1	100.2
水电燃料	Water,Electricity and Fuels	100.0	100.0	100.0	100.1	100.1	100.1
自有住房	Private Housing	102.1	102.1	102.0	102.0	101.9	101.9
生活用品及服务	**Articles for Daily Use and Services**	100.3	100.4	100.5	100.5	100.6	100.6
家具及室内装饰品	Furniture and Interior Decorations	102.8	102.8	102.8	102.7	102.7	102.6
家用器具	Home Appliances	97.8	97.9	98.1	98.3	98.5	98.8
家用纺织品	Home Textiles	100.9	101.1	101.1	101.2	101.1	101.2
家庭日用杂品	Daily Use Household Articles	101.1	101.1	101.1	101.0	101.0	100.8
个人护理用品	Personal-care Supplies	100.0	100.1	100.3	100.4	100.5	100.6
家庭服务	Household Services	100.8	100.8	100.8	100.7	100.7	100.7
交通和通信	**Transport and Communications**	99.6	99.8	100.0	100.3	100.4	100.6
交通	Transport	100.1	100.2	100.4	100.6	100.7	101.0
交通工具用燃料	Fuels for Transport Facility	90.7	91.3	92.4	93.3	94.2	95.5
交通费	Traffic Fee	106.1	106.0	106.0	106.2	106.0	105.7
通信	Communications	98.8	99.2	99.5	99.7	99.8	99.9
教育文化和娱乐	**Education,Culture and Recreation**	99.4	99.3	99.3	99.3	99.4	99.5
教育	Education	101.4	101.3	101.3	101.3	101.3	101.3
文化娱乐	Culture and Recreation	97.7	97.6	97.5	97.6	97.7	97.9
旅游	Touring and Outing	94.7	94.6	94.6	94.8	95.0	95.6
医疗保健	**Health Care**	101.3	101.4	101.4	101.6	101.7	101.8
药品及医疗器具	Medicine and Medical Instrument	103.0	103.2	103.4	103.7	104.0	104.3
中药	Traditional Chinese Medicine	104.7	105.4	105.9	106.5	107.0	107.7
西药	Western Medicine	102.0	102.3	102.4	102.9	103.2	103.6
医疗服务	Medical Services	100.1	100.1	100.1	100.1	100.0	100.0
其他用品和服务	**Other Articles and Services**	102.3	102.5	102.6	102.6	102.6	102.6
其他用品类	Other Articles	103.2	103.7	104.0	104.0	104.1	104.1
其他服务类	Other Services	101.7	101.7	101.7	101.7	101.6	101.6

4-5 各月居民消费价格分类同比指数（2017 年）
Year-on-year Consumer Price Indices by Category& Month（2017）

上年同期 =100（same period last year=100）

类 别	Item	1月 January	2月 February	3月 March	4月 April	5月 May	6月 June
居民消费价格总指数	**Consumer Price Index**	**101.9**	**101.0**	**100.6**	**100.5**	**100.5**	**100.6**
非食品价格指数	Non-food Price Index	102.1	101.9	101.7	101.8	101.8	101.8
服务价格指数	Price Index of Service Item	102.1	101.7	101.6	101.7	101.8	101.9
工业品价格指数	Industrial Price Index	102.2	102.3	102.2	102.2	102.1	102.0
扣除食品和能源价格指数	Excluding Food Tobacco Liquor and Energy Price Index	101.9	101.6	101.5	101.6	101.6	101.7
消费品价格指数	Consumer Goods Price Index	101.7	100.5	100.0	99.8	99.8	99.8
食品烟酒	**Food,Tobacco and Liquor**	**101.1**	**98.7**	**97.8**	**97.3**	**97.3**	**97.4**
食品	Food	100.9	97.3	96.0	95.4	95.4	95.6
粮食	Grain	102.0	102.3	102.2	102.1	101.6	101.6
大 米	Rice	101.0	101.5	101.7	101.7	101.3	101.4
薯类	Tubers	108.8	105.1	105.0	99.7	95.7	92.6
食用油	Oil	100.5	99.9	100.0	99.7	99.5	98.9
菜	Vegetables	99.8	85.9	81.9	81.5	83.6	86.4
鲜 菜	Fresh Vegetables	99.8	84.8	80.6	80.2	82.3	85.2
畜肉类	Meat of Livestock	103.7	100.4	98.8	97.0	94.9	93.0
猪 肉	Pork	103.4	98.8	96.4	93.8	90.8	88.2
禽肉类	Meat of Poultry	100.6	99.3	98.4	98.3	98.8	98.9
水产品	Aquatic Products	103.7	101.9	101.9	101.8	102.1	102.3
蛋类	Eggs	92.8	90.4	90.6	90.9	90.7	91.2
奶类	Milk	98.2	97.9	97.9	98.1	98.2	98.4
干鲜瓜果类	Dried and Fresh Melons and Fruits	100.6	102.0	101.6	100.7	100.7	100.8
糖果糕点类	Candy and Cake	98.3	99.5	100.5	100.4	100.3	100.5
调味品	Flavoring	99.9	101.0	101.6	101.7	101.9	101.9
其他食品类	Other Foods	99.8	100.6	100.6	100.9	101.2	101.1
茶及饮料	Tea and Beverages	100.3	101.0	101.1	101.6	101.8	101.9
烟酒	Tobacco and Liquor	100.9	101.2	101.3	101.5	101.5	101.6
烟草	Tobacco	100.0	100.0	100.0	100.0	100.0	100.0
酒类	Liquor	102.5	103.2	103.6	104.0	104.2	104.5
在外餐饮	Dining Out	101.8	101.3	101.0	100.7	100.6	100.4

4-5 各月居民消费价格分类同比指数（2017年）
Year-on-year Consumer Price Indices by Category& Month（2017）

续表1（continued1）　　上年同期=100（same period last year=100）

类 别	Item	7月 July	8月 August	9月 September	10月 October	11月 November	12月 December
居民消费价格总指数	**Consumer Price Index**	**100.6**	**100.7**	**100.8**	**100.9**	**101.0**	**101.0**
非食品价格指数	Non-food Price Index	101.8	101.8	101.9	101.9	102.0	102.0
服务价格指数	Price Index of Service Item	102.0	102.1	102.4	102.5	102.6	102.7
工业品价格指数	Industrial Price Index	101.9	101.8	101.8	101.8	101.8	101.8
扣除食品和能源价格指数	Excluding Food Tobacco Liquor and Energy Price Index	101.7	101.7	101.8	101.8	101.9	101.9
消费品价格指数	Consumer Goods Price Index	99.8	99.9	100.0	100.0	100.0	100.1
食品烟酒	**Food,Tobacco and Liquor**	**97.6**	**97.8**	**98.0**	**98.1**	**98.1**	**98.2**
食品	Food	95.9	96.3	96.5	96.7	96.8	97.0
粮食	Grain	101.4	101.1	101.0	100.8	100.8	100.6
大 米	Rice	101.4	101.2	101.1	100.9	100.8	100.6
薯类	Tubers	91.6	92.1	93.0	93.9	94.2	94.1
食用油	Oil	98.9	98.7	98.6	98.7	98.8	98.7
菜	Vegetables	89.1	91.5	92.4	93.0	92.9	93.0
鲜 菜	Fresh Vegetables	88.1	90.7	91.6	92.3	92.2	92.3
畜肉类	Meat of Livestock	91.9	91.4	91.3	91.5	91.8	92.1
猪 肉	Pork	86.6	85.9	85.8	86.1	86.5	86.8
禽肉类	Meat of Poultry	99.0	99.4	100.0	100.5	100.9	101.3
水产品	Aquatic Products	102.4	102.7	102.9	102.9	103.0	103.0
蛋类	Eggs	92.5	94.4	95.7	96.5	97.4	98.3
奶类	Milk	98.4	98.2	98.1	98.0	98.1	98.2
干鲜瓜果类	Dried and Fresh Melons and Fruits	101.1	100.8	100.5	100.1	99.9	99.9
糖果糕点类	Candy and Cake	100.6	100.7	100.7	100.9	101.0	101.2
调味品	Flavoring	101.9	101.8	101.6	101.3	101.2	101.4
其他食品类	Other Foods	101.2	101.3	101.5	101.4	101.4	101.4
茶及饮料	Tea and Beverages	102.0	102.1	102.1	102.1	102.2	102.2
烟酒	Tobacco and Liquor	101.6	101.5	101.3	101.2	101.1	101.0
烟草	Tobacco	100.0	99.9	99.9	99.9	99.9	99.8
酒类	Liquor	104.5	104.2	103.9	103.6	103.3	103.0
在外餐饮	Dining Out	100.4	100.3	100.3	100.2	100.2	100.2

4-5 各月居民消费价格分类同比指数（2017 年）
Year-on-year Consumer Price Indices by Category& Month（2017）

续表 2（continued2）　　上年同期 =100（same period last year=100）

类 别	Item	1 月 January	2 月 February	3 月 March	4 月 April	5 月 May	6 月 June
衣着	**Clothing**	**102.3**	**102.6**	**102.4**	**102.4**	**102.5**	**102.5**
服装	Garments	102.3	102.7	102.5	102.5	102.4	102.5
服装材料	Garments Material	99.0	99.1	99.1	99.1	99.1	99.1
其他衣着及配件	Other Clothing and Parts	101.9	102.0	101.6	101.5	101.2	101.1
衣着加工服务费	Clothing Manufacturing Services	101.6	101.7	101.8	101.9	102.7	103.2
居住	**Residence**	**101.3**	**101.2**	**101.0**	**101.2**	**101.3**	**101.4**
租赁房房租	Rent of Rental Housing	102.5	102.4	102.1	102.3	102.6	102.8
住房保养维修及管理	Housing Maintenance and Management	101.3	101.5	101.4	101.4	101.5	101.7
水电燃料	Water,Electricity and Fuels	100.2	100.2	100.2	100.2	100.2	100.2
自有住房	Private Housing	101.5	101.3	101.2	101.4	101.6	101.7
生活用品及服务	**Daily Necessities and Services**	**100.4**	**100.2**	**100.4**	**100.6**	**100.7**	**100.6**
家具及室内装饰品	Furniture and Interior Decorations	99.2	99.5	99.7	99.9	99.8	99.9
家用器具	Home Appliances	101.3	101.4	101.9	102.2	102.4	102.4
家用纺织品	Home Textiles	102.0	102.5	102.7	102.7	102.8	102.6
家庭日用杂品	Daily Use Household Articles	99.8	99.2	98.8	98.9	98.9	98.7
个人护理用品	Personal Care Products	100.4	99.7	100.0	100.0	99.9	100.0
家庭服务	Household Services	100.3	99.7	100.4	100.8	101.0	101.2
交通和通信	**Transport and Communications**	**104.4**	**103.9**	**103.5**	**103.6**	**103.3**	**102.8**
交通	Transport	106.0	105.3	104.7	104.7	104.3	103.7
交通工具用燃料	Fuels for Transport Facility	118.5	118.9	118.9	118.3	116.9	114.8
交通费	Traffic Fee	107.5	105.5	104.3	104.8	104.5	104.2
通信	Communications	101.5	101.5	101.4	101.5	101.5	101.3
教育文化和娱乐	**Education,Culture and Recreation**	**102.6**	**102.2**	**102.2**	**102.2**	**102.4**	**102.7**
教育	Education	101.6	101.5	101.4	101.4	101.4	101.4
文化娱乐	Culture and Recreation	103.4	102.8	102.9	102.9	103.4	103.9
旅游	Touring and Outing	109.1	106.8	106.7	106.8	107.9	108.9
医疗保健	**Health Care**	**102.2**	**102.2**	**102.1**	**102.1**	**102.2**	**102.3**
药品及医疗器具	Medicine and Medical Equipment	105.4	105.3	105.2	105.1	105.3	105.5
中药	Traditional Chinese Medicines	113.0	112.2	111.9	111.1	110.8	110.6
西药	Western Medicines	104.6	104.6	104.7	104.8	105.1	105.4
医疗服务	Medical Services	100.0	100.0	100.0	100.0	100.0	100.0
其他用品和服务	**Other Articles and Services**	**102.5**	**101.2**	**100.8**	**100.9**	**100.9**	**101.0**
其他用品类	Other Articles	103.0	101.9	101.1	101.3	101.1	101.1
其他服务类	Other Services	102.1	100.8	100.6	100.7	100.7	100.9

4-5 各月居民消费价格分类同比指数（2017 年）
Year-on-year Consumer Price Indices by Category& Month（2017）

续表 3（continued3） 上年同期 =100（same period last year=100）

类 别	Item	7 月 July	8 月 August	9 月 September	10 月 October	11 月 November	12 月 December
衣着	**Clothing**	**102.6**	**102.6**	**102.7**	**102.8**	**102.8**	**102.8**
服装	Garments	102.5	102.5	102.5	102.6	102.7	102.7
服装材料	Garments Material	99.1	99.1	99.1	99.1	99.3	99.5
其他衣着及配件	Other Clothing and Parts	101.0	100.8	100.7	100.5	100.4	100.3
衣着加工服务费	Clothing Manufacturing Services	103.6	103.9	104.1	104.2	104.4	104.5
居住	**Residence**	**101.4**	**101.5**	**101.7**	**101.8**	**101.9**	**101.9**
租赁房房租	Rent of Rental Housing	102.7	102.8	103.0	103.2	103.4	103.5
住房保养维修及管理	Housing Maintenance and Management	101.9	102.0	102.1	102.1	102.1	102.2
水电燃料	Water,Electricity and Fuels	100.2	100.2	100.2	100.3	100.3	100.3
自有住房	Private Housing	101.7	101.8	102.0	102.2	102.3	102.5
生活用品及服务	**Daily Necessities and Services**	**100.6**	**100.6**	**100.6**	**100.6**	**100.6**	**100.7**
家具及室内装饰品	Furniture and Interior Decorations	100.0	100.0	100.2	100.5	100.8	101.0
家用器具	Home Appliances	102.3	102.1	101.9	101.9	101.8	101.7
家用纺织品	Home Textiles	102.4	102.3	102.1	102.1	102.0	101.9
家庭日用杂品	Daily Use Household Articles	98.8	98.8	98.7	98.6	98.6	98.7
个人护理用品	Personal Care Products	99.9	99.9	100.0	99.9	99.8	99.8
家庭服务	Household Services	101.5	101.8	102.0	102.2	102.4	102.6
交通和通信	**Transport and Communications**	**102.4**	**102.0**	**101.8**	**101.6**	**101.6**	**101.5**
交通	Transport	103.1	102.6	102.3	102.0	102.0	101.9
交通工具用燃料	Fuels for Transport Facility	113.0	112.4	111.7	111.5	111.5	111.3
交通费	Traffic Fee	103.7	103.0	102.6	101.9	102.0	101.9
通信	Communications	101.2	101.0	100.9	100.8	100.8	100.7
教育文化和娱乐	**Education,Culture and Recreation**	**103.0**	**103.2**	**103.5**	**103.4**	**103.4**	**103.3**
教育	Education	101.4	101.4	101.4	101.4	101.4	101.4
文化娱乐	Culture and Recreation	104.4	104.9	105.3	105.3	105.1	104.9
旅游	Touring and Outing	109.8	110.9	111.6	111.5	111.0	110.5
医疗保健	**Health Care**	**102.3**	**102.4**	**102.9**	**103.5**	**103.9**	**104.2**
药品及医疗器具	Medicine and Medical Equipment	105.5	105.7	105.8	105.8	105.8	105.7
中药	Traditional Chinese Medicines	110.0	109.4	109.0	108.6	108.2	107.8
西药	Western Medicines	105.5	106.0	106.4	106.5	106.5	106.5
医疗服务	Medical Services	100.0	100.0	100.9	101.8	102.6	103.2
其他用品和服务	**Other Articles and Services**	**100.8**	**100.7**	**100.7**	**100.7**	**100.7**	**100.8**
其他用品类	Other Articles	100.6	100.3	100.1	100.0	100.0	100.1
其他服务类	Other Services	100.9	101.0	101.1	101.1	101.1	101.2

4-5 各月居民消费价格分类同比指数（2018 年）
Year-on-year Consumer Price Indices by Category& Month（2018）

上年同期 =100（same period last year=100）

类别	Item	1月 January	2月 February	3月 March	4月 April	5月 May	6月 June
居民消费价格总指数	**Consumer Price Index**	**101.2**	**103.1**	**101.9**	**101.5**	**101.3**	**101.7**
非食品价格指数	Non-food Price Index	101.7	103.0	102.1	102.0	102.1	102.3
服务价格指数	Price Index of Service Item	102.3	104.9	103.1	103.1	103.1	103.0
工业品价格指数	Industrial Price Index	101.6	101.6	101.5	101.3	101.4	101.8
扣除食品和能源价格指数	Excluding Food Tobacco Liquor and Energy Price Index	101.7	103.0	102.2	102.0	101.9	102.1
消费品价格指数	Consumer Goods Price Index	100.6	102.0	101.2	100.6	100.3	100.9
食品烟酒	**Food,Tobacco and Liquor**	**99.6**	**102.5**	**100.8**	**99.8**	**99.1**	**100.0**
食品	Food	99.2	103.6	100.8	99.2	98.2	99.0
粮食	Grain	100.1	99.5	99.3	98.2	99.0	97.8
大　米	Rice	99.6	99.0	98.1	96.1	96.1	94.7
薯类	Tubers	92.6	102.4	108.4	108.5	116.1	112.4
食用油	Oil	99.0	95.5	94.8	99.8	96.1	100.9
菜	Vegetables	100.6	119.7	106.5	103.9	102.7	106.1
鲜　菜	Fresh Vegetables	100.6	121.5	106.8	104.3	103.0	106.7
畜肉类	Meat of Livestock	92.3	95.9	91.6	88.5	87.9	90.5
猪　肉	Pork	87.2	92.0	85.8	81.4	80.5	84.9
禽肉类	Meat of Poultry	104.8	106.8	109.3	107.6	105.2	106.3
水产品	Aquatic Products	104.1	106.6	104.8	103.3	101.8	99.7
蛋类	Eggs	112.8	119.6	120.7	117.7	124.5	123.8
奶类	Milk	96.8	96.2	96.4	96.6	100.1	98.5
干鲜瓜果类	Dried and Fresh Melons and Fruits	101.6	101.5	104.0	102.3	94.2	92.0
糖果糕点类	Candy and Cake	102.1	101.0	101.0	99.9	101.6	96.7
调味品	Flavoring	102.2	102.2	104.1	99.0	100.8	101.1
其他食品类	Other Foods	101.5	99.4	98.9	99.8	99.2	101.0
茶及饮料	Tea and Beverages	101.7	101.2	101.9	102.7	102.7	102.9
烟酒	Tobacco and Liquor	99.7	99.1	99.7	99.4	99.5	99.3
烟草	Tobacco	99.7	99.7	99.7	99.7	99.7	99.7
酒类	Liquor	99.7	98.0	99.7	98.8	99.3	98.5
在外餐饮	Dining Out	100.1	101.0	101.1	101.1	101.0	102.4

4-5 各月居民消费价格分类同比指数（2018 年）
Year-on-year Consumer Price Indices by Category& Month（2018）

续表 1（continued1） 上年同期 =100（same period last year=100）

类 别	Item	7 月 July	8 月 August	9 月 September	10 月 October	11 月 November	12 月 December
居民消费价格总指数	**Consumer Price Index**	**102.2**	**102.1**	**102.3**	**102.6**	**102.4**	**102.2**
非食品价格指数	Non-food Price Index	102.7	102.4	102.2	102.2	102.0	101.8
服务价格指数	Price Index of Service Item	103.7	103.2	102.4	102.5	102.6	102.7
工业品价格指数	Industrial Price Index	101.9	101.8	102.1	101.9	101.4	100.7
扣除食品和能源价格指数	Excluding Food Tobacco Liquor and Energy Price Index	102.4	102.1	101.7	101.7	101.7	101.7
消费品价格指数	Consumer Goods Price Index	101.2	101.5	102.2	102.7	102.3	102.0
食品烟酒	**Food,Tobacco and Liquor**	**100.5**	**101.2**	**102.4**	**103.7**	**103.2**	**103.4**
食品	Food	99.8	101.0	102.7	104.6	104.0	104.1
粮食	Grain	96.1	96.6	96.8	98.3	98.0	98.5
大 米	Rice	91.9	92.1	93.5	95.3	95.3	97.2
薯类	Tubers	107.2	105.7	102.3	95.4	96.0	102.5
食用油	Oil	99.7	100.0	98.4	97.5	98.0	103.9
菜	Vegetables	104.2	100.5	109.1	113.9	104.2	104.3
鲜 菜	Fresh Vegetables	104.8	100.3	110.2	115.4	104.7	104.5
畜肉类	Meat of Livestock	95.0	99.5	100.6	103.5	107.0	105.6
猪 肉	Pork	91.3	97.7	98.6	103.4	108.3	105.5
禽肉类	Meat of Poultry	105.9	105.0	104.3	104.6	104.4	106.0
水产品	Aquatic Products	100.2	98.5	98.5	99.0	98.7	98.8
蛋类	Eggs	117.3	115.8	111.4	114.5	109.8	106.3
奶类	Milk	101.0	101.1	101.8	102.6	105.8	106.6
干鲜瓜果类	Dried and Fresh Melons and Fruits	95.0	101.8	104.5	105.1	107.2	108.0
糖果糕点类	Candy and Cake	98.0	100.6	100.3	99.6	100.2	98.1
调味品	Flavoring	99.7	99.7	100.7	101.7	101.2	100.5
其他食品类	Other Foods	99.3	101.2	101.0	102.4	103.1	103.3
茶及饮料	Tea and Beverages	102.4	101.4	101.8	101.9	101.1	101.0
烟酒	Tobacco and Liquor	99.6	99.8	99.7	100.4	100.2	100.4
烟草	Tobacco	100.0	100.0	100.0	100.0	100.0	100.0
酒类	Liquor	99.0	99.6	99.1	101.1	100.5	101.0
在外餐饮	Dining Out	102.2	102.2	102.6	102.6	102.4	102.6

4-5 各月居民消费价格分类同比指数（2018年）
Year-on-year Consumer Price Indices by Category& Month（2018）

续表2（continued2） 上年同期=100（same period last year=100）

类别	Item	1月 January	2月 February	3月 March	4月 April	5月 May	6月 June
衣着	**Clothing**	**102.7**	**102.4**	**102.4**	**102.0**	**101.4**	**101.4**
服装	Garments	102.6	102.3	102.3	102.0	101.8	101.8
服装材料	Garments Material	101.8	101.4	101.1	101.1	101.1	101.1
其他衣着及配件	Other Clothing and Parts	99.3	99.5	99.6	99.6	100.5	100.7
衣着加工服务费	Clothing Manufacturing Services	105.1	104.5	104.8	104.8	101.6	101.6
居住	**Residence**	**102.9**	**102.9**	**102.7**	**102.3**	**102.2**	**103.1**
租赁房房租	Rent of Rental Housing	104.7	104.7	104.4	104.2	103.4	104.1
住房保养维修及管理	Housing Maintenance and Management	102.5	102.5	103.6	102.9	103.2	102.6
水电燃料	Water,Electricity and Fuels	100.4	100.3	100.4	100.4	100.4	100.4
自有住房	Private Housing	103.9	103.9	103.3	102.7	102.7	104.4
生活用品及服务	**Daily Necessities and Services**	**101.4**	**102.4**	**101.8**	**101.4**	**101.4**	**101.6**
家具及室内装饰品	Furniture and Interior Decorations	103.7	103.3	103.2	103.8	104.2	104.3
家用器具	Home Appliances	100.4	101.0	100.1	99.1	98.2	99.3
家用纺织品	Home Textiles	100.8	100.6	100.5	100.7	100.2	100.8
家庭日用杂品	Daily Use Household Articles	99.4	101.9	101.9	101.3	101.5	101.9
个人护理用品	Personal Care Products	102.0	102.9	101.8	100.5	101.6	99.6
家庭服务	Household Services	105.1	106.7	105.1	105.5	106.1	105.9
交通和通信	**Transport and Communications**	**98.8**	**100.8**	**99.4**	**98.1**	**99.7**	**100.4**
交通	Transport	98.6	101.3	100.1	99.8	102.1	102.7
交通工具用燃料	Fuels for Transport Facility	106.3	106.5	104.2	108.6	113.4	117.7
交通费	Traffic Fee	96.4	101.9	101.0	96.8	100.1	96.1
通信	Communications	99.1	99.9	98.2	95.1	95.4	96.4
教育文化和娱乐	**Education,Culture and Recreation**	**99.6**	**105.2**	**101.4**	**103.4**	**103.1**	**102.0**
教育	Education	101.5	101.7	102.1	102.1	102.0	101.9
文化娱乐	Culture and Recreation	98.0	108.3	100.9	104.7	104.2	102.1
旅游	Touring and Outing	93.1	119.7	101.9	111.0	110.5	106.3
医疗保健	**Health Care**	**108.8**	**108.7**	**108.6**	**108.5**	**107.9**	**107.6**
药品及医疗器具	Medicine and Medical Equipment	107.0	106.7	106.6	106.3	105.0	104.3
中药	Traditional Chinese Medicines	104.7	104.8	104.3	105.1	105.6	105.5
西药	Western Medicines	109.0	108.8	109.3	108.7	106.9	104.9
医疗服务	Medical Services	110.1	110.1	110.1	110.1	110.1	110.1
其他用品和服务	**Other Articles and Services**	**99.9**	**101.5**	**100.6**	**100.8**	**100.0**	**100.0**
其他用品类	Other Articles	100.7	98.3	98.6	98.7	98.1	98.3
其他服务类	Other Services	99.3	103.7	101.9	102.3	101.4	101.2

4-5 各月居民消费价格分类同比指数（2018年）
Year-on-year Consumer Price Indices by Category& Month（2018）

续表 3（continued3） 上年同期=100（same period last year=100）

类 别	Item	7月 July	8月 August	9月 September	10月 October	11月 November	12月 December
衣着	**Clothing**	**101.4**	**101.2**	**101.2**	**100.5**	**101.0**	**100.9**
服装	Garments	101.8	101.6	101.4	100.5	100.9	100.9
服装材料	Garments Material	101.1	101.1	101.1	101.4	99.5	99.5
其他衣着及配件	Other Clothing and Parts	100.7	100.6	100.8	100.5	100.6	100.7
衣着加工服务费	Clothing Manufacturing Services	101.6	101.6	101.6	101.6	101.7	100.5
居住	**Residence**	**102.9**	**102.5**	**103.0**	**103.2**	**103.2**	**103.1**
租赁房房租	Rent of Rental Housing	104.2	102.9	101.8	102.4	102.4	102.4
住房保养维修及管理	Housing Maintenance and Management	102.4	102.3	102.2	102.2	101.9	101.4
水电燃料	Water,Electricity and Fuels	100.4	101.3	103.2	103.2	103.2	103.0
自有住房	Private Housing	104.2	103.0	103.3	103.7	103.7	103.7
生活用品及服务	**Daily Necessities and Services**	**101.5**	**101.6**	**102.4**	**101.8**	**101.6**	**101.7**
家具及室内装饰品	Furniture and Interior Decorations	104.8	104.5	104.1	102.3	101.7	102.4
家用器具	Home Appliances	99.2	98.8	100.1	98.2	97.9	97.8
家用纺织品	Home Textiles	100.6	100.8	100.9	100.8	101.5	101.4
家庭日用杂品	Daily Use Household Articles	100.2	100.9	103.9	104.8	105.0	104.4
个人护理用品	Personal Care Products	100.4	101.2	99.5	100.3	99.6	100.7
家庭服务	Household Services	107.3	107.2	107.6	107.0	106.8	106.5
交通和通信	**Transport and Communications**	**101.6**	**102.0**	**101.2**	**101.4**	**99.4**	**98.1**
交通	Transport	104.6	105.3	104.4	104.8	101.8	99.9
交通工具用燃料	Fuels for Transport Facility	122.1	119.3	120.6	122.0	112.6	99.6
交通费	Traffic Fee	100.1	102.2	100.5	100.1	97.8	100.6
通信	Communications	96.2	96.2	95.7	95.3	95.1	94.9
教育文化和娱乐	**Education,Culture and Recreation**	**103.5**	**102.5**	**102.9**	**103.7**	**104.6**	**104.0**
教育	Education	102.5	102.6	105.6	105.8	105.8	105.7
文化娱乐	Culture and Recreation	104.3	102.3	100.7	101.8	103.4	102.3
旅游	Touring and Outing	110.8	106.9	102.2	105.2	110.0	107.3
医疗保健	**Health Care**	**107.5**	**106.9**	**102.4**	**101.1**	**101.1**	**101.0**
药品及医疗器具	Medicine and Medical Equipment	104.2	102.8	102.8	102.6	102.6	102.3
中药	Traditional Chinese Medicines	104.9	105.9	105.2	104.7	104.4	104.0
西药	Western Medicines	104.8	101.4	101.6	101.3	101.5	101.7
医疗服务	Medical Services	110.1	110.1	102.1	100.0	100.0	100.0
其他用品和服务	**Other Articles and Services**	**101.0**	**100.8**	**100.6**	**101.3**	**101.9**	**101.8**
其他用品类	Other Articles	99.7	99.2	97.7	98.6	99.5	100.2
其他服务类	Other Services	101.8	101.8	102.6	103.2	103.5	102.9

4-5 各月居民消费价格分类同比指数（2019 年）
Year-on-year Consumer Price Indices by Category& Month（2019）

上年同期 =100（same period last year=100）

类 别	Item	1月 January	2月 February	3月 March	4月 April	5月 May	6月 June
居民消费价格总指数	**Consumer Price Index**	**102.2**	**101.2**	**102.2**	**102.7**	**103.1**	**102.2**
非食品价格指数	Non-food Price Index	101.8	101.5	101.7	101.7	101.6	100.8
服务价格指数	Price Index of Service Item	103.2	102.4	102.8	103.0	102.8	101.8
工业品价格指数	Industrial Price Index	100.3	100.3	100.4	100.2	100.3	99.8
扣除食品和能源价格指数	Excluding Food Tobacco Liquor and Energy Price Index	101.9	101.4	101.5	101.6	101.6	100.8
消费品价格指数	Consumer Goods Price Index	101.5	100.6	101.9	102.6	103.3	102.5
食品烟酒	**Food,Tobacco and Liquor**	**102.9**	**100.8**	**103.6**	**105.2**	**106.7**	**105.5**
食品	Food	103.6	100.3	104.6	107.3	109.7	108.4
粮食	Grain	99.4	98.1	96.9	97.9	99.9	97.4
大 米	Rice	98.2	96.1	94.7	97.0	100.5	95.8
薯类	Tubers	105.4	101.8	92.2	90.8	92.9	105.3
食用油	Oil	101.9	103.1	105.4	101.9	103.8	103.8
菜	Vegetables	100.4	95.1	110.1	116.4	116.3	104.6
鲜 菜	Fresh Vegetables	100.3	94.2	110.6	117.4	117.1	104.5
畜肉类	Meat of Livestock	105.0	101.4	107.6	115.2	120.4	119.8
猪 肉	Pork	103.6	98.6	107.8	119.3	126.9	125.3
禽肉类	Meat of Poultry	106.1	106.4	104.7	105.7	106.9	107.7
水产品	Aquatic Products	99.0	96.9	96.7	97.7	98.6	100.2
蛋类	Eggs	105.6	101.3	101.4	103.5	108.5	104.2
奶类	Milk	107.1	106.1	103.2	102.5	99.4	101.3
干鲜瓜果类	Dried and Fresh Melons and Fruits	110.1	101.6	104.8	106.3	115.7	122.6
糖果糕点类	Candy and Cake	100.0	99.3	100.8	99.1	102.5	103.1
调味品	Flavoring	99.1	98.5	100.7	99.0	100.1	100.3
其他食品类	Other Foods	103.2	102.9	104.8	102.4	101.4	104.5
茶及饮料	Tea and Beverages	101.3	101.2	100.7	99.2	99.4	99.4
烟酒	Tobacco and Liquor	99.2	99.2	99.5	99.4	98.8	99.3
烟草	Tobacco	100.0	100.0	100.0	100.0	100.0	100.0
酒类	Liquor	97.8	97.7	98.6	98.4	96.6	98.1
在外餐饮	Dining Out	102.6	102.5	102.6	102.6	102.5	101.0

4-5 各月居民消费价格分类同比指数（2019 年）
Year-on-year Consumer Price Indices by Category& Month（2019）

续表 1（continued1）　　　　上年同期 =100（same period last year=100）

类 别	Item	7 月 July	8 月 August	9 月 September	10 月 October	11 月 November	12 月 December
居民消费价格总指数	**Consumer Price Index**	**102.3**	**102.7**	**102.5**	**103.3**	**103.7**	**104.0**
非食品价格指数	Non-food Price Index	100.7	100.9	100.2	100.7	100.6	100.9
服务价格指数	Price Index of Service Item	101.3	101.8	100.3	101.2	101.0	100.8
工业品价格指数	Industrial Price Index	100.0	99.8	99.5	99.5	99.4	100.0
扣除食品和能源价格指数	Excluding Food Tobacco Liquor and Energy Price Index	100.8	101.1	100.5	101.1	101.0	100.9
消费品价格指数	Consumer Goods Price Index	102.9	103.2	103.8	104.5	105.3	105.9
食品烟酒	**Food,Tobacco and Liquor**	**106.3**	**107.1**	**108.6**	**110.1**	**111.9**	**112.5**
食品	Food	109.5	110.6	112.4	114.3	116.7	117.4
粮食	Grain	98.0	98.7	96.1	97.1	98.3	94.9
大 米	Rice	97.1	99.0	94.6	96.7	98.9	93.1
薯类	Tubers	105.6	96.1	97.6	97.1	97.0	96.5
食用油	Oil	102.7	102.1	104.6	100.9	104.6	100.6
菜	Vegetables	106.9	99.2	89.1	82.9	96.7	110.9
鲜 菜	Fresh Vegetables	106.9	98.7	87.1	81.0	95.6	111.6
畜肉类	Meat of Livestock	121.8	136.9	156.7	169.4	165.0	165.1
猪 肉	Pork	129.3	153.2	181.3	199.5	189.9	189.8
禽肉类	Meat of Poultry	109.2	111.5	115.4	116.2	122.1	116.9
水产品	Aquatic Products	101.1	104.0	106.5	106.2	105.9	105.1
蛋类	Eggs	106.7	100.6	104.8	105.7	109.0	105.6
奶类	Milk	101.4	101.2	100.8	98.7	96.5	93.8
干鲜瓜果类	Dried and Fresh Melons and Fruits	122.2	110.0	97.5	96.6	93.3	87.4
糖果糕点类	Candy and Cake	102.8	101.4	100.9	97.5	98.0	101.7
调味品	Flavoring	103.0	104.4	101.0	104.4	100.7	103.3
其他食品类	Other Foods	103.1	102.4	99.9	100.3	98.2	104.3
茶及饮料	Tea and Beverages	100.2	101.2	100.9	101.5	100.5	101.4
烟酒	Tobacco and Liquor	100.4	99.9	100.1	99.8	100.0	100.5
烟草	Tobacco	100.0	100.0	100.0	100.0	100.0	100.0
酒类	Liquor	101.2	99.7	100.4	99.5	100.1	101.5
在外餐饮	Dining Out	100.9	101.5	102.6	103.4	104.4	105.0

4-5 各月居民消费价格分类同比指数（2019 年）
Year-on-year Consumer Price Indices by Category& Month（2019）

续表 2（continued2）　　　　上年同期 =100（same period last year=100）

类 别	Item	1 月 January	2 月 February	3 月 March	4 月 April	5 月 May	6 月 June
衣着	**Clothing**	**100.7**	**100.5**	**100.4**	**100.2**	**100.5**	**100.2**
服装	Garments	100.6	100.5	100.4	100.4	100.3	99.8
服装材料	Garments Material	100.0	100.5	100.5	101.1	101.1	101.5
其他衣着及配件	Other Clothing and Parts	100.4	99.0	100.7	100.2	99.1	99.0
衣着加工服务费	Clothing Manufacturing Services	100.5	100.4	100.5	100.5	101.0	101.0
居住	**Residence**	**103.4**	**103.4**	**103.2**	**103.2**	**103.1**	**102.0**
租赁房房租	Rent of Rental Housing	102.5	102.5	102.3	102.2	102.2	101.3
住房保养维修及管理	Housing Maintenance and Management	101.8	101.6	101.1	101.2	100.6	100.0
水电燃料	Water,Electricity and Fuels	103.0	103.0	103.0	102.9	103.0	103.0
自有住房	Private Housing	104.2	104.2	104.0	104.0	104.0	102.2
生活用品及服务	**Daily Necessities and Services**	**101.4**	**101.3**	**100.6**	**100.3**	**100.3**	**100.6**
家具及室内装饰品	Furniture and Interior Decorations	102.3	102.8	103.0	102.1	101.0	101.0
家用器具	Home Appliances	97.3	97.0	95.2	96.2	97.2	96.9
家用纺织品	Home Textiles	101.7	101.3	101.9	101.5	101.3	100.2
家庭日用杂品	Daily Use Household Articles	103.8	103.1	102.3	99.5	100.0	100.9
个人护理用品	Personal Care Products	99.8	100.3	98.7	101.2	100.1	101.8
家庭服务	Household Services	107.3	107.7	107.8	107.3	107.4	107.8
交通和通信	**Transport and Communications**	**97.7**	**97.7**	**99.1**	**100.0**	**99.5**	**97.6**
交通	Transport	99.3	99.4	100.3	100.6	99.5	96.7
交通工具用燃料	Fuels for Transport Facility	94.0	97.2	103.4	100.4	99.0	93.9
交通费	Traffic Fee	102.0	101.6	100.6	103.6	101.5	99.4
通信	Communications	94.7	94.6	96.9	98.9	99.5	99.2
教育文化和娱乐	**Education,Culture and Recreation**	**104.9**	**102.7**	**103.5**	**103.1**	**103.0**	**102.1**
教育	Education	105.7	105.6	105.3	105.3	105.3	105.2
文化娱乐	Culture and Recreation	104.2	100.3	101.8	101.2	101.0	99.4
旅游	Touring and Outing	111.7	100.4	105.2	104.1	103.2	98.6
医疗保健	**Health Care**	**100.6**	**100.6**	**100.6**	**101.0**	**100.8**	**100.8**
药品及医疗器具	Medicine and Medical Equipment	101.6	101.4	101.4	102.3	101.8	101.8
中药	Traditional Chinese Medicines	103.6	103.7	104.2	103.2	101.0	101.5
西药	Western Medicines	100.6	100.4	99.8	102.1	102.3	102.6
医疗服务	Medical Services	100.0	100.0	100.0	100.0	100.0	100.0
其他用品和服务	**Other Articles and Services**	**101.9**	**101.4**	**102.1**	**100.9**	**102.5**	**102.9**
其他用品类	Other Articles	99.6	100.5	100.6	100.0	100.9	102.1
其他服务类	Other Services	103.5	101.9	103.1	101.6	103.6	103.4

4-5 各月居民消费价格分类同比指数（2019 年）
Year-on-year Consumer Price Indices by Category& Month（2019）

续表 3（continued3）　　　　上年同期 =100（same period last year=100）

类　别	Item	7 月 July	8 月 August	9 月 September	10 月 October	11 月 November	12 月 December
衣着	**Clothing**	**99.8**	**99.7**	**100.4**	**100.9**	**99.6**	**99.5**
服装	Garments	99.6	99.7	100.7	101.2	99.8	99.7
服装材料	Garments Material	102.1	101.5	100.9	100.0	99.4	98.9
其他衣着及配件	Other Clothing and Parts	99.0	98.9	99.0	99.6	97.6	98.8
衣着加工服务费	Clothing Manufacturing Services	101.0	101.0	101.0	101.0	100.4	100.4
居住	**Residence**	**101.9**	**101.6**	**100.7**	**100.5**	**100.5**	**100.5**
租赁房房租	Rent of Rental Housing	101.3	101.4	101.2	100.6	100.6	100.6
住房保养维修及管理	Housing Maintenance and Management	100.1	100.0	100.1	100.0	100.0	100.3
水电燃料	Water,Electricity and Fuels	103.0	102.0	100.0	100.0	100.0	100.0
自有住房	Private Housing	102.0	102.0	101.1	100.8	100.8	100.8
生活用品及服务	**Daily Necessities and Services**	**101.5**	**101.0**	**100.1**	**100.3**	**100.1**	**100.0**
家具及室内装饰品	Furniture and Interior Decorations	103.8	102.0	103.7	104.4	101.6	101.6
家用器具	Home Appliances	97.5	97.5	95.9	96.0	96.1	96.2
家用纺织品	Home Textiles	101.0	100.9	100.0	100.0	100.0	100.2
家庭日用杂品	Daily Use Household Articles	102.0	103.1	101.3	99.5	99.5	100.4
个人护理用品	Personal Care Products	102.2	99.9	98.1	100.9	102.5	100.3
家庭服务	Household Services	105.5	105.3	104.3	105.2	105.2	105.1
交通和通信	**Transport and Communications**	**98.0**	**98.7**	**98.0**	**97.9**	**98.6**	**100.0**
交通	Transport	97.4	98.4	97.0	96.6	97.6	99.6
交通工具用燃料	Fuels for Transport Facility	91.4	90.1	88.2	85.1	89.5	100.5
交通费	Traffic Fee	101.3	104.7	101.1	102.7	101.2	100.1
通信	Communications	99.3	99.2	99.9	100.2	100.6	100.8
教育文化和娱乐	**Education,Culture and Recreation**	**100.6**	**101.5**	**98.3**	**101.1**	**101.2**	**100.6**
教育	Education	104.8	104.7	102.8	102.6	102.6	102.7
文化娱乐	Culture and Recreation	97.2	98.8	94.4	99.6	99.9	98.6
旅游	Touring and Outing	94.0	97.8	88.8	100.9	100.6	97.7
医疗保健	**Health Care**	**100.7**	**100.8**	**100.5**	**100.7**	**100.5**	**100.9**
药品及医疗器具	Medicine and Medical Equipment	101.7	101.9	101.3	101.6	101.5	101.4
中药	Traditional Chinese Medicines	101.8	101.5	100.3	101.9	101.8	101.7
西药	Western Medicines	102.1	102.5	101.8	101.9	101.7	101.6
医疗服务	Medical Services	100.0	100.0	100.0	100.0	99.7	100.6
其他用品和服务	**Other Articles and Services**	**103.1**	**104.3**	**104.1**	**104.8**	**102.7**	**102.6**
其他用品类	Other Articles	102.7	106.0	107.9	107.7	104.4	104.9
其他服务类	Other Services	103.4	103.3	101.7	103.0	101.6	101.2

4-5 各月居民消费价格分类同比指数（2020 年）
Year-on-year Consumer Price Indices by Category& Month（2020）

上年同期 =100（same period last year=100）

类 别	Item	1 月 January	2 月 February	3 月 March	4 月 April	5 月 May	6 月 June
居民消费价格总指数	**Consumer Price Index**	**104.9**	**105.8**	**104.2**	**102.7**	**102.1**	**102.4**
非食品价格指数	Non-food Price Index	101.7	100.8	100.6	100.0	100.5	100.5
服务价格指数	Price Index of Service Item	102.1	100.7	101.0	100.1	101.0	100.9
工业品价格指数	Industrial Price Index	100.4	99.9	99.0	98.5	98.7	98.8
扣除食品和能源价格指数	Excluding Food Tobacco Liquor and Energy Price Index	101.6	100.9	101.0	100.5	101.1	101.0
消费品价格指数	Consumer Goods Price Index	106.5	108.8	106.0	104.2	102.7	103.3
食品烟酒	**Food,Tobacco and Liquor**	**113.3**	**118.6**	**113.6**	**110.4**	**107.0**	**108.2**
食品	Food	118.4	126.6	119.0	113.8	108.6	110.5
粮食	Grain	93.3	96.8	97.7	98.6	97.6	97.4
大　米	Rice	91.0	96.1	97.2	97.4	96.7	96.7
薯类	Tubers	100.1	112.7	113.5	118.9	105.5	91.3
食用油	Oil	94.8	98.1	97.7	99.1	99.7	98.7
菜	Vegetables	112.6	114.9	102.6	95.5	90.9	99.8
鲜　菜	Fresh Vegetables	113.6	116.0	102.6	94.9	90.4	100.4
畜肉类	Meat of Livestock	175.8	203.6	184.0	167.9	155.3	161.9
猪　肉	Pork	209.6	254.4	224.3	199.5	179.9	191.7
禽肉类	Meat of Poultry	112.9	112.9	113.0	111.0	107.2	102.9
水产品	Aquatic Products	105.0	109.5	108.0	102.8	102.7	103.5
蛋类	Eggs	99.3	98.7	94.3	90.9	83.3	81.9
奶类	Milk	93.1	94.1	95.0	98.0	97.2	97.7
干鲜瓜果类	Dried and Fresh Melons and Fruits	84.0	88.0	85.5	82.1	80.3	74.9
糖果糕点类	Candy and Cake	100.8	101.6	99.3	104.2	98.8	99.9
调味品	Flavoring	103.3	104.7	102.4	107.9	102.1	99.9
其他食品类	Other Foods	100.4	105.7	104.9	105.2	106.1	101.0
茶及饮料	Tea and Beverages	100.7	101.0	101.2	101.3	100.6	101.0
烟酒	Tobacco and Liquor	100.4	102.0	100.9	101.5	100.9	100.0
烟草	Tobacco	100.0	100.0	100.0	100.0	100.0	100.2
酒类	Liquor	101.1	105.4	102.6	104.1	102.6	99.9
在外餐饮	Dining Out	105.3	105.0	105.0	105.4	105.4	105.5

4-5 各月居民消费价格分类同比指数（2020 年）
Year-on-year Consumer Price Indices by Category& Month（2020）

续表 1（continued1） 上年同期 =100（same period last year=100）

类 别	Item	7 月 July	8 月 August	9 月 September	10 月 October	11 月 November	12 月 December
居民消费价格总指数	**Consumer Price Index**	**102.8**	**102.4**	**101.6**	**100.5**	**99.4**	**99.5**
非食品价格指数	Non-food Price Index	99.9	99.8	100.2	100.3	100.0	99.8
服务价格指数	Price Index of Service Item	99.5	99.3	100.2	100.6	99.9	99.6
工业品价格指数	Industrial Price Index	98.9	99.1	99.3	99.2	99.5	99.5
扣除食品和能源价格指数	Excluding Food Tobacco Liquor and Energy Price Index	100.2	100.1	100.5	100.7	100.4	100.1
消费品价格指数	Consumer Goods Price Index	104.7	104.2	102.4	100.5	99.1	99.5
食品烟酒	**Food,Tobacco and Liquor**	**111.0**	**109.6**	**105.7**	**101.8**	**98.7**	**99.5**
食品	Food	114.7	112.8	107.3	101.6	97.2	98.6
粮食	Grain	96.8	99.3	99.8	98.2	95.4	98.2
大　米	Rice	94.7	98.3	98.8	96.3	91.3	96.5
薯类	Tubers	92.1	100.3	101.5	111.1	112.4	112.5
食用油	Oil	103.2	105.3	99.7	106.5	98.6	98.9
菜	Vegetables	108.6	120.0	122.9	125.8	115.5	107.1
鲜　菜	Fresh Vegetables	109.5	122.4	126.2	128.9	117.6	108.0
畜肉类	Meat of Livestock	170.4	144.4	120.5	99.4	93.3	99.5
猪　肉	Pork	198.5	153.6	122.0	94.9	89.1	99.0
禽肉类	Meat of Poultry	103.2	101.1	94.7	91.4	87.0	89.4
水产品	Aquatic Products	103.4	103.4	100.1	98.4	97.9	95.9
蛋类	Eggs	83.9	87.0	81.7	81.1	79.3	84.6
奶类	Milk	96.9	95.9	94.4	96.6	95.0	97.4
干鲜瓜果类	Dried and Fresh Melons and Fruits	73.3	77.0	88.7	95.5	96.6	95.8
糖果糕点类	Candy and Cake	100.7	101.6	99.2	104.8	103.4	101.5
调味品	Flavoring	101.5	99.8	102.0	98.3	101.2	98.3
其他食品类	Other Foods	102.8	100.8	101.1	100.0	102.2	94.3
茶及饮料	Tea and Beverages	99.9	99.7	98.9	99.7	100.5	99.7
烟酒	Tobacco and Liquor	99.9	99.9	99.9	100.6	100.7	99.5
烟草	Tobacco	100.2	100.2	100.2	100.2	100.5	100.5
酒类	Liquor	99.4	99.4	99.5	101.4	100.9	97.9
在外餐饮	Dining Out	105.6	105.1	103.6	102.7	102.2	101.7

4–5 各月居民消费价格分类同比指数（2020 年）
Year–on–year Consumer Price Indices by Category& Month（2020）

续表 2（continued2） 上年同期 =100（same period last year=100）

类 别	Item	1 月 January	2 月 February	3 月 March	4 月 April	5 月 May	6 月 June
衣着	**Clothing**	**99.2**	**98.9**	**97.4**	**96.4**	**97.1**	**97.2**
服装	Garments	99.5	98.9	97.4	96.3	97.2	97.5
服装材料	Garments Material	98.9	98.9	98.3	97.0	97.6	97.2
其他衣着及配件	Other Clothing and Parts	98.6	100.0	96.9	97.1	98.2	98.2
衣着加工服务费	Clothing Manufacturing Services	100.4	100.4	100.4	100.4	102.4	102.4
居住	**Residence**	**100.7**	**100.7**	**99.9**	**99.3**	**99.8**	**99.7**
租赁房房租	Rent of Rental Housing	101.2	101.2	100.3	100.5	100.9	100.8
住房保养维修及管理	Housing Maintenance and Management	100.7	100.8	99.7	99.5	99.1	99.6
水电燃料	Water,Electricity and Fuels	100.0	100.0	100.0	100.1	100.0	100.0
自有住房	Private Housing	100.9	100.9	99.8	98.6	99.7	99.4
生活用品及服务	**Daily Necessities and Services**	**100.0**	**99.6**	**100.2**	**99.8**	**100.3**	**100.4**
家具及室内装饰品	Furniture and Interior Decorations	101.1	101.1	100.3	99.0	101.9	102.3
家用器具	Home Appliances	96.3	96.4	98.5	96.3	96.3	96.9
家用纺织品	Home Textiles	99.7	100.1	98.8	98.5	99.0	98.6
家庭日用杂品	Daily Use Household Articles	100.2	100.2	100.5	102.3	102.6	101.7
个人护理用品	Personal Care Products	101.0	99.7	101.4	101.6	100.8	101.4
家庭服务	Household Services	105.8	103.1	103.1	103.1	102.9	103.0
交通和通信	**Transport and Communications**	**102.5**	**98.5**	**96.6**	**95.7**	**96.4**	**97.0**
交通	Transport	103.0	97.0	94.2	92.0	92.7	94.3
交通工具用燃料	Fuels for Transport Facility	107.1	97.5	85.5	79.5	77.8	80.6
交通费	Traffic Fee	105.4	95.2	93.1	89.6	94.2	96.1
通信	Communications	101.6	101.3	101.2	102.8	103.5	102.2
教育文化和娱乐	**Education,Culture and Recreation**	**102.5**	**100.7**	**103.4**	**102.1**	**103.2**	**102.7**
教育	Education	102.7	102.7	102.6	102.1	103.0	103.3
文化娱乐	Culture and Recreation	102.2	99.0	104.1	102.1	103.4	102.2
旅游	Touring and Outing	105.2	99.7	110.5	106.6	110.1	106.3
医疗保健	**Health Care**	**102.3**	**102.3**	**102.3**	**101.7**	**101.8**	**101.7**
药品及医疗器具	Medicine and Medical Equipment	101.9	102.0	101.8	100.5	100.8	100.6
中药	Traditional Chinese Medicines	101.8	101.3	101.6	102.4	104.2	103.3
西药	Western Medicines	102.4	102.8	102.8	100.6	100.4	100.5
医疗服务	Medical Services	102.6	102.6	102.6	102.6	102.6	102.6
其他用品和服务	**Other Articles and Services**	**103.4**	**102.6**	**104.2**	**103.8**	**103.3**	**103.0**
其他用品类	Other Articles	106.5	107.3	109.8	109.7	110.5	109.1
其他服务类	Other Services	101.3	99.7	100.5	99.9	98.6	99.0

4-5 各月居民消费价格分类同比指数（2020 年）
Year-on-year Consumer Price Indices by Category& Month（2020）

续表 3（continued3） 上年同期 =100（same period last year=100）

类 别	Item	7 月 July	8 月 August	9 月 September	10 月 October	11 月 November	12 月 December
衣着	**Clothing**	97.5	97.9	99.1	99.6	100.2	99.7
服装	Garments	97.6	98.0	99.2	99.4	100.5	100.1
服装材料	Garments Material	96.1	96.6	96.9	97.5	97.6	97.9
其他衣着及配件	Other Clothing and Parts	98.6	98.1	99.2	100.8	102.4	101.2
衣着加工服务费	Clothing Manufacturing Services	102.4	102.4	102.4	102.4	102.4	102.4
居住	**Residence**	99.8	99.2	99.0	99.1	99.0	98.4
租赁房房租	Rent of Rental Housing	100.4	99.3	100.3	101.2	100.8	100.8
住房保养维修及管理	Housing Maintenance and Management	100.6	100.5	100.4	100.6	100.5	100.5
水电燃料	Water,Electricity and Fuels	100.0	100.0	100.0	99.9	99.9	99.9
自有住房	Private Housing	99.4	98.4	98.0	98.0	97.9	96.7
生活用品及服务	**Daily Necessities and Services**	99.8	99.5	99.6	99.6	100.3	100.3
家具及室内装饰品	Furniture and Interior Decorations	99.4	99.8	97.6	98.9	101.8	101.8
家用器具	Home Appliances	97.0	97.1	98.3	98.3	98.5	98.5
家用纺织品	Home Textiles	98.2	98.0	98.6	98.3	98.2	98.0
家庭日用杂品	Daily Use Household Articles	101.9	99.6	98.1	98.9	99.2	99.2
个人护理用品	Personal Care Products	100.7	102.0	105.6	102.6	103.0	103.2
家庭服务	Household Services	102.3	102.3	103.2	102.2	102.2	102.2
交通和通信	**Transport and Communications**	95.5	96.4	97.3	97.1	96.5	97.8
交通	Transport	92.1	93.3	94.9	94.7	93.7	94.8
交通工具用燃料	Fuels for Transport Facility	84.2	85.8	85.1	82.8	82.4	85.0
交通费	Traffic Fee	88.0	91.5	96.1	98.1	95.3	96.9
通信	Communications	102.0	102.2	101.9	101.7	101.9	103.2
教育文化和娱乐	**Education,Culture and Recreation**	99.7	99.7	102.1	103.1	101.4	101.4
教育	Education	102.9	102.9	101.1	101.1	101.1	101.1
文化娱乐	Culture and Recreation	96.8	96.8	103.0	105.1	101.6	101.7
旅游	Touring and Outing	94.2	93.9	107.6	112.5	105.0	105.3
医疗保健	**Health Care**	101.9	101.8	101.9	101.8	101.8	101.3
药品及医疗器具	Medicine and Medical Equipment	101.1	100.7	101.0	100.7	100.5	100.5
中药	Traditional Chinese Medicines	103.1	103.0	104.6	103.0	102.9	102.5
西药	Western Medicines	101.2	100.7	100.9	101.0	100.8	100.9
医疗服务	Medical Services	102.6	102.6	102.6	102.6	102.8	102.0
其他用品和服务	**Other Articles and Services**	103.7	104.7	102.3	100.9	101.0	100.2
其他用品类	Other Articles	110.1	112.6	108.0	107.5	108.2	106.2
其他服务类	Other Services	99.4	99.3	98.4	96.6	96.3	96.1

4–5 各月居民消费价格分类同比指数（2021 年）
Year–on–year Consumer Price Indices by Category& Month（2021）

上年同期 =100（same period last year=100）

类 别	Item	1月 January	2月 February	3月 March	4月 April	5月 May	6月 June
居民消费价格总指数	**Consumer Price Index**	**99.0**	**98.2**	**99.7**	**100.9**	**101.2**	**100.9**
非食品价格指数	Non–food Price Index	98.6	99.3	100.8	102.0	101.9	102.0
服务价格指数	Price Index of Service Item	97.5	98.3	99.5	101.5	101.2	101.3
工业品价格指数	Industrial Price Index	98.9	99.6	102.0	102.9	102.9	102.9
扣除食品和能源价格指数	Excluding Food Tobacco Liquor and Energy Price Index	99.0	99.4	100.4	101.6	101.4	101.3
消费品价格指数	Consumer Goods Price Index	99.9	98.2	99.8	100.6	101.1	100.7
食品烟酒	**Food,Tobacco and Liquor**	**101.0**	**96.7**	**97.5**	**98.1**	**99.2**	**98.3**
食品	Food	100.5	94.1	95.1	96.1	97.8	96.3
粮食	Grain	101.0	95.7	95.6	96.0	95.2	98.5
大 米	Rice	100.9	93.2	93.3	94.0	94.2	98.3
薯类	Tubers	115.1	107.7	104.6	93.4	91.4	94.6
食用油	Oil	108.2	104.1	106.4	106.3	108.7	107.2
菜及食用菌	Vegetables and Edible Fungus	117.8	101.8	98.7	95.2	100.6	99.6
鲜 菜	Fresh Vegetables	119.0	102.0	98.8	95.0	100.4	98.9
畜肉类	Meat of Livestock	97.0	84.8	85.9	85.6	84.2	74.9
猪 肉	Pork	93.9	77.7	77.4	75.4	73.3	58.6
禽肉类	Meat of Poultry	87.8	86.5	86.7	90.6	94.3	97.5
水产品	Aquatic Products	96.7	97.7	101.2	111.5	118.5	117.5
蛋类	Eggs	97.2	100.0	100.0	105.9	115.6	113.8
奶类	Milk	100.1	98.6	102.0	98.4	98.7	99.7
干鲜瓜果类	Dried and Fresh Melons and Fruits	93.4	93.9	98.1	102.4	99.5	101.3
糖果糕点类	Candy and Cake	102.5	102.3	104.5	103.7	104.6	106.4
调味品	Flavoring	101.3	98.6	98.1	99.3	100.3	106.3
其他食品类	Other Foods	98.0	93.2	90.4	93.4	93.5	98.8
茶及饮料	Tea and Beverages	98.1	98.8	98.4	100.3	101.6	98.0
烟酒	Tobacco and Liquor	99.7	98.6	99.9	99.7	100.2	101.4
卷烟	Tobacco	100.2	101.1	101.5	102.1	102.1	101.9
酒类	Liquor	98.8	93.8	96.8	95.2	96.7	100.6
在外餐饮	Dining Out	102.6	102.8	102.6	102.2	102.0	101.9

4-5 各月居民消费价格分类同比指数（2021 年）
Year-on-year Consumer Price Indices by Category& Month（2021）

续表 1（continued1）　　　　上年同期 =100（same period last year=100）

类 别	Item	7 月 July	8 月 August	9 月 September	10 月 October	11 月 November	12 月 December
居民消费价格总指数	**Consumer Price Index**	**100.3**	**100.3**	**99.8**	**100.2**	**101.6**	**101.0**
非食品价格指数	Non-food Price Index	102.3	102.3	101.8	101.7	101.9	101.8
服务价格指数	Price Index of Service Item	101.9	102.0	101.3	100.9	100.9	101.4
工业品价格指数	Industrial Price Index	102.9	102.8	102.7	102.7	103.3	102.3
扣除食品和能源价格指数	Excluding Food Tobacco Liquor and Energy Price Index	101.7	101.7	101.2	100.8	100.8	101.0
消费品价格指数	Consumer Goods Price Index	99.3	99.3	98.9	99.8	102.1	100.7
食品烟酒	**Food,Tobacco and Liquor**	**95.4**	**95.5**	**95.0**	**96.8**	**100.9**	**99.0**
食品	Food	91.7	91.9	91.3	93.9	100.6	97.6
粮食	Grain	100.3	99.6	100.1	99.7	99.8	101.4
大　米	Rice	102.0	100.3	101.2	100.2	101.3	103.7
薯类	Tubers	96.8	105.4	104.2	103.0	103.0	102.8
食用油	Oil	107.4	104.2	107.8	105.2	107.2	106.0
菜及食用菌	Vegetables and Edible Fungus	87.6	92.2	91.0	101.5	121.5	107.0
鲜　菜	Fresh Vegetables	86.0	91.0	90.0	101.3	123.3	107.7
畜肉类	Meat of Livestock	67.5	65.3	66.1	69.2	80.9	75.9
猪　肉	Pork	50.3	48.8	48.4	53.9	70.3	61.1
禽肉类	Meat of Poultry	96.3	96.4	96.5	98.5	99.6	101.1
水产品	Aquatic Products	113.8	110.7	107.7	106.8	105.1	104.5
蛋类	Eggs	111.7	112.9	113.0	110.4	125.3	114.1
奶类	Milk	97.9	99.3	99.2	98.3	97.1	96.9
干鲜瓜果类	Dried and Fresh Melons and Fruits	102.5	105.6	99.4	98.8	99.7	106.2
糖果糕点类	Candy and Cake	103.2	102.9	104.9	103.6	104.6	104.5
调味品	Flavoring	104.1	103.0	99.3	101.5	105.0	106.7
其他食品类	Other Foods	95.0	96.1	96.8	101.8	98.7	101.0
茶及饮料	Tea and Beverages	99.3	101.3	100.6	100.7	102.7	102.1
烟酒	Tobacco and Liquor	100.8	101.3	100.6	100.3	99.7	100.6
卷烟	Tobacco	101.9	101.9	101.9	101.9	100.9	102.3
酒类	Liquor	98.6	100.3	98.2	97.3	97.2	97.3
在外餐饮	Dining Out	102.1	101.9	101.7	102.1	101.7	101.4

4-5 各月居民消费价格分类同比指数（2021 年）
Year-on-year Consumer Price Indices by Category& Month（2021）

续表 2（continued2）

上年同期 =100（same period last year=100）

类 别	Item	1 月 January	2 月 February	3 月 March	4 月 April	5 月 May	6 月 June
衣着	**Clothing**	**100.3**	**99.7**	**102.7**	**103.4**	**103.1**	**102.6**
服装	Garments	100.7	99.9	102.5	103.0	103.0	102.5
衣着材料及配件	Garments Material and Parts	103.1	102.8	102.5	103.2	103.8	103.6
其他衣着材料及配件	Other Clothing and Parts	104.5	104.1	103.8	105.2	106.2	105.3
衣着服务费	Clothing Manufacturing Services	105.6	106.8	106.4	106.4	103.2	103.2
居住	**Residence**	**97.5**	**97.7**	**99.4**	**101.0**	**100.4**	**101.1**
租赁房房租	Rent of Rental Housing	101.0	101.3	101.9	103.6	102.4	104.2
住房保养维修及管理	Housing Maintenance and Management	99.3	100.0	101.0	101.1	101.3	101.2
水电燃料	Water,Electricity and Fuels	99.9	99.9	100.0	100.0	99.9	99.9
自有住房	Private Housing	96.2	96.2	98.6	100.8	100.0	100.8
生活用品及服务	**Daily Necessities and Services**	**100.1**	**99.8**	**100.5**	**101.8**	**101.0**	**100.7**
家具及室内装饰品	Furniture and Interior Decorations	98.6	98.7	100.4	102.4	100.9	101.5
家用器具	Home Appliances	101.8	102.2	101.6	104.8	104.3	102.8
家用纺织品	Home Textiles	96.3	95.9	98.9	99.4	99.1	99.7
家庭日用杂品	Daily Use Household Articles	98.8	99.0	98.3	99.9	98.3	99.3
个人护理用品	Personal Care Products	101.6	99.1	100.9	99.9	99.7	98.5
家庭服务	Household Services	101.4	101.8	103.0	103.0	103.1	103.3
交通通信	**Transport and Communications**	**95.3**	**98.1**	**104.2**	**107.1**	**106.5**	**106.2**
交通	Transport	92.9	96.1	104.5	108.8	108.2	107.9
交通工具用燃料	Fuels for Transport Facility	86.7	95.1	111.5	119.3	121.2	123.4
交通费	Traffic Fee	89.2	89.6	105.6	118.3	111.6	106.4
通信	Communications	102.0	103.4	103.3	102.6	102.1	101.9
教育文化娱乐	**Education,Culture and Recreation**	**99.0**	**100.9**	**99.3**	**100.9**	**102.2**	**102.1**
教育	Education	101.1	101.1	101.0	102.6	101.9	102.0
文化娱乐	Culture and Recreation	96.2	100.7	96.9	98.9	102.6	102.3
旅游	Touring and Outing	90.9	98.4	89.1	93.1	101.8	102.6
医疗保健	**Health Care**	**100.0**	**100.0**	**99.7**	**99.9**	**99.8**	**99.8**
药品及医疗器具	Medicine and Medical Equipment	99.9	99.9	99.1	99.5	99.2	99.2
中药	Traditional Chinese Medicines	102.6	102.4	102.2	102.7	101.9	102.0
西药	Western Medicines	100.9	100.8	100.1	100.0	99.6	99.6
医疗服务	Medical Services	100.0	100.0	100.1	100.1	100.1	100.1
其他用品及服务	**Other Articles and Services**	**96.9**	**97.6**	**95.9**	**96.8**	**98.1**	**97.3**
其他用品	Other Articles	102.5	101.7	99.3	98.5	99.2	99.3
其他服务	Other Services	93.6	95.0	93.8	95.7	97.4	96.1

4-5 各月居民消费价格分类同比指数（2021 年）
Year-on-year Consumer Price Indices by Category& Month（2021）

续表 3（continued3）　　　　上年同期 =100（same period last year=100）

类　别	Item	7月 July	8月 August	9月 September	10月 October	11月 November	12月 December
衣着	**Clothing**	**102.6**	**102.2**	**101.0**	**99.4**	**100.2**	**100.3**
服装	Garments	102.5	101.9	100.7	99.3	100.4	100.3
衣着材料及配件	Garments Material and Parts	103.8	103.5	102.3	100.5	99.6	99.9
其他衣着材料及配件	Other Clothing and Parts	105.4	104.4	103.0	101.1	98.6	99.3
衣着服务费	Clothing Manufacturing Services	103.2	103.2	103.2	103.2	103.2	103.2
居住	**Residence**	**100.5**	**102.1**	**101.2**	**100.7**	**101.1**	**102.0**
租赁房房租	Rent of Rental Housing	103.9	105.3	103.5	102.4	102.3	102.8
住房保养维修及管理	Housing Maintenance and Management	100.8	101.1	100.9	101.5	102.4	102.1
水电燃料	Water,Electricity and Fuels	99.9	99.9	99.9	100.1	102.3	102.4
自有住房	Private Housing	100.1	102.4	101.2	100.5	100.5	101.7
生活用品及服务	**Daily Necessities and Services**	**100.3**	**101.0**	**100.5**	**101.0**	**100.7**	**100.6**
家具及室内装饰品	Furniture and Interior Decorations	102.2	103.4	102.6	101.9	102.1	102.0
家用器具	Home Appliances	102.0	102.4	102.0	102.2	102.5	102.1
家用纺织品	Home Textiles	99.3	99.9	99.5	101.1	100.1	99.8
家庭日用杂品	Daily Use Household Articles	99.6	99.9	99.8	100.5	101.1	100.5
个人护理用品	Personal Care Products	96.7	97.9	97.3	99.1	96.7	97.6
家庭服务	Household Services	103.3	103.3	102.3	102.4	102.4	102.9
交通通信	**Transport and Communications**	**108.2**	**106.5**	**106.5**	**106.5**	**107.7**	**104.7**
交通	Transport	110.6	108.3	108.3	109.2	111.3	107.3
交通工具用燃料	Fuels for Transport Facility	122.0	122.1	122.5	131.1	135.3	122.2
交通费	Traffic Fee	117.1	105.1	105.2	99.7	102.8	99.8
通信	Communications	102.0	101.7	101.9	99.6	98.8	98.2
教育文化娱乐	**Education,Culture and Recreation**	**103.8**	**103.2**	**102.5**	**102.4**	**101.8**	**102.5**
教育	Education	102.2	102.2	102.4	102.6	102.1	102.1
文化娱乐	Culture and Recreation	105.9	104.6	102.7	102.1	101.4	103.1
旅游	Touring and Outing	113.0	109.5	104.4	101.3	101.5	106.4
医疗保健	**Health Care**	**99.7**	**99.5**	**99.5**	**99.3**	**99.2**	**99.4**
药品及医疗器具	Medicine and Medical Equipment	99.1	98.3	98.3	97.9	97.5	98.1
中药	Traditional Chinese Medicines	101.7	100.5	100.5	100.5	100.4	100.3
西药	Western Medicines	99.5	98.2	98.5	98.1	98.4	98.9
医疗服务	Medical Services	100.1	100.1	100.1	100.1	100.1	100.1
其他用品及服务	**Other Articles and Services**	**97.0**	**94.5**	**96.4**	**99.3**	**99.1**	**99.2**
其他用品	Other Articles	98.0	92.3	96.6	96.2	96.6	96.3
其他服务	Other Services	96.4	95.8	96.2	101.3	100.8	101.2

4-6 各月居民消费价格分类环比指数（2011 年）
Month-on-month Consumer Price Indices by Category& Month（2011）

上月 =100（ last month=100）

类 别	Item	1 月 January	2 月 February	3 月 March	4 月 April	5 月 May	6 月 June
居民消费价格总指数	**General Consumer Price Index**	**100.8**	**100.9**	**99.9**	**100.0**	**100.6**	**100.6**
非食品价格指数	Non-food Price Index	100.1	100.0	100.3	100.4	100.7	100.4
服务项目价格指数	Price Indices of Service Item	100.4	100.3	100.4	100.2	100.2	100.2
工业品价格指数	Industrial Products Price Index	99.9	99.8	100.1	100.6	101.0	100.5
扣除食品烟酒和能源价格指数	Excluding Food Tobacco Liquor and Energy Price Index	100.1	100.0	100.2	100.4	100.7	100.4
消费品价格指数	Consumer Goods Price Index	101.0	101.2	99.7	99.9	100.8	100.7
食品	**Food**	**102.4**	**103.0**	**99.1**	**99.0**	**100.5**	**100.9**
粮食	Grain	100.5	101.2	100.4	102.0	100.4	101.8
大米	Rice	100.4	102.2	99.9	102.5	100.4	100.6
油脂	Oil or Fat	100.0	99.9	100.7	100.5	99.7	100.4
肉禽及其制品	Meal, Poultry and Processed Products	102.6	103.5	98.0	100.7	100.2	104.8
食用畜肉及副产品	Meat and its Subsidiary Products	102.7	103.9	97.8	100.5	100.0	105.9
猪肉	Pork	103.1	103.4	98.1	100.7	100.1	107.2
禽	Poultry	102.9	102.7	98.2	101.4	100.9	102.8
蛋	Eggs	105.1	101.3	98.2	101.3	99.6	102.9
水产品	Aquatic Products	101.8	102.7	99.4	101.3	102.2	100.8
菜	Vegetables	111.2	112.1	94.7	83.6	96.1	96.5
鲜菜	Fresh Vegetables	99.7	101.2	99.6	100.5	99.4	102.1
调味品	Flavoring	99.8	99.9	100.5	101.0	100.8	101.0
糖	Carbohydrate	100.1	99.7	100.1	102.0	101.2	100.3
茶及饮料	Tea and Beverages	103.0	104.3	102.0	104.7	101.8	95.9
干鲜瓜果	Dried and Fresh Melons and Fruits	101.5	101.6	100.1	101.4	101.2	100.6
糕点饼干面包	Cake, Biscuit and Bread	100.6	100.7	99.6	100.9	100.9	100.1
液体乳及乳制品	Milk and Its Products	100.2	100.1	100.5	100.0	102.0	100.2
在外用膳食品	Dining Out	100.2	100.6	101.3	100.4	100.8	101.3
其他食品	Other Foods and Manufacturing Services	100.1	100.3	100.6	100.3	100.2	100.0
烟酒	**Tobacco and Liquor**	**99.9**	**100.0**	**100.0**	**99.9**	**100.0**	**100.0**
烟草	Tobacco	100.4	100.9	101.9	101.0	100.6	100.1
酒	Liquor	112.0	109.3	110.9	112.0	111.2	109.7

4-6 各月居民消费价格分类环比指数（2011 年）
Month-on-month Consumer Price Indices by Category& Month（2011）

续表 1（continued1）　　　　上月 =100（ last month=100）

类 别	Item	7 月 July	8 月 August	9 月 September	10 月 October	11 月 November	12 月 December
居民消费价格总指数	**General Consumer Price Index**	100.4	100.9	100.5	100.0	99.9	100.2
非食品价格指数	Non-food Price Index	99.9	99.9	99.8	100.1	100.4	100.0
服务项目价格指数	Price Indices of Service Item	100.4	100.0	99.8	100.4	100.4	100.1
工业品价格指数	Industrial Products Price Index	99.6	99.9	99.9	99.9	100.4	99.9
扣除食品烟酒和能源价格指数	Excluding Food Tobacco Liquor and Energy Price Index	99.9	99.9	99.8	100.1	100.3	100.0
消费品价格指数	Consumer Goods Price Index	100.4	101.3	100.8	99.9	99.7	100.3
食品	**Food**	101.3	103.1	102.0	99.9	98.9	100.7
粮食	Grain	101.7	100.8	100.9	100.2	100.9	100.2
大米	Rice	101.4	100.3	100.3	100.6	101.2	100.5
油脂	Oil or Fat	100.2	103.0	101.1	100.3	99.3	100.7
肉禽及其制品	Meal, Poultry and Processed Products	105.5	106.5	102.0	98.7	97.2	99.7
食用畜肉及副产品	Meat and its Subsidiary Products	107.5	107.5	102.3	98.1	96.0	99.9
猪肉	Pork	109.1	108.8	102.3	96.8	94.5	99.6
禽	Poultry	101.1	104.8	101.2	100.0	99.8	98.9
蛋	Eggs	103.0	104.7	103.7	99.7	97.5	96.8
水产品	Aquatic Products	101.8	100.7	99.8	98.5	99.5	99.9
菜	Vegetables	101.0	108.5	112.5	100.6	93.6	105.1
鲜菜	Fresh Vegetables	100.2	101.7	98.5	100.0	101.5	100.1
调味品	Flavoring	100.4	101.2	100.5	100.9	100.6	99.8
糖	Carbohydrate	100.7	100.4	100.8	100.3	100.1	100.4
茶及饮料	Tea and Beverages	92.1	99.0	100.4	102.1	102.0	99.6
干鲜瓜果	Dried and Fresh Melons and Fruits	99.6	101.1	100.0	99.2	101.0	100.3
糕点饼干面包	Cake, Biscuit and Bread	101.5	102.1	99.9	100.2	99.9	100.6
液体乳及乳制品	Milk and Its Products	100.1	100.0	100.0	100.1	101.1	101.1
在外用膳食品	Dining Out	100.4	104.0	99.8	102.7	100.9	100.3
其他食品	Other Foods and Manufacturing Services	100.2	100.4	100.6	100.8	103.0	100.6
烟酒	**Tobacco and Liquor**	100.0	100.0	100.1	100.0	100.0	99.9
烟草	Tobacco	100.5	101.2	101.7	102.6	109.0	101.8
酒	Liquor	108.9	110.3	110.6	111.9	121.3	123.6

4-6 各月居民消费价格分类环比指数（2011 年）
Month-on-month Consumer Price Indices by Category& Month（2011）

续表 2（continued2）　　上月 =100（last month=100）

类 别	Item	1月 January	2月 February	3月 March	4月 April	5月 May	6月 June
衣着	**Clothing**	**99.4**	**99.4**	**100.4**	**102.4**	**103.4**	**101.7**
服装	Garments	99.7	99.6	100.4	103.2	100.7	102.4
衣着材料	Clothing Material	102.0	101.4	101.2	101.1	100.8	99.9
鞋袜帽	Footgear and Hats	98.7	98.7	100.6	100.1	112.0	100.0
衣着加工服务费	Clothing Manufacturing Services	100.4	100.1	100.0	100.0	101.1	100.0
家庭设备用品及维修服务	**Household Facilities, Articles and Services**	**100.1**	**99.9**	**100.3**	**100.1**	**100.5**	**100.7**
耐用消费品	Durable Consumer Goods	100.1	99.7	99.4	99.8	100.0	100.4
室内装饰品	Interior Decorations	99.7	97.4	99.7	99.8	100.0	100.0
床上用品	Bed Articles	101.7	100.0	100.0	100.0	100.0	100.0
家庭日用杂品	Daily Use Household Articles	99.5	100.1	101.0	100.4	101.6	101.7
家庭服务及加工维修服务	Household Services and Maintenance and Renovation	100.0	100.9	102.3	100.1	100.0	100.1
医疗保健和个人用品	**Health Care and Personal Articles**	**100.1**	**100.2**	**99.9**	**100.1**	**100.4**	**100.2**
医疗保健	Health Care	100.1	100.0	99.9	99.6	100.1	100.4
西药	Western Medicine	99.8	100.2	99.5	98.1	99.8	100.0
医疗保健服务	Health Care Services	100.0	100.0	100.0	100.0	100.0	100.0
个人用品及服务	Personal Articles and Services	100.1	100.5	100.1	100.9	100.7	100.0
交通和通信	**Transportation and Communication**	**100.2**	**100.2**	**99.9**	**100.3**	**100.2**	**99.8**
交通	Transportation	100.5	101.0	100.3	100.9	100.7	99.9
市区公共交通费	Incity Traffic Fare	100.0	100.0	100.0	100.0	100.3	100.0
城市间交通费	Intercity Traffic Fare	101.4	104.1	99.5	102.4	103.0	99.8
通信	Communication	100.0	99.5	99.6	99.8	99.8	99.7
娱乐教育文化用品及服务	**Recreation, Education and Culture Articles**	**100.6**	**100.0**	**98.7**	**99.9**	**100.2**	**100.3**
文娱用耐用消费品及服务	Durable Consumer Goods for Cultural and Recreational Use and Services	99.2	98.4	98.7	99.0	100.1	99.7
教育	Education	100.0	100.0	100.0	100.3	100.0	100.0
文化娱乐类	Cultural and Recreational Articles	100.1	100.0	100.1	100.0	99.9	100.3
旅游	Touring and Outing	104.7	101.6	93.4	100.1	101.1	101.8
居住	**Residence**	**100.1**	**100.1**	**101.4**	**100.2**	**100.2**	**100.1**
建房及装修材料	Building and Building Decoration Materials	100.5	100.5	101.0	100.8	100.5	100.2
租房	Renting	100.3	100.0	102.2	100.0	100.0	100.6
自有住房	Private Housing	100.0	100.0	102.2	100.2	100.1	100.1
水、电、燃料	Water, Electricity and Fuels	100.0	100.0	100.0	100.0	100.4	100.0
水	Water	100.0	100.0	100.0	100.0	102.0	100.0
电	Electricity	100.0	100.0	100.0	100.0	100.0	100.0
管道燃气	Pipeline Gas	100.0	100.0	100.0	100.0	100.0	100.0

4-6 各月居民消费价格分类环比指数（2011 年）
Month–on–month Consumer Price Indices by Category& Month（2011）

续表 3（continued3）　　　　上月 =100（ last month=100）

类 别	Item	7 月 July	8 月 August	9 月 September	10 月 October	11 月 November	12 月 December
衣着	**Clothing**	97.7	99.5	100.4	99.4	100.3	99.8
服装	Garments	96.8	99.3	100.6	99.5	99.6	100.1
衣着材料	Clothing Material	100.1	100.0	99.6	100.7	100.0	100.3
鞋袜帽	Footgear and Hats	100.0	100.0	99.9	99.1	102.1	98.9
衣着加工服务费	Clothing Manufacturing Services	100.0	100.2	101.2	101.4	100.0	100.0
家庭设备用品及维修服务	**Household Facilities, Articles and Services**	100.2	100.3	100.6	100.0	100.3	99.8
耐用消费品	Durable Consumer Goods	100.5	100.7	100.0	99.6	100.3	99.4
室内装饰品	Interior Decorations	100.0	100.1	99.3	99.1	101.6	100.0
床上用品	Bed Articles	100.0	99.2	100.6	101.8	100.2	100.0
家庭日用杂品	Daily Use Household Articles	99.8	99.9	101.5	99.9	100.2	99.9
家庭服务及加工维修服务	Household Services and Maintenance and Renovation	100.0	101.8	101.0	100.0	100.0	100.1
医疗保健和个人用品	**Health Care and Personal Articles**	100.4	100.4	100.2	100.0	100.1	99.9
医疗保健	Health Care	100.2	100.3	100.2	99.9	100.0	100.2
西药	Western Medicine	100.1	100.2	100.2	99.6	100.0	100.0
医疗保健服务	Health Care Services	100.0	100.6	100.0	100.0	100.0	100.0
个人用品及服务	Personal Articles and Services	100.7	100.6	100.1	100.0	100.3	99.6
交通和通信	**Transportation and Communication**	100.1	99.3	98.3	100.2	99.9	99.8
交通	Transportation	100.4	100.0	99.0	100.4	99.5	99.6
市区公共交通费	Incity Traffic Fare	100.0	100.0	100.0	100.0	100.0	100.0
城市间交通费	Intercity Traffic Fare	102.4	99.1	95.0	104.3	98.4	98.1
通信	Communication	99.8	98.6	97.6	100.0	100.3	99.9
娱乐教育文化用品及服务	**Recreation, Education and Culture Articles**	100.9	100.0	99.3	100.3	99.6	99.9
文娱用耐用消费品及服务	Durable Consumer Goods for Cultural and Recreational Use and Services	99.6	98.8	97.2	100.2	100.1	99.9
教育	Education	100.1	100.4	100.3	100.0	100.0	100.0
文化娱乐类	Cultural and Recreational Articles	100.6	99.9	100.0	100.2	100.2	100.1
旅游	Touring and Outing	105.0	100.4	97.8	101.1	96.9	99.5
居住	**Residence**	100.1	100.0	100.1	100.3	101.1	100.2
建房及装修材料	Building and Building Decoration Materials	100.5	100.0	100.5	100.0	100.0	100.0
租房	Renting	100.0	100.0	100.0	100.9	102.8	100.4
自有住房	Private Housing	100.1	100.0	100.0	100.4	101.6	100.3
水、电、燃料	Water, Electricity and Fuels	100.0	100.0	100.0	100.0	100.0	100.0
水	Water	100.0	100.0	100.0	100.0	100.0	100.0
电	Electricity	100.0	100.0	100.0	100.0	100.0	100.0
管道燃气	Pipeline Gas	100.0	100.0	100.0	100.0	100.0	100.0

4-6 各月居民消费价格分类环比指数（2012年）
Month-on-month Consumer Price Indices by Category& Month（2012）

上月=100（last month=100）

类 别	Item	1月 January	2月 February	3月 March	4月 April	5月 May	6月 June
居民消费价格总指数	**General Consumer Price Index**	**100.9**	**99.6**	**99.9**	**100.1**	**100.1**	**99.5**
非食品价格指数	Non-food Price Index	100.1	100.0	100.0	100.2	100.0	100.1
服务项目价格指数	Price Indices of Service Item	100.4	99.8	99.8	100.1	100.2	100.2
工业品价格指数	Industrial Products Price Index	99.9	100.1	100.1	100.3	99.8	100.0
扣除食品烟酒和能源价格指数	Excluding Food Tobacco Liquor and Energy Price Index	100.1	99.9	99.9	100.1	100.0	100.2
消费品价格指数	Consumer Goods Price Index	101.1	99.5	100.0	100.2	100.1	99.2
食品	**Food**	**102.6**	**98.8**	**99.8**	**100.1**	**100.3**	**98.3**
粮食	Grain	100.0	100.4	100.5	100.7	101.4	100.0
大米	Rice	99.8	100.0	100.3	101.2	101.4	100.0
油脂	Oil or Fat	99.7	99.9	100.1	101.2	101.7	100.2
肉禽及其制品	Meal, Poultry and Processed Products	102.5	96.0	95.8	96.6	98.1	98.5
食用畜肉及副产品	Meat and its Subsidiary Products	103.0	95.1	94.0	95.0	97.4	98.4
猪肉	Pork	102.7	93.8	92.6	93.9	97.2	98.3
禽	Poultry	101.6	97.5	99.8	99.8	99.3	98.4
蛋	Eggs	99.2	93.6	96.4	98.2	98.7	112.1
水产品	Aquatic Products	103.2	100.4	101.2	100.6	103.1	99.7
菜	Vegetables	109.1	98.6	107.6	103.7	100.5	89.4
鲜菜	Fresh Vegetables	99.6	100.6	97.4	103.0	100.7	99.8
调味品	Flavoring	100.2	99.4	99.9	100.1	100.3	100.5
糖	Carbohydrate	100.1	100.5	99.9	100.6	100.3	100.1
茶及饮料	Tea and Beverages	109.4	101.0	100.4	101.3	104.5	96.3
干鲜瓜果	Dried and Fresh Melons and Fruits	100.1	99.7	100.1	100.5	100.3	99.8
糕点饼干面包	Cake, Biscuit and Bread	100.7	99.4	99.7	99.8	100.2	100.8
液体乳及乳制品	Milk and Its Products	100.5	100.4	100.2	101.0	100.3	99.5
在外用膳食品	Dining Out	100.5	100.5	100.9	99.5	99.2	100.3
其他食品	Other Foods and Manufacturing Services	100.8	100.7	100.6	100.2	100.0	100.0
烟酒	**Tobacco and Liquor**	**100.1**	**100.0**	**100.0**	**100.2**	**99.6**	**99.9**
烟草	Tobacco	101.9	101.9	101.7	100.4	100.7	100.1
酒	Liquor	112.0	109.3	110.9	112.0	111.2	109.7

4-6 各月居民消费价格分类环比指数（2012 年）
Month–on–month Consumer Price Indices by Category& Month（2012）

续表 1（continued1）　　　　上月 =100（ last month=100）

类 别	Item	7月 July	8月 August	9月 September	10月 October	11月 November	12月 December
居民消费价格总指数	**General Consumer Price Index**	**99.9**	**100.6**	**100.8**	**100.1**	**99.9**	**100.6**
非食品价格指数	Non–food Price Index	100.4	100.1	100.6	100.3	100.1	100.1
服务项目价格指数	Price Indices of Service Item	101.0	100.3	100.1	100.2	99.7	99.9
工业品价格指数	Industrial Products Price Index	100.0	100.0	100.9	100.4	100.3	100.2
扣除食品烟酒和能源价格指数	Excluding Food Tobacco Liquor and Energy Price Index	100.5	100.1	100.5	100.3	100.1	100.1
消费品价格指数	Consumer Goods Price Index	99.4	100.7	101.1	100.1	99.9	100.9
食品	**Food**	**98.7**	**101.6**	**101.2**	**99.8**	**99.5**	**101.7**
粮食	Grain	99.8	99.9	101.3	101.4	99.7	100.0
大米	Rice	99.8	99.8	102.0	101.4	100.0	100.0
油脂	Oil or Fat	99.9	100.9	101.6	100.5	99.0	100.7
肉禽及其制品	Meal, Poultry and Processed Products	100.2	103.4	102.4	100.8	99.8	103.0
食用畜肉及副产品	Meat and its Subsidiary Products	100.5	105.0	102.9	101.2	99.5	104.5
猪肉	Pork	100.7	106.4	102.8	99.8	98.6	105.3
禽	Poultry	99.4	100.2	101.6	99.9	100.5	99.8
蛋	Eggs	95.6	108.1	109.6	97.5	98.4	101.6
水产品	Aquatic Products	100.5	99.5	98.3	98.5	98.3	99.6
菜	Vegetables	91.9	106.3	99.8	94.2	94.2	107.3
鲜菜	Fresh Vegetables	101.2	100.3	99.8	100.2	100.3	100.3
调味品	Flavoring	100.8	100.7	100.5	99.4	100.8	100.5
糖	Carbohydrate	100.3	99.8	99.7	100.7	100.6	100.7
茶及饮料	Tea and Beverages	96.8	96.5	98.8	100.7	100.9	99.8
干鲜瓜果	Dried and Fresh Melons and Fruits	100.2	100.0	99.5	100.2	99.9	99.9
糕点饼干面包	Cake, Biscuit and Bread	100.1	100.4	99.7	100.0	103.7	100.9
液体乳及乳制品	Milk and Its Products	99.9	100.7	101.7	100.9	100.2	100.3
在外用膳食品	Dining Out	100.3	99.5	99.6	100.5	99.5	99.8
其他食品	Other Foods and Manufacturing Services	100.1	100.0	100.1	100.2	100.1	100.0
烟酒	**Tobacco and Liquor**	**100.0**	**99.9**	**99.9**	**100.0**	**100.1**	**100.1**
烟草	Tobacco	100.3	100.1	100.5	100.6	100.1	100.0
酒	Liquor	108.9	110.3	110.6	111.9	121.3	123.6

4-6 各月居民消费价格分类环比指数（2012 年）
Month-on-month Consumer Price Indices by Category& Month（2012）

续表 2（continued2） 上月 =100（ last month=100）

类 别	Item	1月 January	2月 February	3月 March	4月 April	5月 May	6月 June
衣着	**Clothing**	99.6	99.7	100.5	100.3	99.9	99.9
服装	Garments	99.7	99.6	100.4	100.6	100.1	99.9
衣着材料	Clothing Material	100.4	100.0	100.1	100.1	100.1	99.4
鞋袜帽	Footgear and Hats	99.4	100.1	100.8	99.4	99.3	100.0
衣着加工服务费	Clothing Manufacturing Services	102.0	100.2	100.7	102.1	101.2	100.0
家庭设备用品及维修服务	**Household Facilities, Articles and Services**	99.8	100.4	99.3	100.4	99.7	99.9
耐用消费品	Durable Consumer Goods	99.6	100.5	99.1	100.6	100.0	100.4
室内装饰品	Interior Decorations	100.2	99.6	99.5	98.9	99.9	99.7
床上用品	Bed Articles	99.0	99.8	100.2	96.0	98.4	100.0
家庭日用杂品	Daily Use Household Articles	100.0	100.4	98.7	102.6	99.8	99.3
家庭服务及加工维修服务	Household Services and Maintenance and Renovation	100.5	100.9	100.1	100.2	100.0	100.0
医疗保健和个人用品	**Health Care and Personal Articles**	100.1	100.3	100.1	100.2	100.0	100.1
医疗保健	Health Care	100.3	100.2	100.3	100.2	100.0	100.2
西药	Western Medicine	100.2	100.0	100.1	100.3	100.0	100.3
医疗保健服务	Health Care Services	100.0	100.0	100.0	100.0	100.0	100.0
个人用品及服务	Personal Articles and Services	99.7	100.6	99.8	100.1	100.0	100.0
交通和通信	**Transportation and Communication**	100.0	100.3	100.2	100.1	99.7	99.5
交通	Transportation	100.2	100.9	100.5	101.0	99.9	99.2
市区公共交通费	Incity Traffic Fare	100.0	100.0	100.0	100.0	100.0	100.0
城市间交通费	Intercity Traffic Fare	100.9	103.2	99.8	101.4	101.3	100.1
通信	Communication	99.8	99.7	100.0	99.2	99.5	99.8
娱乐教育文化用品及服务	**Recreation, Education and Culture Articles**	100.7	99.2	99.4	100.2	100.2	100.5
文娱用耐用消费品及服务	Durable Consumer Goods for Cultural and Recreational Use and Services	99.7	100.0	99.4	100.7	99.3	100.1
教育	Education	100.0	100.0	100.2	100.3	100.3	100.2
文化娱乐类	Cultural and Recreational Articles	99.8	100.7	100.1	99.6	99.9	100.2
旅游	Touring and Outing	105.1	93.7	96.5	100.8	101.1	102.2
居住	**Residence**	100.0	100.0	100.0	100.1	100.1	100.3
建房及装修材料	Building and Building Decoration Materials	99.9	99.9	99.7	100.8	100.0	102.0
租房	Renting	100.0	99.8	100.0	100.0	100.0	100.0
自有住房	Private Housing	100.0	100.0	100.0	100.0	100.1	100.2
水、电、燃料	Water, Electricity and Fuels	100.0	100.0	100.0	100.0	100.0	100.0
水	Water	100.0	100.0	100.0	100.0	100.0	100.0
电	Electricity	100.0	100.0	100.0	100.0	100.0	100.0
管道燃气	Pipeline Gas	100.0	100.0	100.0	100.0	100.0	100.0

4-6 各月居民消费价格分类环比指数（2012 年）
Month-on-month Consumer Price Indices by Category& Month（2012）

续表 3（continued3） 上月 =100（last month=100）

类别	Item	7月 July	8月 August	9月 September	10月 October	11月 November	12月 December
衣着	**Clothing**	**99.9**	**100.2**	**102.7**	**101.7**	**100.7**	**100.8**
服装	Garments	99.8	100.1	101.9	102.0	101.0	100.6
衣着材料	Clothing Material	99.8	99.6	99.9	99.7	99.9	100.6
鞋袜帽	Footgear and Hats	100.2	100.2	105.0	100.7	99.9	101.4
衣着加工服务费	Clothing Manufacturing Services	100.0	100.0	100.0	100.2	100.7	101.5
家庭设备用品及维修服务	**Household Facilities, Articles and Services**	**100.0**	**99.8**	**100.0**	**100.0**	**100.6**	**100.2**
耐用消费品	Durable Consumer Goods	100.0	99.1	100.0	99.6	100.7	100.3
室内装饰品	Interior Decorations	99.9	99.8	99.5	99.9	100.5	100.0
床上用品	Bed Articles	100.0	103.7	100.2	100.2	100.3	100.0
家庭日用杂品	Daily Use Household Articles	100.0	99.0	100.0	100.4	100.9	100.1
家庭服务及加工维修服务	Household Services and Maintenance and Renovation	100.1	100.3	100.0	100.1	100.1	100.3
医疗保健和个人用品	**Health Care and Personal Articles**	**100.3**	**100.2**	**100.4**	**100.2**	**100.0**	**100.0**
医疗保健	Health Care	100.3	100.2	100.2	100.2	100.1	100.0
西药	Western Medicine	100.5	100.0	100.3	100.3	100.2	100.0
医疗保健服务	Health Care Services	100.0	100.6	100.0	100.0	100.0	100.0
个人用品及服务	Personal Articles and Services	100.1	100.2	100.7	100.2	99.9	100.0
交通和通信	**Transportation and Communication**	**99.8**	**99.9**	**100.3**	**100.0**	**99.7**	**99.4**
交通	Transportation	99.8	99.8	100.7	100.2	99.5	98.8
市区公共交通费	Incity Traffic Fare	101.0	101.1	99.7	99.3	100.0	100.0
城市间交通费	Intercity Traffic Fare	102.0	96.5	99.6	101.2	99.0	95.0
通信	Communication	99.8	100.0	99.8	99.7	100.0	100.0
娱乐教育文化用品及服务	**Recreation, Education and Culture Articles**	**102.1**	**100.2**	**100.1**	**100.3**	**99.1**	**100.1**
文娱用耐用消费品及服务	Durable Consumer Goods for Cultural and Recreational Use and Services	99.8	99.7	99.7	99.4	100.3	99.9
教育	Education	100.6	100.0	102.3	100.0	100.6	100.2
文化娱乐类	Cultural and Recreational Articles	99.8	99.9	99.9	100.1	100.0	100.3
旅游	Touring and Outing	112.7	101.3	96.0	102.3	93.1	99.7
居住	**Residence**	**100.3**	**100.3**	**100.4**	**100.0**	**100.3**	**100.0**
建房及装修材料	Building and Building Decoration Materials	100.0	99.8	100.2	99.1	101.2	100.2
租房	Renting	100.5	101.0	100.7	100.3	100.1	100.0
自有住房	Private Housing	99.9	100.4	100.2	100.3	100.3	100.0
水、电、燃料	Water, Electricity and Fuels	101.1	100.0	100.9	100.0	100.0	100.0
水	Water	100.0	100.0	100.0	100.0	100.0	100.0
电	Electricity	102.1	100.0	100.0	100.0	100.0	100.0
管道燃气	Pipeline Gas	100.0	100.0	103.3	100.0	100.0	100.0

4–6 各月居民消费价格分类环比指数（2013 年）
Month–on–month Consumer Price Indices by Category& Month（2013）

上月 =100（ last month=100）

类 别	Item	1月 January	2月 February	3月 March	4月 April	5月 May	6月 June
居民消费价格总指数	**General Consumer Price Index**	**101.0**	**100.9**	**99.1**	**100.1**	**99.6**	**99.9**
非食品价格指数	Non–food Price Index	100.3	100.3	100.3	100.0	99.8	100.1
服务项目价格指数	Price Indices of Service Item	100.7	101.0	99.6	99.7	99.6	100.4
工业品价格指数	Industrial Products Price Index	100.1	99.8	100.8	100.2	99.9	99.9
扣除食品烟酒和能源价格指数	Excluding Food Tobacco Liquor and Energy Price Index	100.3	100.3	100.3	100.0	99.8	100.1
消费品价格指数	Consumer Goods Price Index	101.1	100.9	98.9	100.3	99.6	99.7
食品	**Food**	**102.2**	**102.1**	**96.8**	**100.4**	**99.3**	**99.6**
粮食	Grain	99.6	99.8	100.1	100.7	100.4	100.4
大米	Rice	99.4	99.9	99.6	100.8	100.3	100.5
油脂	Oil or Fat	99.1	100.6	99.9	98.8	97.5	99.6
肉禽及其制品	Meal, Poultry and Processed Products	103.4	103.1	91.1	96.0	99.0	101.9
食用畜肉及副产品	Meat and its Subsidiary Products	104.7	103.1	87.4	95.6	99.4	102.7
猪肉	Pork	105.4	102.0	83.6	94.7	99.5	104.4
禽	Poultry	100.9	103.7	99.6	95.9	97.4	100.5
蛋	Eggs	102.0	101.1	95.2	98.4	99.9	99.4
水产品	Aquatic Products	101.8	106.5	97.2	99.4	101.1	100.0
菜	Vegetables	113.4	102.8	92.8	112.4	93.0	94.0
鲜菜	Fresh Vegetables	100.0	101.2	99.9	100.5	101.1	100.5
调味品	Flavoring	100.6	99.8	100.0	101.1	101.4	100.0
糖	Carbohydrate	100.7	100.2	100.4	99.8	100.2	100.4
茶及饮料	Tea and Beverages	96.6	107.6	100.0	99.8	103.7	97.8
干鲜瓜果	Dried and Fresh Melons and Fruits	100.0	100.7	100.2	101.3	101.5	100.7
糕点饼干面包	Cake, Biscuit and Bread	100.1	100.0	100.1	99.5	101.2	99.4
液体乳及乳制品	Milk and Its Products	100.5	100.3	100.6	100.3	100.2	100.1
在外用膳食品	Dining Out	99.5	100.4	100.1	101.5	100.4	100.3
其他食品	Other Foods and Manufacturing Services	100.0	100.1	100.1	100.1	100.1	100.1
烟酒	**Tobacco and Liquor**	**100.1**	**99.9**	**100.0**	**100.0**	**100.1**	**100.1**
烟草	Tobacco	99.8	100.5	100.3	100.1	100.0	100.1
酒	Liquor	112.0	109.3	110.9	112.0	111.2	109.7

4-6 各月居民消费价格分类环比指数（2013年）
Month-on-month Consumer Price Indices by Category& Month（2013）

续表1（continued1）

上月=100（last month=100）

类 别	Item	7月 July	8月 August	9月 September	10月 October	11月 November	12月 December
居民消费价格总指数	**General Consumer Price Index**	**100.6**	**100.6**	**100.7**	**99.6**	**99.9**	**100.1**
非食品价格指数	Non-food Price Index	100.4	99.8	100.1	99.8	100.0	100.1
服务项目价格指数	Price Indices of Service Item	100.9	100.1	99.9	99.5	99.8	100.2
工业品价格指数	Industrial Products Price Index	100.0	99.6	100.2	100.0	100.1	100.0
扣除食品烟酒和能源价格指数	Excluding Food Tobacco Liquor and Energy Price Index	100.4	99.8	100.0	99.8	100.0	100.1
消费品价格指数	Consumer Goods Price Index	100.5	100.7	101.0	99.6	99.9	100.0
食品	**Food**	**101.0**	**102.0**	**101.9**	**99.1**	**99.6**	**100.1**
粮食	Grain	100.2	99.8	100.0	99.9	100.7	100.4
大米	Rice	100.0	99.7	99.7	99.6	100.3	100.0
油脂	Oil or Fat	99.7	98.3	98.4	101.1	100.4	101.7
肉禽及其制品	Meal, Poultry and Processed Products	103.7	104.2	102.1	99.4	99.8	101.6
食用畜肉及副产品	Meat and its Subsidiary Products	104.1	105.6	102.8	99.2	99.6	102.2
猪肉	Pork	105.9	107.6	102.5	98.0	98.5	102.6
禽	Poultry	103.5	101.7	100.4	99.6	100.3	100.5
蛋	Eggs	99.4	103.9	105.1	98.2	99.4	99.9
水产品	Aquatic Products	100.3	100.3	100.2	99.4	99.9	99.7
菜	Vegetables	101.6	104.3	109.0	98.6	96.4	95.6
鲜菜	Fresh Vegetables	101.2	100.2	99.9	99.1	101.1	100.0
调味品	Flavoring	100.2	99.6	100.4	100.0	100.9	99.7
糖	Carbohydrate	100.3	101.3	100.1	99.7	100.7	99.7
茶及饮料	Tea and Beverages	99.4	104.9	101.5	93.4	99.5	101.2
干鲜瓜果	Dried and Fresh Melons and Fruits	99.6	100.5	100.5	98.2	100.8	100.7
糕点饼干面包	Cake, Biscuit and Bread	100.4	100.8	101.7	101.0	99.8	101.0
液体乳及乳制品	Milk and Its Products	99.8	100.1	100.2	100.0	100.1	100.1
在外用膳食品	Dining Out	101.4	99.3	98.9	99.1	101.0	99.5
其他食品	Other Foods and Manufacturing Services	99.6	99.4	100.2	100.0	100.1	99.7
烟酒	**Tobacco and Liquor**	**99.8**	**100.0**	**100.0**	**100.0**	**100.0**	**100.0**
烟草	Tobacco	99.4	98.4	100.5	99.9	100.1	99.2
酒	Liquor	108.9	110.3	110.6	111.9	121.3	123.6

4-6 各月居民消费价格分类环比指数（2013年）
Month-on-month Consumer Price Indices by Category& Month（2013）

续表2（continued2）　　　　上月=100（last month=100）

类别	Item	1月 January	2月 February	3月 March	4月 April	5月 May	6月 June
衣着	**Clothing**	**100.2**	**100.0**	**102.0**	**100.7**	**100.0**	**99.9**
服装	Garments	100.3	100.1	101.7	100.7	99.9	100.0
衣着材料	Clothing Material	100.2	100.4	101.2	100.5	100.5	100.1
鞋袜帽	Footgear and Hats	100.1	99.6	102.7	100.7	100.1	99.7
衣着加工服务费	Clothing Manufacturing Services	100.0	100.5	101.2	100.5	100.1	100.0
家庭设备用品及维修服务	**Household Facilities, Articles and Services**	**100.1**	**99.6**	**101.0**	**100.1**	**100.2**	**100.0**
耐用消费品	Durable Consumer Goods	100.0	99.3	100.1	100.0	100.5	99.9
室内装饰品	Interior Decorations	100.0	100.0	100.1	100.0	100.2	98.0
床上用品	Bed Articles	99.5	100.5	100.2	100.2	99.6	100.0
家庭日用杂品	Daily Use Household Articles	99.6	98.1	102.0	100.1	100.2	99.9
家庭服务及加工维修服务	Household Services and Maintenance and Renovation	102.5	103.5	102.7	100.3	100.2	101.8
医疗保健和个人用品	**Health Care and Personal Articles**	**100.0**	**100.0**	**100.2**	**100.0**	**99.9**	**99.9**
医疗保健	Health Care	99.8	100.1	100.2	100.2	99.9	100.0
西药	Western Medicine	100.0	99.9	100.2	100.1	99.8	100.0
医疗保健服务	Health Care Services	100.0	100.0	100.0	100.4	100.0	100.0
个人用品及服务	Personal Articles and Services	100.2	99.8	100.4	99.8	100.0	99.6
交通和通信	**Transportation and Communication**	**99.8**	**101.2**	**99.5**	**99.4**	**98.3**	**100.4**
交通	Transportation	99.5	102.7	98.9	99.0	99.3	100.8
市区公共交通费	Incity Traffic Fare	100.0	100.0	100.0	100.0	100.0	100.0
城市间交通费	Intercity Traffic Fare	96.6	114.4	92.4	98.0	99.0	105.2
通信	Communication	100.1	99.8	100.0	99.7	97.3	100.1
娱乐教育文化用品及服务	**Recreation, Education and Culture Articles**	**100.9**	**100.8**	**99.2**	**99.1**	**100.1**	**100.4**
文娱用耐用消费品及服务	Durable Consumer Goods for Cultural and Recreational Use and Services	100.4	100.5	100.4	100.3	100.4	99.8
教育	Education	100.3	100.0	100.4	100.0	100.0	100.0
文化娱乐类	Cultural and Recreational Articles	100.9	100.0	100.8	100.0	100.6	99.6
旅游	Touring and Outing	102.7	104.6	92.7	94.0	98.6	103.8
居住	**Residence**	**100.6**	**100.1**	**100.3**	**100.4**	**99.9**	**100.0**
建房及装修材料	Building and Building Decoration Materials	100.3	99.2	101.3	100.9	99.8	99.6
租房	Renting	99.9	100.2	100.2	100.8	100.4	100.1
自有住房	Private Housing	101.2	100.3	100.3	100.1	99.9	100.1
水、电、燃料	Water, Electricity and Fuels	100.0	100.0	100.0	100.4	100.0	100.0
水	Water	100.0	100.0	100.0	102.1	100.0	100.0
电	Electricity	100.0	100.0	100.0	100.0	100.0	100.0
管道燃气	Pipeline Gas	100.0	100.0	100.0	100.0	100.0	100.0

4-6 各月居民消费价格分类环比指数（2013 年）
Month-on-month Consumer Price Indices by Category& Month（2013）

续表 3（continued3） 上月 =100（ last month=100）

类 别	Item	7 月 July	8 月 August	9 月 September	10 月 October	11 月 November	12 月 December
衣着	**Clothing**	**99.8**	**98.4**	**100.5**	**99.9**	**100.7**	**100.0**
服装	Garments	99.7	98.6	100.1	100.1	101.0	100.4
衣着材料	Clothing Material	100.3	100.3	100.2	100.2	100.3	100.0
鞋袜帽	Footgear and Hats	100.1	97.9	101.5	99.5	99.9	98.9
衣着加工服务费	Clothing Manufacturing Services	100.0	100.0	102.9	101.2	100.6	100.9
家庭设备用品及维修服务	**Household Facilities, Articles and Services**	**100.5**	**100.2**	**100.0**	**100.3**	**100.1**	**99.5**
耐用消费品	Durable Consumer Goods	101.0	100.3	99.4	100.4	100.2	99.6
室内装饰品	Interior Decorations	99.6	99.5	100.0	100.0	100.0	100.0
床上用品	Bed Articles	100.0	99.4	100.5	100.4	99.7	99.5
家庭日用杂品	Daily Use Household Articles	100.1	100.6	100.4	100.2	100.1	98.9
家庭服务及加工维修服务	Household Services and Maintenance and Renovation	100.7	100.4	100.1	100.0	100.6	100.5
医疗保健和个人用品	**Health Care and Personal Articles**	**99.9**	**100.1**	**100.2**	**100.1**	**99.9**	**100.1**
医疗保健	Health Care	100.0	100.0	100.3	100.3	100.0	100.3
西药	Western Medicine	99.9	99.8	100.4	100.0	100.1	100.1
医疗保健服务	Health Care Services	99.9	100.0	100.0	100.0	100.0	100.0
个人用品及服务	Personal Articles and Services	99.8	100.2	100.0	99.9	99.8	99.9
交通和通信	**Transportation and Communication**	**100.5**	**99.9**	**100.4**	**99.4**	**99.8**	**99.9**
交通	Transportation	100.8	99.8	100.7	99.0	99.6	99.9
市区公共交通费	Incity Traffic Fare	101.0	100.0	100.0	100.4	100.2	100.0
城市间交通费	Intercity Traffic Fare	100.5	96.7	101.2	95.9	98.8	98.5
通信	Communication	100.3	100.0	100.0	99.7	100.0	99.9
娱乐教育文化用品及服务	**Recreation, Education and Culture Articles**	**101.6**	**99.3**	**99.2**	**99.3**	**99.4**	**100.0**
文娱用耐用消费品及服务	Durable Consumer Goods for Cultural and Recreational Use and Services	99.6	98.6	98.6	99.9	99.5	99.5
教育	Education	100.3	99.9	99.2	99.9	100.0	100.1
文化娱乐类	Cultural and Recreational Articles	100.0	100.2	99.6	99.9	100.1	100.3
旅游	Touring and Outing	109.8	96.7	99.3	95.8	96.2	99.9
居住	**Residence**	**100.3**	**100.6**	**100.2**	**99.9**	**100.0**	**100.4**
建房及装修材料	Building and Building Decoration Materials	100.4	100.2	100.4	100.2	100.2	101.2
租房	Renting	100.4	101.3	100.6	99.8	100.0	100.0
自有住房	Private Housing	100.4	101.0	100.1	99.7	100.0	100.4
水、电、燃料	Water, Electricity and Fuels	100.0	100.0	100.0	100.0	100.0	100.0
水	Water	100.0	100.0	100.0	100.0	100.0	100.0
电	Electricity	100.0	100.0	100.0	100.0	100.0	100.0
管道燃气	Pipeline Gas	100.0	100.0	100.0	100.0	100.0	100.0

4-6 各月居民消费价格分类环比指数（2014 年）
Month-on-month Consumer Price Indices by Category& Month（2014）

上月 =100（ last month=100）

类 别	Item	1 月 January	2 月 February	3 月 March	4 月 April	5 月 May	6 月 June
居民消费价格总指数	**General Consumer Price Index**	**100.8**	**100.5**	**99.4**	**99.6**	**100.2**	**100.2**
非食品价格指数	Non-food Price Index	100.2	100.3	99.8	100.1	100.2	100.2
服务项目价格指数	Price Indices of Service Item	100.6	100.8	99.3	99.9	100.0	100.4
工业品价格指数	Industrial Products Price Index	99.8	99.9	100.1	100.3	100.3	100.1
扣除食品烟酒和能源价格指数	Excluding Food Tobacco Liquor and Energy Price Index	100.1	100.3	99.8	100.2	100.2	100.2
消费品价格指数	Consumer Goods Price Index	100.9	100.4	99.4	99.4	100.3	100.1
食品	**Food**	**102.2**	**101.0**	**98.6**	**98.5**	**100.3**	**100.1**
粮食	Grain	100.3	100.0	100.4	98.3	100.3	100.6
大米	Rice	100.3	100.0	99.7	97.2	100.0	100.6
油脂	Oil or Fat	98.7	99.5	98.7	99.9	98.4	99.7
肉禽及其制品	Meal, Poultry and Processed Products	99.3	96.5	94.0	96.7	104.0	101.5
食用畜肉及副产品	Meat and its Subsidiary Products	98.8	94.9	91.5	94.8	106.0	101.7
猪肉	Pork	98.0	92.2	89.0	93.5	108.8	102.0
禽	Poultry	100.4	99.6	98.8	100.3	100.4	101.3
蛋	Eggs	100.0	98.2	98.8	99.3	104.1	97.1
水产品	Aquatic Products	101.4	103.0	99.4	99.4	101.4	100.4
菜	Vegetables	110.6	106.9	100.1	95.3	91.5	98.2
鲜菜	Fresh Vegetables	100.3	100.3	100.6	99.3	99.3	100.5
调味品	Flavoring	99.6	99.3	100.0	99.5	99.4	100.7
糖	Carbohydrate	99.9	99.8	100.9	100.1	99.8	99.9
茶及饮料	Tea and Beverages	109.6	109.8	100.0	101.1	103.9	96.8
干鲜瓜果	Dried and Fresh Melons and Fruits	99.6	100.1	100.9	99.9	99.4	101.1
糕点饼干面包	Cake, Biscuit and Bread	104.3	101.4	100.4	100.0	100.1	99.3
液体乳及乳制品	Milk and Its Products	100.7	100.2	100.1	99.9	100.2	101.4
在外用膳食品	Dining Out	101.0	100.3	101.6	99.4	100.4	98.5
其他食品	Other Foods and Manufacturing Services	100.1	99.7	99.8	99.0	99.8	100.0
烟酒	**Tobacco and Liquor**	**100.1**	**99.9**	**100.0**	**99.8**	**100.0**	**100.0**
烟草	Tobacco	100.1	99.3	99.3	97.8	99.5	99.9
酒	Liquor	112.0	109.3	110.9	112.0	111.2	109.7

4-6 各月居民消费价格分类环比指数（2014 年）
Month-on-month Consumer Price Indices by Category& Month（2014）

续表 1（continued1）　　　　上月 =100（ last month=100）

类 别	Item	7 月 July	8 月 August	9 月 September	10 月 October	11 月 November	12 月 December
居民消费价格总指数	**General Consumer Price Index**	**100.5**	**100.3**	**100.7**	**100.1**	**99.6**	**100.0**
非食品价格指数	Non-food Price Index	100.4	100.1	100.4	100.0	100.0	100.0
服务项目价格指数	Price Indices of Service Item	100.7	99.9	100.8	99.7	99.8	100.0
工业品价格指数	Industrial Products Price Index	100.2	100.2	100.0	100.2	100.1	100.0
扣除食品烟酒和能源价格指数	Excluding Food Tobacco Liquor and Energy Price Index	100.4	100.1	100.4	100.1	100.1	100.0
消费品价格指数	Consumer Goods Price Index	100.4	100.5	100.6	100.2	99.5	100.1
食品	**Food**	**100.6**	**100.8**	**101.2**	**100.2**	**98.8**	**100.2**
粮食	Grain	100.6	99.9	100.3	100.9	100.1	100.8
大米	Rice	100.9	99.7	100.0	100.3	100.1	101.1
油脂	Oil or Fat	100.1	100.0	99.8	98.9	99.7	99.5
肉禽及其制品	Meal, Poultry and Processed Products	100.7	105.2	102.6	100.1	99.3	99.0
食用畜肉及副产品	Meat and its Subsidiary Products	101.2	106.9	103.1	100.1	98.9	99.1
猪肉	Pork	102.0	110.1	103.6	99.0	97.6	98.5
禽	Poultry	99.5	102.2	102.2	100.1	99.9	98.6
蛋	Eggs	102.4	104.1	104.8	98.4	99.1	99.2
水产品	Aquatic Products	98.9	101.7	100.7	101.0	99.6	98.9
菜	Vegetables	107.2	96.1	101.8	100.6	95.2	106.4
鲜菜	Fresh Vegetables	100.2	98.4	101.5	99.6	99.6	101.4
调味品	Flavoring	100.2	100.5	100.9	98.5	100.0	100.1
糖	Carbohydrate	99.9	100.2	99.9	100.0	100.2	100.2
茶及饮料	Tea and Beverages	94.5	100.1	101.7	101.0	95.7	98.8
干鲜瓜果	Dried and Fresh Melons and Fruits	99.3	99.7	100.1	99.5	100.4	99.4
糕点饼干面包	Cake, Biscuit and Bread	99.7	99.1	99.7	100.8	99.9	97.1
液体乳及乳制品	Milk and Its Products	100.4	99.9	100.0	100.0	99.9	100.0
在外用膳食品	Dining Out	100.1	99.7	100.6	100.0	99.5	100.1
其他食品	Other Foods and Manufacturing Services	100.1	99.6	99.7	99.7	99.5	99.5
烟酒	**Tobacco and Liquor**	**100.0**	**100.0**	**100.0**	**100.0**	**100.0**	**100.0**
烟草	Tobacco	100.3	99.0	99.3	99.2	98.7	98.5
酒	Liquor	108.9	110.3	110.6	111.9	121.3	123.6

4-6 各月居民消费价格分类环比指数（2014 年）
Month-on-month Consumer Price Indices by Category& Month（2014）

续表 2（continued2）　　　　上月 =100（last month=100）

类 别	Item	1月 January	2月 February	3月 March	4月 April	5月 May	6月 June
衣着	**Clothing**	**99.7**	**99.5**	**100.9**	**101.1**	**100.4**	**100.2**
服装	Garments	99.6	99.7	100.7	101.1	100.4	100.4
衣着材料	Clothing Material	100.4	100.0	99.2	99.8	99.9	100.0
鞋袜帽	Footgear and Hats	99.7	99.1	101.7	101.0	100.5	99.8
衣着加工服务费	Clothing Manufacturing Services	100.0	101.2	99.5	100.0	100.0	100.0
家庭设备用品及维修服务	**Household Facilities, Articles and Services**	**99.7**	**100.4**	**99.3**	**100.2**	**100.6**	**99.7**
耐用消费品	Durable Consumer Goods	99.6	100.3	99.8	100.2	100.8	100.3
室内装饰品	Interior Decorations	100.0	99.5	99.9	100.0	100.0	100.1
床上用品	Bed Articles	99.6	99.2	98.3	102.2	99.6	98.9
家庭日用杂品	Daily Use Household Articles	99.7	100.1	99.1	99.5	101.1	99.0
家庭服务及加工维修服务	Household Services and Maintenance and Renovation	100.2	102.9	98.8	100.0	100.2	100.2
医疗保健和个人用品	**Health Care and Personal Articles**	**100.0**	**100.4**	**100.1**	**99.8**	**100.2**	**100.1**
医疗保健	Health Care	100.0	100.2	100.3	100.0	100.1	100.0
西药	Western Medicine	100.2	100.0	100.1	100.1	100.1	99.9
医疗保健服务	Health Care Services	100.0	100.0	100.3	100.0	100.0	100.1
个人用品及服务	Personal Articles and Services	99.9	100.7	99.9	99.4	100.4	100.3
交通和通信	**Transportation and Communication**	**100.6**	**101.3**	**99.5**	**99.7**	**100.2**	**100.4**
交通	Transportation	101.4	102.6	98.9	99.5	100.4	100.6
市区公共交通费	Incity Traffic Fare	102.1	103.0	100.0	100.0	100.0	100.0
城市间交通费	Intercity Traffic Fare	101.5	111.1	92.9	97.9	101.4	103.3
通信	Communication	99.8	99.9	100.0	100.0	100.0	100.2
娱乐教育文化用品及服务	**Recreation, Education and Culture Articles**	**101.0**	**100.2**	**99.3**	**100.1**	**99.8**	**100.5**
文娱用耐用消费品及服务	Durable Consumer Goods for Cultural and Recreational Use and Services	99.0	99.5	99.4	100.9	100.7	100.4
教育	Education	100.1	100.0	100.5	100.2	99.8	100.0
文化娱乐类	Cultural and Recreational Articles	99.9	100.2	100.5	100.2	100.1	100.0
旅游	Touring and Outing	107.6	101.2	93.8	98.9	98.3	103.0
居住	**Residence**	**100.0**	**100.3**	**99.7**	**100.1**	**100.1**	**100.2**
建房及装修材料	Building and Building Decoration Materials	100.1	100.1	98.9	101.4	100.1	100.2
租房	Renting	100.2	100.4	99.6	100.0	100.0	100.1
自有住房	Private Housing	99.9	100.4	99.7	99.8	100.1	100.3
水、电、燃料	Water, Electricity and Fuels	100.0	100.0	100.2	100.0	100.0	100.0
水	Water	100.0	100.0	101.2	100.0	100.0	100.0
电	Electricity	100.0	100.0	100.0	100.0	100.0	100.0
管道燃气	Pipeline Gas	100.0	100.0	100.0	100.0	100.0	100.0

4-6 各月居民消费价格分类环比指数（2014 年）
Month-on-month Consumer Price Indices by Category& Month（2014）

续表 3（continued3） 上月 =100（ last month=100）

类 别	Item	7 月 July	8 月 August	9 月 September	10 月 October	11 月 November	12 月 December
衣着	**Clothing**	99.8	100.0	100.6	101.2	101.1	99.7
服装	Garments	99.6	99.9	100.7	101.0	101.1	99.8
衣着材料	Clothing Material	99.9	100.0	100.0	100.0	99.9	100.4
鞋袜帽	Footgear and Hats	100.2	100.4	100.4	101.7	101.2	99.3
衣着加工服务费	Clothing Manufacturing Services	100.0	100.0	100.0	100.0	101.9	101.2
家庭设备用品及维修服务	**Household Facilities, Articles and Services**	100.0	100.3	99.8	100.2	99.9	99.9
耐用消费品	Durable Consumer Goods	99.7	99.8	99.4	99.8	100.2	99.6
室内装饰品	Interior Decorations	100.2	100.4	100.0	100.0	100.0	100.0
床上用品	Bed Articles	100.1	100.5	99.2	100.8	100.7	100.1
家庭日用杂品	Daily Use Household Articles	100.3	100.7	100.1	100.7	99.2	100.0
家庭服务及加工维修服务	Household Services and Maintenance and Renovation	100.2	100.7	100.5	100.0	100.0	100.4
医疗保健和个人用品	**Health Care and Personal Articles**	100.8	101.1	100.2	100.0	99.9	101.0
医疗保健	Health Care	101.3	101.9	100.2	100.0	100.0	101.5
西药	Western Medicine	100.0	100.1	99.8	99.9	100.0	100.3
医疗保健服务	Health Care Services	100.0	100.0	100.5	100.0	100.0	100.1
个人用品及服务	Personal Articles and Services	100.0	99.5	100.3	100.1	99.8	100.2
交通和通信	**Transportation and Communication**	100.5	99.2	99.7	99.5	99.4	99.2
交通	Transportation	100.9	98.7	100.0	99.0	99.0	98.7
市区公共交通费	Incity Traffic Fare	101.4	100.0	100.0	99.2	100.0	100.0
城市间交通费	Intercity Traffic Fare	102.0	95.3	102.1	98.4	99.9	95.6
通信	Communication	100.1	99.8	99.4	100.1	99.9	99.8
娱乐教育文化用品及服务	**Recreation, Education and Culture Articles**	101.1	99.6	101.8	99.1	99.4	99.9
文娱用耐用消费品及服务	Durable Consumer Goods for Cultural and Recreational Use and Services	100.0	99.9	100.6	100.0	99.9	99.6
教育	Education	100.1	99.9	102.7	100.0	100.0	99.9
文化娱乐类	Cultural and Recreational Articles	99.9	100.1	100.0	100.0	100.0	100.3
旅游	Touring and Outing	107.7	97.5	104.5	94.7	96.0	99.4
居住	**Residence**	100.3	100.2	100.2	100.1	100.1	100.1
建房及装修材料	Building and Building Decoration Materials	100.5	100.1	99.8	99.9	100.4	99.6
租房	Renting	100.4	100.2	101.0	100.1	100.0	100.0
自有住房	Private Housing	100.4	100.4	100.2	100.2	100.1	100.3
水、电、燃料	Water, Electricity and Fuels	100.0	100.0	100.0	100.0	100.0	100.0
水	Water	100.0	100.0	100.0	100.0	100.0	100.0
电	Electricity	100.0	100.0	100.0	100.0	100.0	100.0
管道燃气	Pipeline Gas	100.0	100.0	100.0	100.0	100.0	100.0

4-6 各月居民消费价格分类环比指数（2015 年）
Month-on-month Consumer Price Indices by Category& Month（2015）

上月 =100（ last month=100）

类 别	Item	1 月 January	2 月 February	3 月 March	4 月 April	5 月 May	6 月 June
居民消费价格总指数	**General Consumer Price Index**	**99.9**	**100.8**	**99.6**	**99.7**	**100.0**	**100.1**
非食品价格指数	Non-food Price Index	99.9	100.2	99.9	100.0	100.0	100.1
服务项目价格指数	Price Indices of Service Item	100.6	100.6	99.5	99.7	99.9	100.3
工业品价格指数	Industrial Products Price Index	99.5	99.9	100.2	100.2	100.1	99.9
扣除食品烟酒和能源价格指数	Excluding Food Tobacco Liquor and Energy Price Index	100.0	100.3	99.8	100.0	100.0	100.1
消费品价格指数	Consumer Goods Price Index	99.7	100.9	99.6	99.7	100.1	100.0
食品	**Food**	**100.0**	**102.0**	**99.0**	**99.1**	**100.1**	**100.0**
粮食	Grain	99.7	100.0	99.7	100.1	100.9	98.7
大米	Rice	98.6	100.8	99.2	100.7	101.4	97.8
油脂	Oil or Fat	99.7	99.2	99.7	99.8	99.7	100.7
肉禽及其制品	Meal, Poultry and Processed Products	98.2	101.6	96.3	99.5	102.5	102.3
食用畜肉及副产品	Meat and its Subsidiary Products	98.1	101.5	94.8	99.6	103.3	103.8
猪肉	Pork	97.3	101.3	93.0	100.5	105.3	105.4
禽	Poultry	98.5	102.3	99.2	99.4	100.8	98.8
蛋	Eggs	97.6	99.1	96.1	95.0	100.4	99.2
水产品	Aquatic Products	99.2	102.7	98.9	99.3	101.2	99.9
菜	Vegetables	101.5	109.4	94.3	99.1	93.1	99.7
鲜菜	Fresh Vegetables	99.5	99.0	98.2	103.0	99.3	100.4
调味品	Flavoring	98.3	98.5	101.4	99.5	100.1	99.3
糖	Carbohydrate	100.2	99.8	100.1	99.5	100.0	100.0
茶及饮料	Tea and Beverages	105.0	105.7	108.7	95.3	101.9	94.9
干鲜瓜果	Dried and Fresh Melons and Fruits	100.3	99.8	100.8	100.7	100.2	99.3
糕点饼干面包	Cake, Biscuit and Bread	99.3	98.6	99.3	99.8	100.4	101.6
液体乳及乳制品	Milk and Its Products	100.1	100.2	100.4	99.7	100.2	100.1
在外用膳食品	Dining Out	100.3	99.5	99.3	101.2	99.8	99.5
其他食品	Other Foods and Manufacturing Services	99.7	99.2	100.2	100.1	101.8	100.6
烟酒	**Tobacco and Liquor**	**100.0**	**100.0**	**100.0**	**100.1**	**103.3**	**100.8**
烟草	Tobacco	99.2	97.7	100.6	99.9	99.0	100.1
酒	Liquor	112.0	109.3	110.9	112.0	111.2	109.7

4-6 各月居民消费价格分类环比指数（2015 年）
Month-on-month Consumer Price Indices by Category& Month（2015）

续表 1（continued1） 上月 =100（ last month=100）

类别	Item	7 月 July	8 月 August	9 月 September	10 月 October	11 月 November	12 月 December
居民消费价格总指数	**General Consumer Price Index**	**100.8**	**100.5**	**100.2**	**99.8**	**99.4**	**100.2**
非食品价格指数	Non-food Price Index	100.4	100.0	100.4	99.9	99.9	100.1
服务项目价格指数	Price Indices of Service Item	101.0	100.0	100.5	99.5	99.6	100.1
工业品价格指数	Industrial Products Price Index	100.0	100.0	100.3	100.1	100.1	100.0
扣除食品烟酒和能源价格指数	Excluding Food Tobacco Liquor and Energy Price Index	100.5	100.1	100.4	99.9	99.9	100.1
消费品价格指数	Consumer Goods Price Index	100.8	100.6	100.0	99.9	99.3	100.3
食品	**Food**	**101.6**	**101.3**	**99.8**	**99.6**	**98.5**	**100.5**
粮食	Grain	100.5	100.4	100.8	100.3	100.2	101.4
大米	Rice	100.7	101.0	100.7	99.3	98.7	102.7
油脂	Oil or Fat	100.1	98.7	99.3	101.5	101.1	100.9
肉禽及其制品	Meal, Poultry and Processed Products	106.1	105.6	99.3	98.1	97.2	100.0
食用畜肉及副产品	Meat and its Subsidiary Products	108.7	107.8	99.0	97.4	96.1	100.3
猪肉	Pork	112.2	110.4	98.4	96.2	94.8	100.4
禽	Poultry	100.7	100.7	100.2	99.7	99.6	99.3
蛋	Eggs	99.0	106.4	103.9	98.4	97.2	101.8
水产品	Aquatic Products	100.4	101.1	99.8	100.0	99.3	99.9
菜	Vegetables	101.3	101.8	104.2	96.0	95.0	104.8
鲜菜	Fresh Vegetables	102.0	99.4	101.2	99.8	99.8	100.5
调味品	Flavoring	100.5	100.8	99.8	99.8	98.9	100.7
糖	Carbohydrate	99.8	100.4	100.1	100.0	100.8	100.2
茶及饮料	Tea and Beverages	100.2	94.3	91.2	106.6	97.5	96.3
干鲜瓜果	Dried and Fresh Melons and Fruits	99.8	100.1	100.2	100.1	100.1	100.0
糕点饼干面包	Cake, Biscuit and Bread	99.5	98.9	100.0	100.5	100.0	101.2
液体乳及乳制品	Milk and Its Products	100.0	100.0	100.1	100.0	100.1	100.0
在外用膳食品	Dining Out	98.2	101.7	99.4	99.1	98.8	99.8
其他食品	Other Foods and Manufacturing Services	100.0	100.3	100.2	100.2	99.6	100.1
烟酒	**Tobacco and Liquor**	**100.0**	**100.1**	**99.9**	**100.1**	**100.2**	**99.9**
烟草	Tobacco	99.9	100.8	100.8	100.4	98.5	100.5
酒	Liquor	108.9	110.3	110.6	111.9	121.3	123.6

4-6 各月居民消费价格分类环比指数（2015 年）
Month-on-month Consumer Price Indices by Category& Month（2015）

续表 2（continued2）　　上月 =100（ last month=100）

类 别	Item	1月 January	2月 February	3月 March	4月 April	5月 May	6月 June
衣着	**Clothing**	**99.2**	**100.1**	**100.5**	**100.5**	**99.8**	**99.7**
服装	Garments	99.0	100.2	100.6	100.5	100.0	100.0
衣着材料	Clothing Material	100.1	100.0	99.8	99.5	99.6	99.8
鞋袜帽	Footgear and Hats	99.7	99.9	100.2	100.4	99.1	98.9
衣着加工服务费	Clothing Manufacturing Services	100.0	100.2	100.8	100.1	100.1	100.0
家庭设备用品及维修服务	**Household Facilities, Articles and Services**	**99.5**	**99.8**	**99.9**	**100.4**	**99.6**	**100.1**
耐用消费品	Durable Consumer Goods	99.7	99.5	100.0	100.6	100.3	100.0
室内装饰品	Interior Decorations	100.0	100.0	100.1	100.0	100.3	99.8
床上用品	Bed Articles	100.2	99.1	98.4	101.6	99.6	99.4
家庭日用杂品	Daily Use Household Articles	98.8	100.2	100.0	100.0	98.5	100.7
家庭服务及加工维修服务	Household Services and Maintenance and Renovation	100.1	100.7	101.2	99.6	99.9	100.0
医疗保健和个人用品	**Health Care and Personal Articles**	**99.9**	**100.3**	**99.8**	**100.1**	**100.1**	**100.1**
医疗保健	Health Care	100.0	100.0	100.2	100.1	100.0	100.1
西药	Western Medicine	100.0	100.1	100.0	100.2	100.0	100.3
医疗保健服务	Health Care Services	100.3	100.0	100.0	100.2	100.0	100.0
个人用品及服务	Personal Articles and Services	99.7	100.9	99.1	100.0	100.1	100.0
交通和通信	**Transportation and Communication**	**99.2**	**100.4**	**100.6**	**99.5**	**100.0**	**100.0**
交通	Transportation	98.6	101.0	101.3	99.1	100.4	100.3
市区公共交通费	Incity Traffic Fare	100.0	100.0	100.0	100.0	100.0	100.0
城市间交通费	Intercity Traffic Fare	99.6	105.6	103.6	96.1	97.9	101.9
通信	Communication	99.8	99.9	99.9	100.0	99.6	99.6
娱乐教育文化用品及服务	**Recreation, Education and Culture Articles**	**100.8**	**100.9**	**98.5**	**99.6**	**100.1**	**100.6**
文娱用耐用消费品及服务	Durable Consumer Goods for Cultural and Recreational Use and Services	99.4	99.3	99.4	99.6	101.1	99.9
教育	Education	100.1	100.0	101.0	99.7	100.0	100.1
文化娱乐类	Cultural and Recreational Articles	101.2	100.3	99.5	100.3	100.0	99.6
旅游	Touring and Outing	103.0	105.7	89.7	98.1	99.9	104.8
居住	**Residence**	**100.4**	**99.9**	**99.9**	**100.0**	**99.9**	**100.0**
建房及装修材料	Building and Building Decoration Materials	99.8	100.2	99.9	100.3	99.8	100.0
租房	Renting	100.6	99.4	99.9	99.9	99.8	100.3
自有住房	Private Housing	100.7	99.9	99.9	99.9	99.8	100.0
水、电、燃料	Water, Electricity and Fuels	100.0	100.0	100.0	100.0	100.0	100.0
水	Water	100.0	100.0	100.0	100.0	100.0	100.0
电	Electricity	100.0	100.0	100.0	100.0	100.0	100.0
管道燃气	Pipeline Gas	100.0	100.0	100.0	100.0	100.0	100.0

4-6 各月居民消费价格分类环比指数（2015 年）
Month-on-month Consumer Price Indices by Category& Month（2015）

续表 3（continued3） 上月 =100（ last month=100）

类 别	Item	7 月 July	8 月 August	9 月 September	10 月 October	11 月 November	12 月 December
衣着	**Clothing**	99.8	100.3	101.3	100.5	100.4	100.2
服装	Garments	99.8	100.1	101.1	100.9	100.6	100.0
衣着材料	Clothing Material	99.8	99.7	99.8	100.1	100.3	100.0
鞋袜帽	Footgear and Hats	99.8	100.6	101.7	99.4	99.9	100.8
衣着加工服务费	Clothing Manufacturing Services	100.0	100.0	100.0	100.0	100.0	101.2
家庭设备用品及维修服务	**Household Facilities, Articles and Services**	100.7	100.2	99.8	100.1	100.2	100.0
耐用消费品	Durable Consumer Goods	100.0	100.0	99.1	99.8	100.0	100.0
室内装饰品	Interior Decorations	99.3	100.6	100.0	98.9	100.8	100.0
床上用品	Bed Articles	101.0	99.9	100.5	99.9	101.0	100.0
家庭日用杂品	Daily Use Household Articles	102.2	100.7	100.5	100.7	100.1	99.9
家庭服务及加工维修服务	Household Services and Maintenance and Renovation	100.0	100.0	100.0	100.0	100.1	100.0
医疗保健和个人用品	**Health Care and Personal Articles**	100.1	100.0	100.2	100.0	100.0	100.3
医疗保健	Health Care	100.4	100.0	100.3	100.0	100.0	100.4
西药	Western Medicine	100.1	100.1	100.5	99.8	100.0	100.1
医疗保健服务	Health Care Services	100.0	100.0	100.0	100.0	100.0	100.0
个人用品及服务	Personal Articles and Services	99.6	100.0	100.1	99.9	100.0	100.2
交通和通信	**Transportation and Communication**	100.6	99.5	99.8	99.8	100.1	100.2
交通	Transportation	101.2	99.3	99.6	99.6	100.0	100.3
市区公共交通费	Incity Traffic Fare	103.2	101.8	100.0	98.8	102.3	102.4
城市间交通费	Intercity Traffic Fare	103.5	97.1	99.3	100.4	96.7	99.1
通信	Communication	99.9	99.8	100.0	99.9	100.3	100.0
娱乐教育文化用品及服务	**Recreation, Education and Culture Articles**	101.3	99.4	101.1	98.8	99.5	99.9
文娱用耐用消费品及服务	Durable Consumer Goods for Cultural and Recreational Use and Services	99.4	100.3	99.8	100.0	99.8	99.6
教育	Education	100.1	100.0	101.7	100.0	100.0	99.8
文化娱乐类	Cultural and Recreational Articles	100.1	99.9	100.2	99.9	99.7	100.0
旅游	Touring and Outing	109.0	96.4	102.3	92.7	97.3	100.0
居住	**Residence**	100.3	100.3	100.2	100.0	99.6	99.9
建房及装修材料	Building and Building Decoration Materials	99.9	100.0	99.9	100.1	100.0	99.4
租房	Renting	100.3	100.3	100.0	100.0	99.9	100.0
自有住房	Private Housing	100.5	100.6	100.5	100.0	99.2	100.0
水、电、燃料	Water, Electricity and Fuels	100.0	100.0	100.0	100.0	100.0	100.0
水	Water	100.0	100.0	100.0	100.0	100.0	100.0
电	Electricity	100.0	100.0	100.0	100.0	100.0	100.0
管道燃气	Pipeline Gas	100.0	100.0	100.0	100.0	100.0	100.0

4-6 各月居民消费价格分类环比指数（2016 年）
Month-on-month Consumer Price Indices by Category& Month（2016）

上月 =100（ last month=100）

类 别	Item	1月 January	2月 February	3月 March	4月 April	5月 May	6月 June
居民消费价格总指数	**Consumer Price Index**	**100.5**	**101.6**	**99.8**	**99.8**	**99.5**	**99.8**
非食品价格指数	Non-food Price Index	100.2	100.1	100.2	99.9	99.9	100.4
服务价格指数	Price Index of Service Item	100.6	100.2	100.1	99.4	99.5	100.7
工业品价格指数	Industrial Price Index	99.8	99.9	100.3	100.2	100.4	100.3
扣除食品和能源价格指数	Excluding Food Tobacco Liquor and Energy Price Index	100.2	100.1	100.2	99.9	99.8	100.4
消费品价格指数	Consumer Goods Price Index	100.5	102.3	99.7	100.0	99.5	99.4
食品烟酒	**Food,Tobacco and Liquor**	**101.3**	**105.0**	**99.0**	**99.8**	**98.6**	**98.4**
食品	Food	102.0	107.5	98.4	99.4	97.8	97.5
粮食	Grain	98.3	100.2	100.6	100.9	100.3	99.7
大 米	Rice	97.5	100.2	100.1	101.1	100.0	99.3
薯类	Tubers	106.2	108.7	98.2	122.2	106.3	101.5
食用油	Oil	100.4	101.3	99.4	100.6	99.9	100.0
菜	Vegetables	107.0	130.4	98.7	92.5	82.1	84.5
鲜 菜	Fresh Vegetables	107.6	133.5	98.4	92.1	80.8	83.2
畜肉类	Meat of Livestock	103.5	105.2	97.8	102.2	102.0	100.5
猪 肉	Pork	105.5	106.1	97.6	103.1	103.5	100.8
禽肉类	Meat of Poultry	100.2	102.3	98.7	99.5	98.8	100.6
水产品	Aquatic Products	99.9	105.6	97.8	100.8	99.7	101.3
蛋类	Eggs	100.4	100.1	93.6	98.5	98.2	99.5
奶类	Milk	99.1	99.9	99.1	99.9	99.3	99.7
干鲜瓜果类	Dried and Fresh Melons and Fruits	101.4	105.3	97.1	102.3	110.1	98.5
糖果糕点类	Candy and Cake	100.7	98.0	99.8	102.6	99.8	99.8
调味品	Flavoring	99.6	98.2	97.6	103.2	99.6	99.7
其他食品类	Other Foods	99.5	98.3	101.6	99.0	100.6	99.6
茶及饮料	Tea and Beverages	99.7	98.9	99.7	99.1	100.1	99.8
烟酒	Tobacco and Liquor	99.7	99.8	100.1	99.9	100.2	99.6
烟草	Tobacco	100.2	100.0	100.0	100.0	100.0	100.0
酒类	Liquor	98.8	99.6	100.2	99.8	100.5	98.9
在外餐饮	Dining Out	100.3	100.7	100.3	100.5	100.1	100.0

4-6 各月居民消费价格分类环比指数（2016 年）
Month-on-month Consumer Price Indices by Category& Month（2016）

续表 1（continued1） 上月 =100（ last month=100）

类 别	Item	7 月 July	8 月 August	9 月 September	10 月 October	11 月 November	12 月 December
居民消费价格总指数	**Consumer Price Index**	**100.1**	**100.0**	**100.7**	**99.9**	**99.9**	**100.1**
非食品价格指数	Non-food Price Index	100.5	100.0	100.3	100.0	99.9	100.3
服务价格指数	Price Index of Service Item	101.0	99.9	100.4	99.7	99.5	100.4
工业品价格指数	Industrial Price Index	100.2	100.1	100.1	100.2	100.2	100.2
扣除食品和能源价格指数	Excluding Food Tobacco Liquor and Energy Price Index	100.6	100.1	100.2	99.9	99.8	100.2
消费品价格指数	Consumer Goods Price Index	99.6	100.1	100.9	100.0	100.1	99.9
食品烟酒	**Food,Tobacco and Liquor**	**98.9**	**100.1**	**101.7**	**99.8**	**100.0**	**99.6**
食品	Food	98.1	100.1	102.7	99.7	99.9	99.3
粮食	Grain	101.1	99.3	100.3	100.4	100.2	100.3
大 米	Rice	101.5	99.0	100.2	101.0	100.8	100.4
薯类	Tubers	95.2	87.9	93.0	94.3	102.0	102.4
食用油	Oil	98.4	101.5	99.1	99.7	99.9	101.3
菜	Vegetables	98.6	102.7	115.9	102.7	103.7	94.8
鲜 菜	Fresh Vegetables	98.4	103.0	117.6	102.9	104.1	94.4
畜肉类	Meat of Livestock	97.1	99.1	100.0	98.7	97.9	100.8
猪 肉	Pork	96.2	98.7	99.7	97.1	96.6	100.9
禽肉类	Meat of Poultry	100.3	100.4	99.6	101.4	98.5	100.0
水产品	Aquatic Products	100.3	99.4	99.7	100.4	98.7	99.6
蛋类	Eggs	97.1	103.7	108.6	97.5	98.0	101.0
奶类	Milk	99.8	101.1	100.4	100.4	99.1	99.8
干鲜瓜果类	Dried and Fresh Melons and Fruits	92.3	98.3	100.4	95.1	101.1	99.2
糖果糕点类	Candy and Cake	100.6	99.9	100.8	98.6	100.6	100.0
调味品	Flavoring	100.0	100.5	101.3	101.0	99.3	99.6
其他食品类	Other Foods	100.5	99.1	100.6	100.6	99.7	99.8
茶及饮料	Tea and Beverages	100.9	100.2	100.2	100.1	100.0	100.2
烟酒	Tobacco and Liquor	100.4	100.9	99.7	100.4	99.9	100.2
烟草	Tobacco	100.0	100.0	100.0	100.0	100.0	100.0
酒类	Liquor	101.0	102.5	99.2	101.1	99.7	100.6
在外餐饮	Dining Out	100.1	100.0	100.2	100.0	100.1	100.0

4-6 各月居民消费价格分类环比指数（2016 年）
Month-on-month Consumer Price Indices by Category& Month（2016）

续表 2（continued2） 上月 =100（ last month=100）

类 别	Item	1 月 January	2 月 February	3 月 March	4 月 April	5 月 May	6 月 June
衣着	**Clothing**	**99.2**	**99.7**	**101.2**	**100.2**	**100.0**	**99.8**
服装	Garments	99.0	99.8	101.1	100.3	99.9	99.7
服装材料	Garments Material	100.1	100.0	100.0	100.0	100.0	100.0
其他衣着及配件	Other Clothing and Parts	98.8	99.6	101.5	99.9	100.0	99.6
衣着加工服务费	Clothing Manufacturing Services	100.0	100.6	99.4	99.4	100.0	100.0
居住	**Residence**	**100.0**	**100.2**	**100.5**	**99.4**	**100.0**	**100.2**
租赁房房租	Rent of Rental Housing	100.0	100.3	101.0	98.7	100.0	100.0
住房保养维修及管理	Housing Maintenance and Management	100.0	99.7	100.1	100.3	100.1	100.1
水电燃料	Water,Electricity and Fuels	100.0	100.1	99.9	100.0	100.1	100.0
自有住房	Private Housing	100.0	100.4	100.9	99.0	100.0	100.3
生活用品及服务	**Daily Necessities and Services**	**100.4**	**99.7**	**99.7**	**100.4**	**100.4**	**99.8**
家具及室内装饰品	Furniture and Interior Decorations	102.8	99.3	99.8	100.1	101.1	99.3
家用器具	Home Appliances	99.8	99.4	98.9	101.0	100.3	99.3
家用纺织品	Home Textiles	99.2	99.3	99.8	100.6	99.9	101.2
家庭日用杂品	Daily Use Household Articles	99.8	99.5	100.9	99.8	100.1	100.0
个人护理用品	Personal Care Products	99.9	100.6	99.7	100.5	100.9	99.7
家庭服务	Household Services	100.7	100.9	98.7	99.8	100.2	100.1
交通和通信	**Transport and Communications**	**99.8**	**100.7**	**99.6**	**100.2**	**100.3**	**102.1**
交通	Transport	99.8	101.5	99.5	100.3	100.1	102.6
交通工具用燃料	Fuels for Transport Facility	98.7	99.1	100.0	100.4	103.8	104.0
交通费	Traffic Fee	99.6	104.6	98.8	100.9	98.0	105.9
通信	Communications	99.8	99.4	99.8	100.1	100.5	101.3
教育文化和娱乐	**Education,Culture and Recreation**	**101.4**	**99.0**	**99.9**	**99.2**	**98.7**	**100.6**
教育	Education	99.8	100.0	100.1	100.1	100.0	99.8
文化娱乐	Culture and Recreation	102.9	98.1	99.8	98.3	97.5	101.5
旅游	Touring and Outing	107.5	95.3	99.1	95.5	93.5	105.6
医疗保健	**Health Care**	**100.0**	**100.2**	**100.2**	**100.3**	**100.0**	**100.3**
药品及医疗器具	Medicine and Medical Equipment	100.0	100.6	100.5	100.8	100.0	100.9
中药	Traditional Chinese Medicines	100.5	101.6	100.4	102.1	100.1	100.8
西药	Western Medicines	100.2	100.1	100.0	100.5	100.1	101.8
医疗服务	Medical Services	100.0	100.0	100.0	100.0	100.0	100.0
其他用品和服务	**Other Articles and Services**	**101.6**	**101.9**	**99.5**	**100.2**	**100.0**	**99.8**
其他用品类	Other Articles	101.3	103.1	101.0	99.6	100.8	100.1
其他服务类	Other Services	101.8	101.1	98.6	100.5	99.5	99.6

4-6 各月居民消费价格分类环比指数（2016 年）
Month-on-month Consumer Price Indices by Category& Month（2016）

续表 3（continued3） 上月 =100（ last month=100）

类 别	Item	7 月 July	8 月 August	9 月 September	10 月 October	11 月 November	12 月 December
衣着	**Clothing**	**99.9**	**100.3**	**100.3**	**100.6**	**100.4**	**100.0**
服装	Garments	100.0	100.2	100.0	100.5	100.5	100.2
服装材料	Garments Material	100.0	100.0	100.0	100.0	100.0	99.8
其他衣着及配件	Other Clothing and Parts	100.0	100.4	100.5	100.5	100.3	99.6
衣着加工服务费	Clothing Manufacturing Services	100.0	100.0	100.0	100.0	100.7	100.7
居住	**Residence**	**100.3**	**100.3**	**100.1**	**100.0**	**100.0**	**100.1**
租赁房房租	Rent of Rental Housing	101.5	100.2	100.2	100.0	100.0	100.5
住房保养维修及管理	Housing Maintenance and Management	99.9	100.3	100.2	100.3	100.2	100.1
水电燃料	Water,Electricity and Fuels	100.0	100.0	100.1	100.0	100.0	100.0
自有住房	Private Housing	100.4	100.5	100.1	100.0	100.0	100.0
生活用品及服务	**Daily Necessities and Services**	**100.2**	**100.5**	**99.6**	**99.9**	**100.3**	**99.8**
家具及室内装饰品	Furniture and Interior Decorations	99.7	100.4	99.6	99.8	100.4	99.8
家用器具	Home Appliances	100.8	101.0	99.4	100.6	100.5	100.0
家用纺织品	Home Textiles	100.6	100.0	100.1	99.8	100.0	101.0
家庭日用杂品	Daily Use Household Articles	100.0	100.4	99.4	99.5	100.3	99.0
个人护理用品	Personal Care Products	100.3	100.2	100.0	99.5	100.3	99.8
家庭服务	Household Services	100.0	100.3	99.7	100.0	100.2	100.0
交通和通信	**Transport and Communications**	**100.6**	**99.0**	**100.1**	**100.3**	**99.1**	**100.8**
交通	Transport	100.8	98.3	100.3	100.7	98.6	100.8
交通工具用燃料	Fuels for Transport Facility	99.7	97.0	102.9	100.7	100.6	104.3
交通费	Traffic Fee	102.8	96.8	99.4	101.7	95.1	99.9
通信	Communications	100.4	100.2	99.8	99.7	99.9	100.6
教育文化和娱乐	**Education,Culture and Recreation**	**102.1**	**99.6**	**101.3**	**98.7**	**99.3**	**101.1**
教育	Education	100.2	100.0	101.4	100.0	100.0	100.0
文化娱乐	Culture and Recreation	103.9	99.3	101.2	97.5	98.7	102.2
旅游	Touring and Outing	110.7	98.3	102.9	93.3	97.0	105.5
医疗保健	**Health Care**	**100.4**	**100.2**	**100.0**	**100.7**	**100.2**	**100.2**
药品及医疗器具	Medicine and Medical Equipment	101.0	100.5	100.1	101.6	100.4	100.6
中药	Traditional Chinese Medicines	103.4	100.4	100.2	101.4	101.2	101.8
西药	Western Medicines	100.4	100.6	100.1	102.6	100.2	100.4
医疗服务	Medical Services	100.0	100.0	100.0	100.0	100.0	100.0
其他用品和服务	**Other Articles and Services**	**100.5**	**100.0**	**100.3**	**99.2**	**99.8**	**99.4**
其他用品类	Other Articles	101.5	99.9	100.1	98.5	99.7	98.2
其他服务类	Other Services	99.9	100.1	100.5	99.7	99.9	100.2

4-6 各月居民消费价格分类环比指数（2017 年）
Month-on-month Consumer Price Indices by Category& Month（2017）

上月 =100（ last month=100）

类 别	Item	1月 January	2月 February	3月 March	4月 April	5月 May	6月 June
居民消费价格总指数	**Consumer Price Index**	**100.7**	**99.8**	**99.6**	**100.2**	**99.9**	**100.0**
非食品价格指数	Non-food Price Index	100.6	99.7	100.0	100.3	100.0	100.3
服务价格指数	Price Index of Service Item	101.4	99.4	100.1	100.2	99.7	100.9
工业品价格指数	Industrial Price Index	100.0	100.0	100.0	100.4	100.1	99.8
扣除食品和能源价格指数	Excluding Food Tobacco Liquor and Energy Price Index	100.6	99.7	100.0	100.4	100.0	100.4
消费品价格指数	Consumer Goods Price Index	100.3	100.0	99.3	100.1	100.0	99.5
食品烟酒	**Food,Tobacco and Liquor**	**100.5**	**100.1**	**98.6**	**99.8**	**99.8**	**99.3**
食品	Food	100.9	100.1	97.8	99.6	99.6	98.8
粮食	Grain	98.5	100.9	99.9	100.6	98.6	101.2
大 米	Rice	97.5	101.3	100.0	100.8	98.0	101.8
薯类	Tubers	100.8	101.7	101.2	101.1	101.6	98.1
食用油	Oil	99.4	100.1	100.4	99.2	99.5	97.8
菜	Vegetables	101.7	98.4	97.9	99.6	95.5	95.7
鲜 菜	Fresh Vegetables	102.0	98.4	97.8	99.3	95.2	95.1
畜肉类	Meat of Livestock	102.6	98.8	96.1	98.1	96.5	97.3
猪 肉	Pork	103.7	96.9	94.4	97.5	95.3	95.9
禽肉类	Meat of Poultry	100.5	99.6	97.5	100.5	101.8	99.2
水产品	Aquatic Products	100.4	102.1	99.5	100.6	101.3	101.3
蛋类	Eggs	97.4	95.0	96.8	99.4	96.2	103.4
奶类	Milk	99.9	99.2	99.7	100.6	99.1	100.4
干鲜瓜果类	Dried and Fresh Melons and Fruits	102.1	108.2	94.6	99.4	113.0	99.6
糖果糕点类	Candy and Cake	97.8	100.3	101.9	100.0	99.4	102.0
调味品	Flavoring	100.1	100.3	98.3	102.5	100.0	99.2
其他食品类	Other Foods	100.3	99.9	100.9	100.1	100.8	98.5
茶及饮料	Tea and Beverages	101.0	100.2	99.4	100.7	99.9	99.9
烟酒	Tobacco and Liquor	99.8	100.4	100.2	100.4	99.9	99.9
烟草	Tobacco	100.0	100.0	100.0	100.0	100.0	100.0
酒类	Liquor	99.5	101.0	100.5	101.0	99.8	99.8
在外餐饮	Dining Out	99.8	99.8	99.8	99.9	100.1	100.1

4-6 各月居民消费价格分类环比指数（2017 年）
Month-on-month Consumer Price Indices by Category& Month（2017）

续表 1（continued1） 上月 =100（ last month=100）

类 别	Item	7 月 July	8 月 August	9 月 September	10 月 October	11 月 November	12 月 December
居民消费价格总指数	**Consumer Price Index**	**100.2**	**100.3**	**101.1**	**99.8**	**99.9**	**100.1**
非食品价格指数	Non-food Price Index	100.4	100.2	100.9	99.8	100.0	100.1
服务价格指数	Price Index of Service Item	100.9	100.2	101.8	99.1	99.8	100.1
工业品价格指数	Industrial Price Index	99.9	100.2	100.3	100.5	100.3	100.1
扣除食品和能源价格指数	Excluding Food Tobacco Liquor and Energy Price Index	100.5	100.1	101.0	99.7	99.9	100.0
消费品价格指数	Consumer Goods Price Index	99.8	100.4	100.7	100.2	100.0	100.0
食品烟酒	**Food,Tobacco and Liquor**	**99.8**	**100.7**	**101.1**	**99.9**	**99.8**	**99.9**
食品	Food	99.6	101.0	101.8	99.9	99.6	99.9
粮食	Grain	100.1	98.3	101.1	99.8	100.9	99.2
大 米	Rice	100.4	97.9	101.1	99.7	101.2	98.3
薯类	Tubers	101.9	98.8	97.1	96.7	96.9	96.6
食用油	Oil	100.7	100.2	99.7	101.2	100.7	98.4
菜	Vegetables	103.2	104.7	102.4	101.9	96.0	97.4
鲜 菜	Fresh Vegetables	103.4	105.4	102.5	102.0	95.8	97.1
畜肉类	Meat of Livestock	98.5	102.1	103.1	102.1	99.6	100.5
猪 肉	Pork	98.1	103.8	104.5	101.3	98.5	101.1
禽肉类	Meat of Poultry	101.0	102.0	103.3	100.5	99.5	99.6
水产品	Aquatic Products	99.8	101.2	99.7	99.0	98.9	99.8
蛋类	Eggs	105.1	110.7	106.0	95.5	100.6	103.5
奶类	Milk	98.8	99.7	100.8	99.9	101.0	100.6
干鲜瓜果类	Dried and Fresh Melons and Fruits	93.1	94.5	100.2	93.4	102.0	102.0
糖果糕点类	Candy and Cake	99.9	100.0	101.0	100.1	100.0	100.4
调味品	Flavoring	99.8	99.8	100.5	99.3	101.4	101.5
其他食品类	Other Foods	101.4	99.4	101.6	98.0	100.6	100.4
茶及饮料	Tea and Beverages	100.5	100.4	100.0	100.2	100.2	100.2
烟酒	Tobacco and Liquor	99.8	99.9	99.6	100.0	99.9	99.6
烟草	Tobacco	99.7	100.0	100.0	100.0	100.0	100.0
酒类	Liquor	100.1	99.7	98.9	100.1	99.8	99.0
在外餐饮	Dining Out	100.1	100.0	100.1	100.0	100.2	99.9

4-6 各月居民消费价格分类环比指数（2017 年）
Month-on-month Consumer Price Indices by Category& Month（2017）

续表 2（continued2）

上月 =100（last month=100）

类 别	Item	1月 January	2月 February	3月 March	4月 April	5月 May	6月 June
衣着	**Clothing**	**100.1**	**100.3**	**100.3**	**100.6**	**100.2**	**99.9**
服装	Garments	100.1	100.5	100.3	100.4	100.0	100.0
服装材料	Garments Material	99.4	100.0	100.0	100.0	100.0	100.0
其他衣着及配件	Other Clothing and Parts	100.0	99.8	100.3	100.1	99.1	99.8
衣着加工服务费	Clothing Manufacturing Services	100.7	100.8	99.5	100.0	103.2	100.0
居住	**Residence**	**100.0**	**100.0**	**100.3**	**100.2**	**100.2**	**100.2**
租赁房房租	Rent of Rental Housing	100.0	100.1	100.3	100.1	100.8	100.1
住房保养维修及管理	Housing Maintenance and Management	100.0	100.0	99.7	100.5	100.6	100.9
水电燃料	Water,Electricity and Fuels	100.1	100.0	100.0	100.0	100.0	100.0
自有住房	Private Housing	100.0	100.0	100.6	100.3	100.1	100.1
生活用品及服务	**Daily Necessities and Services**	**100.0**	**99.3**	**100.5**	**100.7**	**100.0**	**99.5**
家具及室内装饰品	Furniture and Interior Decorations	100.0	99.9	100.0	100.6	100.1	100.3
家用器具	Home Appliances	100.1	99.6	100.3	101.4	100.2	98.4
家用纺织品	Home Textiles	99.7	100.1	100.0	100.2	100.5	100.1
家庭日用杂品	Daily Use Household Articles	100.8	98.3	100.5	100.9	99.6	99.2
个人护理用品	Personal Care Products	98.8	99.1	101.3	100.3	100.1	100.5
家庭服务	Household Services	100.3	99.7	101.5	100.0	100.0	100.3
交通和通信	**Transport and Communications**	**101.5**	**99.8**	**99.0**	**101.0**	**98.9**	**100.6**
交通	Transport	102.5	100.0	98.7	101.1	98.2	100.8
交通工具用燃料	Fuels for Transport Facility	105.0	99.9	99.5	98.5	99.3	98.1
交通费	Traffic Fee	103.9	101.0	97.0	105.2	95.2	105.2
通信	Communications	99.9	99.4	99.6	100.7	100.2	100.1
教育文化和娱乐	**Education,Culture and Recreation**	**103.0**	**98.3**	**100.3**	**99.2**	**99.8**	**101.4**
教育	Education	100.0	99.9	100.0	100.0	100.1	100.0
文化娱乐	Culture and Recreation	105.7	96.9	100.6	98.5	99.5	102.8
旅游	Touring and Outing	114.3	91.2	101.1	96.3	98.2	107.1
医疗保健	**Health Care**	**99.3**	**100.2**	**100.1**	**100.2**	**100.7**	**100.4**
药品及医疗器具	Medicine and Medical Equipment	98.5	100.4	100.4	100.6	101.6	100.9
中药	Traditional Chinese Medicines	99.1	100.1	100.3	100.0	100.8	100.5
西药	Western Medicines	97.8	100.1	100.2	100.5	101.8	101.7
医疗服务	Medical Services	100.0	100.0	100.0	100.0	100.0	100.0
其他用品和服务	**Other Articles and Services**	**101.8**	**99.5**	**99.4**	**101.4**	**99.7**	**100.2**
其他用品类	Other Articles	100.6	101.0	99.7	101.7	99.7	100.1
其他服务类	Other Services	102.6	98.5	99.2	101.2	99.7	100.2

4-6 各月居民消费价格分类环比指数（2017 年）
Month-on-month Consumer Price Indices by Category& Month（2017）

续表 3（continued3）　　　　上月 =100（ last month=100）

类 别	Item	7 月 July	8 月 August	9 月 September	10 月 October	11 月 November	12 月 December
衣着	**Clothing**	99.9	100.3	100.6	100.7	100.2	99.9
服装	Garments	99.9	100.3	100.7	100.8	100.3	99.8
服装材料	Garments Material	100.0	100.0	100.0	100.0	102.3	100.0
其他衣着及配件	Other Clothing and Parts	99.8	100.0	100.1	100.2	100.2	99.8
衣着加工服务费	Clothing Manufacturing Services	100.0	100.0	100.0	100.0	100.5	101.1
居住	**Residence**	100.2	100.8	100.7	100.0	100.0	100.1
租赁房房租	Rent of Rental Housing	100.0	101.3	101.7	100.0	100.0	100.0
住房保养维修及管理	Housing Maintenance and Management	100.0	100.3	100.0	100.1	100.3	100.3
水电燃料	Water,Electricity and Fuels	100.0	100.1	100.1	100.0	100.0	100.2
自有住房	Private Housing	100.4	101.2	101.1	100.0	100.0	100.0
生活用品及服务	**Daily Necessities and Services**	100.4	100.1	99.7	100.6	100.0	100.2
家具及室内装饰品	Furniture and Interior Decorations	99.7	100.4	100.6	101.3	100.9	99.4
家用器具	Home Appliances	100.4	99.9	99.2	101.7	99.7	100.1
家用纺织品	Home Textiles	99.8	99.9	100.3	100.2	99.6	100.1
家庭日用杂品	Daily Use Household Articles	101.3	99.7	98.6	100.2	100.1	100.6
个人护理用品	Personal Care Products	99.4	100.9	100.4	98.7	99.7	100.7
家庭服务	Household Services	101.5	100.2	100.0	100.6	100.2	100.3
交通和通信	**Transport and Communications**	99.8	98.6	100.6	99.9	101.1	99.7
交通	Transport	99.7	98.0	100.9	99.7	101.7	99.6
交通工具用燃料	Fuels for Transport Facility	97.2	102.6	101.1	103.0	103.2	102.0
交通费	Traffic Fee	101.1	94.2	101.4	97.0	102.9	97.4
通信	Communications	100.2	99.6	100.1	100.2	99.9	99.8
教育文化和娱乐	**Education,Culture and Recreation**	102.4	100.4	101.2	97.0	98.7	100.8
教育	Education	100.1	100.0	101.4	100.0	100.0	100.0
文化娱乐	Culture and Recreation	104.4	100.7	101.1	94.4	97.5	101.5
旅游	Touring and Outing	111.3	101.0	102.3	87.4	93.8	103.8
医疗保健	**Health Care**	100.1	100.7	104.6	101.3	100.1	100.1
药品及医疗器具	Medicine and Medical Equipment	100.2	101.6	100.4	100.2	100.2	100.3
中药	Traditional Chinese Medicines	100.6	99.6	100.7	100.4	100.4	100.6
西药	Western Medicines	100.0	103.6	100.4	100.2	100.0	99.9
医疗服务	Medical Services	100.0	100.0	107.9	102.1	100.0	100.0
其他用品和服务	**Other Articles and Services**	99.1	100.1	100.9	99.2	100.0	100.1
其他用品类	Other Articles	98.8	99.9	100.9	99.3	100.0	99.2
其他服务类	Other Services	99.4	100.3	101.0	99.2	99.9	100.7

4-6 各月居民消费价格分类环比指数（2018 年）
Month-on-month Consumer Price Indices by Category& Month（2018）

上月 =100（ last month=100）

类 别	Item	1 月 January	2 月 February	3 月 March	4 月 April	5 月 May	6 月 June
居民消费价格总指数	**Consumer Price Index**	**100.3**	**101.6**	**98.4**	**99.8**	**99.7**	**100.4**
非食品价格指数	Non-food Price Index	100.0	100.9	99.2	100.2	100.0	100.6
服务价格指数	Price Index of Service Item	100.2	101.9	98.3	100.2	99.8	100.8
工业品价格指数	Industrial Price Index	99.9	100.0	99.9	100.2	100.2	100.2
扣除食品和能源价格指数	Excluding Food Tobacco Liquor and Energy Price Index	100.0	101.0	99.2	100.2	99.9	100.6
消费品价格指数	Consumer Goods Price Index	100.4	101.5	98.5	99.5	99.7	100.2
食品烟酒	**Food,Tobacco and Liquor**	**101.0**	**103.1**	**96.9**	**98.7**	**99.2**	**100.1**
食品	Food	101.5	104.6	95.1	98.0	98.7	99.6
粮食	Grain	99.6	100.3	99.7	99.4	99.4	100.0
大 米	Rice	99.4	100.6	99.1	98.8	98.0	100.3
薯类	Tubers	101.0	112.4	107.2	101.2	108.7	94.9
食用油	Oil	101.2	96.5	99.7	104.4	95.8	102.7
菜	Vegetables	108.6	117.1	87.1	97.2	94.4	98.9
鲜 菜	Fresh Vegetables	109.7	118.7	86.0	97.0	94.0	98.5
畜肉类	Meat of Livestock	99.7	102.5	91.9	94.7	95.9	100.2
猪 肉	Pork	99.7	102.2	88.0	92.5	94.1	101.1
禽肉类	Meat of Poultry	100.2	101.5	99.8	99.0	99.5	100.3
水产品	Aquatic Products	100.9	104.6	97.9	99.0	99.9	99.1
蛋类	Eggs	101.1	100.7	97.7	97.0	101.7	102.9
奶类	Milk	97.0	98.6	99.9	100.7	102.8	98.8
干鲜瓜果类	Dried and Fresh Melons and Fruits	103.5	108.2	96.9	97.8	104.0	97.3
糖果糕点类	Candy and Cake	97.3	99.2	101.9	99.0	101.0	97.1
调味品	Flavoring	99.7	100.4	100.1	97.5	101.8	99.5
其他食品类	Other Foods	99.9	97.8	100.5	101.1	100.2	100.3
茶及饮料	Tea and Beverages	100.2	99.7	100.1	101.4	100.0	100.1
烟酒	Tobacco and Liquor	100.0	99.7	100.8	100.1	100.1	99.7
烟草	Tobacco	100.0	100.0	100.0	100.0	100.0	100.0
酒类	Liquor	100.0	99.3	102.2	100.1	100.3	99.1
在外餐饮	Dining Out	100.0	100.7	99.9	99.9	100.0	101.4

4-6 各月居民消费价格分类环比指数（2018 年）
Month–on–month Consumer Price Indices by Category& Month（2018）

续表 1（continued1） 上月 =100（ last month=100）

类 别	Item	7 月 July	8 月 August	9 月 September	10 月 October	11 月 November	12 月 December
居民消费价格总指数	**Consumer Price Index**	**100.7**	**100.3**	**101.2**	**100.1**	**99.7**	**99.9**
非食品价格指数	Non–food Price Index	100.7	99.9	100.7	99.7	99.9	99.8
服务价格指数	Price Index of Service Item	101.6	99.6	101.0	99.2	99.9	100.1
工业品价格指数	Industrial Price Index	99.9	100.2	100.6	100.3	99.8	99.4
扣除食品和能源价格指数	Excluding Food Tobacco Liquor and Energy Price Index	100.7	99.8	100.6	99.6	100.0	100.1
消费品价格指数	Consumer Goods Price Index	100.1	100.7	101.4	100.7	99.6	99.7
食品烟酒	**Food,Tobacco and Liquor**	**100.3**	**101.4**	**102.3**	**101.2**	**99.3**	**100.0**
食品	Food	100.5	102.2	103.6	101.7	99.0	100.1
粮食	Grain	98.4	98.8	101.4	101.3	100.6	99.7
大 米	Rice	97.4	98.1	102.6	101.6	101.1	100.2
薯类	Tubers	97.2	97.4	93.9	90.2	97.5	103.1
食用油	Oil	99.6	100.5	98.1	100.3	101.2	104.3
菜	Vegetables	101.4	100.9	111.2	106.4	87.9	97.5
鲜 菜	Fresh Vegetables	101.6	100.8	112.7	106.8	87.0	96.9
畜肉类	Meat of Livestock	103.3	107.0	104.2	105.0	103.0	99.2
猪 肉	Pork	105.5	111.2	105.4	106.2	103.1	98.6
禽肉类	Meat of Poultry	100.7	101.1	102.6	100.8	99.3	101.1
水产品	Aquatic Products	100.3	99.5	99.8	99.5	98.6	100.0
蛋类	Eggs	99.6	109.3	102.0	98.1	96.5	100.2
奶类	Milk	101.3	99.8	101.5	100.7	104.2	101.4
干鲜瓜果类	Dried and Fresh Melons and Fruits	96.1	101.2	102.9	93.9	104.1	102.8
糖果糕点类	Candy and Cake	101.2	102.7	100.7	99.4	100.6	98.4
调味品	Flavoring	98.4	99.8	101.5	100.2	100.9	100.8
其他食品类	Other Foods	99.6	101.3	101.4	99.5	101.3	100.6
茶及饮料	Tea and Beverages	100.0	99.4	100.3	100.3	99.5	100.1
烟酒	Tobacco and Liquor	100.2	100.1	99.4	100.8	99.7	99.8
烟草	Tobacco	100.0	100.0	100.0	100.0	100.0	100.0
酒类	Liquor	100.6	100.3	98.4	102.1	99.2	99.5
在外餐饮	Dining Out	100.0	100.1	100.4	100.1	100.0	100.1

4-6 各月居民消费价格分类环比指数（2018 年）
Month-on-month Consumer Price Indices by Category& Month（2018）

续表 2（continued2）　　上月 =100（ last month=100）

类 别	Item	1月 January	2月 February	3月 March	4月 April	5月 May	6月 June
衣着	**Clothing**	**99.6**	**100.1**	**100.3**	**100.2**	**99.6**	**99.9**
服装	Garments	99.7	100.2	100.2	100.1	99.8	100.0
服装材料	Garments Material	99.5	99.5	99.8	100.0	100.0	100.0
其他衣着及配件	Other Clothing and Parts	100.2	99.9	100.4	100.2	100.0	100.0
衣着加工服务费	Clothing Manufacturing Services	100.0	100.2	99.8	100.0	100.0	100.0
居住	**Residence**	**100.1**	**100.0**	**100.1**	**99.8**	**100.1**	**101.0**
租赁房房租	Rent of Rental Housing	100.3	100.1	100.0	99.9	100.0	100.8
住房保养维修及管理	Housing Maintenance and Management	99.8	100.0	100.7	99.8	101.0	100.3
水电燃料	Water,Electricity and Fuels	100.0	100.0	100.0	100.0	100.0	100.0
自有住房	Private Housing	100.2	100.0	100.0	99.8	100.0	101.8
生活用品及服务	**Daily Necessities and Services**	**100.3**	**100.2**	**100.0**	**100.3**	**100.1**	**99.7**
家具及室内装饰品	Furniture and Interior Decorations	100.6	99.5	99.9	101.2	100.5	100.4
家用器具	Home Appliances	99.7	100.2	99.4	100.4	99.2	99.5
家用纺织品	Home Textiles	100.1	99.9	100.0	100.3	100.0	100.6
家庭日用杂品	Daily Use Household Articles	100.4	100.8	100.6	100.3	99.8	99.6
个人护理用品	Personal Care Products	100.9	100.0	100.2	99.0	101.3	98.5
家庭服务	Household Services	100.6	101.2	99.9	100.4	100.5	100.1
交通和通信	**Transport and Communications**	**99.8**	**101.8**	**97.7**	**99.7**	**100.5**	**101.3**
交通	Transport	100.1	102.8	97.5	100.8	100.6	101.4
交通工具用燃料	Fuels for Transport Facility	102.0	100.1	97.4	102.6	103.7	101.9
交通费	Traffic Fee	99.4	106.7	96.2	100.9	98.4	101.0
通信	Communications	99.3	100.1	97.9	97.5	100.4	101.2
教育文化和娱乐	**Education,Culture and Recreation**	**100.3**	**103.8**	**96.7**	**101.2**	**99.5**	**100.4**
教育	Education	100.0	100.1	100.4	100.0	100.0	100.0
文化娱乐	Culture and Recreation	100.6	107.1	93.7	102.2	99.0	100.7
旅游	Touring and Outing	101.8	117.3	86.1	104.9	97.7	103.1
医疗保健	**Health Care**	**100.1**	**100.1**	**100.1**	**100.1**	**100.2**	**100.1**
药品及医疗器具	Medicine and Medical Equipment	100.3	100.1	100.2	100.2	100.4	100.2
中药	Traditional Chinese Medicines	100.6	100.2	99.8	100.7	101.2	100.5
西药	Western Medicines	100.3	100.0	100.6	100.0	100.1	99.8
医疗服务	Medical Services	100.0	100.0	100.0	100.0	100.0	100.0
其他用品和服务	**Other Articles and Services**	**100.1**	**101.2**	**98.5**	**101.7**	**98.9**	**100.2**
其他用品类	Other Articles	100.3	98.6	100.0	101.8	99.1	100.3
其他服务类	Other Services	100.0	102.9	97.5	101.6	98.8	100.1

4-6 各月居民消费价格分类环比指数（2018 年）
Month–on–month Consumer Price Indices by Category& Month（2018）

续表 3（continued3）　　上月 =100（ last month=100）

类 别	Item	7月 July	8月 August	9月 September	10月 October	11月 November	12月 December
衣着	**Clothing**	**99.9**	**100.1**	**100.6**	**100.0**	**100.7**	**99.9**
服装	Garments	99.9	100.0	100.6	100.0	100.7	99.8
服装材料	Garments Material	100.0	100.0	100.0	100.2	100.5	100.0
其他衣着及配件	Other Clothing and Parts	99.8	100.0	100.2	99.9	100.2	99.9
衣着加工服务费	Clothing Manufacturing Services	100.0	100.0	100.0	100.0	100.5	100.0
居住	**Residence**	**100.1**	**100.3**	**101.2**	**100.3**	**100.0**	**100.0**
租赁房房租	Rent of Rental Housing	100.1	100.0	100.7	100.6	100.0	100.0
住房保养维修及管理	Housing Maintenance and Management	99.9	100.2	99.9	100.1	100.1	99.8
水电燃料	Water,Electricity and Fuels	100.0	101.0	102.0	100.0	100.0	100.0
自有住房	Private Housing	100.2	100.0	101.3	100.4	100.0	100.0
生活用品及服务	**Daily Necessities and Services**	**100.3**	**100.2**	**100.4**	**100.0**	**99.9**	**100.3**
家具及室内装饰品	Furniture and Interior Decorations	100.1	100.1	100.3	99.6	100.3	100.1
家用器具	Home Appliances	100.2	99.5	100.4	99.8	99.4	100.0
家用纺织品	Home Textiles	99.6	100.1	100.4	100.1	100.3	100.0
家庭日用杂品	Daily Use Household Articles	99.7	100.3	101.6	101.0	100.3	100.1
个人护理用品	Personal Care Products	100.2	101.6	98.8	99.4	99.0	101.9
家庭服务	Household Services	102.8	100.2	100.4	100.0	100.0	100.1
交通和通信	**Transport and Communications**	**101.0**	**99.1**	**99.8**	**100.0**	**99.1**	**98.5**
交通	Transport	101.5	98.7	100.0	100.1	98.8	97.8
交通工具用燃料	Fuels for Transport Facility	100.8	100.3	102.2	104.1	95.3	90.2
交通费	Traffic Fee	105.3	96.2	99.7	96.6	100.5	100.1
通信	Communications	100.0	99.7	99.5	99.9	99.6	99.7
教育文化和娱乐	**Education,Culture and Recreation**	**103.8**	**99.4**	**101.7**	**97.6**	**99.5**	**100.2**
教育	Education	100.6	100.1	104.3	100.2	100.0	99.9
文化娱乐	Culture and Recreation	106.6	98.8	99.5	95.4	99.0	100.4
旅游	Touring and Outing	116.0	97.4	97.9	89.9	98.1	101.2
医疗保健	**Health Care**	**100.0**	**100.1**	**100.1**	**100.0**	**100.1**	**100.0**
药品及医疗器具	Medicine and Medical Equipment	100.0	100.3	100.3	100.0	100.1	100.1
中药	Traditional Chinese Medicines	100.0	100.6	100.0	99.9	100.2	100.2
西药	Western Medicines	100.0	100.2	100.6	99.8	100.2	100.1
医疗服务	Medical Services	100.0	100.0	100.0	100.0	100.0	100.0
其他用品和服务	**Other Articles and Services**	**100.1**	**100.0**	**100.8**	**99.9**	**100.5**	**100.1**
其他用品类	Other Articles	100.2	99.4	99.4	100.2	101.0	99.9
其他服务类	Other Services	100.0	100.3	101.7	99.7	100.2	100.2

4-6 各月居民消费价格分类环比指数（2019 年）
Month-on-month Consumer Price Indices by Category& Month（2019）

上月 =100（ last month=100）

类 别	Item	1 月 January	2 月 February	3 月 March	4 月 April	5 月 May	6 月 June
居民消费价格总指数	**Consumer Price Index**	**100.3**	**100.7**	**99.4**	**100.3**	**100.1**	**99.5**
非食品价格指数	Non-food Price Index	100.1	100.6	99.4	100.2	99.9	99.8
服务价格指数	Price Index of Service Item	100.8	101.1	98.7	100.4	99.6	99.8
工业品价格指数	Industrial Price Index	99.4	100.1	100.0	100.1	100.3	99.8
扣除食品和能源价格指数	Excluding Food Tobacco Liquor and Energy Price Index	100.2	100.5	99.3	100.2	99.9	99.9
消费品价格指数	Consumer Goods Price Index	100.0	100.5	99.8	100.2	100.4	99.4
食品烟酒	**Food,Tobacco and Liquor**	**100.5**	**101.0**	**99.6**	**100.3**	**100.6**	**98.9**
食品	Food	101.0	101.3	99.2	100.5	101.0	98.4
粮食	Grain	100.5	99.1	98.5	100.4	101.4	97.4
大 米	Rice	100.5	98.4	97.7	101.2	101.5	95.6
薯类	Tubers	103.8	108.6	97.1	99.7	111.1	107.6
食用油	Oil	99.3	97.6	101.9	101.0	97.6	102.6
菜	Vegetables	104.7	110.8	100.9	102.8	94.4	89.0
鲜 菜	Fresh Vegetables	105.3	111.5	100.9	103.0	93.7	87.9
畜肉类	Meat of Livestock	99.1	99.0	97.5	101.4	100.3	99.6
猪 肉	Pork	97.9	97.3	96.3	102.3	100.2	99.9
禽肉类	Meat of Poultry	100.4	101.8	98.2	99.9	100.7	101.0
水产品	Aquatic Products	101.1	102.3	97.7	100.1	100.7	100.7
蛋类	Eggs	100.4	96.6	97.8	99.1	106.6	98.9
奶类	Milk	97.5	97.6	97.3	100.0	99.6	100.7
干鲜瓜果类	Dried and Fresh Melons and Fruits	105.5	99.9	99.9	99.2	113.3	103.1
糖果糕点类	Candy and Cake	99.2	98.5	103.4	97.3	104.5	97.6
调味品	Flavoring	98.3	99.8	102.4	95.9	103.0	99.7
其他食品类	Other Foods	99.8	97.5	102.3	98.8	99.2	103.4
茶及饮料	Tea and Beverages	100.4	99.7	99.6	99.9	100.1	100.1
烟酒	Tobacco and Liquor	98.9	99.7	101.1	100.0	99.4	100.2
烟草	Tobacco	100.0	100.0	100.0	100.0	100.0	100.0
酒类	Liquor	96.9	99.1	103.1	100.0	98.5	100.6
在外餐饮	Dining Out	100.0	100.6	100.0	99.9	100.0	99.9

4-6 各月居民消费价格分类环比指数（2019 年）
Month-on-month Consumer Price Indices by Category& Month（2019）

续表 1（continued1） 上月 =100（last month=100）

类 别	Item	7 月 July	8 月 August	9 月 September	10 月 October	11 月 November	12 月 December
居民消费价格总指数	**Consumer Price Index**	**100.8**	**100.7**	**101.1**	**100.9**	**100.1**	**100.2**
非食品价格指数	Non-food Price Index	100.6	100.1	100.0	100.2	99.8	100.0
服务价格指数	Price Index of Service Item	101.2	100.1	99.5	100.1	99.7	99.9
工业品价格指数	Industrial Price Index	100.1	100.0	100.2	100.3	99.7	100.0
扣除食品和能源价格指数	Excluding Food Tobacco Liquor and Energy Price Index	100.7	100.1	100.0	100.2	99.8	100.0
消费品价格指数	Consumer Goods Price Index	100.5	101.1	102.0	101.4	100.3	100.3
食品烟酒	**Food,Tobacco and Liquor**	**101.0**	**102.2**	**103.8**	**102.5**	**101.0**	**100.6**
食品	Food	101.5	103.2	105.2	103.4	101.1	100.6
粮食	Grain	99.0	99.6	98.6	102.3	101.9	96.3
大 米	Rice	98.7	100.1	98.0	103.9	103.5	94.3
薯类	Tubers	97.5	88.6	95.4	89.8	97.4	102.7
食用油	Oil	98.6	99.9	100.6	96.7	104.9	100.4
菜	Vegetables	103.5	93.7	99.9	99.0	102.5	111.8
鲜 菜	Fresh Vegetables	104.0	93.1	99.5	99.2	102.6	113.2
畜肉类	Meat of Livestock	105.0	120.2	119.2	113.6	100.3	99.3
猪 肉	Pork	108.8	131.6	124.8	116.8	98.2	98.6
禽肉类	Meat of Poultry	102.0	103.3	106.1	101.6	104.4	96.7
水产品	Aquatic Products	101.3	102.4	102.2	99.2	98.3	99.3
蛋类	Eggs	102.0	103.0	106.2	99.0	99.5	97.1
奶类	Milk	101.5	99.6	101.1	98.6	101.9	98.5
干鲜瓜果类	Dried and Fresh Melons and Fruits	95.8	91.1	91.2	93.1	100.5	96.3
糖果糕点类	Candy and Cake	100.9	101.3	100.1	96.1	101.1	102.0
调味品	Flavoring	101.1	101.2	98.2	103.5	97.3	103.4
其他食品类	Other Foods	98.2	100.6	98.9	99.9	99.1	106.9
茶及饮料	Tea and Beverages	100.9	100.3	100.1	100.8	98.5	101.0
烟酒	Tobacco and Liquor	101.4	99.5	99.7	100.4	99.9	100.3
烟草	Tobacco	100.0	100.0	100.0	100.0	100.0	100.0
酒类	Liquor	103.8	98.8	99.1	101.1	99.9	100.8
在外餐饮	Dining Out	99.9	100.6	101.6	100.8	100.9	100.6

4-6 各月居民消费价格分类环比指数（2019 年）
Month–on–month Consumer Price Indices by Category& Month（2019）

续表 2（continued2）　　　　上月 =100（ last month=100）

类 别	Item	1 月 January	2 月 February	3 月 March	4 月 April	5 月 May	6 月 June
衣着	**Clothing**	**99.4**	**100.0**	**100.1**	**100.0**	**99.9**	**99.7**
服装	Garments	99.4	100.1	100.1	100.1	99.7	99.5
服装材料	Garments Material	100.0	100.0	99.8	100.6	100.0	100.4
其他衣着及配件	Other Clothing and Parts	99.9	98.6	102.1	99.7	98.9	99.9
衣着加工服务费	Clothing Manufacturing Services	100.0	100.0	100.0	100.0	100.4	100.0
居住	**Residence**	**100.4**	**100.0**	**99.9**	**99.8**	**100.1**	**100.0**
租赁房房租	Rent of Rental Housing	100.4	100.0	99.8	99.7	100.0	100.0
住房保养维修及管理	Housing Maintenance and Management	100.1	99.9	100.2	99.9	100.3	99.8
水电燃料	Water,Electricity and Fuels	100.0	100.0	100.0	99.9	100.1	100.0
自有住房	Private Housing	100.7	100.0	99.9	99.7	100.0	100.0
生活用品及服务	**Daily Necessities and Services**	**100.0**	**100.2**	**99.2**	**100.0**	**100.1**	**100.0**
家具及室内装饰品	Furniture and Interior Decorations	100.5	100.0	100.1	100.4	99.4	100.3
家用器具	Home Appliances	99.1	99.9	97.5	101.4	100.3	99.2
家用纺织品	Home Textiles	100.4	99.5	100.6	99.9	99.9	99.5
家庭日用杂品	Daily Use Household Articles	99.8	100.1	99.8	97.5	100.3	100.4
个人护理用品	Personal Care Products	100.0	100.5	98.6	101.5	100.2	100.2
家庭服务	Household Services	101.3	101.6	100.0	100.0	100.6	100.5
交通和通信	**Transport and Communications**	**99.3**	**101.9**	**99.0**	**100.6**	**100.0**	**99.3**
交通	Transport	99.5	102.9	98.3	101.2	99.4	98.6
交通工具用燃料	Fuels for Transport Facility	96.4	103.5	103.6	99.6	102.2	96.7
交通费	Traffic Fee	100.9	106.3	95.2	103.9	96.4	98.9
通信	Communications	99.0	99.9	100.3	99.6	101.0	100.8
教育文化和娱乐	**Education,Culture and Recreation**	**101.2**	**101.7**	**97.4**	**100.9**	**99.4**	**99.5**
教育	Education	100.0	100.0	100.1	100.0	100.0	99.9
文化娱乐	Culture and Recreation	102.4	103.2	95.1	101.7	98.8	99.1
旅游	Touring and Outing	106.0	105.5	90.2	103.7	96.8	98.6
医疗保健	**Health Care**	**99.8**	**100.0**	**100.1**	**100.5**	**100.0**	**100.1**
药品及医疗器具	Medicine and Medical Equipment	99.6	99.9	100.3	101.1	99.9	100.2
中药	Traditional Chinese Medicines	100.2	100.4	100.3	99.7	99.1	101.0
西药	Western Medicines	99.2	99.7	100.0	102.4	100.3	100.0
医疗服务	Medical Services	100.0	100.0	100.0	100.0	100.0	100.0
其他用品和服务	**Other Articles and Services**	**100.2**	**100.6**	**99.2**	**100.5**	**100.4**	**100.6**
其他用品类	Other Articles	99.7	99.5	100.2	101.2	100.0	101.5
其他服务类	Other Services	100.6	101.3	98.6	100.1	100.7	99.9

4-6 各月居民消费价格分类环比指数（2019 年）
Month-on-month Consumer Price Indices by Category& Month（2019）

续表 3（continued3） 上月 =100（ last month=100）

类 别	Item	7 月 July	8 月 August	9 月 September	10 月 October	11 月 November	12 月 December
衣着	**Clothing**	**99.5**	**99.9**	**101.4**	**100.4**	**99.4**	**99.8**
服装	Garments	99.6	100.1	101.5	100.5	99.4	99.7
服装材料	Garments Material	100.6	99.4	99.4	99.4	99.8	99.5
其他衣着及配件	Other Clothing and Parts	99.8	99.8	100.4	100.5	98.2	101.1
衣着加工服务费	Clothing Manufacturing Services	100.0	100.0	100.0	100.0	100.0	100.0
居住	**Residence**	**100.0**	**100.0**	**100.3**	**100.0**	**100.0**	**100.0**
租赁房房租	Rent of Rental Housing	100.0	100.1	100.5	100.0	100.0	100.0
住房保养维修及管理	Housing Maintenance and Management	100.0	100.0	100.0	100.1	100.1	100.0
水电燃料	Water,Electricity and Fuels	100.0	100.0	100.0	100.0	100.0	100.0
自有住房	Private Housing	100.0	100.0	100.5	100.0	100.0	100.0
生活用品及服务	**Daily Necessities and Services**	**101.1**	**99.8**	**99.4**	**100.3**	**99.6**	**100.2**
家具及室内装饰品	Furniture and Interior Decorations	102.9	98.3	101.9	100.2	97.7	100.0
家用器具	Home Appliances	100.8	99.6	98.7	100.0	99.6	100.1
家用纺织品	Home Textiles	100.4	100.0	99.5	100.1	100.3	100.2
家庭日用杂品	Daily Use Household Articles	100.8	101.4	99.8	99.2	100.3	101.0
个人护理用品	Personal Care Products	100.6	99.3	96.9	102.4	100.4	99.7
家庭服务	Household Services	100.6	100.0	99.4	100.9	100.0	100.0
交通和通信	**Transport and Communications**	**101.5**	**99.7**	**99.1**	**99.8**	**99.8**	**99.9**
交通	Transport	102.2	99.8	98.6	99.7	99.7	99.9
交通工具用燃料	Fuels for Transport Facility	98.1	98.8	100.0	100.5	100.1	101.3
交通费	Traffic Fee	107.4	99.4	96.2	98.2	99.0	99.1
通信	Communications	100.1	99.6	100.2	100.2	100.0	99.9
教育文化和娱乐	**Education,Culture and Recreation**	**102.3**	**100.2**	**98.6**	**100.4**	**99.6**	**99.6**
教育	Education	100.3	100.0	102.4	100.0	100.0	100.0
文化娱乐	Culture and Recreation	104.2	100.4	95.1	100.7	99.2	99.2
旅游	Touring and Outing	110.5	101.3	88.9	102.2	97.8	98.4
医疗保健	**Health Care**	**99.9**	**100.2**	**99.9**	**100.1**	**99.9**	**100.5**
药品及医疗器具	Medicine and Medical Equipment	99.8	100.4	99.7	100.3	100.0	100.0
中药	Traditional Chinese Medicines	100.2	100.3	98.9	101.5	100.1	100.1
西药	Western Medicines	99.5	100.5	100.0	99.9	100.0	100.0
医疗服务	Medical Services	100.0	100.0	100.0	100.0	99.7	100.8
其他用品和服务	**Other Articles and Services**	**100.3**	**101.1**	**100.6**	**100.6**	**98.4**	**100.0**
其他用品类	Other Articles	100.8	102.6	101.2	100.0	97.8	100.4
其他服务类	Other Services	99.9	100.2	100.1	101.0	98.8	99.7

4-6 各月居民消费价格分类环比指数（2020 年）
Month-on-month Consumer Price Indices by Category& Month（2020）

上月 =100（ last month=100）

类 别	Item	1月 January	2月 February	3月 March	4月 April	5月 May	6月 June
居民消费价格总指数	**Consumer Price Index**	**101.1**	**101.6**	**97.8**	**98.8**	**99.5**	**99.9**
非食品价格指数	Non-food Price Index	100.9	99.7	99.3	99.6	100.4	99.8
服务价格指数	Price Index of Service Item	102.1	99.6	99.1	99.5	100.5	99.6
工业品价格指数	Industrial Price Index	99.8	99.6	99.1	99.5	100.5	99.9
扣除食品和能源价格指数	Excluding Food Tobacco Liquor and Energy Price Index	100.9	99.8	99.4	99.7	100.4	99.8
消费品价格指数	Consumer Goods Price Index	100.5	102.7	97.2	98.5	99.0	100.0
食品烟酒	**Food,Tobacco and Liquor**	**101.2**	**105.7**	**95.4**	**97.5**	**97.5**	**100.0**
食品	Food	101.8	108.3	93.2	96.1	96.3	100.1
粮食	Grain	98.7	102.8	99.4	101.3	100.4	97.3
大 米	Rice	98.2	103.9	98.8	101.4	100.8	95.6
薯类	Tubers	107.6	122.3	97.8	104.4	98.7	93.1
食用油	Oil	93.5	101.1	101.4	102.4	98.2	101.6
菜	Vegetables	106.2	113.1	90.1	95.6	89.8	97.7
鲜 菜	Fresh Vegetables	107.2	113.9	89.3	95.3	89.2	97.7
畜肉类	Meat of Livestock	105.6	114.6	88.1	92.5	92.8	103.8
猪 肉	Pork	108.1	118.1	84.9	91.0	90.4	106.4
禽肉类	Meat of Poultry	97.0	101.7	98.3	98.2	97.2	96.9
水产品	Aquatic Products	100.9	106.7	96.5	95.3	100.5	101.5
蛋类	Eggs	94.3	96.1	93.5	95.5	97.7	97.2
奶类	Milk	96.8	98.7	98.2	103.2	98.8	101.1
干鲜瓜果类	Dried and Fresh Melons and Fruits	101.4	104.6	97.1	95.2	110.8	96.2
糖果糕点类	Candy and Cake	98.3	99.3	101.0	102.1	99.1	98.7
调味品	Flavoring	98.3	101.1	100.1	101.0	97.4	97.6
其他食品类	Other Foods	96.0	102.7	101.5	99.1	100.0	98.4
茶及饮料	Tea and Beverages	99.7	99.9	99.9	100.0	99.4	100.5
烟酒	Tobacco and Liquor	98.7	101.2	100.1	100.5	98.9	99.3
烟草	Tobacco	100.0	100.0	100.0	100.0	100.0	100.2
酒类	Liquor	96.5	103.4	100.3	101.5	97.0	97.9
在外餐饮	Dining Out	100.3	100.3	100.1	100.3	100.0	100.0

4-6 各月居民消费价格分类环比指数（2020 年）
Month-on-month Consumer Price Indices by Category& Month（2020）

续表 1（continued1） 上月 =100（ last month=100）

类 别	Item	7月 July	8月 August	9月 September	10月 October	11月 November	12月 December
居民消费价格总指数	**Consumer Price Index**	**101.1**	**100.3**	**100.3**	**99.8**	**99.0**	**100.3**
非食品价格指数	Non-food Price Index	100.0	100.0	100.4	100.3	99.6	99.8
服务价格指数	Price Index of Service Item	99.8	99.9	100.4	100.5	99.0	99.6
工业品价格指数	Industrial Price Index	100.2	100.2	100.4	100.2	100.0	100.1
扣除食品和能源价格指数	Excluding Food Tobacco Liquor and Energy Price Index	100.0	100.0	100.4	100.4	99.6	99.7
消费品价格指数	Consumer Goods Price Index	101.9	100.6	100.2	99.4	99.0	100.7
食品烟酒	**Food,Tobacco and Liquor**	**103.6**	**101.0**	**100.0**	**98.7**	**97.9**	**101.4**
食品	Food	105.4	101.4	100.1	97.9	96.8	102.1
粮食	Grain	98.3	102.2	99.1	100.6	99.0	99.1
大 米	Rice	96.7	103.8	98.6	101.3	98.1	99.6
薯类	Tubers	98.4	96.4	96.5	98.3	98.5	102.7
食用油	Oil	103.0	101.9	95.3	103.2	97.1	100.7
菜	Vegetables	112.6	103.5	102.3	101.3	94.1	103.7
鲜 菜	Fresh Vegetables	113.4	104.0	102.6	101.4	93.6	104.0
畜肉类	Meat of Livestock	110.5	101.8	99.5	93.7	94.1	105.8
猪 肉	Pork	112.7	101.9	99.1	90.9	92.2	109.5
禽肉类	Meat of Poultry	102.3	101.3	99.4	98.0	99.3	99.4
水产品	Aquatic Products	101.2	102.3	99.0	97.5	97.8	97.2
蛋类	Eggs	104.5	106.8	99.7	98.3	97.2	103.6
奶类	Milk	100.6	98.6	99.5	100.9	100.3	101.0
干鲜瓜果类	Dried and Fresh Melons and Fruits	93.8	95.7	105.0	100.2	101.6	95.6
糖果糕点类	Candy and Cake	101.7	102.2	97.8	101.5	99.7	100.2
调味品	Flavoring	102.7	99.5	100.3	99.7	100.2	100.4
其他食品类	Other Foods	100.0	98.7	99.1	98.8	101.4	98.6
茶及饮料	Tea and Beverages	99.8	100.1	99.3	101.6	99.3	100.2
烟酒	Tobacco and Liquor	101.2	99.5	99.7	101.2	100.0	99.2
烟草	Tobacco	100.0	100.0	100.0	100.0	100.4	100.0
酒类	Liquor	103.3	98.7	99.2	103.2	99.4	97.8
在外餐饮	Dining Out	99.9	100.2	100.1	100.0	100.4	100.2

4-6 各月居民消费价格分类环比指数（2020 年）
Month-on-month Consumer Price Indices by Category& Month（2020）

续表 2（continued2）　　　　上月 =100（ last month=100）

类 别	Item	1 月 January	2 月 February	3 月 March	4 月 April	5 月 May	6 月 June
衣着	**Clothing**	**99.1**	**99.6**	**98.6**	**99.0**	**100.7**	**99.7**
服装	Garments	99.1	99.6	98.5	99.0	100.7	99.8
服装材料	Garments Material	100.0	100.0	99.2	99.3	100.6	100.0
其他衣着及配件	Other Clothing and Parts	99.7	100.0	98.9	99.8	100.1	99.8
衣着加工服务费	Clothing Manufacturing Services	100.0	100.0	100.0	100.0	102.4	100.0
居住	**Residence**	**100.6**	**100.0**	**99.1**	**99.2**	**100.6**	**99.9**
租赁房房租	Rent of Rental Housing	101.0	100.0	99.0	99.9	100.4	99.9
住房保养维修及管理	Housing Maintenance and Management	100.5	100.0	99.1	99.7	99.8	100.3
水电燃料	Water,Electricity and Fuels	100.0	100.0	100.0	100.0	100.0	100.0
自有住房	Private Housing	100.9	100.0	98.7	98.5	101.1	99.7
生活用品及服务	**Daily Necessities and Services**	**100.0**	**99.8**	**99.8**	**99.7**	**100.6**	**100.1**
家具及室内装饰品	Furniture and Interior Decorations	100.0	100.0	99.3	99.1	102.3	100.7
家用器具	Home Appliances	99.2	100.0	99.6	99.2	100.3	99.8
家用纺织品	Home Textiles	99.9	99.9	99.3	99.6	100.3	99.1
家庭日用杂品	Daily Use Household Articles	99.6	100.2	100.0	99.2	100.7	99.5
个人护理用品	Personal Care Products	100.7	99.2	100.3	101.7	99.4	100.9
家庭服务	Household Services	102.0	99.0	100.0	100.0	100.4	100.6
交通和通信	**Transport and Communications**	**101.8**	**97.9**	**97.1**	**99.7**	**100.7**	**100.0**
交通	Transport	102.8	97.0	95.5	98.8	100.1	100.2
交通工具用燃料	Fuels for Transport Facility	102.7	94.2	90.7	92.7	100.0	100.2
交通费	Traffic Fee	106.1	96.1	93.1	100.0	101.4	100.9
通信	Communications	99.9	99.6	100.2	101.2	101.6	99.6
教育文化和娱乐	**Education,Culture and Recreation**	**103.1**	**99.9**	**100.0**	**99.6**	**100.5**	**99.0**
教育	Education	100.0	100.0	100.0	99.5	100.9	100.1
文化娱乐	Culture and Recreation	106.2	99.9	100.0	99.7	100.0	97.9
旅游	Touring and Outing	114.1	100.0	100.0	100.0	100.0	95.2
医疗保健	**Health Care**	**101.2**	**100.0**	**100.0**	**99.9**	**100.1**	**100.0**
药品及医疗器具	Medicine and Medical Equipment	100.1	100.0	100.1	99.8	100.3	100.1
中药	Traditional Chinese Medicines	100.2	99.9	100.6	100.4	100.9	100.1
西药	Western Medicines	100.0	100.0	100.0	100.2	100.1	100.1
医疗服务	Medical Services	102.0	100.0	100.0	100.0	100.0	100.0
其他用品和服务	**Other Articles and Services**	**100.9**	**99.9**	**100.7**	**100.2**	**100.0**	**100.3**
其他用品类	Other Articles	101.3	100.2	102.5	101.1	100.7	100.2
其他服务类	Other Services	100.7	99.7	99.4	99.6	99.4	100.3

4-6 各月居民消费价格分类环比指数（2020 年）
Month-on-month Consumer Price Indices by Category& Month（2020）

续表 3（continued3） 上月 =100（ last month=100）

类　别	Item	7 月 July	8 月 August	9 月 September	10 月 October	11 月 November	12 月 December
衣着	**Clothing**	**99.9**	**100.3**	**102.6**	**100.9**	**100.1**	**99.2**
服装	Garments	99.7	100.6	102.7	100.8	100.5	99.2
服装材料	Garments Material	99.4	100.0	99.7	100.0	100.0	99.7
其他衣着及配件	Other Clothing and Parts	100.2	99.3	101.5	102.2	99.8	99.9
衣着加工服务费	Clothing Manufacturing Services	100.0	100.0	100.0	100.0	100.0	100.0
居住	**Residence**	**100.1**	**99.4**	**100.1**	**100.1**	**99.9**	**99.4**
租赁房房租	Rent of Rental Housing	99.6	99.0	101.5	100.9	99.7	100.0
住房保养维修及管理	Housing Maintenance and Management	101.0	100.0	99.8	100.3	100.0	100.0
水电燃料	Water,Electricity and Fuels	100.0	100.0	100.0	100.0	100.0	100.0
自有住房	Private Housing	100.0	99.0	100.1	100.0	99.9	98.8
生活用品及服务	**Daily Necessities and Services**	**100.4**	**99.6**	**99.6**	**100.2**	**100.3**	**100.2**
家具及室内装饰品	Furniture and Interior Decorations	100.0	98.7	99.7	101.6	100.5	100.0
家用器具	Home Appliances	100.9	99.6	100.0	100.0	99.8	100.0
家用纺织品	Home Textiles	100.0	99.9	100.1	99.9	100.2	100.0
家庭日用杂品	Daily Use Household Articles	100.9	99.2	98.2	100.0	100.6	101.0
个人护理用品	Personal Care Products	99.8	100.6	100.4	99.4	100.9	99.9
家庭服务	Household Services	100.0	100.0	100.2	100.0	100.0	100.0
交通和通信	**Transport and Communications**	**99.9**	**100.6**	**100.1**	**99.7**	**99.2**	**101.1**
交通	Transport	99.8	101.1	100.2	99.5	98.7	101.1
交通工具用燃料	Fuels for Transport Facility	102.4	100.8	99.2	97.7	99.7	104.5
交通费	Traffic Fee	98.3	103.5	101.1	100.2	96.1	100.8
通信	Communications	100.0	99.8	99.9	100.0	100.2	101.2
教育文化和娱乐	**Education,Culture and Recreation**	**99.3**	**100.2**	**100.9**	**101.4**	**97.9**	**99.6**
教育	Education	99.9	100.0	100.6	100.1	100.0	100.0
文化娱乐	Culture and Recreation	98.7	100.4	101.2	102.7	95.9	99.3
旅游	Touring and Outing	97.9	101.0	101.9	106.8	91.3	98.6
医疗保健	**Health Care**	**100.1**	**100.0**	**100.0**	**100.0**	**100.0**	**100.0**
药品及医疗器具	Medicine and Medical Equipment	100.3	100.0	100.0	100.0	99.9	100.0
中药	Traditional Chinese Medicines	100.1	100.2	100.4	100.0	100.0	99.7
西药	Western Medicines	100.3	100.0	100.2	100.0	99.8	100.1
医疗服务	Medical Services	100.0	100.0	100.0	100.0	100.0	100.0
其他用品和服务	**Other Articles and Services**	**100.9**	**102.1**	**98.3**	**99.3**	**98.5**	**99.1**
其他用品类	Other Articles	101.7	104.9	97.1	99.5	98.5	98.6
其他服务类	Other Services	100.4	100.1	99.2	99.2	98.6	99.5

4-6 各月居民消费价格分类环比指数（2021 年）
Month-on-month Consumer Price Indices by Category& Month（2021）

上月 =100（ last month=100 ）

类 别	Item	1 月 January	2 月 February	3 月 March	4 月 April	5 月 May	6 月 June
居民消费价格总指数	**Consumer Price Index**	**100.9**	**100.4**	**99.5**	**100.0**	**100.0**	**99.5**
非食品价格指数	Non-food Price Index	100.1	100.6	100.4	100.5	100.2	100.0
服务价格指数	Price Index of Service Item	99.9	100.9	99.9	101.1	100.4	99.9
工业品价格指数	Industrial Price Index	100.2	100.2	101.1	100.0	100.1	100.1
扣除食品和能源价格指数	Excluding Food Tobacco Liquor and Energy Price Index	99.9	100.5	100.2	100.5	100.2	99.9
消费品价格指数	Consumer Goods Price Index	101.5	100.1	99.2	99.3	99.8	99.2
食品烟酒	**Food,Tobacco and Liquor**	**102.9**	**100.0**	**97.2**	**98.5**	**99.4**	**98.2**
食品	Food	104.4	99.7	95.4	97.8	99.1	97.0
粮食	Grain	100.8	97.3	99.1	102.0	100.0	100.6
大 米	Rice	101.0	96.0	98.6	102.7	101.7	100.3
薯类	Tubers	108.7	111.3	96.2	94.1	96.8	95.2
食用油	Oil	105.5	96.9	102.4	101.6	100.8	100.1
菜及食用菌	Vegetables and Edible Fungus	117.8	95.9	87.8	93.6	95.4	94.9
鲜 菜	Fresh Vegetables	119.1	96.1	86.8	92.8	94.5	94.4
畜肉类	Meat of Livestock	102.3	98.0	90.4	93.0	92.9	91.3
猪 肉	Pork	102.3	97.0	84.2	88.7	88.0	85.3
禽肉类	Meat of Poultry	102.0	103.8	97.4	99.7	99.4	100.7
水产品	Aquatic Products	102.3	108.1	100.1	105.1	106.2	100.9
蛋类	Eggs	106.8	101.3	93.7	100.8	105.2	95.9
奶类	Milk	99.8	97.3	100.7	100.0	99.2	102.2
干鲜瓜果类	Dried and Fresh Melons and Fruits	100.8	105.1	100.7	96.8	105.4	93.5
糖果糕点类	Candy and Cake	100.4	99.4	101.8	101.6	100.2	99.4
调味品	Flavoring	100.5	99.4	99.3	102.0	100.9	102.2
其他食品类	Other Foods	100.3	99.2	98.9	102.1	100.0	102.9
茶及饮料	Tea and Beverages	99.0	100.7	99.7	100.7	100.6	97.2
烟酒	Tobacco and Liquor	99.2	100.1	101.6	99.6	99.7	100.4
卷烟	Tobacco	100.0	100.9	100.5	100.0	100.0	100.0
酒类	Liquor	97.6	98.3	104.0	98.7	99.0	101.1
在外餐饮	Dining Out	100.5	100.5	100.0	99.8	100.1	100.3

4-6 各月居民消费价格分类环比指数（2021 年）
Month-on-month Consumer Price Indices by Category& Month（2021）

续表 1（continued1） 上月 =100（ last month=100）

类 别	Item	7 月 July	8 月 August	9 月 September	10 月 October	11 月 November	12 月 December
居民消费价格总指数	**Consumer Price Index**	**100.2**	**100.0**	**99.8**	**100.6**	**100.6**	**99.5**
非食品价格指数	Non-food Price Index	100.5	99.7	99.9	100.4	99.8	99.8
服务价格指数	Price Index of Service Item	100.7	99.6	99.6	100.4	99.1	100.0
工业品价格指数	Industrial Price Index	100.5	99.8	100.2	100.3	100.6	99.3
扣除食品和能源价格指数	Excluding Food Tobacco Liquor and Energy Price Index	100.4	99.8	99.9	100.2	99.5	100.0
消费品价格指数	Consumer Goods Price Index	99.9	100.3	100.0	100.8	101.6	99.1
食品烟酒	**Food,Tobacco and Liquor**	**99.3**	**100.9**	**99.7**	**101.3**	**102.8**	**98.9**
食品	Food	99.0	101.4	99.7	101.8	104.6	98.2
粮食	Grain	100.9	100.7	99.5	100.8	99.7	100.0
大 米	Rice	101.7	100.8	99.1	101.1	100.3	100.6
薯类	Tubers	101.3	105.5	96.2	98.3	100.3	100.4
食用油	Oil	101.9	98.6	99.4	100.5	98.8	99.7
菜及食用菌	Vegetables and Edible Fungus	98.9	109.1	101.1	113.3	112.1	91.9
鲜 菜	Fresh Vegetables	98.5	110.2	101.9	114.7	113.2	91.3
畜肉类	Meat of Livestock	99.4	98.4	100.4	99.5	110.6	98.4
猪 肉	Pork	96.8	99.4	98.3	101.1	119.7	95.9
禽肉类	Meat of Poultry	100.2	100.3	98.0	99.6	100.1	100.0
水产品	Aquatic Products	98.3	99.4	95.8	96.5	96.2	96.5
蛋类	Eggs	102.4	107.7	100.4	94.4	111.0	95.3
奶类	Milk	98.3	100.2	98.9	100.1	99.2	101.1
干鲜瓜果类	Dried and Fresh Melons and Fruits	95.0	100.1	101.6	101.2	104.3	102.4
糖果糕点类	Candy and Cake	99.2	101.7	100.1	99.7	100.5	100.4
调味品	Flavoring	98.1	99.3	97.5	101.6	104.1	102.1
其他食品类	Other Foods	95.7	99.9	99.3	104.0	98.7	100.2
茶及饮料	Tea and Beverages	101.0	100.8	100.5	101.1	101.1	99.8
烟酒	Tobacco and Liquor	100.2	100.3	99.2	100.4	99.3	100.7
卷烟	Tobacco	100.0	100.0	100.0	100.0	99.6	101.4
酒类	Liquor	100.6	100.8	97.7	101.4	98.9	99.2
在外餐饮	Dining Out	99.7	100.0	99.9	100.5	100.0	100.1

4-6 各月居民消费价格分类环比指数（2021 年）
Month-on-month Consumer Price Indices by Category& Month（2021）

续表 2（continued2）　　　　上月 =100（ last month=100）

类 别	Item	1月 January	2月 February	3月 March	4月 April	5月 May	6月 June
衣着	**Clothing**	**99.3**	**99.3**	**101.8**	**99.8**	**99.7**	**99.5**
服装	Garments	99.2	99.3	101.4	99.7	100.0	99.5
衣着材料及配件	Garments Material and Parts	100.3	99.7	99.8	100.1	100.5	99.4
其他衣着材料及配件	Other Clothing and Parts	100.0	100.0	100.1	99.7	100.9	99.2
衣着服务费	Clothing Manufacturing Services	102.5	101.2	99.5	100.0	100.0	100.0
居住	**Residence**	**100.2**	**100.2**	**100.4**	**100.2**	**100.1**	**100.4**
租赁房房租	Rent of Rental Housing	101.1	100.4	100.6	100.6	100.0	100.7
住房保养维修及管理	Housing Maintenance and Management	99.2	100.4	100.5	100.0	100.0	100.1
水电燃料	Water,Electricity and Fuels	100.0	100.0	100.0	100.0	100.0	100.0
自有住房	Private Housing	100.4	100.2	100.5	100.2	100.2	100.5
生活用品及服务	**Daily Necessities and Services**	**100.1**	**100.0**	**100.0**	**100.6**	**99.9**	**99.9**
家具及室内装饰品	Furniture and Interior Decorations	100.1	100.1	100.4	100.7	100.2	100.6
家用器具	Home Appliances	99.9	100.4	100.2	101.5	100.3	99.0
家用纺织品	Home Textiles	99.6	99.5	100.5	99.8	100.4	99.8
家庭日用杂品	Daily Use Household Articles	100.9	100.5	99.5	100.4	99.6	100.5
个人护理用品	Personal Care Products	99.1	99.3	100.0	100.1	99.1	99.5
家庭服务	Household Services	101.8	100.2	99.4	100.0	100.3	100.7
交通通信	**Transport and Communications**	**100.3**	**101.3**	**102.3**	**101.4**	**99.7**	**100.1**
交通	Transport	100.4	101.5	103.3	102.1	99.6	100.2
交通工具用燃料	Fuels for Transport Facility	104.0	103.3	106.5	99.3	101.6	102.0
交通费	Traffic Fee	94.9	100.4	107.2	110.7	96.6	97.2
通信	Communications	100.2	100.7	99.6	99.7	100.1	99.9
教育文化娱乐	**Education,Culture and Recreation**	**99.7**	**102.4**	**98.3**	**101.4**	**101.6**	**99.6**
教育	Education	100.1	100.0	99.9	101.1	100.2	100.0
文化娱乐	Culture and Recreation	99.3	105.7	96.3	101.8	103.4	99.1
旅游	Touring and Outing	98.0	111.8	90.6	104.5	109.4	98.0
医疗保健	**Health Care**	**100.1**	**100.0**	**99.9**	**100.1**	**100.0**	**100.0**
药品及医疗器具	Medicine and Medical Equipment	100.3	100.0	99.7	100.1	100.0	100.0
中药	Traditional Chinese Medicines	101.0	99.9	100.0	100.6	99.9	100.0
西药	Western Medicines	100.1	100.0	100.2	99.8	100.0	100.0
医疗服务	Medical Services	100.0	100.0	100.0	100.1	100.0	100.0
其他用品及服务	**Other Articles and Services**	**100.5**	**100.1**	**98.8**	**100.5**	**101.2**	**99.2**
其他用品	Other Articles	100.7	98.7	98.6	99.9	100.7	100.0
其他服务	Other Services	100.3	101.1	99.0	101.0	101.6	98.7

4-6 各月居民消费价格分类环比指数（2021 年）
Month-on-month Consumer Price Indices by Category& Month（2021）

续表 3（continued3）　　　　上月 =100（last month=100）

类　别	Item	7 月 July	8 月 August	9 月 September	10 月 October	11 月 November	12 月 December
衣着	**Clothing**	**99.8**	**100.0**	**101.2**	**99.5**	**100.8**	**99.6**
服装	Garments	99.6	100.0	101.0	99.8	101.3	99.4
衣着材料及配件	Garments Material and Parts	100.6	99.9	100.4	99.8	99.2	100.3
其他衣着材料及配件	Other Clothing and Parts	100.8	99.1	100.9	100.0	98.1	100.5
衣着服务费	Clothing Manufacturing Services	100.0	100.0	100.0	100.0	100.0	100.0
居住	**Residence**	**100.0**	**100.1**	**99.8**	**100.1**	**100.1**	**100.3**
租赁房房租	Rent of Rental Housing	99.5	100.1	99.9	100.0	99.8	100.1
住房保养维修及管理	Housing Maintenance and Management	100.2	100.3	99.8	100.6	100.9	100.0
水电燃料	Water,Electricity and Fuels	100.0	100.0	100.0	100.2	102.2	100.0
自有住房	Private Housing	100.0	100.1	99.7	100.0	99.5	100.5
生活用品及服务	**Daily Necessities and Services**	**100.3**	**100.1**	**99.6**	**100.2**	**99.7**	**100.2**
家具及室内装饰品	Furniture and Interior Decorations	100.7	99.8	99.5	99.9	100.1	99.9
家用器具	Home Appliances	101.0	99.9	99.8	99.7	99.9	100.4
家用纺织品	Home Textiles	99.8	100.4	99.6	100.5	100.2	99.7
家庭日用杂品	Daily Use Household Articles	100.7	99.3	99.8	100.1	99.1	100.1
个人护理用品	Personal Care Products	99.1	101.4	99.1	101.1	99.7	100.3
家庭服务	Household Services	100.0	100.0	100.0	100.0	100.0	100.5
交通通信	**Transport and Communications**	**102.1**	**98.6**	**99.6**	**100.7**	**100.3**	**98.3**
交通	Transport	102.8	98.3	99.6	101.2	100.6	97.8
交通工具用燃料	Fuels for Transport Facility	103.4	98.7	99.5	104.6	102.9	94.9
交通费	Traffic Fee	107.0	93.7	98.3	99.3	98.3	97.7
通信	Communications	100.2	99.7	99.6	99.3	99.6	99.6
教育文化娱乐	**Education,Culture and Recreation**	**101.2**	**100.0**	**99.6**	**101.3**	**97.7**	**99.8**
教育	Education	100.1	100.0	100.6	100.3	99.8	99.9
文化娱乐	Culture and Recreation	102.6	99.9	98.4	102.6	95.1	99.6
旅游	Touring and Outing	108.3	100.0	94.9	106.2	88.6	98.9
医疗保健	**Health Care**	**100.0**	**99.7**	**100.0**	**99.9**	**99.8**	**99.9**
药品及医疗器具	Medicine and Medical Equipment	99.9	99.2	100.0	99.7	99.5	99.7
中药	Traditional Chinese Medicines	99.9	99.4	100.0	100.0	99.9	99.6
西药	Western Medicines	99.9	98.5	100.1	99.7	100.3	100.4
医疗服务	Medical Services	100.0	100.0	100.0	100.0	100.0	100.0
其他用品及服务	**Other Articles and Services**	**100.3**	**98.8**	**100.4**	**100.8**	**99.1**	**99.4**
其他用品	Other Articles	100.1	97.6	101.7	99.6	100.0	98.6
其他服务	Other Services	100.4	99.6	99.6	101.5	98.5	99.9

4-7 全国各地区居民消费价格指数（2005-2021 年）
Consumer Price Indices by Region of the Nation （2005-2021）

上年 =100（preceding year=100）

地 区	Region	2005 年	2006 年	2007 年	2008 年	2009 年	2010 年	2011 年	2012 年
全 国	**National Total**	**101.8**	**101.5**	**104.8**	**105.9**	**99.3**	**103.3**	**105.4**	**102.6**
东部地区	**Eastern Region**								
北 京	Beijing	101.5	100.9	102.4	105.1	98.5	102.4	105.6	103.3
天 津	Tianjin	101.5	101.5	104.2	105.4	99.0	103.5	104.9	102.7
河 北	Hebei	101.8	101.7	104.7	106.2	99.3	103.1	105.7	102.6
辽 宁	Liaoning	101.4	101.2	105.1	104.6	100.0	103.0	105.2	102.8
上 海	Shanghai	101.0	101.2	103.2	105.8	99.6	103.1	105.2	102.8
江 苏	Jiangsu	102.1	101.6	104.3	105.4	99.6	103.8	105.3	102.6
浙 江	Zhejiang	101.3	101.1	104.2	105.0	98.5	103.8	105.4	102.2
福 建	Fujian	102.2	100.8	105.2	104.6	98.2	103.2	105.3	102.4
山 东	Shandong	101.7	101.0	104.4	105.3	100.0	102.9	105.0	102.1
广 东	Guangdong	102.3	101.8	103.7	105.6	97.7	103.1	105.3	102.8
海 南	Hainan	101.5	101.5	105.0	106.9	99.3	104.8	106.1	103.2
中部地区	**Central Region**								
山 西	Shanxi	102.3	102.0	104.6	107.2	99.6	103.0	105.2	102.5
吉 林	Jilin	101.5	101.4	104.8	105.1	100.1	103.7	105.2	102.5
黑龙江	Heilongjiang	101.2	101.9	105.4	105.6	100.2	103.9	105.8	103.2
安 徽	Anhui	101.4	101.2	105.3	106.2	99.1	103.1	105.6	102.3
江 西	Jiangxi	101.7	101.2	104.8	106.0	99.3	103.0	105.2	102.7
河 南	Henan	102.1	101.3	105.4	107.0	99.4	103.5	105.6	102.5
湖 北	Hubei	102.9	101.6	104.8	106.3	99.6	102.9	105.8	102.9
湖 南	Hunan	102.3	101.4	105.6	106.0	99.6	103.1	105.5	102.0
西部地区	**Western Region**								
重 庆	Chongqing	100.8	102.4	104.7	105.6	98.4	103.2	105.3	102.6
四 川	Sichuan	101.7	102.3	105.9	105.1	100.8	103.2	105.3	102.5
贵 州	Guizhou	101.0	101.7	106.4	107.6	98.7	102.9	105.1	102.7
云 南	Yunnan	101.4	101.9	105.9	105.7	100.4	103.7	104.9	102.7
西 藏	Tibet	101.5	102.0	103.4	105.7	101.4	102.2	105.0	103.5
陕 西	Shaanxi	101.2	101.5	105.1	106.4	100.5	104.0	105.7	102.8
甘 肃	Gansu	101.7	101.3	105.5	108.2	101.3	104.1	105.9	102.7
青 海	Qinghai	100.8	101.6	106.6	110.1	102.6	105.4	106.1	103.1
宁 夏	Ningxia	101.5	101.9	105.4	108.5	100.7	104.1	106.3	102.0
新 疆	Xinjiang	100.7	101.3	105.5	108.1	100.7	104.3	105.9	103.8
内蒙古	Inner Mongolia	102.4	101.5	104.6	105.7	99.7	103.2	105.6	103.1
广 西	Guangxi	102.4	101.3	106.1	107.8	97.9	103.0	105.9	103.2

4-7 全国各地区居民消费价格指数（2005-2021 年）
Consumer Price Indices by Region of the Nation （2005-2021）

续表（continued）　　　　上年 =100（preceding year=100）

地 区	Region	2013 年	2014 年	2015 年	2016 年	2017 年	2018 年	2019 年	2020 年	2021 年
全 国	National Total	102.6	102.0	101.4	102.0	101.6	102.1	102.9	102.5	100.9
东部地区	Eastern Region									
北 京	Beijing	103.3	101.6	101.8	101.4	101.9	102.5	102.3	101.7	101.1
天 津	Tianjin	103.1	101.9	101.7	102.1	102.1	102.0	102.7	102.0	101.3
河 北	Hebei	103.0	101.7	100.9	101.5	101.7	102.4	103.0	102.1	101.0
辽 宁	Liaoning	102.4	101.7	101.4	101.6	101.4	102.5	102.4	102.4	101.1
上 海	Shanghai	102.3	102.7	102.4	103.2	101.7	101.6	102.5	101.7	101.2
江 苏	Jiangsu	102.3	102.2	101.7	102.3	101.7	102.3	103.1	102.5	101.6
浙 江	Zhejiang	102.3	102.1	101.4	101.9	102.1	102.3	102.9	102.3	101.5
福 建	Fujian	102.5	102.0	101.7	101.7	101.2	101.5	102.6	102.2	100.7
山 东	Shandong	102.2	101.9	101.2	102.1	101.5	102.5	103.2	102.8	101.2
广 东	Guangdong	102.5	102.3	101.5	102.3	101.5	102.2	103.4	102.6	100.8
海 南	Hainan	102.8	102.4	101.0	102.8	102.8	102.5	103.4	102.3	100.3
中部地区	Central Region									
山 西	Shanxi	103.1	101.7	100.6	101.1	101.1	101.8	102.7	102.9	101.0
吉 林	Jilin	102.9	102.0	101.7	101.6	101.6	102.1	103.0	102.3	100.6
黑龙江	Heilongjiang	102.2	101.5	101.1	101.5	101.3	102.0	102.8	102.3	100.6
安 徽	Anhui	102.4	101.6	101.3	101.8	101.2	102.0	102.7	102.7	100.9
江 西	Jiangxi	102.4	102.3	101.5	102.0	102.0	102.1	102.9	102.6	100.9
河 南	Henan	102.9	101.9	101.3	101.9	101.4	102.3	103.0	102.8	100.9
湖 北	Hubei	102.8	102.0	101.5	102.2	101.5	101.9	103.1	102.7	100.3
湖 南	Hunan	102.5	101.9	101.4	101.9	101.4	102.0	102.9	102.3	100.5
西部地区	Western Region									
重 庆	Chongqing	102.7	101.8	101.3	101.8	101.0	102.0	102.7	102.3	100.3
四 川	Sichuan	102.8	101.6	101.5	101.9	101.4	101.7	103.2	103.2	100.3
贵 州	Guizhou	102.5	102.4	101.8	101.4	100.9	101.8	102.4	102.6	100.1
云 南	Yunnan	103.1	102.4	101.9	101.5	100.9	101.6	102.5	103.6	100.2
西 藏	Tibet	103.6	102.9	102.0	102.5	101.6	101.7	102.3	102.2	100.9
陕 西	Shaanxi	103.0	101.6	101.0	101.3	101.6	102.1	102.9	102.5	101.5
甘 肃	Gansu	103.2	102.1	101.6	101.3	101.4	102.0	102.3	102.0	100.9
青 海	Qinghai	103.9	102.8	102.6	101.8	101.5	102.5	102.5	102.6	101.3
宁 夏	Ningxia	103.4	101.9	101.1	101.5	101.6	102.3	102.1	101.5	101.4
新 疆	Xinjiang	103.9	102.1	100.6	101.4	102.2	102.0	101.9	101.5	101.2
内蒙古	Inner Mongolia	103.2	101.6	101.1	101.2	101.7	101.8	102.4	101.9	100.9
广 西	Guangxi	102.2	102.1	101.5	101.6	101.6	102.3	103.7	102.8	100.9

4-8 全国各地区商品零售价格指数（2005-2021年）
Retail Price Indices by Region of the Nation （2005-2021）

上年=100（preceding year=100）

地 区	Region	2005年	2006年	2007年	2008年	2009年	2010年	2011年	2012年
全 国	**National Total**	**100.8**	**101.0**	**103.8**	**105.9**	**98.8**	**103.1**	**104.9**	**102.0**
东部地区	**Eastern Region**								
北 京	Beijing	99.7	100.2	100.8	104.4	97.8	100.4	103.2	100.6
天 津	Tianjin	99.9	100.4	103.2	105.1	98.9	103.4	104.7	103.0
河 北	Hebei	101.1	101.5	104.1	106.7	99.0	103.1	105.0	102.2
辽 宁	Liaoning	100.1	101.3	104.4	105.3	99.8	103.2	105.0	102.2
上 海	Shanghai	99.4	100.2	102.4	105.3	99.4	101.7	104.1	101.2
江 苏	Jiangsu	100.3	100.8	102.9	104.9	98.9	103.2	104.6	102.1
浙 江	Zhejiang	100.9	100.8	103.8	106.3	98.8	103.9	105.5	101.9
福 建	Fujian	100.6	100.5	104.3	105.7	97.9	103.4	104.8	101.8
山 东	Shandong	100.6	100.6	103.6	104.9	99.4	102.7	104.7	101.6
广 东	Guangdong	101.8	101.5	103.4	106.0	96.8	103.3	105.1	102.2
海 南	Hainan	100.9	101.3	103.8	106.7	98.5	104.6	105.4	102.7
中部地区	**Central Region**								
山 西	Shanxi	100.3	101.2	104.2	107.2	99.1	102.3	104.9	101.8
吉 林	Jilin	101.1	101.5	103.3	106.2	99.3	104.1	104.9	101.7
黑龙江	Heilongjiang	100.4	101.5	105.6	105.8	98.9	103.1	104.5	102.2
安 徽	Anhui	100.6	100.8	104.5	106.3	99.0	103.2	105.3	102.1
江 西	Jiangxi	100.9	101.2	104.0	106.1	99.1	102.7	104.8	102.1
河 南	Henan	101.7	100.9	104.4	107.5	99.4	103.7	105.7	102.3
湖 北	Hubei	102.1	101.1	104.2	106.3	98.6	103.1	105.6	102.6
湖 南	Hunan	102.3	101.3	104.3	105.6	98.5	103.1	105.5	101.7
西部地区	**Western Region**								
重 庆	Chongqing	98.7	101.6	103.7	105.0	97.3	101.7	104.7	101.6
四 川	Sichuan	100.6	101.7	105.3	105.3	100.1	103.0	104.6	101.6
贵 州	Guizhou	101.3	100.9	104.2	107.2	97.6	103.0	105.5	102.0
云 南	Yunnan	100.1	100.8	104.4	106.1	100.1	103.6	105.1	102.4
西 藏	Tibet	100.8	100.2	101.7	103.9	99.5	101.0	103.7	102.9
陕 西	Shaanxi	100.1	101.8	105.0	106.9	99.9	103.6	104.8	102.3
甘 肃	Gansu	99.9	101.2	104.4	107.9	101.8	104.6	105.4	102.6
青 海	Qinghai	100.7	102.0	106.0	110.6	101.6	104.3	105.4	102.1
宁 夏	Ningxia	100.4	101.3	104.1	108.5	99.5	103.2	105.3	101.0
新 疆	Xinjiang	99.4	101.8	105.1	108.5	100.4	104.6	105.1	103.3
内蒙古	Inner Mongolia	101.5	101.4	103.6	104.7	99.5	103.0	104.9	102.5
广 西	Guangxi	101.1	100.3	104.8	107.6	98.0	103.0	106.0	102.3

4-8 全国各地区商品零售价格指数（2005-2021 年）
Retail Price Indices by Region of the Nation （2005-2021）

续表（continued） 上年 =100（preceding year=100）

地 区	Region	2013 年	2014 年	2015 年	2016 年	2017 年	2018 年	2019 年	2020 年	2021 年
全 国	**National Total**	101.4	101.0	100.1	100.7	101.1	101.9	102.0	101.4	101.6
东部地区	**Eastern Region**									
北 京	Beijing	99.8	99.1	98.5	98.1	99.2	101.1	100.5	101.0	101.7
天 津	Tianjin	101.7	100.9	100.3	100.5	100.8	101.6	101.7	101.0	101.5
河 北	Hebei	102.2	101.0	100.2	101.2	101.4	102.2	101.8	101.4	101.9
辽 宁	Liaoning	101.6	101.0	100.5	101.0	100.7	101.4	101.7	101.1	101.9
上 海	Shanghai	100.2	100.9	101.1	100.8	100.9	101.6	100.4	100.9	101.3
江 苏	Jiangsu	101.4	101.6	100.6	100.8	101.9	102.6	102.6	101.8	102.3
浙 江	Zhejiang	101.0	100.9	99.9	101.0	101.4	102.1	102.5	101.2	102.2
福 建	Fujian	101.1	101.1	99.9	100.7	100.6	101.5	101.9	101.3	101.1
山 东	Shandong	101.4	101.0	100.2	101.3	100.8	102.2	102.2	102.0	101.4
广 东	Guangdong	101.0	101.4	99.6	100.8	101.6	102.1	101.4	100.8	101.4
海 南	Hainan	101.5	101.2	99.8	101.0	102.0	102.5	102.5	101.6	101.3
中部地区	**Central Region**									
山 西	Shanxi	101.8	100.6	99.3	100.5	101.3	101.7	101.8	100.9	102.7
吉 林	Jilin	101.6	101.2	99.8	101.3	101.4	102.4	102.1	100.7	101.8
黑龙江	Heilongjiang	101.1	100.8	100.1	101.1	99.9	101.1	102.1	101.5	101.6
安 徽	Anhui	101.3	100.4	99.7	100.8	101.7	101.9	101.9	101.6	101.6
江 西	Jiangxi	101.5	101.2	100.5	100.6	101.0	101.0	101.9	101.6	101.2
河 南	Henan	101.9	101.0	99.8	100.3	101.3	102.9	102.4	100.9	101.5
湖 北	Hubei	101.8	100.9	100.5	100.8	100.3	101.2	102.6	102.2	101.2
湖 南	Hunan	101.7	101.2	99.9	101.0	101.3	102.3	102.3	101.3	101.6
西部地区	**Western Region**									
重 庆	Chongqing	101.8	100.9	100.2	101.3	100.8	101.2	101.6	102.2	101.4
四 川	Sichuan	101.7	100.6	100.2	100.8	100.5	101.4	102.7	102.7	101.4
贵 州	Guizhou	101.5	101.2	100.1	100.2	100.9	101.8	101.7	101.6	101.2
云 南	Yunnan	102.6	101.6	100.8	100.7	101.3	101.5	101.5	102.4	101.4
西 藏	Tibet	103.0	102.2	101.4	102.1	101.4	101.5	102.0	102.0	101.5
陕 西	Shaanxi	101.8	100.7	99.8	100.3	101.3	102.1	102.4	101.9	101.6
甘 肃	Gansu	102.6	101.7	101.0	100.9	101.4	101.7	101.9	101.3	102.0
青 海	Qinghai	102.7	101.5	101.0	100.4	101.2	102.1	102.0	102.4	101.5
宁 夏	Ningxia	102.4	100.9	100.1	100.7	101.8	102.9	101.1	100.6	102.0
新 疆	Xinjiang	103.3	101.7	99.6	100.5	100.9	100.9	101.3	100.6	102.0
内蒙古	Inner Mongolia	102.6	100.7	100.5	100.6	101.2	101.6	101.5	100.5	103.8
广 西	Guangxi	101.2	101.4	100.1	100.4	101.2	101.6	103.2	101.4	101.1

4-9 全国36个大中城市居民消费价格指数（2006-2021年）
Consumer Price Indices in Thirty-Six Large and Medium Cities of the Nation （2006-2021）

上年=100（preceding year=100）

地 区	Region	2006年	2007年	2008年	2009年	2010年	2011年	2012年	2013年
北 京	Beijing	100.9	102.4	105.1	98.5	102.4	105.6	103.3	103.3
天 津	Tianjin	101.5	104.2	105.4	99.0	103.5	104.9	102.7	103.1
石家庄	Shijiazhuang	101.8	104.3	106.7	100.3	103.0	105.7	102.8	102.9
太 原	Taiyuan	101.6	104.1	107.4	99.9	103.0	105.4	102.1	103.1
呼和浩特	Hohhot	101.7	103.7	104.6	100.1	102.6	105.5	103.1	103.8
沈 阳	Shenyang	101.8	104.5	104.4	99.9	102.9	105.4	103.0	102.5
大 连	Dalian	101.4	104.0	104.4	100.2	102.7	105.4	103.4	102.5
长 春	Changchun	101.3	103.7	104.4	99.8	103.6	105.5	102.3	103.0
哈尔滨	Harbin	101.1	104.1	104.7	100.2	103.7	105.6	103.2	102.1
上 海	Shanghai	101.2	103.2	105.8	99.6	103.1	105.2	102.8	102.3
南 京	Nanjing	101.7	103.7	106.2	100.1	104.2	105.4	102.7	102.7
杭 州	Hangzhou	101.2	103.5	104.9	98.6	103.9	104.8	102.5	102.5
宁 波	Ningbo	101.9	103.9	105.0	99.4	103.7	105.3	101.7	102.2
合 肥	Hefei	100.9	105.6	106.4	99.1	102.7	105.7	102.2	102.7
福 州	Fuzhou	100.3	104.1	104.2	98.7	103.5	104.9	102.0	102.6
厦 门	Xiamen	100.8	104.6	104.9	97.3	103.0	105.2	102.1	102.3
南 昌	Nanchang	101.9	104.3	106.1	99.7	103.3	105.0	102.9	102.3
济 南	Jinan	100.9	103.9	105.7	100.3	102.1	105.4	102.4	102.8
青 岛	Qingdao	100.9	104.5	104.7	100.5	102.2	105.0	102.7	102.5
郑 州	Zhengzhou	101.4	105.6	106.1	99.8	103.0	104.9	102.7	102.8
武 汉	Wuhan	101.4	104.1	105.7	99.4	103.0	105.2	102.8	102.4
长 沙	Changsha	101.1	104.9	105.2	99.4	102.9	105.5	102.3	102.8
广 州	Guangzhou	102.3	103.4	105.9	97.5	103.2	105.5	103.0	102.6
深 圳	Shenzhen	102.2	104.1	105.9	98.7	103.5	105.4	102.8	102.7
南 宁	Nanning	102.5	104.4	108.4	98.2	102.5	105.7	102.9	102.1
海 口	Haikou	101.3	104.4	105.8	99.9	104.2	105.4	103.3	102.9
重 庆	Chongqing	102.4	104.7	105.6	98.4	103.2	105.3	102.6	102.7
成 都	Chengdu	101.8	105.2	104.3	100.3	103.0	105.4	103.0	103.1
贵 阳	Guiyang	101.1	105.1	107.0	97.7	102.9	105.5	102.6	103.2
昆 明	Kunming	101.6	105.8	105.8	100.8	104.2	104.9	103.1	103.9
拉 萨	Lhasa	100.6	103.2	106.4	101.7	102.2	105.0	103.2	103.4
西 安	Xi'an	101.6	104.7	106.0	99.7	103.5	105.6	102.8	102.7
兰 州	Lanzhou	101.7	105.3	107.2	99.6	103.8	105.4	102.4	103.5
西 宁	Xining	101.8	106.4	108.2	102.2	104.5	105.7	102.7	103.8
银 川	Yinchuan	101.6	105.3	107.6	99.7	103.8	105.5	102.6	103.5
乌鲁木齐	Urumqi	100.1	104.6	107.0	100.4	102.7	104.5	103.4	103.5

4-9 全国36个大中城市居民消费价格指数（2006-2021年）
Consumer Price Indices in Thirty-Six Large and Medium Cities of the Nation （2006-2021）

续表（continued） 上年=100（preceding year=100）

地 区	Region	2014年	2015年	2016年	2017年	2018年	2019年	2020年	2021年
北 京	Beijing	101.6	101.8	101.4	101.9	102.5	102.3	101.7	101.1
天 津	Tianjin	101.9	101.7	102.1	102.1	102.0	102.7	102.0	101.3
石家庄	Shijiazhuang	102.0	101.0	101.6	101.4	102.3	102.7	102.3	100.9
太 原	Taiyuan	102.2	100.4	101.2	101.8	101.8	102.7	102.6	101.0
呼和浩特	Hohhot	101.2	101.8	101.4	101.4	102.1	102.6	102.0	100.9
沈 阳	Shenyang	102.2	101.2	101.7	101.4	103.0	102.4	102.3	101.3
大 连	Dalian	102.0	101.6	101.9	102.1	103.0	102.4	102.1	101.4
长 春	Changchun	102.2	101.3	101.4	101.3	102.0	102.9	101.9	100.5
哈尔滨	Harbin	102.0	101.4	101.8	101.6	102.5	102.6	101.4	100.6
上 海	Shanghai	102.7	102.4	103.2	101.7	101.6	102.5	101.7	101.2
南 京	Nanjing	102.6	102.0	102.7	101.9	102.4	103.1	102.4	101.5
杭 州	Hangzhou	102.0	101.8	102.6	102.5	102.3	103.1	102.1	101.3
宁 波	Ningbo	101.9	101.8	102.1	101.8	102.2	103.0	101.9	102.1
合 肥	Hefei	102.0	101.6	102.6	101.4	102.0	102.9	102.3	101.7
福 州	Fuzhou	101.7	101.4	102.5	101.4	101.5	102.5	102.4	100.6
厦 门	Xiamen	102.2	101.7	101.7	102.0	101.8	103.0	102.5	101.2
南 昌	Nanchang	102.5	101.6	102.1	102.1	102.3	102.8	102.5	101.0
济 南	Jinan	102.2	101.9	102.7	102.0	102.6	103.3	102.4	101.5
青 岛	Qingdao	102.6	101.2	102.5	102.0	102.1	103.3	102.4	101.5
郑 州	Zhengzhou	102.0	101.1	102.3	101.8	102.4	103.1	102.3	101.1
武 汉	Wuhan	101.9	101.4	102.4	101.9	101.9	103.2	102.4	100.6
长 沙	Changsha	102.7	101.1	101.9	101.3	102.0	102.9	101.8	101.1
广 州	Guangzhou	102.3	101.7	102.7	102.3	102.4	103.0	102.6	101.1
深 圳	Shenzhen	102.0	102.2	102.4	101.4	102.8	103.4	102.3	100.9
南 宁	Nanning	101.6	101.9	101.4	102.3	102.5	103.4	102.3	101.4
海 口	Haikou	102.2	101.2	103.0	103.3	102.4	103.3	101.6	100.5
重 庆	Chongqing	101.8	101.3	101.8	101.0	102.0	102.7	102.3	100.3
成 都	Chengdu	101.3	101.1	102.2	102.0	101.4	102.8	102.5	100.5
贵 阳	Guiyang	102.7	102.3	101.1	101.0	101.7	102.7	102.4	100.5
昆 明	Kunming	103.1	102.4	101.7	100.5	101.7	102.3	103.1	100.2
拉 萨	Lhasa	103.0	102.2	102.6	101.4	101.1	102.2	102.0	100.5
西 安	Xi'an	101.4	100.7	100.9	102.0	101.9	102.7	102.1	101.7
兰 州	Lanzhou	102.2	101.3	100.8	101.5	101.7	102.2	102.0	101.3
西 宁	Xining	102.8	102.5	102.1	101.8	102.7	102.5	102.7	101.3
银 川	Yinchuan	102.1	101.6	101.7	101.7	102.2	102.2	101.8	101.4
乌鲁木齐	Urumqi	102.8	100.7	101.5	102.8	102.2	102.0	100.9	101.3

4–10 全国36个大中城市商品零售价格指数（2006–2021年）
Retail Price Indices in Thirty–Six Large and Medium Cities of the Nation （2006–2021）

上年=100（preceding year=100）

地 区	Region	2006年	2007年	2008年	2009年	2010年	2011年	2012年	2013年
北 京	Beijing	100.2	100.8	104.4	97.8	100.4	103.2	100.6	99.8
天 津	Tianjin	100.4	103.2	105.1	98.9	103.4	104.7	103.0	101.7
石家庄	Shijiazhuang	101.8	104.4	107.7	100.1	103.4	104.9	101.9	102.1
太 原	Taiyuan	100.6	102.9	107.9	99.1	102.6	104.8	101.2	101.3
呼和浩特	Hohhot	101.6	102.7	105.4	99.9	102.6	104.7	101.5	101.9
沈 阳	Shenyang	101.9	103.2	105.0	97.9	102.6	105.2	102.4	101.6
大 连	Dalian	101.4	101.9	106.0	99.4	104.0	104.4	102.5	101.0
长 春	Changchun	101.5	102.1	105.6	99.6	104.6	104.8	101.8	101.3
哈尔滨	Harbin	100.3	103.7	105.3	98.5	101.9	104.4	102.5	101.2
上 海	Shanghai	100.2	102.4	105.3	99.4	101.7	104.1	101.2	100.2
南 京	Nanjing	98.9	99.9	103.7	98.7	103.5	104.2	101.4	101.2
杭 州	Hangzhou	100.2	103.1	106.0	98.6	103.7	104.4	101.9	101.5
宁 波	Ningbo	101.8	103.3	107.1	98.8	103.9	105.7	101.8	101.0
合 肥	Hefei	100.6	104.6	106.3	99.8	102.1	105.1	101.9	101.2
福 州	Fuzhou	99.9	103.1	104.4	99.1	102.9	104.0	101.1	101.0
厦 门	Xiamen	100.3	103.9	104.5	97.8	102.8	104.7	101.6	100.4
南 昌	Nanchang	101.9	103.5	106.2	99.4	103.0	105.2	102.4	101.3
济 南	Jinan	100.3	102.2	104.5	98.7	101.3	104.6	101.8	101.3
青 岛	Qingdao	99.7	102.7	103.9	98.6	101.4	104.5	101.7	101.4
郑 州	Zhengzhou	100.9	102.7	106.0	100.3	102.7	104.9	102.4	101.4
武 汉	Wuhan	100.7	103.0	105.1	98.4	103.1	104.7	102.3	100.9
长 沙	Changsha	101.1	102.3	103.9	97.7	103.8	105.4	101.5	101.2
广 州	Guangzhou	101.2	102.9	105.7	96.8	103.2	105.1	101.9	100.5
深 圳	Shenzhen	101.8	103.5	106.5	97.5	103.2	105.3	102.4	100.7
南 宁	Nanning	101.0	103.1	107.9	98.5	102.3	104.9	101.7	100.8
海 口	Haikou	100.6	103.4	105.6	99.2	103.7	105.0	102.8	101.6
重 庆	Chongqing	101.6	103.7	105.0	97.3	101.7	104.7	101.6	101.8
成 都	Chengdu	101.2	104.2	104.5	99.0	102.4	104.3	101.4	101.7
贵 阳	Guiyang	100.3	102.8	105.4	98.2	103.2	105.0	102.0	101.9
昆 明	Kunming	99.7	103.4	105.4	100.0	103.6	104.9	102.0	102.5
拉 萨	Lhasa	99.6	101.2	104.6	100.1	101.2	103.9	102.9	103.5
西 安	Xi'an	101.5	103.7	105.4	99.5	102.7	104.4	102.3	101.7
兰 州	Lanzhou	100.3	103.1	107.2	100.5	103.9	105.4	102.4	102.7
西 宁	Xining	102.6	105.7	110.1	102.3	104.6	106.0	102.3	102.5
银 川	Yinchuan	101.3	103.6	105.9	98.5	102.5	104.2	100.6	102.3
乌鲁木齐	Urumqi	99.9	104.6	108.7	100.1	103.4	104.1	102.9	103.5

4-10 全国36个大中城市商品零售价格指数（2006-2021年）
Retail Price Indices in Thirty-Six Large and Medium Cities of the Nation （2006-2021）

续表（continued） 上年=100（preceding year=100）

地 区	Region	2014年	2015年	2016年	2017年	2018年	2019年	2020年	2021年
北 京	Beijing	99.1	98.5	98.1	99.2	101.1	100.5	101.0	101.7
天 津	Tianjin	100.9	100.3	100.5	100.8	101.6	101.7	101.0	101.5
石家庄	Shijiazhuang	101.2	100.2	101.7	100.9	101.9	101.6	101.3	101.7
太 原	Taiyuan	100.7	98.6	100.8	101.7	101.7	101.5	100.5	102.8
呼和浩特	Hohhot	98.6	99.5	101.1	101.2	101.6	101.3	99.9	105.3
沈 阳	Shenyang	101.3	100.0	100.6	101.0	101.7	101.4	100.8	102.5
大 连	Dalian	101.0	99.5	102.0	101.5	101.5	102.1	101.4	102.0
长 春	Changchun	101.2	99.1	101.2	101.2	102.9	102.2	100.0	101.8
哈尔滨	Harbin	101.5	100.2	101.6	99.7	100.7	102.2	101.5	101.8
上 海	Shanghai	100.9	101.1	100.8	100.9	101.6	100.4	100.9	101.3
南 京	Nanjing	102.0	100.6	100.5	101.6	102.8	102.1	101.4	102.1
杭 州	Hangzhou	100.8	100.2	101.5	101.0	102.0	103.1	100.9	101.6
宁 波	Ningbo	100.3	100.4	101.8	101.1	102.1	102.3	100.2	103.3
合 肥	Hefei	100.3	99.5	100.8	102.3	101.7	101.6	101.3	101.9
福 州	Fuzhou	100.6	99.4	100.7	100.3	101.5	101.8	100.8	100.9
厦 门	Xiamen	100.7	100.0	100.0	100.8	101.8	102.5	102.1	101.5
南 昌	Nanchang	101.1	100.5	100.4	101.0	100.8	101.3	101.5	101.6
济 南	Jinan	101.2	100.3	100.8	101.0	102.6	102.5	101.9	101.3
青 岛	Qingdao	102.3	100.0	102.0	100.8	101.8	102.4	101.5	101.4
郑 州	Zhengzhou	101.1	99.0	100.2	101.7	103.6	103.0	100.8	101.3
武 汉	Wuhan	100.5	100.0	101.3	100.1	101.4	102.5	102.2	101.3
长 沙	Changsha	101.7	99.6	100.9	101.4	102.5	102.2	100.8	102.0
广 州	Guangzhou	101.5	99.1	101.2	102.0	102.2	100.6	100.6	101.3
深 圳	Shenzhen	101.0	99.7	100.3	101.5	102.0	101.3	100.5	101.8
南 宁	Nanning	100.7	100.4	99.8	100.9	101.1	103.1	100.9	101.1
海 口	Haikou	101.2	100.2	100.9	101.7	102.4	102.4	101.3	101.4
重 庆	Chongqing	100.9	100.2	101.3	100.8	101.2	101.6	102.2	101.4
成 都	Chengdu	100.4	99.5	100.8	99.4	100.7	101.9	102.2	101.1
贵 阳	Guiyang	101.2	99.7	99.5	101.4	102.3	102.3	101.2	101.7
昆 明	Kunming	101.8	100.7	100.8	101.3	101.1	101.5	102.3	101.5
拉 萨	Lhasa	102.3	101.5	102.4	101.2	101.1	102.3	102.1	101.4
西 安	Xi'an	100.7	99.7	100.1	101.7	102.2	102.1	101.5	101.4
兰 州	Lanzhou	101.8	100.6	100.7	101.8	101.7	102.0	101.4	102.0
西 宁	Xining	101.2	100.2	100.6	101.4	102.0	101.9	102.4	101.3
银 川	Yinchuan	100.8	100.2	100.8	101.5	102.7	101.1	100.5	102.0
乌鲁木齐	Urumqi	102.4	99.4	100.6	100.7	100.5	101.2	100.7	102.2

4-11 农产品生产价格指数（2003-2021 年）
Producers' Price Indices of Farm Products（2003-2021）

上年 =100（preceding year=100）

指 数	Index	2003 年	2004 年	2005 年	2006 年	2007 年	2008 年	2009 年	2010 年	2011 年
农产品生产价格指数	**Producers' Price Indices of Farm Products**	**103.8**	**125.5**	**100.0**	**93.6**	**121.8**	**120.4**	**89.0**	**103.2**	**120.2**
农业产品	**Planting Products**	**105.5**	**120.3**	**102.2**	**100.4**	**108.6**	**108.9**	**104.2**	**109.1**	**113.8**
谷物	Cereal	105.4	129.5	101.3	97.3	108.2	108.5	100.4	108.4	114.4
小麦	Wheat	102.3	131.6	102.7	95.1	103.9	106.4	103.5	104.3	110.6
稻谷	Rice	106.0	141.5	101.2	97.8	108.2	109.2	100.8	106.8	116.2
玉米	Corn	102.3	130.4	101.7	94.9	109.0	106.2	97.9	113.4	111.4
薯类	Tubers	78.1	102.2	101.6	101.1	104.2	109.1	109.9	113.2	111.5
油料	Oil-bearing Crops	116.9	123.2	93.1	102.8	120.1	118.9	80.3	108.8	109.0
油菜籽	Rapeseeds	117.3	117.9	86.6	104.0	123.7	119.2	70.8	108.3	110.0
大豆	Beans	118.7	122.1	97.4	100.0	107.9	115.4	98.9	106.6	111.5
未加工烟草	Raw Tobacco	109.4	117.0	104.3	101.8	106.8	107.7	110.4	114.0	118.0
蔬菜	Vegetables	104.3	106.0	103.8	102.5	109.8	106.6	110.5	107.9	111.1
叶菜类	Leafy Vegetables	107.8	105.9	102.9	102.9	108.0	108.3	110.7	104.5	110.7
瓜菜类	Melons as Vegetables	103.2	110.1	103.1	108.1	114.2	105.1	111.0	108.8	109.0
根茎类	Root, Tuber Vegetables	104.7	105.6	104.5	100.6	108.7	109.9	106.8	108.2	111.7
茄果类	Eggplant Fruit	99.4	101.9	104.3	103.3	113.7	98.4	121.4	107.6	106.0
葱蒜类	Garlic& Chives Kind	105.8	105.9	102.3	101.7	107.4	109.3	108.8	112.9	114.1
豆类	Vegetable Bean	96.5	114.5	102.3	106.1	111.7	104.0	115.2	108.8	117.1
水生菜类	Water Lettuce	110.4	106.9	104.8	101.7	108.8	110.0	109.7	119.0	93.4
水果	Fruits	94.3	103.4	103.4	101.3	104.5	109.2	107.0	111.2	118.1
柑橘类	Citrus	94.3	100.0	102.4	100.6	105.6	100.7	102.7	111.9	122.3
林业产品	**Forestry Products**			**100.6**	**106.4**	**110.7**	**116.1**	**111.4**	**104.3**	**113.5**
饲养动物及其产品	**Animal Husbandry Products**	**103.2**	**128.8**	**98.8**	**89.8**	**128.8**	**126.1**	**80.8**	**98.4**	**126.6**
牛	Cattle and Buffaloes	104.6	101.7	103.9	101.6	120.6	116.0	104.2	103.4	107.6
羊	Sheep and Goats	102.3	111.1	102.8	101.2	108.0	128.9	100.7	100.0	116.6
活猪	Pig	103.6	131.2	97.5	86.9	132.2	127.2	77.1	94.4	134.5
活家禽	Poultry	98.5	117.2	104.3	100.2	116.2	111.7	102.8	105.6	111.8
禽蛋	Eggs	103.0	111.9	103.9	98.9	110.1	112.1	101.9	104.2	105.6
渔业产品	**Fishery Products**	**100.9**	**107.8**	**105.7**	**101.7**	**105.9**	**110.3**	**104.7**	**102.2**	**108.2**
养殖淡水鱼	Breeding Freshwater Fish									108.6
捕捞淡水鱼	Fishing Freshwater Fish									110.5

注：根据新《农业产值和价格综合统计报表制度》，原“肉禽（毛重）”指标替换为“活家禽”，原“淡水鱼”指标替换为“养殖淡水鱼”和“捕捞淡水鱼”。2011 年采用新指标指数，2010 年及以前采用旧指标指数。（下表同）

Note: According to the new "Farm Products Value and The Comprehensive Statistics Report Forms System of Price", the "Poultry (gross weight)" index changed to "Poultry", the original "Freshwater Fish" index changed to "Breeding Freshwater Fish" and "Fishing Freshwater Fish". The data of 2011 uses new index, 2010 and before use old index. (the same below)

4-11 农产品生产价格指数（2003-2021 年）
Producers' Price Indices of Farm Products（2003-2021）

续表（continued）　　上年 =100（preceding year=100）

指 数	Index	2012 年	2013 年	2014 年	2015 年	2016 年	2017 年	2018 年	2019 年	2020 年	2021 年
农产品生产价格指数	**Producers' Price Indices of Farm Products**	**104.6**	**103.0**	**100.2**	**102.4**	**109.8**	**96.8**	**99.7**	**112.1**	**113.6**	**98.4**
农业产品	**Planting Products**	**106.0**	**103.1**	**102.6**	**100.6**	**104.4**	**102.8**	**106.3**	**102.1**	**105.8**	**105.0**
谷物	Cereal	108.0	102.5	100.3	102.6	99.8	100.8	101.8	99.5	102.6	113.4
小麦	Wheat	112.0		100.0							
稻谷	Rice	107.1	101.7	99.4	103.7	103.8	102.4	100.3	99.6	100.1	107.1
玉米	Corn	109.4	104.4	102.6	100.4	92.0	97.8	104.9	99.4	107.8	131.9
薯类	Tubers	107.6	105.7	104.3	100.9	97.8	98.5	105.8	110.0	100.8	105.1
油料	Oil-bearing Crops	105.7	106.8	101.2	107.7	98.1	103.7	102.2	98.8	107.7	99.4
油菜籽	Rapeseeds	104.6	107.7	102.7	107.7	98.1	103.7	102.2	98.8	107.7	99.4
大豆	Beans	105.8	102.8	104.4	102.4	96.7	100.0	101.8	102.5	103.0	106.8
未加工烟草	Raw Tobacco	113.6	108.0	97.3	105.3	101.5	83.5	119.0	104.6	102.2	102.8
蔬菜	Vegetables	108.7	103.7	104.2	98.0	110.7	103.0	109.0	100.3	112.8	102.9
叶菜类	Leafy Vegetables	108.8	102.6	106.4	98.6	119.1	101.6	97.5	106.3	89.7	108.0
瓜菜类	Melons as Vegetables	105.1	104.8	96.9	90.7	111.5	109.6	118.0	91.8	110.7	88.1
根茎类	Root, Tuber Vegetables	108.1	103.7	106.5	91.3	122.8	103.5	111.4	98.3	112.4	107.5
茄果类	Eggplant Fruit	112.1	104.2	105.6	102.4	98.8	102.3	108.3	108.4	98.2	110.5
葱蒜类	Garlic& Chives Kind	110.5	102.7	108.2							
豆类	Vegetable Bean	109.4	104.0	103.7	106.0	99.4	110.1	110.6	105.6	107.3	105.3
水生菜类	Water Lettuce	104.3	104.0	110.6	101.7	92.0	92.2	100.1	105.7	127.1	106.2
水果	Fruits	91.2	108.0	104.8	108.2	102.1	116.2	98.1	104.9	96.3	103.1
柑橘类	Citrus	89.3	109.3	105.3	106.8	99.6	108.6	99.1	104.6	98.1	101.5
林业产品	**Forestry Products**	**103.8**	**102.3**	**103.2**	**94.5**	**107.3**	**99.3**	**92.9**	**97.2**	**100.1**	**100.0**
饲养动物及其产品	**Animal Husbandry Products**	**103.3**	**102.9**	**97.6**	**104.4**	**114.8**	**91.3**	**94.6**	**133.7**	**130.5**	**83.3**
牛	Cattle and Buffaloes	104.9	109.3	110.1	99.7	99.3	99.5	102.7	112.7	113.4	103.0
羊	Sheep and Goats	115.7	110.4	107.9	95.0	87.3	97.8	126.2	124.6	109.4	102.5
活猪	Pig	101.8	101.7	92.9	105.3	122.3	84.6	89.6	155.5	151.6	63.9
活家禽	Poultry	107.1	105.3	106.8	102.3	100.6	108.4	103.6	106.1	97.9	104.0
禽蛋	Eggs	104.7	104.4	104.2	105.4	100.3	100.5	104.4	102.0	89.6	100.5
渔业产品	**Fishery Products**	**108.1**	**102.0**	**104.7**	**101.2**	**104.2**	**104.1**	**99.7**	**101.4**	**106.6**	**122.2**
养殖淡水鱼	Breeding Freshwater Fish	108.2	102.0	101.8	101.2	104.2	104.1	99.7	101.4	106.6	122.2
捕捞淡水鱼	Fishing Freshwater Fish	104.1		107.0							

4-12 农产品生产价格分季度指数（2011 年）
Producers' Price Indices of Farm Products by Quarter（2011）

上年同期 =100（same period last year=100）

指 数	Index	1 季度 1st Quarter	2 季度 2nd Quarter	3 季度 3rd Quarter	4 季度 4th Quarter
农产品生产价格指数	**Producers' Price Indices of Farm Products**	**118.3**	**116.0**	**123.5**	**119.5**
农业产品	**Planting Products**	**115.4**	**110.0**	**113.4**	**112.4**
谷物	Cereal	111.0	113.6	113.4	113.9
小麦	Wheat		113.3	109.1	113.8
稻谷	Rice	111.2	113.1	115.0	116.3
玉米	Corn	108.5	115.2	111.1	107.4
薯类	Tubers	111.2	114.2	118.5	102.3
油料	Oil-bearing Crops		107.7	111.8	110.6
油菜籽	Rapeseeds		108.2	110.3	112.5
大豆	Beans	108.5	111.4	115.1	110.6
未加工烟草	Raw Tobacco		120.5	112.8	118.3
蔬菜	Vegetables	115.6	110.0	113.6	109.6
叶菜类	Leafy Vegetables	113.8	114.4	107.9	117.7
瓜菜类	Melons as Vegetables		109.5	114.2	99.4
根茎类	Root, Tuber Vegetables	116.9	109.1	120.4	110.3
茄果类	Eggplant Fruit		108.8	111.4	115.7
葱蒜类	Garlic& Chives Kind	139.2	107.7	109.5	115.3
豆类	Vegetable Bean		109.7	112.9	109.3
水生菜类	Water Lettuce	106.8	100.5	97.8	91.2
水果	Fruits	111.9	112.3	118.1	117.7
柑橘类	Citrus	111.9	112.6	128.6	120.7
林业产品	**Forestry Products**	**105.9**	**117.3**	**108.2**	**114.3**
饲养动物及其产品	**Animal Husbandry Products**	**120.5**	**129.7**	**139.0**	**125.5**
牛	Cattle and Buffaloes	100.0	103.1	105.5	108.9
羊	Sheep and Goats	109.6	109.3	114.2	117.7
活猪	Pig	123.2	143.6	157.1	133.3
活家禽	Poultry	119.1	111.2	121.5	113.8
禽蛋	Eggs	111.4	106.2	107.1	112.4
渔业产品	**Fishery Products**	**101.4**	**104.7**	**109.0**	**108.1**
养殖淡水鱼	Breeding Freshwater Fish	101.4	105.1	109.0	106.7
捕捞淡水鱼	Fishing Freshwater Fish		104.2		111.5

4-12 农产品生产价格分季度指数（2012 年）
Producers' Price Indices of Farm Products by Quarter（2012）

续表 1（continued1）

上年同期 =100（same period last year=100）

指 数	Index	1 季度 1st Quarter	2 季度 2nd Quarter	3 季度 3rd Quarter	4 季度 4th Quarter
农产品生产价格指数	**Producers' Price Indices of Farm Products**	**119.0**	**108.5**	**103.2**	**99.5**
农业产品	**Planting Products**	**111.5**	**111.9**	**105.9**	**105.4**
谷物	Cereal	111.2	117.4	105.3	103.8
小麦	Wheat	108.3	120.8	102.1	101.6
稻谷	Rice	111.5	110.4	106.1	103.7
玉米	Corn	108.9	114.7	106.6	105.4
薯类	Tubers	111.2	110.0	106.5	111.0
油料	Oil-bearing Crops	108.0	105.1	104.3	103.7
油菜籽	Rapeseeds	108.2	104.6	104.2	102.7
大豆	Beans	108.1	104.5	105.1	103.4
未加工烟草	Raw Tobacco		120.0	109.7	114.9
蔬菜	Vegetables	112.3	116.5	107.9	105.9
叶菜类	Leafy Vegetables	110.7	117.8	103.3	104.5
瓜菜类	Melons as Vegetables	140.2	123.7	103.5	103.9
根茎类	Root, Tuber Vegetables	109.4	109.5	109.0	105.3
茄果类	Eggplant Fruit	121.9	110.5	113.1	108.1
葱蒜类	Garlic& Chives Kind	109.5	107.9	117.9	107.4
豆类	Vegetable Bean	106.5	115.0	107.8	105.9
水生菜类	Water Lettuce	103.7	99.2	105.8	109.5
水果	Fruits	98.2	91.2	104.3	108.3
柑橘类	Citrus	98.2	85.0	106.1	108.3
林业产品	**Forestry Products**	**104.7**	**103.3**	**102.0**	**102.3**
饲养动物及其产品	**Animal Husbandry Products**	**122.7**	**102.2**	**99.0**	**94.8**
牛	Cattle and Buffaloes	103.3	105.1	103.7	109.2
羊	Sheep and Goats	120.2	116.8	113.0	109.9
活猪	Pig	127.4	99.6	96.2	88.7
活家禽	Poultry	109.7	105.5	102.1	106.8
禽蛋	Eggs	107.5	103.9	102.6	103.2
渔业产品	**Fishery Products**	**103.3**	**108.3**	**112.1**	**104.8**
养殖淡水鱼	Breeding Freshwater Fish	103.3	112.8	112.1	103.4
捕捞淡水鱼	Fishing Freshwater Fish	101.8	105.4		98.7

4-12 农产品生产价格分季度指数（2013 年）
Producers' Price Indices of Farm Products by Quarter（2013）

续表 2（continued2） 上年同期 =100（same period last year=100）

指 数	Index	1 季度 1st Quarter	2 季度 2nd Quarter	3 季度 3rd Quarter	4 季度 4th Quarter
农产品生产价格指数	**Producers' Price Indices of Farm Products**	**105.3**	**102.1**	**104.4**	**101.6**
农业产品	**Planting Products**	**106.8**	**102.1**	**105.1**	**102.4**
谷物	Cereal	103.1	100.7	101.1	102.5
小麦	Wheat				
稻谷	Rice	102.7	103.2	100.6	102.2
玉米	Corn	107.1	97.5	102.1	103.3
薯类	Tubers	110.2	106.7	102.5	105.9
油料	Oil-bearing Crops	107.9	104.1	109.1	101.0
油菜籽	Rapeseeds	109.8	103.9	109.8	100.0
大豆	Beans	113.7	101.3	106.4	102.6
未加工烟草	Raw Tobacco			108.4	109.5
蔬菜	Vegetables	107.1	101.4	106.1	102.7
叶菜类	Leafy Vegetables	102.7	102.6	96.6	101.4
瓜菜类	Melons as Vegetables	105.6	102.2	115.5	102.3
根茎类	Root, Tuber Vegetables	112.2	100.0	105.1	103.8
茄果类	Eggplant Fruit	105.3	101.7	106.5	102.8
葱蒜类	Garlic& Chives Kind	102.9	101.3	104.7	100.1
豆类	Vegetable Bean		95.7	105.7	105.0
水生菜类	Water Lettuce	107.0	100.0	126.9	103.0
水果	Fruits	107.8	102.2	107.8	111.0
柑橘类	Citrus	107.8	100.0		113.2
林业产品	**Forestry Products**	**107.2**	**100.5**	**105.9**	**98.3**
饲养动物及其产品	**Animal Husbandry Products**	**104.1**	**100.6**	**103.6**	**101.2**
牛	Cattle and Buffaloes	102.3	109.6	103.4	110.0
羊	Sheep and Goats	111.5	103.8	108.2	113.4
活猪	Pig	102.4	99.1	103.2	99.9
活家禽	Poultry	109.5	102.8	102.7	102.1
禽蛋	Eggs	104.4	102.6	106.7	101.6
渔业产品	**Fishery Products**	**117.4**	**112.1**	**102.0**	**102.0**
养殖淡水鱼	Breeding Freshwater Fish			102.0	102.0
捕捞淡水鱼	Fishing Freshwater Fish	117.4	112.1		

4-12 农产品生产价格分季度指数（2014 年）
Producers' Price Indices of Farm Products by Quarter（2014）

续表 3（continued3）　　上年同期 =100（same period last year=100）

指 数	Index	1 季度 1st Quarter	2 季度 2nd Quarter	3 季度 3rd Quarter	4 季度 4th Quarter
农产品生产价格指数	**Producers' Price Indices of Farm Products**	**98.0**	**101.8**	**101.3**	**100.1**
农业产品	**Planting Products**	**103.4**	**103.3**	**102.1**	**102.9**
谷物	Cereal	98.6	100.3	101.6	100.1
小麦	Wheat	95.2	100.0	102.2	
稻谷	Rice	98.1	96.7	101.2	100.8
玉米	Corn	104.5	105.8	104.4	98.4
薯类	Tubers	105.2	103.4	107.5	106.4
油料	Oil-bearing Crops	101.5	102.8	103.7	99.1
油菜籽	Rapeseeds	102.7	104.4	105.4	97.6
大豆	Beans	102.3	104.2	102.9	104.8
未加工烟草	Raw Tobacco			91.0	101.8
蔬菜	Vegetables	104.6	105.2	103.1	104.7
叶菜类	Leafy Vegetables	104.7	107.0	104.7	108.8
瓜菜类	Melons as Vegetables	99.5	103.6	92.2	98.8
根茎类	Root, Tuber Vegetables	104.4	105.0	110.3	107.5
茄果类	Eggplant Fruit	104.5	103.8	103.5	105.8
葱蒜类	Garlic& Chives Kind	103.6	104.6	115.2	110.8
豆类	Vegetable Bean		100.9	109.0	102.1
水生菜类	Water Lettuce	124.5	115.4	99.2	105.7
水果	Fruits	108.9	106.1	101.9	101.4
柑橘类	Citrus	108.9	108.8		101.4
林业产品	**Forestry Products**	**105.8**	**105.2**	**100.1**	**104.4**
饲养动物及其产品	**Animal Husbandry Products**	**95.9**	**98.8**	**100.2**	**97.4**
牛	Cattle and Buffaloes	112.2	114.1	103.3	97.3
羊	Sheep and Goats	98.2	112.0	108.3	100.1
活猪	Pig	92.3	91.6	94.6	93.3
活家禽	Poultry	104.7	107.5	105.6	109.4
禽蛋	Eggs	102.3	106.1	105.6	104.8
渔业产品	**Fishery Products**	**101.5**	**101.4**	**102.5**	**105.4**
养殖淡水鱼	Breeding Freshwater Fish	101.5	101.2	102.5	104.7
捕捞淡水鱼	Fishing Freshwater Fish				107.0

4-12 农产品生产价格分季度指数（2015 年）
Producers' Price Indices of Farm Products by Quarter（2015）

续表 4（continued4）

上年同期 =100（same period last year=100）

指 数	Index	1 季度 1st Quarter	2 季度 2nd Quarter	3 季度 3rd Quarter	4 季度 4th Quarter
农产品生产价格指数	**Producers' Price Indices of Farm Products**	**99.8**	**101.3**	**109.7**	**105.6**
农业产品	**Planting Products**	**98.2**	**100.7**	**105.6**	**99.4**
谷物	Cereal	101.9	101.8	104.9	99.8
小麦	Wheat				
稻谷	Rice	102.1	103.3	104.6	103.6
玉米	Corn	100.0	100.0	105.6	92.6
薯类	Tubers	100.9	100.8	100.5	102.3
油料	Oil-bearing Crops	103.6	102.9	120.0	
油菜籽	Rapeseeds	103.6	102.9	120.0	
大豆	Beans	104.1		100.3	101.1
未加工烟草	Raw Tobacco			99.4	105.3
蔬菜	Vegetables	96.4	97.4	102.8	97.2
叶菜类	Leafy Vegetables	102.7	98.4	99.4	104.5
瓜菜类	Melons as Vegetables	107.6	88.6	99.8	100.0
根茎类	Root, Tuber Vegetables	92.5	98.5		93.1
茄果类	Eggplant Fruit	99.0	101.2	105.1	97.2
葱蒜类	Garlic& Chives Kind				
豆类	Vegetable Bean		105.5	108.4	
水生菜类	Water Lettuce	103.4		101.7	100.2
水果	Fruits	116.0	121.4	107.8	103.8
柑橘类	Citrus	116.0	127.2		103.8
林业产品	**Forestry Products**				**94.5**
饲养动物及其产品	**Animal Husbandry Products**	**100.4**	**102.2**	**115.7**	**111.0**
牛	Cattle and Buffaloes	99.9	100.2	100.6	98.5
羊	Sheep and Goats	93.7	101.3	91.0	90.9
活猪	Pig	98.9	101.2	127.1	115.4
活家禽	Poultry	103.9	103.7	103.1	101.8
禽蛋	Eggs	108.8	104.6	103.6	102.7
渔业产品	**Fishery Products**	**98.6**	**102.9**	**102.6**	**100.7**
养殖淡水鱼	Breeding Freshwater Fish	98.6	102.9	102.6	100.7
捕捞淡水鱼	Fishing Freshwater Fish				

4-12 农产品生产价格分季度指数（2016 年）
Producers' Price Indices of Farm Products by Quarter（2016）

续表 5（continued5） 上年同期 =100（same period last year=100）

指 数	Index	1 季度 1st Quarter	2 季度 2nd Quarter	3 季度 3rd Quarter	4 季度 4th Quarter
农产品生产价格指数	**Producers' Price Indices of Farm Products**	**116.3**	**110.3**	**107.8**	**106.5**
农业产品	**Planting Products**	**106.8**	**103.9**	**107.3**	**110.4**
谷物	Cereal	103.1	99.9	98.1	101.4
小麦	Wheat				
稻谷	Rice	104.1	103.2	104.0	103.9
玉米	Corn	92.4	96.1	83.2	96.6
薯类	Tubers	98.5	101.7	100.0	101.5
油料	Oil-bearing Crops		98.2	98.0	
油菜籽	Rapeseeds		98.2	98.0	
大豆	Beans		100.0	100.9	90.6
未加工烟草	Raw Tobacco			101.9	101.1
蔬菜	Vegetables	108.5	106.9	116.7	116.1
叶菜类	Leafy Vegetables	110.2	150.8	103.5	99.3
瓜菜类	Melons as Vegetables	104.4	104.0	119.6	102.5
根茎类	Root, Tuber Vegetables	106.1	124.2	138.9	139.8
茄果类	Eggplant Fruit	108.8	101.3	93.3	98.8
葱蒜类	Garlic& Chives Kind				
豆类	Vegetable Bean		100.0	98.2	100.0
水生菜类	Water Lettuce	92.1	92.8	88.1	98.5
水果	Fruits	89.8	103.7	109.7	109.0
柑橘类	Citrus	92.8	100.0		109.0
林业产品	**Forestry Products**	**115.6**	**113.5**	**101.0**	**102.9**
饲养动物及其产品	**Animal Husbandry Products**	**120.3**	**124.3**	**109.1**	**104.1**
牛	Cattle and Buffaloes	98.2	98.9	99.7	100.2
羊	Sheep and Goats	82.5	85.2	91.1	91.8
活猪	Pig	135.4	143.9	112.5	104.1
活家禽	Poultry	98.7	100.2	103.2	100.6
禽蛋	Eggs	100.1	99.1	101.6	100.0
渔业产品	**Fishery Products**	**101.8**	**101.6**	**104.2**	**104.2**
养殖淡水鱼	Breeding Freshwater Fish	101.8	101.6	104.2	104.2
捕捞淡水鱼	Fishing Freshwater Fish				

4-12　农产品生产价格分季度指数（2017 年）
Producers' Price Indices of Farm Products by Quarter（2017）

续表 6（continued6）　　　　上年同期 =100（same period last year=100）

指 数	Index	1 季度 1st Quarter	2 季度 2nd Quarter	3 季度 3rd Quarter	4 季度 4th Quarter
农产品生产价格指数	**Producers' Price Indices of Farm Products**	**104.0**	**96.6**	**95.4**	**98.2**
农业产品	**Planting Products**	**107.5**	**102.7**	**97.9**	**104.5**
谷物	Cereal	99.5	100.2	99.8	106.4
小麦	Wheat				
稻谷	Rice	100.4	102.6	102.3	104.6
玉米	Corn	90.9	97.5	93.7	110.0
薯类	Tubers	100.3	97.8	101.5	97.4
油料	Oil-bearing Crops	100.0	101.1	110.0	
油菜籽	Rapeseeds	100.0	101.1	110.0	
大豆	Beans	91.2	100.0	110.6	102.4
未加工烟草	Raw Tobacco			68.6	98.8
蔬菜	Vegetables	109.4	103.3	89.3	105.4
叶菜类	Leafy Vegetables		106.1	109.3	90.0
瓜菜类	Melons as Vegetables	111.9	107.0	110.3	99.4
根茎类	Root, Tuber Vegetables	118.2	101.2	53.6	117.9
茄果类	Eggplant Fruit	99.1	108.6	107.1	93.5
葱蒜类	Garlic& Chives Kind				
豆类	Vegetable Bean		96.4	103.1	133.8
水生菜类	Water Lettuce	100.4	66.7	99.3	93.0
水果	Fruits	111.1	113.4	128.9	106.3
柑橘类	Citrus	111.1	115.1		106.3
林业产品	**Forestry Products**	**114.0**	**105.8**		**77.5**
饲养动物及其产品	**Animal Husbandry Products**	**102.5**	**81.8**	**91.4**	**94.9**
牛	Cattle and Buffaloes	98.7	99.7	99.0	100.4
羊	Sheep and Goats	98.5	103.8	93.0	96.3
活猪	Pig	99.5	70.7	80.5	88.3
活家禽	Poultry	106.4	96.5	113.5	117.3
禽蛋	Eggs	100.5	90.4	104.6	103.9
渔业产品	**Fishery Products**	**106.0**	**109.1**	**104.1**	**98.4**
养殖淡水鱼	Breeding Freshwater Fish	106.0	109.1	104.1	98.4
捕捞淡水鱼	Fishing Freshwater Fish				

4-12 农产品生产价格分季度指数（2018年）
Producers' Price Indices of Farm Products by Quarter（2018）

续表 7（continued7） 上年同期=100（same period last year=100）

指 数	Index	1季度 1st Quarter	2季度 2nd Quarter	3季度 3rd Quarter	4季度 4th Quarter
农产品生产价格指数	**Producers' Price Indices of Farm Products**	**93.5**	**99.0**	**104.3**	**106.0**
农业产品	**Planting Products**	**98.1**	**103.1**	**110.9**	**109.5**
谷物	Cereal	100.3	102.1	99.4	104.7
小麦	Wheat				
稻谷	Rice	99.7	99.6	100.0	101.8
玉米	Corn	106.5	105.0	98.0	110.0
薯类	Tubers	101.0	103.2	100.0	107.8
油料	Oil-bearing Crops		104.5	100.0	
油菜籽	Rapeseeds		104.5	100.0	
大豆	Beans	89.1	105.7	100.3	113.3
未加工烟草	Raw Tobacco			151.3	96.4
蔬菜	Vegetables	97.3	106.1	123.0	111.1
叶菜类	Leafy Vegetables		96.2	105.1	94.0
瓜菜类	Melons as Vegetables		98.8	126.0	115.0
根茎类	Root, Tuber Vegetables	98.1	119.8	146.2	115.2
茄果类	Eggplant Fruit		103.7	110.5	110.0
葱蒜类	Garlic& Chives Kind				
豆类	Vegetable Bean		113.5	108.0	
水生菜类	Water Lettuce	83.8	114.6	108.6	98.4
水果	Fruits	110.2	82.0	98.5	105.4
柑橘类	Citrus	110.2	73.8		105.4
林业产品	**Forestry Products**	**79.8**	**93.8**		**112.7**
饲养动物及其产品	**Animal Husbandry Products**	**91.8**	**91.4**	**95.3**	**103.7**
牛	Cattle and Buffaloes	101.8	101.8	103.2	103.7
羊	Sheep and Goats	107.9	129.3	132.4	135.8
活猪	Pig	81.4	78.6	92.1	106.0
活家禽	Poultry	107.7	111.2	100.8	96.7
禽蛋	Eggs	111.7	105.1	98.0	103.0
渔业产品	**Fishery Products**	**103.4**	**98.3**	**106.3**	**96.4**
养殖淡水鱼	Breeding Freshwater Fish	103.4	98.3	106.3	96.4
捕捞淡水鱼	Fishing Freshwater Fish				

4-12 农产品生产价格分季度指数（2019 年）
Producers' Price Indices of Farm Products by Quarter（2019）

续表 8（continued8）　　上年同期 =100（same period last year=100）

指 数	Index	1 季度 1st Quarter	2 季度 2nd Quarter	3 季度 3rd Quarter	4 季度 4th Quarter
农产品生产价格指数	**Producers' Price Indices of Farm Products**	**103.4**	**106.4**	**109.1**	**128.9**
农业产品	**Planting Products**	**100.6**	**103.3**	**101.1**	**104.3**
谷物	Cereal	99.7	99.3	98.4	101.1
小麦	Wheat				
稻谷	Rice	97.6	99.0	98.1	104.0
玉米	Corn	103.3	100.0	99.0	95.2
薯类	Tubers	105.7	102.6		110.4
油料	Oil–bearing Crops		98.3	98.0	100.0
油菜籽	Rapeseeds		98.3	98.0	100.0
大豆	Beans	102.0	100.4	108.2	100.2
未加工烟草	Raw Tobacco			101.3	108.0
蔬菜	Vegetables	100.1	103.6	98.4	103.2
叶菜类	Leafy Vegetables		94.5	110.2	118.4
瓜菜类	Melons as Vegetables		93.5	97.5	70.1
根茎类	Root, Tuber Vegetables	102.6	103.3	69.7	111.0
茄果类	Eggplant Fruit		114.1	105.5	100.3
葱蒜类	Garlic& Chives Kind				
豆类	Vegetable Bean		113.7	100.5	
水生菜类	Water Lettuce	103.4		100.9	113.1
水果	Fruits	100.2	105.0	108.6	107.6
柑橘类	Citrus	100.2	114.7		107.6
林业产品	**Forestry Products**	**97.8**	**99.5**		**94.3**
饲养动物及其产品	**Animal Husbandry Products**	**108.1**	**115.3**	**132.9**	**174.3**
牛	Cattle and Buffaloes	102.6	108.1	122.0	118.2
羊	Sheep and Goats	117.6	121.5	134.1	125.0
活猪	Pig	112.6	126.5	154.3	219.3
活家禽	Poultry	101.4	98.9	109.6	115.0
禽蛋	Eggs	94.7	101.3	105.0	107.5
渔业产品	**Fishery Products**	**96.0**	**102.4**	**101.5**	**106.3**
养殖淡水鱼	Breeding Freshwater Fish	96.0	102.4	101.5	106.3
捕捞淡水鱼	Fishing Freshwater Fish				

4-12 农产品生产价格分季度指数（2020 年）
Producers' Price Indices of Farm Products by Quarter（2020）

续表 9（continued9） 上年同期 =100（same period last year=100）

指 数	Index	1 季度 1st Quarter	2 季度 2nd Quarter	3 季度 3rd Quarter	4 季度 4th Quarter
农产品生产价格指数	**Producers' Price Indices of Farm Products**	132.0	114.0	116.2	105.1
农业产品	**Planting Products**	103.9	101.2	112.6	108.9
谷物	Cereal	101.7	98.2	106.9	103.7
小麦	Wheat				
稻谷	Rice	100.0	95.2	103.3	101.3
玉米	Corn	104.6	104.6	114.0	108.3
薯类	Tubers	99.7	97.1	110.0	97.4
油料	Oil-bearing Crops		113.3	101.8	
油菜籽	Rapeseeds		113.3	101.8	
大豆	Beans	98.0	98.0	100.2	116.6
未加工烟草	Raw Tobacco			101.6	102.8
蔬菜	Vegetables	112.3	102.7	125.8	118.1
叶菜类	Leafy Vegetables		107.0	83.5	57.0
瓜菜类	Melons as Vegetables		111.2	102.2	117.5
根茎类	Root, Tuber Vegetables	111.3	86.6	230.2	102.8
茄果类	Eggplant Fruit		99.3	97.5	
葱蒜类	Garlic& Chives Kind				
豆类	Vegetable Bean		107.3		
水生菜类	Water Lettuce	155.7		110.9	109.7
水果	Fruits	95.5	98.1	95.8	98.0
柑橘类	Citrus	95.5	94.1		98.0
林业产品	**Forestry Products**	100.0	101.2		100.1
饲养动物及其产品	**Animal Husbandry Products**	167.9	143.2	129.4	99.9
牛	Cattle and Buffaloes	112.8	116.7	110.2	114.2
羊	Sheep and Goats	135.6	107.8	102.6	96.9
活猪	Pig	217.5	185.8	160.7	95.4
活家禽	Poultry	99.9	99.5	95.6	95.1
禽蛋	Eggs	97.5	88.0	82.5	90.7
渔业产品	**Fishery Products**	106.4	112.1	103.1	106.0
养殖淡水鱼	Breeding Freshwater Fish	106.4	112.1	103.1	106.0
捕捞淡水鱼	Fishing Freshwater Fish				

4-12 农产品生产价格分季度指数（2021 年）
Producers' Price Indices of Farm Products by Quarter（2021）

续表 10（continued10）　　　　上年同期 =100（same period last year=100）

指 数	Index	1 季度 1st Quarter	2 季度 2nd Quarter	3 季度 3rd Quarter	4 季度 4th Quarter
农产品生产价格指数	**Producers' Price Indices of Farm Products**	**109.0**	**97.6**	**97.3**	**91.2**
农业产品	**Planting Products**	**120.2**	**101.5**	**103.2**	**104.7**
谷物	Cereal	117.7	125.7	113.1	107.3
小麦	Wheat				
稻谷	Rice	105.1	116.7	106.9	100.7
玉米	Corn	139.1	139.1	125.7	124.6
薯类	Tubers	111.3	94.8	79.7	106.4
油料	Oil-bearing Crops		99.4		
油菜籽	Rapeseeds		99.4		
大豆	Beans	98.0	110.0	103.7	114.8
未加工烟草	Raw Tobacco			102.2	103.4
蔬菜	Vegetables	139.0	102.4	97.7	102.7
叶菜类	Leafy Vegetables		110.1	103.2	113.9
瓜菜类	Melons as Vegetables		91.9	96.0	69.8
根茎类	Root, Tuber Vegetables	147.0		101.6	94.8
茄果类	Eggplant Fruit		106.0	111.4	114.2
葱蒜类	Garlic& Chives Kind				
豆类	Vegetable Bean		94.6	116.5	
水生菜类	Water Lettuce	107.1	122.0	81.6	101.7
水果	Fruits	101.5	99.2	105.1	106.5
柑橘类	Citrus	101.5	91.5		106.5
林业产品	**Forestry Products**	**99.1**	**100.1**		**100.0**
饲养动物及其产品	**Animal Husbandry Products**	**98.7**	**80.1**	**73.6**	**72.0**
牛	Cattle and Buffaloes	109.9	105.7	97.7	99.4
羊	Sheep and Goats	101.5	105.1	101.4	102.4
活猪	Pig	97.1	62.9	44.1	50.8
活家禽	Poultry	101.4	103.2	106.5	105.3
禽蛋	Eggs	91.4	95.7	106.2	108.4
渔业产品	**Fishery Products**	**109.0**	**137.3**	**130.6**	**112.2**
养殖淡水鱼	Breeding Freshwater Fish	109.0	137.3	130.6	112.2
捕捞淡水鱼	Fishing Freshwater Fish				

4-13 全国各地区农产品生产价格指数（2002-2021 年）
Producers' Price Indices of Farm Products by Region of the Nation （2002-2021）

上年 =100（preceding year=100）

地 区	Region	2002 年	2003 年	2004 年	2005 年	2006 年	2007 年
全 国	**National Total**	**99.7**	**104.4**	**113.1**	**101.4**	**101.2**	**118.5**
东部地区	**Eastern Region**						
北 京	Beijing	104.1	102.5	105.8	103.5	99.1	114.4
天 津	Tianjin	104.2	104.4	108.1	103.4	103.4	107.8
河 北	Hebei	97.7	107.5	110.1	102.5	100.2	116.2
辽 宁	Liaoning	99.4	103.3	120.4	101.5	105.8	116.6
上 海	Shanghai	100.0	102.1	110.8	105.7	101.9	110.2
江 苏	Jiangsu	97.3	107.2	122.7	100.3	99.9	112.6
浙 江	Zhejiang	101.2	101.9	116.8	105.9	102.7	108.6
福 建	Fujian	99.1	101.7	106.8	103.9	102.7	112.6
山 东	Shandong	102.2	108.5	112.3	102.9	103.4	114.0
广 东	Guangdong	98.5	101.3	110.7	103.5	102.6	109.7
海 南	Hainan	100.0	104.3	106.4	102.2	105.6	104.7
中部地区	**Central Region**						
山 西	Shanxi	94.7	103.9	110.6	103.5	100.2	113.0
吉 林	Jilin	98.6	136.9	118.1	100.3	104.6	114.0
黑龙江	Heilongjiang	102.4	110.2	117.3	101.0	100.0	119.9
安 徽	Anhui	99.8	106.4	117.8	98.7	99.3	114.1
江 西	Jiangxi	100.0	105.1	119.5	100.5	101.4	115.0
河 南	Henan	99.7	111.8	121.9	100.7	100.9	117.7
湖 北	Hubei	100.9	106.9	121.7	100.3	99.5	117.0
湖 南	Hunan	99.9	111.7	127.3	99.5	100.7	130.6
西部地区	**Western Region**						
重 庆	Chongqing	101.1	103.8	125.5	100.0	93.6	121.8
四 川	Sichuan	101.8	103.5	120.4	103.2	102.7	120.8
贵 州	Guizhou	103.9	101.9	111.1	101.8	101.4	113.0
云 南	Yunnan	108.1	100.3	112.9	104.0	106.6	117.5
西 藏	Tibet						
陕 西	Shaanxi	101.1	105.5	111.7	104.9	103.2	115.4
甘 肃	Gansu	97.8	103.4	113.1	103.1	102.6	111.4
青 海	Qinghai	101.2	105.7	108.8	103.3	104.5	119.0
宁 夏	Ningxia	93.4	104.4	114.2	103.3	101.2	115.0
新 疆	Xinjiang	100.9	126.2	100.8	108.3	98.4	114.7
内蒙古	Inner Mongolia	99.3	106.5	112.0	103.2	103.6	114.9
广 西	Guangxi	100.0	104.5	118.9	100.0	106.8	121.5

4-13 全国各地区农产品生产价格指数（2002-2021 年）
Producers' Price Indices of Farm Products by Region of the Nation （2002-2021）

续表（continued） 上年 =100（preceding year=100）

地 区	Region	2008 年	2009 年	2010 年	2011 年	2012 年	2013 年	2014 年
全 国	**National Total**	**114.1**	**97.6**	**110.9**	**116.5**	**101.9**	**103.2**	**99.8**
东部地区	**Eastern Region**							
北 京	Beijing	112.3	98.3	106.5	110.7	102.2	104.7	99.7
天 津	Tianjin	107.1	103.0	110.2	105.0	105.6	105.4	102.9
河 北	Hebei	109.0	99.7	115.1	110.9	107.8	105.1	100.2
辽 宁	Liaoning	109.8	102.9	110.6	114.2	101.2	101.1	101.7
上 海	Shanghai	109.7	102.2	107.1	110.9	98.2	104.1	99.5
江 苏	Jiangsu	114.3	99.9	108.8	112.1	104.5	103.4	101.3
浙 江	Zhejiang	112.9	100.3	114.8	113.6	106.1	103.0	99.5
福 建	Fujian	110.7	98.0	111.5	113.3	102.5	103.0	100.3
山 东	Shandong	112.5	101.2	118.8	109.7	109.1	105.9	100.5
广 东	Guangdong	113.9	95.0	107.6	112.4	102.0	103.5	102.2
海 南	Hainan	112.5	101.9	107.9	115.3	98.0	100.0	105.6
中部地区	**Central Region**							
山 西	Shanxi	109.2	100.4	110.2	111.0	106.3	106.1	101.5
吉 林	Jilin	104.5	103.8	111.8	116.8	99.4	100.4	102.9
黑龙江	Heilongjiang	117.0	98.1	109.2	116.5	99.6	101.0	101.0
安 徽	Anhui	114.7	99.1	110.8	112.8	104.2	103.7	100.2
江 西	Jiangxi	114.2	96.8	107.5	114.3	102.3	102.3	100.3
河 南	Henan	115.0	99.1	112.5	111.5	102.4	102.6	97.5
湖 北	Hubei	117.0	96.3	112.3	111.7	104.2	101.8	100.0
湖 南	Hunan	126.7	90.6	109.9	121.9	101.8	102.1	98.6
西部地区	**Western Region**							
重 庆	Chongqing	120.4	89.0	103.2	120.2	105.3	103.0	100.2
四 川	Sichuan	118.4	96.9	105.9	117.8	101.4	102.6	99.9
贵 州	Guizhou	115.5	96.1	106.7	120.3	98.7	102.4	99.5
云 南	Yunnan	115.5	96.5	112.5	117.9	104.6	104.9	100.6
西 藏	Tibet							
陕 西	Shaanxi	111.2	95.8	121.7	113.8	105.7	107.4	102.1
甘 肃	Gansu	114.0	100.2	113.8	111.3	105.9	105.9	102.1
青 海	Qinghai	114.9	94.6	124.3	117.3	111.7	110.4	100.0
宁 夏	Ningxia	118.7	99.4	117.0	111.3	107.9	106.7	98.3
新 疆	Xinjiang	119.8	92.9	131.5	103.7	109.2	108.5	97.8
内蒙古	Inner Mongolia	111.0	99.8	111.4	112.8	102.4	103.3	102.7
广 西	Guangxi	113.0	89.3	107.6	124.5	98.5	102.5	98.1

4-13 全国各地区农产品生产价格指数（2002-2021 年）
Producers' Price Indices of Farm Products by Region of the Nation （2002-2021）

续表（continued） 上年 =100（preceding year=100）

地 区	Region	2015 年	2016 年	2017 年	2018 年	2019 年	2020 年	2021 年
全 国	**National Total**	**101.7**	**103.4**	**96.5**	**99.1**	**114.5**	**115.0**	**97.8**
东部地区	**Eastern Region**							
北 京	Beijing	99.8	99.7	96.2	103.6	109.9	110.9	98.2
天 津	Tianjin	100.7	103.0	95.5	104.2	108.8	114.9	109.8
河 北	Hebei	97.5	96.8	96.2	104.7	107.1	111.5	108.1
辽 宁	Liaoning	99.5	100.7	93.6	103.7	107.6	108.1	105.1
上 海	Shanghai	102.4	106.6	98.4	100.5	105.6	106.7	104.4
江 苏	Jiangsu	102.3	104.0	97.9	100.9	109.3	107.5	100.3
浙 江	Zhejiang	102.0	104.5	99.1	100.8	109.9	107.3	99.3
福 建	Fujian	101.2	108.3	98.9	102.6	106.9	102.3	104.5
山 东	Shandong	100.1	102.8	98.6	100.5	112.2	108.7	104.2
广 东	Guangdong	102.3	106.5	99.4	101.3	107.3	104.7	98.8
海 南	Hainan	99.1	106.7	101.9	97.3	109.2	112.8	106.3
中部地区	**Central Region**							
山 西	Shanxi	95.8	95.2	95.9	104.7	115.2	109.4	104.8
吉 林	Jilin	100.6	93.1	89.5	106.1	108.7	117.1	109.3
黑龙江	Heilongjiang	98.7	93.6	95.1	100.8	106.2	118.5	111.1
安 徽	Anhui	99.8	101.0	98.4	99.0	109.3	115.6	101.3
江 西	Jiangxi	103.7	104.1	97.3	97.4	113.2	111.0	96.1
河 南	Henan	100.7	103.2	94.9	97.9	119.9	116.8	98.0
湖 北	Hubei	99.5	106.2	99.3	96.6	110.1	118.1	101.0
湖 南	Hunan	104.1	104.7	98.0	95.4	118.0	123.3	90.1
西部地区	**Western Region**							
重 庆	Chongqing	102.4	109.8	96.8	99.7	112.1	113.6	98.4
四 川	Sichuan	103.3	105.6	97.8	100.2	115.6	116.1	94.3
贵 州	Guizhou	104.6	108.7	96.7	92.6	116.2	122.6	86.4
云 南	Yunnan	101.3	103.9	98.7	96.9	109.6	120.2	96.8
西 藏	Tibet							
陕 西	Shaanxi	96.3	98.0	98.4	100.9	107.7	112.3	99.3
甘 肃	Gansu	99.8	99.2	99.1	101.7	109.9	106.6	101.9
青 海	Qinghai	96.1	104.5	101.0	100.3	109.6	122.6	104.1
宁 夏	Ningxia	98.4	98.7	99.3	105.0	106.4	113.1	106.5
新 疆	Xinjiang	90.4	107.6	100.7	106.3	99.6	111.0	114.2
内蒙古	Inner Mongolia	98.0	95.1	95.6	102.0	105.6	111.0	107.6
广 西	Guangxi	102.0	106.1	98.2	97.3	115.5	115.5	94.9

4-14 工业生产者出厂价格主要分组指数（2000-2021 年）
Producer Price Indices （PPI） by Main Classification （2000-2021）

上年 =100（preceding year=100）

项目名称	Item	2000 年	2001 年	2002 年	2003 年	2004 年	2005 年	2006 年	2007 年	2008 年	2009 年	2010 年
总指数	General Index	98.6	97.8	97.6	100.6	103.3	103.0	102.2	103.5	105.8	95.5	103.1
按生产生活资料分	By Means of Production and Consumer Goods											
生产资料	Means of Production	99.5	101.5	98.6	101.9	104.6	104.0	102.8	103.7	106.7	94.2	103.9
采　掘	Mining& Quarrying Industry	93.4	105.7	104.3	102.7	122.5	127.7	103.6	107.1	130.4	97.5	112.2
原　料	Raw Materials Industry	102.3	104.0	99.2	103.0	107.8	106.1	104.1	106.0	105.9	91.5	108.2
加　工	Processing Industry	97.7	98.9	97.8	101.6	103.3	102.2	102.3	102.8	105.6	94.7	102.4
生活资料	Consumer Goods	97.5	91.4	95.2	97.7	99.1	100.5	100.7	102.8	103.3	99.0	100.5
食　品	Food	97.9	97.6	99.6	102.0	104.1	101.6	101.3	107.8	110.3	98.8	102.5
衣　着	Clothing	106.6	99.1	96.3	96.9	100.2	103.5	103.4	100.6	103.6	101.4	103.2
一般日用品	Articles for Daily Use	98.9	99.2	97.3	99.6	100.3	101.6	100.9	101.4	102.2	101.5	100.4
耐用消费品	Durable Consumer Goods	95.1	88.4	92.7	93.9	96.1	99.7	100.1	100.4	99.6	98.6	99.1
按工业部门分	By Sector											
冶金工业	Metallurgical Industry	106.0	98.8	95.8	110.2	114.9	105.8	105.5	108.9	107.9	83.5	108.5
电力工业	Electric Power Industry	101.2	106.1	100.6	103.3	101.0	102.7	103.6	103.7	102.2	102.1	104.6
煤炭及炼焦工业	Coal Industry	93.2	108.6	105.1	101.4	118.3	137.2	104.1	104.8	136.8	97.0	115.2
石油工业	Petroleum Industry	100.9	99.7	99.4	105.4	102.6	102.9	114.9	107.4	109.1	98.9	107.0
化学工业	Chemical Industry	101.8	102.8	100.6	100.6	106.9	110.8	100.6	105.1	111.3	90.7	105.5
机械工业	Machine Manufacturing Industry	96.5	94.0	95.4	96.7	99.0	99.8	101.1	100.9	101.5	97.6	99.7
建筑材料工业	Building Materials Industry	92.6	103.0	100.3	100.8	100.7	103.6	101.6	106.0	116.0	99.9	98.3
森林工业	Timber Industry		91.9	93.0	101.7	99.5	102.2	103.3	104.7	103.0	104.3	101.5
食品工业	Food Industry	97.6	97.5	99.3	101.6	106.3	100.9	101.5	108.6	113.3	97.9	102.5
纺织工业	Textile Industry	107.2	92.4	90.0	106.0	112.9	103.4	107.4	96.5	96.8	99.0	126.0
缝纫工业	Tailoring Industry	90.5	98.3	93.2	96.3	100.6	108.9	106.7	99.0	111.3	102.2	102.2
皮革工业	Leather Industry	100.0	101.6	98.7	98.5	97.1	99.4	99.9	100.4	96.8	100.5	104.3
造纸工业	Paper Industry	82.5	100.1	95.5	99.4	100.6	100.2	100.7	101.2	104.2	97.2	104.2
文教艺术用品工业	Cultural,Educational& Handicrafts Articles		94.9	104.7	99.8	99.4	99.9	99.7	99.7	99.7	99.5	102.3
其他工业	Others	103.2	114.0	126.1	106.9	104.4	107.7	103.2	103.0	104.0	99.4	107.6

注：国家统计局从 2011 年 1 月开始实施新的工业生产者价格统计调查制度。“工业品价格统计”改称为“工业生产者价格统计”，相应地将“工业品出厂价格指数”改称为“工业生产者出厂价格指数”。（下同）

Note：Since January 2011，NBS begins to conduct new statistical system and survey methods on PPI. “Prices Statistics on Industrial Goods” is renamed to “Prices Statistics on Industrial Producers”. Accordingly, “Producer Price Index of Industrial Products” is renamed to “Producer Price Index（PPI）for Manufactured Goods”.（the same below）

4-14 工业生产者出厂价格主要分组指数（2000-2021 年）
Producer Price Indices （PPI） by Main Classification （2000-2021）

续表（continued）　　　　上年 =100（preceding year=100）

项目名称	Item	2011 年	2012 年	2013 年	2014 年	2015 年	2016 年	2017 年	2018 年	2019 年	2020 年	2021 年
总指数	**General Index**	103.8	99.9	98.0	98.3	97.2	98.6	104.1	102.1	99.8	99.1	103.2
按生产生活资料分	**By Means of Production and Consumer Goods**											
生产资料	Means of Production	104.2	99.6	97.6	98.2	96.6	98.0	105.6	103.0	99.6	98.9	104.4
采　掘	Mining& Quarrying Industry	110.8	96.9	93.9	94.7	93.0	98.0	115.9	105.2	103.2	98.2	102.1
原　料	Raw Materials Industry	105.7	100.1	96.6	97.9	95.7	96.3	106.3	105.1	98.5	96.6	111.0
加　工	Processing Industry	103.4	99.6	98.1	98.5	97.0	98.3	105.2	102.5	99.7	99.3	103.4
生活资料	Consumer Goods	102.5	100.7	99.1	98.6	98.8	99.9	100.9	100.0	100.0	99.6	100.2
食　品	Food	107.2	102.4	101.0	100.5	100.6	100.6	101.3	100.7	102.5	102.7	101.7
衣　着	Clothing	104.7	101.5	101.0	100.9	100.4	99.4	100.9	100.0	100.3	99.0	98.3
一般日用品	Articles for Daily Use	101.4	98.5	99.4	100.9	99.2	99.0	100.5	99.8	100.2	98.6	99.7
耐用消费品	Durable Consumer Goods	100.1	100.4	97.7	96.7	97.5	99.8	100.8	99.7	98.9	98.6	99.8
按工业部门分	**By Sector**											
冶金工业	Metallurgical Industry	104.9	97.2	94.8	96.3	90.9	98.3	114.4	104.7	98.4	99.3	119.6
电力工业	Electric Power Industry	101.2	106.0	99.9	98.8	97.6	96.4	99.6	101.6	98.8	99.6	101.1
煤炭及炼焦工业	Coal Industry	115.3	95.6	91.2	92.4	90.8	95.5	123.5	104.3	99.8	93.8	103.3
石油工业	Petroleum Industry	111.4	100.5	100.6	101.8	100.7	93.7	99.5	104.4	103.5	97.9	103.5
化学工业	Chemical Industry	105.4	98.5	97.2	98.9	98.0	98.3	103.7	104.3	98.5	96.4	109.2
机械工业	Machine Manufacturing Industry	101.2	100.3	98.3	98.3	98.3	98.7	101.8	100.0	99.3	99.3	100.1
建筑材料工业	Building Materials Industry	106.5	98.8	98.0	100.3	96.6	99.0	109.5	114.0	107.8	98.9	101.0
森林工业	Timber Industry	102.8	100.4	100.6	100.9	100.2	100.0	99.7	99.9	100.7	99.9	102.7
食品工业	Food Industry	106.9	102.1	101.8	100.4	99.3	100.5	101.9	100.4	102.3	103.2	102.9
纺织工业	Textile Industry	109.9	96.1	99.8	98.6	96.3	98.0	103.1	99.8	97.2	97.2	102.5
缝纫工业	Tailoring Industry	103.7	100.6	100.8	100.7	99.3	97.8	101.6	101.1	101.3	98.4	98.7
皮革工业	Leather Industry	104.3	101.9	101.4	101.3	100.3	100.6	100.7	99.4	99.1	98.9	97.4
造纸工业	Paper Industry	105.7	100.1	98.0	97.3	97.9	99.4	114.2	108.6	93.9	97.8	104.3
文教艺术用品工业	Cultural,Educational& Handicrafts Articles	101.2	99.9	99.9	100.7	98.3	99.5	103.5	102.3	100.3	99.1	96.9
其他工业	Others	105.0	101.6	100.1	99.5	99.9	100.7	103.7	103.8	101.1	102.8	107.0

4–15 工业生产者出厂价格分类指数（2012–2021 年）
Producer Price Indices （PPI） by Sector （2012–2021）

上年 =100（preceding year=100）

项目名称	Item	2012 年	2013 年	2014 年	2015 年	2016 年
总指数	**General Index**	**99.9**	**98.0**	**98.3**	**97.2**	**98.6**
煤炭开采和洗选业	Mining and Washing of Coal	95.3	91.5	92.6	90.8	95.5
石油和天然气开采业	Extraction of Petroleum and Natural Gas	100.0	100.0	99.6	93.9	98.0
黑色金属矿采选业	Mining and Processing of Ferrous Metal Ores	98.9	90.7	93.4	88.7	91.4
有色金属矿采选业	Mining and Processing of Non–Ferrous Metal Ores	98.8	97.2	96.2	95.3	101.8
非金属矿采选业	Mining and Processing of Nonmetal Ores	102.6	99.5	99.4	99.3	99.4
农副食品加工业	Processing of Food from Agricultural Products	101.3	103.1	99.9	99.0	101.0
食品制造业	Processing of Foodstuff	102.7	100.4	102.2	101.1	100.5
酒、饮料和精制茶制造业	Manufacture of Liquor, Beverages and Refined Tea	102.3	100.5	100.7	97.7	99.1
烟草制品业	Manufacture of Tobacco	103.6	100.4	100.0	100.0	99.8
纺织业	Manufacture of Textile	96.5	100.0	99.0	96.6	98.2
纺织服装、服饰业	Manufacture of Textile Wearing Apparel, and Dress Adornment	99.6	100.4	99.8	98.9	97.8
皮革、毛皮、羽毛及其制品和制鞋业	Manufacture of Leather, Fur, Feather Related Products and Footware	101.9	101.4	100.4	99.5	100.1
木材加工及木、竹、藤、棕、草制品业	Processing of Timber, Manufacture of Wood, Bamboo, Rattan, Palm and Straw Products	99.8	100.2	100.1	97.5	99.3
家具制造业	Manufacture of Furniture	100.8	100.8	101.6	101.6	103.1
造纸和纸制品业	Manufacture of Paper and Paper Products	100.1	98.0	97.3	97.9	99.4
印刷和记录媒介复制业	Printing, Reproduction of Recording Media	99.4	98.7	99.3	97.9	99.3
文教、工美、体育和娱乐用品制造业	Manufacture of Culture, Education, Handicraft, Fine Arts, Sports and Entertainment Articles	108.5	99.3	96.5	100.5	107.4
石油加工、炼焦和核燃料加工业	Processing of Petroleum, Coking, Processing of Nuclear Fuel	99.6	92.9	95.3	94.3	96.1
化学原料和化学制品制造业	Manufacture of Raw Chemical Materials and Chemical Products	97.3	96.2	98.3	97.5	97.9
医药制造业	Manufacture of Medicines	102.3	100.8	101.2	101.4	100.0
化学纤维制造业	Manufacture of Chemical Fibers	89.5	89.9	96.5	85.6	87.6
橡胶和塑料制品业	Manufacture of Rubber and Plastics	99.0	97.6	98.7	97.4	97.5
非金属矿物制品业	Manufacture of Non-metallic Mineral Products	98.8	97.9	100.2	96.7	98.8
黑色金属冶炼和压延加工业	Smelting and Pressing of Ferrous Metals	94.7	94.2	95.3	86.3	98.3
有色金属冶炼和压延加工业	Smelting and Pressing of Non–ferrous Metals	98.3	95.3	96.4	94.0	98.2
金属制品业	Manufacture of Metal Products	104.6	99.7	100.1	98.4	98.2
通用设备制造业	Manufacture of General Purpose Machinery	99.4	99.0	99.7	98.9	98.8
专用设备制造业	Manufacture of Special Purpose Machinery	100.8	99.5	100.0	98.9	96.0
汽车制造业	Manufacture of Motor Vehicles	100.0	98.2	97.6	97.9	99.1
铁路、船舶、航空航天和其他运输设备制造业	Manufacture of Railway, Ship, Aviation and Other Transporting Equipment	100.6	98.5	98.3	99.2	98.3
电气机械和器材制造业	Manufacture of Electrical Machinery and Equipment	100.7	97.9	99.3	98.8	98.7
计算机、通信和其他电子设备制造业	Manufacture of Communication Equipment, Computers and Other Electronic Equipment	99.3	96.9	97.6	97.6	98.5
仪器仪表制造业	Manufacture of Instrument and Apparatus	100.7	99.7	99.6	98.4	101.5
其他制造业	Other Manufacture	100.2	99.4	99.0	100.0	96.8
废弃资源综合利用业	Comprehensive Utilization of Waste Resources	96.5	89.1	96.7	80.5	96.8
金属制品、机械和设备修理业	Repair Services of Metal Products, Machinery and Equipment	99.5	96.4	97.3	97.9	83.9
电力、热力生产和供应业	Production and Supply of Electric Power and Heat Power	106.0	99.9	98.8	97.6	96.4
燃气生产和供应业	Production and Supply of Gas	100.7	101.7	102.6	103.1	90.8
水的生产和供应业	Production and Supply of Water	101.3	100.8	100.4	100.7	100.3

4-15 工业生产者出厂价格分类指数（2012-2021 年）
Producer Price Indices （PPI） by Sector （2012-2021）

续表（continued）　　　　上年 =100（preceding year=100）

项目名称	Item	2017 年	2018 年	2019 年	2020 年	2021 年
总指数	General Index	104.1	102.1	99.8	99.1	103.2
煤炭开采和洗选业	Mining and Washing of Coal	123.1	104.0	100.3	94.0	103.3
石油和天然气开采业	Extraction of Petroleum and Natural Gas	100.4	105.6	100.9	104.8	106.3
黑色金属矿采选业	Mining and Processing of Ferrous Metal Ores	108.4	100.5	95.2	91.6	104.9
有色金属矿采选业	Mining and Processing of Non-Ferrous Metal Ores	107.7	109.0	94.6	99.3	114.4
非金属矿采选业	Mining and Processing of Nonmetal Ores	105.2	109.0	111.6	101.1	97.0
农副食品加工业	Processing of Food from Agricultural Products	102.3	100.2	103.1	105.1	105.0
食品制造业	Processing of Foodstuff	100.9	100.2	101.3	102.1	100.4
酒、饮料和精制茶制造业	Manufacture of Liquor, Beverages and Refined Tea	102.9	101.9	100.1	99.1	102.8
烟草制品业	Manufacture of Tobacco	99.9	100.4	102.3	100.6	100.0
纺织业	Manufacture of Textile	103.1	99.8	97.3	97.2	102.5
纺织服装、服饰业	Manufacture of Textile Wearing Apparel, and Dress Adornment	102.0	101.3	101.2	98.0	98.7
皮革、毛皮、羽毛及其制品和制鞋业	Manufacture of Leather, Fur, Feather Related Products and Footware	100.1	99.2	99.8	99.7	98.2
木材加工及木、竹、藤、棕、草制品业	Processing of Timber, Manufacture of Wood, Bamboo, Rattan, Palm and Straw Products	98.7	99.2	101.7	101.2	102.7
家具制造业	Manufacture of Furniture	106.9	103.9	99.3	97.6	102.8
造纸和纸制品业	Manufacture of Paper and Paper Products	114.2	108.6	93.9	97.8	104.3
印刷和记录媒介复制业	Printing, Reproduction of Recording Media	102.2	101.4	100.3	99.1	96.6
文教、工美、体育和娱乐用品制造业	Manufacture of Culture, Education, Handicraft, Fine Arts, Sports and Entertainment Articles	104.1	101.5	107.6	106.2	100.9
石油加工、炼焦和核燃料加工业	Processing of Petroleum, Coking, Processing of Nuclear Fuel	105.4	108.5	100.0	94.6	100.9
化学原料和化学制品制造业	Manufacture of Raw Chemical Materials and Chemical Products	105.1	106.0	96.9	94.3	118.8
医药制造业	Manufacture of Medicines	102.2	102.8	102.1	100.5	99.4
化学纤维制造业	Manufacture of Chemical Fibers	102.3	100.3	96.4	99.0	121.1
橡胶和塑料制品业	Manufacture of Rubber and Plastics	101.0	100.0	98.0	96.1	100.8
非金属矿物制品业	Manufacture of Non-metallic Mineral Products	109.5	113.8	106.3	99.1	103.3
黑色金属冶炼和压延加工业	Smelting and Pressing of Ferrous Metals	121.5	108.1	97.3	97.9	125.8
有色金属冶炼和压延加工业	Smelting and Pressing of Non-ferrous Metals	111.4	101.7	98.4	100.4	123.1
金属制品业	Manufacture of Metal Products	103.6	103.1	100.9	100.7	104.4
通用设备制造业	Manufacture of General Purpose Machinery	101.3	101.4	100.4	100.3	101.2
专用设备制造业	Manufacture of Special Purpose Machinery	100.3	101.1	100.9	98.8	99.9
汽车制造业	Manufacture of Motor Vehicles	100.2	99.7	99.0	99.3	100.0
铁路、船舶、航空航天和其他运输设备制造业	Manufacture of Railway, Ship, Aviation and Other Transporting Equipment	100.9	101.4	100.2	100.8	102.5
电气机械和器材制造业	Manufacture of Electrical Machinery and Equipment	101.9	100.7	97.5	97.6	104.4
计算机、通信和其他电子设备制造业	Manufacture of Communication Equipment, Computers and Other Electronic Equipment	104.1	98.9	99.2	98.7	98.8
仪器仪表制造业	Manufacture of Instrument and Apparatus	104.1	101.9	101.1	100.9	97.4
其他制造业	Other Manufacture	105.9	102.2	102.1	101.3	100.2
废弃资源综合利用业	Comprehensive Utilization of Waste Resources	134.0	137.2	109.3	97.6	105.8
金属制品、机械和设备修理业	Repair Services of Metal Products, Machinery and Equipment	102.9	104.5	102.2	99.9	100.4
电力、热力生产和供应业	Production and Supply of Electric Power and Heat Power	99.6	101.6	98.8	99.6	101.1
燃气生产和供应业	Production and Supply of Gas	99.9	101.4	106.1	95.6	103.1
水的生产和供应业	Production and Supply of Water	100.5	100.2	100.0	98.9	100.5

4-16 工业生产者出厂价格主要分组分月指数（2011 年）
Producer Price Indices （PPI） by Main Classification& Month （2011）

上年同期 =100（same period last year=100）

项目名称	Item	1月 January	2月 February	3月 March	4月 April	5月 May	6月 June
总指数	**General Index**	**103.0**	**103.3**	**103.5**	**103.7**	**104.1**	**104.4**
按生产生活资料分	**By Means of Production and Consumer Goods**						
生产资料	Means of Production	103.4	103.9	103.9	104.1	104.5	104.9
采　掘	Mining& Quarrying Industry	113.1	113.8	112.3	112.1	111.4	111.6
原　料	Raw Materials Industry	106.0	106.0	105.4	105.5	106.2	106.9
加　工	Processing Industry	102.2	102.8	103.0	103.2	103.6	104.0
生活资料	Consumer Goods	101.9	101.6	102.2	102.6	103.1	102.8
食　品	Food	104.5	104.9	106.1	107.3	107.6	108.3
衣　着	Clothing	105.0	105.7	105.4	104.7	105.2	105.2
一般日用品	Articles for Daily Use	103.3	102.7	103.3	103.5	102.5	101.5
耐用消费品	Durable Consumer Goods	99.7	99.1	99.4	99.7	100.6	100.1
按工业部门分	**By Sector**						
冶金工业	Metallurgical Industry	104.4	105.6	104.7	104.2	104.2	106.1
电力工业	Electric Power Industry	100.1	100.3	100.3	100.0	100.2	100.6
煤炭及炼焦工业	Coal Industry	117.1	118.1	117.6	117.4	116.4	116.3
石油工业	Petroleum Industry	113.9	113.9	114.3	115.6	115.5	115.2
化学工业	Chemical Industry	106.0	105.6	105.1	105.6	106.5	106.3
机械工业	Machine Manufacturing Industry	99.9	100.1	100.6	100.7	101.3	101.4
建筑材料工业	Building Materials Industry	103.6	103.5	104.0	106.7	108.3	109.7
森林工业	Timber Industry	102.8	102.4	102.5	102.5	102.4	102.6
食品工业	Food Industry	104.9	105.3	106.5	107.6	107.6	108.0
纺织工业	Textile Industry	121.0	122.3	121.0	117.0	114.0	111.6
缝纫工业	Tailoring Industry	102.4	105.1	105.0	104.0	104.1	104.1
皮革工业	Leather Industry	107.1	105.6	105.6	104.4	104.5	104.6
造纸工业	Paper Industry	105.9	106.9	106.7	106.8	106.2	105.5
文教艺术用品工业	Cultural,Educational& Handicrafts Articles	101.2	101.6	101.6	101.5	101.2	101.1
其他工业	Others	104.7	105.1	104.9	104.6	104.9	105.0

4-16 工业生产者出厂价格主要分组分月指数（2011年）
Producer Price Indices （PPI） by Main Classification& Month （2011）

续表（continued）

上年同期=100（same period last year=100）

项目名称	Item	7月 July	8月 August	9月 September	10月 October	11月 November	12月 December
总指数	**General Index**	104.8	104.8	104.6	104.0	102.8	102.4
按生产生活资料分	**By Means of Production and Consumer Goods**						
生产资料	Means of Production	105.3	105.3	105.1	104.5	103.2	102.6
采　掘	Mining& Quarrying Industry	111.9	111.4	109.9	109.7	107.6	105.3
原　料	Raw Materials Industry	107.7	107.2	106.4	105.3	103.2	103.2
加　工	Processing Industry	104.3	104.4	104.5	103.9	102.9	102.3
生活资料	Consumer Goods	103.3	103.2	103.1	102.5	101.9	102.0
食　品	Food	108.7	108.8	108.9	108.0	106.7	106.5
衣　着	Clothing	105.3	105.0	104.8	103.6	103.8	103.1
一般日用品	Articles for Daily Use	101.2	100.9	100.6	99.5	98.7	98.7
耐用消费品	Durable Consumer Goods	100.8	100.6	100.6	100.3	100.0	100.3
按工业部门分	**By Sector**						
冶金工业	Metallurgical Industry	107.2	107.3	106.7	104.4	102.4	102.4
电力工业	Electric Power Industry	101.1	101.4	101.4	102.1	102.1	105.4
煤炭及炼焦工业	Coal Industry	117.1	116.4	115.3	114.2	110.9	107.6
石油工业	Petroleum Industry	114.5	112.8	109.3	105.7	104.5	103.3
化学工业	Chemical Industry	106.8	106.7	106.5	105.6	103.0	101.8
机械工业	Machine Manufacturing Industry	101.9	101.9	102.1	101.9	101.6	101.5
建筑材料工业	Building Materials Industry	109.0	109.4	108.8	107.6	105.8	102.4
森林工业	Timber Industry	102.9	103.1	103.3	103.4	103.0	102.8
食品工业	Food Industry	108.0	108.1	108.2	107.2	105.8	105.5
纺织工业	Textile Industry	109.8	106.6	104.4	102.3	98.7	96.2
缝纫工业	Tailoring Industry	104.4	103.7	103.4	103.1	102.7	102.8
皮革工业	Leather Industry	104.4	104.6	104.6	102.0	102.4	102.6
造纸工业	Paper Industry	105.0	105.6	106.5	105.1	105.1	103.2
文教艺术用品工业	Cultural,Educational& Handicrafts Articles	100.8	100.8	101.0	101.0	101.2	101.0
其他工业	Others	105.7	105.7	105.7	104.8	104.6	104.1

4-16 工业生产者出厂价格主要分组分月指数（2012 年）
Producer Price Indices （PPI） by Main Classification& Month （2012）

上年同期 =100（same period last year=100）

项目名称	Item	1月 January	2月 February	3月 March	4月 April	5月 May	6月 June
总指数	General Index	102.0	101.6	101.3	100.9	100.3	100.0
按生产生活资料分	By Means of Production and Consumer Goods						
生产资料	Means of Production	102.2	101.6	101.2	100.9	100.1	99.7
采　掘	Mining& Quarrying Industry	103.4	102.3	102.5	101.3	100.1	97.1
原　料	Raw Materials Industry	103.2	103.0	102.5	101.9	100.9	100.1
加　工	Processing Industry	101.9	101.2	100.8	100.5	99.9	99.7
生活资料	Consumer Goods	101.5	101.6	101.3	101.1	100.7	100.9
食　品	Food	105.5	104.5	104.0	103.6	103.2	102.6
衣　着	Clothing	102.6	102.0	102.2	102.0	101.8	101.4
一般日用品	Articles for Daily Use	97.5	97.8	97.4	97.1	98.1	99.0
耐用消费品	Durable Consumer Goods	100.3	101.0	100.9	100.8	99.9	100.5
按工业部门分	By Sector						
冶金工业	Metallurgical Industry	101.7	100.4	99.9	99.6	98.9	98.5
电力工业	Electric Power Industry	107.0	106.7	107.3	107.5	107.0	106.3
煤炭及炼焦工业	Coal Industry	105.0	102.7	102.1	100.9	98.9	96.0
石油工业	Petroleum Industry	102.9	103.1	102.1	100.6	100.0	99.0
化学工业	Chemical Industry	100.9	101.3	100.6	99.8	99.3	98.9
机械工业	Machine Manufacturing Industry	101.5	101.2	101.0	100.9	100.3	100.4
建筑材料工业	Building Materials Industry	101.7	102.4	101.9	100.1	97.7	97.0
森林工业	Timber Industry	100.6	100.7	100.6	100.3	100.4	100.2
食品工业	Food Industry	104.3	103.3	102.6	102.3	102.3	102.1
纺织工业	Textile Industry	94.8	94.1	93.3	94.1	94.0	94.9
缝纫工业	Tailoring Industry	102.0	100.6	100.7	100.7	100.4	100.4
皮革工业	Leather Industry	102.3	102.7	102.7	102.5	102.5	102.1
造纸工业	Paper Industry	102.2	100.9	101.1	100.9	100.2	99.7
文教艺术用品工业	Cultural,Educational& Handicrafts Articles	100.3	99.9	99.9	99.8	100.2	100.1
其他工业	Others	102.9	102.7	102.4	102.3	102.0	101.7

4-16 工业生产者出厂价格主要分组分月指数（2012 年）
Producer Price Indices （PPI） by Main Classification& Month （2012）

续表（continued） 上年同期 =100（same period last year=100）

项目名称	Item	7 月 July	8 月 August	9 月 September	10 月 October	11 月 November	12 月 December
总指数	**General Index**	**99.6**	**99.0**	**98.5**	**98.4**	**98.6**	**98.6**
按生产生活资料分	**By Means of Production and Consumer Goods**						
生产资料	Means of Production	99.2	98.5	98.0	97.8	97.9	98.0
采　掘	Mining& Quarrying Industry	95.0	93.3	91.7	91.5	92.1	93.1
原　料	Raw Materials Industry	99.5	98.5	98.2	97.8	98.0	97.5
加　工	Processing Industry	99.4	98.8	98.3	98.1	98.3	98.4
生活资料	Consumer Goods	100.5	100.3	100.0	100.1	100.2	100.3
食　品	Food	101.6	101.0	100.5	100.6	100.7	100.8
衣　着	Clothing	101.3	101.3	101.4	101.2	100.8	100.4
一般日用品	Articles for Daily Use	98.7	98.6	98.4	99.2	99.9	100.0
耐用消费品	Durable Consumer Goods	100.4	100.3	100.1	100.1	100.0	100.0
按工业部门分	**By Sector**						
冶金工业	Metallurgical Industry	97.7	94.8	93.6	93.8	93.9	94.3
电力工业	Electric Power Industry	105.8	105.8	106.0	105.3	105.5	102.3
煤炭及炼焦工业	Coal Industry	93.1	91.1	89.4	89.0	89.6	90.3
石油工业	Petroleum Industry	98.9	99.2	99.3	99.9	100.3	100.5
化学工业	Chemical Industry	98.2	97.4	96.4	96.0	96.4	96.9
机械工业	Machine Manufacturing Industry	100.1	100.0	99.7	99.6	99.5	99.5
建筑材料工业	Building Materials Industry	97.5	97.4	97.2	96.8	97.8	98.3
森林工业	Timber Industry	100.1	100.3	100.2	100.1	100.4	100.2
食品工业	Food Industry	101.5	101.2	101.2	101.3	101.4	101.8
纺织工业	Textile Industry	95.6	97.0	97.9	98.5	99.3	100.2
缝纫工业	Tailoring Industry	100.5	100.6	100.7	100.8	100.3	99.8
皮革工业	Leather Industry	101.8	101.7	101.6	101.2	100.9	100.7
造纸工业	Paper Industry	99.9	99.6	99.2	99.1	98.6	100.0
文教艺术用品工业	Cultural,Educational& Handicrafts Articles	99.9	99.9	99.7	99.7	99.6	99.6
其他工业	Others	101.3	100.8	100.8	100.5	100.6	100.8

4-16 工业生产者出厂价格主要分组分月指数（2013 年）
Producer Price Indices （PPI） by Main Classification& Month （2013）

上年同期 =100（same period last year=100）

项目名称	Item	1月 January	2月 February	3月 March	4月 April	5月 May	6月 June
总指数	**General Index**	**98.7**	**98.7**	**98.5**	**98.3**	**98.3**	**97.1**
按生产生活资料分	**By Means of Production and Consumer Goods**						
生产资料	Means of Production	98.1	98.2	97.9	97.8	97.8	96.6
采　掘	Mining& Quarrying Industry	93.4	93.7	93.6	93.1	93.0	91.4
原　料	Raw Materials Industry	97.6	97.5	97.2	96.6	96.6	95.5
加　工	Processing Industry	98.5	98.6	98.4	98.4	98.4	97.2
生活资料	Consumer Goods	100.3	100.2	100.0	99.9	99.9	98.5
食　品	Food	101.5	101.8	101.5	101.1	100.9	100.7
衣　着	Clothing	100.6	100.8	101.0	100.8	100.8	100.9
一般日用品	Articles for Daily Use	99.7	99.7	99.4	99.2	99.0	98.9
耐用消费品	Durable Consumer Goods	99.8	99.5	99.3	99.4	99.5	96.9
按工业部门分	**By Sector**						
冶金工业	Metallurgical Industry	94.2	94.8	94.5	94.4	94.4	93.1
电力工业	Electric Power Industry	101.0	100.8	100.5	100.6	100.5	99.9
煤炭及炼焦工业	Coal Industry	91.0	91.2	91.2	90.8	90.4	87.9
石油工业	Petroleum Industry	100.7	100.6	100.7	100.6	100.7	100.0
化学工业	Chemical Industry	97.7	97.7	97.3	96.7	96.7	96.1
机械工业	Machine Manufacturing Industry	99.5	99.4	99.2	99.2	99.1	97.6
建筑材料工业	Building Materials Industry	98.1	97.8	97.5	97.3	98.0	97.5
森林工业	Timber Industry	100.8	100.8	100.6	100.6	100.4	100.4
食品工业	Food Industry	102.3	102.9	102.8	102.3	102.0	101.5
纺织工业	Textile Industry	100.6	100.5	100.9	101.1	101.7	99.2
缝纫工业	Tailoring Industry	100.4	100.6	100.5	100.3	100.3	100.6
皮革工业	Leather Industry	101.1	101.1	101.4	101.5	101.4	101.4
造纸工业	Paper Industry	100.0	100.2	99.7	99.4	99.3	97.3
文教艺术用品工业	Cultural,Educational& Handicrafts Articles	99.7	99.6	99.6	99.7	99.7	99.9
其他工业	Others	100.8	100.7	100.9	100.8	100.9	100.1

4-16 工业生产者出厂价格主要分组分月指数（2013 年）
Producer Price Indices （PPI） by Main Classification& Month （2013）

续表（continued）

上年同期 =100（same period last year=100）

项目名称	Item	7 月 July	8 月 August	9 月 September	10 月 October	11 月 November	12 月 December
总指数	General Index	97.0	97.3	97.7	97.9	98.0	98.0
按生产生活资料分	By Means of Production and Consumer Goods						
生产资料	Means of Production	96.5	97.0	97.5	97.7	97.8	97.9
采　掘	Mining& Quarrying Industry	92.3	93.8	95.6	96.0	95.6	95.6
原　料	Raw Materials Industry	95.7	96.3	96.6	96.6	96.6	96.9
加　工	Processing Industry	97.0	97.4	97.9	98.1	98.3	98.3
生活资料	Consumer Goods	98.4	98.2	98.3	98.3	98.3	98.3
食　品	Food	100.8	100.8	100.7	100.6	100.6	100.6
衣　着	Clothing	100.9	101.0	101.0	101.2	101.3	101.6
一般日用品	Articles for Daily Use	99.1	99.4	99.6	99.9	99.8	99.7
耐用消费品	Durable Consumer Goods	96.7	96.2	96.4	96.4	96.4	96.4
按工业部门分	By Sector						
冶金工业	Metallurgical Industry	92.7	94.6	95.7	96.2	96.6	96.8
电力工业	Electric Power Industry	99.9	99.7	99.7	98.9	98.7	98.5
煤炭及炼焦工业	Coal Industry	89.2	91.1	92.8	93.0	92.9	93.2
石油工业	Petroleum Industry	100.0	100.3	100.8	100.9	100.9	101.2
化学工业	Chemical Industry	96.3	96.8	97.4	97.8	97.7	98.1
机械工业	Machine Manufacturing Industry	97.4	97.4	97.5	97.6	97.8	97.8
建筑材料工业	Building Materials Industry	97.4	97.7	98.2	98.8	98.8	98.6
森林工业	Timber Industry	100.6	100.5	100.6	100.6	100.7	100.8
食品工业	Food Industry	101.5	101.2	101.2	101.3	101.4	101.3
纺织工业	Textile Industry	99.3	99.4	99.2	99.1	98.7	98.4
缝纫工业	Tailoring Industry	100.6	101.0	100.7	101.2	101.6	102.1
皮革工业	Leather Industry	101.5	101.4	101.6	101.6	101.5	101.7
造纸工业	Paper Industry	96.8	96.4	96.3	96.6	97.0	96.8
文教艺术用品工业	Cultural,Educational& Handicrafts Articles	100.0	100.0	100.0	100.0	100.1	100.1
其他工业	Others	99.4	99.4	99.5	99.7	99.4	99.3

4-16 工业生产者出厂价格主要分组分月指数（2014 年）
Producer Price Indices （PPI） by Main Classification& Month （2014）

上年同期 =100（same period last year=100）

项目名称	Item	1 月 January	2 月 February	3 月 March	4 月 April	5 月 May	6 月 June
总指数	**General Index**	**97.8**	**97.7**	**97.7**	**97.7**	**97.9**	**98.5**
按生产生活资料分	**By Means of Production and Consumer Goods**						
生产资料	Means of Production	97.6	97.5	97.4	97.4	97.6	98.6
采　掘	Mining& Quarrying Industry	95.2	95.0	94.5	94.1	94.2	95.7
原　料	Raw Materials Industry	96.4	96.2	96.3	97.1	97.6	98.6
加　工	Processing Industry	98.1	98.0	97.9	97.7	97.8	98.7
生活资料	Consumer Goods	98.3	98.3	98.3	98.4	98.5	98.5
食　品	Food	99.8	99.6	99.7	100.0	100.5	100.6
衣　着	Clothing	101.3	101.3	101.1	101.1	101.2	101.2
一般日用品	Articles for Daily Use	100.3	100.5	100.7	100.6	100.8	100.7
耐用消费品	Durable Consumer Goods	96.5	96.6	96.6	96.5	96.5	96.4
按工业部门分	**By Sector**						
冶金工业	Metallurgical Industry	96.2	95.7	95.2	95.0	95.3	96.5
电力工业	Electric Power Industry	98.6	98.6	98.4	98.3	98.5	98.9
煤炭及炼焦工业	Coal Industry	92.6	92.3	91.9	91.6	91.9	94.2
石油工业	Petroleum Industry	101.2	101.3	101.4	101.5	101.2	102.0
化学工业	Chemical Industry	97.4	97.2	97.4	98.3	98.6	99.2
机械工业	Machine Manufacturing Industry	97.7	97.8	97.8	97.6	97.8	98.3
建筑材料工业	Building Materials Industry	98.9	99.3	99.6	100.2	100.3	101.0
森林工业	Timber Industry	100.8	100.9	101.0	100.9	101.1	101.1
食品工业	Food Industry	100.5	100.2	99.9	100.2	100.6	101.0
纺织工业	Textile Industry	98.4	98.3	98.4	98.2	97.9	100.2
缝纫工业	Tailoring Industry	101.1	101.1	101.1	101.3	101.5	101.3
皮革工业	Leather Industry	101.4	101.3	101.3	101.1	101.3	101.5
造纸工业	Paper Industry	96.5	96.4	96.2	96.3	96.6	97.7
文教艺术用品工业	Cultural,Educational& Handicrafts Articles	100.3	100.5	100.6	100.6	100.5	100.6
其他工业	Others	100.0	100.0	99.8	99.5	98.9	99.0

4-16 工业生产者出厂价格主要分组分月指数（2014年）
Producer Price Indices （PPI） by Main Classification& Month （2014）

续表（continued）　　上年同期=100（same period last year=100）

项目名称	Item	7月 July	8月 August	9月 September	10月 October	11月 November	12月 December
总指数	**General Index**	**98.8**	**99.0**	**98.9**	**98.8**	**98.6**	**98.3**
按生产生活资料分	**By Means of Production and Consumer Goods**						
生产资料	Means of Production	98.8	98.9	98.9	98.8	98.5	98.1
采　掘	Mining& Quarrying Industry	95.6	95.2	94.8	94.5	93.8	93.2
原　料	Raw Materials Industry	98.7	99.0	99.2	99.2	98.8	98.1
加　工	Processing Industry	99.0	99.1	99.1	99.0	98.7	98.4
生活资料	Consumer Goods	98.7	99.0	98.9	98.9	98.9	98.8
食　品	Food	100.8	101.1	100.9	100.9	100.8	100.4
衣　着	Clothing	101.2	101.0	100.9	100.5	100.3	100.1
一般日用品	Articles for Daily Use	100.9	101.0	101.2	101.2	101.2	101.3
耐用消费品	Durable Consumer Goods	96.6	97.0	96.9	96.9	97.1	97.0
按工业部门分	**By Sector**						
冶金工业	Metallurgical Industry	97.4	97.7	97.7	97.2	96.5	95.6
电力工业	Electric Power Industry	98.9	98.9	98.7	99.3	99.3	99.4
煤炭及炼焦工业	Coal Industry	93.9	93.0	92.5	92.4	91.6	90.8
石油工业	Petroleum Industry	102.2	101.6	102.1	102.5	102.6	102.1
化学工业	Chemical Industry	99.5	99.9	100.3	100.1	99.7	99.1
机械工业	Machine Manufacturing Industry	98.5	98.7	98.8	98.8	98.7	98.7
建筑材料工业	Building Materials Industry	100.8	101.1	101.0	100.9	100.1	99.8
森林工业	Timber Industry	101.0	101.0	100.9	100.8	100.6	100.6
食品工业	Food Industry	101.2	101.3	100.6	100.3	100.2	99.3
纺织工业	Textile Industry	99.7	99.0	98.9	98.3	98.2	97.8
缝纫工业	Tailoring Industry	101.2	100.6	100.8	99.9	99.5	99.3
皮革工业	Leather Industry	101.4	101.6	101.5	101.4	101.2	101.0
造纸工业	Paper Industry	97.9	98.5	98.2	97.8	97.7	97.8
文教艺术用品工业	Cultural,Educational& Handicrafts Articles	100.6	100.6	100.8	100.8	100.6	101.2
其他工业	Others	99.3	99.2	99.1	99.2	99.9	100.4

4-16 工业生产者出厂价格主要分组分月指数（2015 年）
Producer Price Indices （PPI） by Main Classification& Month （2015）

上年同期 =100（same period last year=100）

项目名称	Item	1月 January	2月 February	3月 March	4月 April	5月 May	6月 June
总指数	**General Index**	**98.0**	**97.8**	**97.6**	**97.4**	**97.2**	**97.4**
按生产生活资料分	**By Means of Production and Consumer Goods**						
生产资料	Means of Production	97.8	97.6	97.4	97.2	96.9	96.8
采　掘	Mining& Quarrying Industry	92.8	92.2	92.1	92.5	92.5	93.6
原　料	Raw Materials Industry	97.6	97.4	97.2	96.7	96.2	95.8
加　工	Processing Industry	98.2	98.0	97.8	97.6	97.3	97.2
生活资料	Consumer Goods	98.3	98.2	98.1	98.1	98.2	99.3
食　品	Food	100.5	100.7	100.6	100.6	100.7	100.8
衣　着	Clothing	100.8	100.9	100.7	100.6	100.4	100.1
一般日用品	Articles for Daily Use	100.6	100.4	99.6	99.6	99.5	99.8
耐用消费品	Durable Consumer Goods	96.1	96.0	96.0	96.0	96.2	98.3
按工业部门分	**By Sector**						
冶金工业	Metallurgical Industry	94.9	94.4	93.9	93.0	92.3	91.5
电力工业	Electric Power Industry	99.4	99.4	99.4	99.3	98.7	96.2
煤炭及炼焦工业	Coal Industry	90.2	90.0	89.9	90.2	90.2	91.5
石油工业	Petroleum Industry	102.1	102.2	101.9	101.7	101.9	101.6
化学工业	Chemical Industry	98.6	98.1	98.2	98.1	98.0	98.7
机械工业	Machine Manufacturing Industry	98.3	98.3	98.2	98.2	98.0	98.8
建筑材料工业	Building Materials Industry	99.2	98.8	97.9	96.9	96.6	96.1
森林工业	Timber Industry	100.6	100.7	100.5	100.1	100.5	99.0
食品工业	Food Industry	99.5	99.5	99.6	99.5	99.4	99.1
纺织工业	Textile Industry	97.2	97.1	96.7	96.7	96.4	96.1
缝纫工业	Tailoring Industry	99.6	99.5	99.8	99.6	99.2	98.9
皮革工业	Leather Industry	101.0	101.1	100.5	100.5	100.3	100.1
造纸工业	Paper Industry	98.1	98.3	98.0	97.0	97.0	97.9
文教艺术用品工业	Cultural,Educational& Handicrafts Articles	100.5	100.3	98.3	98.0	97.9	98.2
其他工业	Others	100.0	100.1	100.1	99.9	100.3	100.1

4-16 工业生产者出厂价格主要分组分月指数（2015 年）
Producer Price Indices （PPI） by Main Classification& Month （2015）

续表（continued） 上年同期 =100（same period last year=100）

项目名称	Item	7 月 July	8 月 August	9 月 September	10 月 October	11 月 November	12 月 December
总指数	**General Index**	**97.3**	**97.0**	**96.8**	**96.6**	**96.4**	**96.3**
按生产生活资料分	**By Means of Production and Consumer Goods**						
生产资料	Means of Production	96.5	96.2	96.0	95.6	95.5	95.3
采　掘	Mining& Quarrying Industry	94.3	94.5	93.8	93.1	92.7	92.4
原　料	Raw Materials Industry	95.7	95.4	94.7	94.4	94.0	93.5
加　工	Processing Industry	96.9	96.6	96.5	96.2	96.1	96.0
生活资料	Consumer Goods	99.4	99.3	99.2	99.1	99.0	99.1
食　品	Food	100.8	100.7	100.4	100.3	100.4	100.7
衣　着	Clothing	100.2	100.1	100.2	100.2	100.3	100.4
一般日用品	Articles for Daily Use	99.4	99.0	98.5	98.2	97.9	97.5
耐用消费品	Durable Consumer Goods	98.5	98.5	98.7	98.7	98.5	98.6
按工业部门分	**By Sector**						
冶金工业	Metallurgical Industry	90.3	89.2	88.5	87.6	87.4	86.9
电力工业	Electric Power Industry	96.4	96.3	96.5	96.7	96.6	96.6
煤炭及炼焦工业	Coal Industry	92.3	92.7	92.1	91.5	90.3	89.1
石油工业	Petroleum Industry	101.3	101.4	100.0	99.0	98.9	96.8
化学工业	Chemical Industry	98.7	98.4	97.6	97.4	97.2	97.0
机械工业	Machine Manufacturing Industry	98.6	98.5	98.6	98.3	98.3	98.2
建筑材料工业	Building Materials Industry	95.8	95.7	95.3	95.2	95.4	96.0
森林工业	Timber Industry	99.6	100.4	100.1	100.0	100.3	100.6
食品工业	Food Industry	99.4	99.3	99.0	99.0	98.8	99.3
纺织工业	Textile Industry	96.1	95.9	95.7	95.9	95.7	96.0
缝纫工业	Tailoring Industry	98.9	99.0	99.1	99.2	99.3	99.3
皮革工业	Leather Industry	100.1	99.9	99.9	99.9	100.0	100.2
造纸工业	Paper Industry	98.2	98.0	98.3	97.8	98.4	98.2
文教艺术用品工业	Cultural,Educational& Handicrafts Articles	98.2	98.1	97.8	97.8	97.5	97.3
其他工业	Others	100.1	100.2	100.2	99.9	99.0	98.5

4-16 工业生产者出厂价格主要分组分月指数（2016 年）
Producer Price Indices （PPI） by Main Classification& Month （2016）

上年同期 =100（same period last year=100）

项目名称	Item	1 月 January	2 月 February	3 月 March	4 月 April	5 月 May	6 月 June
总指数	**General Index**	**96.4**	**96.3**	**96.8**	**97.2**	**97.6**	**98.2**
按生产生活资料分	**By Means of Production and Consumer Goods**						
生产资料	Means of Production	95.0	94.8	95.5	96.1	96.8	97.4
采　掘	Mining& Quarrying Industry	93.3	92.0	92.6	94.1	94.5	95.3
原　料	Raw Materials Industry	93.7	93.2	93.9	94.1	94.3	95.7
加　工	Processing Industry	95.3	95.2	95.9	96.6	97.3	97.8
生活资料	Consumer Goods	99.4	99.5	99.7	99.6	99.6	99.9
食　品	Food	100.4	100.4	100.8	100.7	100.5	100.5
衣　着	Clothing	98.3	98.2	98.9	98.9	99.2	99.3
一般日用品	Articles for Daily Use	97.6	97.7	98.9	99.0	99.2	99.1
耐用消费品	Durable Consumer Goods	99.5	99.7	99.5	99.3	99.3	99.9
按工业部门分	**By Sector**						
冶金工业	Metallurgical Industry	87.3	88.3	90.5	94.6	95.9	96.9
电力工业	Electric Power Industry	96.1	95.4	95.2	94.5	94.7	97.3
煤炭及炼焦工业	Coal Industry	89.0	87.3	87.9	89.8	90.4	91.2
石油工业	Petroleum Industry	95.3	93.1	93.1	93.1	93.1	93.1
化学工业	Chemical Industry	97.2	97.3	97.9	98.2	97.9	97.8
机械工业	Machine Manufacturing Industry	97.7	97.4	97.7	97.6	98.0	98.5
建筑材料工业	Building Materials Industry	96.2	96.2	96.3	96.7	97.5	98.1
森林工业	Timber Industry	100.1	100.1	100.5	100.0	100.0	100.1
食品工业	Food Industry	99.8	99.8	100.3	100.3	100.1	100.4
纺织工业	Textile Industry	96.0	96.1	96.3	96.3	96.8	97.4
缝纫工业	Tailoring Industry	96.1	95.9	96.9	97.2	97.4	97.7
皮革工业	Leather Industry	100.0	99.9	100.3	100.2	100.4	100.4
造纸工业	Paper Industry	98.3	98.3	98.6	98.8	98.5	98.7
文教艺术用品工业	Cultural,Educational& Handicrafts Articles	97.0	97.0	99.7	100.0	100.0	99.8
其他工业	Others	98.5	99.4	100.2	100.3	100.5	100.5

4-16 工业生产者出厂价格主要分组分月指数（2016 年）
Producer Price Indices （PPI） by Main Classification& Month （2016）

续表（continued） 上年同期 =100（same period last year=100）

项目名称	Item	7 月 July	8 月 August	9 月 September	10 月 October	11 月 November	12 月 December
总指数	**General Index**	**98.7**	**99.0**	**99.4**	**100.2**	**101.1**	**102.4**
按生产生活资料分	**By Means of Production and Consumer Goods**						
生产资料	Means of Production	98.2	98.6	99.0	100.2	101.5	103.2
采　掘	Mining& Quarrying Industry	95.8	96.5	99.9	104.9	107.9	111.1
原　料	Raw Materials Industry	96.0	96.3	97.4	98.8	100.6	102.8
加　工	Processing Industry	98.6	99.0	99.3	100.2	101.4	103.0
生活资料	Consumer Goods	99.9	99.9	100.2	100.2	100.3	100.5
食　品	Food	100.3	100.1	100.7	100.6	100.8	101.4
衣　着	Clothing	99.3	99.2	99.7	100.4	100.6	100.7
一般日用品	Articles for Daily Use	99.1	99.2	99.5	99.3	99.7	99.5
耐用消费品	Durable Consumer Goods	99.9	100.0	100.2	100.2	100.3	100.3
按工业部门分	**By Sector**						
冶金工业	Metallurgical Industry	98.9	101.1	101.9	104.8	109.1	113.7
电力工业	Electric Power Industry	97.0	96.8	97.5	97.2	97.4	97.3
煤炭及炼焦工业	Coal Industry	92.0	94.0	97.6	103.9	109.8	116.8
石油工业	Petroleum Industry	93.0	93.1	93.7	94.0	94.0	95.9
化学工业	Chemical Industry	97.9	97.7	98.4	99.0	99.8	101.0
机械工业	Machine Manufacturing Industry	99.0	99.2	99.3	99.6	99.9	100.5
建筑材料工业	Building Materials Industry	98.4	98.1	99.3	101.8	103.9	105.6
森林工业	Timber Industry	99.9	99.6	99.9	99.7	99.9	100.0
食品工业	Food Industry	100.3	100.2	100.8	100.8	101.2	102.0
纺织工业	Textile Industry	97.9	98.5	99.4	99.7	100.8	101.4
缝纫工业	Tailoring Industry	98.1	98.2	98.5	99.2	99.3	99.5
皮革工业	Leather Industry	100.2	100.0	100.6	101.4	101.9	101.9
造纸工业	Paper Industry	98.4	98.8	99.2	99.3	100.1	105.9
文教艺术用品工业	Cultural,Educational& Handicrafts Articles	99.6	99.6	99.9	99.9	100.6	100.6
其他工业	Others	101.4	101.3	101.2	101.6	102.4	101.6

4-16 工业生产者出厂价格主要分组分月指数（2017 年）
Producer Price Indices （PPI） by Main Classification& Month （2017）

上年同期 =100（same period last year=100）

项目名称	Item	1 月 January	2 月 February	3 月 March	4 月 April	5 月 May	6 月 June
总指数	**General Index**	**103.4**	**104.3**	**104.5**	**104.6**	**104.1**	**103.9**
按生产生活资料分	**By Means of Production and Consumer Goods**						
生产资料	Means of Production	104.4	105.8	106.1	106.2	105.6	105.4
采　掘	Mining& Quarrying Industry	112.7	115.9	120.5	119.0	118.6	119.6
原　料	Raw Materials Industry	104.6	105.8	106.2	106.4	106.2	105.5
加　工	Processing Industry	104.1	105.5	105.5	105.8	105.0	104.9
生活资料	Consumer Goods	101.1	100.9	101.0	100.9	100.9	100.7
食　品	Food	101.5	101.7	101.4	101.0	101.0	100.9
衣　着	Clothing	101.6	101.9	101.6	101.0	100.9	100.7
一般日用品	Articles for Daily Use	99.7	99.8	100.4	100.4	100.2	100.3
耐用消费品	Durable Consumer Goods	101.3	100.8	101.0	101.0	101.0	100.7
按工业部门分	**By Sector**						
冶金工业	Metallurgical Industry	114.6	118.0	117.2	114.6	112.4	112.0
电力工业	Electric Power Industry	97.7	98.5	99.0	99.6	99.7	100.1
煤炭及炼焦工业	Coal Industry	120.9	125.2	130.6	128.4	127.8	128.7
石油工业	Petroleum Industry	97.3	99.3	99.9	99.8	99.2	99.4
化学工业	Chemical Industry	102.1	103.0	103.6	103.3	103.1	102.4
机械工业	Machine Manufacturing Industry	101.5	101.9	101.9	102.6	102.3	102.1
建筑材料工业	Building Materials Industry	106.8	108.6	109.5	110.0	109.5	109.3
森林工业	Timber Industry	99.9	99.8	99.5	99.7	99.7	99.8
食品工业	Food Industry	102.0	102.0	102.7	102.3	102.2	101.8
纺织工业	Textile Industry	102.4	102.8	103.1	103.1	103.3	103.1
缝纫工业	Tailoring Industry	101.8	102.3	101.8	101.8	101.8	101.5
皮革工业	Leather Industry	102.0	102.1	102.0	100.7	100.5	100.5
造纸工业	Paper Industry	108.1	108.9	108.4	106.3	106.7	109.4
文教艺术用品工业	Cultural,Educational& Handicrafts Articles	101.4	102.3	102.4	102.4	102.4	104.3
其他工业	Others	102.3	102.1	102.2	102.8	103.0	103.1

4–16 工业生产者出厂价格主要分组分月指数（2017 年）
Producer Price Indices （PPI） by Main Classification& Month （2017）

续表（continued） 上年同期 =100（same period last year=100）

项目名称	Item	7 月 July	8 月 August	9 月 September	10 月 October	11 月 November	12 月 December
总指数	**General Index**	**104.0**	**104.3**	**104.7**	**104.5**	**104.1**	**103.5**
按生产生活资料分	**By Means of Production and Consumer Goods**						
生产资料	Means of Production	105.5	105.9	106.4	106.1	105.5	104.7
采　掘	Mining& Quarrying Industry	118.7	118.6	117.3	112.8	110.5	108.4
原　料	Raw Materials Industry	105.6	106.3	107.8	107.7	107.5	106.3
加　工	Processing Industry	105.0	105.3	105.7	105.6	105.0	104.3
生活资料	Consumer Goods	100.7	100.8	100.9	100.9	100.9	100.9
食　品	Food	101.3	101.4	101.6	101.5	101.4	100.8
衣　着	Clothing	100.7	101.0	100.9	100.2	100.3	100.5
一般日用品	Articles for Daily Use	100.2	100.3	100.8	101.0	101.1	101.5
耐用消费品	Durable Consumer Goods	100.5	100.7	100.7	100.7	100.7	100.8
按工业部门分	**By Sector**						
冶金工业	Metallurgical Industry	112.0	114.5	116.9	116.7	114.1	110.5
电力工业	Electric Power Industry	100.4	100.6	99.6	99.9	99.9	100.0
煤炭及炼焦工业	Coal Industry	128.1	126.5	125.2	118.6	115.5	110.6
石油工业	Petroleum Industry	99.7	100.0	100.2	100.0	99.8	99.9
化学工业	Chemical Industry	102.4	103.1	104.8	105.2	105.6	105.7
机械工业	Machine Manufacturing Industry	102.1	101.9	101.6	101.5	101.4	101.2
建筑材料工业	Building Materials Industry	109.6	110.2	111.1	109.5	108.6	111.1
森林工业	Timber Industry	99.9	99.7	99.4	99.5	99.3	99.4
食品工业	Food Industry	101.8	101.8	101.7	101.7	101.6	100.8
纺织工业	Textile Industry	103.2	103.4	103.3	103.7	103.4	102.8
缝纫工业	Tailoring Industry	101.3	101.9	101.9	101.2	101.2	101.3
皮革工业	Leather Industry	100.5	100.7	100.3	99.5	99.7	100.0
造纸工业	Paper Industry	112.7	116.3	125.1	128.3	123.8	115.8
文教艺术用品工业	Cultural,Educational& Handicrafts Articles	104.3	104.3	105.3	104.7	104.1	104.2
其他工业	Others	102.0	104.3	105.0	104.9	106.6	106.5

4-16　工业生产者出厂价格主要分组分月指数（2018 年）
Producer Price Indices （PPI） by Main Classification& Month （2018）

上年同期 =100（same period last year=100）

项目名称	Item	1 月 January	2 月 February	3 月 March	4 月 April	5 月 May	6 月 June
总指数	**General Index**	103.0	102.3	101.9	101.6	102.0	102.3
按生产生活资料分	**By Means of Production and Consumer Goods**						
生产资料	Means of Production	104.4	103.2	102.7	102.3	102.9	103.4
采　掘	Mining& Quarrying Industry	109.4	108.4	104.6	103.3	104.2	103.7
原　料	Raw Materials Industry	105.1	105.0	104.9	105.0	106.2	107.8
加　工	Processing Industry	104.1	102.8	102.3	101.8	102.3	102.6
生活资料	Consumer Goods	100.0	100.2	100.0	100.1	100.0	100.0
食　品	Food	100.7	100.6	100.6	100.8	100.6	100.6
衣　着	Clothing	100.3	100.2	99.5	100.0	99.9	100.1
一般日用品	Articles for Daily Use	101.4	101.0	100.2	100.4	100.3	99.4
耐用消费品	Durable Consumer Goods	99.4	99.8	99.7	99.8	99.7	100.0
按工业部门分	**By Sector**						
冶金工业	Metallurgical Industry	109.9	106.6	105.5	104.8	106.1	107.3
电力工业	Electric Power Industry	99.7	99.7	99.6	100.4	101.7	103.2
煤炭及炼焦工业	Coal Industry	108.4	107.5	103.3	103.3	104.3	104.3
石油工业	Petroleum Industry	103.4	106.1	106.1	103.0	102.6	102.7
化学工业	Chemical Industry	105.1	104.6	104.3	104.3	104.7	105.3
机械工业	Machine Manufacturing Industry	100.4	99.9	99.7	99.2	99.3	99.5
建筑材料工业	Building Materials Industry	113.7	112.3	112.7	113.1	114.0	114.8
森林工业	Timber Industry	99.3	99.3	99.5	99.3	99.5	99.5
食品工业	Food Industry	100.8	100.9	99.8	100.2	100.0	100.0
纺织工业	Textile Industry	102.1	101.6	101.4	101.4	100.5	100.4
缝纫工业	Tailoring Industry	101.3	101.2	100.8	100.7	100.8	100.9
皮革工业	Leather Industry	100.0	99.8	98.6	99.7	99.5	99.7
造纸工业	Paper Industry	113.2	112.5	113.3	116.5	120.0	118.4
文教艺术用品工业	Cultural,Educational& Handicrafts Articles	103.7	102.8	103.2	103.2	103.5	101.6
其他工业	Others	106.7	105.9	105.4	105.9	105.5	104.8

4-16 工业生产者出厂价格主要分组分月指数（2018 年）
Producer Price Indices （PPI） by Main Classification& Month （2018）

续表（continued） 上年同期 =100（same period last year=100）

项目名称	Item	7 月 July	8 月 August	9 月 September	10 月 October	11 月 November	12 月 December
总指数	**General Index**	102.4	102.3	102.1	101.9	101.7	101.3
按生产生活资料分	**By Means of Production and Consumer Goods**						
生产资料	Means of Production	103.5	103.4	103.1	102.7	102.4	102.0
采　掘	Mining& Quarrying Industry	104.4	103.9	104.0	104.5	106.5	106.3
原　料	Raw Materials Industry	108.1	107.1	104.4	103.5	102.6	102.3
加　工	Processing Industry	102.7	102.8	102.8	102.5	102.3	101.8
生活资料	Consumer Goods	99.9	99.8	99.8	99.9	99.9	99.7
食　品	Food	100.3	100.4	100.8	101.0	101.0	101.1
衣　着	Clothing	100.2	100.0	100.2	100.2	100.0	99.8
一般日用品	Articles for Daily Use	99.2	99.2	99.1	99.4	99.2	99.1
耐用消费品	Durable Consumer Goods	100.0	99.7	99.6	99.6	99.6	99.3
按工业部门分	**By Sector**						
冶金工业	Metallurgical Industry	106.5	104.7	103.4	102.1	100.7	99.5
电力工业	Electric Power Industry	105.0	105.0	101.8	100.9	101.0	100.9
煤炭及炼焦工业	Coal Industry	104.5	104.2	103.4	103.5	102.8	102.2
石油工业	Petroleum Industry	102.5	101.9	102.3	104.1	108.3	109.3
化学工业	Chemical Industry	105.2	104.8	104.2	103.8	103.1	102.0
机械工业	Machine Manufacturing Industry	99.7	100.1	100.5	100.7	100.6	100.5
建筑材料工业	Building Materials Industry	115.6	116.3	115.3	114.4	114.4	112.0
森林工业	Timber Industry	99.7	100.1	100.4	100.4	101.0	100.8
食品工业	Food Industry	100.0	100.2	100.6	100.9	101.0	101.1
纺织工业	Textile Industry	100.0	99.3	98.9	97.8	97.1	97.3
缝纫工业	Tailoring Industry	101.1	100.7	101.3	101.4	101.6	101.5
皮革工业	Leather Industry	99.7	99.6	99.6	99.5	98.8	98.5
造纸工业	Paper Industry	113.9	109.0	100.8	96.8	97.1	97.9
文教艺术用品工业	Cultural,Educational& Handicrafts Articles	101.7	101.6	101.0	101.6	101.8	101.6
其他工业	Others	105.0	102.7	102.2	102.4	99.4	100.1

4-16 工业生产者出厂价格主要分组分月指数（2019 年）
Producer Price Indices （PPI） by Main Classification& Month （2019）

上年同期 =100（same period last year=100）

项目名称	Item	1月 January	2月 February	3月 March	4月 April	5月 May	6月 June
总指数	**General Index**	101.0	100.6	100.6	100.7	100.5	100.1
按生产生活资料分	**By Means of Production and Consumer Goods**						
生产资料	Means of Production	101.4	100.9	100.8	100.9	100.8	100.1
采　掘	Mining& Quarrying Industry	104.5	104.5	104.6	104.2	103.9	103.3
原　料	Raw Materials Industry	101.9	100.8	100.1	99.9	99.2	97.9
加　工	Processing Industry	101.2	100.8	100.7	101.0	101.0	100.4
生活资料	Consumer Goods	100.0	99.9	100.1	100.1	99.8	100.0
食　品	Food	101.0	101.1	101.5	101.9	102.3	102.5
衣　着	Clothing	100.1	100.1	100.6	100.8	100.7	100.7
一般日用品	Articles for Daily Use	99.4	99.8	99.7	99.7	99.8	101.0
耐用消费品	Durable Consumer Goods	99.6	99.5	99.6	99.5	98.8	98.6
按工业部门分	**By Sector**						
冶金工业	Metallurgical Industry	98.3	98.2	98.7	100.1	100.4	99.6
电力工业	Electric Power Industry	101.2	100.6	100.6	99.8	98.5	97.3
煤炭及炼焦工业	Coal Industry	102.1	101.6	101.7	101.4	101.4	100.4
石油工业	Petroleum Industry	105.9	103.3	102.9	103.8	104.6	103.7
化学工业	Chemical Industry	101.8	100.5	99.6	99.6	99.7	99.4
机械工业	Machine Manufacturing Industry	100.6	100.2	100.3	100.3	100.0	99.6
建筑材料工业	Building Materials Industry	108.8	109.3	108.7	109.0	109.2	108.7
森林工业	Timber Industry	100.9	101.0	100.5	101.0	100.7	100.6
食品工业	Food Industry	100.8	100.7	101.0	101.5	101.8	102.1
纺织工业	Textile Industry	97.1	97.1	97.0	97.2	97.7	96.8
缝纫工业	Tailoring Industry	101.7	101.6	101.6	101.6	101.5	101.5
皮革工业	Leather Industry	98.6	98.6	99.8	100.1	100.1	100.2
造纸工业	Paper Industry	98.0	98.3	97.6	96.2	92.8	91.5
文教艺术用品工业	Cultural,Educational& Handicrafts Articles	101.5	101.3	100.7	100.7	100.4	100.4
其他工业	Others	99.9	100.3	99.9	99.4	99.5	101.1

4-16 工业生产者出厂价格主要分组分月指数（2019 年）
Producer Price Indices （PPI） by Main Classification& Month （2019）

续表（continued） 上年同期 =100（same period last year=100）

项目名称	Item	7 月 July	8 月 August	9 月 September	10 月 October	11 月 November	12 月 December
总指数	General Index	99.5	99.1	98.8	98.7	98.7	98.8
按生产生活资料分	By Means of Production and Consumer Goods						
生产资料	Means of Production	99.4	98.6	98.2	98.2	98.2	98.4
采 掘	Mining& Quarrying Industry	103.5	103.2	102.8	102.3	101.2	100.1
原 料	Raw Materials Industry	96.8	96.5	97.4	97.4	97.3	97.5
加 工	Processing Industry	99.7	98.8	98.2	98.2	98.3	98.5
生活资料	Consumer Goods	99.9	100.1	100.2	99.9	99.8	99.8
食 品	Food	102.4	103.0	103.2	103.5	103.6	103.6
衣 着	Clothing	100.4	99.9	100.0	100.0	99.8	99.8
一般日用品	Articles for Daily Use	100.7	100.5	100.9	100.2	100.2	100.3
耐用消费品	Durable Consumer Goods	98.6	98.8	98.8	98.3	98.1	98.1
按工业部门分	By Sector						
冶金工业	Metallurgical Industry	99.1	97.6	96.6	96.5	97.1	99.2
电力工业	Electric Power Industry	95.5	95.5	98.9	99.5	99.5	99.6
煤炭及炼焦工业	Coal Industry	99.8	99.2	98.6	98.5	97.3	96.3
石油工业	Petroleum Industry	104.3	104.3	103.7	102.6	101.9	101.0
化学工业	Chemical Industry	98.6	98.1	97.1	96.5	95.8	96.0
机械工业	Machine Manufacturing Industry	99.0	98.6	98.2	98.1	98.1	98.2
建筑材料工业	Building Materials Industry	108.4	107.7	107.5	106.9	105.9	103.9
森林工业	Timber Industry	100.8	100.6	101.0	100.8	100.4	100.7
食品工业	Food Industry	102.0	103.0	103.4	103.6	103.8	103.7
纺织工业	Textile Industry	96.1	96.2	96.9	97.8	98.3	98.3
缝纫工业	Tailoring Industry	101.1	101.5	101.6	100.8	100.3	100.4
皮革工业	Leather Industry	99.5	98.0	97.9	98.7	98.9	98.9
造纸工业	Paper Industry	91.0	90.7	90.7	92.0	93.9	94.6
文教艺术用品工业	Cultural,Educational& Handicrafts Articles	100.1	100.3	99.7	99.7	99.2	99.2
其他工业	Others	101.3	101.4	102.2	101.9	103.3	103.2

4-16 工业生产者出厂价格主要分组分月指数（2020 年）
Producer Price Indices （PPI） by Main Classification& Month （2020）

上年同期 =100（same period last year=100）

项目名称	Item	1 月 January	2 月 February	3 月 March	4 月 April	5 月 May	6 月 June
总指数	**General Index**	**98.9**	**99.3**	**99.1**	**98.5**	**98.4**	**98.8**
按生产生活资料分	**By Means of Production and Consumer Goods**						
生产资料	Means of Production	98.5	99.1	98.8	98.0	97.9	98.4
采　掘	Mining& Quarrying Industry	99.2	99.1	98.7	98.6	97.7	96.5
原　料	Raw Materials Industry	97.4	98.0	96.8	95.1	94.4	94.5
加　工	Processing Industry	98.6	99.3	99.2	98.5	98.5	99.1
生活资料	Consumer Goods	99.8	99.7	99.5	99.4	99.7	99.7
食　品	Food	103.6	103.6	103.4	103.3	103.0	103.0
衣　着	Clothing	99.6	99.6	99.5	99.3	99.5	99.4
一般日用品	Articles for Daily Use	99.6	99.2	99.3	98.6	98.5	98.3
耐用消费品	Durable Consumer Goods	98.2	98.3	98.0	98.0	98.7	98.8
按工业部门分	**By Sector**						
冶金工业	Metallurgical Industry	100.7	100.5	98.1	95.0	94.7	96.3
电力工业	Electric Power Industry	99.1	99.7	99.5	99.5	99.8	99.6
煤炭及炼焦工业	Coal Industry	95.2	95.0	94.9	93.8	91.4	90.4
石油工业	Petroleum Industry	100.3	100.1	98.0	96.7	97.3	97.6
化学工业	Chemical Industry	95.3	96.2	96.9	95.8	95.1	95.2
机械工业	Machine Manufacturing Industry	98.2	98.9	98.8	98.9	99.2	99.6
建筑材料工业	Building Materials Industry	103.2	102.5	101.8	100.0	99.2	99.0
森林工业	Timber Industry	100.5	100.6	101.0	99.9	100.0	100.2
食品工业	Food Industry	104.0	104.1	104.1	104.0	103.5	103.6
纺织工业	Textile Industry	98.8	99.0	98.4	96.6	96.0	96.7
缝纫工业	Tailoring Industry	99.9	99.8	99.6	99.4	99.8	99.4
皮革工业	Leather Industry	98.7	98.8	98.9	98.5	98.6	98.7
造纸工业	Paper Industry	95.7	95.6	96.2	94.9	94.6	95.3
文教艺术用品工业	Cultural,Educational& Handicrafts Articles	99.3	99.3	99.5	99.5	98.8	98.8
其他工业	Others	102.9	102.7	103.0	103.0	103.5	102.5

4-16 工业生产者出厂价格主要分组分月指数（2020年）
Producer Price Indices （PPI） by Main Classification& Month （2020）

续表（continued）　　上年同期=100（same period last year=100）

项目名称	Item	7月 July	8月 August	9月 September	10月 October	11月 November	12月 December
总指数	General Index	99.2	99.4	99.4	99.4	99.5	99.9
按生产生活资料分	By Means of Production and Consumer Goods						
生产资料	Means of Production	98.9	99.3	99.5	99.3	99.4	99.9
采　掘	Mining& Quarrying Industry	96.7	97.7	98.1	98.1	98.0	100.0
原　料	Raw Materials Industry	95.2	96.0	96.6	97.3	98.2	99.7
加　工	Processing Industry	99.6	99.9	100.0	99.7	99.7	100.0
生活资料	Consumer Goods	99.7	99.5	99.3	99.5	99.7	99.7
食　品	Food	103.1	102.7	102.0	101.7	101.6	101.8
衣　着	Clothing	98.5	99.0	98.8	98.6	98.7	97.8
一般日用品	Articles for Daily Use	98.7	98.6	97.8	98.2	98.6	98.4
耐用消费品	Durable Consumer Goods	98.6	98.5	98.5	99.1	99.2	99.3
按工业部门分	By Sector						
冶金工业	Metallurgical Industry	98.1	100.0	100.5	100.7	101.8	105.2
电力工业	Electric Power Industry	99.6	99.7	99.4	99.7	99.6	99.9
煤炭及炼焦工业	Coal Industry	91.5	92.5	93.9	94.0	95.5	97.0
石油工业	Petroleum Industry	97.2	97.1	97.1	97.0	95.9	99.9
化学工业	Chemical Industry	95.5	95.9	96.4	97.5	98.5	98.8
机械工业	Machine Manufacturing Industry	99.8	99.8	99.9	99.7	99.5	99.3
建筑材料工业	Building Materials Industry	98.4	97.7	96.7	96.1	96.3	96.0
森林工业	Timber Industry	99.7	99.6	99.5	99.7	99.4	98.9
食品工业	Food Industry	103.7	102.9	102.1	101.9	101.8	102.2
纺织工业	Textile Industry	97.5	96.8	96.5	96.4	96.9	96.3
缝纫工业	Tailoring Industry	97.9	97.4	96.8	97.0	97.2	96.6
皮革工业	Leather Industry	98.3	99.9	99.9	99.2	99.2	97.8
造纸工业	Paper Industry	98.5	99.5	100.3	101.0	101.5	101.3
文教艺术用品工业	Cultural,Educational& Handicrafts Articles	99.0	98.8	99.2	99.1	99.1	99.0
其他工业	Others	102.7	102.8	102.4	102.4	102.4	102.7

4–16 工业生产者出厂价格主要分组分月指数（2021 年）
Producer Price Indices （PPI） by Main Classification& Month （2021）

上年同期 =100（same period last year=100）

项目名称	Item	1月 January	2月 February	3月 March	4月 April	5月 May	6月 June
总指数	**General Index**	**99.8**	**100.2**	**101.1**	**102.2**	**102.8**	**103.0**
按生产生活资料分	**By Means of Production and Consumer Goods**						
生产资料	Means of Production	99.8	100.3	101.6	103.1	103.9	104.2
采　掘	Mining& Quarrying Industry	99.8	99.9	100.5	100.7	101.7	102.1
原　料	Raw Materials Industry	101.6	102.9	106.5	110.6	111.4	112.7
加　工	Processing Industry	99.5	99.9	100.8	102.0	102.8	103.0
生活资料	Consumer Goods	99.8	100.0	100.0	100.1	99.9	99.9
食　品	Food	102.3	102.3	102.5	102.2	101.9	101.7
衣　着	Clothing	98.3	99.1	99.1	97.9	97.8	97.3
一般日用品	Articles for Daily Use	99.3	99.3	98.1	98.9	98.8	99.4
耐用消费品	Durable Consumer Goods	98.8	99.1	99.5	99.6	99.5	99.4
按工业部门分	**By Sector**						
冶金工业	Metallurgical Industry	105.6	108.3	113.9	119.4	123.6	122.9
电力工业	Electric Power Industry	100.0	100.0	100.4	100.6	100.5	100.4
煤炭及炼焦工业	Coal Industry	97.0	97.3	97.5	99.2	102.3	103.5
石油工业	Petroleum Industry	102.1	102.4	104.5	105.2	103.2	103.3
化学工业	Chemical Industry	99.1	101.1	103.0	106.0	107.7	110.1
机械工业	Machine Manufacturing Industry	98.8	98.7	98.8	99.3	99.5	99.5
建筑材料工业	Building Materials Industry	95.0	94.9	96.2	98.3	98.4	98.8
森林工业	Timber Industry	101.6	101.7	101.4	101.4	101.4	101.9
食品工业	Food Industry	103.3	103.4	104.0	103.5	103.2	103.1
纺织工业	Textile Industry	98.5	98.7	100.3	101.6	102.2	102.9
缝纫工业	Tailoring Industry	97.9	100.5	101.0	97.4	97.5	95.9
皮革工业	Leather Industry	97.7	97.6	97.2	97.1	97.0	97.1
造纸工业	Paper Industry	100.2	101.8	103.3	104.3	104.0	105.1
文教艺术用品工业	Cultural,Educational& Handicrafts Articles	99.9	99.9	96.4	96.4	96.1	95.9
其他工业	Others	104.2	105.0	104.7	105.3	104.8	106.1

4-16 工业生产者出厂价格主要分组分月指数（2021 年）
Producer Price Indices （PPI） by Main Classification& Month （2021）

续表（continued）　　　　上年同期=100（same period last year=100）

项目名称	Item	7月 July	8月 August	9月 September	10月 October	11月 November	12月 December
总指数	**General Index**	**103.3**	**104.0**	**104.5**	**106.0**	**106.0**	**105.4**
按生产生活资料分	**By Means of Production and Consumer Goods**						
生产资料	Means of Production	104.5	105.5	106.0	108.1	108.0	107.2
采　掘	Mining& Quarrying Industry	101.8	102.0	102.8	105.7	106.5	101.6
原　料	Raw Materials Industry	112.0	113.1	113.7	116.8	117.5	113.9
加　工	Processing Industry	103.5	104.4	104.9	106.9	106.6	106.4
生活资料	Consumer Goods	100.1	100.3	100.7	100.6	100.8	100.7
食　品	Food	101.6	101.4	101.2	100.9	101.3	101.4
衣　着	Clothing	97.8	97.5	98.2	98.4	98.6	100.2
一般日用品	Articles for Daily Use	99.5	100.2	100.4	101.0	100.6	100.4
耐用消费品	Durable Consumer Goods	99.8	100.0	100.8	100.4	100.7	100.5
按工业部门分	**By Sector**						
冶金工业	Metallurgical Industry	122.2	122.1	123.7	128.6	125.7	119.2
电力工业	Electric Power Industry	100.5	100.7	100.9	100.8	103.0	105.1
煤炭及炼焦工业	Coal Industry	103.6	103.8	103.5	112.1	113.6	106.4
石油工业	Petroleum Industry	102.3	103.1	104.3	104.0	105.4	102.6
化学工业	Chemical Industry	111.4	113.5	113.5	116.0	116.1	113.9
机械工业	Machine Manufacturing Industry	100.1	101.0	101.1	101.4	101.3	101.9
建筑材料工业	Building Materials Industry	98.1	98.4	101.8	110.8	112.3	110.4
森林工业	Timber Industry	102.3	102.2	102.0	101.3	107.7	107.2
食品工业	Food Industry	102.9	102.6	102.4	102.0	102.3	102.2
纺织工业	Textile Industry	104.3	104.6	104.4	103.9	104.4	104.7
缝纫工业	Tailoring Industry	97.1	96.4	98.7	99.7	99.8	102.2
皮革工业	Leather Industry	97.3	97.3	97.3	97.2	97.4	98.9
造纸工业	Paper Industry	103.7	104.5	104.9	105.5	107.7	106.3
文教艺术用品工业	Cultural,Educational& Handicrafts Articles	96.2	96.2	96.2	96.3	96.6	96.7
其他工业	Others	106.0	107.4	109.4	112.9	110.5	108.0

4-17 工业生产者出厂价格分类分月指数（2011 年）
Producer Price Indices （PPI） by Sector& Month （2011）

上年同期 =100（same period last year=100）

项目名称	Item	1 月 January	2 月 February	3 月 March	4 月 April	5 月 May	6 月 June
总指数	**General Index**	**103.0**	**103.3**	**103.5**	**103.7**	**104.1**	**104.4**
煤炭开采和洗选业	Mining and Washing of Coal	117.9	119.0	118.6	118.4	117.3	116.9
石油和天然气开采业	Extraction of Petroleum and Natural Gas	101.5	101.5	101.5	101.5	101.5	100.5
黑色金属矿采选业	Mining and Processing of Ferrous Metal Ores	100.2	100.4	100.0	104.8	104.6	106.0
有色金属矿采选业	Mining and Processing of Non-Ferrous Metal Ores	102.0	101.8	103.2	102.5	102.1	101.5
非金属矿采选业	Mining and Processing of Nonmetal Ores	105.4	104.8	103.6	104.6	104.0	106.0
农副食品加工业	Processing of Food from Agricultural Products	107.0	107.7	109.6	111.3	111.3	111.6
食品制造业	Processing of Foodstuff	105.2	104.6	105.9	107.2	107.0	106.5
酒、饮料和精制茶制造业	Manufacture of Liquor, Beverages and Refined Tea	101.3	102.0	102.5	102.4	103.3	105.4
烟草制品业	Manufacture of Tobacco	101.8	101.8	101.8	101.8	101.8	101.8
纺织业	Manufacture of Textile	119.3	121.2	119.9	116.0	113.2	111.0
纺织服装、服饰业	Manufacture of Textile Wearing Apparel, and Dress Adornment	101.4	102.4	102.2	102.2	102.1	101.9
皮革、毛皮、羽毛及其制品和制鞋业	Manufacture of Leather, Fur, Feather Related Products and Footware	110.5	109.7	109.0	107.8	108.2	108.2
木材加工及木、竹、藤、棕、草制品业	Processing of Timber, Manufacture of Wood, Bamboo, Rattan, Palm and Straw Products	106.8	106.7	106.9	106.1	105.6	106.0
家具制造业	Manufacture of Furniture	102.1	101.6	101.6	102.1	103.1	102.7
造纸和纸制品业	Manufacture of Paper and Paper Products	105.9	106.9	106.7	106.8	106.2	105.5
印刷和记录媒介复制业	Printing, Reproduction of Recording Media	101.1	101.5	101.5	101.3	101.0	100.8
文教、工美、体育和娱乐用品制造业	Manufacture of Culture, Education, Handicraft, Fine Arts, Sports and Entertainment Articles	105.8	103.7	103.8	108.7	109.9	112.2
石油加工、炼焦和核燃料加工业	Processing of Petroleum, Coking, Processing of Nuclear Fuel	110.9	111.1	111.2	112.3	113.8	115.7
化学原料和化学制品制造业	Manufacture of Raw Chemical Materials and Chemical Products	107.2	106.3	105.2	106.2	107.3	106.9
医药制造业	Manufacture of Medicines	103.9	103.5	103.9	104.1	105.0	105.0
化学纤维制造业	Manufacture of Chemical Fibers	94.2	95.6	97.8	96.3	96.9	98.9
橡胶和塑料制品业	Manufacture of Rubber and Plastics	104.9	107.2	107.5	106.1	105.5	105.9
非金属矿物制品业	Manufacture of Non-metallic Mineral Products	102.9	103.0	103.6	106.1	108.0	109.4
黑色金属冶炼和压延加工业	Smelting and Pressing of Ferrous Metals	106.5	106.9	105.0	104.4	103.5	104.7
有色金属冶炼和压延加工业	Smelting and Pressing of Non-ferrous Metals	102.6	104.6	104.2	103.3	104.0	107.1
金属制品业	Manufacture of Metal Products	102.7	103.6	103.9	103.9	104.1	104.4
通用设备制造业	Manufacture of General Purpose Machinery	103.2	103.6	104.5	103.7	103.1	103.0
专用设备制造业	Manufacture of Special Purpose Machinery	100.5	100.9	101.0	101.7	101.8	101.9
汽车制造业	Manufacture of Motor Vehicles	97.6	97.3	97.4	97.6	97.8	97.7
铁路、船舶、航空航天和其他运输设备制造业	Manufacture of Railway, Ship, Aviation and Other Transporting Equipment	101.6	101.6	101.8	101.9	102.3	102.5
电气机械和器材制造业	Manufacture of Electrical Machinery and Equipment	103.3	103.5	103.7	103.8	107.0	107.5
计算机、通信和其他电子设备制造业	Manufacture of Communication Equipment, Computers and Other Electronic Equipment	99.7	100.8	102.7	103.6	104.7	104.7
仪器仪表制造业	Manufacture of Instrument and Apparatus	100.1	102.2	103.7	103.9	104.6	105.1
其他制造业	Other Manufacture	101.5	101.5	102.1	100.6	100.1	101.4
废弃资源综合利用业	Comprehensive Utilization of Waste Resources	99.4	98.8	100.2	100.5	100.5	99.4
金属制品、机械和设备修理业	Repair Services of Metal Products, Machinery and Equipment	103.2	105.2	105.1	105.3	105.3	106.2
电力、热力生产和供应业	Production and Supply of Electric Power and Heat Power	100.1	100.3	100.3	100.0	100.2	100.6
燃气生产和供应业	Production and Supply of Gas	115.5	115.5	115.5	116.2	115.0	114.7
水的生产和供应业	Production and Supply of Water	109.4	109.6	109.5	109.7	109.0	105.4

4-17 工业生产者出厂价格分类分月指数（2011 年）
Producer Price Indices （PPI） by Sector& Month （2011）

续表（continued）　　上年同期 =100（same period last year=100）

项目名称	Item	7 月 July	8 月 August	9 月 September	10 月 October	11 月 November	12 月 December
总指数	General Index	104.8	104.8	104.6	104.0	102.8	102.4
煤炭开采和洗选业	Mining and Washing of Coal	117.7	116.7	115.6	114.5	111.0	107.6
石油和天然气开采业	Extraction of Petroleum and Natural Gas	100.5	100.5	100.5	100.5	100.5	100.5
黑色金属矿采选业	Mining and Processing of Ferrous Metal Ores	109.4	109.1	108.0	107.0	107.0	107.5
有色金属矿采选业	Mining and Processing of Non-Ferrous Metal Ores	101.5	101.5	101.5	99.4	98.6	98.5
非金属矿采选业	Mining and Processing of Nonmetal Ores	107.2	105.8	104.5	104.3	104.2	103.2
农副食品加工业	Processing of Food from Agricultural Products	111.1	111.3	111.0	108.8	106.7	106.3
食品制造业	Processing of Foodstuff	107.7	108.0	109.4	107.8	106.8	106.6
酒、饮料和精制茶制造业	Manufacture of Liquor, Beverages and Refined Tea	105.2	104.9	105.0	105.1	104.3	105.2
烟草制品业	Manufacture of Tobacco	101.8	101.8	101.8	103.6	103.6	101.8
纺织业	Manufacture of Textile	109.5	106.4	104.4	102.4	99.0	96.7
纺织服装、服饰业	Manufacture of Textile Wearing Apparel, and Dress Adornment	101.8	101.5	101.6	101.7	101.9	102.1
皮革、毛皮、羽毛及其制品和制鞋业	Manufacture of Leather, Fur, Feather Related Products and Footware	107.9	107.5	106.8	104.6	104.3	103.0
木材加工及木、竹、藤、棕、草制品业	Processing of Timber, Manufacture of Wood, Bamboo, Rattan, Palm and Straw Products	106.1	106.0	106.2	106.3	105.9	105.3
家具制造业	Manufacture of Furniture	102.8	103.2	103.2	103.2	102.8	101.8
造纸和纸制品业	Manufacture of Paper and Paper Products	105.0	105.6	106.5	105.1	105.1	103.2
印刷和记录媒介复制业	Printing, Reproduction of Recording Media	100.6	100.6	100.7	100.8	100.9	100.8
文教、工美、体育和娱乐用品制造业	Manufacture of Culture, Education, Handicraft, Fine Arts, Sports and Entertainment Articles	112.5	115.1	114.8	114.8	114.7	115.5
石油加工、炼焦和核燃料加工业	Processing of Petroleum, Coking, Processing of Nuclear Fuel	116.3	117.0	116.5	114.3	111.3	110.0
化学原料和化学制品制造业	Manufacture of Raw Chemical Materials and Chemical Products	107.3	107.4	107.0	105.5	102.0	100.3
医药制造业	Manufacture of Medicines	105.7	105.2	106.5	106.8	106.0	105.9
化学纤维制造业	Manufacture of Chemical Fibers	99.7	100.6	99.6	100.1	99.1	103.0
橡胶和塑料制品业	Manufacture of Rubber and Plastics	106.6	106.1	105.9	105.6	104.4	104.2
非金属矿物制品业	Manufacture of Non-metallic Mineral Products	108.7	109.1	108.7	107.4	105.6	102.5
黑色金属冶炼和压延加工业	Smelting and Pressing of Ferrous Metals	106.8	107.6	107.7	105.9	103.2	102.8
有色金属冶炼和压延加工业	Smelting and Pressing of Non-ferrous Metals	107.8	107.7	105.9	102.8	100.5	100.9
金属制品业	Manufacture of Metal Products	105.8	105.8	106.4	105.6	105.4	105.1
通用设备制造业	Manufacture of General Purpose Machinery	102.6	102.5	102.9	102.8	102.1	101.2
专用设备制造业	Manufacture of Special Purpose Machinery	101.8	101.9	102.2	101.6	102.0	102.1
汽车制造业	Manufacture of Motor Vehicles	98.3	98.3	98.6	98.7	98.4	98.6
铁路、船舶、航空航天和其他运输设备制造业	Manufacture of Railway, Ship, Aviation and Other Transporting Equipment	102.7	103.5	103.1	102.8	102.6	102.7
电气机械和器材制造业	Manufacture of Electrical Machinery and Equipment	108.9	108.5	108.6	107.8	106.7	105.7
计算机、通信和其他电子设备制造业	Manufacture of Communication Equipment, Computers and Other Electronic Equipment	104.8	104.0	103.9	104.4	104.1	104.2
仪器仪表制造业	Manufacture of Instrument and Apparatus	105.1	104.9	105.0	104.9	104.8	104.5
其他制造业	Other Manufacture	101.5	101.3	101.6	101.5	101.0	100.9
废弃资源综合利用业	Comprehensive Utilization of Waste Resources	99.4	98.8	98.8	98.8	98.8	98.2
金属制品、机械和设备修理业	Repair Services of Metal Products, Machinery and Equipment	106.2	105.5	107.4	102.3	103.1	103.1
电力、热力生产和供应业	Production and Supply of Electric Power and Heat Power	101.1	101.4	101.4	102.1	102.1	105.4
燃气生产和供应业	Production and Supply of Gas	113.2	111.1	105.9	102.0	102.0	100.7
水的生产和供应业	Production and Supply of Water	107.0	107.0	105.8	104.0	103.9	103.9

4-17 工业生产者出厂价格分类分月指数（2012 年）
Producer Price Indices （PPI） by Sector& Month （2012）

上年同期 =100（same period last year=100）

项目名称	Item	1月 January	2月 February	3月 March	4月 April	5月 May	6月 June
总指数	**General Index**	**102.0**	**101.6**	**101.3**	**100.9**	**100.3**	**100.0**
煤炭开采和洗选业	Mining and Washing of Coal	105.2	102.7	101.9	100.6	98.7	95.7
石油和天然气开采业	Extraction of Petroleum and Natural Gas	100.0	100.0	100.0	100.0	100.0	100.0
黑色金属矿采选业	Mining and Processing of Ferrous Metal Ores	106.3	104.6	103.8	102.9	101.6	100.4
有色金属矿采选业	Mining and Processing of Non-Ferrous Metal Ores	97.8	99.7	98.5	99.0	99.1	99.6
非金属矿采选业	Mining and Processing of Nonmetal Ores	103.0	103.3	104.5	103.6	103.9	101.7
农副食品加工业	Processing of Food from Agricultural Products	105.0	102.4	101.3	100.6	100.8	101.1
食品制造业	Processing of Foodstuff	103.8	104.6	104.2	103.2	103.5	103.5
酒、饮料和精制茶制造业	Manufacture of Liquor, Beverages and Refined Tea	105.0	104.8	103.2	104.3	103.4	101.3
烟草制品业	Manufacture of Tobacco	101.8	102.7	104.0	104.5	104.5	104.5
纺织业	Manufacture of Textile	95.4	94.6	93.9	94.6	94.5	95.3
纺织服装、服饰业	Manufacture of Textile Wearing Apparel, and Dress Adornment	100.9	99.6	99.7	99.5	99.4	99.4
皮革、毛皮、羽毛及其制品和制鞋业	Manufacture of Leather, Fur, Feather Related Products and Footwear	102.8	102.8	103.0	102.7	102.5	101.9
木材加工及木、竹、藤、棕、草制品业	Processing of Timber, Manufacture of Wood, Bamboo, Rattan, Palm and Straw Products	99.5	99.6	99.4	99.5	100.0	99.9
家具制造业	Manufacture of Furniture	101.7	101.6	101.5	101.2	100.8	100.7
造纸和纸制品业	Manufacture of Paper and Paper Products	102.2	100.9	101.1	100.9	100.2	99.7
印刷和记录媒介复制业	Printing, Reproduction of Recording Media	100.1	99.4	99.4	99.5	99.7	99.8
文教、工美、体育和娱乐用品制造业	Manufacture of Culture, Education, Handicraft, Fine Arts, Sports and Entertainment Articles	114.4	115.2	114.8	110.8	110.7	107.8
石油加工、炼焦和核燃料加工业	Processing of Petroleum, Coking, Processing of Nuclear Fuel	106.1	106.8	105.1	103.1	100.0	97.6
化学原料和化学制品制造业	Manufacture of Raw Chemical Materials and Chemical Products	99.8	100.7	99.9	98.7	98.1	97.8
医药制造业	Manufacture of Medicines	103.2	103.1	103.0	102.9	102.8	102.7
化学纤维制造业	Manufacture of Chemical Fibers	108.5	105.1	98.7	95.8	89.5	86.9
橡胶和塑料制品业	Manufacture of Rubber and Plastics	102.6	101.0	100.2	99.2	99.5	99.4
非金属矿物制品业	Manufacture of Non-metallic Mineral Products	101.7	102.3	101.6	100.1	97.7	97.1
黑色金属冶炼和压延加工业	Smelting and Pressing of Ferrous Metals	102.1	99.6	98.9	98.0	96.8	96.2
有色金属冶炼和压延加工业	Smelting and Pressing of Non-ferrous Metals	100.2	99.9	99.6	99.9	99.6	99.4
金属制品业	Manufacture of Metal Products	104.5	104.0	103.5	107.4	107.1	107.0
通用设备制造业	Manufacture of General Purpose Machinery	100.3	99.8	99.1	99.4	99.4	99.6
专用设备制造业	Manufacture of Special Purpose Machinery	101.6	101.1	101.0	101.0	101.1	101.1
汽车制造业	Manufacture of Motor Vehicles	99.2	99.7	99.9	100.0	99.9	100.4
铁路、船舶、航空航天和其他运输设备制造业	Manufacture of Railway, Ship, Aviation and Other Transporting Equipment	102.6	102.3	101.9	101.5	101.3	100.9
电气机械和器材制造业	Manufacture of Electrical Machinery and Equipment	104.5	103.3	104.1	103.2	100.4	99.8
计算机、通信和其他电子设备制造业	Manufacture of Communication Equipment, Computers and Other Electronic Equipment	104.3	102.8	100.9	99.5	98.3	98.3
仪器仪表制造业	Manufacture of Instrument and Apparatus	104.2	102.3	100.3	100.3	100.2	100.2
其他制造业	Other Manufacture	101.2	101.6	100.7	100.9	100.7	100.7
废弃资源综合利用业	Comprehensive Utilization of Waste Resources	98.0	99.2	98.7	99.6	98.4	96.4
金属制品、机械和设备修理业	Repair Services of Metal Products, Machinery and Equipment	103.0	102.5	102.4	101.9	101.5	100.5
电力、热力生产和供应业	Production and Supply of Electric Power and Heat Power	107.0	106.7	107.3	107.5	107.0	106.3
燃气生产和供应业	Production and Supply of Gas	100.7	100.7	100.7	100.1	100.4	100.4
水的生产和供应业	Production and Supply of Water	102.4	102.2	102.7	102.4	102.3	101.7

4-17 工业生产者出厂价格分类分月指数（2012 年）
Producer Price Indices （PPI） by Sector& Month （2012）

续表（continued） 上年同期 =100（same period last year=100）

项目名称	Item	7月 July	8月 August	9月 September	10月 October	11月 November	12月 December
总指数	**General Index**	**99.6**	**99.0**	**98.5**	**98.4**	**98.6**	**98.6**
煤炭开采和洗选业	Mining and Washing of Coal	92.7	90.6	88.9	88.5	89.3	90.0
石油和天然气开采业	Extraction of Petroleum and Natural Gas	100.0	100.0	100.0	100.0	100.0	100.0
黑色金属矿采选业	Mining and Processing of Ferrous Metal Ores	99.8	98.6	93.2	92.1	91.9	92.3
有色金属矿采选业	Mining and Processing of Non-Ferrous Metal Ores	99.1	97.5	97.5	99.1	99.0	99.3
非金属矿采选业	Mining and Processing of Nonmetal Ores	102.2	102.3	102.2	101.6	101.5	102.0
农副食品加工业	Processing of Food from Agricultural Products	100.3	99.7	100.2	100.9	101.0	101.9
食品制造业	Processing of Foodstuff	102.5	101.8	101.4	101.3	101.3	101.7
酒、饮料和精制茶制造业	Manufacture of Liquor, Beverages and Refined Tea	100.9	101.5	100.6	100.8	101.1	100.7
烟草制品业	Manufacture of Tobacco	104.5	104.5	104.5	102.6	102.6	102.6
纺织业	Manufacture of Textile	96.1	97.4	98.3	98.9	99.5	100.2
纺织服装、服饰业	Manufacture of Textile Wearing Apparel, and Dress Adornment	99.4	99.5	99.5	99.6	99.5	99.2
皮革、毛皮、羽毛及其制品和制鞋业	Manufacture of Leather, Fur, Feather Related Products and Footware	101.6	101.6	101.5	101.1	100.9	100.7
木材加工及木、竹、藤、棕、草制品业	Processing of Timber, Manufacture of Wood, Bamboo, Rattan, Palm and Straw Products	99.6	100.1	100.0	99.8	100.2	99.7
家具制造业	Manufacture of Furniture	100.7	100.4	100.2	100.2	100.3	100.4
造纸和纸制品业	Manufacture of Paper and Paper Products	99.9	99.6	99.2	99.1	98.6	100.0
印刷和记录媒介复制业	Printing, Reproduction of Recording Media	99.6	99.4	99.0	99.0	98.9	98.6
文教、工美、体育和娱乐用品制造业	Manufacture of Culture, Education, Handicraft, Fine Arts, Sports and Entertainment Articles	107.2	104.7	105.3	105.3	104.1	103.6
石油加工、炼焦和核燃料加工业	Processing of Petroleum, Coking, Processing of Nuclear Fuel	96.9	96.9	95.7	96.0	96.1	96.1
化学原料和化学制品制造业	Manufacture of Raw Chemical Materials and Chemical Products	97.1	95.7	94.8	94.2	94.8	95.5
医药制造业	Manufacture of Medicines	102.0	102.6	101.2	101.0	101.3	101.5
化学纤维制造业	Manufacture of Chemical Fibers	82.8	81.4	81.8	81.3	82.9	83.1
橡胶和塑料制品业	Manufacture of Rubber and Plastics	98.7	98.4	97.2	97.0	97.4	97.4
非金属矿物制品业	Manufacture of Non-metallic Mineral Products	97.6	97.5	97.3	96.9	98.0	98.3
黑色金属冶炼和压延加工业	Smelting and Pressing of Ferrous Metals	95.0	91.8	89.5	89.1	89.5	90.1
有色金属冶炼和压延加工业	Smelting and Pressing of Non-ferrous Metals	98.8	95.5	95.7	96.8	97.0	97.1
金属制品业	Manufacture of Metal Products	105.4	104.2	103.4	103.1	102.9	102.8
通用设备制造业	Manufacture of General Purpose Machinery	99.7	99.5	99.2	98.8	99.0	99.1
专用设备制造业	Manufacture of Special Purpose Machinery	101.2	100.9	100.2	100.0	100.0	100.0
汽车制造业	Manufacture of Motor Vehicles	100.3	100.3	100.2	100.2	100.1	100.0
铁路、船舶、航空航天和其他运输设备制造业	Manufacture of Railway, Ship, Aviation and Other Transporting Equipment	100.6	99.9	99.2	99.1	99.0	98.9
电气机械和器材制造业	Manufacture of Electrical Machinery and Equipment	99.1	98.8	98.5	98.7	98.9	99.5
计算机、通信和其他电子设备制造业	Manufacture of Communication Equipment, Computers and Other Electronic Equipment	98.0	98.6	98.5	98.0	97.6	97.1
仪器仪表制造业	Manufacture of Instrument and Apparatus	100.1	100.2	100.1	100.0	100.1	100.2
其他制造业	Other Manufacture	100.4	99.5	99.2	99.0	99.3	99.3
废弃资源综合利用业	Comprehensive Utilization of Waste Resources	94.4	94.7	94.9	95.1	94.1	94.6
金属制品、机械和设备修理业	Repair Services of Metal Products, Machinery and Equipment	100.5	97.9	95.3	96.2	96.3	96.8
电力、热力生产和供应业	Production and Supply of Electric Power and Heat Power	105.8	105.8	106.0	105.3	105.5	102.3
燃气生产和供应业	Production and Supply of Gas	100.3	100.4	101.2	101.2	101.2	101.3
水的生产和供应业	Production and Supply of Water	100.2	100.2	100.1	100.1	100.2	101.0

4-17 工业生产者出厂价格分类分月指数（2013年）
Producer Price Indices （PPI） by Sector& Month （2013）

上年同期=100（same period last year=100）

项目名称	Item	1月 January	2月 February	3月 March	4月 April	5月 May	6月 June
总指数	**General Index**	**98.7**	**98.7**	**98.5**	**98.3**	**98.3**	**97.1**
煤炭开采和洗选业	Mining and Washing of Coal	90.9	91.1	91.2	90.8	90.4	88.2
石油和天然气开采业	Extraction of Petroleum and Natural Gas	100.0	100.0	100.0	100.0	100.0	100.0
黑色金属矿采选业	Mining and Processing of Ferrous Metal Ores	91.4	91.5	91.5	90.7	90.7	90.3
有色金属矿采选业	Mining and Processing of Non-Ferrous Metal Ores	98.9	97.3	96.8	96.9	97.0	95.5
非金属矿采选业	Mining and Processing of Nonmetal Ores	100.6	101.2	100.9	99.8	99.4	98.9
农副食品加工业	Processing of Food from Agricultural Products	102.9	104.8	104.5	104.1	103.7	102.9
食品制造业	Processing of Foodstuff	101.7	101.3	101.0	100.5	100.2	99.9
酒、饮料和精制茶制造业	Manufacture of Liquor, Beverages and Refined Tea	100.2	99.7	101.3	100.7	100.5	100.1
烟草制品业	Manufacture of Tobacco	102.6	101.7	100.4	100.0	100.0	100.0
纺织业	Manufacture of Textile	100.8	100.7	101.0	101.1	101.6	99.3
纺织服装、服饰业	Manufacture of Textile Wearing Apparel, and Dress Adornment	99.4	99.7	99.8	99.9	100.0	100.6
皮革、毛皮、羽毛及其制品和制鞋业	Manufacture of Leather, Fur, Feather Related Products and Footware	100.7	100.8	101.5	101.9	101.9	101.8
木材加工及木、竹、藤、棕、草制品业	Processing of Timber, Manufacture of Wood, Bamboo, Rattan, Palm and Straw Products	101.1	101.1	100.4	100.4	99.9	99.8
家具制造业	Manufacture of Furniture	100.3	100.4	100.5	100.4	100.7	100.7
造纸和纸制品业	Manufacture of Paper and Paper Products	100.0	100.2	99.7	99.4	99.3	97.3
印刷和记录媒介复制业	Printing, Reproduction of Recording Media	98.6	98.8	99.1	99.0	98.9	98.8
文教、工美、体育和娱乐用品制造业	Manufacture of Culture, Education, Handicraft, Fine Arts, Sports and Entertainment Articles	103.3	103.0	103.0	100.6	101.1	100.5
石油加工、炼焦和核燃料加工业	Processing of Petroleum, Coking, Processing of Nuclear Fuel	95.9	95.2	95.1	94.4	93.9	90.8
化学原料和化学制品制造业	Manufacture of Raw Chemical Materials and Chemical Products	96.6	96.6	96.2	95.6	95.7	94.9
医药制造业	Manufacture of Medicines	102.1	102.1	101.6	101.2	100.8	100.7
化学纤维制造业	Manufacture of Chemical Fibers	83.0	82.8	85.4	84.3	89.2	90.3
橡胶和塑料制品业	Manufacture of Rubber and Plastics	97.9	97.3	97.0	96.7	96.7	96.3
非金属矿物制品业	Manufacture of Non-metallic Mineral Products	98.2	97.8	97.5	97.3	98.0	97.4
黑色金属冶炼和压延加工业	Smelting and Pressing of Ferrous Metals	90.5	93.0	92.8	93.3	93.6	91.7
有色金属冶炼和压延加工业	Smelting and Pressing of Non-ferrous Metals	97.1	96.2	95.6	95.2	95.1	94.2
金属制品业	Manufacture of Metal Products	102.7	102.4	102.3	98.5	98.5	97.8
通用设备制造业	Manufacture of General Purpose Machinery	98.9	99.0	99.0	98.9	99.0	98.5
专用设备制造业	Manufacture of Special Purpose Machinery	99.8	100.1	99.9	99.6	99.7	99.3
汽车制造业	Manufacture of Motor Vehicles	100.1	99.7	99.4	99.5	99.6	97.2
铁路、船舶、航空航天和其他运输设备制造业	Manufacture of Railway, Ship, Aviation and Other Transporting Equipment	98.9	99.0	99.0	99.1	99.0	98.0
电气机械和器材制造业	Manufacture of Electrical Machinery and Equipment	99.2	99.0	98.2	98.0	98.1	97.5
计算机、通信和其他电子设备制造业	Manufacture of Communication Equipment, Computers and Other Electronic Equipment	97.6	98.0	97.5	99.0	98.4	96.2
仪器仪表制造业	Manufacture of Instrument and Apparatus	100.3	100.0	100.0	99.9	99.7	99.4
其他制造业	Other Manufacture	99.6	99.4	99.8	99.2	98.8	98.5
废弃资源综合利用业	Comprehensive Utilization of Waste Resources	91.7	91.0	89.9	87.5	87.6	89.9
金属制品、机械和设备修理业	Repair Services of Metal Products, Machinery and Equipment	96.1	96.4	96.5	97.3	97.5	95.6
电力、热力生产和供应业	Production and Supply of Electric Power and Heat Power	101.0	100.8	100.5	100.6	100.5	99.9
燃气生产和供应业	Production and Supply of Gas	101.7	101.7	101.8	101.8	101.9	100.9
水的生产和供应业	Production and Supply of Water	100.9	101.0	100.8	100.9	101.0	101.0

4-17 工业生产者出厂价格分类分月指数（2013 年）
Producer Price Indices （PPI） by Sector& Month （2013）

续表（continued） 上年同期 =100（same period last year=100）

项目名称	Item	7 月 July	8 月 August	9 月 September	10 月 October	11 月 November	12 月 December
总指数	**General Index**	**97.0**	**97.3**	**97.7**	**97.9**	**98.0**	**98.0**
煤炭开采和洗选业	Mining and Washing of Coal	89.7	91.7	93.5	93.7	93.5	93.7
石油和天然气开采业	Extraction of Petroleum and Natural Gas	100.0	100.0	100.0	100.0	100.0	100.0
黑色金属矿采选业	Mining and Processing of Ferrous Metal Ores	86.7	87.2	91.6	92.9	92.8	91.9
有色金属矿采选业	Mining and Processing of Non-Ferrous Metal Ores	95.5	96.9	97.5	98.2	98.3	98.1
非金属矿采选业	Mining and Processing of Nonmetal Ores	98.6	98.2	99.2	99.5	99.2	98.7
农副食品加工业	Processing of Food from Agricultural Products	103.0	102.7	102.2	102.3	102.4	101.9
食品制造业	Processing of Foodstuff	99.6	99.3	100.0	100.3	100.4	100.3
酒、饮料和精制茶制造业	Manufacture of Liquor, Beverages and Refined Tea	100.4	99.9	100.6	100.3	100.4	101.3
烟草制品业	Manufacture of Tobacco	100.0	100.0	100.0	100.0	100.0	100.0
纺织业	Manufacture of Textile	99.4	99.4	99.2	99.3	99.1	98.9
纺织服装、服饰业	Manufacture of Textile Wearing Apparel, and Dress Adornment	100.8	101.0	100.9	100.9	100.7	100.9
皮革、毛皮、羽毛及其制品和制鞋业	Manufacture of Leather, Fur, Feather Related Products and Footware	101.3	101.2	101.3	101.5	101.3	101.8
木材加工及木、竹、藤、棕、草制品业	Processing of Timber, Manufacture of Wood, Bamboo, Rattan, Palm and Straw Products	100.1	100.0	100.0	99.9	99.9	100.0
家具制造业	Manufacture of Furniture	100.8	100.8	101.0	101.1	101.2	101.3
造纸和纸制品业	Manufacture of Paper and Paper Products	96.8	96.4	96.3	96.6	97.0	96.8
印刷和记录媒介复制业	Printing, Reproduction of Recording Media	98.6	98.6	98.7	98.6	98.4	98.7
文教、工美、体育和娱乐用品制造业	Manufacture of Culture, Education, Handicraft, Fine Arts, Sports and Entertainment Articles	98.4	98.0	97.4	97.2	95.5	94.5
石油加工、炼焦和核燃料加工业	Processing of Petroleum, Coking, Processing of Nuclear Fuel	90.2	90.5	91.5	91.9	92.3	93.0
化学原料和化学制品制造业	Manufacture of Raw Chemical Materials and Chemical Products	95.1	95.9	96.6	96.9	96.9	97.3
医药制造业	Manufacture of Medicines	100.5	100.2	100.0	100.4	100.2	100.3
化学纤维制造业	Manufacture of Chemical Fibers	94.0	94.7	94.1	94.4	95.3	95.5
橡胶和塑料制品业	Manufacture of Rubber and Plastics	96.5	97.0	98.3	98.9	99.1	99.3
非金属矿物制品业	Manufacture of Non-metallic Mineral Products	97.3	97.7	98.1	98.6	98.7	98.5
黑色金属冶炼和压延加工业	Smelting and Pressing of Ferrous Metals	91.6	94.4	97.0	97.8	97.9	98.1
有色金属冶炼和压延加工业	Smelting and Pressing of Non-ferrous Metals	93.8	95.0	94.7	95.0	95.7	95.9
金属制品业	Manufacture of Metal Products	97.6	98.6	99.1	99.3	99.7	99.8
通用设备制造业	Manufacture of General Purpose Machinery	98.5	98.8	99.1	99.4	99.4	99.3
专用设备制造业	Manufacture of Special Purpose Machinery	99.0	99.0	99.4	99.5	99.4	99.5
汽车制造业	Manufacture of Motor Vehicles	97.1	96.9	97.0	97.1	97.2	97.2
铁路、船舶、航空航天和其他运输设备制造业	Manufacture of Railway, Ship, Aviation and Other Transporting Equipment	98.0	97.8	98.2	98.3	98.3	98.3
电气机械和器材制造业	Manufacture of Electrical Machinery and Equipment	97.3	97.3	97.5	97.7	97.6	97.3
计算机、通信和其他电子设备制造业	Manufacture of Communication Equipment, Computers and Other Electronic Equipment	95.7	95.6	95.7	95.4	96.5	97.0
仪器仪表制造业	Manufacture of Instrument and Apparatus	99.5	99.5	99.5	99.5	99.4	99.2
其他制造业	Other Manufacture	98.5	99.4	99.4	99.7	99.7	100.3
废弃资源综合利用业	Comprehensive Utilization of Waste Resources	88.9	88.9	88.0	88.0	88.3	89.3
金属制品、机械和设备修理业	Repair Services of Metal Products, Machinery and Equipment	93.6	94.3	97.2	97.7	97.9	97.3
电力、热力生产和供应业	Production and Supply of Electric Power and Heat Power	99.9	99.7	99.7	98.9	98.7	98.5
燃气生产和供应业	Production and Supply of Gas	101.0	101.5	101.7	101.8	101.9	102.4
水的生产和供应业	Production and Supply of Water	101.0	100.8	100.8	100.8	100.8	100.1

4-17 工业生产者出厂价格分类分月指数（2014年）
Producer Price Indices （PPI） by Sector& Month （2014）

上年同期=100（same period last year=100）

项目名称	Item	1月 January	2月 February	3月 March	4月 April	5月 May	6月 June
总指数	**General Index**	**97.8**	**97.7**	**97.7**	**97.7**	**97.9**	**98.5**
煤炭开采和洗选业	Mining and Washing of Coal	92.9	92.7	92.4	92.0	92.3	94.4
石油和天然气开采业	Extraction of Petroleum and Natural Gas	100.0	100.0	100.0	100.0	100.0	100.0
黑色金属矿采选业	Mining and Processing of Ferrous Metal Ores	92.4	92.3	90.9	90.7	91.0	91.1
有色金属矿采选业	Mining and Processing of Non-Ferrous Metal Ores	98.0	96.8	96.6	96.6	96.4	94.7
非金属矿采选业	Mining and Processing of Nonmetal Ores	99.0	98.3	97.7	98.4	99.1	99.3
农副食品加工业	Processing of Food from Agricultural Products	100.2	99.5	99.0	99.7	100.4	101.0
食品制造业	Processing of Foodstuff	101.3	100.9	101.3	101.6	101.8	101.8
酒、饮料和精制茶制造业	Manufacture of Liquor, Beverages and Refined Tea	101.0	101.5	100.8	100.8	100.8	101.3
烟草制品业	Manufacture of Tobacco	100.0	100.0	100.0	100.0	100.0	100.0
纺织业	Manufacture of Textile	98.8	98.8	98.9	98.8	98.5	100.6
纺织服装、服饰业	Manufacture of Textile Wearing Apparel, and Dress Adornment	100.2	100.2	99.9	100.3	100.3	100.0
皮革、毛皮、羽毛及其制品和制鞋业	Manufacture of Leather, Fur, Feather Related Products and Footware	101.9	101.8	101.1	100.7	100.1	100.1
木材加工及木、竹、藤、棕、草制品业	Processing of Timber, Manufacture of Wood, Bamboo, Rattan, Palm and Straw Products	99.9	100.0	100.1	100.1	100.2	100.3
家具制造业	Manufacture of Furniture	101.5	101.7	101.7	101.8	101.7	101.6
造纸和纸制品业	Manufacture of Paper and Paper Products	96.5	96.4	96.2	96.3	96.6	97.7
印刷和记录媒介复制业	Printing, Reproduction of Recording Media	99.0	99.1	98.8	99.0	99.1	99.1
文教、工美、体育和娱乐用品制造业	Manufacture of Culture, Education, Handicraft, Fine Arts, Sports and Entertainment Articles	94.7	94.7	94.7	95.1	94.4	94.7
石油加工、炼焦和核燃料加工业	Processing of Petroleum, Coking, Processing of Nuclear Fuel	93.8	93.7	93.3	93.3	93.7	96.2
化学原料和化学制品制造业	Manufacture of Raw Chemical Materials and Chemical Products	96.3	96.1	96.4	97.6	97.9	98.9
医药制造业	Manufacture of Medicines	99.9	100.0	100.4	100.6	101.0	101.0
化学纤维制造业	Manufacture of Chemical Fibers	96.6	96.6	96.6	99.7	99.8	97.6
橡胶和塑料制品业	Manufacture of Rubber and Plastics	98.8	98.5	98.5	98.9	98.7	98.9
非金属矿物制品业	Manufacture of Non-metallic Mineral Products	98.9	99.4	99.7	100.2	100.3	101.0
黑色金属冶炼和压延加工业	Smelting and Pressing of Ferrous Metals	96.9	96.1	95.5	95.2	95.0	96.2
有色金属冶炼和压延加工业	Smelting and Pressing of Non-ferrous Metals	95.2	94.9	94.1	93.9	94.5	96.0
金属制品业	Manufacture of Metal Products	99.7	99.9	99.8	99.7	99.9	100.4
通用设备制造业	Manufacture of General Purpose Machinery	99.4	99.5	99.5	99.5	99.6	99.8
专用设备制造业	Manufacture of Special Purpose Machinery	99.6	99.7	99.7	99.8	99.6	99.9
汽车制造业	Manufacture of Motor Vehicles	97.1	97.2	97.2	97.1	97.0	97.9
铁路、船舶、航空航天和其他运输设备制造业	Manufacture of Railway, Ship, Aviation and Other Transporting Equipment	98.2	97.9	97.9	97.7	97.7	97.7
电气机械和器材制造业	Manufacture of Electrical Machinery and Equipment	97.9	98.4	98.3	98.2	98.7	99.5
计算机、通信和其他电子设备制造业	Manufacture of Communication Equipment, Computers and Other Electronic Equipment	96.5	96.6	97.2	96.0	96.9	97.4
仪器仪表制造业	Manufacture of Instrument and Apparatus	99.3	99.4	99.7	99.7	99.6	99.8
其他制造业	Other Manufacture	100.1	98.9	98.6	98.8	99.4	99.1
废弃资源综合利用业	Comprehensive Utilization of Waste Resources	93.7	93.6	93.4	95.7	98.1	96.5
金属制品、机械和设备修理业	Repair Services of Metal Products, Machinery and Equipment	97.1	96.7	95.7	94.7	95.2	97.9
电力、热力生产和供应业	Production and Supply of Electric Power and Heat Power	98.6	98.6	98.4	98.3	98.5	98.9
燃气生产和供应业	Production and Supply of Gas	102.0	102.1	102.2	102.2	101.8	102.9
水的生产和供应业	Production and Supply of Water	100.1	100.1	100.1	100.0	99.9	99.9

4-17 工业生产者出厂价格分类分月指数（2014年）
Producer Price Indices （PPI） by Sector& Month （2014）

续表（continued）

上年同期=100（same period last year=100）

项目名称	Item	7月 July	8月 August	9月 September	10月 October	11月 November	12月 December
总指数	General Index	98.8	99.0	98.9	98.8	98.6	98.3
煤炭开采和洗选业	Mining and Washing of Coal	94.0	93.1	92.6	92.4	91.6	90.8
石油和天然气开采业	Extraction of Petroleum and Natural Gas	100.0	100.0	100.0	100.0	100.0	95.5
黑色金属矿采选业	Mining and Processing of Ferrous Metal Ores	95.0	95.7	96.7	95.7	95.4	95.0
有色金属矿采选业	Mining and Processing of Non-Ferrous Metal Ores	96.8	97.1	96.4	96.0	94.8	94.7
非金属矿采选业	Mining and Processing of Nonmetal Ores	99.5	100.3	99.8	100.2	100.3	101.4
农副食品加工业	Processing of Food from Agricultural Products	101.1	101.1	100.1	99.5	99.5	98.4
食品制造业	Processing of Foodstuff	102.7	103.0	102.6	102.6	103.3	102.9
酒、饮料和精制茶制造业	Manufacture of Liquor, Beverages and Refined Tea	101.0	101.6	101.0	101.1	99.8	98.2
烟草制品业	Manufacture of Tobacco	100.0	100.0	100.0	100.0	100.0	100.0
纺织业	Manufacture of Textile	100.2	99.5	99.3	98.6	98.5	98.1
纺织服装、服饰业	Manufacture of Textile Wearing Apparel, and Dress Adornment	99.8	99.4	99.6	99.3	99.1	98.9
皮革、毛皮、羽毛及其制品和制鞋业	Manufacture of Leather, Fur, Feather Related Products and Footware	100.3	99.9	99.5	99.7	99.9	99.9
木材加工及木、竹、藤、棕、草制品业	Processing of Timber, Manufacture of Wood, Bamboo, Rattan, Palm and Straw Products	100.1	100.1	100.1	100.1	100.1	100.1
家具制造业	Manufacture of Furniture	101.6	101.8	101.7	101.5	101.3	101.3
造纸和纸制品业	Manufacture of Paper and Paper Products	97.9	98.5	98.2	97.8	97.7	97.8
印刷和记录媒介复制业	Printing, Reproduction of Recording Media	99.3	99.4	99.7	99.5	99.6	100.1
文教、工美、体育和娱乐用品制造业	Manufacture of Culture, Education, Handicraft, Fine Arts, Sports and Entertainment Articles	96.8	97.3	96.8	97.1	98.6	101.2
石油加工、炼焦和核燃料加工业	Processing of Petroleum, Coking, Processing of Nuclear Fuel	97.1	96.8	96.7	96.6	96.5	96.6
化学原料和化学制品制造业	Manufacture of Raw Chemical Materials and Chemical Products	99.1	99.7	100.2	100.0	99.5	98.6
医药制造业	Manufacture of Medicines	101.4	101.5	102.1	101.9	102.1	102.3
化学纤维制造业	Manufacture of Chemical Fibers	97.4	96.2	95.6	95.4	93.4	92.9
橡胶和塑料制品业	Manufacture of Rubber and Plastics	98.9	99.0	98.9	98.5	98.5	98.4
非金属矿物制品业	Manufacture of Non-metallic Mineral Products	100.7	100.9	100.9	100.8	100.0	99.6
黑色金属冶炼和压延加工业	Smelting and Pressing of Ferrous Metals	96.8	96.1	95.3	94.5	93.9	92.4
有色金属冶炼和压延加工业	Smelting and Pressing of Non-ferrous Metals	96.8	98.3	99.1	98.8	98.0	97.4
金属制品业	Manufacture of Metal Products	100.7	100.7	100.5	100.4	100.1	99.9
通用设备制造业	Manufacture of General Purpose Machinery	99.8	99.9	99.9	99.7	99.7	99.7
专用设备制造业	Manufacture of Special Purpose Machinery	100.2	100.4	100.4	100.3	100.3	100.2
汽车制造业	Manufacture of Motor Vehicles	97.9	98.1	98.0	97.9	97.9	97.9
铁路、船舶、航空航天和其他运输设备制造业	Manufacture of Railway, Ship, Aviation and Other Transporting Equipment	98.0	98.5	98.7	99.0	98.9	99.0
电气机械和器材制造业	Manufacture of Electrical Machinery and Equipment	100.0	100.1	100.1	100.1	100.1	99.9
计算机、通信和其他电子设备制造业	Manufacture of Communication Equipment, Computers and Other Electronic Equipment	98.2	98.6	98.8	99.0	98.5	98.3
仪器仪表制造业	Manufacture of Instrument and Apparatus	99.8	99.7	99.7	99.7	99.8	99.6
其他制造业	Other Manufacture	99.4	99.1	98.8	98.8	98.6	98.0
废弃资源综合利用业	Comprehensive Utilization of Waste Resources	99.4	99.9	99.8	98.4	97.7	95.1
金属制品、机械和设备修理业	Repair Services of Metal Products, Machinery and Equipment	99.4	99.5	97.6	98.1	98.0	98.2
电力、热力生产和供应业	Production and Supply of Electric Power and Heat Power	98.9	98.9	98.7	99.3	99.3	99.4
燃气生产和供应业	Production and Supply of Gas	102.9	102.3	102.7	103.4	103.6	103.5
水的生产和供应业	Production and Supply of Water	100.6	100.7	100.8	100.9	100.8	101.2

4-17 工业生产者出厂价格分类分月指数（2015 年）
Producer Price Indices （PPI） by Sector& Month （2015）

上年同期 =100（same period last year=100）

项目名称	Item	1 月 January	2 月 February	3 月 March	4 月 April	5 月 May	6 月 June
总指数	**General Index**	**98.0**	**97.8**	**97.6**	**97.4**	**97.2**	**97.4**
煤炭开采和洗选业	Mining and Washing of Coal	90.1	89.8	89.6	90.1	90.1	91.4
石油和天然气开采业	Extraction of Petroleum and Natural Gas	95.0	95.0	95.0	95.0	95.0	95.0
黑色金属矿采选业	Mining and Processing of Ferrous Metal Ores	93.9	91.6	92.7	91.4	90.8	89.8
有色金属矿采选业	Mining and Processing of Non-Ferrous Metal Ores	94.8	95.8	95.4	94.8	94.7	97.8
非金属矿采选业	Mining and Processing of Nonmetal Ores	101.2	100.5	100.2	99.7	99.3	99.2
农副食品加工业	Processing of Food from Agricultural Products	99.1	98.9	99.7	99.5	99.2	98.5
食品制造业	Processing of Foodstuff	101.7	101.8	101.3	101.3	101.3	101.3
酒、饮料和精制茶制造业	Manufacture of Liquor, Beverages and Refined Tea	98.1	98.6	97.3	97.3	97.8	98.1
烟草制品业	Manufacture of Tobacco	100.0	100.0	100.0	100.0	100.0	100.0
纺织业	Manufacture of Textile	97.5	97.4	96.9	97.0	96.6	96.4
纺织服装、服饰业	Manufacture of Textile Wearing Apparel, and Dress Adornment	99.3	99.2	99.5	99.3	98.8	98.7
皮革、毛皮、羽毛及其制品和制鞋业	Manufacture of Leather, Fur, Feather Related Products and Footware	100.2	100.2	99.9	99.5	99.8	99.3
木材加工及木、竹、藤、棕、草制品业	Processing of Timber, Manufacture of Wood, Bamboo, Rattan, Palm and Straw Products	100.2	100.1	100.2	100.1	100.0	95.9
家具制造业	Manufacture of Furniture	101.2	100.9	100.6	100.3	101.0	101.1
造纸和纸制品业	Manufacture of Paper and Paper Products	98.1	98.3	98.0	97.0	97.0	97.9
印刷和记录媒介复制业	Printing, Reproduction of Recording Media	99.5	99.5	97.6	97.3	97.2	97.7
文教、工美、体育和娱乐用品制造业	Manufacture of Culture, Education, Handicraft, Fine Arts, Sports and Entertainment Articles	100.9	101.1	100.8	100.6	100.4	100.4
石油加工、炼焦和核燃料加工业	Processing of Petroleum, Coking, Processing of Nuclear Fuel	96.4	96.4	96.3	95.1	95.3	94.8
化学原料和化学制品制造业	Manufacture of Raw Chemical Materials and Chemical Products	97.9	97.5	97.6	97.5	97.3	98.3
医药制造业	Manufacture of Medicines	102.1	101.8	101.3	101.3	101.3	102.1
化学纤维制造业	Manufacture of Chemical Fibers	91.1	91.1	89.6	87.9	87.4	89.8
橡胶和塑料制品业	Manufacture of Rubber and Plastics	98.5	97.8	97.5	97.7	97.9	97.7
非金属矿物制品业	Manufacture of Non-metallic Mineral Products	99.1	98.7	98.0	97.0	96.7	96.3
黑色金属冶炼和压延加工业	Smelting and Pressing of Ferrous Metals	91.8	90.9	89.4	87.6	86.9	85.6
有色金属冶炼和压延加工业	Smelting and Pressing of Non-ferrous Metals	96.6	96.5	97.1	97.8	97.0	96.4
金属制品业	Manufacture of Metal Products	99.8	99.7	99.1	99.2	98.9	98.7
通用设备制造业	Manufacture of General Purpose Machinery	99.6	99.4	98.9	98.9	99.0	99.0
专用设备制造业	Manufacture of Special Purpose Machinery	100.1	99.9	99.7	99.4	99.2	98.9
汽车制造业	Manufacture of Motor Vehicles	97.1	97.2	97.2	97.2	97.1	98.4
铁路、船舶、航空航天和其他运输设备制造业	Manufacture of Railway, Ship, Aviation and Other Transporting Equipment	99.2	99.3	99.1	99.2	99.2	99.7
电气机械和器材制造业	Manufacture of Electrical Machinery and Equipment	99.5	98.5	98.7	99.3	99.1	99.1
计算机、通信和其他电子设备制造业	Manufacture of Communication Equipment, Computers and Other Electronic Equipment	98.3	98.4	98.1	97.7	96.8	98.1
仪器仪表制造业	Manufacture of Instrument and Apparatus	99.5	99.7	99.1	99.2	98.9	98.5
其他制造业	Other Manufacture	98.0	98.9	99.0	99.5	99.9	100.5
废弃资源综合利用业	Comprehensive Utilization of Waste Resources	92.2	90.4	90.6	79.1	79.0	79.5
金属制品、机械和设备修理业	Repair Services of Metal Products, Machinery and Equipment	98.6	98.4	98.8	98.4	97.9	97.3
电力、热力生产和供应业	Production and Supply of Electric Power and Heat Power	99.4	99.4	99.4	99.3	98.7	96.2
燃气生产和供应业	Production and Supply of Gas	103.9	104.1	103.9	103.9	103.8	104.4
水的生产和供应业	Production and Supply of Water	101.2	101.1	101.1	101.1	101.1	101.1

4-17 工业生产者出厂价格分类分月指数（2015 年）
Producer Price Indices （PPI） by Sector& Month （2015）

续表（continued） 上年同期 =100（same period last year=100）

项目名称	Item	7 月 July	8 月 August	9 月 September	10 月 October	11 月 November	12 月 December
总指数	**General Index**	**97.3**	**97.0**	**96.8**	**96.6**	**96.4**	**96.3**
煤炭开采和洗选业	Mining and Washing of Coal	92.2	92.8	92.1	91.6	90.3	89.3
石油和天然气开采业	Extraction of Petroleum and Natural Gas	95.0	95.0	93.0	90.0	90.0	94.2
黑色金属矿采选业	Mining and Processing of Ferrous Metal Ores	89.2	88.2	85.2	85.1	83.6	82.6
有色金属矿采选业	Mining and Processing of Non-Ferrous Metal Ores	96.1	94.8	94.9	94.8	95.2	95.0
非金属矿采选业	Mining and Processing of Nonmetal Ores	99.5	99.1	98.9	98.3	98.4	97.2
农副食品加工业	Processing of Food from Agricultural Products	99.1	99.2	99.0	99.0	98.3	98.8
食品制造业	Processing of Foodstuff	100.7	100.5	100.6	100.4	101.1	101.3
酒、饮料和精制茶制造业	Manufacture of Liquor, Beverages and Refined Tea	98.5	97.6	96.6	96.4	97.3	98.4
烟草制品业	Manufacture of Tobacco	100.0	100.0	100.0	100.0	99.8	99.8
纺织业	Manufacture of Textile	96.3	96.2	96.1	96.3	96.1	96.4
纺织服装、服饰业	Manufacture of Textile Wearing Apparel, and Dress Adornment	98.6	98.9	98.5	98.6	98.7	98.8
皮革、毛皮、羽毛及其制品和制鞋业	Manufacture of Leather, Fur, Feather Related Products and Footware	99.3	99.4	99.6	99.1	98.7	98.4
木材加工及木、竹、藤、棕、草制品业	Processing of Timber, Manufacture of Wood, Bamboo, Rattan, Palm and Straw Products	95.9	96.1	95.8	95.2	95.2	95.3
家具制造业	Manufacture of Furniture	101.8	102.4	102.1	102.2	102.6	103.1
造纸和纸制品业	Manufacture of Paper and Paper Products	98.2	98.0	98.3	97.8	98.4	98.2
印刷和记录媒介复制业	Printing, Reproduction of Recording Media	97.8	97.9	97.6	97.5	97.8	97.4
文教、工美、体育和娱乐用品制造业	Manufacture of Culture, Education, Handicraft, Fine Arts, Sports and Entertainment Articles	100.5	100.5	101.0	100.9	99.2	100.0
石油加工、炼焦和核燃料加工业	Processing of Petroleum, Coking, Processing of Nuclear Fuel	94.4	94.4	93.1	92.4	92.2	90.2
化学原料和化学制品制造业	Manufacture of Raw Chemical Materials and Chemical Products	98.3	98.0	97.2	97.0	96.8	96.7
医药制造业	Manufacture of Medicines	102.0	101.8	101.1	101.1	100.9	100.3
化学纤维制造业	Manufacture of Chemical Fibers	85.3	85.0	80.7	78.5	80.1	79.1
橡胶和塑料制品业	Manufacture of Rubber and Plastics	97.7	97.3	97.2	96.8	96.2	96.1
非金属矿物制品业	Manufacture of Non-metallic Mineral Products	96.1	95.9	95.5	95.4	95.5	96.1
黑色金属冶炼和压延加工业	Smelting and Pressing of Ferrous Metals	84.2	83.8	83.7	83.2	83.7	83.9
有色金属冶炼和压延加工业	Smelting and Pressing of Non-ferrous Metals	95.0	93.1	91.4	89.9	89.0	87.6
金属制品业	Manufacture of Metal Products	98.2	97.8	97.6	97.4	97.2	97.1
通用设备制造业	Manufacture of General Purpose Machinery	98.9	98.7	98.7	98.7	98.6	98.5
专用设备制造业	Manufacture of Special Purpose Machinery	98.7	98.5	98.5	98.2	98.0	97.8
汽车制造业	Manufacture of Motor Vehicles	98.4	98.4	98.5	98.5	98.4	98.5
铁路、船舶、航空航天和其他运输设备制造业	Manufacture of Railway, Ship, Aviation and Other Transporting Equipment	99.6	99.4	99.2	98.8	98.8	98.6
电气机械和器材制造业	Manufacture of Electrical Machinery and Equipment	99.0	98.6	98.6	98.6	98.2	97.9
计算机、通信和其他电子设备制造业	Manufacture of Communication Equipment, Computers and Other Electronic Equipment	97.2	97.1	98.0	97.0	97.0	96.8
仪器仪表制造业	Manufacture of Instrument and Apparatus	97.5	97.4	97.2	96.8	97.7	99.1
其他制造业	Other Manufacture	100.3	100.1	101.0	100.9	101.1	101.1
废弃资源综合利用业	Comprehensive Utilization of Waste Resources	78.3	77.2	74.5	74.6	75.6	75.0
金属制品、机械和设备修理业	Repair Services of Metal Products, Machinery and Equipment	97.0	97.0	98.3	97.4	97.8	98.1
电力、热力生产和供应业	Production and Supply of Electric Power and Heat Power	96.4	96.3	96.5	96.7	96.6	96.6
燃气生产和供应业	Production and Supply of Gas	104.4	104.4	102.9	102.1	101.8	98.1
水的生产和供应业	Production and Supply of Water	100.5	100.5	100.4	100.5	100.1	100.0

4-17 工业生产者出厂价格分类分月指数（2016 年）
Producer Price Indices （PPI） by Sector& Month （2016）

上年同期 =100（same period last year=100）

项目名称	Item	1月 January	2月 February	3月 March	4月 April	5月 May	6月 June
总指数	**General Index**	**96.4**	**96.3**	**96.8**	**97.2**	**97.6**	**98.2**
煤炭开采和洗选业	Mining and Washing of Coal	89.1	87.4	88.0	89.8	90.4	91.3
石油和天然气开采业	Extraction of Petroleum and Natural Gas	97.1	96.6	96.8	96.8	96.5	96.6
黑色金属矿采选业	Mining and Processing of Ferrous Metal Ores	83.4	86.2	86.2	88.4	89.8	90.3
有色金属矿采选业	Mining and Processing of Non-Ferrous Metal Ores	93.9	94.8	96.4	95.9	95.8	99.9
非金属矿采选业	Mining and Processing of Nonmetal Ores	98.1	98.4	100.3	100.3	99.5	99.6
农副食品加工业	Processing of Food from Agricultural Products	99.9	99.9	100.5	100.6	100.5	101.0
食品制造业	Processing of Foodstuff	100.7	100.8	100.9	100.8	100.5	100.6
酒、饮料和精制茶制造业	Manufacture of Liquor, Beverages and Refined Tea	98.5	98.2	99.1	98.8	98.6	98.4
烟草制品业	Manufacture of Tobacco	99.9	100.0	100.1	99.9	99.7	99.8
纺织业	Manufacture of Textile	96.1	96.3	96.4	96.5	97.0	97.6
纺织服装、服饰业	Manufacture of Textile Wearing Apparel, and Dress Adornment	95.9	95.6	96.8	97.1	97.4	97.6
皮革、毛皮、羽毛及其制品和制鞋业	Manufacture of Leather, Fur, Feather Related Products and Footware	99.0	99.1	99.4	99.4	99.7	100.1
木材加工及木、竹、藤、棕、草制品业	Processing of Timber, Manufacture of Wood, Bamboo, Rattan, Palm and Straw Products	99.8	99.8	100.0	99.4	99.4	99.3
家具制造业	Manufacture of Furniture	100.5	100.8	101.8	101.1	101.7	101.9
造纸和纸制品业	Manufacture of Paper and Paper Products	98.3	98.3	98.6	98.8	98.5	98.7
印刷和记录媒介复制业	Printing, Reproduction of Recording Media	96.7	96.8	99.5	99.8	99.8	99.6
文教、工美、体育和娱乐用品制造业	Manufacture of Culture, Education, Handicraft, Fine Arts, Sports and Entertainment Articles	99.8	102.7	105.4	106.2	107.7	108.2
石油加工、炼焦和核燃料加工业	Processing of Petroleum, Coking, Processing of Nuclear Fuel	93.8	93.2	92.6	93.6	94.6	95.2
化学原料和化学制品制造业	Manufacture of Raw Chemical Materials and Chemical Products	96.6	96.3	97.2	97.8	97.5	97.1
医药制造业	Manufacture of Medicines	99.6	99.9	100.2	99.9	99.9	99.8
化学纤维制造业	Manufacture of Chemical Fibers	79.4	79.8	81.8	82.3	82.7	82.7
橡胶和塑料制品业	Manufacture of Rubber and Plastics	96.7	97.2	97.3	97.3	97.0	97.6
非金属矿物制品业	Manufacture of Non-metallic Mineral Products	96.2	96.1	96.1	96.5	97.3	97.8
黑色金属冶炼和压延加工业	Smelting and Pressing of Ferrous Metals	82.8	84.2	87.7	95.5	96.7	96.9
有色金属冶炼和压延加工业	Smelting and Pressing of Non-ferrous Metals	89.4	90.0	91.6	92.8	94.4	96.5
金属制品业	Manufacture of Metal Products	95.6	95.7	96.0	96.8	97.5	97.7
通用设备制造业	Manufacture of General Purpose Machinery	98.3	98.4	98.7	98.6	98.4	98.6
专用设备制造业	Manufacture of Special Purpose Machinery	94.0	94.4	94.6	94.9	95.0	95.7
汽车制造业	Manufacture of Motor Vehicles	98.7	98.7	98.8	98.5	98.6	99.1
铁路、船舶、航空航天和其他运输设备制造业	Manufacture of Railway, Ship, Aviation and Other Transporting Equipment	97.6	97.6	97.7	97.6	97.7	98.3
电气机械和器材制造业	Manufacture of Electrical Machinery and Equipment	98.3	98.5	98.5	98.2	98.0	98.2
计算机、通信和其他电子设备制造业	Manufacture of Communication Equipment, Computers and Other Electronic Equipment	96.6	95.6	96.3	96.1	97.6	98.2
仪器仪表制造业	Manufacture of Instrument and Apparatus	99.0	97.7	99.1	98.9	99.9	100.9
其他制造业	Other Manufacture	98.6	98.9	98.3	97.8	96.3	96.4
废弃资源综合利用业	Comprehensive Utilization of Waste Resources	75.7	77.4	82.0	97.4	99.8	96.7
金属制品、机械和设备修理业	Repair Services of Metal Products, Machinery and Equipment	75.1	78.3	76.1	79.1	77.4	80.3
电力、热力生产和供应业	Production and Supply of Electric Power and Heat Power	96.1	95.4	95.2	94.5	94.7	97.3
燃气生产和供应业	Production and Supply of Gas	94.3	90.7	90.8	90.6	90.5	90.0
水的生产和供应业	Production and Supply of Water	100.1	100.2	100.3	100.1	100.1	100.1

4-17 工业生产者出厂价格分类分月指数（2016 年）
Producer Price Indices （PPI） by Sector& Month （2016）

续表（continued） 上年同期 =100（same period last year=100）

项目名称	Item	7 月 July	8 月 August	9 月 September	10 月 October	11 月 November	12 月 December
总指数	**General Index**	**98.7**	**99.0**	**99.4**	**100.2**	**101.1**	**102.4**
煤炭开采和洗选业	Mining and Washing of Coal	92.0	94.0	97.4	103.8	109.7	116.7
石油和天然气开采业	Extraction of Petroleum and Natural Gas	96.5	96.3	98.7	101.5	101.5	101.6
黑色金属矿采选业	Mining and Processing of Ferrous Metal Ores	90.8	90.7	94.2	95.4	98.2	106.8
有色金属矿采选业	Mining and Processing of Non-Ferrous Metal Ores	103.5	106.4	106.9	107.9	110.6	111.0
非金属矿采选业	Mining and Processing of Nonmetal Ores	99.8	99.2	99.4	99.2	98.7	100.1
农副食品加工业	Processing of Food from Agricultural Products	101.0	100.8	101.4	101.4	102.0	103.4
食品制造业	Processing of Foodstuff	100.4	100.2	100.4	100.5	99.9	100.0
酒、饮料和精制茶制造业	Manufacture of Liquor, Beverages and Refined Tea	98.3	98.6	100.1	100.0	100.5	100.6
烟草制品业	Manufacture of Tobacco	99.6	99.5	99.8	99.7	99.9	100.0
纺织业	Manufacture of Textile	98.1	98.7	99.5	99.7	100.8	101.4
纺织服装、服饰业	Manufacture of Textile Wearing Apparel, and Dress Adornment	98.1	98.1	98.5	99.3	99.4	99.5
皮革、毛皮、羽毛及其制品和制鞋业	Manufacture of Leather, Fur, Feather Related Products and Footware	99.9	99.9	100.4	101.0	101.4	101.4
木材加工及木、竹、藤、棕、草制品业	Processing of Timber, Manufacture of Wood, Bamboo, Rattan, Palm and Straw Products	99.1	98.6	99.1	98.8	99.0	99.1
家具制造业	Manufacture of Furniture	102.7	103.1	104.0	105.5	106.8	107.6
造纸和纸制品业	Manufacture of Paper and Paper Products	98.4	98.8	99.2	99.3	100.1	105.9
印刷和记录媒介复制业	Printing, Reproduction of Recording Media	99.5	99.4	99.7	99.7	100.4	100.5
文教、工美、体育和娱乐用品制造业	Manufacture of Culture, Education, Handicraft, Fine Arts, Sports and Entertainment Articles	111.2	111.2	110.8	109.9	110.8	105.6
石油加工、炼焦和核燃料加工业	Processing of Petroleum, Coking, Processing of Nuclear Fuel	95.6	96.8	98.4	98.5	99.9	101.4
化学原料和化学制品制造业	Manufacture of Raw Chemical Materials and Chemical Products	97.5	97.1	97.7	98.8	99.8	101.7
医药制造业	Manufacture of Medicines	99.6	99.7	100.3	100.1	100.3	100.6
化学纤维制造业	Manufacture of Chemical Fibers	88.7	90.3	94.1	97.0	98.0	101.6
橡胶和塑料制品业	Manufacture of Rubber and Plastics	97.0	96.9	97.3	97.6	98.5	99.2
非金属矿物制品业	Manufacture of Non-metallic Mineral Products	98.1	97.8	99.0	101.6	103.8	105.4
黑色金属冶炼和压延加工业	Smelting and Pressing of Ferrous Metals	99.3	102.9	103.3	107.1	111.5	118.9
有色金属冶炼和压延加工业	Smelting and Pressing of Non-ferrous Metals	98.6	100.0	101.2	104.2	109.8	113.2
金属制品业	Manufacture of Metal Products	98.4	98.7	99.4	100.0	101.1	102.2
通用设备制造业	Manufacture of General Purpose Machinery	98.7	98.8	99.1	99.2	99.4	99.9
专用设备制造业	Manufacture of Special Purpose Machinery	96.0	96.3	96.7	97.8	98.1	98.6
汽车制造业	Manufacture of Motor Vehicles	99.2	99.2	99.4	99.4	99.6	99.7
铁路、船舶、航空航天和其他运输设备制造业	Manufacture of Railway, Ship, Aviation and Other Transporting Equipment	98.3	98.4	98.8	99.1	99.2	99.7
电气机械和器材制造业	Manufacture of Electrical Machinery and Equipment	98.3	98.5	98.8	98.8	99.5	100.3
计算机、通信和其他电子设备制造业	Manufacture of Communication Equipment, Computers and Other Electronic Equipment	99.7	99.9	99.4	100.1	100.6	101.8
仪器仪表制造业	Manufacture of Instrument and Apparatus	102.4	103.2	104.3	105.3	104.5	103.5
其他制造业	Other Manufacture	96.5	96.3	95.5	94.8	94.8	97.2
废弃资源综合利用业	Comprehensive Utilization of Waste Resources	96.7	99.0	108.0	109.7	113.3	119.3
金属制品、机械和设备修理业	Repair Services of Metal Products, Machinery and Equipment	82.6	84.5	92.8	94.8	94.8	100.6
电力、热力生产和供应业	Production and Supply of Electric Power and Heat Power	97.0	96.8	97.5	97.2	97.4	97.3
燃气生产和供应业	Production and Supply of Gas	89.9	89.8	90.0	89.9	89.9	93.3
水的生产和供应业	Production and Supply of Water	100.0	100.3	100.5	100.4	100.4	100.5

4–17 工业生产者出厂价格分类分月指数（2017 年）
Producer Price Indices （PPI） by Sector& Month （2017）

上年同期 =100（same period last year=100）

项目名称	Item	1月 January	2月 February	3月 March	4月 April	5月 May	6月 June
总指数	**General Index**	**103.4**	**104.3**	**104.5**	**104.6**	**104.1**	**103.9**
煤炭开采和洗选业	Mining and Washing of Coal	120.7	125.2	130.3	128.0	127.6	128.4
石油和天然气开采业	Extraction of Petroleum and Natural Gas	99.1	99.6	99.6	99.4	99.6	99.6
黑色金属矿采选业	Mining and Processing of Ferrous Metal Ores	110.0	109.4	109.7	110.6	110.1	109.7
有色金属矿采选业	Mining and Processing of Non–Ferrous Metal Ores	112.4	111.7	111.0	110.7	112.3	109.4
非金属矿采选业	Mining and Processing of Nonmetal Ores	101.3	102.2	102.1	103.7	105.4	106.2
农副食品加工业	Processing of Food from Agricultural Products	103.3	103.0	104.0	103.1	102.7	102.2
食品制造业	Processing of Foodstuff	100.2	100.8	100.9	100.7	100.8	100.9
酒、饮料和精制茶制造业	Manufacture of Liquor, Beverages and Refined Tea	101.2	101.7	102.2	102.6	103.3	103.0
烟草制品业	Manufacture of Tobacco	99.8	99.8	99.8	99.8	100.0	100.0
纺织业	Manufacture of Textile	102.3	102.8	103.0	103.0	103.2	103.0
纺织服装、服饰业	Manufacture of Textile Wearing Apparel, and Dress Adornment	102.2	102.8	102.3	102.3	102.2	101.9
皮革、毛皮、羽毛及其制品和制鞋业	Manufacture of Leather, Fur, Feather Related Products and Footware	101.3	101.2	101.1	100.1	99.9	99.8
木材加工及木、竹、藤、棕、草制品业	Processing of Timber, Manufacture of Wood, Bamboo, Rattan, Palm and Straw Products	98.8	98.5	98.2	98.7	98.9	99.2
家具制造业	Manufacture of Furniture	108.8	108.8	107.8	107.9	106.8	106.4
造纸和纸制品业	Manufacture of Paper and Paper Products	108.1	108.9	108.4	106.3	106.7	109.4
印刷和记录媒介复制业	Printing, Reproduction of Recording Media	101.3	101.9	102.0	102.0	102.0	102.8
文教、工美、体育和娱乐用品制造业	Manufacture of Culture, Education, Handicraft, Fine Arts, Sports and Entertainment Articles	106.8	105.0	103.9	104.2	103.8	105.4
石油加工、炼焦和核燃料加工业	Processing of Petroleum, Coking, Processing of Nuclear Fuel	103.0	102.4	107.6	107.3	103.7	104.6
化学原料和化学制品制造业	Manufacture of Raw Chemical Materials and Chemical Products	103.3	104.5	105.2	104.6	104.3	103.3
医药制造业	Manufacture of Medicines	100.9	101.4	101.6	101.6	101.6	101.6
化学纤维制造业	Manufacture of Chemical Fibers	102.1	101.9	101.1	101.6	101.9	104.0
橡胶和塑料制品业	Manufacture of Rubber and Plastics	99.9	100.3	100.9	101.5	101.0	100.5
非金属矿物制品业	Manufacture of Non–metallic Mineral Products	106.6	108.4	109.3	109.7	109.1	108.9
黑色金属冶炼和压延加工业	Smelting and Pressing of Ferrous Metals	121.4	128.4	126.2	120.9	117.7	118.8
有色金属冶炼和压延加工业	Smelting and Pressing of Non–ferrous Metals	112.6	113.5	113.3	112.6	110.7	108.3
金属制品业	Manufacture of Metal Products	102.7	103.4	103.8	103.2	102.9	103.4
通用设备制造业	Manufacture of General Purpose Machinery	100.5	101.0	101.3	101.5	101.4	101.2
专用设备制造业	Manufacture of Special Purpose Machinery	99.9	99.8	100.3	100.3	100.4	100.3
汽车制造业	Manufacture of Motor Vehicles	100.6	100.1	100.1	100.2	100.1	99.9
铁路、船舶、航空航天和其他运输设备制造业	Manufacture of Railway, Ship, Aviation and Other Transporting Equipment	100.4	100.6	100.8	100.8	100.9	100.9
电气机械和器材制造业	Manufacture of Electrical Machinery and Equipment	100.6	101.1	102.1	102.1	102.1	101.8
计算机、通信和其他电子设备制造业	Manufacture of Communication Equipment, Computers and Other Electronic Equipment	103.3	105.0	104.5	106.8	105.6	105.4
仪器仪表制造业	Manufacture of Instrument and Apparatus	103.8	105.4	105.0	104.8	104.7	104.5
其他制造业	Other Manufacture	98.0	100.6	102.5	103.7	105.9	106.8
废弃资源综合利用业	Comprehensive Utilization of Waste Resources	121.9	138.3	130.9	124.0	118.0	124.6
金属制品、机械和设备修理业	Repair Services of Metal Products, Machinery and Equipment	101.8	101.7	102.0	102.2	102.2	101.7
电力、热力生产和供应业	Production and Supply of Electric Power and Heat Power	97.7	98.5	99.0	99.6	99.7	100.1
燃气生产和供应业	Production and Supply of Gas	96.7	100.3	100.3	100.3	100.3	100.5
水的生产和供应业	Production and Supply of Water	100.4	100.5	100.5	100.5	100.5	100.7

4–17 工业生产者出厂价格分类分月指数（2017 年）
Producer Price Indices （PPI） by Sector& Month （2017）

续表（continued）　　　　上年同期 =100（same period last year=100）

项目名称	Item	7 月 July	8 月 August	9 月 September	10 月 October	11 月 November	12 月 December
总指数	**General Index**	**104.0**	**104.3**	**104.7**	**104.5**	**104.1**	**103.5**
煤炭开采和洗选业	Mining and Washing of Coal	127.8	126.2	125.2	118.5	114.4	109.5
石油和天然气开采业	Extraction of Petroleum and Natural Gas	99.6	101.3	101.3	101.7	101.7	101.7
黑色金属矿采选业	Mining and Processing of Ferrous Metal Ores	109.0	109.5	107.8	108.3	107.4	100.4
有色金属矿采选业	Mining and Processing of Non–Ferrous Metal Ores	104.9	104.1	104.8	104.6	104.4	104.7
非金属矿采选业	Mining and Processing of Nonmetal Ores	105.9	106.1	106.3	107.1	107.7	108.5
农副食品加工业	Processing of Food from Agricultural Products	102.0	102.0	101.9	101.8	101.6	100.3
食品制造业	Processing of Foodstuff	101.1	101.0	101.3	101.3	101.2	101.1
酒、饮料和精制茶制造业	Manufacture of Liquor, Beverages and Refined Tea	103.2	103.3	103.3	103.5	103.5	103.5
烟草制品业	Manufacture of Tobacco	100.0	100.0	100.0	100.0	100.0	100.0
纺织业	Manufacture of Textile	103.1	103.3	103.2	103.6	103.3	102.7
纺织服装、服饰业	Manufacture of Textile Wearing Apparel, and Dress Adornment	101.7	102.3	102.3	101.5	101.4	101.5
皮革、毛皮、羽毛及其制品和制鞋业	Manufacture of Leather, Fur, Feather Related Products and Footware	99.9	100.1	99.9	99.3	99.5	99.7
木材加工及木、竹、藤、棕、草制品业	Processing of Timber, Manufacture of Wood, Bamboo, Rattan, Palm and Straw Products	99.3	99.0	98.5	98.7	98.5	98.5
家具制造业	Manufacture of Furniture	106.4	106.7	107.1	105.9	104.7	106.2
造纸和纸制品业	Manufacture of Paper and Paper Products	112.7	116.3	125.1	128.3	123.8	115.8
印刷和记录媒介复制业	Printing, Reproduction of Recording Media	102.8	102.9	103.1	102.4	101.9	102.0
文教、工美、体育和娱乐用品制造业	Manufacture of Culture, Education, Handicraft, Fine Arts, Sports and Entertainment Articles	101.0	101.5	103.8	104.3	104.1	106.4
石油加工、炼焦和核燃料加工业	Processing of Petroleum, Coking, Processing of Nuclear Fuel	105.1	104.5	103.8	104.6	109.3	108.9
化学原料和化学制品制造业	Manufacture of Raw Chemical Materials and Chemical Products	102.6	103.7	106.2	106.9	107.9	108.0
医药制造业	Manufacture of Medicines	102.5	102.8	103.2	103.2	103.3	103.2
化学纤维制造业	Manufacture of Chemical Fibers	105.2	104.8	104.6	102.8	100.0	97.8
橡胶和塑料制品业	Manufacture of Rubber and Plastics	101.1	101.3	101.7	101.9	101.1	100.9
非金属矿物制品业	Manufacture of Non–metallic Mineral Products	109.2	110.4	111.3	109.8	109.2	111.5
黑色金属冶炼和压延加工业	Smelting and Pressing of Ferrous Metals	119.3	122.3	124.5	123.6	120.9	115.4
有色金属冶炼和压延加工业	Smelting and Pressing of Non–ferrous Metals	108.0	110.7	114.4	114.6	110.8	107.6
金属制品业	Manufacture of Metal Products	103.2	103.7	103.9	104.2	104.2	104.6
通用设备制造业	Manufacture of General Purpose Machinery	101.2	101.1	101.4	101.5	101.6	101.7
专用设备制造业	Manufacture of Special Purpose Machinery	100.4	100.5	100.7	100.6	100.4	100.5
汽车制造业	Manufacture of Motor Vehicles	99.9	100.0	100.1	100.4	100.3	100.3
铁路、船舶、航空航天和其他运输设备制造业	Manufacture of Railway, Ship, Aviation and Other Transporting Equipment	101.0	101.0	101.1	101.1	101.4	101.5
电气机械和器材制造业	Manufacture of Electrical Machinery and Equipment	101.8	101.9	102.3	102.7	102.5	102.2
计算机、通信和其他电子设备制造业	Manufacture of Communication Equipment, Computers and Other Electronic Equipment	105.4	104.4	103.1	102.4	102.1	101.3
仪器仪表制造业	Manufacture of Instrument and Apparatus	104.4	103.9	103.7	103.4	103.1	103.0
其他制造业	Other Manufacture	107.9	108.5	109.3	109.9	110.1	107.7
废弃资源综合利用业	Comprehensive Utilization of Waste Resources	126.9	127.0	150.4	150.3	145.5	146.2
金属制品、机械和设备修理业	Repair Services of Metal Products, Machinery and Equipment	102.6	103.5	104.1	104.3	104.4	103.9
电力、热力生产和供应业	Production and Supply of Electric Power and Heat Power	100.4	100.6	99.6	99.9	99.9	100.0
燃气生产和供应业	Production and Supply of Gas	100.8	100.8	100.8	99.3	99.3	99.1
水的生产和供应业	Production and Supply of Water	100.7	100.5	100.5	100.5	100.5	100.5

4–17 工业生产者出厂价格分类分月指数（2018 年）
Producer Price Indices （PPI） by Sector& Month （2018）

上年同期 =100（same period last year=100）

项目名称	Item	1月 January	2月 February	3月 March	4月 April	5月 May	6月 June
总指数	**General Index**	**103.0**	**102.3**	**101.9**	**101.6**	**102.0**	**102.3**
煤炭开采和洗选业	Mining and Washing of Coal	107.5	106.4	102.9	102.7	103.7	103.8
石油和天然气开采业	Extraction of Petroleum and Natural Gas	112.8	112.8	112.8	102.5	101.7	101.7
黑色金属矿采选业	Mining and Processing of Ferrous Metal Ores	98.7	99.1	99.3	98.3	98.8	99.3
有色金属矿采选业	Mining and Processing of Non–Ferrous Metal Ores	110.4	113.8	113.2	112.9	111.4	109.2
非金属矿采选业	Mining and Processing of Nonmetal Ores	107.4	106.7	107.2	107.4	107.8	108.2
农副食品加工业	Processing of Food from Agricultural Products	100.5	100.8	99.1	99.6	99.5	99.4
食品制造业	Processing of Foodstuff	100.4	100.0	100.0	100.3	100.5	100.3
酒、饮料和精制茶制造业	Manufacture of Liquor, Beverages and Refined Tea	103.2	102.9	102.5	102.5	101.8	101.9
烟草制品业	Manufacture of Tobacco	100.0	100.0	100.0	100.0	100.0	100.0
纺织业	Manufacture of Textile	102.1	101.6	101.4	101.3	100.5	100.4
纺织服装、服饰业	Manufacture of Textile Wearing Apparel, and Dress Adornment	101.6	101.6	101.1	100.9	101.0	101.1
皮革、毛皮、羽毛及其制品和制鞋业	Manufacture of Leather, Fur, Feather Related Products and Footware	99.4	99.2	98.4	99.4	99.2	99.4
木材加工及木、竹、藤、棕、草制品业	Processing of Timber, Manufacture of Wood, Bamboo, Rattan, Palm and Straw Products	98.4	98.5	98.4	98.2	98.3	98.3
家具制造业	Manufacture of Furniture	105.0	105.9	106.4	106.3	105.6	105.1
造纸和纸制品业	Manufacture of Paper and Paper Products	113.2	112.5	113.3	116.5	120.0	118.4
印刷和记录媒介复制业	Printing, Reproduction of Recording Media	101.5	101.1	101.5	101.5	101.8	101.0
文教、工美、体育和娱乐用品制造业	Manufacture of Culture, Education, Handicraft, Fine Arts, Sports and Entertainment Articles	106.9	104.9	103.7	102.7	101.7	99.2
石油加工、炼焦和核燃料加工业	Processing of Petroleum, Coking, Processing of Nuclear Fuel	107.7	112.3	109.0	109.9	109.7	110.0
化学原料和化学制品制造业	Manufacture of Raw Chemical Materials and Chemical Products	107.1	106.5	106.3	105.8	106.5	107.7
医药制造业	Manufacture of Medicines	103.1	102.6	102.7	103.9	103.5	103.1
化学纤维制造业	Manufacture of Chemical Fibers	97.1	99.7	100.1	101.7	102.9	100.4
橡胶和塑料制品业	Manufacture of Rubber and Plastics	100.7	100.6	99.8	99.0	99.9	100.0
非金属矿物制品业	Manufacture of Non-metallic Mineral Products	114.1	112.7	113.1	113.7	114.5	115.1
黑色金属冶炼和压延加工业	Smelting and Pressing of Ferrous Metals	114.5	108.7	107.2	105.3	108.2	111.3
有色金属冶炼和压延加工业	Smelting and Pressing of Non–ferrous Metals	107.0	105.6	104.5	104.5	104.7	104.7
金属制品业	Manufacture of Metal Products	104.5	103.7	103.6	103.6	103.4	103.4
通用设备制造业	Manufacture of General Purpose Machinery	101.7	101.5	101.5	101.2	101.3	101.3
专用设备制造业	Manufacture of Special Purpose Machinery	100.5	100.8	100.8	100.8	101.0	100.9
汽车制造业	Manufacture of Motor Vehicles	99.2	99.7	99.9	99.9	100.0	100.2
铁路、船舶、航空航天和其他运输设备制造业	Manufacture of Railway, Ship, Aviation and Other Transporting Equipment	101.7	101.6	101.6	101.7	101.6	101.5
电气机械和器材制造业	Manufacture of Electrical Machinery and Equipment	102.2	102.0	101.2	101.2	101.1	101.3
计算机、通信和其他电子设备制造业	Manufacture of Communication Equipment, Computers and Other Electronic Equipment	100.0	98.0	97.2	95.7	96.2	96.5
仪器仪表制造业	Manufacture of Instrument and Apparatus	103.2	102.8	102.7	102.7	102.5	102.0
其他制造业	Other Manufacture	106.9	104.8	103.2	102.5	101.5	101.1
废弃资源综合利用业	Comprehensive Utilization of Waste Resources	146.6	129.5	126.8	131.9	138.2	141.7
金属制品、机械和设备修理业	Repair Services of Metal Products, Machinery and Equipment	103.6	103.8	104.1	104.6	105.5	105.7
电力、热力生产和供应业	Production and Supply of Electric Power and Heat Power	99.7	99.7	99.6	100.4	101.7	103.2
燃气生产和供应业	Production and Supply of Gas	100.7	101.5	101.6	99.8	99.6	99.6
水的生产和供应业	Production and Supply of Water	100.5	100.4	100.4	100.4	100.4	100.2

4-17 工业生产者出厂价格分类分月指数（2018 年）
Producer Price Indices （PPI） by Sector& Month （2018）

续表（continued） 上年同期 =100（same period last year=100）

项目名称	Item	7 月 July	8 月 August	9 月 September	10 月 October	11 月 November	12 月 December
总指数	**General Index**	**102.4**	**102.3**	**102.1**	**101.9**	**101.7**	**101.3**
煤炭开采和洗选业	Mining and Washing of Coal	104.4	104.1	103.2	103.3	103.5	103.1
石油和天然气开采业	Extraction of Petroleum and Natural Gas	101.7	100.0	100.0	100.0	110.9	110.9
黑色金属矿采选业	Mining and Processing of Ferrous Metal Ores	100.9	101.4	102.3	101.9	103.6	102.6
有色金属矿采选业	Mining and Processing of Non-Ferrous Metal Ores	110.0	104.7	106.1	105.9	104.3	106.7
非金属矿采选业	Mining and Processing of Nonmetal Ores	108.5	109.4	111.0	110.8	111.7	111.0
农副食品加工业	Processing of Food from Agricultural Products	99.4	99.7	100.5	101.1	101.2	101.4
食品制造业	Processing of Foodstuff	99.9	100.2	100.2	100.0	100.0	100.1
酒、饮料和精制茶制造业	Manufacture of Liquor, Beverages and Refined Tea	101.6	101.5	101.4	101.3	101.3	100.9
烟草制品业	Manufacture of Tobacco	100.8	100.8	100.8	100.8	100.8	100.8
纺织业	Manufacture of Textile	100.0	99.3	98.9	97.9	97.2	97.4
纺织服装、服饰业	Manufacture of Textile Wearing Apparel, and Dress Adornment	101.3	100.9	101.6	101.6	101.7	101.7
皮革、毛皮、羽毛及其制品和制鞋业	Manufacture of Leather, Fur, Feather Related Products and Footware	99.5	99.3	99.2	99.3	98.9	98.6
木材加工及木、竹、藤、棕、草制品业	Processing of Timber, Manufacture of Wood, Bamboo, Rattan, Palm and Straw Products	98.7	99.4	99.9	99.9	101.1	100.9
家具制造业	Manufacture of Furniture	104.3	103.3	102.4	102.1	101.7	99.4
造纸和纸制品业	Manufacture of Paper and Paper Products	113.9	109.0	100.8	96.8	97.1	97.9
印刷和记录媒介复制业	Printing, Reproduction of Recording Media	101.1	101.0	101.2	101.8	101.9	101.8
文教、工美、体育和娱乐用品制造业	Manufacture of Culture, Education, Handicraft, Fine Arts, Sports and Entertainment Articles	100.2	99.6	97.7	100.0	99.9	101.8
石油加工、炼焦和核燃料加工业	Processing of Petroleum, Coking, Processing of Nuclear Fuel	107.8	107.8	108.3	109.5	106.2	105.7
化学原料和化学制品制造业	Manufacture of Raw Chemical Materials and Chemical Products	107.7	106.8	106.0	105.2	104.1	102.7
医药制造业	Manufacture of Medicines	102.2	102.4	102.5	102.6	102.3	102.2
化学纤维制造业	Manufacture of Chemical Fibers	97.6	98.5	101.3	103.0	103.0	98.4
橡胶和塑料制品业	Manufacture of Rubber and Plastics	99.9	100.2	100.5	100.2	99.9	99.0
非金属矿物制品业	Manufacture of Non-metallic Mineral Products	115.8	115.9	114.7	113.7	112.8	110.6
黑色金属冶炼和压延加工业	Smelting and Pressing of Ferrous Metals	111.4	109.7	108.4	106.9	104.5	101.0
有色金属冶炼和压延加工业	Smelting and Pressing of Non-ferrous Metals	102.8	100.4	98.4	96.9	96.1	96.5
金属制品业	Manufacture of Metal Products	103.4	103.0	102.8	102.6	102.2	101.5
通用设备制造业	Manufacture of General Purpose Machinery	101.4	101.5	101.2	101.4	101.2	101.1
专用设备制造业	Manufacture of Special Purpose Machinery	100.9	101.2	101.3	101.5	101.5	101.4
汽车制造业	Manufacture of Motor Vehicles	100.1	99.9	99.7	99.5	99.5	99.4
铁路、船舶、航空航天和其他运输设备制造业	Manufacture of Railway, Ship, Aviation and Other Transporting Equipment	101.4	101.5	101.3	101.2	101.0	100.7
电气机械和器材制造业	Manufacture of Electrical Machinery and Equipment	100.8	100.6	100.0	99.8	99.5	99.0
计算机、通信和其他电子设备制造业	Manufacture of Communication Equipment, Computers and Other Electronic Equipment	97.4	98.9	100.9	101.7	101.9	102.0
仪器仪表制造业	Manufacture of Instrument and Apparatus	101.8	101.6	101.2	101.1	100.7	100.3
其他制造业	Other Manufacture	100.9	101.1	101.3	101.5	101.2	101.2
废弃资源综合利用业	Comprehensive Utilization of Waste Resources	162.7	158.5	126.0	133.0	135.3	125.1
金属制品、机械和设备修理业	Repair Services of Metal Products, Machinery and Equipment	105.4	104.7	104.1	104.1	104.3	104.4
电力、热力生产和供应业	Production and Supply of Electric Power and Heat Power	105.0	105.0	101.8	100.9	101.0	100.9
燃气生产和供应业	Production and Supply of Gas	99.5	99.1	99.8	102.8	105.3	107.2
水的生产和供应业	Production and Supply of Water	100.2	100.0	100.0	100.0	100.0	100.0

4-17 工业生产者出厂价格分类分月指数（2019 年）
Producer Price Indices （PPI） by Sector& Month （2019）

上年同期 =100（same period last year=100）

项目名称	Item	1月 January	2月 February	3月 March	4月 April	5月 May	6月 June
总指数	**General Index**	**101.0**	**100.6**	**100.6**	**100.7**	**100.5**	**100.1**
煤炭开采和洗选业	Mining and Washing of Coal	102.4	102.1	101.8	102.0	101.9	101.0
石油和天然气开采业	Extraction of Petroleum and Natural Gas	100.0	100.0	100.0	99.2	100.0	100.0
黑色金属矿采选业	Mining and Processing of Ferrous Metal Ores	101.7	99.7	100.3	98.7	97.7	96.4
有色金属矿采选业	Mining and Processing of Non-Ferrous Metal Ores	100.3	98.3	98.8	98.4	95.9	93.1
非金属矿采选业	Mining and Processing of Nonmetal Ores	112.8	113.0	112.3	111.3	110.5	109.8
农副食品加工业	Processing of Food from Agricultural Products	101.0	100.8	101.3	101.5	102.1	102.6
食品制造业	Processing of Foodstuff	100.4	100.3	100.7	100.8	100.8	101.0
酒、饮料和精制茶制造业	Manufacture of Liquor, Beverages and Refined Tea	100.2	100.6	100.0	100.5	100.4	100.3
烟草制品业	Manufacture of Tobacco	100.8	100.8	100.8	103.4	103.4	103.4
纺织业	Manufacture of Textile	97.2	97.1	97.1	97.3	97.7	96.9
纺织服装、服饰业	Manufacture of Textile Wearing Apparel, and Dress Adornment	101.9	101.7	101.7	101.7	101.6	101.6
皮革、毛皮、羽毛及其制品和制鞋业	Manufacture of Leather, Fur, Feather Related Products and Footware	99.0	99.1	99.9	100.1	100.3	100.3
木材加工及木、竹、藤、棕、草制品业	Processing of Timber, Manufacture of Wood, Bamboo, Rattan, Palm and Straw Products	101.1	101.3	101.2	101.9	101.7	101.7
家具制造业	Manufacture of Furniture	99.7	98.5	99.5	98.9	99.6	99.4
造纸和纸制品业	Manufacture of Paper and Paper Products	98.0	98.3	97.6	96.2	92.8	91.5
印刷和记录媒介复制业	Printing, Reproduction of Recording Media	101.6	101.4	100.8	100.7	100.4	100.5
文教、工美、体育和娱乐用品制造业	Manufacture of Culture, Education, Handicraft, Fine Arts, Sports and Entertainment Articles	101.5	103.8	103.4	104.5	105.6	109.4
石油加工、炼焦和核燃料加工业	Processing of Petroleum, Coking, Processing of Nuclear Fuel	106.7	100.6	100.9	99.7	101.0	99.5
化学原料和化学制品制造业	Manufacture of Raw Chemical Materials and Chemical Products	101.7	99.3	97.5	98.0	98.4	97.7
医药制造业	Manufacture of Medicines	103.4	103.7	103.7	102.4	102.5	103.3
化学纤维制造业	Manufacture of Chemical Fibers	100.2	97.7	98.4	98.6	96.4	96.5
橡胶和塑料制品业	Manufacture of Rubber and Plastics	98.9	98.5	99.3	99.0	98.7	98.4
非金属矿物制品业	Manufacture of Non-metallic Mineral Products	107.3	107.7	107.1	107.2	107.5	107.2
黑色金属冶炼和压延加工业	Smelting and Pressing of Ferrous Metals	98.4	98.4	98.5	101.8	102.2	100.0
有色金属冶炼和压延加工业	Smelting and Pressing of Non-ferrous Metals	96.6	96.6	97.6	98.2	98.3	98.8
金属制品业	Manufacture of Metal Products	101.1	100.8	100.7	100.5	100.7	100.8
通用设备制造业	Manufacture of General Purpose Machinery	101.0	100.3	100.0	100.1	100.4	100.5
专用设备制造业	Manufacture of Special Purpose Machinery	101.4	101.7	101.7	101.8	101.6	101.6
汽车制造业	Manufacture of Motor Vehicles	99.6	99.5	99.3	99.3	99.1	99.1
铁路、船舶、航空航天和其他运输设备制造业	Manufacture of Railway, Ship, Aviation and Other Transporting Equipment	100.5	100.3	100.2	100.2	100.1	99.9
电气机械和器材制造业	Manufacture of Electrical Machinery and Equipment	98.4	98.3	98.1	97.7	97.5	97.0
计算机、通信和其他电子设备制造业	Manufacture of Communication Equipment, Computers and Other Electronic Equipment	102.5	101.6	102.2	102.2	101.4	100.3
仪器仪表制造业	Manufacture of Instrument and Apparatus	100.0	99.9	100.0	100.7	100.8	100.8
其他制造业	Other Manufacture	102.3	102.0	101.9	101.6	101.5	101.4
废弃资源综合利用业	Comprehensive Utilization of Waste Resources	125.3	125.8	130.6	126.4	123.0	115.0
金属制品、机械和设备修理业	Repair Services of Metal Products, Machinery and Equipment	104.1	104.1	103.6	102.9	102.1	102.0
电力、热力生产和供应业	Production and Supply of Electric Power and Heat Power	101.2	100.6	100.6	99.8	98.5	97.3
燃气生产和供应业	Production and Supply of Gas	106.8	105.9	106.0	108.1	108.0	107.0
水的生产和供应业	Production and Supply of Water	100.0	100.0	100.0	100.0	100.0	100.0

4-17 工业生产者出厂价格分类分月指数（2019年）
Producer Price Indices （PPI） by Sector& Month （2019）

续表（continued）

上年同期=100（same period last year=100）

项目名称	Item	7月 July	8月 August	9月 September	10月 October	11月 November	12月 December
总指数	**General Index**	**99.5**	**99.1**	**98.8**	**98.7**	**98.7**	**98.8**
煤炭开采和洗选业	Mining and Washing of Coal	100.2	99.7	99.1	99.0	97.8	96.6
石油和天然气开采业	Extraction of Petroleum and Natural Gas	101.7	101.7	101.7	101.7	102.3	102.3
黑色金属矿采选业	Mining and Processing of Ferrous Metal Ores	94.2	91.9	91.6	90.8	89.4	90.3
有色金属矿采选业	Mining and Processing of Non-Ferrous Metal Ores	91.4	95.1	92.0	90.5	91.7	89.5
非金属矿采选业	Mining and Processing of Nonmetal Ores	111.8	112.2	112.0	112.0	111.3	110.2
农副食品加工业	Processing of Food from Agricultural Products	102.7	104.3	104.9	105.2	105.4	105.3
食品制造业	Processing of Foodstuff	100.8	101.2	101.9	102.3	102.9	102.7
酒、饮料和精制茶制造业	Manufacture of Liquor, Beverages and Refined Tea	100.4	100.2	99.9	99.8	99.6	99.4
烟草制品业	Manufacture of Tobacco	102.5	102.4	102.4	102.4	102.4	102.4
纺织业	Manufacture of Textile	96.2	96.3	97.0	97.9	98.3	98.4
纺织服装、服饰业	Manufacture of Textile Wearing Apparel, and Dress Adornment	101.2	101.2	101.2	100.5	99.9	100.0
皮革、毛皮、羽毛及其制品和制鞋业	Manufacture of Leather, Fur, Feather Related Products and Footware	100.1	99.3	99.3	99.9	100.0	100.0
木材加工及木、竹、藤、棕、草制品业	Processing of Timber, Manufacture of Wood, Bamboo, Rattan, Palm and Straw Products	101.9	101.8	102.5	102.4	101.5	101.9
家具制造业	Manufacture of Furniture	99.2	99.2	99.1	99.2	99.6	100.1
造纸和纸制品业	Manufacture of Paper and Paper Products	91.0	90.7	90.7	92.0	93.9	94.6
印刷和记录媒介复制业	Printing, Reproduction of Recording Media	100.2	100.3	99.7	99.7	99.1	99.2
文教、工美、体育和娱乐用品制造业	Manufacture of Culture, Education, Handicraft, Fine Arts, Sports and Entertainment Articles	109.6	110.6	112.0	110.1	111.2	109.5
石油加工、炼焦和核燃料加工业	Processing of Petroleum, Coking, Processing of Nuclear Fuel	101.0	100.1	99.1	98.0	97.0	97.3
化学原料和化学制品制造业	Manufacture of Raw Chemical Materials and Chemical Products	96.7	96.9	95.2	94.6	93.4	93.0
医药制造业	Manufacture of Medicines	102.6	100.8	100.9	100.5	100.7	101.1
化学纤维制造业	Manufacture of Chemical Fibers	95.8	94.0	93.0	94.2	94.0	98.2
橡胶和塑料制品业	Manufacture of Rubber and Plastics	98.2	97.7	97.6	96.5	96.3	97.3
非金属矿物制品业	Manufacture of Non-metallic Mineral Products	106.8	106.0	105.9	105.4	104.7	102.9
黑色金属冶炼和压延加工业	Smelting and Pressing of Ferrous Metals	98.1	95.1	92.6	92.8	93.4	97.0
有色金属冶炼和压延加工业	Smelting and Pressing of Non-ferrous Metals	99.4	98.6	98.6	98.3	99.2	101.0
金属制品业	Manufacture of Metal Products	101.0	101.1	101.2	101.1	101.0	100.9
通用设备制造业	Manufacture of General Purpose Machinery	100.6	100.3	100.5	100.3	100.6	100.6
专用设备制造业	Manufacture of Special Purpose Machinery	101.5	101.1	99.7	99.3	99.5	99.6
汽车制造业	Manufacture of Motor Vehicles	98.9	98.8	98.7	98.5	98.4	98.5
铁路、船舶、航空航天和其他运输设备制造业	Manufacture of Railway, Ship, Aviation and Other Transporting Equipment	100.2	100.4	100.3	100.0	100.0	100.2
电气机械和器材制造业	Manufacture of Electrical Machinery and Equipment	97.3	97.1	97.2	96.9	97.0	97.2
计算机、通信和其他电子设备制造业	Manufacture of Communication Equipment, Computers and Other Electronic Equipment	98.6	97.0	96.0	96.2	96.4	96.3
仪器仪表制造业	Manufacture of Instrument and Apparatus	100.7	101.8	102.0	101.8	102.0	102.2
其他制造业	Other Manufacture	101.1	102.1	103.1	102.8	103.0	102.9
废弃资源综合利用业	Comprehensive Utilization of Waste Resources	100.3	98.6	99.8	94.3	92.0	97.9
金属制品、机械和设备修理业	Repair Services of Metal Products, Machinery and Equipment	101.7	101.9	101.6	101.1	100.8	100.2
电力、热力生产和供应业	Production and Supply of Electric Power and Heat Power	95.5	95.5	98.9	99.5	99.5	99.6
燃气生产和供应业	Production and Supply of Gas	106.8	107.3	106.6	105.1	103.7	102.0
水的生产和供应业	Production and Supply of Water	100.0	100.0	100.1	100.1	100.1	100.1

4-17 工业生产者出厂价格分类分月指数（2020 年）
Producer Price Indices （PPI） by Sector& Month （2020）

上年同期 =100（same period last year=100）

项目名称	Item	1月 January	2月 February	3月 March	4月 April	5月 May	6月 June
总指数	**General Index**	**98.9**	**99.3**	**99.1**	**98.5**	**98.4**	**98.8**
煤炭开采和洗选业	Mining and Washing of Coal	95.9	95.7	95.6	94.3	91.8	90.6
石油和天然气开采业	Extraction of Petroleum and Natural Gas	102.3	102.3	102.3	107.4	107.4	107.4
黑色金属矿采选业	Mining and Processing of Ferrous Metal Ores	89.8	90.0	88.4	89.6	90.0	90.7
有色金属矿采选业	Mining and Processing of Non-Ferrous Metal Ores	90.5	89.8	89.8	90.0	92.7	96.4
非金属矿采选业	Mining and Processing of Nonmetal Ores	108.2	107.6	105.6	103.7	102.9	102.1
农副食品加工业	Processing of Food from Agricultural Products	105.7	106.1	106.1	106.5	105.8	105.9
食品制造业	Processing of Foodstuff	102.8	102.7	102.6	102.6	102.5	102.6
酒、饮料和精制茶制造业	Manufacture of Liquor, Beverages and Refined Tea	99.6	99.1	99.2	98.9	98.8	99.1
烟草制品业	Manufacture of Tobacco	102.4	102.4	102.4	99.9	100.0	100.0
纺织业	Manufacture of Textile	98.9	99.1	98.5	96.7	96.1	96.8
纺织服装、服饰业	Manufacture of Textile Wearing Apparel, and Dress Adornment	99.4	99.3	99.1	99.0	99.4	99.0
皮革、毛皮、羽毛及其制品和制鞋业	Manufacture of Leather, Fur, Feather Related Products and Footware	99.9	99.9	100.0	99.6	99.4	99.5
木材加工及木、竹、藤、棕、草制品业	Processing of Timber, Manufacture of Wood, Bamboo, Rattan, Palm and Straw Products	101.2	101.5	102.1	101.5	101.9	101.9
家具制造业	Manufacture of Furniture	99.9	100.3	97.7	97.4	97.1	96.7
造纸和纸制品业	Manufacture of Paper and Paper Products	95.7	95.6	96.2	94.9	94.6	95.3
印刷和记录媒介复制业	Printing, Reproduction of Recording Media	99.2	99.2	99.4	99.5	98.8	98.8
文教、工美、体育和娱乐用品制造业	Manufacture of Culture, Education, Handicraft, Fine Arts, Sports and Entertainment Articles	107.8	106.0	106.8	107.9	109.8	106.7
石油加工、炼焦和核燃料加工业	Processing of Petroleum, Coking, Processing of Nuclear Fuel	95.5	95.4	94.0	91.7	92.9	94.0
化学原料和化学制品制造业	Manufacture of Raw Chemical Materials and Chemical Products	92.5	94.1	95.6	93.8	92.4	92.9
医药制造业	Manufacture of Medicines	99.7	99.6	99.7	99.8	100.2	99.3
化学纤维制造业	Manufacture of Chemical Fibers	97.9	99.2	98.3	97.4	97.7	97.1
橡胶和塑料制品业	Manufacture of Rubber and Plastics	97.2	97.2	96.5	95.6	95.3	95.7
非金属矿物制品业	Manufacture of Non-metallic Mineral Products	102.5	102.0	101.5	99.9	99.2	99.1
黑色金属冶炼和压延加工业	Smelting and Pressing of Ferrous Metals	99.0	98.1	97.0	93.7	92.8	94.8
有色金属冶炼和压延加工业	Smelting and Pressing of Non-ferrous Metals	102.8	103.0	98.5	94.0	94.3	96.2
金属制品业	Manufacture of Metal Products	101.2	100.9	100.6	100.5	100.3	100.3
通用设备制造业	Manufacture of General Purpose Machinery	100.6	101.0	100.9	100.9	100.7	100.5
专用设备制造业	Manufacture of Special Purpose Machinery	99.4	98.9	98.7	98.3	98.3	98.2
汽车制造业	Manufacture of Motor Vehicles	98.7	98.8	99.0	98.9	99.0	99.0
铁路、船舶、航空航天和其他运输设备制造业	Manufacture of Railway, Ship, Aviation and Other Transporting Equipment	100.7	100.8	100.7	100.6	100.9	101.2
电气机械和器材制造业	Manufacture of Electrical Machinery and Equipment	97.8	97.9	97.0	96.6	96.3	96.9
计算机、通信和其他电子设备制造业	Manufacture of Communication Equipment, Computers and Other Electronic Equipment	95.7	97.6	97.8	98.1	99.2	100.2
仪器仪表制造业	Manufacture of Instrument and Apparatus	102.5	102.6	101.7	100.9	99.9	100.1
其他制造业	Other Manufacture	102.0	102.1	102.4	102.5	102.1	102.4
废弃资源综合利用业	Comprehensive Utilization of Waste Resources	97.9	97.0	97.5	90.2	91.3	96.2
金属制品、机械和设备修理业	Repair Services of Metal Products, Machinery and Equipment	100.1	100.1	99.9	99.7	99.9	99.8
电力、热力生产和供应业	Production and Supply of Electric Power and Heat Power	99.1	99.7	99.5	99.5	99.8	99.6
燃气生产和供应业	Production and Supply of Gas	100.4	100.1	95.9	93.6	93.9	94.0
水的生产和供应业	Production and Supply of Water	100.0	100.0	99.2	98.7	98.6	98.6

4-17 工业生产者出厂价格分类分月指数（2020 年）
Producer Price Indices （PPI） by Sector& Month （2020）

续表（continued）　　　　上年同期 =100（same period last year=100）

项目名称	Item	7月 July	8月 August	9月 September	10月 October	11月 November	12月 December
总指数	**General Index**	**99.2**	**99.4**	**99.4**	**99.4**	**99.5**	**99.9**
煤炭开采和洗选业	Mining and Washing of Coal	91.5	92.5	93.8	93.9	95.4	97.0
石油和天然气开采业	Extraction of Petroleum and Natural Gas	105.6	105.6	105.6	105.6	100.0	106.8
黑色金属矿采选业	Mining and Processing of Ferrous Metal Ores	92.0	94.0	94.1	94.5	93.5	93.7
有色金属矿采选业	Mining and Processing of Non-Ferrous Metal Ores	97.4	98.2	111.7	110.1	112.2	117.2
非金属矿采选业	Mining and Processing of Nonmetal Ores	99.4	98.8	97.3	97.0	96.3	95.5
农副食品加工业	Processing of Food from Agricultural Products	106.0	104.9	103.6	103.3	103.4	104.0
食品制造业	Processing of Foodstuff	102.8	102.3	101.6	101.1	100.6	100.6
酒、饮料和精制茶制造业	Manufacture of Liquor, Beverages and Refined Tea	98.8	98.8	98.8	99.1	99.2	99.4
烟草制品业	Manufacture of Tobacco	100.0	100.0	100.0	100.0	100.0	100.0
纺织业	Manufacture of Textile	97.6	96.8	96.5	96.5	97.0	96.4
纺织服装、服饰业	Manufacture of Textile Wearing Apparel, and Dress Adornment	97.4	97.2	96.5	96.8	97.0	96.4
皮革、毛皮、羽毛及其制品和制鞋业	Manufacture of Leather, Fur, Feather Related Products and Footware	99.2	100.2	100.5	99.9	99.9	99.0
木材加工及木、竹、藤、棕、草制品业	Processing of Timber, Manufacture of Wood, Bamboo, Rattan, Palm and Straw Products	101.4	101.3	100.8	100.7	100.4	99.9
家具制造业	Manufacture of Furniture	96.9	96.8	96.9	97.1	97.2	96.6
造纸和纸制品业	Manufacture of Paper and Paper Products	98.5	99.5	100.3	101.0	101.5	101.3
印刷和记录媒介复制业	Printing, Reproduction of Recording Media	99.0	98.8	99.1	99.1	99.2	99.0
文教、工美、体育和娱乐用品制造业	Manufacture of Culture, Education, Handicraft, Fine Arts, Sports and Entertainment Articles	107.0	106.1	105.1	104.6	103.7	103.7
石油加工、炼焦和核燃料加工业	Processing of Petroleum, Coking, Processing of Nuclear Fuel	94.5	95.2	95.5	95.3	95.5	95.8
化学原料和化学制品制造业	Manufacture of Raw Chemical Materials and Chemical Products	93.1	93.1	94.1	95.6	97.3	98.1
医药制造业	Manufacture of Medicines	100.3	101.6	101.5	101.6	101.5	101.0
化学纤维制造业	Manufacture of Chemical Fibers	98.5	100.4	100.5	99.1	100.8	100.8
橡胶和塑料制品业	Manufacture of Rubber and Plastics	95.2	95.4	95.0	96.3	96.7	96.7
非金属矿物制品业	Manufacture of Non-metallic Mineral Products	98.7	98.2	97.3	96.8	97.1	96.9
黑色金属冶炼和压延加工业	Smelting and Pressing of Ferrous Metals	96.6	98.6	100.2	99.4	100.1	104.6
有色金属冶炼和压延加工业	Smelting and Pressing of Non-ferrous Metals	98.9	101.3	101.3	102.3	104.1	107.7
金属制品业	Manufacture of Metal Products	100.1	100.4	100.4	100.7	101.3	102.0
通用设备制造业	Manufacture of General Purpose Machinery	100.1	100.2	100.0	99.9	99.7	99.7
专用设备制造业	Manufacture of Special Purpose Machinery	97.9	98.1	99.4	99.6	99.4	99.5
汽车制造业	Manufacture of Motor Vehicles	99.3	99.6	99.7	99.9	100.0	100.1
铁路、船舶、航空航天和其他运输设备制造业	Manufacture of Railway, Ship, Aviation and Other Transporting Equipment	101.1	100.7	100.5	100.9	100.9	100.9
电气机械和器材制造业	Manufacture of Electrical Machinery and Equipment	97.3	97.9	98.0	98.1	98.2	99.1
计算机、通信和其他电子设备制造业	Manufacture of Communication Equipment, Computers and Other Electronic Equipment	100.6	100.3	100.3	99.1	98.4	97.3
仪器仪表制造业	Manufacture of Instrument and Apparatus	100.6	100.3	100.3	100.6	100.3	100.6
其他制造业	Other Manufacture	102.2	101.1	99.5	99.8	99.8	100.0
废弃资源综合利用业	Comprehensive Utilization of Waste Resources	97.7	100.2	100.8	100.9	101.2	101.5
金属制品、机械和设备修理业	Repair Services of Metal Products, Machinery and Equipment	99.8	99.6	99.7	99.8	99.8	100.2
电力、热力生产和供应业	Production and Supply of Electric Power and Heat Power	99.6	99.7	99.4	99.7	99.6	99.9
燃气生产和供应业	Production and Supply of Gas	94.4	93.9	93.9	93.8	93.9	99.2
水的生产和供应业	Production and Supply of Water	98.8	98.8	98.4	98.4	98.8	98.8

4-17 工业生产者出厂价格分类分月指数（2021 年）
Producer Price Indices（PPI）by Sector& Month（2021）

上年同期 =100（same period last year=100）

项目名称	Item	1月 January	2月 February	3月 March	4月 April	5月 May	6月 June
总指数	**General Index**	**99.8**	**100.2**	**101.1**	**102.2**	**102.8**	**103.0**
煤炭开采和洗选业	Mining and Washing of Coal	97.0	97.3	97.5	99.2	102.3	103.5
石油和天然气开采业	Extraction of Petroleum and Natural Gas	108.1	108.7	108.7	103.9	103.9	103.9
黑色金属矿采选业	Mining and Processing of Ferrous Metal Ores	92.2	94.1	96.3	102.4	105.1	106.9
有色金属矿采选业	Mining and Processing of Non-Ferrous Metal Ores	117.2	117.2	117.2	117.2	119.4	120.1
非金属矿采选业	Mining and Processing of Nonmetal Ores	96.1	95.5	96.8	99.0	98.7	98.4
农副食品加工业	Processing of Food from Agricultural Products	105.6	106.3	106.9	106.2	105.9	105.5
食品制造业	Processing of Foodstuff	100.5	100.6	100.5	100.0	100.2	100.1
酒、饮料和精制茶制造业	Manufacture of Liquor, Beverages and Refined Tea	100.9	101.3	103.1	103.1	102.8	102.7
烟草制品业	Manufacture of Tobacco	100.0	100.0	100.0	100.0	100.0	100.0
纺织业	Manufacture of Textile	98.5	98.7	100.3	101.6	102.2	102.9
纺织服装、服饰业	Manufacture of Textile Wearing Apparel, and Dress Adornment	97.9	100.5	101.0	97.4	97.5	95.9
皮革、毛皮、羽毛及其制品和制鞋业	Manufacture of Leather, Fur, Feather Related Products and Footware	98.5	98.4	98.2	98.1	97.9	98.0
木材加工及木、竹、藤、棕、草制品业	Processing of Timber, Manufacture of Wood, Bamboo, Rattan, Palm and Straw Products	102.0	102.1	101.4	101.0	100.5	101.0
家具制造业	Manufacture of Furniture	101.2	101.4	101.5	102.0	103.0	103.2
造纸和纸制品业	Manufacture of Paper and Paper Products	100.2	101.8	103.3	104.3	104.0	105.1
印刷和记录媒介复制业	Printing, Reproduction of Recording Media	100.0	100.0	96.1	95.9	95.7	95.4
文教、工美、体育和娱乐用品制造业	Manufacture of Culture, Education, Handicraft, Fine Arts, Sports and Entertainment Articles	104.3	103.9	103.9	102.2	100.0	100.0
石油加工、炼焦和核燃料加工业	Processing of Petroleum, Coking, Processing of Nuclear Fuel	96.3	97.3	98.7	103.9	101.8	105.1
化学原料和化学制品制造业	Manufacture of Raw Chemical Materials and Chemical Products	99.7	103.8	107.5	112.9	116.1	120.3
医药制造业	Manufacture of Medicines	100.8	99.9	99.4	99.4	98.8	99.5
化学纤维制造业	Manufacture of Chemical Fibers	100.0	100.0	100.0	107.6	115.2	122.8
橡胶和塑料制品业	Manufacture of Rubber and Plastics	97.2	97.6	99.0	99.9	100.5	101.2
非金属矿物制品业	Manufacture of Non-metallic Mineral Products	96.4	96.6	97.6	99.8	99.9	100.7
黑色金属冶炼和压延加工业	Smelting and Pressing of Ferrous Metals	106.7	111.2	115.9	122.4	129.6	130.3
有色金属冶炼和压延加工业	Smelting and Pressing of Non-ferrous Metals	107.2	109.5	119.1	126.1	129.8	127.6
金属制品业	Manufacture of Metal Products	101.9	102.7	103.2	104.1	105.1	105.0
通用设备制造业	Manufacture of General Purpose Machinery	99.4	99.5	100.0	100.1	100.7	101.2
专用设备制造业	Manufacture of Special Purpose Machinery	98.6	98.6	98.6	99.0	99.5	99.7
汽车制造业	Manufacture of Motor Vehicles	99.5	99.4	99.7	99.6	99.6	99.7
铁路、船舶、航空航天和其他运输设备制造业	Manufacture of Railway, Ship, Aviation and Other Transporting Equipment	101.2	101.5	101.6	102.1	102.4	102.4
电气机械和器材制造业	Manufacture of Electrical Machinery and Equipment	99.2	101.7	102.9	103.9	105.0	105.2
计算机、通信和其他电子设备制造业	Manufacture of Communication Equipment, Computers and Other Electronic Equipment	97.7	96.9	96.8	97.6	97.6	97.5
仪器仪表制造业	Manufacture of Instrument and Apparatus	95.1	94.9	95.6	96.7	98.1	97.6
其他制造业	Other Manufacture	100.0	100.0	100.0	100.0	100.0	100.0
废弃资源综合利用业	Comprehensive Utilization of Waste Resources	99.3	100.1	99.8	107.5	106.6	105.6
金属制品、机械和设备修理业	Repair Services of Metal Products, Machinery and Equipment	100.0	100.0	100.0	100.0	100.0	100.7
电力、热力生产和供应业	Production and Supply of Electric Power and Heat Power	100.0	100.0	100.4	100.6	100.5	100.4
燃气生产和供应业	Production and Supply of Gas	101.1	101.2	104.2	106.0	103.3	102.7
水的生产和供应业	Production and Supply of Water	99.3	99.6	100.1	100.8	100.9	100.9

4-17 工业生产者出厂价格分类分月指数（2021年）
Producer Price Indices （PPI） by Sector& Month （2021）

续表（continued） 上年同期=100（same period last year=100）

项目名称	Item	7月 July	8月 August	9月 September	10月 October	11月 November	12月 December
总指数	General Index	103.3	104.0	104.5	106.0	106.0	105.4
煤炭开采和洗选业	Mining and Washing of Coal	103.6	103.8	103.5	112.1	113.6	106.4
石油和天然气开采业	Extraction of Petroleum and Natural Gas	103.9	103.9	107.1	107.1	111.4	104.3
黑色金属矿采选业	Mining and Processing of Ferrous Metal Ores	107.9	111.5	112.3	118.0	107.1	107.1
有色金属矿采选业	Mining and Processing of Non-Ferrous Metal Ores	121.6	120.7	107.2	109.7	107.1	102.5
非金属矿采选业	Mining and Processing of Nonmetal Ores	97.5	97.4	97.7	97.3	95.3	93.9
农副食品加工业	Processing of Food from Agricultural Products	105.0	104.2	104.0	103.3	103.9	103.6
食品制造业	Processing of Foodstuff	100.6	100.6	100.6	100.2	100.1	100.2
酒、饮料和精制茶制造业	Manufacture of Liquor, Beverages and Refined Tea	102.7	103.3	103.5	103.2	103.1	103.3
烟草制品业	Manufacture of Tobacco	100.0	100.0	100.0	100.0	100.0	100.0
纺织业	Manufacture of Textile	104.3	104.6	104.4	103.9	104.4	104.7
纺织服装、服饰业	Manufacture of Textile Wearing Apparel, and Dress Adornment	97.1	96.4	98.7	99.7	99.8	102.2
皮革、毛皮、羽毛及其制品和制鞋业	Manufacture of Leather, Fur, Feather Related Products and Footware	98.1	98.0	97.9	97.8	98.0	99.2
木材加工及木、竹、藤、棕、草制品业	Processing of Timber, Manufacture of Wood, Bamboo, Rattan, Palm and Straw Products	101.3	101.0	100.8	100.5	110.5	109.8
家具制造业	Manufacture of Furniture	103.7	103.9	104.1	102.9	103.2	103.3
造纸和纸制品业	Manufacture of Paper and Paper Products	103.7	104.5	104.9	105.5	107.7	106.3
印刷和记录媒介复制业	Printing, Reproduction of Recording Media	95.7	95.8	95.9	95.9	96.2	96.3
文教、工美、体育和娱乐用品制造业	Manufacture of Culture, Education, Handicraft, Fine Arts, Sports and Entertainment Articles	99.7	99.5	99.5	99.6	99.7	99.6
石油加工、炼焦和核燃料加工业	Processing of Petroleum, Coking, Processing of Nuclear Fuel	102.8	101.9	102.3	100.4	99.9	100.4
化学原料和化学制品制造业	Manufacture of Raw Chemical Materials and Chemical Products	123.3	127.1	126.6	132.1	132.0	127.0
医药制造业	Manufacture of Medicines	99.2	99.1	99.2	99.4	99.1	99.5
化学纤维制造业	Manufacture of Chemical Fibers	128.3	136.6	136.6	137.9	137.9	131.0
橡胶和塑料制品业	Manufacture of Rubber and Plastics	101.4	102.1	102.7	102.3	102.8	102.8
非金属矿物制品业	Manufacture of Non-metallic Mineral Products	100.2	101.0	104.8	114.5	115.4	112.9
黑色金属冶炼和压延加工业	Smelting and Pressing of Ferrous Metals	132.2	131.3	131.0	138.2	133.5	127.2
有色金属冶炼和压延加工业	Smelting and Pressing of Non-ferrous Metals	124.0	123.9	127.7	133.0	130.0	120.3
金属制品业	Manufacture of Metal Products	105.0	105.3	105.2	105.6	105.5	104.4
通用设备制造业	Manufacture of General Purpose Machinery	101.3	102.0	102.4	102.5	102.8	102.6
专用设备制造业	Manufacture of Special Purpose Machinery	100.6	100.6	100.6	100.9	101.0	100.9
汽车制造业	Manufacture of Motor Vehicles	99.8	100.3	100.4	100.6	100.7	100.5
铁路、船舶、航空航天和其他运输设备制造业	Manufacture of Railway, Ship, Aviation and Other Transporting Equipment	102.5	103.0	103.2	103.3	103.5	103.7
电气机械和器材制造业	Manufacture of Electrical Machinery and Equipment	104.8	105.6	105.8	106.2	106.4	105.7
计算机、通信和其他电子设备制造业	Manufacture of Communication Equipment, Computers and Other Electronic Equipment	98.6	100.0	100.0	100.6	100.0	101.8
仪器仪表制造业	Manufacture of Instrument and Apparatus	97.9	97.7	98.2	98.3	99.5	99.3
其他制造业	Other Manufacture	100.0	100.0	100.2	100.9	101.0	100.9
废弃资源综合利用业	Comprehensive Utilization of Waste Resources	105.6	107.4	109.4	110.6	111.7	106.7
金属制品、机械和设备修理业	Repair Services of Metal Products, Machinery and Equipment	100.7	100.7	100.7	100.7	100.7	100.7
电力、热力生产和供应业	Production and Supply of Electric Power and Heat Power	100.5	100.7	100.9	100.8	103.0	105.1
燃气生产和供应业	Production and Supply of Gas	101.5	103.0	103.7	103.6	104.3	102.3
水的生产和供应业	Production and Supply of Water	100.7	100.7	100.8	100.9	100.5	100.5

4-18 全国各地区工业生产者出厂价格指数（2001-2021年）
Producer Price Indices （PPI） by Region of the Nation （2001-2021）

上年=100（preceding year=100）

地 区	Region	2001年	2002年	2003年	2004年	2005年	2006年	2007年	2008年	2009年	2010年
全 国	**National Total**	**98.7**	**97.7**	**102.4**	**106.1**	**104.9**	**103.0**	**103.0**	**106.9**	**94.6**	**105.5**
东部地区	**Eastern Region**										
北 京	Beijing	99.4	96.6	101.5	103.0	101.3	99.0	99.6	103.3	94.4	102.2
天 津	Tianjin	95.8	95.4	102.5	104.1	100.1	100.6	101.2	104.1	92.5	105.1
河 北	Hebei	99.8	99.4	107.1	111.6	104.4	100.8	106.7	116.7	89.1	109.0
辽 宁	Liaoning	100.5	97.8	103.6	107.1	105.1	104.1	104.3	110.9	94.0	107.4
上 海	Shanghai	96.8	96.4	101.4	103.6	101.7	100.6	101.1	102.2	93.8	102.3
江 苏	Jiangsu	99.1	97.6	102.1	106.5	102.6	101.5	102.6	104.6	95.2	107.3
浙 江	Zhejiang	98.3	96.9	100.8	104.9	102.3	103.8	102.4	104.3	94.9	106.2
福 建	Fujian	98.1	97.2	100.7	102.6	100.2	99.2	100.8	102.7	95.5	103.2
山 东	Shandong	99.2	98.7	103.5	106.4	103.7	102.3	103.1	108.6	94.1	107.1
广 东	Guangdong	98.5	96.4	99.3	101.7	101.5	101.4	101.3	103.1	95.8	103.2
海 南	Hainan		98.7	99.2	100.0	99.4	100.8	102.6	104.5	90.6	107.7
中部地区	**Central Region**										
山 西	Shanxi	100.3	102.5	112.2	116.1	110.2	101.0	107.4	122.4	92.0	109.5
吉 林	Jilin	100.3	98.6	102.5	105.0	104.3	101.7	102.5	104.9	96.1	105.2
黑龙江	Heilongjiang	96.0	98.8	111.9	113.1	116.7	109.9	104.4	114.0	87.4	115.0
安 徽	Anhui	98.6	99.8	103.5	108.1	103.3	103.1	103.6	108.4	92.8	109.0
江 西	Jiangxi	98.1	98.5	104.0	109.7	108.8	109.7	106.1	106.4	93.0	115.2
河 南	Henan	100.5	98.6	105.0	110.2	106.1	104.3	105.1	112.1	94.9	107.8
湖 北	Hubei	98.9	98.2	103.5	105.6	104.5	102.9	103.8	106.1	95.6	104.9
湖 南	Hunan	99.7	99.5	102.6	108.0	106.0	104.3	106.0	109.3	94.3	106.9
西部地区	**Western Region**										
重 庆	Chongqing	97.8	97.6	100.6	103.3	103.0	102.2	103.5	105.8	95.5	103.1
四 川	Sichuan	99.3	97.7	100.5	105.4	104.0	101.9	103.9	109.3	96.5	105.0
贵 州	Guizhou	101.8	99.3	103.4	108.0	107.2	104.3	104.8	112.4	95.1	104.7
云 南	Yunnan	99.6	98.2	101.4	108.8	104.5	104.6	105.7	105.8	91.5	108.8
西 藏	Tibet								105.6	98.2	105.8
陕 西	Shaanxi	100.4	100.6	105.6	107.5	110.4	109.6	102.8	108.4	96.1	108.7
甘 肃	Gansu	98.5	97.9	110.0	114.3	109.6	109.8	105.2	104.9	91.0	115.0
青 海	Qinghai	93.7	97.6	105.9	111.2	110.2	110.0	103.9	107.6	91.3	109.3
宁 夏	Ningxia	100.3	99.7	105.4	109.7	106.2	106.2	103.6	112.9	93.9	109.1
新 疆	Xinjiang	96.3	97.4	115.1	116.4	116.6	114.4	105.4	116.4	85.5	125.2
内蒙古	Inner Mongolia	101.1	99.3	103.2	105.1	105.1	103.0	105.6	112.5	96.2	106.7
广 西	Guangxi	106.5	95.6	102.8	109.7	104.9	109.7	104.5	109.0	93.5	112.0

4-18 全国各地区工业生产者出厂价格指数（2001-2021 年）
Producer Price Indices （PPI） by Region of the Nation （2001-2021）

续表（continued） 上年 =100（preceding year=100）

地 区	Region	2011 年	2012 年	2013 年	2014 年	2015 年	2016 年	2017 年	2018 年	2019 年	2020 年	2021 年
全 国	**National Total**	**106.0**	**98.3**	**98.1**	**98.1**	**94.8**	**98.6**	**106.3**	**103.5**	**99.7**	**98.2**	**108.1**
东部地区	**Eastern Region**											
北 京	Beijing	102.3	98.4	97.4	99.1	96.9	98.1	100.7	100.0	99.6	99.1	101.1
天 津	Tianjin	103.8	97.0	97.0	96.3	90.3	97.9	108.4	105.4	99.3	97.1	110.9
河 北	Hebei	107.7	94.7	96.6	95.2	89.1	99.9	115.0	106.2	100.2	98.5	116.4
辽 宁	Liaoning	106.5	99.9	99.0	98.2	93.9	98.8	108.1	104.8	99.5	97.0	113.6
上 海	Shanghai	102.9	98.4	98.2	98.9	96.1	98.8	103.5	101.7	98.8	98.3	102.1
江 苏	Jiangsu	106.2	97.1	98.0	98.3	95.3	98.1	104.8	102.8	98.9	97.8	106.3
浙 江	Zhejiang	105.0	97.3	98.2	98.8	96.4	98.3	104.8	103.4	98.9	96.9	106.3
福 建	Fujian	103.9	98.7	98.4	98.6	97.0	99.1	104.1	102.8	100.6	98.4	104.9
山 东	Shandong	106.0	98.4	98.4	98.4	95.2	98.5	105.5	103.7	99.7	98.1	110.3
广 东	Guangdong	103.7	99.5	98.8	98.9	96.8	99.4	103.3	101.8	100.2	99.0	103.4
海 南	Hainan	108.8	100.8	99.5	97.6	89.8	96.0	108.8	108.2	97.4	93.8	113.5
中部地区	**Central Region**											
山 西	Shanxi	107.5	94.5	90.7	91.4	87.7	96.8	119.4	106.7	99.7	96.7	130.2
吉 林	Jilin	105.4	99.1	98.7	99.1	95.3	98.4	103.1	102.8	98.9	98.6	105.1
黑龙江	Heilongjiang	112.0	100.0	98.0	97.1	86.0	95.1	109.3	109.0	98.2	93.4	112.3
安 徽	Anhui	108.3	98.3	98.2	97.4	93.9	98.5	108.0	103.0	100.3	99.1	107.7
江 西	Jiangxi	111.3	96.5	98.5	97.8	93.7	98.6	107.9	104.2	98.9	98.3	110.5
河 南	Henan	107.2	99.4	98.5	98.1	95.4	99.0	106.8	103.6	100.2	99.2	107.8
湖 北	Hubei	106.6	100.3	99.2	98.4	96.7	99.0	105.6	104.2	100.2	99.1	104.1
湖 南	Hunan	108.5	99.1	98.5	98.4	96.3	98.9	105.8	103.2	99.6	99.0	105.9
西部地区	**Western Region**											
重 庆	Chongqing	103.8	99.9	98.0	98.3	97.2	98.6	104.1	102.1	99.8	99.1	103.2
四 川	Sichuan	107.3	98.6	98.7	98.7	96.4	98.9	106.5	103.6	100.4	98.8	105.9
贵 州	Guizhou	105.4	101.0	97.4	98.3	96.1	97.9	107.2	101.8	99.8	98.3	106.5
云 南	Yunnan	104.7	97.9	97.5	97.8	94.9	97.6	105.2	102.4	100.0	98.6	110.0
西 藏	Tibet	104.3	99.7	99.8	99.0	93.2	102.9	110.0	100.1	98.9	99.4	101.5
陕 西	Shaanxi	107.2	100.7	97.3	97.1	90.8	97.6	110.8	105.4	100.8	95.1	116.9
甘 肃	Gansu	111.0	96.8	96.9	96.7	87.0	94.9	114.5	109.5	98.3	93.9	116.4
青 海	Qinghai	107.4	96.9	97.0	96.1	93.1	98.5	116.7	104.8	98.5	96.6	114.5
宁 夏	Ningxia	109.5	97.4	96.0	96.3	93.7	99.1	112.1	107.3	99.4	96.9	119.9
新 疆	Xinjiang	114.8	96.9	96.5	96.2	82.4	94.5	113.7	111.2	98.5	91.6	119.4
内蒙古	Inner Mongolia	107.8	100.2	97.0	97.3	94.0	98.9	110.6	103.2	102.1	99.7	128.5
广 西	Guangxi	108.5	97.8	98.2	98.4	97.0	99.1	107.6	103.2	99.3	99.4	108.9

4-19 工业生产者购进价格主要分组指数（2000-2021 年）
Purchasing Price Indices for Industrial Producers by Main Classification（2000-2021）

上年 =100（preceding year=100）

地 区	Region	2000 年	2001 年	2002 年	2003 年	2004 年	2005 年	2006 年	2007 年	2008 年	2009 年	2010 年
总指数	**General Index**	**105.6**	**99.7**	**99.1**	**104.9**	**113.0**	**108.2**	**104.8**	**106.2**	**112.2**	**95.0**	**106.9**
燃料、动力类	Fuel and Power	101.8	102.3	102.0	103.6	109.4	113.8	106.8	104.9	116.1	100.5	108.7
黑色金属材料类	Ferrous Metals	104.4	98.6	97.5	109.3	125.1	110.8	97.5	106.1	121.4	86.3	107.1
钢材	Rolled Steel	105.4	98.9	98.2	107.2	122.6	110.5	96.5	105.3	121.2	85.4	104.1
其他	Others			97.3	111.8	128.1	111.1	99.9	107.6	121.8	89.6	111.3
有色金属材料类	Nonferrous Metals	118.8	93.9	96.5	106.8	128.4	109.5	127.9	109.3	95.6	84.7	116.4
化工原料类	Raw Chemical Materials	105.3	101.3	97.5	104.5	111.1	109.6	103.9	104.3	106.7	89.6	108.6
木材及纸浆类	Timber and Paper Pulp		100.3	99.1	100.5	104.6	101.8	103.5	103.7	107.8	101.1	107.3
建筑材料类及非金属矿类	Building Materials and Non-metal Ore	101.0	97.1	98.7	101.2	102.3	110.2	99.4	105.3	122.3	98.9	103.5
其他工业原材料及半成品类	Other Industrial Raw Materials and Semi-finished Products	103.0	98.6	100.1	102.0	104.5	100.6	102.1	107.8	112.3	97.3	103.0
农副产品类	Agricultural Produces	104.1	102.0	97.4	108.1	116.3	102.4	104.4	109.3	113.1	101.1	112.4
纺织原料类	Textile Materials	108.0	102.5	94.2	100.7	101.9	105.7	104.3	105.2	102.9	98.5	113.5

注：国家统计局从 2011 年 1 月开始实施新的工业生产者价格统计调查制度。“工业品价格统计”改称为“工业生产者价格统计”，相应地将“原材料、燃料、动力价格指数”改称为“工业生产者购进价格指数”。（下同）

Note: Since January 2011, NBS begins to conduct new statistical system and survey methods on PPI. “Prices Statistics on Industrial Goods” is renamed to “Prices Statistics on Industrial Producers”. Accordingly, “Purchasing Prices Index for Raw Material, Fuels and Power” is renamed to “Purchasing Price Index for Industrial Producers”.（the same below）

4-19 工业生产者购进价格主要分组指数（2000-2021 年）
Purchasing Price Indices for Industrial Producers by Main Classification（2000-2021）

续表（continued）

上年 =100（preceding year=100）

地 区	Region	2011 年	2012 年	2013 年	2014 年	2015 年	2016 年	2017 年	2018 年	2019 年	2020 年	2021 年
总指数	**General Index**	**105.7**	**99.5**	**97.6**	**98.1**	**97.1**	**98.4**	**104.4**	**102.5**	**100.1**	**99.9**	**107.2**
燃料、动力类	Fuel and Power	107.2	102.2	98.0	98.2	96.8	97.6	105.6	101.7	99.9	97.0	104.4
黑色金属材料类	Ferrous Metals	107.3	96.1	94.6	94.9	90.5	97.1	107.6	103.8	99.0	100.3	115.7
钢材	Rolled Steel	105.5	96.4	96.3	96.4	93.1	98.4	108.0	104.2	98.9	100.0	115.5
其他	Others	110.6	95.5	91.2	92.1	85.7	91.7	106.1	102.1	99.3	101.6	116.5
有色金属材料类	Nonferrous Metals	107.0	96.4	95.9	96.7	95.4	97.5	110.2	102.4	98.4	101.1	125.0
化工原料类	Raw Chemical Materials	108.0	98.1	97.4	98.6	96.1	97.8	103.2	103.5	99.1	95.8	116.0
木材及纸浆类	Timber and Paper Pulp	104.0	100.2	99.5	99.3	99.3	99.3	106.8	105.4	98.9	99.0	105.4
建筑材料类及非金属矿类	Building Materials and Non-metal Ore	105.6	99.8	98.7	99.4	98.7	98.0	104.6	113.2	105.9	100.2	110.1
其他工业原材料及半成品类	Other Industrial Raw Materials and Semi-finished Products	103.2	100.5	98.2	98.4	98.7	98.8	102.9	101.6	100.3	100.4	102.3
农副产品类	Agricultural Produces	110.4	101.6	102.7	104.0	101.6	99.9	102.2	100.5	103.6	109.5	102.9
纺织原料类	Textile Materials	124.6	97.7	99.3	100.7	100.7	99.4	103.8	101.3	99.5	98.3	100.5

4-20 工业生产者购进价格分月指数（2011 年）
Purchasing Price Indices for Industrial Producers by Month（2011）

上年同期 =100（same period last year=100）

项目名称	Item	1 月 January	2 月 February	3 月 March	4 月 April	5 月 May	6 月 June
总指数	General Index	105.2	105.2	105.5	105.4	106.0	106.6
燃料、动力类	Fuel and Power	108.6	107.0	107.1	106.7	107.0	107.7
黑色金属材料类	Ferrous Metals	106.0	107.4	107.8	106.1	108.8	109.2
钢材	Rolled Steel	105.7	107.0	107.5	105.3	104.8	106.2
其他	Others	106.7	108.3	108.5	107.5	116.5	115.1
有色金属材料	Nonferrous Metals and Electric Wires	105.0	106.3	105.6	104.5	106.1	108.8
化工原料类	Raw Chemical Materials	107.4	107.2	107.7	108.6	108.5	109.1
木材及纸浆类	Timber and Paper Pulp	105.2	104.8	104.5	104.7	104.6	104.4
建筑材料类及非金属矿类	Building Materials and Non-metal Ore	104.9	104.5	105.0	106.0	106.5	107.4
其他工业原材料及半成品类	Other Industrial Raw Materials and Semi-finished Products	102.3	102.2	102.8	103.1	103.3	103.5
农副产品类	Agricultural Produces	109.8	111.2	112.6	112.2	111.4	111.7
纺织原料类	Textile Materials	137.7	137.5	132.6	132.9	130.8	130.7

4-20 工业生产者购进价格分月指数（2011 年）
Purchasing Price Indices for Industrial Producers by Month（2011）

续表（continued）

上年同期 =100（same period last year=100）

项目名称	Item	7 月 July	8 月 August	9 月 September	10 月 October	11 月 November	12 月 December
总指数	General Index	107.3	107.2	106.7	105.9	104.2	103.3
燃料、动力类	Fuel and Power	108.1	107.8	107.6	107.4	106.4	105.4
黑色金属材料类	Ferrous Metals	108.6	108.9	108.3	106.9	105.3	104.0
钢材	Rolled Steel	106.4	106.8	105.9	105.1	103.6	102.3
其他	Others	112.6	113.1	112.8	110.4	108.5	107.1
有色金属材料	Nonferrous Metals and Electric Wires	112.4	111.1	110.2	107.8	103.3	102.8
化工原料类	Raw Chemical Materials	110.1	110.4	109.9	108.8	105.4	103.4
木材及纸浆类	Timber and Paper Pulp	103.7	103.6	103.4	103.6	102.9	102.6
建筑材料类及非金属矿类	Building Materials and Non-metal Ore	106.4	107.3	106.6	105.7	104.0	102.4
其他工业原材料及半成品类	Other Industrial Raw Materials and Semi-finished Products	103.9	104.0	103.9	103.8	103.3	102.7
农副产品类	Agricultural Produces	112.3	111.0	111.2	109.0	107.3	106.2
纺织原料类	Textile Materials	129.8	129.6	119.2	111.9	101.8	100.7

4-20 工业生产者购进价格分月指数（2012 年）
Purchasing Price Indices for Industrial Producers by Month（2012）

上年同期 =100（same period last year=100）

项目名称	Item	1月 January	2月 February	3月 March	4月 April	5月 May	6月 June
总指数	**General Index**	**102.2**	**101.6**	**100.9**	**100.4**	**99.9**	**99.5**
燃料、动力类	Fuel and Power	104.8	105.1	104.9	104.3	103.8	103.1
黑色金属材料类	Ferrous Metals	101.9	100.3	99.2	98.9	96.7	96.1
钢材	Rolled Steel	100.6	99.1	97.9	97.9	97.3	96.8
其他	Others	104.3	102.4	101.5	100.8	95.5	94.8
有色金属材料	Nonferrous Metals and Electric Wires	100.6	99.0	98.0	97.1	97.1	96.2
化工原料类	Raw Chemical Materials	102.6	101.5	100.4	99.0	98.1	97.5
木材及纸浆类	Timber and Paper Pulp	101.7	101.4	101.2	100.9	100.5	99.9
建筑材料类及非金属矿类	Building Materials and Non-metal Ore	102.2	100.5	100.1	99.1	99.1	99.3
其他工业原材料及半成品类	Other Industrial Raw Materials and Semi-finished Products	102.0	101.9	101.2	101.1	100.8	100.6
农副产品类	Agricultural Produces	104.4	103.4	102.0	101.0	101.3	100.5
纺织原料类	Textile Materials	97.8	97.7	97.0	96.3	97.5	96.9

4-20 工业生产者购进价格分月指数（2012 年）
Purchasing Price Indices for Industrial Producers by Month（2012）

续表（continued）

上年同期 =100（same period last year=100）

项目名称	Item	7月 July	8月 August	9月 September	10月 October	11月 November	12月 December
总指数	**General Index**	**98.9**	**98.3**	**97.8**	**97.8**	**98.1**	**98.3**
燃料、动力类	Fuel and Power	101.9	100.8	100.1	99.7	99.6	99.1
黑色金属材料类	Ferrous Metals	96.0	94.2	93.3	91.6	92.8	92.5
钢材	Rolled Steel	96.5	94.3	93.4	93.3	94.4	94.9
其他	Others	95.0	94.1	92.9	88.2	90.0	87.9
有色金属材料	Nonferrous Metals and Electric Wires	94.9	93.8	92.9	95.0	95.9	96.6
化工原料类	Raw Chemical Materials	96.8	96.4	95.7	95.7	96.3	97.1
木材及纸浆类	Timber and Paper Pulp	99.9	99.7	99.4	99.0	99.2	99.1
建筑材料类及非金属矿类	Building Materials and Non-metal Ore	99.6	100.1	99.6	99.3	99.4	99.3
其他工业原材料及半成品类	Other Industrial Raw Materials and Semi-finished Products	100.3	99.9	99.7	99.6	99.5	99.6
农副产品类	Agricultural Produces	100.5	100.5	100.5	101.2	102.0	102.1
纺织原料类	Textile Materials	97.2	97.3	98.2	97.5	99.0	99.6

4-20 工业生产者购进价格分月指数（2013年）
Purchasing Price Indices for Industrial Producers by Month (2013)

上年同期=100（same period last year=100）

项目名称	Item	1月 January	2月 February	3月 March	4月 April	5月 May	6月 June
总指数	**General Index**	**98.3**	**98.3**	**98.2**	**98.0**	**97.9**	**96.7**
燃料、动力类	Fuel and Power	98.5	98.1	97.9	97.3	97.1	97.0
黑色金属材料类	Ferrous Metals	93.3	94.2	94.3	94.3	94.9	92.8
钢材	Rolled Steel	95.7	96.4	96.4	96.3	96.3	94.4
其他	Others	88.8	90.0	90.4	90.5	92.3	89.8
有色金属材料	Nonferrous Metals and Electric Wires	96.9	97.1	96.8	96.3	96.0	94.6
化工原料类	Raw Chemical Materials	97.1	97.7	97.6	97.6	97.5	97.0
木材及纸浆类	Timber and Paper Pulp	99.3	99.4	99.2	99.3	99.6	99.7
建筑材料类及非金属矿类	Building Materials and Non-metal Ore	99.0	100.1	99.9	99.7	98.9	97.8
其他工业原材料及半成品类	Other Industrial Raw Materials and Semi-finished Products	99.5	99.1	99.1	98.9	98.9	97.4
农副产品类	Agricultural Produces	102.7	102.8	102.8	102.6	102.3	102.6
纺织原料类	Textile Materials	99.5	100.0	100.2	100.1	100.0	98.4

4-20 工业生产者购进价格分月指数（2013年）
Purchasing Price Indices for Industrial Producers by Month (2013)

续表（continued）

上年同期=100（same period last year=100）

项目名称	Item	7月 July	8月 August	9月 September	10月 October	11月 November	12月 December
总指数	**General Index**	**96.7**	**97.1**	**97.4**	**97.6**	**97.7**	**97.8**
燃料、动力类	Fuel and Power	97.5	98.0	98.6	98.8	98.7	98.7
黑色金属材料类	Ferrous Metals	93.0	94.2	94.6	96.8	96.0	96.9
钢材	Rolled Steel	94.6	96.4	97.5	97.9	97.3	97.0
其他	Others	89.9	89.9	89.3	94.5	93.4	96.5
有色金属材料	Nonferrous Metals and Electric Wires	94.6	95.4	95.6	95.4	95.8	95.7
化工原料类	Raw Chemical Materials	97.1	97.1	97.5	97.6	97.6	97.8
木材及纸浆类	Timber and Paper Pulp	99.5	99.5	99.6	99.5	99.4	99.4
建筑材料类及非金属矿类	Building Materials and Non-metal Ore	97.8	97.8	98.0	98.4	98.2	98.5
其他工业原材料及半成品类	Other Industrial Raw Materials and Semi-finished Products	97.3	97.4	97.6	97.7	97.7	97.6
农副产品类	Agricultural Produces	101.1	101.1	101.0	101.5	106.1	105.9
纺织原料类	Textile Materials	98.8	98.8	98.9	99.2	99.1	99.2

4-20 工业生产者购进价格分月指数（2014 年）
Purchasing Price Indices for Industrial Producers by Month（2014）

上年同期 =100（same period last year=100）

项目名称	Item	1 月 January	2 月 February	3 月 March	4 月 April	5 月 May	6 月 June
总指数	**General Index**	**97.7**	**97.6**	**97.4**	**97.5**	**97.4**	**98.2**
燃料、动力类	Fuel and Power	98.5	98.6	98.2	98.5	98.5	98.1
黑色金属材料类	Ferrous Metals	96.3	96.3	95.6	95.2	93.9	94.8
钢材	Rolled Steel	96.3	95.9	95.6	95.5	95.6	97.0
其他	Others	96.4	97.0	95.8	94.8	90.9	90.8
有色金属材料	Nonferrous Metals and Electric Wires	95.7	95.1	94.5	94.6	95.2	96.8
化工原料类	Raw Chemical Materials	97.8	97.8	97.5	97.5	97.9	98.7
木材及纸浆类	Timber and Paper Pulp	99.4	99.5	99.5	99.4	99.2	99.2
建筑材料类及非金属矿类	Building Materials and Non-metal Ore	98.8	98.8	98.9	99.2	99.0	99.5
其他工业原材料及半成品类	Other Industrial Raw Materials and Semi-finished Products	97.7	97.7	97.7	97.7	97.7	98.7
农副产品类	Agricultural Produces	105.0	104.1	103.5	103.5	104.3	104.0
纺织原料类	Textile Materials	99.5	99.1	98.9	99.6	99.5	101.3

4-20 工业生产者购进价格分月指数（2014 年）
Purchasing Price Indices for Industrial Producers by Month（2014）

续表（continued）

上年同期 =100（same period last year=100）

项目名称	Item	7 月 July	8 月 August	9 月 September	10 月 October	11 月 November	12 月 December
总指数	**General Index**	**98.6**	**98.7**	**98.8**	**98.6**	**98.4**	**98.1**
燃料、动力类	Fuel and Power	98.2	98.1	98.0	98.0	97.9	97.8
黑色金属材料类	Ferrous Metals	95.0	95.1	94.6	94.3	94.3	93.3
钢材	Rolled Steel	97.3	97.1	96.9	96.6	97.1	96.8
其他	Others	90.9	91.5	90.3	90.0	89.2	87.0
有色金属材料	Nonferrous Metals and Electric Wires	97.9	98.1	98.7	98.2	97.9	97.8
化工原料类	Raw Chemical Materials	99.4	99.9	100.0	99.6	99.4	98.2
木材及纸浆类	Timber and Paper Pulp	99.2	99.2	99.1	99.3	99.3	99.5
建筑材料类及非金属矿类	Building Materials and Non-metal Ore	99.7	100.1	100.1	100.0	99.8	99.4
其他工业原材料及半成品类	Other Industrial Raw Materials and Semi-finished Products	98.9	98.9	98.9	98.9	99.0	98.9
农副产品类	Agricultural Produces	104.0	106.4	106.3	105.7	100.8	100.6
纺织原料类	Textile Materials	101.5	101.4	102.1	101.6	102.2	101.9

4-20 工业生产者购进价格分月指数（2015 年）
Purchasing Price Indices for Industrial Producers by Month（2015）

上年同期 =100（same period last year=100）

项目名称	Item	1 月 January	2 月 February	3 月 March	4 月 April	5 月 May	6 月 June
总指数	**General Index**	**97.7**	**97.6**	**97.3**	**97.4**	**97.4**	**97.5**
燃料、动力类	Fuel and Power	97.4	97.1	97.1	96.6	96.6	97.3
黑色金属材料类	Ferrous Metals	92.6	91.5	89.4	90.6	90.7	90.7
钢材	Rolled Steel	96.1	95.7	94.9	94.2	93.6	93.4
其他	Others	86.3	84.0	79.6	84.0	85.2	85.5
有色金属材料	Nonferrous Metals and Electric Wires	97.0	98.0	97.6	98.1	98.2	97.7
化工原料类	Raw Chemical Materials	97.2	96.6	96.7	96.8	96.9	96.9
木材及纸浆类	Timber and Paper Pulp	99.5	99.4	99.2	99.2	99.2	99.3
建筑材料类及非金属矿类	Building Materials and Non-metal Ore	99.1	99.5	99.3	98.9	98.9	98.8
其他工业原材料及半成品类	Other Industrial Raw Materials and Semi-finished Products	98.7	98.7	98.6	98.5	98.6	98.7
农副产品类	Agricultural Produces	101.1	101.5	101.6	102.2	101.4	101.4
纺织原料类	Textile Materials	101.5	101.4	101.8	101.2	101.4	101.3

4-20 工业生产者购进价格分月指数（2015 年）
Purchasing Price Indices for Industrial Producers by Month（2015）

续表（continued）

上年同期 =100（same period last year=100）

项目名称	Item	7 月 July	8 月 August	9 月 September	10 月 October	11 月 November	12 月 December
总指数	**General Index**	**97.3**	**96.8**	**96.7**	**96.5**	**96.3**	**96.2**
燃料、动力类	Fuel and Power	97.2	97.1	96.8	96.6	96.1	95.5
黑色金属材料类	Ferrous Metals	90.4	90.1	90.7	89.6	89.8	90.3
钢材	Rolled Steel	93.0	92.1	92.0	91.5	90.7	90.1
其他	Others	85.6	86.3	88.3	85.8	88.1	90.7
有色金属材料	Nonferrous Metals and Electric Wires	96.3	94.1	93.1	92.8	91.6	90.8
化工原料类	Raw Chemical Materials	96.2	95.4	95.1	94.9	95.1	95.5
木材及纸浆类	Timber and Paper Pulp	99.4	99.4	99.4	99.4	99.2	99.0
建筑材料类及非金属矿类	Building Materials and Non-metal Ore	98.6	98.3	98.2	98.2	98.4	98.3
其他工业原材料及半成品类	Other Industrial Raw Materials and Semi-finished Products	98.7	98.6	98.8	98.7	98.6	98.7
农副产品类	Agricultural Produces	104.5	101.8	101.6	101.1	100.8	100.7
纺织原料类	Textile Materials	100.7	100.7	99.9	100.0	99.2	99.2

4-20 工业生产者购进价格分月指数（2016 年）
Purchasing Price Indices for Industrial Producers by Month（2016）

上年同期 =100（same period last year=100）

项目名称	Item	1 月 January	2 月 February	3 月 March	4 月 April	5 月 May	6 月 June
总指数	**General Index**	**96.3**	**96.2**	**96.7**	**97.0**	**97.4**	**97.9**
燃料、动力类	Fuel and Power	95.9	95.6	95.5	96.0	96.1	96.3
黑色金属材料类	Ferrous Metals	89.7	89.9	93.3	93.8	95.7	97.4
钢材	Rolled Steel	91.2	91.9	93.3	95.5	97.5	98.2
其他	Others	84.1	81.9	93.4	87.0	88.6	93.9
有色金属材料	Nonferrous Metals and Electric Wires	91.7	91.4	92.6	93.6	94.7	95.8
化工原料类	Raw Chemical Materials	96.1	96.2	96.6	97.1	97.1	97.0
木材及纸浆类	Timber and Paper Pulp	98.5	98.4	98.9	98.7	98.9	98.9
建筑材料类及非金属矿类	Building Materials and Non-metal Ore	98.0	97.1	97.2	97.0	97.0	97.1
其他工业原材料及半成品类	Other Industrial Raw Materials and Semi-finished Products	98.0	97.9	98.0	98.1	98.4	98.7
农副产品类	Agricultural Produces	98.1	98.7	99.7	99.9	100.0	100.4
纺织原料类	Textile Materials	98.5	98.3	98.0	98.0	97.8	98.8

4-20 工业生产者购进价格分月指数（2016 年）
Purchasing Price Indices for Industrial Producers by Month（2016）

续表（continued）　　上年同期 =100（same period last year=100）

项目名称	Item	7 月 July	8 月 August	9 月 September	10 月 October	11 月 November	12 月 December
总指数	**General Index**	**98.2**	**98.6**	**98.9**	**99.7**	**100.9**	**102.5**
燃料、动力类	Fuel and Power	96.3	96.9	97.5	99.3	101.8	105.0
黑色金属材料类	Ferrous Metals	98.0	98.3	98.9	101.5	103.3	106.5
钢材	Rolled Steel	98.6	100.0	100.6	102.2	104.6	108.3
其他	Others	95.6	91.3	92.0	98.4	97.6	99.4
有色金属材料	Nonferrous Metals and Electric Wires	97.5	99.4	99.8	101.3	105.8	107.6
化工原料类	Raw Chemical Materials	97.2	97.8	98.1	98.9	99.8	101.5
木材及纸浆类	Timber and Paper Pulp	98.8	99.2	99.3	99.6	100.3	102.2
建筑材料类及非金属矿类	Building Materials and Non-metal Ore	97.3	97.4	97.8	98.7	99.7	101.6
其他工业原材料及半成品类	Other Industrial Raw Materials and Semi-finished Products	98.9	99.1	99.1	99.4	99.8	100.7
农副产品类	Agricultural Produces	99.0	99.0	99.4	100.3	101.5	102.9
纺织原料类	Textile Materials	98.8	99.9	100.3	101.1	101.3	101.7

4-20 工业生产者购进价格分月指数（2017年）
Purchasing Price Indices for Industrial Producers by Month（2017）

上年同期=100（same period last year=100）

项目名称	Item	1月 January	2月 February	3月 March	4月 April	5月 May	6月 June
总指数	General Index	103.8	104.8	105.2	104.9	104.5	104.2
燃料、动力类	Fuel and Power	107.2	108.1	108.6	107.8	107.7	106.4
黑色金属材料类	Ferrous Metals	108.9	110.2	110.3	109.4	106.8	106.0
钢材	Rolled Steel	110.0	110.1	110.3	108.5	106.3	106.0
其他	Others	104.2	110.7	110.4	113.1	108.7	106.0
有色金属材料	Nonferrous Metals and Electric Wires	109.4	110.7	111.5	110.8	109.3	108.8
化工原料类	Raw Chemical Materials	102.8	104.0	104.2	103.5	102.9	102.6
木材及纸浆类	Timber and Paper Pulp	103.4	105.2	105.2	105.1	104.6	105.1
建筑材料类及非金属矿类	Building Materials and Non-metal Ore	101.5	102.7	103.4	104.0	103.9	104.1
其他工业原材料及半成品类	Other Industrial Raw Materials and Semi-finished Products	101.6	102.6	102.9	103.0	103.0	103.0
农副产品类	Agricultural Produces	103.1	103.9	103.2	102.7	102.5	101.6
纺织原料类	Textile Materials	102.1	103.1	103.7	104.0	104.4	104.1

4-20 工业生产者购进价格分月指数（2017年）
Purchasing Price Indices for Industrial Producers by Month（2017）

续表（continued）

上年同期=100（same period last year=100）

项目名称	Item	7月 July	8月 August	9月 September	10月 October	11月 November	12月 December
总指数	General Index	104.2	104.3	104.7	104.8	104.2	103.6
燃料、动力类	Fuel and Power	106.9	105.1	104.0	103.3	102.0	100.4
黑色金属材料类	Ferrous Metals	106.1	107.1	107.7	107.5	106.2	105.2
钢材	Rolled Steel	106.6	107.2	108.4	108.5	107.5	106.4
其他	Others	103.9	106.7	104.7	103.7	101.0	100.4
有色金属材料	Nonferrous Metals and Electric Wires	108.0	109.6	112.2	113.2	110.6	108.9
化工原料类	Raw Chemical Materials	102.7	102.8	103.2	103.5	103.2	102.7
木材及纸浆类	Timber and Paper Pulp	106.0	107.2	109.7	111.0	110.6	108.9
建筑材料类及非金属矿类	Building Materials and Non-metal Ore	104.1	105.5	106.3	106.0	105.8	107.8
其他工业原材料及半成品类	Other Industrial Raw Materials and Semi-finished Products	102.9	103.1	103.4	103.5	103.4	103.0
农副产品类	Agricultural Produces	101.4	101.7	101.7	101.9	101.7	101.0
纺织原料类	Textile Materials	104.4	103.8	104.0	103.9	104.4	104.1

4-20 工业生产者购进价格分月指数（2018 年）
Purchasing Price Indices for Industrial Producers by Month（2018）

上年同期 =100（same period last year=100）

项目名称	Item	1 月 January	2 月 February	3 月 March	4 月 April	5 月 May	6 月 June
总指数	**General Index**	**103.2**	**102.5**	**102.3**	**102.4**	**102.6**	**102.9**
燃料、动力类	Fuel and Power	99.8	100.2	100.5	101.5	101.9	102.4
黑色金属材料类	Ferrous Metals	104.6	105.0	104.7	104.0	104.8	104.7
钢材	Rolled Steel	106.0	105.8	105.0	105.0	105.5	105.7
其他	Others	99.0	102.1	103.3	100.0	101.9	100.6
有色金属材料	Nonferrous Metals and Electric Wires	107.4	105.8	104.3	103.8	104.2	104.5
化工原料类	Raw Chemical Materials	102.8	102.0	101.9	102.7	103.5	104.3
木材及纸浆类	Timber and Paper Pulp	107.6	106.1	106.2	106.7	107.9	107.9
建筑材料类及非金属矿类	Building Materials and Non-metal Ore	111.7	112.4	112.4	112.6	113.3	113.7
其他工业原材料及半成品类	Other Industrial Raw Materials and Semi-finished Products	102.6	101.7	101.4	101.4	101.3	101.5
农副产品类	Agricultural Produces	100.8	99.8	99.6	100.1	99.6	99.5
纺织原料类	Textile Materials	103.3	102.7	102.2	102.0	101.5	101.3

4-20 工业生产者购进价格分月指数（2018 年）
Purchasing Price Indices for Industrial Producers by Month（2018）

续表（continued）

上年同期 =100（same period last year=100）

项目名称	Item	7 月 July	8 月 August	9 月 September	10 月 October	11 月 November	12 月 December
总指数	**General Index**	**102.8**	**102.8**	**102.5**	**102.2**	**102.0**	**101.5**
燃料、动力类	Fuel and Power	101.7	102.9	103.5	102.8	102.1	102.0
黑色金属材料类	Ferrous Metals	104.4	103.7	103.4	103.1	102.5	100.7
钢材	Rolled Steel	105.0	104.4	103.4	103.1	101.8	99.9
其他	Others	101.6	100.5	103.3	103.3	105.3	104.1
有色金属材料	Nonferrous Metals and Electric Wires	103.9	102.0	99.5	98.1	97.8	98.3
化工原料类	Raw Chemical Materials	104.5	104.7	104.6	104.5	104.1	103.0
木材及纸浆类	Timber and Paper Pulp	107.0	106.0	103.8	102.4	101.9	101.8
建筑材料类及非金属矿类	Building Materials and Non-metal Ore	114.0	113.4	112.9	113.6	115.3	112.7
其他工业原材料及半成品类	Other Industrial Raw Materials and Semi-finished Products	101.7	101.8	101.6	101.5	101.4	101.1
农副产品类	Agricultural Produces	100.0	100.7	101.1	101.2	101.6	102.1
纺织原料类	Textile Materials	101.0	100.5	100.1	100.3	100.0	100.2

4-20 工业生产者购进价格分月指数（2019 年）
Purchasing Price Indices for Industrial Producers by Month（2019）

上年同期 =100（same period last year=100）

项目名称	Item	1 月 January	2 月 February	3 月 March	4 月 April	5 月 May	6 月 June
总指数	**General Index**	**101.0**	**100.8**	**100.6**	**100.3**	**100.0**	**100.1**
燃料、动力类	Fuel and Power	102.0	101.2	100.8	100.0	99.0	99.4
黑色金属材料类	Ferrous Metals	98.2	98.0	97.7	98.4	99.0	99.1
钢材	Rolled Steel	98.1	97.8	98.2	99.1	99.4	99.2
其他	Others	98.5	98.8	95.9	95.8	97.5	98.5
有色金属材料	Nonferrous Metals and Electric Wires	97.5	97.9	98.4	98.1	97.9	97.8
化工原料类	Raw Chemical Materials	102.0	101.8	101.4	100.9	100.3	99.5
木材及纸浆类	Timber and Paper Pulp	101.7	101.3	100.7	100.0	99.0	98.7
建筑材料类及非金属矿类	Building Materials and Non-metal Ore	109.1	107.7	107.2	107.3	107.6	107.4
其他工业原材料及半成品类	Other Industrial Raw Materials and Semi-finished Products	101.0	101.1	100.9	100.6	100.3	100.3
农副产品类	Agricultural Produces	102.2	100.5	100.7	100.5	101.0	101.5
纺织原料类	Textile Materials	100.4	100.2	100.1	99.8	99.8	99.7

4-20 工业生产者购进价格分月指数（2019 年）
Purchasing Price Indices for Industrial Producers by Month（2019）

续表（continued）

上年同期 =100（same period last year=100）

项目名称	Item	7 月 July	8 月 August	9 月 September	10 月 October	11 月 November	12 月 December
总指数	**General Index**	**100.1**	**99.9**	**99.8**	**99.8**	**99.6**	**99.7**
燃料、动力类	Fuel and Power	99.4	100.1	99.1	99.3	99.2	98.6
黑色金属材料类	Ferrous Metals	99.7	99.8	99.4	100.0	99.0	99.6
钢材	Rolled Steel	99.5	99.1	98.9	98.8	99.0	99.9
其他	Others	100.2	102.9	101.5	105.0	99.0	98.3
有色金属材料	Nonferrous Metals and Electric Wires	97.9	98.0	98.7	99.0	99.4	99.8
化工原料类	Raw Chemical Materials	98.9	98.2	97.3	96.7	96.2	96.3
木材及纸浆类	Timber and Paper Pulp	98.5	97.9	97.4	97.2	97.1	97.3
建筑材料类及非金属矿类	Building Materials and Non-metal Ore	107.0	105.3	105.1	104.3	102.2	101.1
其他工业原材料及半成品类	Other Industrial Raw Materials and Semi-finished Products	100.3	99.9	100.0	99.6	99.8	100.0
农副产品类	Agricultural Produces	102.0	103.9	105.2	108.5	108.6	108.1
纺织原料类	Textile Materials	99.8	99.3	99.2	98.8	98.6	98.4

4-20 工业生产者购进价格分月指数（2020 年）
Purchasing Price Indices for Industrial Producers by Month（2020）

上年同期 =100（same period last year=100）

项目名称	Item	1 月 January	2 月 February	3 月 March	4 月 April	5 月 May	6 月 June
总指数	**General Index**	**100.0**	**100.0**	**100.0**	**99.6**	**99.3**	**99.4**
燃料、动力类	Fuel and Power	97.9	97.8	97.9	97.4	96.5	96.2
黑色金属材料类	Ferrous Metals	102.0	100.6	100.3	98.9	98.1	98.7
钢材	Rolled Steel	101.3	100.5	99.8	98.0	97.5	98.2
其他	Others	104.7	101.0	102.3	102.4	100.6	100.8
有色金属材料	Nonferrous Metals and Electric Wires	101.1	101.1	98.8	96.5	97.0	97.6
化工原料类	Raw Chemical Materials	96.6	96.8	96.1	94.9	94.6	94.7
木材及纸浆类	Timber and Paper Pulp	97.5	97.6	98.6	98.5	98.3	98.3
建筑材料类及非金属矿类	Building Materials and Non-metal Ore	101.2	101.3	101.7	99.4	98.1	98.7
其他工业原材料及半成品类	Other Industrial Raw Materials and Semi-finished Products	100.0	100.1	100.4	100.7	100.7	100.5
农副产品类	Agricultural Produces	108.1	111.1	111.7	111.9	111.1	112.4
纺织原料类	Textile Materials	98.4	98.9	98.3	97.8	97.4	97.4

4-20 工业生产者购进价格分月指数（2020 年）
Purchasing Price Indices for Industrial Producers by Month（2020）

续表（continued）

上年同期 =100（same period last year=100）

项目名称	Item	7 月 July	8 月 August	9 月 September	10 月 October	11 月 November	12 月 December
总指数	**General Index**	**99.7**	**99.9**	**100.1**	**100.1**	**100.2**	**100.9**
燃料、动力类	Fuel and Power	96.2	95.9	97.1	97.0	96.5	97.2
黑色金属材料类	Ferrous Metals	98.7	99.5	100.5	100.4	101.9	103.9
钢材	Rolled Steel	98.4	99.6	100.4	100.9	101.6	103.5
其他	Others	100.1	99.3	101.0	98.4	102.9	105.8
有色金属材料	Nonferrous Metals and Electric Wires	100.8	102.4	103.3	103.4	104.2	106.6
化工原料类	Raw Chemical Materials	94.6	94.9	95.3	95.8	97.0	98.6
木材及纸浆类	Timber and Paper Pulp	98.8	99.4	99.9	100.0	100.3	100.5
建筑材料类及非金属矿类	Building Materials and Non-metal Ore	99.2	100.4	99.8	99.9	100.9	101.3
其他工业原材料及半成品类	Other Industrial Raw Materials and Semi-finished Products	100.5	100.6	100.5	100.6	100.4	100.4
农副产品类	Agricultural Produces	113.0	110.8	109.7	105.5	104.4	105.9
纺织原料类	Textile Materials	98.0	98.7	98.6	99.0	98.5	98.6

4-20 工业生产者购进价格分月指数（2021 年）
Purchasing Price Indices for Industrial Producers by Month（2021）

上年同期 =100（same period last year=100）

项目名称	Item	1 月 January	2 月 February	3 月 March	4 月 April	5 月 May	6 月 June
总指数	General Index	99.9	101.1	103.1	105.1	107.4	107.4
燃料、动力类	Fuel and Power	96.5	97.2	98.4	98.5	99.8	101.5
黑色金属材料类	Ferrous Metals	103.5	107.3	110.5	114.1	119.1	118.2
钢材	Rolled Steel	103.5	107.1	110.6	114.1	119.5	117.8
其他	Others	103.6	107.7	109.9	114.2	117.4	119.7
有色金属材料	Nonferrous Metals and Electric Wires	107.0	110.0	119.2	126.5	131.4	130.2
化工原料类	Raw Chemical Materials	94.8	98.0	106.2	114.7	119.5	120.7
木材及纸浆类	Timber and Paper Pulp	100.8	103.8	104.2	104.0	106.0	106.3
建筑材料类及非金属矿类	Building Materials and Non-metal Ore	99.0	100.0	101.0	106.1	109.1	108.7
其他工业原材料及半成品类	Other Industrial Raw Materials and Semi-finished Products	99.3	99.5	99.6	100.3	101.7	101.6
农副产品类	Agricultural Produces	104.4	104.8	105.5	104.3	105.1	103.7
纺织原料类	Textile Materials	100.3	100.1	100.9	99.6	99.3	98.7

4-20 工业生产者购进价格分月指数（2021 年）
Purchasing Price Indices for Industrial Producers by Month（2021）

续表（continued）

上年同期 =100（same period last year=100）

项目名称	Item	7 月 July	8 月 August	9 月 September	10 月 October	11 月 November	12 月 December
总指数	General Index	107.7	108.7	110.1	112.2	112.8	111.1
燃料、动力类	Fuel and Power	102.7	105.4	106.2	112.1	117.4	118.8
黑色金属材料类	Ferrous Metals	118.4	119.7	120.8	121.9	120.0	115.0
钢材	Rolled Steel	117.8	119.0	120.0	120.8	119.8	115.7
其他	Others	120.8	122.2	124.0	126.0	120.5	112.0
有色金属材料	Nonferrous Metals and Electric Wires	128.2	127.9	132.2	135.5	128.3	123.4
化工原料类	Raw Chemical Materials	122.5	122.5	124.5	124.7	127.0	121.1
木材及纸浆类	Timber and Paper Pulp	105.9	106.6	106.2	106.2	107.9	107.4
建筑材料类及非金属矿类	Building Materials and Non-metal Ore	108.3	108.5	114.0	122.9	124.0	120.0
其他工业原材料及半成品类	Other Industrial Raw Materials and Semi-finished Products	102.2	103.4	104.3	105.0	105.5	104.9
农副产品类	Agricultural Produces	102.0	100.5	99.7	100.4	103.0	101.6
纺织原料类	Textile Materials	98.7	99.2	100.2	101.5	103.2	103.9

4-21 全国各地区工业生产者购进价格指数（2001-2021年）
Purchasing Price Indices for Industrial Producers by Region of the Nation （2001-2021）

上年=100（preceding year=100）

地 区	Region	2001年	2002年	2003年	2004年	2005年	2006年	2007年	2008年	2009年	2010年
全 国	**National Total**	**99.8**	**97.7**	**104.8**	**111.4**	**108.3**	**106.0**	**104.4**	**110.5**	**92.1**	**109.6**
东部地区	**Eastern Region**										
北 京	Beijing	100.4	97.1	104.7	114.2	111.4	105.5	105.0	115.8	88.6	110.5
天 津	Tianjin	98.8	95.9	108.7	115.4	104.9	104.7	105.7	112.9	90.2	110.0
河 北	Hebei	101.0	97.2	109.4	118.4	107.0	105.0	107.8	115.9	93.5	110.9
辽 宁	Liaoning	100.0	98.4	105.1	112.1	108.1	104.2	104.8	111.5	93.3	108.6
上 海	Shanghai	98.7	97.7	106.4	116.4	106.8	104.7	104.1	110.3	89.8	111.2
江 苏	Jiangsu	99.5	98.6	106.5	116.3	107.6	106.4	105.0	115.0	91.9	112.8
浙 江	Zhejiang	99.6	97.3	105.8	113.4	105.4	105.6	105.3	110.6	92.6	112.0
福 建	Fujian	96.6	97.6	106.3	113.3	108.1	103.9	104.3	110.2	93.2	107.7
山 东	Shandong	100.0	98.2	105.8	113.4	105.9	104.3	104.8	113.1	95.5	109.3
广 东	Guangdong	99.1	96.3	104.1	110.7	105.0	103.6	103.3	107.9	93.8	107.3
海 南	Hainan		101.5	102.2	105.9	104.2	101.5	105.0	111.6	85.3	110.3
中部地区	**Central Region**										
山 西	Shanxi	101.8	102.7	107.8	114.5	108.2	102.6	105.3	118.3	96.6	109.0
吉 林	Jilin	101.8	97.8	104.8	110.5	107.0	103.8	105.2	111.3	95.3	108.6
黑龙江	Heilongjiang	99.5	99.3	107.6	115.2	111.8	105.6	105.0	114.1	93.4	114.5
安 徽	Anhui	100.2	98.2	106.7	115.0	107.1	103.9	105.1	112.4	95.3	111.8
江 西	Jiangxi	99.3	98.6	106.5	114.5	110.0	108.6	107.9	114.2	90.7	111.8
河 南	Henan	101.8	97.6	107.8	115.7	108.3	105.3	106.4	111.9	97.1	110.2
湖 北	Hubei	100.2	97.7	108.2	113.1	107.0	104.9	104.5	110.9	93.4	110.4
湖 南	Hunan	101.1	99.3	106.7	114.4	109.4	106.5	106.1	112.0	92.6	110.0
西部地区	**Western Region**										
重 庆	Chongqing	99.7	99.1	104.9	113.0	108.2	104.8	106.2	112.2	95.0	106.9
四 川	Sichuan	100.2	99.2	101.6	110.3	109.3	104.5	105.7	112.4	95.3	106.1
贵 州	Guizhou	100.2	97.5	106.0	112.0	107.4	107.3	107.5	112.5	93.5	109.8
云 南	Yunnan	99.4	97.6	102.7	109.6	106.5	107.6	108.2	111.6	95.0	109.0
西 藏	Tibet										
陕 西	Shaanxi	100.5	98.6	104.8	110.4	107.5	106.7	106.3	111.2	98.4	109.7
甘 肃	Gansu	101.4	98.4	105.6	112.5	109.9	108.8	104.3	110.2	90.5	112.9
青 海	Qinghai	99.1	102.8	102.0	108.5	105.3	102.8	104.4	110.4	99.8	108.6
宁 夏	Ningxia	102.5	97.8	106.2	117.3	109.7	108.5	107.1	121.8	94.7	114.1
新 疆	Xinjiang	99.0	94.9	114.8	118.2	110.7	111.1	103.8	117.8	90.6	123.9
内蒙古	Inner Mongolia	101.3	99.4	102.9	109.2	109.8	105.9	104.8	111.7	99.1	105.0
广 西	Guangxi	103.7	95.6	101.2	116.3	108.2	111.4	106.1	110.6	95.1	111.2

4-21 全国各地区工业生产者购进价格指数（2001-2021 年）
Purchasing Price Indices for Industrial Producers by Region of the Nation （2001-2021）

续表（continued） 上年 =100（preceding year=100）

地 区	Region	2011 年	2012 年	2013 年	2014 年	2015 年	2016 年	2017 年	2018 年	2019 年	2020 年	2021 年
全 国	**National Total**	**109.1**	**98.2**	**98.0**	**97.8**	**93.9**	**98.0**	**108.1**	**104.1**	**99.3**	**97.7**	**111.0**
东部地区	**Eastern Region**											
北 京	Beijing	108.4	98.7	97.8	98.8	93.7	98.5	104.4	100.8	99.6	99.5	103.7
天 津	Tianjin	109.7	97.1	97.4	97.1	92.4	98.3	111.1	106.2	98.8	96.9	114.7
河 北	Hebei	110.9	96.2	97.6	95.6	90.3	98.3	114.5	104.0	102.1	98.4	119.8
辽 宁	Liaoning	108.3	99.0	98.5	98.0	93.5	97.9	108.0	104.5	100.8	98.2	115.0
上 海	Shanghai	107.5	94.7	96.5	95.9	90.6	97.7	108.9	105.2	98.7	96.9	107.3
江 苏	Jiangsu	108.9	95.8	97.1	97.0	92.1	98.0	109.7	104.6	97.2	96.5	113.8
浙 江	Zhejiang	108.3	96.7	97.7	98.2	94.5	97.8	109.6	105.1	97.1	95.9	114.5
福 建	Fujian	108.0	97.7	98.4	98.3	96.1	98.0	105.3	102.8	99.0	98.6	109.2
山 东	Shandong	109.2	99.2	98.4	98.2	95.0	98.0	107.3	103.6	99.2	97.5	109.5
广 东	Guangdong	107.3	99.5	98.2	98.8	95.3	98.0	105.3	102.5	99.2	97.4	108.0
海 南	Hainan	115.3	99.6	97.0	99.0	88.5	94.8	112.4	110.8	103.1	92.0	116.5
中部地区	**Central Region**											
山 西	Shanxi	108.1	98.1	95.5	96.2	93.1	98.1	115.2	105.5	101.1	97.2	116.3
吉 林	Jilin	106.1	99.3	99.4	99.2	96.6	97.8	103.4	103.5	99.2	98.7	106.2
黑龙江	Heilongjiang	111.1	98.8	98.7	97.6	88.2	96.0	110.2	109.0	100.3	95.1	110.5
安 徽	Anhui	110.8	98.2	96.9	97.2	93.5	98.4	109.2	105.3	99.9	98.5	111.5
江 西	Jiangxi	112.4	98.3	98.4	98.4	93.6	97.7	107.2	103.2	98.2	97.0	112.3
河 南	Henan	110.1	99.2	99.3	98.4	95.4	99.2	107.3	104.0	101.2	99.4	109.5
湖 北	Hubei	111.5	98.9	98.2	97.8	92.8	98.3	108.3	104.8	99.3	98.4	108.5
湖 南	Hunan	110.8	100.1	98.4	97.9	94.5	98.0	107.2	103.5	100.2	98.9	108.1
西部地区	**Western Region**											
重 庆	Chongqing	105.7	99.5	97.6	98.1	97.1	98.4	104.4	102.5	100.1	99.9	107.2
四 川	Sichuan	112.6	100.0	99.2	98.7	96.7	98.8	108.3	105.3	100.6	98.1	107.5
贵 州	Guizhou	115.0	102.3	96.4	98.6	97.5	98.5	109.7	103.4	99.4	98.6	112.0
云 南	Yunnan	108.0	99.3	98.8	99.0	96.9	95.9	106.2	104.4	99.0	97.3	108.9
西 藏	Tibet											
陕 西	Shaanxi	109.6	100.0	99.3	98.5	95.2	95.9	106.4	104.2	100.3	97.6	116.3
甘 肃	Gansu	115.1	98.7	97.8	97.6	87.0	94.6	115.5	109.8	99.0	94.1	118.1
青 海	Qinghai	107.0	98.6	98.8	97.6	97.7	96.2	108.0	104.5	98.2	96.1	111.5
宁 夏	Ningxia	112.8	99.5	97.0	97.0	92.1	96.9	112.9	106.5	97.5	94.7	120.8
新 疆	Xinjiang	117.8	97.9	97.8	97.5	84.3	95.5	112.8	109.2	100.0	93.4	115.0
内蒙古	Inner Mongolia	106.1	102.0	99.3	98.4	95.9	97.4	106.3	102.4	101.1	99.5	128.0
广 西	Guangxi	110.0	99.2	98.9	98.2	95.7	98.3	106.5	103.4	99.5	98.5	110.7

4-22 固定资产投资价格指数（1994-2019 年）
Price Indices for Investment in Fixed Assets （1994-2019）

上年 =100（preceding year=100）

年份 Year	固定资产投资价格指数 Price Indices for Investment in Fixed Assets	建筑安装工程 Construction and Installation	设备、工器具 Equipments and Instruments	其他费用 Others
1994	108.9	109.4	107.4	109.8
1995	104.2	101.2	107.8	114.0
1996	108.1	108.5	100.4	129.1
1997	101.7	103.2	97.6	103.4
1998	98.7	100.0	94.9	99.5
1999	100.5	100.7	97.7	104.4
2000	102.5	103.1	97.0	108.7
2001	100.8	101.4	96.8	103.3
2002	100.7	101.9	96.2	100.4
2003	102.9	104.7	96.7	101.3
2004	105.1	107.0	98.8	102.7
2005	102.3	102.2	99.7	104.6
2006	101.7	101.1	100.7	104.3
2007	105.5	106.0	100.2	107.8
2008	110.2	113.7	100.6	106.6
2009	97.8	97.0	97.7	100.2
2010	102.1	102.7	99.6	101.9
2011	105.9	107.8	101.1	102.5
2012	101.8	102.1	99.1	101.9
2013	100.5	100.5	98.7	101.5
2014	100.3	100.4	99.7	100.4
2015	98.2	97.5	99.4	100.8
2016	98.9	98.5	98.8	100.6
2017	105.3	106.9	100.6	100.4
2018	105.0	106.3	101.0	100.5
2019	103.4	103.5	100.1	104.5

4-23 固定资产投资价格分季度指数（2003 年）
Price Indices for Investment in Fixed Assets by Quarter（2003）

上年同期 =100（same period last year=100）

项目名称	Item	1 季度 1st Quarter	2 季度 2nd Quarter	3 季度 3rd Quarter	4 季度 4th Quarter
固定资产投资价格指数	**Price Indices for Investment in Fixed Assets**	**101.7**	**102.9**	**102.6**	**104.3**
建筑安装工程	**Construction and Installation**	**103.3**	**104.5**	**104.6**	**106.3**
人工费	Labor Cost	102.6	102.1	104.1	103.8
工程管理人员	Project Manager	103.0	103.3	102.4	103.7
工程技术人员	Engineering Technician	103.3	104.1	106.4	104.3
普通工人	Common Worker	102.4	101.6	103.9	103.7
材料费	Material Costs	103.7	105.2	105.3	107.8
钢材	Rolled Steel	105.2	109.7	110.8	117.3
木材	Timber	101.9	102.0	98.4	100.2
水泥	Cement	102.5	103.5	102.3	101.0
地方建筑材料	Local Building Materials	102.4	102.4	104.2	103.9
化工材料	Chemical Materials	109.3	105.9	104.2	107.9
电料	Electrical Materials	100.7	101.6	102.7	105.2
其他材料	Other Materials	100.1	98.5	102.5	102.5
机械费	Mechanical Costs	102.1	103.6	101.0	100.8
土石方及筑路机械	Earthwork&Road Construction Machinery	103.2	107.3	101.5	100.9
打桩机械	Piling Machinery	100.2	100.1	101.5	102.9
起重机械	Hoisting Machinery	103.1	100.6	100.2	100.3
运输机械	Transport Machinery	101.5	100.8	101.0	101.2
混凝土及砂浆机械	Concrete&Mortar Machinery	101.7	100.5	101.1	100.1
加工机械	Processing Machinery	103.0	100.4	100.4	100.2
泵类机械	Pump Machinery	99.9	91.8	99.8	101.5
船舶机械	Marine Machinery	101.0	99.7		103.0
其他机械	Other Machinery	100.6	101.4	100.5	101.0
设备、工器具购置	**Equipments and Instruments**	**96.7**	**96.6**	**96.7**	**96.8**
其他费用	**Others**	**99.4**	**102.4**	**99.6**	**103.7**

4-23 固定资产投资价格分季度指数（2004 年）
Price Indices for Investment in Fixed Assets by Quarter（2004）

上年同期 =100（same period last year=100）

项目名称	Item	1 季度 1st Quarter	2 季度 2nd Quarter	3 季度 3rd Quarter	4 季度 4th Quarter
固定资产投资价格指数	**Price Indices for Investment in Fixed Assets**	**107.7**	**105.1**	**104.3**	**103.3**
建筑安装工程	**Construction and Installation**	**110.8**	**107.2**	**105.6**	**104.5**
人工费	Labor Cost	103.1	102.6	103.4	104.5
工程管理人员	Project Manager	102.7	103.2	102.6	103.8
工程技术人员	Engineering Technician	103.4	102.9	103.0	104.6
普通工人	Common Worker	103.0	102.5	103.5	104.5
材料费	Material Costs	114.5	109.5	107.0	104.9
钢材	Rolled Steel	131.5	119.3	115.0	107.6
木材	Timber	103.0	102.3	101.2	103.0
水泥	Cement	102.7	102.4	101.0	102.9
地方建筑材料	Local Building Materials	104.5	105.0	103.8	104.5
化工材料	Chemical Materials	108.1	106.2	104.1	103.0
电料	Electrical Materials	96.5	106.0	107.7	102.9
其他材料	Other Materials	105.7	101.6	102.3	101.3
机械费	Mechanical Costs	102.0	101.5	101.0	102.3
土石方及筑路机械	Earthwork&Road Construction Machinery	102.0	102.7	100.7	101.3
打桩机械	Piling Machinery	106.4	102.9	100.6	107.1
起重机械	Hoisting Machinery	99.6	100.1	99.3	102.4
运输机械	Transport Machinery	103.4	102.5	101.6	103.1
混凝土及砂浆机械	Concrete&Mortar Machinery	100.3	92.4	100.7	101.5
加工机械	Processing Machinery	99.9	101.0	100.6	102.4
泵类机械	Pump Machinery	100.5	100.8	99.8	100.1
船舶机械	Marine Machinery	106.0	111.1	114.7	109.0
其他机械	Other Machinery	100.5	103.0	101.9	101.5
设备、工器具购置	**Equipments and Instruments**	**98.5**	**99.0**	**98.9**	**99.0**
其他费用	**Others**	**103.2**	**102.0**	**103.7**	**102.0**

4-23 固定资产投资价格分季度指数（2005 年）
Price Indices for Investment in Fixed Assets by Quarter（2005）

上年同期 =100（same period last year=100）

项目名称	Item	1 季度 1st Quarter	2 季度 2nd Quarter	3 季度 3rd Quarter	4 季度 4th Quarter
固定资产投资价格指数	**Price Indices for Investment in Fixed Assets**	102.4	102.9	101.9	102.0
建筑安装工程	**Construction and Installation**	102.9	102.1	102.0	101.7
人工费	Labor Cost	106.7	103.8	103.1	105.8
工程管理人员	Project Manager	107.1	103.6	103.0	102.5
工程技术人员	Engineering Technician	105.9	103.3	102.6	102.5
普通工人	Common Worker	106.8	103.9	103.1	106.7
材料费	Material Costs	101.9	101.9	101.8	100.6
钢材	Rolled Steel	101.0	100.9	100.3	98.1
木材	Timber	101.6	100.4	100.1	99.7
水泥	Cement	103.5	101.8	100.5	98.1
地方建筑材料	Local Building Materials	102.6	102.8	102.8	101.1
化工材料	Chemical Materials	101.7	102.2	108.5	118.7
电料	Electrical Materials	102.4	106.5	105.8	104.3
其他材料	Other Materials	102.4	103.4	104.7	102.3
机械费	Mechanical Costs	102.3	101.1	101.6	101.6
土石方及筑路机械	Earthwork&Road Construction Machinery	101.7	101.0	102.0	101.1
打桩机械	Piling Machinery	100.6	101.1	101.4	102.8
起重机械	Hoisting Machinery	101.5	100.6	101.1	101.0
运输机械	Transport Machinery	103.4	101.5	102.1	100.7
混凝土及砂浆机械	Concrete&Mortar Machinery	101.6	99.9	100.3	100.5
加工机械	Processing Machinery	102.0	101.4	100.6	100.8
泵类机械	Pump Machinery	105.5	104.6	104.7	102.9
船舶机械	Marine Machinery	109.3	108.9	113.8	122.2
其他机械	Other Machinery	99.7	98.8	100.8	101.1
设备、工器具购置	**Equipments and Instruments**	99.5	99.4	100.1	100.0
其他费用	**Others**	102.8	108.3	102.9	104.3

4-23　固定资产投资价格分季度指数（2006 年）
Price Indices for Investment in Fixed Assets by Quarter（2006）

上年同期 =100（same period last year=100）

项目名称	Item	1 季度 1st Quarter	2 季度 2nd Quarter	3 季度 3rd Quarter	4 季度 4th Quarter
固定资产投资价格指数	**Price Indices for Investment in Fixed Assets**	**101.1**	**101.3**	**102.2**	**102.3**
建筑安装工程	**Construction and Installation**	**100.8**	**100.7**	**101.4**	**101.5**
人工费	Labor Cost	107.2	106.3	104.9	104.3
工程管理人员	Project Manager	105.4	105.4	105.9	104.8
工程技术人员	Engineering Technician	104.9	105.6	105.3	104.7
普通工人	Common Worker	107.8	106.6	104.7	104.1
材料费	Material Costs	98.4	98.8	100.1	100.6
钢材	Rolled Steel	95.4	96.0	98.3	97.2
木材	Timber	101.4	101.5	101.6	101.5
水泥	Cement	99.8	99.9	99.9	100.2
地方建筑材料	Local Building Materials	100.5	99.4	99.5	101.7
化工材料	Chemical Materials	105.0	108.6	108.7	108.2
电料	Electrical Materials	101.2	107.8	124.0	112.4
其他材料	Other Materials	101.1	103.0	101.9	101.5
机械费	Mechanical Costs	103.7	102.4	102.3	102.3
土石方及筑路机械	Earthwork&Road Construction Machinery	103.9	102.9	101.8	102.1
打桩机械	Piling Machinery	108.1	105.6	104.1	100.3
起重机械	Hoisting Machinery	101.9	101.6	101.0	102.2
运输机械	Transport Machinery	103.1	101.4	100.8	102.1
混凝土及砂浆机械	Concrete&Mortar Machinery	101.0	100.6	100.7	101.1
加工机械	Processing Machinery	103.3	101.8	102.3	103.0
泵类机械	Pump Machinery	100.1	101.2	101.6	102.3
船舶机械	Marine Machinery	109.6	109.5	115.9	105.2
其他机械	Other Machinery	103.1	101.0	100.9	101.2
设备、工器具购置	**Equipments and Instruments**	**99.8**	**100.6**	**101.2**	**101.3**
其他费用	**Others**	**102.8**	**103.6**	**105.4**	**105.3**

4-23 固定资产投资价格分季度指数(2007 年)
Price Indices for Investment in Fixed Assets by Quarter(2007)

上年同期 =100(same period last year=100)

项目名称	Item	1 季度 1st Quarter	2 季度 2nd Quarter	3 季度 3rd Quarter	4 季度 4th Quarter
固定资产投资价格指数	**Price Indices for Investment in Fixed Assets**	102.6	104.1	106.2	109.2
建筑安装工程	**Construction and Installation**	102.4	104.2	105.5	111.7
人工费	Labor Cost	105.1	107.1	111.4	116.1
工程管理人员	Project Manager	105.0	106.9	110.4	115.7
工程技术人员	Engineering Technician	104.5	105.3	109.4	112.5
普通工人	Common Worker	105.3	107.5	111.9	117.0
材料费	Material Costs	101.7	103.8	104.4	112.0
钢材	Rolled Steel	100.1	103.8	105.5	117.6
木材	Timber	100.8	102.4	102.0	106.7
水泥	Cement	103.9	104.6	103.8	111.8
地方建筑材料	Local Building Materials	102.8	104.3	104.1	108.9
化工材料	Chemical Materials	101.2	98.3	97.1	103.4
电料	Electrical Materials	105.4	108.8	104.9	103.2
其他材料	Other Materials	102.0	103.6	104.7	105.8
机械费	Mechanical Costs	101.9	102.1	102.6	103.3
土石方及筑路机械	Earthwork&Road Construction Machinery	103.1	101.8	101.5	102.7
打桩机械	Piling Machinery	99.9	100.9	100.0	100.0
起重机械	Hoisting Machinery	100.5	100.8	101.9	103.5
运输机械	Transport Machinery	102.1	101.5	101.8	104.3
混凝土及砂浆机械	Concrete&Mortar Machinery	101.3	101.5	102.3	97.3
加工机械	Processing Machinery	101.0	102.0	102.2	103.7
泵类机械	Pump Machinery	100.1	100.0	101.1	100.3
船舶机械	Marine Machinery	103.4	110.6	110.7	111.5
其他机械	Other Machinery	101.1	102.7	101.9	102.7
设备、工器具购置	**Equipments and Instruments**	100.7	100.5	99.8	99.8
其他费用	**Others**	104.3	106.0	112.1	108.6

4-23 固定资产投资价格分季度指数（2008 年）
Price Indices for Investment in Fixed Assets by Quarter（2008）

上年同期 =100（same period last year=100）

项目名称	Item	1 季度 1st Quarter	2 季度 2nd Quarter	3 季度 3rd Quarter	4 季度 4th Quarter
固定资产投资价格指数	**Price Indices for Investment in Fixed Assets**	**112.2**	**112.0**	**111.4**	**105.2**
建筑安装工程	**Construction and Installation**	**116.3**	**116.5**	**115.9**	**106.1**
人工费	Labor Cost	113.4	115.5	115.6	112.0
工程管理人员	Project Manager	109.3	111.8	111.8	113.0
工程技术人员	Engineering Technician	110.4	115.4	114.5	117.5
普通工人	Common Worker	114.7	116.1	116.4	110.8
材料费	Material Costs	119.4	119.0	118.3	104.4
钢材	Rolled Steel	129.5	129.3	125.9	101.0
木材	Timber	108.5	108.7	107.5	103.2
水泥	Cement	122.5	121.4	122.3	114.7
地方建筑材料	Local Building Materials	110.8	110.4	111.1	106.8
化工材料	Chemical Materials	110.1	107.0	113.2	116.1
电料	Electrical Materials	106.7	104.3	106.6	96.6
其他材料	Other Materials	104.8	104.6	107.3	105.8
机械费	Mechanical Costs	105.4	105.7	104.8	105.8
土石方及筑路机械	Earthwork&Road Construction Machinery	104.2	103.8	101.7	100.9
打桩机械	Piling Machinery	101.0	104.8	101.8	125.4
起重机械	Hoisting Machinery	105.4	105.3	105.5	111.9
运输机械	Transport Machinery	105.6	106.4	105.1	105.2
混凝土及砂浆机械	Concrete&Mortar Machinery	105.9	105.7	104.5	103.3
加工机械	Processing Machinery	106.0	106.6	107.5	108.0
泵类机械	Pump Machinery	101.0	100.8	100.9	102.4
船舶机械	Marine Machinery	111.1	113.8	111.9	108.4
其他机械	Other Machinery	103.2	105.2	107.0	106.8
设备、工器具购置	**Equipments and Instruments**	**100.3**	**100.9**	**100.7**	**100.6**
其他费用	**Others**	**108.4**	**106.6**	**105.7**	**105.7**

4-23 固定资产投资价格分季度指数（2009年）
Price Indices for Investment in Fixed Assets by Quarter（2009）

上年同期=100（same period last year=100）

项目名称	Item	1季度 1st Quarter	2季度 2nd Quarter	3季度 3rd Quarter	4季度 4th Quarter
固定资产投资价格指数	**Price Indices for Investment in Fixed Assets**	**98.8**	**96.8**	**97.0**	**98.5**
建筑安装工程	**Construction and Installation**	**97.6**	**95.7**	**96.1**	**98.6**
人工费	Labor Cost	105.8	103.8	102.6	103.2
工程管理人员	Project Manager	106.1	103.9	102.6	102.7
工程技术人员	Engineering Technician	106.0	102.3	102.8	102.3
普通工人	Common Worker	105.7	104.2	102.6	103.5
材料费	Material Costs	93.8	91.6	92.9	96.5
钢材	Rolled Steel	85.9	82.8	86.6	92.9
木材	Timber	99.9	99.8	98.2	101.6
水泥	Cement	100.5	102.3	96.4	96.1
地方建筑材料	Local Building Materials	100.8	101.1	99.2	99.8
化工材料	Chemical Materials	100.8	97.8	98.3	99.8
电料	Electrical Materials	98.6	98.9	97.3	101.3
其他材料	Other Materials	111.7	107.0	104.0	103.7
机械费	Mechanical Costs	102.7	103.2	101.0	101.1
土石方及筑路机械	Earthwork&Road Construction Machinery	101.2	101.2	101.5	101.1
打桩机械	Piling Machinery	121.0	111.7	100.9	101.1
起重机械	Hoisting Machinery	106.2	106.9	101.0	101.5
运输机械	Transport Machinery	101.4	103.0	101.5	101.0
混凝土及砂浆机械	Concrete&Mortar Machinery	101.0	101.3	100.5	101.4
加工机械	Processing Machinery	102.4	101.7	98.5	100.4
泵类机械	Pump Machinery	100.9	100.2	100.0	100.2
船舶机械	Marine Machinery	106.0	105.0	93.5	98.5
其他机械	Other Machinery	102.7	103.2	101.4	101.4
设备、工器具购置	**Equipments and Instruments**	**99.0**	**97.4**	**96.8**	**97.6**
其他费用	**Others**	**102.6**	**99.6**	**99.6**	**98.9**

4-23 固定资产投资价格分季度指数（2010 年）
Price Indices for Investment in Fixed Assets by Quarter（2010）

上年同期 =100（same period last year=100）

项目名称	Item	1 季度 1st Quarter	2 季度 2nd Quarter	3 季度 3rd Quarter	4 季度 4th Quarter
固定资产投资价格指数	**Price Indices for Investment in Fixed Assets**	**100.8**	**102.1**	**101.7**	**103.8**
建筑安装工程	**Construction and Installation**	**100.9**	**102.5**	**102.3**	**105.1**
人工费	Labor Cost	103.5	103.3	105.1	108.3
工程管理人员	Project Manager	102.7	102.3	104.3	106.4
工程技术人员	Engineering Technician	101.8	102.0	103.2	105.1
普通工人	Common Worker	104.0	103.7	105.6	109.4
材料费	Material Costs	100.1	102.4	101.7	104.8
钢材	Rolled Steel	100.0	103.4	101.8	105.9
木材	Timber	98.9	103.2	101.4	101.5
水泥	Cement	97.2	97.6	98.7	102.4
地方建筑材料	Local Building Materials	100.5	101.1	101.9	104.6
化工材料	Chemical Materials	104.4	108.7	103.1	104.2
电料	Electrical Materials	101.7	101.0	104.5	100.6
其他材料	Other Materials	101.0	105.6	104.5	101.8
机械费	Mechanical Costs	101.0	101.5	101.1	101.3
土石方及筑路机械	Earthwork&Road Construction Machinery	100.9	101.2	100.8	100.8
打桩机械	Piling Machinery	102.5	100.6	100.5	101.1
起重机械	Hoisting Machinery	101.0	101.3	101.1	101.1
运输机械	Transport Machinery	100.7	102.0	101.5	101.3
混凝土及砂浆机械	Concrete&Mortar Machinery	101.6	101.4	101.6	102.5
加工机械	Processing Machinery	100.5	102.1	100.5	102.2
泵类机械	Pump Machinery	101.2	100.4	100.7	101.1
船舶机械	Marine Machinery	102.2	100.0	101.7	100.0
其他机械	Other Machinery	101.5	101.1	101.1	101.3
设备、工器具购置	**Equipments and Instruments**	**98.9**	**99.9**	**99.3**	**100.2**
其他费用	**Others**	**101.8**	**102.1**	**101.4**	**102.1**

4-23 固定资产投资价格分季度指数（2011 年）
Price Indices for Investment in Fixed Assets by Quarter（2011）

上年同期 =100（same period last year=100）

项目名称	Item	1 季度 1st Quarter	2 季度 2nd Quarter	3 季度 3rd Quarter	4 季度 4th Quarter
固定资产投资价格指数	**Price Indices for Investment in Fixed Assets**	**105.3**	**105.7**	**106.5**	**106.2**
建筑安装工程	**Construction and Installation**	**107.1**	**107.5**	**108.6**	**108.1**
人工费	Labor Cost	111.0	111.4	113.4	113.9
工程管理人员	Project Manager	108.6	109.6	111.1	111.2
工程技术人员	Engineering Technician	108.9	108.8	110.9	111.0
普通工人	Common Worker	111.8	112.3	114.3	115.0
材料费	Material Costs	106.2	106.7	107.6	106.6
钢材	Rolled Steel	106.2	106.8	107.6	105.2
木材	Timber	105.1	104.4	104.2	104.8
水泥	Cement	105.9	105.8	107.2	106.4
地方建筑材料	Local Building Materials	106.7	107.2	108.2	108.4
化工材料	Chemical Materials	106.1	108.0	108.1	108.8
电料	Electrical Materials	103.8	103.9	103.5	103.7
其他材料	Other Materials	106.1	104.3	107.8	106.1
机械费	Mechanical Costs	104.6	104.7	105.6	105.5
土石方及筑路机械	Earthwork&Road Construction Machinery	104.8	104.4	107.0	107.0
打桩机械	Piling Machinery	107.4	104.3	106.0	103.6
起重机械	Hoisting Machinery	105.6	104.2	104.0	104.4
运输机械	Transport Machinery	104.0	105.4	105.9	105.4
混凝土及砂浆机械	Concrete&Mortar Machinery	103.5	104.4	105.2	104.0
加工机械	Processing Machinery	104.6	104.3	103.3	104.9
泵类机械	Pump Machinery	103.8	102.0	102.7	102.9
船舶机械	Marine Machinery	100.0	100.0		103.6
其他机械	Other Machinery	104.6	106.2	104.7	104.4
设备、工器具购置	**Equipments and Instruments**	**101.2**	**101.2**	**101.2**	**100.6**
其他费用	**Others**	**101.8**	**102.4**	**102.6**	**103.2**

4-23 固定资产投资价格分季度指数（2012年）
Price Indices for Investment in Fixed Assets by Quarter（2012）

上年同期=100（same period last year=100）

项目名称	Item	1季度 1st Quarter	2季度 2nd Quarter	3季度 3rd Quarter	4季度 4th Quarter
固定资产投资价格指数	**Price Indices for Investment in Fixed Assets**	103.6	102.5	100.8	100.2
建筑安装工程	**Construction and Installation**	104.4	103.2	100.8	100.1
人工费	Labor Cost	110.0	110.1	109.2	108.9
工程管理人员	Project Manager	110.1	108.6	107.8	107.5
工程技术人员	Engineering Technician	109.1	108.3	108.4	107.9
普通工人	Common Worker	110.2	110.8	109.6	109.3
材料费	Material Costs	102.6	100.8	97.5	96.4
钢材	Rolled Steel	100.7	98.9	94.3	92.1
木材	Timber	103.5	102.7	101.5	102.4
水泥	Cement	103.6	100.4	98.2	98.9
地方建筑材料	Local Building Materials	104.3	102.8	100.4	100.5
化工材料	Chemical Materials	103.9	103.5	103.1	101.9
电料	Electrical Materials	101.2	101.6	98.8	99.4
其他材料	Other Materials	106.3	103.0	101.9	101.6
机械费	Mechanical Costs	103.8	103.2	103.4	103.4
土石方及筑路机械	Earthwork&Road Construction Machinery	105.0	104.1	104.2	104.8
打桩机械	Piling Machinery	102.5	101.0	102.4	101.3
起重机械	Hoisting Machinery	102.1	102.5	102.3	102.2
运输机械	Transport Machinery	104.5	103.7	103.6	103.2
混凝土及砂浆机械	Concrete&Mortar Machinery	103.4	102.0	103.1	102.4
加工机械	Processing Machinery	104.4	103.6	103.0	101.9
泵类机械	Pump Machinery	103.1	102.7	103.5	102.1
船舶机械	Marine Machinery	100.0	100.0	100.0	100.0
其他机械	Other Machinery	103.4	103.8	104.1	103.6
设备、工器具购置	**Equipments and Instruments**	99.6	99.1	98.8	98.8
其他费用	**Others**	102.6	101.9	101.7	101.2

4-23 固定资产投资价格分季度指数（2013 年）
Price Indices for Investment in Fixed Assets by Quarter（2013）

上年同期=100（same period last year=100）

项目名称	Item	1 季度 1st Quarter	2 季度 2nd Quarter	3 季度 3rd Quarter	4 季度 4th Quarter
固定资产投资价格指数	**Price Indices for Investment in Fixed Assets**	**101.2**	**100.5**	**99.9**	**100.5**
建筑安装工程	**Construction and Installation**	**101.2**	**100.3**	**100.0**	**100.6**
人工费	Labor Cost	110.3	107.8	107.0	106.7
工程管理人员	Project Manager	107.2	105.4	105.8	105.7
工程技术人员	Engineering Technician	106.8	106.1	105.9	106.0
普通工人	Common Worker	111.3	108.5	107.4	107.0
材料费	Material Costs	97.9	97.4	97.1	98.1
钢材	Rolled Steel	93.7	93.8	93.5	95.2
木材	Timber	100.4	101.2	100.2	100.9
水泥	Cement	100.8	100.0	99.9	100.2
地方建筑材料	Local Building Materials	101.2	100.2	99.6	100.1
化工材料	Chemical Materials	102.2	99.1	99.7	98.4
电料	Electrical Materials	100.6	99.4	100.5	99.0
其他材料	Other Materials	100.5	102.4	101.5	103.3
机械费	Mechanical Costs	102.3	102.2	102.4	102.3
土石方及筑路机械	Earthwork&Road Construction Machinery	101.8	101.9	102.3	102.4
打桩机械	Piling Machinery	101.5	101.5	102.0	101.8
起重机械	Hoisting Machinery	102.7	102.4	102.5	102.3
运输机械	Transport Machinery	103.0	102.3	102.4	102.1
混凝土及砂浆机械	Concrete&Mortar Machinery	102.3	103.1	102.7	102.9
加工机械	Processing Machinery	101.2	101.5	102.1	101.8
泵类机械	Pump Machinery	100.1	101.1	100.7	100.9
船舶机械	Marine Machinery	100.0	100.0	101.7	100.0
其他机械	Other Machinery	101.9	101.1	101.2	101.6
设备、工器具购置	**Equipments and Instruments**	**99.0**	**98.9**	**97.4**	**99.6**
其他费用	**Others**	**102.5**	**101.8**	**100.9**	**101.0**

4-23 固定资产投资价格分季度指数（2014 年）
Price Indices for Investment in Fixed Assets by Quarter（2014）

上年同期 =100（same period last year=100）

项目名称	Item	1 季度 1st Quarter	2 季度 2nd Quarter	3 季度 3rd Quarter	4 季度 4th Quarter
固定资产投资价格指数	**Price Indices for Investment in Fixed Assets**	100.6	100.4	100.3	100.0
建筑安装工程	**Construction and Installation**	100.7	100.5	100.4	100.0
人工费	Labor Cost	105.1	104.6	105.0	105.5
工程管理人员	Project Manager	103.9	103.5	104.3	105.1
工程技术人员	Engineering Technician	104.4	104.3	104.8	105.3
普通工人	Common Worker	105.5	104.8	105.2	105.7
材料费	Material Costs	98.7	98.6	98.4	97.5
钢材	Rolled Steel	96.9	96.5	95.6	93.9
木材	Timber	100.2	100.7	100.5	100.7
水泥	Cement	100.4	101.3	100.9	100.3
地方建筑材料	Local Building Materials	100.1	100.1	100.2	99.6
化工材料	Chemical Materials	99.8	99.6	99.4	98.2
电料	Electrical Materials	100.2	100.5	100.2	100.5
其他材料	Other Materials	99.4	98.9	100.3	101.1
机械费	Mechanical Costs	101.3	101.2	100.9	100.9
土石方及筑路机械	Earthwork&Road Construction Machinery	102.0	101.6	101.6	100.9
打桩机械	Piling Machinery	100.5	100.9	100.2	100.7
起重机械	Hoisting Machinery	100.3	100.9	100.6	100.9
运输机械	Transport Machinery	100.8	100.8	100.4	101.0
混凝土及砂浆机械	Concrete&Mortar Machinery	102.5	102.3	101.2	101.0
加工机械	Processing Machinery	100.8	100.2	100.5	100.9
泵类机械	Pump Machinery	100.7	100.4	101.1	100.9
船舶机械	Marine Machinery	100.0	100.0	100.0	100.0
其他机械	Other Machinery	103.3	100.6	101.3	101.0
设备、工器具购置	**Equipments and Instruments**	99.6	99.6	99.8	99.8
其他费用	**Others**	100.5	100.5	100.2	100.3

4-23 固定资产投资价格分季度指数（2015 年）
Price Indices for Investment in Fixed Assets by Quarter（2015）

上年同期 =100（same period last year=100）

项目名称	Item	1 季度 1st Quarter	2 季度 2nd Quarter	3 季度 3rd Quarter	4 季度 4th Quarter
固定资产投资价格指数	**Price Indices for Investment in Fixed Assets**	**99.4**	**98.6**	**97.8**	**97.2**
建筑安装工程	**Construction and Installation**	**98.7**	**98.0**	**97.0**	**96.1**
人工费	Labor Cost	104.3	104.7	104.0	103.6
工程管理人员	Project Manager	103.3	103.4	103.1	102.8
工程技术人员	Engineering Technician	104.1	103.7	103.3	103.0
普通工人	Common Worker	104.5	105.1	104.3	103.9
材料费	Material Costs	96.1	94.7	93.4	92.2
钢材	Rolled Steel	91.1	89.3	86.4	85.1
木材	Timber	100.5	100.5	100.1	100.5
水泥	Cement	99.7	98.8	98.6	96.6
地方建筑材料	Local Building Materials	99.7	99.5	99.2	97.2
化工材料	Chemical Materials	97.2	93.7	92.4	93.6
电料	Electrical Materials	100.7	98.8	98.8	99.1
其他材料	Other Materials	98.4	99.9	99.7	99.3
机械费	Mechanical Costs	100.6	100.8	100.7	100.6
土石方及筑路机械	Earthwork&Road Construction Machinery	100.4	100.6	100.5	100.4
打桩机械	Piling Machinery	100.1	100.8	100.1	100.1
起重机械	Hoisting Machinery	100.5	100.7	100.8	100.6
运输机械	Transport Machinery	100.9	100.8	100.9	100.6
混凝土及砂浆机械	Concrete&Mortar Machinery	101.3	101.4	101.3	101.1
加工机械	Processing Machinery	100.4	100.8	101.1	101.1
泵类机械	Pump Machinery	99.9	100.8	100.6	100.6
船舶机械	Marine Machinery	100.0	100.0	100.0	100.0
其他机械	Other Machinery	100.9	100.7	101.0	100.5
设备、工器具购置	**Equipments and Instruments**	**99.7**	**99.6**	**99.2**	**99.0**
其他费用	**Others**	**101.7**	**100.4**	**100.3**	**100.7**

4-23 固定资产投资价格分季度指数（2016 年）
Price Indices for Investment in Fixed Assets by Quarter（2016）

上年同期 =100（same period last year=100）

项目名称	Item	1 季度 1st Quarter	2 季度 2nd Quarter	3 季度 3rd Quarter	4 季度 4th Quarter
固定资产投资价格指数	**Price Indices for Investment in Fixed Assets**	**97.0**	**98.1**	**98.8**	**101.6**
建筑安装工程	**Construction and Installation**	**96.0**	**97.5**	**98.4**	**102.1**
人工费	Labor Cost	103.0	102.5	102.9	103.4
工程管理人员	Project Manager	102.3	102.2	102.7	102.7
工程技术人员	Engineering Technician	102.4	102.8	102.6	102.7
普通工人	Common Worker	103.3	102.4	103.1	103.7
材料费	Material Costs	92.0	94.8	96.1	101.8
钢材	Rolled Steel	85.0	91.2	93.9	103.4
木材	Timber	99.7	99.9	99.0	100.6
水泥	Cement	95.8	95.7	96.9	101.0
地方建筑材料	Local Building Materials	97.9	97.6	97.8	101.3
化工材料	Chemical Materials	90.8	93.2	94.5	98.3
电料	Electrical Materials	98.2	98.5	98.3	99.8
其他材料	Other Materials	98.8	98.6	98.9	99.4
机械费	Mechanical Costs	100.4	100.2	100.2	100.6
土石方及筑路机械	Earthwork&Road Construction Machinery	99.9	99.9	99.8	99.6
打桩机械	Piling Machinery	100.5	100.2	100.0	100.0
起重机械	Hoisting Machinery	100.9	100.3	100.4	101.3
运输机械	Transport Machinery	100.4	100.3	100.3	100.7
混凝土及砂浆机械	Concrete&Mortar Machinery	100.0	100.0	100.5	101.1
加工机械	Processing Machinery	101.1	100.3	100.7	101.2
泵类机械	Pump Machinery	100.3	100.0	100.0	100.0
船舶机械	Marine Machinery	99.8	100.0	100.0	100.0
其他机械	Other Machinery	101.1	100.5	100.0	100.9
设备、工器具购置	**Equipments and Instruments**	**98.5**	**98.7**	**98.9**	**99.1**
其他费用	**Others**	**100.3**	**100.4**	**100.5**	**101.0**

4-23 固定资产投资价格分季度指数（2017 年）
Price Indices for Investment in Fixed Assets by Quarter（2017）

上年同期 =100（same period last year=100）

项目名称	Item	1 季度 1st Quarter	2 季度 2nd Quarter	3 季度 3rd Quarter	4 季度 4th Quarter
固定资产投资价格指数	**Price Indices for Investment in Fixed Assets**	103.6	104.6	106.2	106.7
建筑安装工程	**Construction and Installation**	104.8	106.0	108.1	108.7
人工费	Labor Cost	102.5	103.6	104.5	104.1
工程管理人员	Project Manager	102.6	103.2	103.8	103.8
工程技术人员	Engineering Technician	102.1	102.5	103.8	103.4
普通工人	Common Worker	102.5	104.0	104.8	104.3
材料费	Material Costs	106.7	108.0	111.1	112.2
钢材	Rolled Steel	114.2	117.2	122.9	125.2
木材	Timber	101.0	101.2	101.9	103.2
水泥	Cement	103.4	104.4	106.0	107.6
地方建筑材料	Local Building Materials	103.1	102.9	104.4	105.8
化工材料	Chemical Materials	102.3	101.1	102.3	105.5
电料	Electrical Materials	101.5	103.5	103.5	102.0
其他材料	Other Materials	101.3	101.4	100.7	101.5
机械费	Mechanical Costs	100.8	101.2	101.4	101.3
土石方及筑路机械	Earthwork&Road Construction Machinery	100.2	100.4	100.9	100.9
打桩机械	Piling Machinery	100.3	100.1	102.2	101.5
起重机械	Hoisting Machinery	101.0	103.0	100.9	101.5
运输机械	Transport Machinery	101.6	100.4	101.0	101.1
混凝土及砂浆机械	Concrete&Mortar Machinery	101.1	102.4	103.3	102.5
加工机械	Processing Machinery	100.8	101.2	103.6	102.7
泵类机械	Pump Machinery	100.2	100.8	100.7	100.9
船舶机械	Marine Machinery	100.0	100.0	100.7	100.3
其他机械	Other Machinery	100.8	100.2	101.0	100.7
设备、工器具购置	**Equipments and Instruments**	100.1	100.3	100.7	101.3
其他费用	**Others**	100.1	100.6	100.3	100.5

4–23 固定资产投资价格分季度指数（2018 年）
Price Indices for Investment in Fixed Assets by Quarter（2018）

上年同期 =100（same period last year=100）

项目名称	Item	1 季度 1st Quarter	2 季度 2nd Quarter	3 季度 3rd Quarter	4 季度 4th Quarter
固定资产投资价格指数	**Price Indices for Investment in Fixed Assets**	**105.2**	**104.9**	**105.8**	**104.0**
建筑安装工程	**Construction and Installation**	**106.6**	**106.3**	**107.5**	**105.0**
人工费	Labor Cost	103.7	103.9	103.8	103.9
工程管理人员	Project Manager	103.1	102.8	103.3	103.3
工程技术人员	Engineering Technician	103.6	103.7	103.2	102.9
普通工人	Common Worker	103.8	104.2	104.0	104.3
材料费	Material Costs	108.9	108.3	110.2	106.1
钢材	Rolled Steel	113.5	108.5	108.8	104.2
木材	Timber	103.5	102.6	103.5	102.9
水泥	Cement	109.4	111.1	114.2	109.8
地方建筑材料	Local Building Materials	107.0	108.9	112.0	107.4
化工材料	Chemical Materials	102.5	103.5	107.6	104.9
电料	Electrical Materials	102.6	101.6	100.8	101.4
其他材料	Other Materials	101.5	101.6	101.9	102.0
机械费	Mechanical Costs	101.4	101.5	101.8	101.8
土石方及筑路机械	Earthwork&Road Construction Machinery	101.3	101.3	101.3	101.7
打桩机械	Piling Machinery	100.7	100.3	100.5	100.9
起重机械	Hoisting Machinery	101.7	101.7	101.6	102.0
运输机械	Transport Machinery	101.1	101.4	102.1	102.2
混凝土及砂浆机械	Concrete&Mortar Machinery	101.7	101.6	102.4	101.6
加工机械	Processing Machinery	103.2	103.1	104.3	101.8
泵类机械	Pump Machinery	100.9	100.7	100.9	101.5
船舶机械	Marine Machinery	100.0	100.4	100.0	100.0
其他机械	Other Machinery	100.8	101.4	101.7	101.8
设备、工器具购置	**Equipments and Instruments**	**101.3**	**101.2**	**100.9**	**100.5**
其他费用	**Others**	**100.4**	**100.3**	**100.4**	**101.1**

4-23 固定资产投资价格分季度指数(2019年)
Price Indices for Investment in Fixed Assets by Quarter (2019)

上年同期=100 (same period last year=100)

项目名称	Item	1季度 1st Quarter	2季度 2nd Quarter	3季度 3rd Quarter	4季度 4th Quarter
固定资产投资价格指数	**Price Indices for Investment in Fixed Assets**	**104.2**	**104.4**	**102.9**	**102.0**
建筑安装工程	**Construction and Installation**	**104.3**	**105.0**	**102.9**	**101.8**
人工费	Labor Cost	104.6	104.0	102.8	102.6
工程管理人员	Project Manager	104.0	105.2	104.6	103.9
工程技术人员	Engineering Technician	104.3	105.3	103.9	103.5
工人	Workers	104.8	103.6	102.3	102.2
材料费	Material Costs	104.6	106.0	103.3	101.5
金属材料	Metal Material	98.6	101.3	95.2	94.7
炼铁产品	Ironmaking Products	102.4	103.4	102.1	101.8
钢材	Steel Products	98.6	101.3	95.0	94.5
有色金属材料	Non-ferrous Metal	101.8	101.8	102.0	101.5
非金属材料	Nonmetallic Material	109.2	109.9	108.8	105.9
水泥及混凝土	Cement and Concrete	106.0	107.1	107.0	103.8
砖瓦砂石	Brick, Tile and Gravel	108.5	111.0	112.6	110.9
预拌混凝土	Ready-mixed Concrete	112.0	111.4	108.6	104.8
预拌砂浆	Ready-mixed Mortar	113.5	108.2	107.4	106.0
石材制品	Stone Products	106.9	107.0	104.1	103.0
道路沥青	Road Asphalt	102.2	102.8	101.5	100.6
建筑陶瓷、玻璃及其制品	Building Ceramics, Glass and Their Products	101.6	102.6	101.9	101.9
高温和消防材料	High-temperature&Fire-fighting Material	100.0	101.3	101.4	100.8
化工材料	Chemical Materials	105.3	103.6	102.0	101.2
木、竹材及其制品	Wood, Bamboo and Their Products	101.5	103.7	103.8	102.8
装饰材料及配件	Decorative Materials and Accessories	101.6	102.6	101.8	100.6
水暖及厨卫洁具	Kitchen&Toilet Ware and Plumbing	100.9	100.0	100.0	100.1
电气电料	Electric and Electric Material	98.8	99.4	102.1	100.3
仪表及其他	Instruments and Others	106.6	105.8	103.7	102.1
机械费	Mechanical Costs	101.4	101.4	101.0	101.5
设备、工器具购置	**Equipments and Instruments**	**100.1**	**99.9**	**100.3**	**100.2**
其他费用	**Others**	**105.8**	**104.8**	**104.1**	**103.3**

4-24 全国各地区固定资产投资价格指数（2012-2019 年）
Price Indices for Investment in Fixed Assets by Region of the Nation （2012-2019）

上年 =100（preceding year=100）

地 区	Region	2012 年	2013 年	2014 年	2015 年	2016 年	2017 年	2018 年	2019 年
全 国	**National Total**	**101.1**	**100.3**	**100.5**	**98.2**	**99.4**	**105.8**	**105.4**	**102.6**
东部地区	**Eastern Region**								
北 京	Beijing	101.3	99.9	100.0	97.6	99.7	104.7	103.8	102.1
天 津	Tianjin	100.0	99.5	100.5	99.9	99.4	104.3	104.5	101.7
河 北	Hebei	100.3	99.9	100.2	98.0	99.4	106.7	105.0	103.0
辽 宁	Liaoning	101.0	100.0	99.7	97.9	99.2	104.0	103.5	103.1
上 海	Shanghai	99.4	100.2	100.5	97.0	99.6	106.7	105.6	101.4
江 苏	Jiangsu	98.6	100.5	101.1	96.2	98.8	107.6	106.0	101.3
浙 江	Zhejiang	99.2	100.0	100.6	97.4	99.5	105.8	105.7	102.1
福 建	Fujian	100.3	100.1	100.4	98.3	100.0	105.6	104.9	101.5
山 东	Shandong	100.8	100.4	100.3	97.7	99.1	105.8	106.1	102.8
广 东	Guangdong	101.5	101.4	101.5	99.0	100.3	105.3	106.2	104.2
海 南	Hainan	102.0	99.3	100.6	99.4	100.1	104.1	106.2	103.3
中部地区	**Central Region**								
山 西	Shanxi	101.2	100.5	99.6	98.2	100.0	106.3	104.5	104.0
吉 林	Jilin	100.4	100.0	100.2	97.6	98.7	104.7	104.6	102.6
黑龙江	Heilongjiang	100.8	100.1	100.0	99.0	99.4	103.4	103.3	100.8
安 徽	Anhui	101.0	100.2	100.3	96.9	99.2	107.4	105.8	102.3
江 西	Jiangxi	101.0	100.4	100.1	96.8	100.0	106.1	106.4	102.4
河 南	Henan	101.0	99.9	100.0	97.6	99.2	107.4	105.4	103.2
湖 北	Hubei	101.8	100.5	101.0	99.4	100.1	105.9	106.6	104.0
湖 南	Hunan	101.7	101.3	101.5	100.4	100.4	105.7	104.8	101.7
西部地区	**Western Region**								
重 庆	Chongqing	101.8	100.5	100.3	98.2	98.9	105.3	105.0	103.4
四 川	Sichuan	101.0	100.4	100.5	97.9	99.8	107.7	106.4	101.6
贵 州	Guizhou	101.5	100.9	101.1	98.4	98.6	106.1	105.2	102.3
云 南	Yunnan	101.4	101.1	101.0	99.1	100.1	104.9	104.9	102.3
西 藏	Tibet								
陕 西	Shaanxi	102.6	102.0	101.1	98.8	99.9	105.3	105.4	102.6
甘 肃	Gansu	102.1	100.4	100.1	97.7	98.7	105.9	104.6	102.6
青 海	Qinghai	102.2	101.5	100.9	98.2	99.6	106.1	104.3	102.5
宁 夏	Ningxia	101.5	99.8	100.8	97.5	99.6	105.9	103.5	102.0
新 疆	Xinjiang	100.6	100.5	100.3	98.3	99.9	103.5	103.7	102.8
内蒙古	Inner Mongolia	101.6	99.6	99.8	98.0	99.5	103.4	103.6	101.7
广 西	Guangxi	100.6	100.1	101.6	98.8	99.5	104.4	104.5	102.4

4-25 住宅销售价格指数（2011-2021 年）
Sales Price Indices of Houses （2011-2021）

上年 =100（preceding year=100）

年份 Year	新建商品住宅销售价格指数 Sales Price Indices of New Commercial Houses	90 平方米及以下 below 90m²	90-144 平方米 90-144m²	144 平方米以上 over 144m²	二手住宅销售价格指数 Sales Price Indices of Second-hand Houses	90 平方米及以下 below 90m²	90-144 平方米 90-144m²	144 平方米以上 over 144m²
2011	104.2	105.5	103.7	103.0	100.6	98.7	102.0	102.5
2012	99.2	100.2	98.5	98.8	99.6	99.2	99.6	101.0
2013	106.9	107.2	106.8	106.4	102.6	102.5	102.7	102.9
2014	102.2	102.1	101.9	102.8	100.9	101.4	100.8	100.0
2015	94.9	95.3	95.0	94.1	97.1	97.0	97.5	96.7
2016	103.7	103.1	103.7	104.6	103.9	103.8	104.9	101.9
2017	110.6	112.8	110.3	107.6	107.7	107.6	108.4	105.9
2018	108.9	110.1	108.0	108.7	107.9	107.8	108.5	106.7
2019	110.9	113.2	109.5	109.7	106.3	106.5	106.0	106.5
2020	105.5	106.8	105.1	104.1	99.0	98.6	99.4	99.4
2021	107.4	107.9	107.6	106.5	103.9	103.9	103.8	103.9

4-26 住宅销售价格分月指数（2011 年）
Sales Price Indices of Houses by Month （2011）

上年同期 =100（same period last year=100）

项目名称	Item	1月 January	2月 February	3月 March	4月 April	5月 May	6月 June
新建商品住宅销售价格指数	Sales Price Indices of New Commercial Houses	108.1	106.3	105.7	105.4	105.4	106.0
90 平方米及以下	below 90m^2	108.5	106.8	106.4	106.7	106.6	107.4
90–144 平方米	90–144m^2	108.0	106.4	105.9	105.2	105.1	105.5
144 平方米以上	over 144m^2	107.5	105.6	104.5	104.0	104.1	104.7
二手住宅销售价格指数	Sales Price Indices of Second-hand Houses	101.4	101.3	101.5	101.1	101.0	100.7
90 平方米及以下	below 90m^2	100.4	100.3	99.7	99.3	99.2	98.7
90–144 平方米	90–144m^2	102.7	102.6	103.0	102.5	102.2	102.2
144 平方米以上	over 144m^2	100.6	100.5	102.6	103.1	103.0	102.6

4-26 住宅销售价格分月指数（2011 年）
Sales Price Indices of Houses by Month （2011）

续表（continued）

上年同期 =100（same period last year=100）

项目名称	Item	7月 July	8月 August	9月 September	10月 October	11月 November	12月 December
新建商品住宅销售价格指数	Sales Price Indices of New Commercial Houses	105.7	104.3	102.3	101.3	100.1	99.4
90 平方米及以下	below 90m^2	107.2	105.9	104.1	103.3	102.0	101.4
90–144 平方米	90–144m^2	105.0	103.7	101.5	100.4	99.2	98.5
144 平方米以上	over 144m^2	104.5	103.0	100.9	99.8	98.7	98.1
二手住宅销售价格指数	Sales Price Indices of Second-hand Houses	100.7	100.4	100.2	99.8	99.7	99.5
90 平方米及以下	below 90m^2	98.7	98.1	97.8	97.7	97.5	97.1
90–144 平方米	90–144m^2	102.2	102.0	101.8	101.1	100.9	100.8
144 平方米以上	over 144m^2	102.7	103.2	103.0	102.9	102.8	103.1

4-26 住宅销售价格分月指数（2012 年）
Sales Price Indices of Houses by Month （2012）

上年同期 =100（same period last year=100）

项目名称	Item	1 月 January	2 月 February	3 月 March	4 月 April	5 月 May	6 月 June
新建商品住宅销售价格指数	Sales Price Indices of New Commercial Houses	99.3	98.9	98.5	98.2	98.0	98.1
90 平方米及以下	below 90m^2	101.1	100.6	100.1	99.3	99.2	99.0
90–144 平方米	90–144m^2	98.3	97.8	97.3	97.3	97.2	97.5
144 平方米以上	over 144m^2	98.4	98.1	98.2	98.0	97.6	97.8
二手住宅销售价格指数	Sales Price Indices of Second-hand Houses	99.3	99.5	99.0	99.3	99.3	99.4
90 平方米及以下	below 90m^2	98.1	98.0	98.2	98.8	98.9	99.0
90–144 平方米	90–144m^2	99.3	99.5	98.9	99.2	99.2	99.3
144 平方米以上	over 144m^2	103.3	103.8	101.4	101.0	100.8	100.8

4-26 住宅销售价格分月指数（2012 年）
Sales Price Indices of Houses by Month （2012）

续表（continued）

上年同期 =100（same period last year=100）

项目名称	Item	7 月 July	8 月 August	9 月 September	10 月 October	11 月 November	12 月 December
新建商品住宅销售价格指数	Sales Price Indices of New Commercial Houses	98.5	99.1	99.5	99.9	100.6	101.3
90 平方米及以下	below 90m^2	99.2	99.8	100.2	100.4	101.2	101.9
90–144 平方米	90–144m^2	98.0	98.6	99.0	99.5	100.2	101.0
144 平方米以上	over 144m^2	98.2	98.9	99.1	99.8	100.4	101.1
二手住宅销售价格指数	Sales Price Indices of Second-hand Houses	99.3	99.5	99.7	100.1	100.3	100.3
90 平方米及以下	below 90m^2	99.0	99.5	99.8	99.9	100.2	100.4
90–144 平方米	90–144m^2	99.2	99.3	99.6	100.3	100.5	100.4
144 平方米以上	over 144m^2	100.8	100.3	100.0	100.0	100.0	99.5

4-26 住宅销售价格分月指数（2013 年）
Sales Price Indices of Houses by Month （2013）

上年同期 =100（same period last year=100）

项目名称	Item	1月 January	2月 February	3月 March	4月 April	5月 May	6月 June
新建商品住宅销售价格指数	Sales Price Indices of New Commercial Houses	102.5	103.6	104.4	105.6	106.3	106.9
90 平方米及以下	below 90m^2	103.0	104.0	104.9	106.1	106.8	107.5
90–144 平方米	90–144m^2	102.2	103.2	104.1	105.3	106.2	107.0
144 平方米以上	over 144m^2	102.2	103.6	104.0	105.2	105.7	105.9
二手住宅销售价格指数	Sales Price Indices of Second-hand Houses	100.6	100.8	101.6	101.9	102.4	102.6
90 平方米及以下	below 90m^2	100.7	101.0	101.9	101.8	102.2	102.4
90–144 平方米	90–144m^2	100.6	100.6	101.3	101.9	102.5	102.6
144 平方米以上	over 144m^2	100.1	100.9	101.5	102.2	102.6	103.2

4-26 住宅销售价格分月指数（2013 年）
Sales Price Indices of Houses by Month （2013）

续表（continued）

上年同期 =100（same period last year=100）

项目名称	Item	7月 July	8月 August	9月 September	10月 October	11月 November	12月 December
新建商品住宅销售价格指数	Sales Price Indices of New Commercial Houses	107.3	108.1	109.0	109.4	109.7	109.5
90 平方米及以下	below 90m^2	107.7	108.3	109.0	109.5	109.7	109.5
90–144 平方米	90–144m^2	107.4	108.4	109.4	109.6	109.7	109.6
144 平方米以上	over 144m^2	106.4	107.2	108.6	109.0	109.6	109.3
二手住宅销售价格指数	Sales Price Indices of Second-hand Houses	102.9	102.9	103.1	103.6	104.3	104.7
90 平方米及以下	below 90m^2	102.5	102.5	102.7	103.3	104.0	104.4
90–144 平方米	90–144m^2	103.1	103.2	103.2	103.7	104.5	105.0
144 平方米以上	over 144m^2	103.5	103.6	104.0	104.0	104.4	104.4

4-26 住宅销售价格分月指数（2014 年）
Sales Price Indices of Houses by Month （2014）

上年同期 =100（same period last year=100）

项目名称	Item	1 月 January	2 月 February	3 月 March	4 月 April	5 月 May	6 月 June
新建商品住宅销售价格指数	**Sales Price Indices of New Commercial Houses**	**108.8**	**108.1**	**107.3**	**106.2**	**105.5**	**103.9**
90 平方米及以下	below 90m^2	108.7	108.0	106.9	105.8	105.0	103.6
90–144 平方米	90–144m^2	108.9	108.2	107.4	106.2	105.3	103.6
144 平方米以上	over 144m^2	109.0	108.1	107.7	106.9	106.3	104.9
二手住宅销售价格指数	**Sales Price Indices of Second–hand Houses**	**104.8**	**104.6**	**104.0**	**103.6**	**102.9**	**102.2**
90 平方米及以下	below 90m^2	104.4	104.5	104.2	104.0	103.3	102.7
90–144 平方米	90–144m^2	105.2	104.9	104.0	103.8	102.9	102.1
144 平方米以上	over 144m^2	104.8	104.1	103.4	102.3	102.0	100.7

4-26 住宅销售价格分月指数（2014 年）
Sales Price Indices of Houses by Month （2014）

续表（continued）

上年同期 =100（same period last year=100）

项目名称	Item	7 月 July	8 月 August	9 月 September	10 月 October	11 月 November	12 月 December
新建商品住宅销售价格指数	**Sales Price Indices of New Commercial Houses**	**102.5**	**100.3**	**97.6**	**96.4**	**95.1**	**94.7**
90 平方米及以下	below 90m^2	102.4	100.4	97.9	96.4	95.4	94.9
90–144 平方米	90–144m^2	102.0	99.4	96.8	95.9	94.8	94.3
144 平方米以上	over 144m^2	103.3	101.4	98.5	96.9	95.2	94.9
二手住宅销售价格指数	**Sales Price Indices of Second–hand Houses**	**101.1**	**100.1**	**98.7**	**97.3**	**96.2**	**95.7**
90 平方米及以下	below 90m^2	101.9	101.1	99.5	98.1	96.8	96.1
90–144 平方米	90–144m^2	100.9	99.7	98.2	96.9	95.8	95.4
144 平方米以上	over 144m^2	99.5	98.4	97.5	96.2	95.5	95.4

4-26 住宅销售价格分月指数（2015 年）
Sales Price Indices of Houses by Month（2015）

上年同期 =100（same period last year=100）

项目名称	Item	1 月 January	2 月 February	3 月 March	4 月 April	5 月 May	6 月 June
新建商品住宅销售价格指数	Sales Price Indices of New Commercial Houses	**93.9**	**93.1**	**92.5**	**92.2**	**92.2**	**93.0**
90 平方米及以下	below 90m^2	94.6	93.9	93.4	93.1	93.0	93.5
90–144 平方米	90–144m^2	93.7	92.9	92.5	92.3	92.2	93.1
144 平方米以上	over 144m^2	93.2	92.0	91.3	90.6	90.8	92.0
二手住宅销售价格指数	Sales Price Indices of Second-hand Houses	**95.1**	**94.6**	**94.6**	**94.6**	**95.1**	**95.9**
90 平方米及以下	below 90m^2	95.7	94.9	94.4	94.6	94.9	95.6
90–144 平方米	90–144m^2	94.7	94.7	95.0	94.6	95.4	96.3
144 平方米以上	over 144m^2	94.6	93.6	93.8	94.3	94.4	95.8

4-26 住宅销售价格分月指数（2015 年）
Sales Price Indices of Houses by Month（2015）

续表（continued）

上年同期 =100（same period last year=100）

项目名称	Item	7 月 July	8 月 August	9 月 September	10 月 October	11 月 November	12 月 December
新建商品住宅销售价格指数	Sales Price Indices of New Commercial Houses	**94.1**	**95.4**	**97.2**	**97.9**	**98.3**	**99.0**
90 平方米及以下	below 90m^2	94.4	95.7	97.2	98.0	98.1	98.7
90–144 平方米	90–144m^2	94.3	95.7	97.4	98.0	98.4	99.3
144 平方米以上	over 144m^2	93.4	94.4	96.6	97.5	98.3	99.1
二手住宅销售价格指数	Sales Price Indices of Second-hand Houses	**97.0**	**98.1**	**99.4**	**100.1**	**100.5**	**100.6**
90 平方米及以下	below 90m^2	96.5	97.5	99.0	99.9	100.3	100.3
90–144 平方米	90–144m^2	97.5	98.7	100.1	100.5	100.9	101.1
144 平方米以上	over 144m^2	97.0	98.1	99.0	99.4	99.9	100.1

4-26 住宅销售价格分月指数（2016 年）
Sales Price Indices of Houses by Month （2016）

上年同期 =100（same period last year=100）

项目名称	Item	1 月 January	2 月 February	3 月 March	4 月 April	5 月 May	6 月 June
新建商品住宅销售价格指数	Sales Price Indices of New Commercial Houses	100.3	101.4	102.3	102.9	103.5	103.4
90 平方米及以下	below 90m^2	99.4	100.4	101.2	102.0	102.6	102.8
90–144 平方米	90–144m^2	100.7	101.5	102.3	102.9	103.4	103.2
144 平方米以上	over 144m^2	101.0	102.7	103.9	104.6	105.0	104.7
二手住宅销售价格指数	Sales Price Indices of Second-hand Houses	103.0	103.3	103.5	103.8	104.0	103.7
90 平方米及以下	below 90m^2	102.6	102.9	103.3	103.5	104.0	103.9
90–144 平方米	90–144m^2	103.9	104.1	104.3	104.9	104.6	104.2
144 平方米以上	over 144m^2	101.7	102.4	102.3	102.2	102.2	101.7

4-26 住宅销售价格分月指数（2016 年）
Sales Price Indices of Houses by Month （2016）

续表（continued）

上年同期 =100（same period last year=100）

项目名称	Item	7 月 July	8 月 August	9 月 September	10 月 October	11 月 November	12 月 December
新建商品住宅销售价格指数	Sales Price Indices of New Commercial Houses	103.3	103.4	104.5	105.1	106.5	107.2
90 平方米及以下	below 90m^2	102.9	103.1	104.0	104.8	106.5	107.3
90–144 平方米	90–144m^2	103.1	103.2	104.4	105.1	106.6	107.4
144 平方米以上	over 144m^2	104.2	104.6	105.2	105.6	106.4	106.7
二手住宅销售价格指数	Sales Price Indices of Second-hand Houses	103.6	103.6	104.0	104.4	104.8	105.5
90 平方米及以下	below 90m^2	103.9	103.6	104.0	104.2	104.4	105.8
90–144 平方米	90–144m^2	104.3	104.6	105.3	105.7	106.3	106.0
144 平方米以上	over 144m^2	101.3	101.2	100.6	101.8	102.3	103.0

4-26 住宅销售价格分月指数（2017 年）
Sales Price Indices of Houses by Month （2017）

上年同期 =100（same period last year=100）

项目名称	Item	1月 January	2月 February	3月 March	4月 April	5月 May	6月 June
新建商品住宅销售价格指数	**Sales Price Indices of New Commercial Houses**	**107.7**	**108.4**	**108.9**	**110.0**	**110.3**	**112.1**
90 平方米及以下	below 90m^2	108.3	109.5	110.6	111.9	112.7	114.8
90–144 平方米	90–144m^2	108.0	108.7	109.2	110.1	110.0	111.6
144 平方米以上	over 144m^2	106.2	105.9	105.6	106.7	107.1	108.7
二手住宅销售价格指数	**Sales Price Indices of Second-hand Houses**	**104.4**	**105.0**	**105.6**	**106.2**	**106.8**	**108.1**
90 平方米及以下	below 90m^2	104.6	105.1	105.6	106.2	106.6	107.9
90–144 平方米	90–144m^2	104.9	105.6	106.2	106.6	107.5	109.2
144 平方米以上	over 144m^2	102.5	102.8	103.9	105.3	105.4	105.9

4-26 住宅销售价格分月指数（2017 年）
Sales Price Indices of Houses by Month （2017）

续表（continued）　　上年同期 =100（same period last year=100）

项目名称	Item	7月 July	8月 August	9月 September	10月 October	11月 November	12月 December
新建商品住宅销售价格指数	**Sales Price Indices of New Commercial Houses**	**112.9**	**112.9**	**112.0**	**111.5**	**110.8**	**110.0**
90 平方米及以下	below 90m^2	115.5	115.4	114.8	114.4	113.5	112.5
90–144 平方米	90–144m^2	112.2	112.7	111.4	111.0	110.0	109.0
144 平方米以上	over 144m^2	109.9	109.3	108.4	107.9	108.1	107.9
二手住宅销售价格指数	**Sales Price Indices of Second-hand Houses**	**108.9**	**109.5**	**109.5**	**109.6**	**109.4**	**109.0**
90 平方米及以下	below 90m^2	108.6	109.5	109.4	109.4	109.5	108.6
90–144 平方米	90–144m^2	110.1	110.3	109.9	110.4	109.8	109.9
144 平方米以上	over 144m^2	106.7	107.2	108.4	108.1	107.6	107.3

4-26 住宅销售价格分月指数（2018 年）
Sales Price Indices of Houses by Month （2018）

上年同期 =100（same period last year=100）

项目名称	Item	1 月 January	2 月 February	3 月 March	4 月 April	5 月 May	6 月 June
新建商品住宅销售价格指数	Sales Price Indices of New Commercial Houses	108.3	108.2	107.7	107.4	107.5	107.7
90 平方米及以下	below 90m^2	110.4	109.5	108.8	108.6	108.5	108.3
90–144 平方米	90–144m^2	106.6	107.2	106.7	106.2	106.7	107.0
144 平方米以上	over 144m^2	108.0	107.8	107.8	107.4	107.2	108.1
二手住宅销售价格指数	Sales Price Indices of Second-hand Houses	108.0	107.7	107.2	107.1	107.2	107.1
90 平方米及以下	below 90m^2	107.9	107.6	107.4	107.1	107.1	106.7
90–144 平方米	90–144m^2	108.9	108.3	107.6	107.9	107.9	108.1
144 平方米以上	over 144m^2	105.8	106.2	105.5	104.6	105.4	105.9

4-26 住宅销售价格分月指数（2018 年）
Sales Price Indices of Houses by Month （2018）

续表（continued）

上年同期 =100（same period last year=100）

项目名称	Item	7 月 July	8 月 August	9 月 September	10 月 October	11 月 November	12 月 December
新建商品住宅销售价格指数	Sales Price Indices of New Commercial Houses	108.2	109.0	110.0	110.6	111.1	111.6
90 平方米及以下	below 90m^2	108.8	109.6	110.6	111.6	112.6	113.8
90–144 平方米	90–144m^2	107.8	108.3	109.4	109.8	110.2	110.1
144 平方米以上	over 144m^2	108.0	109.1	109.8	110.4	110.2	110.4
二手住宅销售价格指数	Sales Price Indices of Second-hand Houses	107.2	108.2	108.5	108.7	108.9	109.2
90 平方米及以下	below 90m^2	106.7	107.6	108.0	108.8	109.0	109.4
90–144 平方米	90–144m^2	108.0	108.9	109.2	108.9	109.0	109.3
144 平方米以上	over 144m^2	106.7	107.8	108.1	108.1	108.2	108.3

4-26 住宅销售价格分月指数（2019 年）
Sales Price Indices of Houses by Month （2019）

上年同期 =100（same period last year=100）

项目名称	Item	1 月 January	2 月 February	3 月 March	4 月 April	5 月 May	6 月 June
新建商品住宅销售价格指数	Sales Price Indices of New Commercial Houses	111.8	112.2	112.1	112.2	113.3	112.1
90 平方米及以下	below 90m^2	114.1	114.2	114.3	114.4	115.3	114.6
90–144 平方米	90–144m^2	110.2	110.5	110.3	110.8	112.2	110.6
144 平方米以上	over 144m^2	111.1	112.0	111.8	111.1	111.8	110.4
二手住宅销售价格指数	Sales Price Indices of Second–hand Houses	109.5	109.7	109.4	109.3	108.6	107.8
90 平方米及以下	below 90m^2	109.2	109.6	109.5	109.7	108.8	108.0
90–144 平方米	90–144m^2	109.9	109.9	109.6	108.9	107.9	107.1
144 平方米以上	over 144m^2	109.0	109.4	108.9	109.5	109.7	109.4

4-26 住宅销售价格分月指数（2019 年）
Sales Price Indices of Houses by Month （2019）

续表（continued）

上年同期 =100（same period last year=100）

项目名称	Item	7 月 July	8 月 August	9 月 September	10 月 October	11 月 November	12 月 December
新建商品住宅销售价格指数	Sales Price Indices of New Commercial Houses	111.7	110.3	109.7	109.0	108.4	108.1
90 平方米及以下	below 90m^2	114.4	113.4	112.4	111.3	110.1	109.8
90–144 平方米	90–144m^2	110.2	108.8	108.0	107.5	107.2	107.1
144 平方米以上	over 144m^2	109.9	107.7	107.9	108.0	107.8	106.8
二手住宅销售价格指数	Sales Price Indices of Second–hand Houses	106.8	104.6	103.1	102.4	102.5	101.7
90 平方米及以下	below 90m^2	107.3	105.3	103.8	102.7	102.6	101.6
90–144 平方米	90–144m^2	105.9	103.9	102.6	102.2	102.4	101.6
144 平方米以上	over 144m^2	107.8	104.3	102.7	102.1	102.9	102.1

4-26 住宅销售价格分月指数（2020 年）
Sales Price Indices of Houses by Month （2020）

上年同期 =100（same period last year=100）

项目名称	Item	1 月 January	2 月 February	3 月 March	4 月 April	5 月 May	6 月 June
新建商品住宅销售价格指数	**Sales Price Indices of New Commercial Houses**	**107.5**	**106.5**	**106.2**	**106.0**	**105.0**	**105.2**
90 平方米及以下	below 90m^2	109.4	108.5	107.7	107.1	106.3	106.1
90-144 平方米	90-144m^2	106.5	105.7	105.7	105.4	104.2	105.0
144 平方米以上	over 144m^2	106.2	104.6	104.5	105.1	104.1	103.9
二手住宅销售价格指数	**Sales Price Indices of Second-hand Houses**	**100.9**	**100.1**	**99.3**	**98.4**	**98.1**	**97.7**
90 平方米及以下	below 90m^2	101.3	100.4	98.9	97.8	97.5	97.6
90-144 平方米	90-144m^2	100.4	99.7	99.8	98.9	98.9	98.0
144 平方米以上	over 144m^2	101.1	100.4	99.2	98.5	97.3	97.3

4-26 住宅销售价格分月指数（2020 年）
Sales Price Indices of Houses by Month （2020）

续表（continued）

上年同期 =100（same period last year=100）

项目名称	Item	7 月 July	8 月 August	9 月 September	10 月 October	11 月 November	12 月 December
新建商品住宅销售价格指数	**Sales Price Indices of New Commercial Houses**	**104.6**	**105.3**	**105.3**	**105.4**	**104.7**	**104.6**
90 平方米及以下	below 90m^2	105.7	106.3	106.5	106.5	106.1	105.1
90-144 平方米	90-144m^2	104.3	105.1	105.3	105.5	104.5	104.3
144 平方米以上	over 144m^2	103.4	104.0	103.5	103.3	102.8	104.1
二手住宅销售价格指数	**Sales Price Indices of Second-hand Houses**	**97.7**	**98.6**	**99.5**	**99.4**	**99.3**	**99.4**
90 平方米及以下	below 90m^2	97.3	97.9	98.3	98.7	98.7	98.8
90-144 平方米	90-144m^2	98.0	98.8	100.2	99.9	99.9	99.9
144 平方米以上	over 144m^2	97.9	99.9	101.4	100.4	99.3	99.8

4-26 住宅销售价格分月指数（2021 年）
Sales Price Indices of Houses by Month （2021）

上年同期 =100（same period last year=100）

项目名称	Item	1 月 January	2 月 February	3 月 March	4 月 April	5 月 May	6 月 June
新建商品住宅销售价格指数	Sales Price Indices of New Commercial Houses	104.9	105.7	106.2	106.7	108.0	108.0
90 平方米及以下	below 90m^2	106.2	106.6	107.5	108.0	108.7	109.2
90–144 平方米	90–144m^2	104.8	105.8	106.3	107.1	108.3	108.2
144 平方米以上	over 144m^2	104.5	104.6	105.2	105.1	106.7	106.7
二手住宅销售价格指数	Sales Price Indices of Second-hand Houses	100.1	100.7	102.3	103.7	104.8	105.5
90 平方米及以下	below 90m^2	99.4	100.3	101.9	103.6	105.1	105.9
90–144 平方米	90–144m^2	100.6	101.2	102.4	104.0	104.6	105.4
144 平方米以上	over 144m^2	100.9	101.1	103.0	103.4	104.6	104.3

4-26 住宅销售价格分月指数（2021 年）
Sales Price Indices of Houses by Month （2021）

续表（continued）

上年同期 =100（same period last year=100）

项目名称	Item	7 月 July	8 月 August	9 月 September	10 月 October	11 月 November	12 月 December
新建商品住宅销售价格指数	Sales Price Indices of New Commercial Houses	108.3	108.8	108.3	108.0	108.0	107.9
90 平方米及以下	below 90m^2	109.2	109.2	107.8	107.8	107.5	107.5
90–144 平方米	90–144m^2	108.5	108.8	108.6	108.2	108.4	108.5
144 平方米以上	over 144m^2	107.1	108.6	107.8	107.7	107.1	106.8
二手住宅销售价格指数	Sales Price Indices of Second-hand Houses	105.6	105.0	104.9	105.0	104.7	104.4
90 平方米及以下	below 90m^2	106.0	105.1	105.5	105.0	104.7	104.8
90–144 平方米	90–144m^2	105.6	105.3	104.7	104.4	104.2	103.5
144 平方米以上	over 144m^2	104.0	104.1	103.6	106.3	106.2	105.2

4-27 70个大中城市新建商品住宅销售价格指数（2019年）
Sales Price Indices of New Commercial Houses in 70 Medium and Large-sized Cities （2019）

上年同期=100（same period last year=100）

地　　区	Region	1月 January	2月 February	3月 March	4月 April	5月 May	6月 June	7月 July	8月 August	9月 September	10月 October	11月 November	12月 December
北　京	Beijing	102.8	102.9	103.2	103.5	103.9	103.9	104.3	104.8	104.7	104.3	105.4	104.8
天　津	Tianjin	101.1	101.4	101.8	102.4	102.1	102.2	101.9	101.8	101.7	101.3	101.6	101.4
石家庄	Shijiazhuang	115.5	116.6	117.3	117.6	117.5	118.3	116.0	116.6	116.3	113.1	111.5	109.5
太　原	Taiyuan	111.7	112.6	112.4	111.6	111.2	111.2	110.0	108.9	108.3	107.7	106.4	104.6
呼和浩特	Hohhot	122.6	123.0	122.8	122.3	121.4	122.2	120.3	119.5	117.8	118.7	117.1	115.9
沈　阳	Shenyang	112.2	112.3	112.7	112.5	111.7	111.3	110.5	110.1	109.7	109.4	109.3	109.3
大　连	Dalian	112.5	113.3	113.7	113.2	112.9	112.2	112.2	111.7	110.7	110.2	108.9	108.2
长　春	Changchun	111.9	112.7	111.8	111.4	110.6	110.2	109.4	109.5	110.3	110.7	109.8	109.4
哈尔滨	Harbin	115.3	115.2	115.2	114.6	114.0	113.7	111.7	111.6	111.2	110.5	110.2	110.1
上　海	Shanghai	100.9	101.5	101.2	101.5	101.7	102.0	101.9	102.2	102.7	103.0	102.8	102.3
南　京	Nanjing	101.7	101.8	102.3	103.0	104.0	104.3	105.7	105.4	105.8	105.7	104.0	104.1
杭　州	Hangzhou	106.0	106.6	106.6	107.7	108.5	109.1	108.8	108.2	108.2	106.7	105.8	105.0
宁　波	Ningbo	106.2	106.7	107.6	107.1	107.8	108.4	108.2	107.2	107.5	107.8	107.8	108.3
合　肥	Hefei	104.8	106.0	106.7	107.4	107.4	107.7	107.8	106.9	105.7	104.8	104.1	103.9
福　州	Fuzhou	108.7	108.9	109.8	110.6	112.9	110.8	109.9	108.1	107.4	106.6	104.7	104.2
厦　门	Xiamen	99.7	100.0	100.7	101.1	100.4	101.2	102.6	103.6	103.3	102.7	102.9	103.9
南　昌	Nanchang	109.9	110.3	110.3	110.9	110.7	109.2	107.8	106.6	106.4	105.9	103.9	103.5
济　南	Jinan	115.7	116.4	117.2	118.2	118.3	114.5	111.6	108.2	106.4	104.6	102.1	100.5
青　岛	Qingdao	113.9	114.2	114.3	114.7	113.2	110.8	109.3	108.1	107.8	107.0	105.1	104.2
郑　州	Zhengzhou	110.0	109.9	110.5	110.4	108.9	107.5	106.4	105.1	104.8	103.8	102.4	101.7
武　汉	Wuhan	111.2	112.5	113.4	114.8	114.8	114.6	114.6	114.3	114.9	113.2	112.2	111.8
长　沙	Changsha	111.3	111.3	111.0	110.9	110.2	108.8	106.1	104.3	103.8	103.8	103.9	104.5
广　州	Guangzhou	109.7	111.3	111.9	113.3	112.2	110.5	110.2	109.4	109.0	108.7	108.1	104.7
深　圳	Shenzhen	99.9	100.5	100.3	100.7	101.2	101.3	100.9	100.6	102.0	102.9	103.3	103.6
南　宁	Nanning	110.0	110.4	110.8	111.5	111.6	110.1	109.7	110.3	112.2	114.1	113.9	112.7
海　口	Haikou	120.7	118.8	116.9	115.7	114.7	111.6	110.1	109.1	109.4	109.8	109.2	108.0
重　庆	Chongqing	111.8	112.2	112.1	112.2	113.3	112.1	111.7	110.3	109.7	109.0	108.4	108.1
成　都	Chendu	113.4	114.2	114.7	115.4	113.4	113.0	113.3	112.8	112.8	112.5	111.5	110.6
贵　阳	Guiyang	119.4	120.5	120.6	120.1	120.5	120.1	119.4	117.7	115.0	110.2	107.5	106.5
昆　明	Kunming	115.7	116.2	116.2	116.8	116.5	115.7	113.5	113.2	112.3	112.5	112.4	111.1
西　安	Xi'an	123.5	124.2	124.4	123.8	124.4	125.2	125.3	122.3	116.0	115.6	114.7	114.2
兰　州	Lanzhou	111.2	110.9	110.6	110.2	110.1	109.1	109.0	107.7	106.7	105.2	105.5	104.9
西　宁	Xining	111.8	113.5	114.6	115.3	115.7	113.3	114.0	113.2	112.3	114.3	114.2	113.8
银　川	Yinchuan	109.3	109.5	109.4	109.4	109.6	109.1	108.5	108.6	109.5	110.1	111.9	112.3
乌鲁木齐	Urumqi	109.7	108.9	108.4	107.9	106.5	106.5	106.4	104.5	104.2	103.7	101.8	101.5

4-27 70个大中城市新建商品住宅销售价格指数（2019年）
Sales Price Indices of New Commercial Houses in 70 Medium and Large-sized Cities （2019）

续表（continued） 上年同期=100（same period last year=100）

地 区	Region	1月 January	2月 February	3月 March	4月 April	5月 May	6月 June	7月 July	8月 August	9月 September	10月 October	11月 November	12月 December
唐 山	Tangshan	112.9	113.2	113.3	113.2	113.8	113.9	112.7	111.7	110.8	111.3	111.9	112.9
秦皇岛	Qinhuangdao	118.4	118.7	118.8	120.1	120.3	120.3	120.0	117.6	115.5	114.1	113.6	112.2
包 头	Baotou	111.0	111.1	111.3	111.5	111.2	109.9	108.0	106.6	106.6	105.8	105.5	106.3
丹 东	Danton	117.5	118.4	120.2	118.5	113.0	109.2	109.1	109.3	109.3	109.7	109.2	107.7
锦 州	Jinzhou	114.0	112.8	113.5	113.3	113.7	113.4	113.0	112.1	110.7	110.2	110.1	108.9
吉 林	Jilin	114.1	114.3	114.7	114.7	115.0	114.0	113.0	111.6	111.5	110.8	110.2	110.2
牡丹江	Mudanjiang	113.1	113.5	113.2	112.8	113.9	111.8	111.1	110.3	108.5	107.2	106.7	106.0
无 锡	Wuxi	106.1	106.1	107.3	107.7	109.3	110.4	109.7	106.9	108.0	108.3	107.9	108.7
扬 州	Yangzhou	113.4	113.3	113.7	113.3	113.3	113.6	111.7	112.2	112.0	111.3	110.2	111.1
徐 州	Xuzhou	118.0	118.2	117.8	117.8	117.7	118.2	116.9	114.1	114.1	112.7	111.4	111.6
温 州	Wenzhou	101.5	101.8	102.8	102.9	103.5	103.0	102.9	102.6	102.9	103.8	104.5	104.2
金 华	Jinhua	105.2	105.6	105.7	105.3	106.2	106.4	106.6	106.3	106.6	106.6	107.7	108.4
蚌 埠	Bengbu	107.9	107.6	108.2	108.8	109.3	110.2	108.6	106.8	105.3	104.8	103.6	102.7
安 庆	Anqing	109.0	108.9	110.0	110.4	111.2	110.3	109.7	107.7	106.7	104.7	103.7	102.9
泉 州	Quanzhou	101.6	101.1	101.1	101.4	101.6	101.3	101.9	101.5	101.7	102.5	102.3	103.0
九 江	Jiujiang	110.0	110.0	110.1	110.7	110.5	110.7	110.1	109.3	109.3	109.6	108.3	108.1
赣 州	Ganzhou	107.7	107.8	107.2	106.9	106.7	106.0	106.3	104.3	104.0	103.8	103.5	103.0
烟 台	Yantai	113.3	113.5	113.7	113.1	113.2	113.4	111.4	110.9	111.5	111.0	110.8	110.0
济 宁	Jining	113.2	114.1	114.3	114.4	114.7	114.5	113.4	112.8	113.4	112.1	110.8	109.8
洛 阳	Luoyang	112.1	112.7	112.4	112.7	114.1	116.7	116.1	115.9	116.2	116.4	114.7	114.0
平顶山	Pingdingshan	107.6	108.2	109.5	108.8	108.5	109.9	110.8	110.4	109.0	109.3	108.7	108.5
宜 昌	Yichang	112.8	113.0	112.7	112.9	112.5	110.6	107.8	106.0	104.4	103.7	102.7	101.3
襄 樊	Xiangfan	113.7	114.7	115.1	115.2	115.8	115.7	114.0	112.2	112.6	111.2	110.8	110.2
岳 阳	Yueyang	108.0	107.2	106.6	106.5	105.4	104.9	104.0	101.6	99.9	98.8	98.2	97.8
常 德	Changde	110.7	110.8	112.4	112.9	112.4	112.3	112.3	110.1	108.3	106.5	105.2	104.0
惠 州	Huizhou	103.5	102.9	103.0	103.0	103.2	103.2	103.2	103.1	103.0	103.0	103.2	103.9
湛 江	Zhanjiang	107.4	108.0	108.2	108.4	108.8	109.0	108.4	106.9	106.0	105.1	104.3	104.3
韶 关	Shaoguan	106.3	105.9	105.0	104.4	105.1	104.8	105.2	102.8	102.1	101.5	100.5	100.2
桂 林	Guilin	109.5	110.1	110.0	109.2	109.5	110.0	110.6	110.3	110.3	109.7	107.6	107.4
北 海	Beihai	112.5	112.8	113.2	113.6	113.4	112.8	113.1	110.8	109.9	108.9	107.8	107.6
三 亚	Sanya	114.6	113.6	113.1	112.0	109.8	107.2	103.8	104.3	104.3	104.8	104.8	105.4
泸 州	Luzhou	111.9	111.9	111.8	111.6	110.9	109.2	108.7	106.2	103.3	100.6	99.7	99.1
南 充	Nanchong	113.8	112.3	112.8	112.7	112.0	110.9	109.7	107.0	105.6	103.7	103.2	102.6
遵 义	Zunyi	113.1	113.7	113.3	113.1	112.8	112.2	111.1	110.0	109.3	107.1	104.7	104.5
大 理	Dali	120.3	121.4	121.9	121.0	122.2	122.9	122.7	121.5	120.6	118.9	116.7	115.4

4-27 70个大中城市新建商品住宅销售价格指数（2020年）
Sales Price Indices of New Commercial Houses in 70 Medium and Large-sized Cities （2020）

上年同期=100（same period last year=100）

地　区	Region	1月 January	2月 February	3月 March	4月 April	5月 May	6月 June	7月 July	8月 August	9月 September	10月 October	11月 November	12月 December
北　京	Beijing	104.1	104.4	104.1	103.3	103.1	103.6	103.3	103.4	103.8	104.2	102.4	102.3
天　津	Tianjin	101.3	100.5	100.1	99.6	99.7	100.0	100.7	100.9	100.8	100.8	101.1	101.1
石家庄	Shijiazhuang	108.8	107.6	106.5	106.7	105.6	104.6	104.9	103.6	103.3	103.1	103.6	102.8
太　原	Taiyuan	102.9	102.1	101.7	101.3	101.4	101.4	101.2	100.1	99.3	99.0	98.5	99.0
呼和浩特	Hohhot	114.8	113.9	113.7	113.7	113.8	112.0	111.8	109.9	109.0	107.0	105.9	105.1
沈　阳	Shenyang	109.2	109.2	108.7	108.8	108.8	108.7	109.0	109.2	108.2	106.8	106.0	105.0
大　连	Dalian	108.4	106.9	106.1	105.9	105.3	105.0	104.5	104.2	105.0	105.1	104.9	104.8
长　春	Changchun	108.6	107.8	108.0	107.9	107.8	107.2	107.3	107.0	106.3	104.8	103.4	102.3
哈尔滨	Harbin	109.4	108.8	108.1	108.2	107.5	106.5	106.0	105.3	104.1	102.8	101.9	100.8
上　海	Shanghai	102.7	102.3	102.4	102.7	103.5	103.7	104.2	104.5	104.5	104.4	104.1	104.2
南　京	Nanjing	103.3	103.2	103.3	104.5	105.0	106.1	104.9	105.1	104.3	104.5	104.8	104.9
杭　州	Hangzhou	105.0	104.4	105.4	105.2	105.1	105.2	104.9	105.3	105.1	105.2	105.1	104.5
宁　波	Ningbo	108.2	107.4	106.5	105.8	106.1	106.0	105.7	105.4	105.1	104.9	104.9	104.4
合　肥	Hefei	103.7	102.9	102.3	101.3	101.1	101.4	101.1	100.6	101.4	102.2	103.1	103.6
福　州	Fuzhou	103.5	104.0	104.0	103.8	103.4	103.7	103.6	103.3	103.2	103.1	103.5	104.4
厦　门	Xiamen	104.4	104.2	103.5	102.8	103.0	103.1	102.4	101.9	102.8	103.7	104.4	104.5
南　昌	Nanchang	103.3	103.3	102.3	102.1	101.9	102.0	101.7	101.0	100.5	100.2	100.4	100.8
济　南	Jinan	99.7	99.0	97.8	96.8	96.9	96.9	96.8	96.7	97.1	97.9	98.3	99.0
青　岛	Qingdao	103.7	103.3	102.3	102.4	101.9	102.5	102.3	102.5	102.9	102.9	102.8	102.8
郑　州	Zhengzhou	101.4	101.1	100.5	100.2	99.8	99.6	99.3	99.6	99.3	98.8	99.0	99.2
武　汉	Wuhan	111.5	110.3	109.5	108.3	107.4	107.9	107.4	106.8	106.4	105.8	105.1	104.5
长　沙	Changsha	104.6	104.7	105.0	105.3	104.8	105.4	105.7	106.3	106.5	106.4	105.8	105.0
广　州	Guangzhou	104.2	103.0	101.7	100.7	100.2	100.5	101.0	101.6	102.1	102.7	104.1	105.2
深　圳	Shenzhen	104.3	104.3	105.2	104.8	104.9	105.3	105.9	106.2	105.3	105.1	104.9	104.1
南　宁	Nanning	112.0	111.3	110.5	110.0	110.2	110.9	111.2	109.6	108.0	106.0	105.6	105.2
海　口	Haikou	106.6	106.3	105.8	105.3	103.8	102.9	102.4	103.2	103.1	102.3	102.8	102.7
重　庆	Chongqing	107.5	106.5	106.2	106.0	105.0	105.2	104.6	105.3	105.3	105.4	104.7	104.6
成　都	Chendu	110.0	110.6	110.5	110.3	110.4	110.0	109.6	109.9	109.5	108.0	107.2	106.3
贵　阳	Guiyang	104.4	103.6	102.6	101.3	100.6	100.0	99.1	99.4	99.9	100.5	101.5	102.5
昆　明	Kunming	110.5	109.5	108.6	108.4	108.3	108.3	107.5	107.3	106.1	105.4	105.0	105.6
西　安	Xi'an	112.8	111.6	111.0	110.4	108.8	107.8	107.3	108.0	108.0	107.6	107.1	106.9
兰　州	Lanzhou	104.7	104.5	104.1	104.6	104.4	104.7	104.5	105.3	105.6	105.8	105.3	105.2
西　宁	Xining	114.7	112.7	113.2	113.4	113.9	114.4	113.2	113.4	112.7	110.3	109.5	109.1
银　川	Yinchuan	112.8	112.0	112.5	113.0	114.7	115.7	117.6	117.6	116.8	116.6	115.0	114.2
乌鲁木齐	Urumqi	101.1	100.3	99.9	100.2	100.6	100.8	101.3	101.7	101.7	102.5	103.7	103.1

4-27 70 个大中城市新建商品住宅销售价格指数（2020 年）
Sales Price Indices of New Commercial Houses in 70 Medium and Large-sized Cities （2020）

续表（continued）　　　　上年同期 =100（same period last year=100）

地　区	Region	1 月 January	2 月 February	3 月 March	4 月 April	5 月 May	6 月 June	7 月 July	8 月 August	9 月 September	10 月 October	11 月 November	12 月 December
唐　山	Tangshan	113.6	113.2	113.2	114.7	115.0	115.3	116.1	115.4	115.4	113.4	111.7	111.2
秦皇岛	Qinhuangdao	110.4	109.1	108.1	106.9	107.0	106.6	106.0	105.6	106.0	104.7	103.9	103.5
包　头	Baotou	105.9	105.1	104.4	103.4	103.7	103.9	104.3	104.0	103.8	103.4	103.2	102.6
丹　东	Danton	107.9	107.8	106.2	106.2	106.0	106.0	106.7	106.9	106.7	106.3	106.5	106.6
锦　州	Jinzhou	108.5	108.9	107.5	107.9	108.2	108.7	109.7	111.5	110.6	109.7	108.5	107.5
吉　林	Jilin	109.2	109.0	108.8	108.9	108.3	108.4	108.0	107.7	107.5	106.3	105.1	104.1
牡丹江	Mudanjiang	105.1	104.9	104.5	103.5	102.3	102.1	100.8	101.0	101.3	100.3	100.0	99.0
无　锡	Wuxi	109.0	109.5	109.0	109.5	109.1	109.0	109.6	110.0	108.7	107.8	107.1	106.3
扬　州	Yangzhou	110.5	110.1	109.5	109.5	109.5	109.3	109.1	108.3	107.5	107.7	107.1	106.6
徐　州	Xuzhou	111.5	111.1	111.3	111.6	111.1	111.2	111.6	111.6	111.9	111.9	111.4	110.0
温　州	Wenzhou	104.5	103.9	102.4	103.3	103.4	104.5	105.1	106.1	105.6	105.0	104.4	104.3
金　华	Jinhua	107.9	107.5	107.1	106.6	105.9	106.3	105.4	105.7	105.7	105.5	104.9	105.0
蚌　埠	Bengbu	103.4	103.7	103.8	103.7	103.6	104.1	103.8	104.3	104.3	104.5	104.8	105.3
安　庆	Anqing	102.1	101.7	100.0	99.5	98.8	98.0	97.7	96.9	96.5	96.8	97.5	98.0
泉　州	Quanzhou	103.5	103.5	103.7	103.6	104.5	105.2	105.2	105.6	106.1	105.5	105.6	105.5
九　江	Jiujiang	108.6	108.6	107.7	107.6	107.5	107.5	107.3	106.3	106.1	105.2	104.7	104.1
赣　州	Ganzhou	102.7	103.0	103.2	104.0	104.0	104.7	104.5	105.0	104.3	104.2	104.4	104.2
烟　台	Yantai	109.7	109.9	109.6	109.2	108.7	108.1	107.5	107.7	107.1	106.7	106.3	105.5
济　宁	Jining	109.3	107.9	107.8	107.7	107.3	106.8	107.4	107.4	107.2	107.2	107.9	108.3
洛　阳	Luoyang	112.4	111.9	111.5	110.7	109.0	106.6	106.9	106.6	104.8	103.1	102.5	102.1
平顶山	Pingdingshan	108.6	107.4	106.2	105.6	105.5	105.2	103.9	103.9	104.3	103.7	103.8	103.4
宜　昌	Yichang	100.1	99.3	98.4	98.2	98.2	98.9	99.3	99.9	100.3	101.3	102.1	102.5
襄　樊	Xiangfan	110.0	109.2	108.7	107.8	107.1	106.9	107.0	106.4	105.9	105.1	104.8	104.0
岳　阳	Yueyang	97.9	97.9	97.7	98.0	98.6	99.0	99.1	99.7	100.5	100.2	100.4	101.0
常　德	Changde	103.4	103.7	101.8	100.7	100.7	100.0	100.3	99.5	99.4	98.4	98.4	98.6
惠　州	Huizhou	105.0	105.2	104.9	105.1	105.7	106.8	107.3	108.7	109.2	109.0	108.1	107.6
湛　江	Zhanjiang	104.1	103.1	101.9	101.5	100.7	100.2	100.1	100.1	100.7	100.5	101.4	100.5
韶　关	Shaoguan	99.5	99.1	99.2	99.3	98.0	97.8	97.1	98.4	98.4	99.0	99.4	99.6
桂　林	Guilin	106.7	105.7	104.9	105.5	105.1	104.2	103.1	101.7	101.4	101.5	100.9	100.9
北　海	Beihai	107.7	107.2	106.0	104.7	103.5	102.2	101.2	99.5	99.1	98.2	97.9	97.0
三　亚	Sanya	106.7	106.6	105.8	105.6	104.6	104.1	104.6	105.0	105.5	105.9	105.9	105.7
泸　州	Luzhou	97.9	96.8	96.4	96.2	96.5	97.2	97.4	98.3	98.7	99.4	99.6	99.8
南　充	Nanchong	102.0	101.1	100.5	100.7	101.3	100.3	100.2	99.6	99.2	98.9	98.7	99.1
遵　义	Zunyi	104.2	102.5	102.2	101.6	101.1	100.9	100.5	100.3	99.7	99.8	100.6	100.1
大　理	Dali	114.1	112.1	110.9	110.3	108.2	106.0	104.9	104.7	104.2	103.5	102.5	101.7

4-27 70个大中城市新建商品住宅销售价格指数（2021年）
Sales Price Indices of New Commercial Houses in 70 Medium and Large-sized Cities （2021）

上年同期 =100（same period last year=100）

地　区	Region	1月 January	2月 February	3月 March	4月 April	5月 May	6月 June	7月 July	8月 August	9月 September	10月 October	11月 November	12月 December
北　京	Beijing	102.9	103.4	103.6	104.5	104.3	104.9	105.4	104.9	104.5	104.9	105.4	105.1
天　津	Tianjin	101.5	102.3	103.2	103.6	103.9	104.2	104.3	104.3	104.1	104.0	103.0	102.4
石家庄	Shijiazhuang	102.9	102.7	103.0	102.8	103.1	102.9	102.8	102.4	102.1	100.8	99.2	98.5
太　原	Taiyuan	99.2	99.2	98.9	98.9	98.7	97.9	98.0	98.0	97.8	97.9	97.7	97.1
呼和浩特	Hohhot	104.7	104.5	104.1	103.6	103.1	103.1	102.3	102.1	101.2	100.1	99.3	99.1
沈　阳	Shenyang	105.8	105.1	105.1	104.9	104.7	104.5	104.2	103.4	103.3	103.1	102.8	102.7
大　连	Dalian	104.7	104.5	105.2	105.4	105.8	106.0	106.1	106.5	106.1	105.5	105.3	104.7
长　春	Changchun	102.7	102.6	102.1	101.8	101.7	101.2	100.9	100.6	100.7	100.9	100.9	101.0
哈尔滨	Harbin	99.9	100.3	100.3	99.6	99.9	99.8	99.9	99.4	99.3	98.7	98.3	98.2
上　海	Shanghai	104.4	105.0	105.3	104.9	104.5	104.6	104.5	104.3	104.0	103.8	104.0	104.2
南　京	Nanjing	105.0	105.7	106.3	105.1	104.6	104.4	104.6	104.8	105.0	104.5	103.9	104.1
杭　州	Hangzhou	104.2	104.5	103.5	103.3	103.2	102.6	102.8	103.0	103.4	103.9	104.7	105.5
宁　波	Ningbo	104.3	104.9	105.4	105.9	105.0	104.8	104.7	104.2	103.9	103.7	103.5	103.3
合　肥	Hefei	104.3	105.0	105.6	106.8	107.1	106.4	106.1	106.0	105.7	104.9	104.0	103.5
福　州	Fuzhou	105.4	105.1	105.7	105.7	105.8	105.8	105.7	105.7	105.4	105.1	104.2	103.4
厦　门	Xiamen	104.7	105.1	105.5	105.6	106.1	105.8	105.5	105.6	105.3	105.4	104.3	103.9
南　昌	Nanchang	100.8	100.9	101.6	101.6	101.2	100.9	101.0	101.3	101.1	101.2	101.2	100.6
济　南	Jinan	99.6	100.2	101.1	101.9	102.4	103.6	104.2	105.2	105.5	105.2	105.0	105.1
青　岛	Qingdao	102.9	103.4	104.4	104.6	105.1	105.1	105.4	105.4	104.9	105.0	104.7	104.4
郑　州	Zhengzhou	99.4	100.3	101.2	101.8	102.7	103.2	103.7	103.1	102.8	102.6	102.4	101.9
武　汉	Wuhan	104.6	105.0	105.5	106.7	107.3	106.7	106.5	106.4	106.0	105.3	104.3	103.7
长　沙	Changsha	104.9	105.6	105.9	106.3	106.7	106.7	107.1	106.8	106.9	107.1	107.5	107.5
广　州	Guangzhou	105.9	106.9	108.6	109.9	111.2	111.6	110.9	109.8	109.0	107.9	106.3	105.0
深　圳	Shenzhen	103.7	103.8	103.4	103.9	103.7	103.5	103.3	103.9	103.8	103.4	103.4	103.3
南　宁	Nanning	105.0	105.5	106.1	106.0	105.9	105.4	104.9	103.7	102.7	102.1	102.1	101.7
海　口	Haikou	103.2	103.8	104.1	104.6	105.4	105.8	106.5	105.8	105.6	105.4	104.5	104.0
重　庆	Chongqing	104.9	105.7	106.2	106.7	108.0	108.0	108.3	108.8	108.3	108.0	108.0	107.9
成　都	Chendu	106.9	106.5	106.5	106.6	106.2	105.7	104.8	104.2	103.6	102.8	102.6	102.4
贵　阳	Guiyang	103.4	103.2	103.7	105.0	105.2	104.7	104.9	104.2	103.7	102.9	101.1	100.2
昆　明	Kunming	105.6	106.5	107.5	107.5	106.8	104.7	103.8	102.4	101.5	100.0	99.8	99.4
西　安	Xi'an	106.5	107.4	107.8	108.0	108.0	108.2	108.1	107.7	107.5	107.4	107.4	106.3
兰　州	Lanzhou	104.9	105.6	106.6	106.7	106.6	106.7	106.7	105.9	105.1	104.5	103.5	102.6
西　宁	Xining	109.0	109.1	108.2	108.0	107.9	107.8	108.6	108.0	107.6	106.6	105.5	103.7
银　川	Yinchuan	113.9	114.9	114.1	113.7	112.4	111.2	110.0	108.5	108.0	107.9	107.7	106.7
乌鲁木齐	Urumqi	103.4	104.6	105.1	104.5	104.7	103.7	103.5	104.3	104.2	103.3	102.6	102.8

4–27 70 个大中城市新建商品住宅销售价格指数（2021 年）
Sales Price Indices of New Commercial Houses in 70 Medium and Large–sized Cities （2021）

续表（continued）　　　　上年同期 =100（same period last year=100）

地　区	Region	1 月 January	2 月 February	3 月 March	4 月 April	5 月 May	6 月 June	7 月 July	8 月 August	9 月 September	10 月 October	11 月 November	12 月 December
唐　山	Tangshan	109.8	109.2	108.3	106.9	105.9	104.7	103.1	101.2	99.8	99.1	98.6	98.3
秦皇岛	Qinhuangdao	103.1	103.3	103.3	102.5	101.7	100.6	100.3	99.2	98.2	97.8	97.3	96.3
包　头	Baotou	102.6	102.5	102.9	103.4	103.3	103.3	103.0	102.3	101.6	101.2	101.0	100.2
丹　东	Danton	106.2	106.3	105.9	105.6	105.5	105.8	105.1	104.6	103.9	103.7	102.7	101.7
锦　州	Jinzhou	106.4	106.9	106.7	106.0	105.7	105.6	104.8	103.7	104.4	104.6	103.7	103.2
吉　林	Jilin	103.0	103.4	103.2	103.2	103.4	103.4	103.5	102.9	101.8	101.8	101.7	102.2
牡丹江	Mudanjiang	98.0	97.6	97.6	98.7	99.3	99.6	99.9	99.4	98.7	98.7	98.5	98.5
无　锡	Wuxi	105.6	105.6	105.8	105.9	105.7	105.9	105.4	104.5	104.7	104.6	104.4	104.2
扬　州	Yangzhou	110.0	110.3	110.1	109.9	109.7	109.2	107.9	107.2	105.5	104.5	104.3	103.9
徐　州	Xuzhou	107.0	107.7	108.0	108.5	108.8	109.3	109.0	108.1	107.3	106.0	105.1	104.2
温　州	Wenzhou	104.3	104.9	105.5	105.2	105.2	104.6	104.4	103.2	103.7	103.4	103.7	104.0
金　华	Jinhua	105.9	106.3	107.0	106.9	106.6	106.3	106.1	105.3	105.2	105.2	104.8	104.1
蚌　埠	Bengbu	105.6	105.8	105.5	104.8	104.0	103.5	103.6	103.4	102.8	102.2	101.7	101.3
安　庆	Anqing	98.6	98.5	98.8	98.8	98.7	99.1	99.2	100.0	100.2	99.6	99.1	98.7
泉　州	Quanzhou	106.0	107.1	107.4	108.0	107.7	107.2	107.2	106.6	106.1	105.7	105.0	103.7
九　江	Jiujiang	103.2	103.6	104.3	104.0	103.8	103.3	103.4	103.8	103.1	102.6	102.5	101.8
赣　州	Ganzhou	104.8	105.1	105.5	105.2	105.3	105.2	104.3	103.7	103.5	102.9	102.3	102.5
烟　台	Yantai	105.0	104.6	104.8	105.1	105.2	104.9	105.0	103.6	102.8	101.8	101.3	100.9
济　宁	Jining	108.8	109.4	109.9	110.0	110.4	110.6	110.2	109.0	108.4	107.6	105.9	104.9
洛　阳	Luoyang	102.3	102.2	102.4	102.9	103.5	103.8	103.6	103.7	103.7	103.9	103.5	102.8
平顶山	Pingdingshan	103.3	103.6	103.8	104.0	103.8	103.3	102.7	102.9	102.8	103.0	102.1	101.7
宜　昌	Yichang	102.9	103.3	104.1	104.6	104.9	105.0	104.8	104.7	104.2	103.2	102.6	102.2
襄　樊	Xiangfan	103.6	103.7	104.1	105.0	105.4	105.2	105.0	104.7	104.1	103.5	102.3	101.1
岳　阳	Yueyang	101.0	101.8	101.3	100.9	100.9	99.9	99.1	98.3	97.6	97.6	98.0	97.6
常　德	Changde	98.5	98.3	99.0	99.2	98.6	98.3	97.9	97.6	97.5	97.7	97.8	97.5
惠　州	Huizhou	100.0	101.2	101.8	102.3	102.9	103.5	103.0	103.1	102.6	101.2	100.9	100.5
湛　江	Zhanjiang	101.1	102.1	103.3	103.9	104.8	104.6	104.7	104.0	102.5	101.4	100.6	99.6
韶　关	Shaoguan	107.1	107.4	107.9	108.0	107.5	106.3	105.1	102.8	101.8	100.9	101.4	100.9
桂　林	Guilin	100.3	101.2	102.0	101.8	101.8	101.8	101.6	102.3	101.1	100.0	99.8	99.9
北　海	Beihai	96.3	95.8	95.6	95.5	96.3	97.1	97.7	98.4	98.4	98.8	98.5	98.4
三　亚	Sanya	104.6	104.8	106.3	106.0	106.8	107.3	106.6	105.9	105.1	105.1	105.3	105.0
泸　州	Luzhou	99.4	99.8	100.8	100.5	100.6	99.9	99.7	99.1	97.8	97.3	96.7	96.8
南　充	Nanchong	99.4	100.8	100.8	100.0	98.5	99.0	99.0	98.9	98.8	98.7	98.4	97.8
遵　义	Zunyi	100.4	101.4	101.4	101.5	102.2	102.3	102.1	101.8	101.7	101.2	100.3	100.4
大　理	Dali	100.4	100.2	100.3	100.1	99.8	99.5	98.8	98.3	97.6	96.8	95.8	95.7

4-28 70个大中城市二手住宅销售价格指数（2019年）
Sales Price Indices of Second-hand Houses in 70 Medium and Large-sized Cities （2019）

上年同期=100（same period last year=100）

地 区	Region	1月 January	2月 February	3月 March	4月 April	5月 May	6月 June	7月 July	8月 August	9月 September	10月 October	11月 November	12月 December
北 京	Beijing	98.6	99.3	99.9	100.6	100.2	100.1	99.5	99.1	98.8	98.5	98.7	99.5
天 津	Tianjin	105.6	105.5	105.4	104.5	103.5	102.1	101.9	100.5	100.5	100.1	100.4	100.0
石家庄	Shijiazhuang	105.5	105.9	106.4	106.4	105.7	105.1	103.3	102.3	101.5	101.5	101.5	101.3
太 原	Taiyuan	109.2	109.8	108.2	108.2	107.9	107.6	107.6	107.0	106.5	106.0	104.5	104.0
呼和浩特	Hohhot	119.1	120.3	120.8	122.1	123.3	123.7	121.7	119.4	117.7	116.4	112.8	110.9
沈 阳	Shenyang	108.4	109.2	109.8	110.4	110.4	109.8	109.0	109.7	109.4	109.6	110.1	110.1
大 连	Dalian	107.9	108.0	108.8	109.1	109.3	108.7	108.0	107.2	106.4	106.2	105.2	105.1
长 春	Changchun	110.0	110.0	110.6	111.0	110.5	108.9	108.9	108.5	108.7	108.0	107.4	107.3
哈尔滨	Harbin	111.0	111.0	110.4	110.5	110.5	110.2	108.9	108.6	108.9	110.3	111.4	111.6
上 海	Shanghai	97.2	97.5	98.4	99.0	99.4	99.7	100.2	100.3	101.0	101.1	101.2	101.3
南 京	Nanjing	101.4	101.8	102.2	101.6	101.9	102.2	103.2	103.7	105.1	105.3	105.3	105.5
杭 州	Hangzhou	104.5	104.0	104.0	104.1	104.5	104.1	103.2	102.4	102.1	102.4	102.9	103.0
宁 波	Ningbo	104.3	104.0	103.8	103.9	104.2	104.6	105.1	105.4	105.7	106.7	107.5	107.9
合 肥	Hefei	103.6	103.7	103.8	104.2	104.4	104.0	104.8	104.2	103.5	103.1	103.0	103.3
福 州	Fuzhou	99.5	99.9	100.6	101.2	102.4	102.4	101.4	99.9	99.9	100.9	102.1	103.7
厦 门	Xiamen	95.6	96.5	98.4	100.1	100.7	101.1	102.9	103.4	103.6	104.1	104.6	106.1
南 昌	Nanchang	110.5	111.2	111.4	111.0	110.1	108.6	106.3	104.6	104.1	103.1	101.3	101.3
济 南	Jinan	111.2	111.6	111.8	111.3	110.5	109.3	106.5	102.6	101.1	99.9	98.7	98.0
青 岛	Qingdao	111.0	110.3	108.4	106.8	105.5	104.2	101.3	98.9	97.5	96.0	94.6	94.6
郑 州	Zhengzhou	101.3	101.1	101.1	101.4	101.5	100.6	99.4	98.2	97.7	97.5	97.4	96.9
武 汉	Wuhan	108.0	107.8	108.0	107.8	105.6	104.9	103.4	102.6	101.4	100.3	99.2	98.5
长 沙	Changsha	107.7	106.7	106.6	106.2	105.8	104.6	102.1	100.5	99.9	99.3	99.0	98.8
广 州	Guangzhou	102.1	101.6	100.9	100.0	98.7	98.5	98.6	98.0	97.6	97.6	97.7	98.1
深 圳	Shenzhen	103.6	102.9	102.9	103.8	103.0	102.6	102.6	101.7	103.0	104.7	106.4	107.8
南 宁	Nanning	108.0	109.5	110.1	111.7	113.0	113.0	113.4	112.2	112.6	112.1	111.6	109.8
海 口	Haikou	111.1	110.3	108.4	108.2	106.6	104.9	101.7	99.1	98.6	99.0	98.8	98.6
重 庆	Chongqing	109.5	109.7	109.4	109.3	108.6	107.8	106.8	104.6	103.1	102.4	102.5	101.7
成 都	Chendu	106.1	106.5	106.8	106.9	106.9	106.5	105.7	103.3	102.2	101.8	101.1	100.6
贵 阳	Guiyang	112.5	112.6	112.1	111.6	111.8	110.3	108.2	105.9	102.5	100.4	99.1	97.9
昆 明	Kunming	115.1	115.4	115.3	115.0	114.1	114.0	112.0	110.9	108.9	107.8	107.8	106.3
西 安	Xi'an	114.8	114.8	114.7	113.1	112.1	111.0	110.1	107.5	104.4	102.1	100.6	100.4
兰 州	Lanzhou	109.9	109.8	110.7	110.6	111.5	111.4	111.4	110.4	109.0	108.2	107.4	107.7
西 宁	Xining	107.0	108.2	110.0	112.2	113.5	113.5	114.5	114.1	113.3	113.4	113.7	112.8
银 川	Yinchuan	105.4	105.8	106.8	106.9	107.2	107.0	106.9	107.4	106.6	107.0	107.4	107.6
乌鲁木齐	Urumqi	112.9	112.4	109.7	109.6	108.4	108.8	108.4	105.6	104.3	103.8	102.8	102.0

4-28　70 个大中城市二手住宅销售价格指数（2019 年）
Sales Price Indices of Second-hand Houses in 70 Medium and Large-sized Cities （2019）

续表（continued）　　　　上年同期 =100（same period last year=100）

地　区	Region	1 月 January	2 月 February	3 月 March	4 月 April	5 月 May	6 月 June	7 月 July	8 月 August	9 月 September	10 月 October	11 月 November	12 月 December
唐　山	Tangshan	108.3	108.3	109.3	111.0	111.7	112.0	111.3	112.1	114.0	114.2	114.7	115.2
秦皇岛	Qinhuangdao	110.9	111.1	111.6	112.5	112.7	112.9	112.5	111.4	110.5	110.4	110.0	109.8
包　头	Baotou	106.0	106.7	107.3	107.6	107.7	107.9	108.3	107.0	106.8	106.0	105.8	106.0
丹　东	Danton	107.3	108.0	108.3	107.7	107.4	107.4	107.4	107.4	107.8	108.5	109.0	109.5
锦　州	Jinzhou	107.5	107.6	107.2	107.0	106.4	105.7	106.3	106.4	105.9	105.4	104.6	102.9
吉　林	Jilin	108.6	108.8	109.7	110.1	109.8	109.2	107.8	107.1	107.4	108.4	107.4	107.9
牡丹江	Mudanjiang	105.6	106.4	106.3	106.6	106.0	105.2	104.3	102.9	101.6	100.7	100.1	100.2
无　锡	Wuxi	104.6	104.6	104.8	104.9	105.7	106.7	107.0	106.6	106.3	107.2	108.2	108.6
扬　州	Yangzhou	109.4	109.5	109.3	109.3	109.1	109.6	108.1	107.0	105.9	104.7	104.6	105.0
徐　州	Xuzhou	109.8	109.1	109.5	108.6	108.3	108.5	107.4	105.9	106.0	105.6	105.4	105.0
温　州	Wenzhou	101.0	101.4	101.5	102.1	101.9	101.9	101.6	101.8	102.5	102.7	103.7	103.5
金　华	Jinhua	104.5	103.8	103.5	103.3	102.9	103.2	102.6	101.7	101.5	101.2	101.1	101.5
蚌　埠	Bengbu	107.3	107.2	107.6	107.9	108.0	108.6	107.8	106.4	105.8	104.6	104.4	104.1
安　庆	Anqing	107.6	106.9	106.9	106.2	106.0	105.0	104.0	100.8	99.0	97.0	96.4	96.2
泉　州	Quanzhou	101.6	101.3	101.5	101.4	101.3	101.0	100.8	100.8	100.7	100.9	101.5	102.0
九　江	Jiujiang	106.8	106.8	107.1	107.6	107.8	107.7	107.3	106.2	106.5	106.8	106.3	107.0
赣　州	Ganzhou	108.5	108.4	108.7	108.9	108.6	107.7	107.2	105.8	105.3	105.0	105.3	105.6
烟　台	Yantai	111.5	111.6	112.3	112.5	112.8	112.7	111.4	109.8	108.6	107.2	106.1	104.5
济　宁	Jining	117.1	117.4	116.7	116.7	116.1	115.7	113.5	112.0	111.1	110.2	109.3	108.4
洛　阳	Luoyang	110.2	110.0	109.6	110.1	110.7	111.1	111.1	109.9	110.4	110.4	109.2	109.0
平顶山	Pingdingshan	108.6	108.8	108.8	108.6	108.5	108.9	108.2	107.2	106.6	106.7	106.8	107.3
宜　昌	Yichang	110.4	110.0	109.4	108.8	108.0	106.7	104.3	101.0	98.8	97.9	97.3	96.8
襄　樊	Xiangfan	110.0	111.0	111.8	112.1	112.5	112.8	111.4	109.3	108.1	107.9	106.5	105.4
岳　阳	Yueyang	106.4	106.1	106.0	105.6	105.6	104.8	104.6	101.6	100.0	99.0	98.4	98.5
常　德	Changde	107.9	107.8	107.9	107.3	106.7	105.6	105.3	101.9	100.3	99.5	99.2	98.5
惠　州	Huizhou	106.6	106.1	105.9	105.7	105.8	105.4	105.0	104.6	103.9	103.3	102.8	103.0
湛　江	Zhanjiang	103.6	103.4	103.4	103.1	102.6	101.8	100.8	99.5	98.6	98.3	97.8	97.4
韶　关	Shaoguan	108.2	108.2	108.4	108.2	107.6	107.1	106.9	105.9	104.0	103.3	101.4	100.9
桂　林	Guilin	106.6	106.6	107.3	107.7	108.1	107.8	107.6	107.5	106.7	106.8	105.3	104.6
北　海	Beihai	107.7	108.5	109.4	109.6	109.6	108.5	108.4	106.4	103.7	103.2	102.2	101.8
三　亚	Sanya	113.8	114.5	114.5	114.1	112.7	110.0	106.4	103.5	102.4	101.9	101.6	100.4
泸　州	Luzhou	109.8	109.7	109.3	108.5	106.8	105.7	104.2	102.6	101.2	100.3	99.5	99.9
南　充	Nanchong	109.5	108.6	107.3	106.4	105.9	105.8	104.9	102.5	101.0	100.4	99.9	100.0
遵　义	Zunyi	109.8	109.7	109.2	108.7	108.1	106.9	104.6	102.6	101.1	99.9	98.1	97.1
大　理	Dali	115.6	116.5	118.3	118.6	119.3	119.0	118.3	116.6	116.4	114.9	112.6	111.7

4-28 70个大中城市二手住宅销售价格指数（2020年）
Sales Price Indices of Second-hand Houses in 70 Medium and Large-sized Cities （2020）

上年同期=100（same period last year=100）

地 区	Region	1月 January	2月 February	3月 March	4月 April	5月 May	6月 June	7月 July	8月 August	9月 September	10月 October	11月 November	12月 December
北 京	Beijing	100.0	99.6	99.3	99.8	101.5	102.2	102.5	103.6	104.5	105.4	106.4	106.3
天 津	Tianjin	99.2	98.2	97.7	96.7	95.7	95.4	95.8	95.5	95.4	95.8	95.6	96.0
石家庄	Shijiazhuang	100.3	99.7	99.1	98.5	97.9	97.6	97.5	97.0	97.6	97.5	97.5	97.5
太 原	Taiyuan	103.3	102.4	103.8	101.9	100.4	99.1	97.7	97.7	96.6	96.5	96.7	96.9
呼和浩特	Hohhot	109.5	107.9	106.3	104.7	102.3	101.4	101.0	101.0	100.4	99.7	99.3	99.2
沈 阳	Shenyang	109.9	109.3	109.0	110.0	110.4	110.4	110.3	109.4	108.8	109.1	108.3	107.8
大 连	Dalian	105.0	104.4	103.8	104.0	103.9	104.1	104.6	104.8	105.1	105.5	105.7	106.1
长 春	Changchun	107.3	107.3	106.5	105.7	105.3	105.3	104.5	103.8	102.7	101.8	100.9	99.8
哈尔滨	Harbin	112.2	111.7	111.5	110.8	110.0	108.3	106.7	104.9	102.6	100.4	98.4	97.0
上 海	Shanghai	101.4	101.6	101.6	102.3	102.8	103.3	103.3	104.1	104.6	105.2	105.5	106.3
南 京	Nanjing	105.6	105.3	104.6	105.0	105.3	105.7	105.2	104.9	103.9	103.8	104.0	104.5
杭 州	Hangzhou	103.0	103.1	103.1	103.2	102.7	103.3	104.6	105.4	105.9	106.4	106.5	106.9
宁 波	Ningbo	108.8	108.3	108.1	108.1	108.2	108.6	108.3	107.7	107.7	107.8	107.9	108.5
合 肥	Hefei	103.1	103.1	103.1	103.0	103.3	103.2	102.5	102.6	103.0	103.5	104.4	104.7
福 州	Fuzhou	103.8	103.5	102.7	103.0	103.4	103.7	103.5	104.4	104.8	103.6	102.8	102.5
厦 门	Xiamen	105.9	105.6	104.1	103.3	103.8	104.3	103.5	103.3	103.3	104.2	104.9	104.8
南 昌	Nanchang	101.5	101.1	100.0	99.3	99.4	99.6	99.4	99.1	98.9	99.0	99.7	99.6
济 南	Jinan	97.2	96.4	95.9	96.1	96.4	96.4	96.7	97.1	96.9	97.3	97.5	97.2
青 岛	Qingdao	94.5	94.2	94.1	94.3	94.5	95.4	95.8	96.6	97.0	97.2	97.7	97.9
郑 州	Zhengzhou	96.6	97.0	96.6	96.0	95.3	95.5	95.4	95.6	95.5	95.5	95.7	96.4
武 汉	Wuhan	97.8	97.8	97.7	97.7	98.0	98.1	98.8	99.0	100.1	100.5	100.5	100.2
长 沙	Changsha	98.8	98.7	98.7	98.1	98.3	98.9	99.5	99.7	100.0	100.3	100.7	101.3
广 州	Guangzhou	98.7	98.8	99.1	99.5	100.1	101.0	102.2	103.9	104.9	105.7	106.7	107.5
深 圳	Shenzhen	108.8	108.8	109.7	110.3	112.0	114.3	114.9	115.9	115.7	115.5	114.6	114.1
南 宁	Nanning	109.0	107.7	106.8	105.5	104.4	103.9	104.1	103.7	103.2	103.6	103.7	103.7
海 口	Haikou	98.6	98.6	98.2	97.2	97.1	97.1	98.0	99.5	100.7	101.1	101.9	102.4
重 庆	Chongqing	100.9	100.1	99.3	98.4	98.1	97.7	97.7	98.6	99.5	99.4	99.3	99.4
成 都	Chendu	100.6	101.0	101.8	104.1	104.9	105.4	105.2	107.5	108.1	108.4	109.0	108.2
贵 阳	Guiyang	97.2	96.8	96.6	96.1	95.5	95.5	95.0	95.3	95.8	95.9	96.2	96.5
昆 明	Kunming	105.7	105.3	105.5	106.0	105.5	105.2	104.8	103.3	103.1	103.3	102.9	103.0
西 安	Xi'an	100.3	100.4	99.0	98.1	97.7	97.7	98.1	99.0	100.2	101.2	101.7	102.4
兰 州	Lanzhou	108.6	108.4	107.0	107.4	106.4	106.3	106.2	105.5	105.3	104.7	104.4	104.3
西 宁	Xining	112.8	111.7	110.4	109.2	109.1	109.7	109.5	109.5	108.7	108.3	107.7	107.9
银 川	Yinchuan	107.0	107.0	106.3	107.2	108.3	109.2	109.6	109.1	108.9	109.2	108.8	108.5
乌鲁木齐	Urumqi	101.5	100.3	101.4	100.9	101.0	101.3	101.9	103.0	104.0	104.1	105.0	105.8

4-28 70个大中城市二手住宅销售价格指数（2020年）
Sales Price Indices of Second-hand Houses in 70 Medium and Large-sized Cities （2020）

续表（continued） 上年同期=100（same period last year=100）

地区	Region	1月 January	2月 February	3月 March	4月 April	5月 May	6月 June	7月 July	8月 August	9月 September	10月 October	11月 November	12月 December
唐山	Tangshan	116.1	116.6	116.4	115.6	115.2	115.0	115.3	114.6	112.2	110.8	109.3	108.3
秦皇岛	Qinhuangdao	108.8	107.6	106.2	104.8	104.9	104.4	104.9	104.5	104.3	103.6	103.2	102.7
包头	Baotou	106.1	105.4	104.3	103.0	103.6	103.4	102.5	102.2	102.2	102.7	102.2	101.9
丹东	Danton	108.9	108.4	107.8	107.2	106.5	106.1	106.0	106.1	105.9	105.7	105.2	104.7
锦州	Jinzhou	102.5	102.2	102.5	101.5	101.1	101.5	100.6	101.0	100.1	100.0	99.6	99.3
吉林	Jilin	108.0	107.6	106.5	105.7	105.3	105.0	104.6	103.6	102.1	100.5	99.7	98.5
牡丹江	Mudanjiang	99.3	98.3	97.8	96.0	94.5	93.0	91.9	90.7	90.9	90.6	90.5	90.0
无锡	Wuxi	109.3	109.1	109.3	110.0	109.8	110.0	109.9	109.2	108.9	107.8	107.6	107.4
扬州	Yangzhou	105.1	104.7	104.9	104.6	104.5	103.9	103.5	103.7	104.0	104.6	104.3	104.7
徐州	Xuzhou	104.8	105.4	105.1	105.8	106.3	106.5	107.0	107.3	107.7	107.6	108.0	108.5
温州	Wenzhou	103.3	103.1	102.7	102.9	103.1	103.7	104.7	105.2	105.0	104.9	104.6	105.2
金华	Jinhua	101.4	101.2	101.3	101.0	100.6	100.5	100.7	101.6	102.6	103.0	103.7	104.5
蚌埠	Bengbu	104.5	104.4	103.9	104.0	104.1	103.8	103.1	103.0	102.8	103.5	103.8	103.9
安庆	Anqing	96.3	96.1	96.4	97.7	97.5	97.7	97.5	98.3	98.6	98.6	98.4	98.4
泉州	Quanzhou	102.3	102.2	101.6	101.7	102.3	102.6	102.4	102.6	103.5	103.7	103.9	104.5
九江	Jiujiang	107.1	107.0	106.5	105.9	105.9	106.0	105.2	104.6	103.7	102.5	102.5	101.8
赣州	Ganzhou	105.4	105.0	104.3	104.1	104.1	104.4	104.3	104.4	104.3	104.1	103.6	102.8
烟台	Yantai	103.4	102.3	101.0	100.0	98.8	97.9	96.8	96.4	96.6	97.1	97.8	98.7
济宁	Jining	108.2	107.6	107.1	106.5	105.9	106.0	105.9	105.9	105.5	105.3	105.3	105.3
洛阳	Luoyang	109.6	109.7	110.2	109.1	108.5	107.9	107.1	106.9	105.1	104.6	103.7	103.2
平顶山	Pingdingshan	106.7	106.0	106.1	105.6	105.3	105.3	105.2	105.8	105.5	105.1	104.4	103.4
宜昌	Yichang	96.3	96.1	95.5	95.4	95.3	96.1	97.1	97.9	98.6	99.0	99.2	99.2
襄樊	Xiangfan	104.6	103.7	102.7	101.5	100.8	100.1	99.2	99.1	99.0	98.6	98.7	98.7
岳阳	Yueyang	98.6	98.2	98.2	98.6	98.5	98.8	98.5	99.1	99.7	99.9	100.7	100.8
常德	Changde	98.6	98.6	97.7	97.8	97.5	97.7	97.5	97.8	97.9	98.0	98.2	98.5
惠州	Huizhou	103.4	103.5	103.1	102.6	102.8	102.9	102.8	102.9	103.6	104.1	103.7	103.6
湛江	Zhanjiang	97.6	97.3	96.4	96.0	95.9	95.9	95.8	95.8	96.8	97.0	97.4	97.9
韶关	Shaoguan	99.9	99.3	99.1	98.4	97.9	97.9	97.5	97.5	98.0	98.3	99.6	99.2
桂林	Guilin	105.1	105.3	104.4	104.1	103.9	103.6	103.6	103.0	102.7	102.1	102.5	102.5
北海	Beihai	101.7	101.0	100.0	99.0	98.0	97.8	97.0	96.5	96.9	96.5	96.5	96.5
三亚	Sanya	99.7	98.9	97.5	96.6	95.6	96.5	97.1	97.3	98.3	98.9	99.4	100.0
泸州	Luzhou	100.0	99.1	98.6	98.8	98.3	98.7	98.6	98.1	97.6	97.6	97.6	96.9
南充	Nanchong	99.7	99.0	99.5	99.2	98.5	97.4	97.0	96.4	95.6	95.4	95.0	94.6
遵义	Zunyi	96.6	95.6	95.6	95.5	95.6	96.1	96.7	97.5	98.0	98.3	98.8	99.0
大理	Dali	110.6	109.2	107.5	106.8	105.9	105.4	104.9	105.2	104.5	104.0	103.3	102.5

4-28 70个大中城市二手住宅销售价格指数（2021年）
Sales Price Indices of Second-hand Houses in 70 Medium and Large-sized Cities （2021）

上年同期=100（same period last year=100）

地 区	Region	1月 January	2月 February	3月 March	4月 April	5月 May	6月 June	7月 July	8月 August	9月 September	10月 October	11月 November	12月 December
北 京	Beijing	106.9	108.5	109.9	110.1	109.3	109.9	110.7	110.4	109.7	108.8	108.1	108.5
天 津	Tianjin	96.6	97.1	98.0	98.5	99.4	100.0	100.1	100.9	101.7	101.6	101.5	101.3
石家庄	Shijiazhuang	97.9	97.7	97.8	98.4	98.7	98.4	98.5	98.4	98.1	97.9	97.3	96.6
太 原	Taiyuan	97.1	97.4	96.0	96.3	96.9	97.9	98.6	97.8	97.9	97.9	97.3	96.2
呼和浩特	Hohhot	99.1	99.3	100.1	100.1	100.4	100.0	99.1	99.0	98.4	98.1	98.0	98.3
沈 阳	Shenyang	107.2	107.4	107.6	106.3	105.9	105.5	105.2	104.5	104.2	103.3	102.4	101.8
大 连	Dalian	106.5	107.0	107.2	106.8	106.5	106.3	106.0	105.7	105.5	105.3	104.9	104.1
长 春	Changchun	98.9	98.3	97.8	97.3	97.6	97.5	98.1	98.3	98.7	99.0	99.0	99.3
哈尔滨	Harbin	96.0	96.3	96.5	96.5	96.9	98.1	99.0	99.4	99.4	99.3	98.8	98.4
上 海	Shanghai	107.6	108.8	109.7	109.3	109.4	110.1	110.3	109.7	108.0	107.0	106.7	106.5
南 京	Nanjing	104.7	105.2	105.9	106.1	106.2	106.4	106.5	106.4	106.1	105.4	104.5	103.8
杭 州	Hangzhou	107.7	108.2	108.7	108.7	108.7	108.6	107.8	107.3	106.6	105.7	105.5	105.2
宁 波	Ningbo	108.8	110.1	110.5	110.4	109.7	109.0	108.1	107.1	105.9	104.8	104.0	103.2
合 肥	Hefei	105.0	105.8	106.3	106.3	106.1	106.3	106.1	105.6	105.0	104.3	103.5	102.5
福 州	Fuzhou	103.4	104.1	105.2	105.1	104.6	105.0	105.7	105.6	105.1	104.3	104.2	103.1
厦 门	Xiamen	105.1	105.6	105.9	105.8	104.9	104.4	104.2	104.2	104.0	103.3	102.5	101.4
南 昌	Nanchang	100.2	100.1	100.7	100.9	100.2	100.2	100.6	101.0	101.0	101.0	100.4	99.6
济 南	Jinan	97.7	98.0	98.2	98.9	99.2	100.0	100.2	100.9	101.0	101.1	101.1	101.5
青 岛	Qingdao	97.9	98.8	99.7	100.2	100.7	100.8	101.3	101.0	101.2	101.5	101.4	101.2
郑 州	Zhengzhou	97.0	97.2	98.3	99.3	100.6	101.3	101.8	101.7	102.0	101.7	101.3	100.9
武 汉	Wuhan	101.1	101.6	102.0	102.8	103.1	104.2	104.1	103.3	102.8	102.5	102.3	102.2
长 沙	Changsha	102.0	102.7	103.5	104.4	104.7	104.9	105.7	106.0	106.2	105.7	105.5	105.1
广 州	Guangzhou	108.7	109.8	111.5	112.9	113.5	113.2	112.2	110.9	109.6	108.3	106.9	105.8
深 圳	Shenzhen	115.3	116.0	114.6	112.9	110.9	108.7	107.0	105.4	103.6	102.5	101.7	100.6
南 宁	Nanning	103.2	103.3	103.1	102.6	102.5	102.4	101.5	101.0	100.5	99.8	98.8	98.1
海 口	Haikou	102.6	103.2	104.5	105.6	106.7	107.4	108.1	107.8	108.0	107.5	107.4	107.2
重 庆	Chongqing	100.1	100.7	102.3	103.7	104.8	105.5	105.6	105.0	104.9	105.0	104.7	104.4
成 都	Chendu	109.3	109.3	109.3	107.4	106.8	106.7	106.0	105.3	105.1	104.8	103.7	103.8
贵 阳	Guiyang	96.7	96.8	97.3	98.0	98.4	98.5	99.3	99.1	98.7	98.7	98.2	97.9
昆 明	Kunming	103.9	104.4	104.2	104.2	104.1	103.1	102.6	102.4	101.3	100.6	100.1	100.5
西 安	Xi'an	103.8	104.7	105.6	106.6	107.4	107.8	107.9	107.3	106.8	106.2	106.0	105.6
兰 州	Lanzhou	103.9	104.4	105.3	105.2	105.3	105.0	104.6	104.2	103.4	102.6	101.9	101.2
西 宁	Xining	108.6	108.7	108.6	108.1	107.7	106.8	106.2	105.8	105.5	104.4	103.1	102.1
银 川	Yinchuan	109.7	110.0	110.4	109.8	109.3	108.4	107.4	106.1	105.4	104.3	103.5	103.0
乌鲁木齐	Urumqi	106.1	107.2	106.3	106.0	104.8	103.5	102.8	102.4	101.1	99.9	99.3	98.5

4–28 70 个大中城市二手住宅销售价格指数（2021 年）
Sales Price Indices of Second-hand Houses in 70 Medium and Large-sized Cities （2021）

续表（continued）　　　　上年同期 =100（same period last year=100）

地区	Region	1月 January	2月 February	3月 March	4月 April	5月 May	6月 June	7月 July	8月 August	9月 September	10月 October	11月 November	12月 December
唐山	Tangshan	107.8	107.7	106.8	105.5	104.3	103.5	102.2	100.8	99.7	99.5	99.4	98.8
秦皇岛	Qinhuangdao	103.0	103.3	103.6	103.2	102.4	101.4	99.9	98.8	98.1	97.8	97.3	97.1
包头	Baotou	101.8	102.0	102.7	103.9	103.3	102.8	102.3	102.0	101.4	101.5	101.1	100.5
丹东	Danton	104.6	104.5	104.6	104.6	104.7	104.6	104.4	103.6	103.1	102.6	101.8	100.6
锦州	Jinzhou	99.4	99.6	99.4	99.6	99.8	99.4	99.3	98.9	98.5	98.3	97.5	97.4
吉林	Jilin	98.2	98.4	98.6	98.7	98.7	98.6	99.4	99.5	99.3	99.2	99.3	99.4
牡丹江	Mudanjiang	90.0	90.1	90.6	91.7	92.9	94.0	94.6	95.7	95.4	95.2	95.3	94.3
无锡	Wuxi	107.9	108.5	109.0	108.7	108.2	107.5	106.7	105.7	104.9	104.5	104.0	103.4
扬州	Yangzhou	109.1	108.8	109.8	110.6	110.9	110.4	109.4	108.1	106.4	105.4	104.1	103.2
徐州	Xuzhou	105.0	105.5	106.1	106.5	107.1	107.8	108.0	107.1	106.1	104.9	104.2	102.6
温州	Wenzhou	105.8	106.6	107.5	107.3	107.4	107.2	106.5	105.6	104.7	104.2	103.6	103.0
金华	Jinhua	106.2	107.0	107.3	107.5	108.1	108.4	107.9	106.4	105.5	104.9	104.3	103.2
蚌埠	Bengbu	103.9	104.2	105.0	104.8	104.6	104.9	105.0	104.6	104.2	103.7	102.7	101.9
安庆	Anqing	98.4	98.4	98.0	97.4	97.3	97.2	97.3	97.2	96.8	96.5	96.3	96.2
泉州	Quanzhou	105.0	106.1	107.1	108.2	108.2	108.3	108.4	107.7	106.9	106.0	104.8	103.6
九江	Jiujiang	102.0	102.4	103.0	103.4	103.1	103.0	103.2	103.3	103.2	103.1	102.0	101.4
赣州	Ganzhou	102.4	102.5	102.8	102.6	101.9	101.8	101.2	100.7	100.3	100.8	100.8	100.9
烟台	Yantai	99.6	100.6	101.5	102.3	102.8	103.3	104.2	104.2	103.7	103.1	102.6	102.4
济宁	Jining	105.4	106.0	106.3	106.3	106.9	106.8	105.9	104.6	104.2	103.6	103.2	101.9
洛阳	Luoyang	102.9	102.8	102.9	103.8	104.1	104.2	103.7	103.3	103.3	103.2	102.5	101.5
平顶山	Pingdingshan	103.4	103.7	103.6	103.5	103.4	103.1	102.7	102.1	101.3	100.8	100.5	100.3
宜昌	Yichang	99.3	99.1	99.9	99.9	100.0	99.9	98.9	98.9	98.4	98.1	97.7	97.5
襄樊	Xiangfan	98.8	98.6	99.1	99.6	99.7	100.0	100.5	100.1	100.1	99.7	99.7	99.5
岳阳	Yueyang	100.9	101.1	100.6	99.9	99.3	98.8	98.1	98.2	97.6	97.8	97.3	96.8
常德	Changde	98.2	98.2	98.9	99.2	99.3	99.7	99.4	98.8	99.0	99.0	98.4	97.8
惠州	Huizhou	99.8	100.3	100.7	101.7	102.5	101.7	101.4	101.3	101.4	100.8	99.9	99.9
湛江	Zhanjiang	98.1	98.8	100.0	101.1	101.4	102.1	102.2	101.9	100.9	100.4	100.2	100.0
韶关	Shaoguan	103.9	104.5	105.0	105.5	105.4	105.6	104.8	103.6	102.4	101.6	101.2	100.6
桂林	Guilin	102.6	102.6	102.6	102.1	101.7	101.8	101.8	101.5	100.7	99.9	99.0	99.0
北海	Beihai	96.6	96.7	96.6	96.7	97.3	98.1	98.7	98.6	98.7	98.9	98.9	98.3
三亚	Sanya	100.6	101.3	102.5	103.5	105.1	105.3	105.4	106.3	105.9	106.3	106.0	104.7
泸州	Luzhou	97.3	98.4	98.5	99.2	100.1	100.2	100.6	101.6	101.5	100.8	100.0	99.9
南充	Nanchong	94.4	95.1	94.7	95.5	95.6	95.5	95.0	95.0	95.1	94.8	94.8	94.7
遵义	Zunyi	99.9	100.9	101.2	101.2	100.8	100.6	100.4	99.7	99.3	99.0	98.7	98.6
大理	Dali	102.0	102.6	102.6	102.7	102.5	102.3	101.5	100.4	99.6	98.9	98.1	97.6

主要指标解释

居民消费价格指数 居民消费价格指数是度量一组代表性消费商品及服务项目价格水平随着时间而变动的相对数，反映居民家庭购买的消费品及服务价格水平的变动情况。它是宏观经济分析和决策、价格总水平监测和调控以及国民经济核算的重要指标。其按年度计算的变动率通常被用来作为反映通货膨胀（或紧缩）程度的指标。

商品零售价格指数 商品的零售价格是商品在流通过程中最后一个环节的价格，是工业、商业、餐饮业和其他零售企业向城乡居民、机关团体出售生活消费品和办公用品的价格。通过系统地调查、搜集和整理市场商品零售价格资料，编制商品零售价格指数，以此反映市场商品零售价格的变动趋势和变动程度。其目的在于掌握商品价格的变动趋势，为国家宏观调控和国民经济核算提供参考依据。

工业生产者价格指数 是反映工业产品价格变化趋势和变动幅度的统计指标，是工业品价格在不同时间和空间条件下平均变动的相对数。工业生产者价格包括工业品第一次出售时的出厂价格和企业作为中间投入的原材料、燃料、动力购进价格，是进行国民经济核算和经济管理的重要依据。

固定资产投资价格指数 是反映全社会固定资产投资中涉及的各类投资品和取费项目价格的变动趋势和变动幅度。编制固定资产投资价格指数可以消除按现价计算的固定资产投资指标中的价格变动因素，真实地反映全社会及各类工程固定资产投资的规模、速度、结构和效益。

住宅销售价格指数 是综合反映住宅商品价格水平总体变化趋势和变化幅度的相对数。中国住宅销售价格指数由 70 个大中城市的新建商品住宅销售价格指数和二手住宅销售价格指数组成。

农产品生产价格指数 是反映一定时期内，农产品生产者出售农产品价格水平变动趋势及幅度的相对数。该指数可以客观反映全国农产品生产价格水平和结构变动情况，满足农业与国民经济核算需要。其中某代表品生产价格指数是通过对全部有出售该产品行为的调查单位的个体指数进行几何平均数求得的，类价格指数是通过对其所属的类（或代表品）的价格指数进行加权平均求得的。季度累计价格指数的计算方法与分级指数的计算方法相同。

五 农业农村

Agriculture and Rural Areas

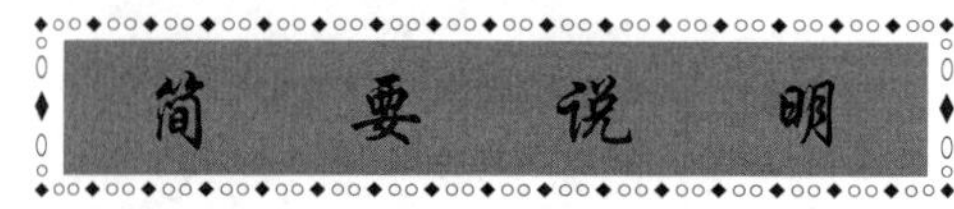

简要说明

一、本篇主要内容

本篇资料反映重庆市农业生产、畜牧业生产等基本情况，内容包括主要粮食作物生产情况、主要畜禽监测调查的统计资料。

（一）粮食作物

统计范围包括全部农业生产经营户，各种经济组织类型、各个系统的全部农业生产单位和非农业单位附属的农业生产活动单位。但不包括农业科学试验机构进行的农业生产。调查内容包括从抽样调查样本取得的各季农作物播种面积和产量资料。

1. 农作物播种面积（粮食作物）：包含谷物、豆类、薯类播种面积，由农业生产经营户和农业生产经营单位两部分组成。

2. 农作物产量（粮食作物）：包含实测作物（水稻、玉米、小麦）和非放样实测作物（薯类、豆类、高粱等粮食作物）的单产和产量。

（二）畜禽

主要畜禽监测调查是按照国家统计局相关统计报表制度要求，以猪、牛、羊、禽等主要畜禽产品作为调查主题，由国家统计局重庆调查总队统一组织、部署实施开展的国家常规性、制度性调查项目，该项目主要调查内容如下：

1. 生猪调查。对重庆市范围内的生猪生产情况进行调查。

2. 牛调查。牛包括肉牛、奶牛、役用牛，对重庆市范围内的牛生产情况开展调查。

3. 羊调查。羊包括山羊和绵羊，对重庆市范围内的羊生产情况开展调查。

4. 禽调查。禽类包括鸡、鸭、鹅三个品种，对重庆市范围内的禽生产情况开展调查。

二、数据来源及调查方法

（一）粮食作物

1. 由国家统计局重庆调查总队根据国家统计局《农林牧渔业统计报表制度》和《农业产值和价格综合统计报表制度》开展调查获得数据资料整理提供。

2. 调查方法：

（1）农作物播种面积：

在33个区县中抽取478个样本村，每个样本村抽取3个200米*200米样方，由区县统计局或国家调查队对样方压盖的全部地块进行实地调查（包含无人机遥感测量调查和PDA实地调查方式）获得。调查周期分春播、秋冬播两个农作物播种季节。

（2）农作物单位面积产量：

在33个区县中抽取478个样本村，每个样本村抽取3个200米*200米的样方，由区县统计局或国家调查队对样方压盖的全部地块上种植粮食作物的地块进行放样实测和非放样实测调查获得。调查周期分夏粮、秋粮两个农作物收获季节。

（二）畜禽

畜牧业生产基本情况由国家统计局重庆调查总队根据每年的调查情况所提供。

调查分为两大块：

1. 主要畜禽监测调查。即以生猪、牛、羊、禽为调查主题，实行按季度调查和上报调查数据。调查对象：全市所有大型养殖户全数调查（大型养殖户标准是：生猪年饲养量700头以上、牛饲养量100头以上、羊饲养量300头以上、禽饲养量3万只以上）；31个畜禽养殖主要区县，每个区县抽20个调查村，调查村里抽选的中小型养殖户。

2. 生猪调出大县调查。按照国家统计局核定的重庆生猪调出大县，对调出大县的生猪生产情况进行月度调查，实行联网直报。

5-1 农村基层组织及人口（1978-2021 年）
Rural Primary-level Organizations and Population （1978-2021）

年份 Year	乡镇个数（个） Number of Township and Town Governments （unit）	#镇个数 Towns	村委会个数 Number of Villagers' Committees （unit）	乡村户数 （万户） Number of Rural Households （10 000 households）	乡村人口 （万人） Rural Population （10 000 persons）
1978	2072	71	21013	530.01	2316.54
1979	2071	72	21018	529.53	2307.28
1980	2100	111	21084	534.19	2294.08
1981	2100	74	21099	542.44	2336.67
1982	2100	74	21099	551.24	2351.77
1983	2107	78	21091	555.96	2276.10
1984	2096	82	21084	564.08	2276.50
1985	2088	123	21092	573.00	2355.39
1986	2085	143	21090	596.13	2365.34
1987	2081	147	21091	626.70	2391.29
1988	2081	151	21093	650.27	2412.04
1989	2073	167	21095	671.51	2427.70
1990	2069	171	21086	686.26	2446.38
1991	2069	180	21089	697.61	2471.48
1992	1683	360	21093	699.94	2476.10
1993	1477	521	21095	700.88	2463.53
1994	1415	574	21060	710.34	2482.05
1995	1452	623	20864	706.86	2454.17
1996	1268	636	20877	709.86	2464.23
1997	1440	649	20853	708.64	2452.75
1998	1483	653	20647	709.84	2445.12
1999	1452	624	20630	710.99	2442.47
2000	1472	650	20589	710.28	2440.32
2001	1237	663	18264	714.67	2438.79
2002	1233	664	16453	718.31	2443.21
2003	1183	642	14357	718.65	2436.47
2004	1035	614	10143	714.99	2425.25
2005	958	594	10015	718.84	2430.93
2006	905	586	9718	714.86	2418.40
2007	891	580	9035	717.49	2413.95
2008	872	569	8964	724.06	2405.64
2009	862	571	8743	723.55	2385.95
2010	931	577	8692	727.77	2366.66
2011	912	588	8592	721.14	2324.50
2012	913	609	8480	724.14	2303.09
2013	916	607	8428	717.99	2267.73
2014				714.50	2246.31
2015				713.87	2225.75
2016				709.44	2196.19
2017				707.94	2171.22
2018				707.05	2158.30
2019				697.15	2119.44
2020				691.00	2098.81
2021				682.84	2071.62

5-2 乡村从业人员及行业分布（1978-2021 年）
Rural Employed Persons and Its Distribution of Industry （1978-2021）

单位：万人（10000 persons）

年份 Year	从业人员数 Number of Employment	按主要行业分 By Main Industry					
		农林牧渔业 Farming, Forestry, Animal Husbandry and Fishery	工业 Industry	建筑业 Construction Industry	交运仓储和邮政业 Transport, Storage and Telecommunica-tion Industry	批发零售住宿餐饮业 Wholesale and Retail Trade，Hotel and Catering Service	其他 Others
1978	926.32	867.59	23.18	9.76	1.76	3.24	20.78
1979	949.52	892.74	23.34	9.10	1.89	3.38	19.07
1980	980.75	923.73	22.66	8.69	2.14	3.43	20.10
1981	1006.17	947.93	22.94	9.70	2.38	4.24	18.99
1982	1031.39	967.78	24.03	10.19	2.63	4.73	22.02
1983	1063.45	989.45	24.30	11.37	3.29	6.51	28.52
1984	1087.42	990.59	28.02	17.43	4.45	10.25	36.68
1985	1114.34	980.05	45.50	29.11	6.01	10.91	42.76
1986	1154.26	1001.27	48.53	34.43	6.76	12.34	50.93
1987	1184.92	1014.10	51.91	40.49	7.57	13.80	57.03
1988	1218.03	1038.31	53.95	42.60	7.85	14.75	60.58
1989	1249.12	1065.43	52.17	42.45	8.68	14.47	65.92
1990	1273.06	1085.57	50.09	42.93	9.07	15.39	70.00
1991	1314.79	1107.06	51.25	45.58	9.23	17.06	84.62
1992	1350.71	1107.18	53.99	49.78	9.82	19.26	110.67
1993	1352.26	1062.48	59.82	60.65	11.16	20.89	137.25
1994	1356.59	1039.95	56.89	62.62	12.25	22.36	162.53
1995	1349.34	1014.47	55.78	65.80	13.42	23.73	176.14
1996	1330.44	991.66	56.07	65.27	14.02	24.07	179.36
1997	1320.91	962.55	56.06	65.78	14.95	26.32	195.26
1998	1316.95	943.66	51.87	68.42	15.77	27.88	209.35
1999	1342.99	955.09	57.68	71.77	17.87	30.77	209.80
2000	1352.60	921.50	59.25	75.58	18.53	33.46	244.27
2001	1345.15	884.62	57.93	78.35	18.99	34.85	270.42
2002	1342.17	852.72	68.00	92.67	21.34	41.49	265.94
2003	1340.25	813.19	78.29	102.52	22.57	36.00	287.68
2004	1361.54	800.83	94.78	112.05	21.71	34.78	297.39
2005	1366.91	775.88	109.79	124.98	23.99	36.91	295.36
2006	1382.62	741.67	130.89	145.43	26.46	40.32	297.85
2007	1378.29	699.28	156.14	165.14	28.07	44.33	285.33
2008	1379.90	676.10	171.39	168.29	29.15	47.84	287.13
2009	1379.94	649.69	183.90	178.04	30.39	50.54	287.38
2010	1379.35	626.12	193.36	191.59	33.23	54.09	280.96
2011	1369.98	604.04					
2012	1365.29	586.86					
2013	1328.79	563.69					
2014	1312.96	562.54					
2015	1309.23	556.95					
2016	1302.54	550.45					
2017	1281.69	546.32					
2018	1258.41	538.62					
2019	1232.75	529.96					
2020	1216.47	525.17					
2021	1197.60	520.42					

注：此表批发零售住宿餐饮业栏 2003 年开始未包含住宿餐饮业人员数据。
Note：From 2003 data of ‘Sales and Retail Sales Trade and Catering Industry’ does not contain hotels and catering services.

5-3 乡村从业人员从业结构（1978-2021 年）
Composition of Rural Employed Persons by Distribution of Industry（1978-2021）

单位：%（%）

年份 Year	从业人员数 Number of Employment	按主要行业分 By Main Industry					
		农林牧渔业 Farming, Forestry, Animal Husbandry and Fishery	工业 Industry	建筑业 Construction Industry	交运仓储和邮政业 Transport, Storage and Telecommunica-tion Industry	批发零售住宿餐饮业 Wholesale and Retail Trade， Hotel and Catering Service	其他 Others
1978	100.0	93.7	2.5	1.1	0.2	0.4	2.2
1979	100.0	94.0	2.5	1.0	0.2	0.4	2.0
1980	100.0	94.2	2.3	0.9	0.2	0.4	2.1
1981	100.0	94.2	2.3	1.0	0.2	0.4	1.9
1982	100.0	93.8	2.3	1.0	0.3	0.5	2.1
1983	100.0	93.0	2.3	1.1	0.3	0.6	2.7
1984	100.0	91.1	2.6	1.6	0.4	0.9	3.4
1985	100.0	88.0	4.1	2.6	0.5	1.0	3.8
1986	100.0	86.8	4.2	3.0	0.6	1.1	4.4
1987	100.0	85.6	4.4	3.4	0.6	1.2	4.8
1988	100.0	85.2	4.4	3.5	0.6	1.2	5.0
1989	100.0	85.3	4.2	3.4	0.7	1.2	5.3
1990	100.0	85.3	3.9	3.4	0.7	1.2	5.5
1991	100.0	84.2	3.9	3.5	0.7	1.3	6.4
1992	100.0	82.0	4.0	3.7	0.7	1.4	8.2
1993	100.0	78.6	4.4	4.5	0.8	1.6	10.2
1994	100.0	76.7	4.2	4.6	0.9	1.7	12.0
1995	100.0	75.2	4.1	4.9	1.0	1.8	13.1
1996	100.0	74.5	4.2	4.9	1.1	1.8	13.5
1997	100.0	72.9	4.2	5.0	1.1	2.0	14.8
1998	100.0	71.7	3.9	5.2	1.2	2.1	15.9
1999	100.0	71.1	4.3	5.3	1.3	2.3	15.6
2000	100.0	68.1	4.4	5.6	1.4	2.5	18.1
2001	100.0	65.8	4.3	5.8	1.4	2.6	20.1
2002	100.0	63.5	5.1	6.9	1.6	3.1	19.8
2003	100.0	60.7	5.8	7.7	1.7	2.7	21.5
2004	100.0	58.8	7.0	8.2	1.6	2.6	21.8
2005	100.0	56.8	8.0	9.1	1.8	2.7	21.6
2006	100.0	53.6	9.5	10.5	1.9	2.9	21.5
2007	100.0	50.7	11.3	12.0	2.0	3.2	20.7
2008	100.0	49.0	12.4	12.2	2.1	3.5	20.8
2009	100.0	47.1	13.3	12.9	2.2	3.7	20.8
2010	100.0	45.4	14.0	13.9	2.4	3.9	20.4
2011	100.0	44.1					
2012	100.0	43.0					
2013	100.0	42.4					
2014	100.0	42.9					
2015	100.0	42.5					
2016	100.0	42.3					
2017	100.0	42.6					
2018	100.0	42.8					
2019	100.0	43.0					
2020	100.0	43.2					
2021	100.0	43.5					

注：此表批发零售住宿餐饮业栏 2003 年开始未包含餐饮业人员数据。
Note：From 2003 data of ‘Sales and Retail Sales Trade and Catering Industry’ does not contain Catering Services.

5–4 农村基础设施情况（1996–2020 年）
Information of Rural Infrastructure（1996–2020）

单位：个、%（unit, %）

年份 Year	行政村个数 Number of Administrative Villages	自来水受益村 Villages Benefited from Tap–water		通汽车村 Number of Villages Accessible to Auto Vehicles		通电话村 Number of Villages Accessible to Telephones	
		数量 Number	比重 Proportion	数量 Number	比重 Proportion	数量 Number	比重 Proportion
1996	20877	5912	28.3	14497	69.4	2976	14.3
1997	20853	6051	29.0	15830	75.9	5050	24.2
1998	20647	7077	34.3	16550	80.2	8710	42.2
1999	20630	7721	37.4	17348	84.1	13190	63.9
2000	20589	7866	38.2	17993	87.4	16610	80.7
2001	18264	6556	35.9	16280	89.1	15586	85.3
2002	16453	6804	41.4	14990	91.1	14684	89.2
2003	14357	6690	46.6	13450	93.7	13213	92.0
2004	10143	5064	49.9	9755	96.2	9853	97.1
2005	10015	4982	49.7	9691	96.8	9688	96.7
2006	9718	5015	51.6	9512	97.9	9582	98.6
2007	9035	4991	55.2	8871	98.2	8965	99.2
2008	8964	5100	56.9	8872	99.0	8947	99.8
2009	8743	5379	61.5	8655	99.0	8726	99.8
2010	8692	5612	64.6	8660	99.6	8686	99.9
2011	8592	5864	68.2	8569	99.7	8581	99.9
2012	8480	6173	72.8	8474	99.9	8478	99.9
2013	8428	6446	76.5	8421	99.9	8428	100.0
2014		6708					
2015		7074					
2016		7325					
2017		7552					
2018		7622					
2019		7775					
2020		8041					

注：2021 年统计制度调整，本表指标已取消。
Note: the statistical system was adjusted in 2021, and the indicators in this table have been cancelled.

5-5 农业生产条件（1978-2021 年）
Conditions of Agricultural Production （1978-2021）

年份 Year	有效灌溉面积（万亩）Effective Irrigated Area（10 000 mu）	农业机械总动力（万千瓦）Total Power of Agricultural Machinery（10 000 kW）	农村用电量（万千瓦小时）Electricity Consumption in Rural Areas（10 000 kWh）	化肥施用量（折纯）（吨）Consumption of Chemical Fertilizer（net）（ton）	农膜使用量（吨）Consumption of Farm Plastic Film（ton）	农药使用量（吨）Consumption of Chemical Pesticides（ton）
1978	844.1	101	28542	216278	3371	6357
1979	878.4	124	33122	255515	3371	7027
1980	906.3	155	37953	292101	3718	7062
1981	908.0	172	45636	304544	3926	7226
1982	909.7	176	51322	303319	4285	7823
1983	911.3	192	56838	314770	4595	7542
1984	913.0	204	52804	315511	4683	7194
1985	914.7	219	63309	317583	5029	7275
1986	901.9	240	71471	366913	5121	7867
1987	889.0	259	83229	382551	5668	7785
1988	876.2	278	79637	382889	6111	8060
1989	863.4	291	89611	447162	6507	8078
1990	870.3	300	97091	481255	8028	8723
1991	878.3	316	104430	520805	9727	10105
1992	884.4	324	115831	527472	10672	10489
1993	888.9	343	134027	545141	11822	12709
1994	892.9	366	160197	585547	12828	12910
1995	896.9	386	174847	620165	14289	14628
1996	901.3	410	196788	655535	15314	16936
1997	917.1	454	227302	696375	15909	16831
1998	921.2	506	242934	711802	17712	18221
1999	930.7	558	260029	710327	18620	18418
2000	939.0	586	278728	720017	19575	18514
2001	947.9	628	301140	725794	19444	19065
2002	961.7	666	338717	733727	25337	19336
2003	974.5	696	366535	715935	24245	19540
2004	925.2	728	384627	770183	26834	19466
2005	927.2	776	428943	791951	27472	19541
2006	932.0	820	460291	805929	28226	19579
2007	950.6	860	484478	843203	30053	20372
2008	988.3	903	550949	881429	30914	20972
2009	1008.0	967	614832	911657	34712	22004
2010	1027.9	1071	647738	918186	36602	20854
2011	1039.3	1140	703706	959761	39332	20324
2012	1081.5	1162	738000	960218	40928	19480
2013	1012.8	1199	761193	966435	42860	18354
2014	1015.9	1243	783145	972642	43824	18437
2015	1030.8	1300	781397	977270	45162	18199
2016	1035.9	1319	786938	961606	45265	17604
2017	1041.5	1353	801802	954649	45479	17467
2018	1045.4	1428	795272	931699	44625	17191
2019	1046.5	1465	809037	910800	42559	16542
2020	1047.5	1498	825063	898287	41694	16205
2021			851054	890531	41159	16038

5-6 农作物面积及结构（1978-2021 年）
Sown Areas of Farm Crops and Its Composition（1978-2021）

单位：公顷、%、次（hectare, %, time）

年份 Year	农作物播种面积 Sown Areas of Farm Crops	其中 By purpose		农作物播种面积构成 Composition of Sown Areas of Farm Crops		耕地复种指数 Resown Index of Cultivated Areas
		粮食作物 Grain Crops	经济作物 Cash Crops	粮食作物 Grain Crops	经济作物 Cash Crops	
1978	3498061	3177221	219746	90.83	6.28	2.00
1979	3503427	3182736	216639	90.85	6.18	2.02
1980	3345304	3048196	195745	91.12	5.85	1.93
1981	3426283	3051138	263106	89.05	7.68	1.98
1982	3420431	3002794	309551	87.79	9.05	1.99
1983	3274572	2921223	243651	89.21	7.44	1.91
1984	3219810	2849537	273357	88.50	8.49	1.90
1985	3214717	2748498	360776	85.50	11.22	1.93
1986	3232433	2710205	421376	83.84	13.04	1.95
1987	3241258	2697509	439056	83.22	13.55	1.96
1988	3287399	2727164	446491	82.96	13.58	1.99
1989	3381959	2788700	472185	82.46	13.96	2.05
1990	3438950	2847370	473968	82.80	13.78	2.08
1991	3526637	2889404	519796	81.93	14.74	2.14
1992	3522037	2874889	522116	81.63	14.82	2.14
1993	3513064	2870480	510493	81.71	14.53	2.14
1994	3493884	2877837	487821	82.37	13.96	2.14
1995	3526684	2876853	512996	81.57	14.55	2.16
1996	3585745	2889834	558473	80.59	15.57	2.21
1997	3605420	2881902	578753	79.93	16.05	2.24
1998	3614446	2900656	558301	80.25	15.45	2.26
1999	3592496	2862143	580264	79.67	16.15	2.25
2000	3590815	2773404	647366	77.24	18.03	2.27
2001	3555871	2714600	672125	76.34	18.90	2.29
2002	3464566	2606866	697285	75.24	20.13	2.50
2003	3307179	2410369	733363	72.88	22.17	2.44
2004	3435957	2516507	746014	73.24	21.71	2.45
2005	3444733	2501263	770145	72.61	22.36	2.46
2006	3073880	2155500	730710	70.12	23.77	2.22
2007	3104939	2148543	956396	69.20	30.80	2.26
2008	3109135	2131012	978123	68.54	31.46	
2009	3110741	2111605	999135	67.88	32.12	
2010	3129847	2097420	1032427	67.01	32.99	
2011	3225774	2089469	1136306	64.77	35.23	
2012	3320301	2085011	1235290	62.80	37.20	
2013	3318565	2059524	1259041	62.06	37.94	
2014	3288585	2034685	1253900	61.87	38.13	
2015	3311248	2020884	1290364	61.03	38.97	
2016	3333052	2039069	1293983	61.18	38.82	
2017	3339556	2030710	1308846	60.81	39.19	
2018	3348490	2017846	1330644	60.26	39.74	
2019	3345743	1999278	1346465	59.76	40.24	
2020	3372541	2003058	1369484	59.39	40.61	
2021	3409256	2013191	1396065	59.05	40.95	

注：本表 2006 年始数据根据农普数据衔接。
Note:Data of animal husbandry after 2006 in this table are adjusted according to the National Agricultural Census.

5-7 粮食播种面积（1978-2021 年）
Sown Areas of Grain Crops （1978-2021）

单位：公顷（hectare）

年份 Year	粮食播种面积 Sown Areas of Grain Crops	1. 谷物 Cereal	稻谷 Rice	玉米 Corn	小麦 Wheat	2. 薯类 Tubers	红苕 Sweet Potato	3. 豆类 Soybeans
1978	3177221	1996228	849243	529908	499371	907719	499988	273274
1979	3182736	2036531	813766	558676	571185	872027	504295	274178
1980	3048196	2011466	828317	563021	548898	798054	483016	238676
1981	3051138	2036370	823186	582184	565063	786727	485645	228041
1982	3002794	2018351	812376	574167	568073	760521	476244	223922
1983	2921223	1973780	820755	549742	537813	737417	453573	210026
1984	2849537	1939272	824188	536836	512576	698867	430140	211398
1985	2748498	1881141	820140	509473	484987	658549	411822	208808
1986	2710205	1854051	819858	498179	474509	650827	409666	205327
1987	2697509	1840617	807797	497082	469040	656006	421156	200886
1988	2727164	1865190	821305	495840	480098	668028	420377	193946
1989	2788700	1914782	836231	496121	510960	686688	433931	187230
1990	2847370	1951433	821986	514534	541069	710665	440660	185272
1991	2889404	1972589	816684	519094	564016	730941	451382	185874
1992	2874889	1950332	819262	507808	560724	736846	448311	187711
1993	2870480	1934683	804560	506843	558338	756482	455085	179315
1994	2877837	1938787	800342	517136	545076	752030	467243	187020
1995	2876853	1923230	799482	514595	550291	767418	462391	186205
1996	2889834	1929946	802279	514835	555130	765959	460824	193929
1997	2881902	1918793	797955	510877	556235	770452	463488	192657
1998	2900656	1921857	794636	526068	548282	780473	469749	198326
1999	2862143	1892908	788576	519898	531598	774842	462575	194393
2000	2773404	1793481	776636	500658	466175	760801	451929	219122
2001	2714600	1722159	763964	488690	422131	773517	471069	218924
2002	2606866	1666042	757195	472433	388148	721823	414963	219001
2003	2410369	1539598	738486	429966	322734	666801	383808	203970
2004	2516507	1566568	749300	460415	280528	725660	419621	224279
2005	2501263	1537094	747949	460342	279667	729629	410369	234540
2006	2155500	1293270	672300	440500	164800	676000	361350	186230
2007	2148543	1288092	644265	451348	178281	672727	398752	187723
2008	2131012	1279878	658847	451006	154363	666602	394588	184532
2009	2111605	1257262	661205	452283	125806	670915	372164	183427
2010	2097420	1233169	658084	452877	104484	674290	370826	189961
2011	2089469	1220231	656816	455801	90529	679108	371926	190129
2012	2085011	1208593	654772	457542	78842	681111	350397	195307
2013	2059524	1189623	652446	451662	64733	671666	339947	198235
2014	2034685	1175526	650782	450806	51948	667543	337462	191616
2015	2020884	1161333	647021	451876	41110	663899	333627	195652
2016	2039069	1169399	660909	453868	34343	671866	337235	197803
2017	2030710	1156771	658942	447340	30126	673735	338702	200205
2018	2017846	1143853	656446	442333	24786	672552	338309	201441
2019	1999278	1134723	655137	438329	21029	664265	334914	200290
2020	2003058	1137448	657266	440929	18522	663642	336760	201968
2021	2013191	1142658	658905	443766	18683	666587	338211	203946

注：本表 2006 年始数据根据农普数据衔接。
Note:Data of animal husbandry after 2006 in this table are adjusted according to the National Agricultural Census.

5-8 粮食产量（1978-2021 年）
Output of Grain Crops （1978-2021）

单位：万吨（10000 tons）

年份 Year	粮食产量 Output of Grain Crops	1. 谷物 Cereal	稻谷 Rice	玉米 Corn	小麦 Wheat	2. 薯类 Tubers	红苕 Sweet Potato	3. 豆类 Soybeans
1978	814.71	600.07	345.07	131.43	94.92	185.57	134.80	29.07
1979	871.71	629.47	341.30	153.42	114.45	216.22	169.20	26.01
1980	835.43	634.35	341.59	158.28	111.65	178.87	130.03	22.20
1981	883.87	679.97	387.40	177.41	115.15	179.28	127.17	24.61
1982	974.02	756.56	409.75	182.37	138.72	191.96	141.76	25.49
1983	998.30	780.64	455.23	162.57	138.62	191.21	145.97	26.45
1984	1048.36	843.50	500.30	186.78	132.98	180.57	133.57	24.28
1985	948.97	761.20	461.73	158.99	118.93	165.51	122.29	22.26
1986	1004.92	809.69	493.41	168.83	125.10	170.20	127.18	25.02
1987	1004.51	786.35	499.56	144.24	120.39	195.82	152.74	22.34
1988	958.02	770.84	503.00	144.01	105.56	166.64	126.43	20.53
1989	1044.88	831.67	541.81	165.14	107.30	195.96	149.34	17.25
1990	1085.07	888.08	550.40	192.59	130.81	177.05	123.19	19.93
1991	1115.28	881.49	535.90	192.23	142.28	212.25	155.17	21.53
1992	1050.24	835.57	509.07	168.35	150.17	196.18	137.46	18.48
1993	1052.72	816.19	479.90	180.87	153.66	214.63	146.87	21.90
1994	1134.10	882.09	523.13	192.13	148.50	226.06	157.03	25.94
1995	1153.68	888.21	532.63	185.74	156.86	235.09	165.72	30.38
1996	1172.14	900.41	542.64	197.91	143.85	251.63	167.09	20.10
1997	1184.63	920.57	552.44	208.87	144.49	242.17	157.81	21.90
1998	1155.36	876.07	519.38	196.64	145.65	257.11	171.57	22.17
1999	1143.05	871.04	533.01	202.73	121.49	250.07	169.82	21.93
2000	1131.21	850.39	525.43	196.24	121.38	256.23	171.31	24.60
2001	1035.35	768.03	466.45	190.20	99.97	244.00	164.59	23.32
2002	1082.15	790.45	484.42	202.48	93.83	263.92	188.61	27.78
2003	1087.20	796.17	494.30	206.26	83.84	258.82	184.17	32.21
2004	1144.57	828.26	509.55	227.80	78.38	278.20	185.36	38.11
2005	1168.19	845.77	521.43	233.13	78.65	282.36	180.47	40.06
2006	808.40	596.06	344.90	200.50	47.60	183.10	97.87	29.24
2007	1064.07	774.17	485.13	232.38	52.90	256.11	167.55	33.79
2008	1112.17	811.20	517.26	243.00	46.23	266.25	169.16	34.72
2009	1083.78	778.48	495.70	240.32	37.74	268.60	164.50	36.69
2010	1080.63	781.25	499.16	246.07	31.24	261.33	153.55	38.06
2011	1064.16	757.65	475.36	250.36	27.27	267.90	157.68	38.61
2012	1060.51	753.53	475.36	249.61	23.89	267.66	150.26	39.32
2013	1055.15	753.52	477.16	249.32	20.06	262.44	146.40	39.20
2014	1043.89	744.64	475.46	246.02	15.96	260.21	147.70	39.03
2015	1051.05	745.81	476.56	248.86	13.25	265.67	153.53	39.58
2016	1078.20	758.46	487.58	252.78	11.28	280.19	163.88	39.54
2017	1079.87	756.40	486.99	252.62	9.78	283.25	165.67	40.22
2018	1079.34	753.59	486.92	249.54	8.15	284.89	166.34	40.86
2019	1075.15	750.57	487.00	249.54	6.91	283.64	165.80	40.95
2020	1081.42	753.73	489.19	251.13	6.09	286.21	167.90	41.48
2021	1092.84	761.38	493.05	254.56	6.15	289.31	169.51	42.15

注：本表 2006 年始数据根据农普数据衔接。
Note:Data of animal husbandry after 2006 in this table are adjusted according to the National Agricultural Census.

5-9 主要粮食作物单位面积产量（1978-2021 年）
Output of Grain Crops Per Mu （1978-2021）

单位：公斤 / 亩（kg/mu）

年份 Year	粮食单位面积产量 Output of Grain Crops	1. 谷物 Cereal	稻谷 Rice	玉米 Corn	小麦 Wheat	2. 薯类 Tubers	红苕 Sweet Potato	3. 豆类 Soybeans
1978	170.95	200.40	270.89	165.35	126.72	136.29	179.74	70.92
1979	182.59	206.06	279.60	183.08	133.59	165.30	223.68	63.25
1980	182.72	210.25	274.93	187.42	135.61	149.42	179.47	62.01
1981	193.12	222.61	313.74	203.16	135.86	151.92	174.58	71.95
1982	216.25	249.89	336.26	211.75	162.80	168.27	198.44	75.90
1983	227.83	263.67	369.77	197.15	171.84	172.87	214.55	83.97
1984	245.27	289.97	404.68	231.95	172.96	172.25	207.02	76.57
1985	230.18	269.76	375.33	208.05	163.48	167.55	197.97	71.08
1986	247.19	291.14	401.22	225.93	175.76	174.35	206.97	81.24
1987	248.26	284.81	412.28	193.45	171.12	199.00	241.78	74.14
1988	234.19	275.52	408.29	193.63	146.59	166.30	200.51	70.57
1989	249.79	289.56	431.95	221.91	140.00	190.25	229.44	61.43
1990	254.05	303.39	446.40	249.54	161.18	166.09	186.38	71.73
1991	257.33	297.91	437.46	246.88	168.18	193.59	229.18	77.23
1992	243.54	285.62	414.25	221.02	178.55	177.50	204.42	65.64
1993	244.49	281.25	397.65	237.91	183.48	189.15	215.16	81.43
1994	262.72	303.31	435.76	247.69	181.63	200.40	224.05	92.48
1995	267.35	307.89	444.15	240.63	190.03	204.23	238.94	108.77
1996	270.41	311.03	450.91	256.28	172.75	219.01	241.73	69.08
1997	274.04	319.84	461.54	272.56	173.18	209.54	226.99	75.77
1998	265.54	303.90	435.74	249.19	177.10	219.62	243.49	74.53
1999	266.24	306.77	450.61	259.96	152.36	215.16	244.75	75.22
2000	271.92	316.10	451.03	261.31	173.58	224.53	252.70	74.83
2001	254.27	297.31	407.04	259.47	157.88	210.30	232.93	71.03
2002	276.74	316.30	426.50	285.72	161.15	243.75	303.01	84.56
2003	300.70	344.75	446.23	319.80	173.19	258.77	319.89	105.28
2004	303.22	352.47	453.35	329.85	186.27	255.59	294.49	113.28
2005	311.36	366.83	464.76	337.62	187.48	257.99	293.18	113.86
2006	250.03	307.26	342.01	303.44	192.56	180.57	180.56	104.67
2007	330.17	400.68	502.00	343.24	197.80	253.80	280.13	119.99
2008	347.93	422.54	523.40	359.20	199.66	266.27	285.81	125.42
2009	342.17	412.79	499.80	354.23	200.02	266.90	294.68	133.36
2010	343.48	422.35	505.67	362.23	199.32	258.37	276.06	133.56
2011	339.53	413.94	482.49	366.18	200.80	262.99	282.63	135.40
2012	339.09	415.65	483.99	363.69	201.98	261.99	285.88	134.23
2013	341.55	422.27	487.57	368.00	206.55	260.49	287.11	131.82
2014	342.03	422.30	487.07	363.82	204.81	259.87	291.78	135.81
2015	346.73	428.13	491.03	367.16	214.80	266.78	306.80	134.85
2016	352.51	432.39	491.83	371.29	218.87	278.02	323.97	133.27
2017	354.51	435.92	492.70	376.48	216.38	280.28	326.10	133.94
2018	356.60	439.21	494.50	378.79	219.29	282.40	327.78	135.22
2019	358.51	440.97	495.57	379.53	219.18	284.66	330.03	136.29
2020	359.92	441.77	496.19	379.69	219.12	287.51	332.38	136.91
2021	361.89	444.22	498.86	382.42	219.43	289.34	334.14	137.78

注：本表 2006 年始数据根据农普数据衔接。
Note:Data of animal husbandry after 2006 in this table are adjusted according to the National Agricultural Census.

5-10 主要经济作物播种面积（1978-2021 年）
Sown Areas of Major Cash Crops （1978-2021）

单位：公顷（hectare）

年份 Year	油料 Oil-bearing Crops	油菜籽 Rapeseeds	麻类 Fiber Crops	糖料 Sugar Crops	烟叶 Tobacco	烤烟 Flue-cured Tobacco	蔬菜 Vegetables
1978	92351	71374	3671	11149	26582		95954
1979	108335	81265	5129	10969	14782		90678
1980	116577	89369	5751	9907	10416		78400
1981	148986	118422	7100	9972	17635		105589
1982	162114	130770	4549	10678	30682		117805
1983	130527	102713	3852	10375	19449		114323
1984	130945	98232	3983	8292	22592		126918
1985	176866	137367	16396	8681	30956		140569
1986	183859	143792	29591	8195	40897		159811
1987	180579	143292	44245	7855	41729		160867
1988	185171	150612	30722	7774	54056		171444
1989	188593	154505	18923	7242	75726		177979
1990	203171	168751	12107	6628	66607		183873
1991	224412	188989	9316	6962	70859		197049
1992	215622	179402	7750	4969	81258		200686
1993	184964	147692	7154	4198	82461		222621
1994	174643	135505	8105	3396	54997		225902
1995	201550	162572	7539	3067	58939		236283
1996	202483	159584	7174	2784	77657	63859	257106
1997	191800	152222	6826	2145	99482	82561	267203
1998	192330	148896	5314	2009	56603	41648	290397
1999	197151	151801	4737	2096	63969	49650	301389
2000	226384	173185	6128	2332	70775	55212	327094
2001	225046	167911	6796	2481	55210	40056	366330
2002	236325	173930	6859	2881	56012	43463	373072
2003	236724	176836	7108	2829	57237	46605	386990
2004	244129	173815	7573	2800	52995	41361	390235
2005	252421	187333	8456	2789	51508	41530	399972
2006	187290	133680	10515	2791	48879	38500	417414
2007	182562	134535	11270	2866	43550	33420	461585
2008	204991	148323	11380	2930	47750	39450	472221
2009	231362	170449	11228	2992	52579	43890	480862
2010	249840	187159	10346	3026	42735	34914	514914
2011	253502	190223	9027	3241	46165	38911	610722
2012	266088	197102	6835	3208	49989	38011	681815
2013	291351	219798	5793	2778	49323	42948	680395
2014	293047	221348	5657	2484	45964	39878	682339
2015	301146	229326	5340	2210	45829	40136	700731
2016	310441	236856	4485	2170	43451	39438	714671
2017	318516	244284	4162	2124	34904	30657	727170
2018	325072	250151	3844	2186	32402	28094	739183
2019	329946	254990	2217	1875	29840	25195	753222
2020	333870	258258	2113	1872	27365	22274	772028
2021	337983	261497	1792	1863	26988	22075	791378

5-11 主要经济作物产量（1978-2021年）
Output of Major Cash Crops （1978-2021）

单位：吨（ton）

年份 Year	油料 Oil-bearing Crops	油菜籽 Rapeseeds	麻类 Fiber Crops	糖料 Sugar Crops	烟叶 Tobacco	烤烟 Flue-cured Tobacco	蔬菜 Vegetables
1978	77118	60310	1659	312034	22528	6855	2439529
1979	91314	70294	3433	406432	10239	5127	2344061
1980	115738	92841	6172	366448	8098	2992	2298578
1981	159868	124422	8530	291337	20686	4137	2922414
1982	220378	183808	7126	405414	37239	13626	3387654
1983	145813	115822	4931	310043	19628	8281	3376951
1984	145217	102829	8438	294537	24134	8396	3586734
1985	181214	136319	25787	302414	36239	20360	3908601
1986	209114	158537	21719	314239	46724	29183	4219393
1987	208934	161365	35995	294315	44992	25124	4390009
1988	192527	149418	31013	293233	68928	45585	4609285
1989	187824	143842	18932	244115	62093	52041	4693117
1990	220215	177399	12707	205543	74393	48868	4996119
1991	269213	228099	11487	260714	98156	74498	5330009
1992	251814	213975	9716	143328	124705	95961	5413806
1993	217034	172246	9257	123034	113208	86345	5582304
1994	192613	153138	11471	93947	68904	50168	5698265
1995	251217	205415	11092	87634	77981	57436	5939064
1996	236044	186629	10898	82660	132355	110446	6370253
1997	233414	183367	11175	80765	164736	134195	6684420
1998	251129	190331	7541	72824	79970	57522	7113007
1999	240859	173302	6826	75883	95653	72005	7371081
2000	310559	226055	8406	90557	104082	76921	7754156
2001	299617	219097	8857	100818	80064	53200	7799590
2002	350444	258443	12139	120586	87052	64355	8083098
2003	382742	285101	9620	113460	86048	68365	8401712
2004	417501	309876	10209	117734	85036	64470	8635651
2005	427121	318138	12362	114608	90173	71665	8904721
2006	289431	234687	11846	101574	91945	72576	7998819
2007	305777	230487	15210	111679	71513	48643	9085629
2008	350682	262166	16695	109958	85513	68992	10293215
2009	399733	303808	15557	112786	99900	82300	10620590
2010	438143	333828	14606	112926	81030	63880	11547990
2011	457854	340695	12897	113135	93608	75928	13859553
2012	491646	363358	10137	112914	102908	76062	15083578
2013	520004	384045	9461	103041	96604	82384	15448183
2014	554631	418419	9046	96159	84391	70943	16299571
2015	581160	441947	8460	90530	86759	73757	17078563
2016	608526	462397	7434	89101	83921	72672	17954900
2017	623962	474285	6957	87926	69053	58942	18626281
2018	637002	486026	6450	90890	62441	52016	19327250
2019	651898	498933	3819	80541	58516	46600	20087555
2020	670672	513672	3659	81658	52676	40096	20925677
2021	684791	524582	3182	82802	53192	41490	21843320

5-12 主要经济作物单位面积产量（1978-2021 年）
Output of Major Cash Crops Per Mu （1978-2021）

单位：公斤 / 亩（kg/mu）

年份 Year	油料 Oil-bearing Crops	油菜籽 Rapeseeds	麻类 Fiber Crops	糖料 Sugar Crops	烟叶 Tobacco	烤烟 Flue-cured Tobacco	蔬菜 Vegetables
1978	55.70	56.30	30.10	1865.80	56.50		1694.90
1979	56.20	57.70	44.60	2470.20	46.20		1723.40
1980	66.20	69.30	71.50	2465.90	51.80		1954.60
1981	71.50	70.00	80.10	1947.70	78.20		1845.20
1982	90.60	93.70	104.40	2531.10	80.90		1917.10
1983	74.50	75.20	85.30	1992.20	67.30		1969.20
1984	73.90	69.80	141.20	2368.00	71.20		1884.00
1985	68.30	66.20	104.90	2322.40	78.00		1853.70
1986	75.80	73.50	48.90	2556.30	76.20		1760.20
1987	77.10	75.10	54.20	2497.90	71.90		1819.30
1988	69.30	66.10	67.30	2514.60	85.00		1792.30
1989	66.40	62.10	66.70	2247.20	54.70		1757.90
1990	72.30	70.10	70.00	2067.40	74.50		1811.40
1991	80.00	80.50	82.20	2496.50	92.30		1803.30
1992	77.90	79.50	83.60	1923.00	102.30		1798.40
1993	78.20	77.80	86.30	1953.90	91.50		1671.70
1994	73.50	75.30	94.40	1844.30	83.50		1681.60
1995	83.10	84.20	98.10	1904.90	88.20		1675.70
1996	77.70	78.00	101.30	1979.40	113.60	115.30	1651.80
1997	81.10	80.30	109.10	2510.20	110.40	108.40	1667.80
1998	87.00	85.20	94.60	2416.60	94.20	92.10	1632.90
1999	81.40	76.10	96.10	2413.60	99.70	96.70	1630.50
2000	91.50	87.00	91.40	2588.80	98.00	92.90	1580.40
2001	88.80	87.00	86.90	2709.10	96.70	88.50	1419.40
2002	98.90	99.10	118.00	2790.40	103.60	98.70	1444.40
2003	107.80	107.50	90.20	2673.70	100.20	97.80	1447.40
2004	114.00	118.90	89.90	2803.20	107.00	103.90	1475.30
2005	112.80	113.20	97.50	2739.50	116.70	115.00	1484.20
2006	103.00	117.00	75.10	2426.20	125.40	125.70	1277.50
2007	111.66	114.21	89.97	2598.22	109.47	97.03	1312.24
2008	114.05	117.84	97.80	2502.10	119.39	116.59	1453.16
2009	115.18	118.83	92.37	2513.31	126.67	125.01	1472.44
2010	116.91	118.91	94.12	2487.66	126.41	121.98	1495.13
2011	120.41	119.40	95.25	2326.85	135.18	130.09	1512.91
2012	123.18	122.90	98.88	2346.57	137.24	133.40	1474.85
2013	118.99	116.48	108.88	2472.75	130.57	127.88	1513.65
2014	126.18	126.02	106.61	2580.88	122.40	118.60	1592.52
2015	128.66	128.48	105.61	2730.79	126.21	122.51	1624.83
2016	130.68	130.15	110.51	2736.97	128.76	122.85	1674.89
2017	130.60	129.44	111.42	2759.48	131.89	128.18	1707.65
2018	130.64	129.53	111.86	2771.50	128.47	123.43	1743.12
2019	131.72	130.45	114.81	2863.78	130.73	123.31	1777.92
2020	133.92	132.60	115.44	2907.94	128.33	120.01	1806.99
2021	135.07	133.74	118.39	2963.00	131.39	125.30	1840.11

5-13 茶、桑、果生产情况（1978-2021 年）
Production of Tea, Silkworm Cocoons and Fruit （1978-2021）

单位：万吨、万亩（10000 tons, 10000 mu）

年份 Year	茶叶产量 Tea	蚕茧产量 Silkworm Cocoons	水果产量 Fruits	柑桔 Citrus	果园面积 Area of Orchards	柑桔园 Citrus	茶园面积 Area of Tea Plantations
1978	0.80	1.54	7.91	5.43	20.47	14.45	47.54
1979	0.90	2.13	10.20	7.17	22.99	15.97	47.69
1980	0.92	2.58	15.69	12.39	27.04	18.99	48.46
1981	1.19	2.61	15.17	10.51	29.19	21.45	50.08
1982	1.20	3.15	13.16	9.43	33.20	25.77	48.44
1983	1.38	3.10	21.26	17.30	34.17	27.02	47.69
1984	1.53	3.28	23.00	17.96	41.73	34.00	46.50
1985	1.62	3.31	24.70	19.91	48.65	39.63	47.51
1986	1.69	3.27	28.61	22.05	58.84	48.43	46.32
1987	1.83	3.58	29.57	23.93	63.04	49.94	47.30
1988	1.87	4.17	20.50	14.13	67.96	52.99	47.69
1989	1.86	4.21	37.19	29.68	71.56	56.01	46.36
1990	1.81	4.35	35.08	27.94	70.48	55.33	43.85
1991	1.83	4.78	40.75	31.12	79.72	65.09	44.81
1992	1.72	5.07	41.38	33.47	84.00	68.62	42.50
1993	1.95	5.45	56.85	42.69	91.35	71.22	44.77
1994	2.19	5.74	52.87	42.24	94.26	72.99	41.06
1995	1.75	2.70	59.29	45.19	99.14	76.79	38.65
1996	1.55	2.74	56.62	43.30	106.71	81.69	38.90
1997	1.50	2.81	60.72	45.67	113.02	84.42	36.92
1998	1.53	2.92	74.10	54.65	133.51	90.35	34.70
1999	1.44	2.42	71.70	52.67	135.31	90.02	34.65
2000	1.45	2.91	81.68	58.39	146.40	94.72	35.69
2001	1.41	3.24	82.61	59.89	166.88	103.21	34.77
2002	1.41	3.39	91.01	65.69	221.09	138.86	36.16
2003	1.42	2.78	105.84	75.24	247.15	144.41	35.15
2004	1.61	2.94	137.22	79.95	247.08	147.09	36.04
2005	1.65	3.11	154.60	90.90	268.90	163.40	38.70
2006	1.71	2.75	145.70	84.70	284.00	164.90	40.30
2007	1.87	2.92	161.06	97.10	276.87	158.85	38.81
2008	2.44	2.44	178.54	106.78	295.26	169.43	40.52
2009	2.24	1.95	198.77	119.72	319.10	179.57	42.95
2010	2.51	2.03	225.09	132.96	348.55	198.01	46.68
2011	2.78	2.01	249.16	147.98	376.35	213.53	50.49
2012	3.13	2.06	280.31	167.03	406.67	235.77	51.46
2013	3.41	1.82	311.87	189.82	432.95	233.31	53.07
2014	3.37	1.77	342.97	205.43	466.87	286.22	56.16
2015	3.50	1.77	372.28	216.38	443.31	266.94	59.79
2016	3.66	1.63	369.24	223.53	408.10	280.07	59.30
2017	3.88	1.40	403.38	250.58	435.46	300.58	59.91
2018	4.20	1.35	431.27	261.18	461.15	318.54	63.53
2019	4.48	1.25	476.39	295.07	481.80	332.54	71.20
2020	4.81	1.16	514.82	319.89	522.01	335.73	78.14
2021	5.08	1.19	553.18	342.65	573.25	337.82	81.51

5–14 畜禽存栏情况（1978–2021 年）
Production of Livestock and Fowl in Stock （1978–2021）

单位：万头、万只（10000 heads）

年份 Year	生猪 Hogs	能繁殖母猪 Productive Sow	牛 Cattle and Buffaloes	羊 Sheep and Goats	家禽 Poultry
1978	914.98		141.58	108.43	1212.07
1979	1088.83		145.40	115.48	1296.91
1980	1165.05		141.19	105.89	1421.42
1981	1160.39		138.79	99.43	1422.41
1982	1231.17		136.01	92.57	1493.53
1983	1275.49		131.94	78.04	1774.32
1984	1327.79		129.70	67.82	1866.58
1985	1353.02		127.62	57.58	1952.44
1986	1377.37		128.10	56.42	2069.59
1987	1418.69		126.96	62.57	2193.77
1988	1448.48		127.07	67.39	2226.67
1989	1471.66		126.64	71.17	2333.55
1990	1429.13		127.63	70.77	2370.89
1991	1440.56		128.21	70.22	2631.69
1992	1444.16		128.84	71.34	2842.22
1993	1438.96		129.24	75.41	2887.70
1994	1476.05		132.41	86.42	3404.59
1995	1489.55		135.72	104.04	3499.92
1996	1477.06	124.74	137.89	114.24	3912.91
1997	1475.25	131.52	141.04	131.29	4652.46
1998	1492.95	128.38	149.24	129.58	4657.06
1999	1512.18	123.20	160.58	149.59	4936.52
2000	1509.91	117.82	164.05	160.64	5171.37
2001	1533.63	120.67	165.05	177.18	5391.94
2002	1548.89	128.01	166.85	228.75	6328.03
2003	1583.03	131.64	169.31	233.21	7813.43
2004	1640.75	141.57	170.08	365.11	10560.39
2005	1708.80	140.59	170.69	378.31	10653.30
2006	1377.40	128.80	94.00	121.86	8218.80
2007	1402.12	143.37	91.80	126.20	9054.81
2008	1521.09	149.04	97.97	140.17	9591.11
2009	1534.86	147.82	109.79	160.24	10207.54
2010	1468.86	140.01	114.53	197.29	10078.36
2011	1431.37	136.75	108.26	215.36	10562.29
2012	1395.56	136.28	110.35	229.69	11207.95
2013	1355.28	134.87	112.37	244.35	11295.25
2014	1319.05	129.45	112.47	287.63	11292.51
2015	1270.56	125.69	115.52	322.08	11506.40
2016	1204.71	118.67	109.78	322.04	11612.62
2017	1191.61	117.03	108.48	326.95	11554.84
2018	1167.19	113.77	103.69	323.16	11678.49
2019	921.62	88.17	103.38	318.79	11826.84
2020	1082.90	109.28	104.51	323.07	12382.95
2021	1179.83	116.12	107.37	329.68	12049.79

注：畜牧业数据自 2007 年起根据第三次农业普查数据进行了调整。
Note: Since 2007, the data has been adjusted in accordance with the 3rd agricultural census.

5-15 畜禽出栏情况（1978-2021 年）
Production Condition of Livestock and Fowl out Stock （1978-2021）

单位：万头、万只（10000 heads）

年份 Year	生猪 Hogs	牛 Cattle and Buffaloes	羊 Sheep and Goats	家禽 Poultry
1978	531.64	6.48	54.38	1124.34
1979	716.65	6.57	66.64	1214.29
1980	797.63	7.61	87.30	1347.86
1981	868.38	8.60	79.87	1369.43
1982	894.43	7.82	79.97	1437.90
1983	972.25	7.83	68.30	1619.07
1984	1036.42	7.36	54.43	1732.41
1985	1140.06	6.11	53.99	1966.28
1986	1190.22	6.79	41.03	2512.91
1987	1243.78	7.61	37.38	2540.55
1988	1345.77	8.28	41.49	2794.61
1989	1375.38	9.51	44.75	3074.07
1990	1375.79	10.56	46.41	3197.03
1991	1429.45	12.46	51.51	3603.05
1992	1469.47	14.20	53.26	4129.10
1993	1492.99	17.02	56.73	4496.59
1994	1555.69	20.91	63.93	6062.52
1995	1610.14	24.33	79.91	6232.27
1996	1637.51	27.74	97.81	7167.11
1997	1699.74	31.64	113.74	8557.53
1998	1720.14	32.24	130.33	8968.29
1999	1703.19	36.31	151.26	9452.27
2000	1724.96	38.49	167.94	10209.07
2001	1746.85	41.26	182.62	10821.87
2002	1781.69	43.94	209.05	11492.06
2003	1828.49	48.91	235.86	12731.57
2004	1909.32	51.81	284.55	13737.37
2005	2006.39	53.82	306.18	15087.63
2006	1732.80	34.78	127.34	12328.17
2007	1757.17	35.70	136.81	12750.11
2008	1843.67	39.21	161.92	15746.71
2009	1916.65	43.87	187.60	16914.51
2010	1895.65	44.92	224.11	18218.55
2011	1877.63	46.43	246.92	18952.04
2012	1877.56	48.06	269.28	19802.49
2013	1898.60	50.52	300.01	20246.09
2014	1912.11	53.81	342.94	20238.08
2015	1857.09	55.38	391.65	20362.07
2016	1767.74	56.35	446.66	20569.84
2017	1751.11	55.74	448.91	21315.90
2018	1758.22	54.49	447.04	21349.17
2019	1480.42	54.90	449.41	22415.23
2020	1434.53	55.53	449.67	22872.22
2021	1806.86	57.20	454.65	24077.59

注：畜牧业数据自 2007 年起根据第三次农业普查数据进行了调整。
Note: Since 2007, the data has been adjusted in accordance with the 3rd agricultural census.

5-16 主要畜禽产品产量（1978-2021 年）
Output of Major Livestock and Poultry Products （1978-2021）

单位：万吨（10000 tons）

年份 Year	肉类 Meat	猪肉 Pork	禽肉 Poultry Meat	禽蛋 Poultry Eggs
1978	40.51	37.38	1.70	4.46
1979	53.83	50.38	1.83	4.98
1980	59.89	55.92	2.03	5.51
1981	64.93	60.90	2.06	5.97
1982	66.91	62.73	2.17	6.69
1983	72.53	68.19	2.46	7.57
1984	77.04	72.69	2.63	8.31
1985	84.45	79.95	2.77	8.77
1986	88.56	83.15	3.53	9.44
1987	92.76	86.89	3.57	9.98
1988	99.85	94.02	3.93	10.17
1989	102.41	96.09	4.32	11.24
1990	102.92	96.12	4.49	12.01
1991	107.45	99.87	5.06	12.94
1992	111.47	102.66	5.80	14.61
1993	113.73	104.30	6.32	15.71
1994	121.61	108.48	8.52	17.32
1995	127.22	112.27	8.76	19.18
1996	133.22	114.18	10.07	20.85
1997	141.86	119.66	11.98	23.50
1998	140.00	121.61	12.56	24.46
1999	140.50	120.61	13.23	26.29
2000	143.91	122.45	14.19	27.89
2001	147.88	124.87	15.15	29.79
2002	152.40	127.48	16.09	31.58
2003	159.51	131.82	17.92	35.36
2004	167.01	136.43	19.36	36.55
2005	178.39	144.46	21.44	39.15
2006	151.50	124.83	18.74	30.30
2007	159.30	128.40	19.72	31.69
2008	172.47	136.58	25.14	31.86
2009	179.67	140.20	26.94	33.95
2010	181.62	139.13	28.67	34.47
2011	182.63	138.02	29.63	33.99
2012	184.56	138.00	30.96	35.69
2013	188.04	139.79	31.28	35.92
2014	191.28	140.94	31.42	37.06
2015	185.97	136.79	31.61	38.16
2016	180.70	130.62	31.72	39.10
2017	180.56	129.97	32.20	40.31
2018	182.25	132.16	32.34	41.46
2019	163.81	112.07	34.06	43.52
2020	161.20	108.82	35.06	45.72
2021	196.59	142.01	36.74	47.87

注：畜牧业数据自 2007 年起根据第三次农业普查数据进行了调整。
Note: Since 2007, the data has been adjusted in accordance with the 3rd agricultural census.

5-17 水产品养殖面积与产量（1978-2021 年）
Aquatic Breeding Area and Products （1978-2021）

单位：万吨、万亩（10000 tons, 10000 mu）

年份 Year	水产品养殖面积 Culture Area				水产品产量 Aquatic Products		
	合计 Total	池塘 Ponds	水库 Reservoirs	河沟 Brooks	合计 Total	养殖产量 Breeding Production	捕捞产量 Halieutics Output
1978	51.45	20.97	24.33	0.47	1.44	1.25	0.18
1979	52.44	20.96	25.29	0.66	1.59	1.43	0.16
1980	56.16	21.56	25.75	0.83	1.77	1.57	0.20
1981	56.67	20.45	25.68	0.84	1.98	1.74	0.24
1982	60.29	23.00	26.15	0.66	2.42	2.13	0.29
1983	64.77	25.75	25.39	1.07	2.98	2.68	0.30
1984	69.01	27.40	25.95	1.37	3.52	3.15	0.36
1985	85.00	30.39	39.29	1.35	4.28	3.88	0.40
1986	86.81	32.40	26.78	1.42	4.78	4.37	0.41
1987	85.22	32.45	27.16	1.36	5.19	4.71	0.48
1988	88.99	32.28	27.10	1.48	5.84	5.29	0.55
1989	94.17	33.86	27.61	1.73	6.57	5.99	0.58
1990	94.52	34.38	27.63	1.75	6.55	5.94	0.61
1991	100.21	33.34	27.28	1.86	7.18	6.53	0.65
1992	100.44	34.42	28.26	1.82	7.45	6.79	0.66
1993	107.55	36.36	26.54	2.01	8.92	8.20	0.73
1994	105.92	38.28	26.93	1.99	10.35	9.37	0.72
1995	140.26	49.15	30.32	2.42	12.13	11.01	0.86
1996	153.40	52.41	31.96	2.81	14.07	12.91	0.90
1997	143.22	53.17	34.31	2.70	16.07	14.99	1.06
1998	80.76	43.85	32.42	3.12	17.86	16.37	1.49
1999	82.13	44.91	32.45	3.21	19.13	17.85	1.28
2000	84.75	44.45	35.90	3.29	20.03	18.75	1.28
2001	102.59	45.18	32.37	21.77	19.70	18.44	1.26
2002	103.82	46.07	32.37	21.89	21.16	19.93	1.23
2003	102.84	47.54	34.82	18.20	22.49	21.27	1.22
2004	103.32	48.59	34.71	18.18	23.93	22.63	1.29
2005	104.52	49.25	35.24	18.21	25.06	23.76	1.30
2006	52.29	27.45	24.60	0.15	16.40	15.50	0.90
2007	55.71	29.33	24.86	0.78	18.52	17.54	0.98
2008	49.39	26.95	16.22	0.53	19.06	18.07	0.99
2009	79.29	43.01	24.47	3.07	20.39	19.40	0.99
2010	114.59	62.64	39.83	11.23	22.43	21.33	1.10
2011	121.87	68.10	41.14	11.81	27.56	26.26	1.30
2012	126.51	71.72	41.97	11.87	33.07	31.58	1.49
2013	132.06	76.54	42.83	11.73	38.50	37.02	1.48
2014	140.40	80.72	43.39	15.59	44.34	42.31	2.03
2015	145.01	84.26	43.20	16.85	48.09	46.05	2.04
2016	120.21	75.34	42.74	2.13	49.06	47.09	1.97
2017	123.31	78.43	42.74	2.13	51.51	49.62	1.89
2018	124.54	79.56	42.94	2.03	52.96	51.07	1.88
2019	124.23	79.64	42.56	2.03	54.17	52.41	1.76
2020	124.46	72.92	49.97	1.51	52.40	51.88	0.51
2021	126.53	74.55	51.83	0.00	54.53	54.53	0.00

5-18 主要农作物产品产量（1978-2021 年）
Output of Major Agricultural and Subsidiary Products （1978-2021）

单位：吨（ton）

年份 Year	粮食 Grain	稻谷 Rice	蔬菜 Vegetables	油料 Oil-bearing Crops	水果 Fruits
1978	8147124	3450743	2439529	77118	79148
1979	8717105	3412959	2344061	91314	102035
1980	8354304	3415928	2298578	115738	156943
1981	8838662	3874043	2922414	159868	151724
1982	9740178	4097533	3387654	220378	131617
1983	9983024	4552317	3376951	145813	212635
1984	10483598	5003031	3586734	145217	230047
1985	9489734	4617324	3908601	181214	247034
1986	10049167	4934142	4219393	209114	286134
1987	10045128	4995618	4390009	208934	295728
1988	9580177	5030015	4609285	192527	205033
1989	10448847	5418132	4693117	187824	371924
1990	10850650	5504018	4996119	220215	350842
1991	11152754	5359013	5330009	269213	407533
1992	10502382	5090735	5413806	251814	413834
1993	10527245	4799036	5582304	217034	568527
1994	11340991	5231338	5698265	192613	528743
1995	11536828	5326334	5939064	251217	592936
1996	11721384	5426385	6370253	236044	566177
1997	11846286	5524370	6684420	233414	607242
1998	11553604	5193805	7113007	251129	740977
1999	11430451	5330086	7371081	240859	717046
2000	11312145	5254279	7754156	310559	816841
2001	10353518	4664508	7799590	299617	826121
2002	10821456	4844176	8083098	350444	1134114
2003	10872037	4942970	8401712	382742	1285880
2004	11445661	5095471	8635651	417501	1372247
2005	11681864	5214283	8904721	427121	1546266
2006	8084000	3449000	7998819	289431	1457446
2007	10640660	4851318	9085629	305777	1610598
2008	11121659	5172606	10293215	350682	1785382
2009	10837780	4957044	10620590	399733	1987731
2010	10806347	4991637	11547990	438143	2250858
2011	10641642	4753640	13859553	457854	2491583
2012	10605149	4753577	15083578	491646	2803114
2013	10551524	4771649	15448183	520004	3118699
2014	10438871	4754606	16299571	554631	3429746
2015	10510549	4765632	17078563	581160	3722795
2016	10781955	4875788	17954900	608526	3692436
2017	10798713	4869921	18626281	623962	4033758
2018	10793424	4869190	19327250	637002	4312655
2019	10751532	4870024	20087555	651898	4763907
2020	10814189	4891910	20925677	670672	5148206
2021	10928403	4930492	21843320	684791	5531813

注：本表 2006 年始数据根据农普数据衔接。
Note:Data of animal husbandry after 2006 in this table are adjusted according to the National Agricultural Census.

5-19 主要农作物产品年增长率（1979-2021 年）
Yearly Growth Rate of Major Agricultural and Subsidiary Products （1979-2021）

单位：%（%）

年份 Year	粮食 Grain	稻谷 Rice	蔬菜 Vegetables	油料 Oil-bearing Crops	水果 Fruits
1979	7.0	-1.1	-3.9	18.4	28.9
1980	-4.2	0.1	-1.9	26.8	53.8
1981	5.8	13.4	27.1	38.1	-3.3
1982	10.2	5.8	15.9	37.9	-13.3
1983	2.5	11.1	-0.3	-33.8	61.6
1984	5.0	9.9	6.2	-0.4	8.2
1985	-9.5	-7.7	9.0	24.8	7.4
1986	5.9	6.9	8.0	15.4	15.8
1987	0.0	1.3	4.0	-0.1	3.3
1988	-4.6	0.7	5.0	-7.8	-30.7
1989	9.1	7.7	1.8	-2.4	81.4
1990	3.8	1.6	6.5	17.3	-5.7
1991	2.8	-2.6	6.7	22.3	16.2
1992	-5.8	-5.0	1.6	-6.5	1.6
1993	0.2	-5.7	3.1	-13.8	37.4
1994	7.7	9.0	2.1	-11.3	-7.0
1995	1.7	1.8	4.2	30.4	12.1
1996	1.6	1.9	7.3	-6.0	-4.5
1997	1.1	1.8	4.9	-1.1	7.3
1998	-2.5	-6.0	6.4	7.6	22.0
1999	-1.1	2.6	3.6	-4.1	-3.2
2000	-1.0	-1.4	5.2	28.9	13.9
2001	-8.5	-11.2	0.6	-3.5	1.1
2002	4.5	3.8	3.6	17.0	37.3
2003	0.5	2.0	3.9	9.2	13.4
2004	5.3	3.1	2.8	9.1	6.7
2005	2.1	2.3	3.1	2.3	12.7
2006	-30.8	-33.9	-10.2	-32.2	-5.7
2007	31.6	40.7	13.6	5.6	10.5
2008	4.5	6.6	13.3	14.7	10.9
2009	-2.6	-4.2	3.2	14.0	11.3
2010	-0.3	0.7	8.7	9.6	13.2
2011	-1.5	-4.8	20.0	4.5	10.7
2012	-0.3	0.0	8.8	7.4	12.5
2013	-0.5	0.4	2.4	5.8	11.3
2014	-1.1	-0.4	5.5	6.7	10.0
2015	0.7	0.2	4.8	4.8	8.5
2016	2.6	2.3	5.1	4.7	-0.8
2017	0.2	-0.1	3.7	2.5	9.2
2018	0.0	0.0	3.8	2.1	6.9
2019	-0.4	0.0	3.9	2.3	10.5
2020	0.6	0.4	4.2	2.9	8.1
2021	1.1	0.8	4.4	2.1	7.5

注：本表 2006 年始数据根据农普数据衔接。
Note:Data of animal husbandry after 2006 in this table are adjusted according to the National Agricultural Census.

5–20 主要畜禽产品年增长率（1979–2021 年）
Yearly Growth Rate of Major Livestock and Poultry Products（1979–2021）

单位：%（%）

年份 Year	肉类 Meat	猪肉 Pork	禽肉 Poultry Meat	禽蛋 Poultry Eggs
1979	32.9	34.8	7.6	11.7
1980	11.3	11.0	10.9	10.6
1981	8.4	8.9	1.5	8.3
1982	3.0	3.0	5.3	12.1
1983	8.4	8.7	13.4	13.2
1984	6.2	6.6	6.9	9.8
1985	9.6	10.0	5.3	5.5
1986	4.9	4.0	27.4	7.6
1987	4.7	4.5	1.1	5.7
1988	7.6	8.2	10.1	1.9
1989	2.6	2.2	9.9	10.5
1990	0.5	0.0	3.9	6.9
1991	4.4	3.9	12.7	7.7
1992	3.7	2.8	14.6	12.9
1993	2.0	1.6	9.0	7.5
1994	6.9	4.0	34.8	10.2
1995	4.6	3.5	2.8	10.7
1996	4.7	1.7	15.0	8.7
1997	6.5	4.8	19.0	12.7
1998	-1.3	1.6	4.8	4.1
1999	0.4	-0.8	5.3	7.5
2000	2.4	1.5	7.3	6.1
2001	2.8	2.0	6.8	6.8
2002	3.1	2.1	6.2	6.0
2003	4.7	3.4	11.4	12.0
2004	4.7	3.5	8.0	3.4
2005	6.8	5.9	10.7	7.1
2006	-15.1	-13.6	-12.6	-22.6
2007	5.1	2.9	5.2	4.6
2008	8.3	6.4	27.5	0.5
2009	4.2	2.7	7.2	6.6
2010	1.1	-0.8	6.4	1.5
2011	0.6	-0.8	3.3	-1.4
2012	1.1	0.0	4.5	5.0
2013	1.9	1.3	1.0	0.6
2014	1.7	0.8	0.4	3.2
2015	-2.8	-2.9	0.6	3.0
2016	-2.8	-4.5	0.3	2.5
2017	-0.1	-0.5	1.5	3.1
2018	0.9	1.7	0.4	2.9
2019	-10.1	-15.2	5.3	5.0
2020	-1.6	-2.9	2.9	5.1
2021	22.0	30.5	4.8	4.7

注：畜牧业数据自 2007 年起根据第三次农业普查数据进行了调整。
Note: Since 2007, the data has been adjusted in accordance with the 3rd agricultural census.

5-21 主要农作物产品人均占有量（1978-2021年）
Per Capita Possession of Major Agricultural and Subsidiary Products （1978-2021）

单位：公斤 / 人（kg/person）

年份 Year	粮食 Grain	稻谷 Rice	蔬菜 Vegetables	油料 Oil-bearing Crops	水果 Fruits
1978	309.1	130.9	92.6	2.9	3.0
1980	313.5	128.2	86.3	4.3	5.9
1985	342.8	166.8	141.2	6.5	8.9
1986	357.9	175.7	150.3	7.4	10.2
1987	353.1	175.6	154.3	7.3	10.4
1988	333.4	175.1	160.4	6.7	7.1
1989	360.7	187.0	162.0	6.5	12.8
1990	371.5	188.4	171.0	7.5	12.0
1991	379.5	182.3	181.4	9.2	13.9
1992	355.9	172.5	183.5	8.5	14.0
1993	355.1	161.9	188.3	7.3	19.2
1994	379.9	175.2	190.9	6.5	17.7
1995	384.3	177.4	197.9	8.4	19.8
1996	387.8	179.5	210.7	7.8	18.7
1997	389.3	181.5	219.7	7.7	20.0
1998	377.6	169.7	232.5	8.2	24.2
1999	372.0	173.5	239.9	7.8	23.3
2000	366.0	170.0	250.9	10.0	26.4
2001	334.2	150.6	251.8	9.7	26.7
2002	347.5	155.6	259.6	11.3	36.4
2003	347.3	157.9	268.4	12.2	41.1
2004	364.0	162.1	274.7	13.3	43.6
2005	368.6	164.5	281.0	13.5	48.8
2006	252.7	107.8	250.1	9.0	45.6
2007	328.9	149.9	280.8	9.5	49.8
2008	341.5	158.8	316.0	10.8	54.8
2009	330.9	151.3	324.2	12.2	60.7
2010	327.1	151.1	349.6	13.3	68.1
2011	319.6	142.8	416.2	13.8	74.8
2012	317.2	142.2	451.1	14.7	83.8
2013	314.2	142.1	460.0	15.5	92.9
2014	309.3	140.9	482.9	16.4	101.6
2015	311.7	141.3	506.5	17.2	110.4
2016	317.9	143.7	529.3	17.9	108.9
2017	318.6	143.7	549.5	18.4	119.0
2018	317.1	143.1	567.8	18.7	126.7
2019	314.7	142.6	588.0	19.1	139.4
2020	316.9	143.3	613.2	19.7	150.9
2021	320.0	144.4	639.7	20.1	162.0

注：1. 本表人均产量按户籍人口计算。2. 2006年始粮食、蔬菜、水果、油料、肉类采用农普衔接数计算。

Note:1. Per capita output in this table are calculated by the household population. 2. Data of grain, oil-bearing crops, vegetables, fruits and meat after 2006 are adjusted according to the National Agricultural Census.

5-22 畜禽产品人均占有量（1978-2021 年）
Per Capita Possession of Major Livestock and Poultry Products （1978-2021）

单位：公斤 / 人（kg/person）

年份 Year	肉类 Meat	猪肉 Pork	禽肉 Poultry Meat	禽蛋 Poultry Eggs
1978	15.4	14.2	0.6	1.7
1980	22.5	21.0	0.8	2.1
1985	30.5	28.9	1.0	3.2
1986	31.5	29.6	1.3	3.4
1987	32.6	30.5	1.3	3.5
1988	34.8	32.7	1.4	3.5
1989	35.3	33.2	1.5	3.9
1990	35.2	32.9	1.5	4.1
1991	36.6	34.0	1.7	4.4
1992	37.8	34.8	2.0	5.0
1993	38.4	35.2	2.1	5.3
1994	40.7	36.3	2.9	5.8
1995	42.4	37.4	2.9	6.4
1996	44.1	37.8	3.3	6.9
1997	46.6	39.3	3.9	7.7
1998	45.8	39.7	4.1	8.0
1999	45.7	39.3	4.3	8.6
2000	46.6	39.6	4.6	9.0
2001	47.7	40.3	4.9	9.6
2002	48.9	40.9	5.2	10.1
2003	51.0	42.1	5.7	11.3
2004	53.1	43.4	6.2	11.6
2005	56.3	45.6	6.8	12.4
2006	47.4	39.0	5.9	9.5
2007	49.2	39.7	6.1	9.8
2008	53.0	41.9	7.7	9.8
2009	54.9	42.8	8.2	10.4
2010	55.0	42.1	8.7	10.4
2011	54.8	41.4	8.9	10.2
2012	55.2	41.3	9.3	10.7
2013	56.0	41.6	9.3	10.7
2014	56.7	41.8	9.3	11.0
2015	55.2	40.6	9.4	11.3
2016	53.3	38.5	9.4	11.5
2017	53.3	38.3	9.5	11.9
2018	53.5	38.8	9.5	12.2
2019	47.9	32.8	10.0	12.7
2020	47.2	31.9	10.3	13.4
2021	57.6	41.6	10.8	14.0

注：本表人均产量按户籍人口计算。畜牧业数据自 2007 年起根据第三次农业普查数据进行了调整。

Note:Per capita output in this table are calculated by the household population. Since 2007, the data has been adjusted in accordance with the 3rd agricultural census.

5-23 各区县基层组织及人口（2011年）
Primary-level Organizations and Population by Region of Chongqing （2011）

单位：个、万人（unit, 10000 persons）

地 区	Region	乡镇个数 Number of Township and Town Governments	行政村个数 Number of Villagers' Committees	乡村人口 Rural Population	乡村从业人员 Rural Employees	一产业 Primary Industry
重庆市	**Chongqing**	**912**	**8616**	**2324.50**	**1369.98**	**604.04**
万州区	Wanzhou District	51	448	127.55	72.85	33.60
黔江区	Qianjiang District	27	156	48.21	28.64	15.97
涪陵区	Fuling District	25	319	80.95	52.78	22.68
渝中区	Yuzhong District					
大渡口区	Dadukou District	3	32	3.36	2.08	0.87
江北区	Jiangbei District	3	51	4.12	2.29	1.22
沙坪坝区	Shapingba District	11	86	14.18	8.69	2.59
九龙坡区	Jiulongpo District	11	100	21.04	12.85	4.30
南岸区	Nan'an District	8	60	26.63	5.96	2.15
北碚区	Beibei District	12	118	31.38	20.85	6.97
渝北区	Yubei District	17	216	45.42	29.74	14.48
巴南区	Ba'nan District	22	197	55.78	34.79	13.02
长寿区	Changshou District	18	226	66.33	42.62	15.32
江津区	Jiangjin District	23	184	116.16	69.48	26.58
合川区	Hechuan District	30	331	118.83	75.36	35.51
永川区	Yongchuan District	23	208	72.60	36.74	11.46
南川区	Nanchuan District	34	185	61.83	34.95	14.44
綦江区	Qijiang District	28	365	91.13	49.42	19.99
大足区	Dazu District	27	232	68.98	37.44	18.86
璧山区	Bishan District	15	150	45.58	33.12	11.24
铜梁区	Tongliang District	22	281	81.55	49.16	23.30
潼南区	Tongnan District	28	269	65.42	40.00	13.89
荣昌区	Rongchang District	21	92	64.51	41.99	17.86
开州区	Kaizhou District	33	435	140.69	78.63	30.53
梁平区	Liangping District	34	316	80.28	47.42	19.96
武隆区	Wulong District	25	186	37.48	23.21	11.90
城口县	Chengkou County	25	184	22.15	11.04	5.19
丰都县	Fengdu County	30	277	65.55	36.54	19.56
垫江县	Dianjiang County	24	243	75.23	50.44	23.31
忠 县	Zhongxian County	27	318	78.17	43.28	16.51
云阳县	Yunyang County	38	396	102.13	52.02	22.47
奉节县	Fengjie County	29	332	90.14	43.88	18.69
巫山县	Wushan County	24	308	53.42	30.41	14.12
巫溪县	Wuxi County	32	298	44.64	26.80	11.86
石柱县	Shizhu County	31	214	43.22	27.43	19.37
秀山县	Xiushan County	24	235	45.77	34.43	15.22
酉阳县	Youyang County	38	270	72.97	45.31	30.36
彭水县	Pengshui County	39	298	61.14	37.34	18.70

5-23 各区县基层组织及人口（2012 年）
Primary-level Organizations and Population by Region of Chongqing （2012）

续表 1（continued1） 单位：个、万人（unit, 10000 persons）

地 区	Region	乡镇个数 Number of Township and Town Governments	行政村个数 Number of Villagers' Committees	乡村人口 Rural Population	乡村从业人员 Rural Employees	一产业 Primary Industry
重庆市	**Chongqing**	**912**	**8616**	**2324.50**	**1369.98**	**604.04**
万州区	Wanzhou District	51	448	127.55	72.85	33.60
黔江区	Qianjiang District	27	156	48.21	28.64	15.97
涪陵区	Fuling District	25	319	80.95	52.78	22.68
渝中区	Yuzhong District					
大渡口区	Dadukou District	3	32	3.36	2.08	0.87
江北区	Jiangbei District	3	51	4.12	2.29	1.22
沙坪坝区	Shapingba District	11	86	14.18	8.69	2.59
九龙坡区	Jiulongpo District	11	100	21.04	12.85	4.30
南岸区	Nan'an District	8	60	26.63	5.96	2.15
北碚区	Beibei District	12	118	31.38	20.85	6.97
渝北区	Yubei District	17	216	45.42	29.74	14.48
巴南区	Ba'nan District	22	197	55.78	34.79	13.02
长寿区	Changshou District	18	226	66.33	42.62	15.32
江津区	Jiangjin District	23	184	116.16	69.48	26.58
合川区	Hechuan District	30	331	118.83	75.36	35.51
永川区	Yongchuan District	23	208	72.60	36.74	11.46
南川区	Nanchuan District	34	185	61.83	34.95	14.44
綦江区	Qijiang District	28	365	91.13	49.42	19.99
大足区	Dazu District	27	232	68.98	37.44	18.86
璧山区	Bishan District	15	150	45.58	33.12	11.24
铜梁区	Tongliang District	22	281	81.55	49.16	23.30
潼南区	Tongnan District	28	269	65.42	40.00	13.89
荣昌区	Rongchang District	21	92	64.51	41.99	17.86
开州区	Kaizhou District	33	435	140.69	78.63	30.53
梁平区	Liangping District	34	316	80.28	47.42	19.96
武隆区	Wulong District	25	186	37.48	23.21	11.90
城口县	Chengkou County	25	184	22.15	11.04	5.19
丰都县	Fengdu County	30	277	65.55	36.54	19.56
垫江县	Dianjiang County	24	243	75.23	50.44	23.31
忠 县	Zhongxian County	27	318	78.17	43.28	16.51
云阳县	Yunyang County	38	396	102.13	52.02	22.47
奉节县	Fengjie County	29	332	90.14	43.88	18.69
巫山县	Wushan County	24	308	53.42	30.41	14.12
巫溪县	Wuxi County	32	298	44.64	26.80	11.86
石柱县	Shizhu County	31	214	43.22	27.43	19.37
秀山县	Xiushan County	24	235	45.77	34.43	15.22
酉阳县	Youyang County	38	270	72.97	45.31	30.36
彭水县	Pengshui County	39	298	61.14	37.34	18.70

5-23 各区县基层组织及人口（2013 年）
Primary-level Organizations and Population by Region of Chongqing（2013）

续表 2（continued2）　　　　单位：个、万人（unit, 10000 persons）

地 区	Region	乡镇个数 Number of Township and Town Governments	行政村个数 Number of Villagers' Committees	乡村人口 Rural Population	乡村从业人员 Rural Employees	一产业 Primary Industry
重庆市	**Chongqing**	**916**	**8428**	**2267.73**	**1328.79**	**563.69**
万州区	Wanzhou District	51	448	121.92	71.35	31.71
黔江区	Qianjiang District	30	156	46.03	28.16	13.67
涪陵区	Fuling District	25	315	80.94	53.46	22.11
渝中区	Yuzhong District					
大渡口区	Dadukou District	3	32	2.91	1.95	0.74
江北区	Jiangbei District	3	40	3.01	1.28	0.56
沙坪坝区	Shapingba District	12	86	13.71	6.94	1.72
九龙坡区	Jiulongpo District	11	100	21.48	12.67	3.82
南岸区	Nan'an District	8	59	30.51	5.63	1.69
北碚区	Beibei District	12	118	31.28	20.08	5.77
渝北区	Yubei District	17	212	43.21	28.41	12.21
巴南区	Ba'nan District	22	198	56.47	35.23	12.49
长寿区	Changshou District	18	223	65.04	31.24	13.21
江津区	Jiangjin District	24	180	111.29	68.53	26.24
合川区	Hechuan District	30	327	107.34	74.70	33.62
永川区	Yongchuan District	23	208	73.49	37.39	12.65
南川区	Nanchuan District	34	185	50.54	33.38	11.70
綦江区	Qijiang District	28	365	88.48	47.87	16.44
大足区	Dazu District	26	209	76.22	24.99	10.73
璧山区	Bishan District	15	142	45.89	34.42	10.80
铜梁区	Tongliang District	28	269	62.28	41.00	13.84
潼南区	Tongnan District	22	281	79.28	48.50	22.69
荣昌区	Rongchang District	21	92	47.86	41.83	17.39
开州区	Kaizhou District	33	434	140.11	79.74	29.83
梁平区	Liangping District	32	310	83.95	49.24	20.16
武隆区	Wulong District	25	186	37.47	23.11	11.89
城口县	Chengkou County	25	176	22.28	10.79	4.83
丰都县	Fengdu County	30	277	65.69	36.79	18.67
垫江县	Dianjiang County	24	235	74.48	50.63	20.98
忠 县	Zhongxian County	27	312	76.00	42.13	16.07
云阳县	Yunyang County	38	393	97.53	46.13	20.13
奉节县	Fengjie County	29	332	90.65	44.37	17.90
巫山县	Wushan County	24	307	52.73	29.39	13.72
巫溪县	Wuxi County	32	289	46.86	26.36	11.59
石柱县	Shizhu County	31	213	41.46	26.33	18.64
秀山县	Xiushan County	26	208	43.58	34.33	15.03
酉阳县	Youyang County	38	270	77.73	45.14	30.16
彭水县	Pengshui County	39	241	58.03	35.31	18.30

5-23 各区县基层组织及人口（2014 年）
Primary-level Organizations and Population by Region of Chongqing （2014）

续表 3（continued3）　　单位：个、万人（unit, 10000 persons）

地 区	Region	乡镇个数 Number of Township and Town Governments	行政村个数 Number of Villagers' Committees	乡村人口 Rural Population	乡村从业人员 Rural Employees	一产业 Primary Industry
重庆市	**Chongqing**			**2246.31**	**1312.96**	**562.54**
万州区	Wanzhou District			120.57	70.27	31.25
黔江区	Qianjiang District			46.32	28.37	12.30
涪陵区	Fuling District			80.80	53.36	22.06
渝中区	Yuzhong District					
大渡口区	Dadukou District			2.58	1.33	0.49
江北区	Jiangbei District			2.29	1.35	0.56
沙坪坝区	Shapingba District			13.51	7.07	1.69
九龙坡区	Jiulongpo District			21.35	12.44	3.56
南岸区	Nan'an District			31.84	5.56	1.63
北碚区	Beibei District			30.48	19.58	5.55
渝北区	Yubei District			40.07	25.94	10.76
巴南区	Ba'nan District			55.57	34.31	12.16
长寿区	Changshou District			62.87	30.14	10.08
江津区	Jiangjin District			110.14	67.76	25.94
合川区	Hechuan District			102.05	74.27	33.48
永川区	Yongchuan District			75.24	38.72	13.24
南川区	Nanchuan District			48.57	32.98	11.50
綦江区	Qijiang District			87.56	47.97	19.53
大足区	Dazu District			76.19	25.02	10.74
璧山区	Bishan District			44.24	33.45	10.24
铜梁区	Tongliang District			61.95	40.07	13.12
潼南区	Tongnan District			77.38	46.79	20.45
荣昌区	Rongchang District			47.75	41.47	16.52
开州区	Kaizhou District			140.09	79.71	29.64
梁平区	Liangping District			83.96	49.18	19.92
武隆区	Wulong District			37.77	22.79	11.52
城口县	Chengkou County			22.38	10.84	4.83
丰都县	Fengdu County			65.57	35.08	18.66
垫江县	Dianjiang County			74.27	50.63	20.76
忠 县	Zhongxian County			75.00	40.28	15.25
云阳县	Yunyang County			96.53	45.32	23.01
奉节县	Fengjie County			91.68	45.10	17.51
巫山县	Wushan County			51.81	29.31	13.69
巫溪县	Wuxi County			46.88	25.81	11.52
石柱县	Shizhu County			41.64	26.44	22.14
秀山县	Xiushan County			43.57	34.30	15.03
酉阳县	Youyang County			77.88	44.75	30.13
彭水县	Pengshui County			57.96	35.20	22.10

5-23 各区县基层组织及人口（2015 年）
Primary-level Organizations and Population by Region of Chongqing （2015）

续表 4（continued4） 单位：个、万人（unit, 10000 persons）

地 区	Region	乡镇个数 Number of Township and Town Governments	行政村个数 Number of Villagers' Committees	乡村人口 Rural Population	乡村从业人员 Rural Employees	一产业 Primary Industry
重庆市	Chongqing			2225.75	1309.23	556.95
万州区	Wanzhou District			118.95	70.06	30.94
黔江区	Qianjiang District			46.60	29.44	12.29
涪陵区	Fuling District			80.58	54.60	21.40
渝中区	Yuzhong District					
大渡口区	Dadukou District			2.35	1.32	0.44
江北区	Jiangbei District			2.06	1.24	0.52
沙坪坝区	Shapingba District			13.41	7.08	1.63
九龙坡区	Jiulongpo District			21.31	12.11	3.39
南岸区	Nan'an District			31.93	5.42	1.71
北碚区	Beibei District			28.43	17.74	5.11
渝北区	Yubei District			38.98	25.11	10.08
巴南区	Ba'nan District			46.06	29.74	10.81
长寿区	Changshou District			62.67	30.09	10.24
江津区	Jiangjin District			109.56	67.53	25.86
合川区	Hechuan District			101.63	73.14	32.52
永川区	Yongchuan District			75.25	43.80	15.46
南川区	Nanchuan District			46.62	31.75	11.18
綦江区	Qijiang District			87.48	47.77	19.19
大足区	Dazu District			75.62	25.82	11.00
璧山区	Bishan District			43.80	33.54	10.46
铜梁区	Tongliang District			61.45	43.21	12.82
潼南区	Tongnan District			78.95	40.98	18.08
荣昌区	Rongchang District			47.88	41.42	16.42
开州区	Kaizhou District			141.98	82.42	30.84
梁平区	Liangping District			83.37	49.14	19.79
武隆区	Wulong District			37.26	22.98	11.35
城口县	Chengkou County			22.18	10.85	4.93
丰都县	Fengdu County			65.47	34.95	18.52
垫江县	Dianjiang County			74.10	50.61	20.68
忠 县	Zhongxian County			74.31	39.09	14.77
云阳县	Yunyang County			96.03	45.01	22.55
奉节县	Fengjie County			90.69	44.53	17.26
巫山县	Wushan County			52.01	29.25	13.63
巫溪县	Wuxi County			46.93	26.02	11.61
石柱县	Shizhu County			41.45	26.32	22.41
秀山县	Xiushan County			42.92	34.84	15.07
酉阳县	Youyang County			77.79	45.22	30.08
彭水县	Pengshui County			57.70	35.10	21.93

5-23 各区县基层组织及人口（2016 年）
Primary-level Organizations and Population by Region of Chongqing （2016）

续表 5（continued5） 单位：个、万人（unit, 10000 persons）

地 区	Region	乡镇个数 Number of Township and Town Governments	行政村个数 Number of Villagers' Committees	乡村人口 Rural Population	乡村从业人员 Rural Employees	一产业 Primary Industry
重庆市	**Chongqing**			**2196.19**	**1302.54**	**550.45**
万州区	Wanzhou District			117.60	69.64	30.72
黔江区	Qianjiang District			46.84	29.53	11.73
涪陵区	Fuling District			80.60	54.69	21.42
渝中区	Yuzhong District					
大渡口区	Dadukou District			2.27	1.14	0.48
江北区	Jiangbei District			2.03	1.13	0.45
沙坪坝区	Shapingba District			13.35	7.08	1.54
九龙坡区	Jiulongpo District			20.58	11.51	3.21
南岸区	Nan'an District			33.52	18.02	1.72
北碚区	Beibei District			24.69	15.05	4.63
渝北区	Yubei District			38.08	24.09	9.55
巴南区	Ba'nan District			44.78	28.84	10.71
长寿区	Changshou District			61.32	29.34	10.04
江津区	Jiangjin District			108.11	66.74	25.55
合川区	Hechuan District			100.71	73.15	32.47
永川区	Yongchuan District			74.85	40.04	15.02
南川区	Nanchuan District			45.66	30.92	11.07
綦江区	Qijiang District			87.50	47.68	19.07
大足区	Dazu District			75.04	25.96	10.91
璧山区	Bishan District			43.61	33.62	10.34
铜梁区	Tongliang District			61.31	40.07	11.98
潼南区	Tongnan District			72.67	38.28	17.15
荣昌区	Rongchang District			47.14	41.70	16.42
开州区	Kaizhou District			142.27	82.48	30.76
梁平区	Liangping District			83.20	49.06	19.33
武隆区	Wulong District			37.34	23.05	11.35
城口县	Chengkou County			21.92	10.72	5.52
丰都县	Fengdu County			65.44	34.93	18.51
垫江县	Dianjiang County			73.74	50.11	20.66
忠 县	Zhongxian County			72.19	38.43	14.40
云阳县	Yunyang County			95.57	44.65	22.35
奉节县	Fengjie County			87.84	44.64	17.46
巫山县	Wushan County			52.22	29.14	13.57
巫溪县	Wuxi County			46.77	25.92	11.52
石柱县	Shizhu County			38.60	26.04	22.17
秀山县	Xiushan County			41.51	34.78	14.83
酉阳县	Youyang County			77.91	45.36	30.03
彭水县	Pengshui County			57.44	35.02	21.78

5-23 各区县基层组织及人口（2017 年）
Primary-level Organizations and Population by Region of Chongqing （2017）

续表 6（continued6） 单位：个、万人（unit, 10000 persons）

地 区	Region	乡镇个数 Number of Township and Town Governments	行政村个数 Number of Villagers' Committees	乡村人口 Rural Population	乡村从业人员 Rural Employees	一产业 Primary Industry
重庆市	**Chongqing**			**2171.22**	**1281.69**	**546.32**
万州区	Wanzhou District			116.92	68.90	30.34
黔江区	Qianjiang District			46.85	29.53	11.58
涪陵区	Fuling District			80.62	54.76	21.44
渝中区	Yuzhong District					
大渡口区	Dadukou District			2.14	0.95	0.44
江北区	Jiangbei District			1.74	0.93	0.38
沙坪坝区	Shapingba District			12.97	5.91	2.12
九龙坡区	Jiulongpo District			19.63	11.01	3.11
南岸区	Nan'an District			29.41	14.95	1.44
北碚区	Beibei District			25.85	15.53	4.76
渝北区	Yubei District			35.54	22.52	8.72
巴南区	Ba'nan District			44.49	28.43	10.51
长寿区	Changshou District			60.31	28.76	9.58
江津区	Jiangjin District			107.37	66.31	25.38
合川区	Hechuan District			100.61	73.15	32.47
永川区	Yongchuan District			75.25	40.71	18.28
南川区	Nanchuan District			44.73	30.22	10.95
綦江区	Qijiang District			86.14	46.61	18.65
大足区	Dazu District			75.02	24.34	10.14
璧山区	Bishan District			36.72	31.91	9.86
铜梁区	Tongliang District			61.00	41.61	12.00
潼南区	Tongnan District			72.89	37.99	17.74
荣昌区	Rongchang District			47.87	41.31	16.21
开州区	Kaizhou District			136.42	81.26	30.19
梁平区	Liangping District			82.80	47.97	19.18
武隆区	Wulong District			37.43	23.05	11.06
城口县	Chengkou County			21.34	9.80	5.43
丰都县	Fengdu County			64.19	32.56	17.11
垫江县	Dianjiang County			73.63	50.09	20.73
忠 县	Zhongxian County			71.05	37.81	14.17
云阳县	Yunyang County			95.51	44.50	22.29
奉节县	Fengjie County			85.21	43.80	16.89
巫山县	Wushan County			53.48	28.59	14.13
巫溪县	Wuxi County			46.52	25.34	11.34
石柱县	Shizhu County			38.53	25.99	22.13
秀山县	Xiushan County			46.57	34.86	15.10
酉阳县	Youyang County			77.88	45.40	29.12
彭水县	Pengshui County			56.59	34.32	21.35

5-23 各区县基层组织及人口（2018 年）
Primary-level Organizations and Population by Region of Chongqing （2018）

续表 7（continued7） 单位：个、万人（unit, 10000 persons）

地 区	Region	乡镇个数 Number of Township and Town Governments	行政村个数 Number of Villagers' Committees	乡村人口 Rural Population	乡村从业人员 Rural Employees	一产业 Primary Industry
重庆市	**Chongqing**			**2158.30**	**1258.41**	**538.62**
万州区	Wanzhou District			116.50	68.20	30.10
黔江区	Qianjiang District			46.93	29.72	11.39
涪陵区	Fuling District			80.64	54.84	21.47
渝中区	Yuzhong District					
大渡口区	Dadukou District			2.03	0.93	0.42
江北区	Jiangbei District			1.73	0.95	0.38
沙坪坝区	Shapingba District			12.49	5.73	2.05
九龙坡区	Jiulongpo District			19.10	10.70	2.96
南岸区	Nan'an District			31.30	14.80	1.45
北碚区	Beibei District			22.97	13.99	4.46
渝北区	Yubei District			34.50	21.25	7.83
巴南区	Ba'nan District			45.44	28.01	10.15
长寿区	Changshou District			59.58	25.48	10.92
江津区	Jiangjin District			106.98	66.03	25.26
合川区	Hechuan District			101.98	73.14	32.00
永川区	Yongchuan District			74.78	41.64	18.47
南川区	Nanchuan District			43.91	29.51	10.80
綦江区	Qijiang District			85.30	46.05	18.29
大足区	Dazu District			74.90	24.24	10.11
璧山区	Bishan District			35.79	30.74	9.50
铜梁区	Tongliang District			60.61	40.06	11.34
潼南区	Tongnan District			72.87	37.99	17.55
荣昌区	Rongchang District			48.55	40.96	15.82
开州区	Kaizhou District			135.63	78.44	30.39
梁平区	Liangping District			82.78	47.42	19.03
武隆区	Wulong District			37.41	22.74	10.85
城口县	Chengkou County			21.18	9.75	5.34
丰都县	Fengdu County			62.85	30.90	16.47
垫江县	Dianjiang County			74.13	48.08	20.56
忠 县	Zhongxian County			71.03	37.80	14.14
云阳县	Yunyang County			95.18	44.40	22.22
奉节县	Fengjie County			84.66	43.78	16.85
巫山县	Wushan County			53.52	27.66	13.74
巫溪县	Wuxi County			42.28	24.86	11.18
石柱县	Shizhu County			38.69	24.84	20.20
秀山县	Xiushan County			46.41	33.88	15.10
酉阳县	Youyang County			77.84	45.22	29.00
彭水县	Pengshui County			55.82	33.66	20.86

5-23 各区县基层组织及人口（2019年）
Primary-level Organizations and Population by Region of Chongqing （2019）

续表 8（continued8） 单位：个、万人（unit, 10000 persons）

地 区	Region	乡镇个数 Number of Township and Town Governments	行政村个数 Number of Villagers' Committees	乡村人口 Rural Population	乡村从业人员 Rural Employees	一产业 Primary Industry
重庆市	**Chongqing**			**2119.44**	**1232.75**	**529.96**
万州区	Wanzhou District			116.29	67.49	29.61
黔江区	Qianjiang District			47.10	29.93	11.17
涪陵区	Fuling District			80.65	54.93	21.50
渝中区	Yuzhong District					
大渡口区	Dadukou District			2.01	0.86	0.42
江北区	Jiangbei District			1.73	0.95	0.38
沙坪坝区	Shapingba District			12.29	5.85	1.88
九龙坡区	Jiulongpo District			19.11	10.18	2.93
南岸区	Nan'an District			19.69	10.17	1.28
北碚区	Beibei District			22.51	13.57	4.44
渝北区	Yubei District			32.95	19.57	7.20
巴南区	Ba'nan District			43.32	26.99	9.35
长寿区	Changshou District			58.43	24.96	10.61
江津区	Jiangjin District			105.74	65.26	24.94
合川区	Hechuan District			102.10	73.97	32.44
永川区	Yongchuan District			74.64	40.32	18.08
南川区	Nanchuan District			43.00	29.02	10.63
綦江区	Qijiang District			81.86	44.76	18.01
大足区	Dazu District			73.00	23.34	9.72
璧山区	Bishan District			35.73	27.72	9.29
铜梁区	Tongliang District			60.04	39.39	11.72
潼南区	Tongnan District			72.70	37.28	17.37
荣昌区	Rongchang District			47.83	38.94	15.67
开州区	Kaizhou District			132.33	78.65	30.10
梁平区	Liangping District			82.10	46.93	18.85
武隆区	Wulong District			37.04	22.39	10.66
城口县	Chengkou County			21.03	9.61	5.29
丰都县	Fengdu County			61.30	30.32	16.14
垫江县	Dianjiang County			73.76	47.71	20.40
忠 县	Zhongxian County			69.72	37.09	14.03
云阳县	Yunyang County			95.04	44.33	22.19
奉节县	Fengjie County			84.68	43.79	16.85
巫山县	Wushan County			52.62	25.55	12.72
巫溪县	Wuxi County			40.43	24.72	11.05
石柱县	Shizhu County			39.09	25.23	18.99
秀山县	Xiushan County			46.31	33.53	14.94
酉阳县	Youyang County			77.80	45.05	28.89
彭水县	Pengshui County			53.48	32.42	20.21

5-23 各区县基层组织及人口（2020 年）
Primary-level Organizations and Population by Region of Chongqing （2020）

续表 9（continued9）　　　　单位：个、万人（unit, 10000 persons）

地 区	Region	乡镇个数 Number of Township and Town Governments	行政村个数 Number of Villagers' Committees	乡村人口 Rural Population	乡村从业人员 Rural Employees	一产业 Primary Industry
重庆市	**Chongqing**			**2098.81**	**1216.47**	**525.17**
万州区	Wanzhou District			113.50	65.73	28.80
黔江区	Qianjiang District			46.44	29.40	11.00
涪陵区	Fuling District			80.23	54.55	21.37
渝中区	Yuzhong District					
大渡口区	Dadukou District			1.94	0.82	0.41
江北区	Jiangbei District			1.73	0.95	0.37
沙坪坝区	Shapingba District			11.64	5.31	1.78
九龙坡区	Jiulongpo District			18.52	9.87	2.87
南岸区	Nan'an District			19.26	9.84	1.22
北碚区	Beibei District			22.23	13.48	4.42
渝北区	Yubei District			32.11	19.35	7.12
巴南区	Ba'nan District			42.96	26.57	9.14
长寿区	Changshou District			57.43	24.84	10.36
江津区	Jiangjin District			104.23	64.24	24.51
合川区	Hechuan District			101.33	73.02	31.67
永川区	Yongchuan District			74.08	41.00	18.10
南川区	Nanchuan District			42.06	28.54	10.44
綦江区	Qijiang District			80.87	44.34	17.80
大足区	Dazu District			72.99	23.33	9.71
璧山区	Bishan District			35.40	23.07	10.08
铜梁区	Tongliang District			60.02	38.90	11.51
潼南区	Tongnan District			72.55	36.81	17.19
荣昌区	Rongchang District			47.81	38.62	15.58
开州区	Kaizhou District			131.37	78.24	30.02
梁平区	Liangping District			81.65	46.81	18.83
武隆区	Wulong District			36.90	22.17	10.60
城口县	Chengkou County			20.78	9.49	5.22
丰都县	Fengdu County			61.26	30.28	16.08
垫江县	Dianjiang County			73.51	47.54	20.35
忠 县	Zhongxian County			69.17	36.80	13.90
云阳县	Yunyang County			94.92	44.28	22.18
奉节县	Fengjie County			84.25	43.61	16.82
巫山县	Wushan County			51.80	24.87	12.37
巫溪县	Wuxi County			39.49	24.55	10.90
石柱县	Shizhu County			38.57	24.75	18.75
秀山县	Xiushan County			46.07	33.21	14.75
酉阳县	Youyang County			76.97	44.96	28.81
彭水县	Pengshui County			52.76	32.35	20.13

5-23 各区县基层组织及人口（2021年）
Primary-level Organizations and Population by Region of Chongqing （2021）

续表10（continued10）　　　　单位：个、万人（unit, 10000 persons）

地 区	Region	乡镇个数 Number of Township and Town Governments	行政村个数 Number of Villagers' Committees	乡村人口 Rural Population	乡村从业人员 Rural Employees	一产业 Primary Industry
重庆市	**Chongqing**			**2071.62**	**1197.60**	**520.42**
万州区	Wanzhou District			108.54	60.34	28.18
黔江区	Qianjiang District			45.48	29.13	10.69
涪陵区	Fuling District			79.87	54.32	21.32
渝中区	Yuzhong District			0.00	0.00	0.00
大渡口区	Dadukou District			1.83	0.73	0.39
江北区	Jiangbei District			1.62	0.89	0.33
沙坪坝区	Shapingba District			10.43	4.81	1.62
九龙坡区	Jiulongpo District			18.25	8.94	2.73
南岸区	Nan'an District			19.12	9.74	1.19
北碚区	Beibei District			21.26	12.99	4.27
渝北区	Yubei District			31.80	19.26	7.07
巴南区	Ba'nan District			41.20	25.06	9.07
长寿区	Changshou District			56.95	23.88	9.93
江津区	Jiangjin District			105.02	64.65	24.72
合川区	Hechuan District			100.95	72.49	31.40
永川区	Yongchuan District			73.64	40.78	17.92
南川区	Nanchuan District			40.45	27.59	10.01
綦江区	Qijiang District			80.55	44.24	17.78
大足区	Dazu District			72.96	23.32	9.70
璧山区	Bishan District			35.26	23.07	10.10
铜梁区	Tongliang District			59.46	38.49	11.38
潼南区	Tongnan District			72.44	36.34	16.95
荣昌区	Rongchang District			47.44	37.95	15.41
开州区	Kaizhou District			131.32	78.07	29.91
梁平区	Liangping District			81.13	46.61	18.87
武隆区	Wulong District			36.75	22.10	10.57
城口县	Chengkou County			13.90	7.04	4.87
丰都县	Fengdu County			60.95	30.13	16.03
垫江县	Dianjiang County			72.81	47.13	20.26
忠 县	Zhongxian County			68.72	36.58	13.82
云阳县	Yunyang County			94.28	44.15	22.12
奉节县	Fengjie County			84.11	43.52	16.77
巫山县	Wushan County			51.47	24.78	12.30
巫溪县	Wuxi County			39.05	24.15	10.86
石柱县	Shizhu County			38.35	24.57	18.65
秀山县	Xiushan County			45.85	32.86	14.57
酉阳县	Youyang County			76.02	44.66	28.61
彭水县	Pengshui County			52.43	32.24	20.05

5-24 各区县主要农作物播种面积（2011 年）
Sown Area of Major Farm Crops by Region of Chongqing（2011）

单位：公顷（hectare）

地 区	Region	粮食 Grain	稻谷 Rice	蔬菜 Vegetables	油料 Oil-bearing Crops
重庆市	**Chongqing**	2089469	656816	610722	253502
万州区	Wanzhou District	99053	31100	38149	8992
黔江区	Qianjiang District	52986	9875	9273	9212
涪陵区	Fuling District	90661	32945	65996	2892
渝中区	Yuzhong District				
大渡口区	Dadukou District	294	7	1626	
江北区	Jiangbei District	2233	555	955	38
沙坪坝区	Shapingba District	3369	1112	3448	27
九龙坡区	Jiulongpo District	4320	1739	5573	503
南岸区	Nan'an District	1731	397	1628	
北碚区	Beibei District	14413	4466	12343	639
渝北区	Yubei District	29536	5727	10781	1857
巴南区	Ba'nan District	48532	14094	16803	1276
长寿区	Changshou District	64158	21890	11985	4331
江津区	Jiangjin District	98905	43550	30287	6087
合川区	Hechuan District	117183	44912	23693	10161
永川区	Yongchuan District	63982	37692	23733	7597
南川区	Nanchuan District	49986	25425	11590	9650
綦江区	Qijiang District	78442	26395	25975	4449
大足区	Dazu District	63204	28167	15522	13631
璧山区	Bishan District	29243	14849	18543	1955
铜梁区	Tongliang District	54700	26842	17102	4664
潼南区	Tongnan District	55402	23355	53252	19839
荣昌区	Rongchang District	47707	20943	15205	9041
开州区	Kaizhou District	120246	29493	15521	13764
梁平区	Liangping District	65454	29119	20914	4399
武隆区	Wulong District	46279	7434	10217	8161
城口县	Chengkou County	26457	929	14580	2841
丰都县	Fengdu County	70887	20808	4729	6214
垫江县	Dianjiang County	61938	27782	15542	8651
忠 县	Zhongxian County	81347	29307	10113	13490
云阳县	Yunyang County	91252	20751	18710	7631
奉节县	Fengjie County	82209	11119	13842	10856
巫山县	Wushan County	58266	3389	8749	10989
巫溪县	Wuxi County	56281	2416	7087	5336
石柱县	Shizhu County	46077	11402	17585	5373
秀山县	Xiushan County	50692	18403	12937	14282
酉阳县	Youyang County	82736	17610	16072	13186
彭水县	Pengshui County	79305	10819	10661	11488

5-24 各区县主要农作物播种面积（2012 年）
Sown Area of Major Farm Crops by Region of Chongqing（2012）

续表 1（continued1）　　单位：公顷（hectare）

地 区	Region	粮食 Grain	稻谷 Rice	蔬菜 Vegetables	油料 Oil-bearing Crops
重庆市	**Chongqing**	2085011	654772	681815	266088
万州区	Wanzhou District	101730	30706	42879	9369
黔江区	Qianjiang District	51400	9723	10253	9369
涪陵区	Fuling District	91216	33130	74405	2973
渝中区	Yuzhong District				
大渡口区	Dadukou District	285	4	1601	
江北区	Jiangbei District	1153	382	702	29
沙坪坝区	Shapingba District	2884	1032	3109	31
九龙坡区	Jiulongpo District	4344	1573	5516	498
南岸区	Nan'an District	1632	364	1361	
北碚区	Beibei District	12698	3062	13698	745
渝北区	Yubei District	27986	6554	14333	1559
巴南区	Ba'nan District	46093	14460	18145	1208
长寿区	Changshou District	62937	21778	13371	4455
江津区	Jiangjin District	98104	43794	33937	6397
合川区	Hechuan District	116786	45102	26425	10479
永川区	Yongchuan District	63700	38348	25817	7801
南川区	Nanchuan District	49496	25405	12853	9722
綦江区	Qijiang District	84056	26327	28434	5294
大足区	Dazu District	61945	27871	17056	16295
璧山区	Bishan District	27780	14729	20396	2266
铜梁区	Tongliang District	53698	26578	19904	4957
潼南区	Tongnan District	54776	23143	59176	19953
荣昌区	Rongchang District	44833	21300	16836	9665
开州区	Kaizhou District	119181	27625	17741	14703
梁平区	Liangping District	65853	28318	24086	5282
武隆区	Wulong District	47407	7000	12229	8510
城口县	Chengkou County	27472	721	16300	2269
丰都县	Fengdu County	70800	20809	5058	7413
垫江县	Dianjiang County	62801	28304	17823	9191
忠　县	Zhongxian County	81005	28785	11245	13539
云阳县	Yunyang County	92373	20646	21274	8018
奉节县	Fengjie County	81778	11155	15304	11344
巫山县	Wushan County	57760	3255	9528	11454
巫溪县	Wuxi County	56985	2384	7881	5545
石柱县	Shizhu County	46509	10713	19236	5375
秀山县	Xiushan County	51053	18434	14243	14340
酉阳县	Youyang County	84417	17706	17669	13846
彭水县	Pengshui County	80087	10819	11990	12194

5–24 各区县主要农作物播种面积（2013 年）
Sown Area of Major Farm Crops by Region of Chongqing（2013）

续表 2（continued2） 单位：公顷（hectare）

地区	Region	粮食 Grain	稻谷 Rice	蔬菜 Vegetables	油料 Oil-bearing Crops
重庆市	**Chongqing**	2059524	652446	680395	291351
万州区	Wanzhou District	101975	30927	42701	9365
黔江区	Qianjiang District	50856	9581	10274	9631
涪陵区	Fuling District	90792	33129	74114	2983
渝中区	Yuzhong District				
大渡口区	Dadukou District	277	3	1372	
江北区	Jiangbei District	1109	363	485	24
沙坪坝区	Shapingba District	2695	967	2688	70
九龙坡区	Jiulongpo District	3952	1376	4938	507
南岸区	Nan'an District	1303	250	1021	
北碚区	Beibei District	11653	2685	12108	622
渝北区	Yubei District	25300	6229	15407	1828
巴南区	Ba'nan District	42788	13213	16648	1343
长寿区	Changshou District	62286	21611	13372	5045
江津区	Jiangjin District	97623	43874	33954	8438
合川区	Hechuan District	116420	45120	26753	11806
永川区	Yongchuan District	64423	38831	26189	9491
南川区	Nanchuan District	49029	25137	13111	10968
綦江区	Qijiang District	75040	26231	28208	4839
大足区	Dazu District	62412	28201	16868	17052
璧山区	Bishan District	27423	14662	20577	2719
铜梁区	Tongliang District	53021	26627	20004	6143
潼南区	Tongnan District	54196	23188	59719	20354
荣昌区	Rongchang District	44775	21773	16905	10830
开州区	Kaizhou District	118458	27404	17685	15966
梁平区	Liangping District	65223	28271	23918	8357
武隆区	Wulong District	47322	6813	14704	4907
城口县	Chengkou County	27125	689	16292	1690
丰都县	Fengdu County	69803	20720	4874	11733
垫江县	Dianjiang County	63191	29177	17845	9467
忠　县	Zhongxian County	81260	30087	11445	14021
云阳县	Yunyang County	91708	20734	21321	8586
奉节县	Fengjie County	81184	11146	15241	12893
巫山县	Wushan County	57090	3235	9436	12369
巫溪县	Wuxi County	57646	2375	7860	5949
石柱县	Shizhu County	45284	10889	18654	5593
秀山县	Xiushan County	51054	18535	14235	17517
酉阳县	Youyang County	83669	17630	17061	15356
彭水县	Pengshui County	80158	10760	12408	12888

5-24 各区县主要农作物播种面积（2014年）
Sown Area of Major Farm Crops by Region of Chongqing（2014）

续表3（continued3） 单位：公顷（hectare）

地 区	Region	粮食 Grain	稻谷 Rice	蔬菜 Vegetables	油料 Oil-bearing Crops
重庆市	**Chongqing**	2034685	650782	682339	293047
万州区	Wanzhou District	99406	30653	42726	9438
黔江区	Qianjiang District	50635	9437	10105	9811
涪陵区	Fuling District	88550	33276	73579	2679
渝中区	Yuzhong District				
大渡口区	Dadukou District	272	2	1118	
江北区	Jiangbei District	1423	291	369	10
沙坪坝区	Shapingba District	2797	897	2366	98
九龙坡区	Jiulongpo District	3678	1153	4150	538
南岸区	Nan'an District	841	190	786	
北碚区	Beibei District	11620	2970	10649	582
渝北区	Yubei District	23945	7113	14568	1926
巴南区	Ba'nan District	41968	14440	15773	693
长寿区	Changshou District	61316	21768	13151	5119
江津区	Jiangjin District	96342	43842	34154	8451
合川区	Hechuan District	114649	45123	26643	12094
永川区	Yongchuan District	65054	39739	26512	9587
南川区	Nanchuan District	50487	25253	13081	10990
綦江区	Qijiang District	71366	23124	27882	5030
大足区	Dazu District	61956	28668	16906	17325
璧山区	Bishan District	27389	14544	21028	2756
铜梁区	Tongliang District	53449	26888	20193	6297
潼南区	Tongnan District	55651	23445	60181	19092
荣昌区	Rongchang District	44588	21774	17153	11051
开州区	Kaizhou District	116122	27183	18728	16201
梁平区	Liangping District	63112	27554	23838	8462
武隆区	Wulong District	46849	6822	17187	5230
城口县	Chengkou County	26418	660	16876	1735
丰都县	Fengdu County	69215	20743	5023	11843
垫江县	Dianjiang County	63592	29872	17727	9712
忠 县	Zhongxian County	77844	28282	11741	14340
云阳县	Yunyang County	89465	20588	21299	8637
奉节县	Fengjie County	81791	11176	15365	13217
巫山县	Wushan County	55882	3100	9545	12556
巫溪县	Wuxi County	57652	2339	8304	6121
石柱县	Shizhu County	45267	11018	18807	5613
秀山县	Xiushan County	50709	18480	14537	17689
酉阳县	Youyang County	83208	17567	17425	15050
彭水县	Pengshui County	80177	10809	12864	13073

5-24 各区县主要农作物播种面积（2015 年）
Sown Area of Major Farm Crops by Region of Chongqing（2015）

续表 4（continued4）　　　　单位：公顷（hectare）

地 区	Region	粮食 Grain	稻谷 Rice	蔬菜 Vegetables	油料 Oil-bearing Crops
重庆市	**Chongqing**	2020884	647021	700731	301146
万州区	Wanzhou District	98616	28920	44192	9625
黔江区	Qianjiang District	49390	9341	10183	9203
涪陵区	Fuling District	88291	32676	74365	2840
渝中区	Yuzhong District				
大渡口区	Dadukou District	270	1	752	
江北区	Jiangbei District	643	196	355	9
沙坪坝区	Shapingba District	2494	843	2195	201
九龙坡区	Jiulongpo District	3168	942	3836	750
南岸区	Nan'an District	675	119	557	
北碚区	Beibei District	10639	2812	9810	720
渝北区	Yubei District	23477	7140	14172	1130
巴南区	Ba'nan District	40156	14660	16166	658
长寿区	Changshou District	60728	21806	13440	5150
江津区	Jiangjin District	96007	43644	35167	8548
合川区	Hechuan District	114152	45123	27959	13284
永川区	Yongchuan District	65396	39546	27174	10432
南川区	Nanchuan District	48798	25177	13817	8426
綦江区	Qijiang District	70245	22548	28070	5134
大足区	Dazu District	61996	28799	17424	17500
璧山区	Bishan District	27174	14394	21583	3846
铜梁区	Tongliang District	53672	26875	20975	6224
潼南区	Tongnan District	53133	23378	61564	24042
荣昌区	Rongchang District	44452	21570	17635	11692
开州区	Kaizhou District	116332	26972	19573	18225
梁平区	Liangping District	63200	27235	24537	7788
武隆区	Wulong District	47788	6835	19758	5131
城口县	Chengkou County	26559	634	17615	1949
丰都县	Fengdu County	68295	20737	5099	10591
垫江县	Dianjiang County	64080	30309	18167	9267
忠　县	Zhongxian County	77691	29175	12176	15578
云阳县	Yunyang County	89832	20714	21648	12940
奉节县	Fengjie County	80927	11139	16068	12942
巫山县	Wushan County	55696	2968	9905	10053
巫溪县	Wuxi County	57828	2256	8801	5267
石柱县	Shizhu County	44832	10802	19231	3530
秀山县	Xiushan County	50942	18510	15211	16205
酉阳县	Youyang County	82872	17416	17939	17365
彭水县	Pengshui County	80437	10807	13614	14903

5-24 各区县主要农作物播种面积（2016 年）
Sown Area of Major Farm Crops by Region of Chongqing（2016）

续表 5（continued5） 单位：公顷（hectare）

地 区	Region	粮食 Grain	稻谷 Rice	蔬菜 Vegetables	油料 Oil-bearing Crops
重庆市	**Chongqing**	2039069	660909	714671	310441
万州区	Wanzhou District	102104	31979	45031	9869
黔江区	Qianjiang District	48013	9210	10417	9334
涪陵区	Fuling District	91818	33153	75409	2911
渝中区	Yuzhong District				
大渡口区	Dadukou District	258	2	680	9
江北区	Jiangbei District	641	191	322	8
沙坪坝区	Shapingba District	2798	772	2026	188
九龙坡区	Jiulongpo District	3515	820	3659	665
南岸区	Nan'an District	608	74	490	7
北碚区	Beibei District	10379	3045	9152	721
渝北区	Yubei District	21897	6863	13570	1200
巴南区	Ba'nan District	39096	14778	16092	687
长寿区	Changshou District	61118	21950	13760	5585
江津区	Jiangjin District	95897	43971	36125	9098
合川区	Hechuan District	115568	45120	29000	14231
永川区	Yongchuan District	65818	39547	27709	10647
南川区	Nanchuan District	48504	25110	14131	8381
綦江区	Qijiang District	69220	25009	28346	5609
大足区	Dazu District	62750	29606	18057	18547
璧山区	Bishan District	27225	14290	22047	3866
铜梁区	Tongliang District	54238	27162	21492	6846
潼南区	Tongnan District	56430	26187	62547	24984
荣昌区	Rongchang District	44946	21528	17977	10399
开州区	Kaizhou District	119036	28754	20136	18440
梁平区	Liangping District	64475	28209	18143	8080
武隆区	Wulong District	48506	6822	25322	5306
城口县	Chengkou County	26521	607	5166	1546
丰都县	Fengdu County	67958	20730	18679	10481
垫江县	Dianjiang County	64827	30769	21720	9361
忠 县	Zhongxian County	78366	28442	12553	16066
云阳县	Yunyang County	90497	20986	21885	13625
奉节县	Fengjie County	80677	11104	16297	13739
巫山县	Wushan County	55529	2833	10031	10281
巫溪县	Wuxi County	58212	2213	9173	5695
石柱县	Shizhu County	46478	12396	19240	3593
秀山县	Xiushan County	51590	18532	15623	16870
酉阳县	Youyang County	82821	17331	18432	17748
彭水县	Pengshui County	80736	10813	14233	15817

5-24 各区县主要农作物播种面积（2017 年）
Sown Area of Major Farm Crops by Region of Chongqing（2017）

续表 6（continued6）　　单位：公顷（hectare）

地 区	Region	粮食 Grain	稻谷 Rice	蔬菜 Vegetables	油料 Oil-bearing Crops
重庆市	**Chongqing**	2030710	658942	727170	318516
万州区	Wanzhou District	101498	31889	46075	10141
黔江区	Qianjiang District	48022	9201	10718	9399
涪陵区	Fuling District	91820	33202	76407	2848
渝中区	Yuzhong District				
大渡口区	Dadukou District	206	2	646	1
江北区	Jiangbei District	529	134	289	8
沙坪坝区	Shapingba District	2702	755	1930	186
九龙坡区	Jiulongpo District	3192	719	3561	627
南岸区	Nan'an District	433	15	418	5
北碚区	Beibei District	9550	2642	8930	734
渝北区	Yubei District	20668	6676	13275	1294
巴南区	Ba'nan District	37849	14220	16354	710
长寿区	Changshou District	61283	21990	13312	5811
江津区	Jiangjin District	96037	44107	36715	9476
合川区	Hechuan District	115102	45030	29987	14833
永川区	Yongchuan District	65416	39536	28077	11269
南川区	Nanchuan District	48555	25092	14574	8400
綦江区	Qijiang District	69417	25053	27499	7679
大足区	Dazu District	62401	29643	18564	18968
璧山区	Bishan District	27059	14097	22626	3879
铜梁区	Tongliang District	54440	27266	21983	6987
潼南区	Tongnan District	56071	26162	63409	24834
荣昌区	Rongchang District	44543	21391	18547	10572
开州区	Kaizhou District	117917	28724	20703	18560
梁平区	Liangping District	64710	28268	18579	8191
武隆区	Wulong District	48485	6814	25824	5464
城口县	Chengkou County	26601	609	5334	1776
丰都县	Fengdu County	67686	20683	19281	10179
垫江县	Dianjiang County	64733	30696	22560	9426
忠　县	Zhongxian County	78167	28369	12893	16463
云阳县	Yunyang County	90464	20930	22596	14407
奉节县	Fengjie County	80769	11148	16843	14077
巫山县	Wushan County	55222	2749	10217	10503
巫溪县	Wuxi County	58476	2180	9439	6227
石柱县	Shizhu County	46106	12350	19569	3596
秀山县	Xiushan County	51281	18514	16029	16854
酉阳县	Youyang County	82449	17263	18906	17970
彭水县	Pengshui County	80849	10823	14502	16165

5-24 各区县主要农作物播种面积（2018 年）
Sown Area of Major Farm Crops by Region of Chongqing（2018）

续表 7（continued7） 单位：公顷（hectare）

地 区	Region	粮食 Grain	稻谷 Rice	蔬菜 Vegetables	油料 Oil-bearing Crops
重庆市	**Chongqing**	2017846	656446	739183	325072
万州区	Wanzhou District	100636	31684	46839	10233
黔江区	Qianjiang District	48146	9208	10921	9759
涪陵区	Fuling District	91765	33202	77569	3060
渝中区	Yuzhong District				
大渡口区	Dadukou District	194	1	647	
江北区	Jiangbei District	517	155	295	6
沙坪坝区	Shapingba District	2610	739	1937	139
九龙坡区	Jiulongpo District	3149	749	3567	625
南岸区	Nan'an District	434	23	407	
北碚区	Beibei District	9282	2606	8631	572
渝北区	Yubei District	20707	6670	13358	1305
巴南区	Ba'nan District	37208	14109	16596	688
长寿区	Changshou District	61331	22101	13592	5894
江津区	Jiangjin District	95998	44172	37212	9489
合川区	Hechuan District	113639	44612	30771	15116
永川区	Yongchuan District	64992	39536	28307	11629
南川区	Nanchuan District	48570	25097	15024	8342
綦江区	Qijiang District	69454	25068	27742	8329
大足区	Dazu District	61783	29647	19010	19450
璧山区	Bishan District	26892	14017	22852	3624
铜梁区	Tongliang District	54581	27266	22183	7145
潼南区	Tongnan District	56100	26171	63701	24845
荣昌区	Rongchang District	44534	21396	18908	10902
开州区	Kaizhou District	115912	28422	21153	19019
梁平区	Liangping District	64745	28375	19051	8275
武隆区	Wulong District	48557	6815	26183	5670
城口县	Chengkou County	26182	460	5386	1897
丰都县	Fengdu County	66843	20735	19902	10391
垫江县	Dianjiang County	63741	30059	23286	9697
忠 县	Zhongxian County	75865	28040	13405	16731
云阳县	Yunyang County	90464	20967	23085	14915
奉节县	Fengjie County	80659	11149	17338	14364
巫山县	Wushan County	55056	2602	10410	10816
巫溪县	Wuxi County	58730	2077	9628	6491
石柱县	Shizhu County	45011	12187	19795	3511
秀山县	Xiushan County	51172	18546	16226	17197
酉阳县	Youyang County	82383	17260	19272	18223
彭水县	Pengshui County	80000	10524	14994	16723

5-24 各区县主要农作物播种面积（2019 年）
Sown Area of Major Farm Crops by Region of Chongqing（2019）

续表 8（continued8） 单位：公顷（hectare）

地 区	Region	粮食 Grain	稻谷 Rice	蔬菜 Vegetables	油料 Oil-bearing Crops
重庆市	**Chongqing**	1999278	655137	753222	329946
万州区	Wanzhou District	98708	30677	48002	10350
黔江区	Qianjiang District	48065	10015	11130	10094
涪陵区	Fuling District	91619	33168	78127	3088
渝中区	Yuzhong District				
大渡口区	Dadukou District	188	1	656	
江北区	Jiangbei District	530	155	305	7
沙坪坝区	Shapingba District	2517	687	1982	137
九龙坡区	Jiulongpo District	2961	723	3560	585
南岸区	Nan'an District	432	21	422	
北碚区	Beibei District	9079	2561	8129	549
渝北区	Yubei District	20518	6672	13378	1350
巴南区	Ba'nan District	37099	14333	17013	733
长寿区	Changshou District	59906	22022	14070	6230
江津区	Jiangjin District	96007	44199	37621	9573
合川区	Hechuan District	110970	44201	32165	15869
永川区	Yongchuan District	64748	39830	28417	12123
南川区	Nanchuan District	48257	25165	15503	8369
綦江区	Qijiang District	68658	25015	28277	8577
大足区	Dazu District	61658	29648	19342	19667
璧山区	Bishan District	26923	13990	22877	3233
铜梁区	Tongliang District	54588	27210	22428	7210
潼南区	Tongnan District	55849	26172	64274	24758
荣昌区	Rongchang District	44182	21358	19374	11160
开州区	Kaizhou District	113686	28257	22245	18839
梁平区	Liangping District	64664	28368	19534	8347
武隆区	Wulong District	48423	6755	26411	5699
城口县	Chengkou County	25051	224	5549	2087
丰都县	Fengdu County	66668	20733	20366	10416
垫江县	Dianjiang County	63433	30024	23703	9700
忠 县	Zhongxian County	74717	27991	13895	16758
云阳县	Yunyang County	90102	21007	23411	15372
奉节县	Fengjie County	79707	11074	17885	14666
巫山县	Wushan County	54594	2583	10702	11103
巫溪县	Wuxi County	58607	2066	9907	6543
石柱县	Shizhu County	44102	12151	20050	3435
秀山县	Xiushan County	50762	18391	16737	17546
酉阳县	Youyang County	82384	17241	20031	18509
彭水县	Pengshui County	78917	10450	15742	17267

5-24 各区县主要农作物播种面积（2020年）
Sown Area of Major Farm Crops by Region of Chongqing（2020）

续表9（continued9） 单位：公顷（hectare）

地 区	Region	粮食 Grain	稻谷 Rice	蔬菜 Vegetables	油料 Oil-bearing Crops
重庆市	**Chongqing**	2003058	657266	772028	333870
万州区	Wanzhou District	98736	30849	48737	10354
黔江区	Qianjiang District	48196	10007	11129	10327
涪陵区	Fuling District	91625	33168	78654	3170
渝中区	Yuzhong District				
大渡口区	Dadukou District	206	6	649	
江北区	Jiangbei District	538	172	315	7
沙坪坝区	Shapingba District	2488	652	2056	132
九龙坡区	Jiulongpo District	2964	721	3563	572
南岸区	Nan'an District	423	20	456	
北碚区	Beibei District	9128	2549	8447	520
渝北区	Yubei District	20754	6673	13579	1361
巴南区	Ba'nan District	37471	14337	18010	734
长寿区	Changshou District	59751	21769	14455	6348
江津区	Jiangjin District	96313	44383	37932	9726
合川区	Hechuan District	111398	44857	33500	16679
永川区	Yongchuan District	65339	40069	28735	12133
南川区	Nanchuan District	48506	25267	16109	8448
綦江区	Qijiang District	68738	25032	28932	8775
大足区	Dazu District	61725	30014	19881	20299
璧山区	Bishan District	27092	14097	23590	3191
铜梁区	Tongliang District	54967	27266	23252	7285
潼南区	Tongnan District	56386	26200	65141	25142
荣昌区	Rongchang District	44275	21355	19910	11234
开州区	Kaizhou District	113208	28041	22642	18700
梁平区	Liangping District	64726	28370	20082	8342
武隆区	Wulong District	48378	6753	26757	5608
城口县	Chengkou County	24766	185	5659	1969
丰都县	Fengdu County	66724	20885	21047	10039
垫江县	Dianjiang County	63745	30118	24542	9611
忠 县	Zhongxian County	75104	28117	14687	16840
云阳县	Yunyang County	90231	21167	24335	15835
奉节县	Fengjie County	79708	11148	18343	14737
巫山县	Wushan County	54214	2626	11146	11050
巫溪县	Wuxi County	58479	2056	10293	6591
石柱县	Shizhu County	44103	12189	20861	3416
秀山县	Xiushan County	50946	18438	17386	18004
酉阳县	Youyang County	83033	17244	20885	18755
彭水县	Pengshui County	78674	10466	16331	17935

5-24 各区县主要农作物播种面积（2021 年）
Sown Area of Major Farm Crops by Region of Chongqing（2021）

续表 10（continued10） 单位：公顷（hectare）

地 区	Region	粮食 Grain	稻谷 Rice	蔬菜 Vegetables	油料 Oil-bearing Crops
重庆市	**Chongqing**	2013191	658905	791378	337983
万州区	Wanzhou District	99123	31021	49442	10360
黔江区	Qianjiang District	48376	10045	11725	10505
涪陵区	Fuling District	92224	33241	79401	3303
渝中区	Yuzhong District				
大渡口区	Dadukou District	206	6	637	
江北区	Jiangbei District	522	164	310	5
沙坪坝区	Shapingba District	2597	652	2175	116
九龙坡区	Jiulongpo District	2703	688	3427	551
南岸区	Nan'an District	380	22	443	1
北碚区	Beibei District	9107	2547	8444	527
渝北区	Yubei District	20848	6675	13658	1377
巴南区	Ba'nan District	37790	14401	19113	746
长寿区	Changshou District	60264	21875	14626	6340
江津区	Jiangjin District	96451	44421	38250	9863
合川区	Hechuan District	111802	44955	34804	16845
永川区	Yongchuan District	65966	40159	28741	12221
南川区	Nanchuan District	48823	25377	16573	8466
綦江区	Qijiang District	68795	25036	29962	8792
大足区	Dazu District	62241	30044	20590	20655
璧山区	Bishan District	27180	14137	23801	3173
铜梁区	Tongliang District	55271	27419	24077	7477
潼南区	Tongnan District	56416	26207	66153	25167
荣昌区	Rongchang District	44327	21413	19929	11428
开州区	Kaizhou District	114057	28018	23683	19193
梁平区	Liangping District	64979	28625	21387	8411
武隆区	Wulong District	48528	6750	26956	5649
城口县	Chengkou County	25132	138	5752	2011
丰都县	Fengdu County	67000	20892	22234	10090
垫江县	Dianjiang County	64652	30319	25567	9828
忠 县	Zhongxian County	75454	28193	15317	16871
云阳县	Yunyang County	90516	21139	25344	16171
奉节县	Fengjie County	79822	11169	18691	14858
巫山县	Wushan County	54630	2681	11358	11303
巫溪县	Wuxi County	58817	2052	10684	6666
石柱县	Shizhu County	44426	12205	21664	3504
秀山县	Xiushan County	51213	18459	17820	18280
酉阳县	Youyang County	83421	17230	21608	19061
彭水县	Pengshui County	79135	10532	17030	18172

5-25 各区县主要农作物产品产量（2011 年）
Output of Major Agricultural and Subsidiary Products by Region of Chongqing（2011）

单位：吨（ton）

地 区	Region	粮食 Grain	稻谷 Rice	蔬菜 Vegetables	油料 Oil-bearing Crops	水果 Fruits
重庆市	**Chongqing**	10641642	4753640	13859553	457854	2491583
万州区	Wanzhou District	483207	212872	780542	15556	224795
黔江区	Qianjiang District	229243	61607	154687	13920	30115
涪陵区	Fuling District	424930	207605	1656612	5349	104800
渝中区	Yuzhong District					
大渡口区	Dadukou District	721	39	41324		660
江北区	Jiangbei District	6564	2815	17738	62	2885
沙坪坝区	Shapingba District	12281	6751	65711	35	4592
九龙坡区	Jiulongpo District	19024	9385	107710	805	12002
南岸区	Nan'an District	10496	3229	30542		5714
北碚区	Beibei District	67910	32458	308520	1052	17711
渝北区	Yubei District	130097	38613	200258	2880	100435
巴南区	Ba'nan District	261323	104917	418220	2092	41253
长寿区	Changshou District	335786	170868	254081	8619	142913
江津区	Jiangjin District	628230	347954	690249	10950	166625
合川区	Hechuan District	700512	330582	576793	17989	48026
永川区	Yongchuan District	451495	318110	500597	15320	110698
南川区	Nanchuan District	302478	188974	318064	19221	50358
綦江区	Qijiang District	384292	188309	586565	7394	35464
大足区	Dazu District	405795	229750	291409	26936	50112
璧山区	Bishan District	167857	111822	505635	3305	85005
铜梁区	Tongliang District	327132	206494	482464	9412	21305
潼南区	Tongnan District	338431	181096	1502662	36042	50496
荣昌区	Rongchang District	276750	169443	384545	18881	25251
开州区	Kaizhou District	571205	192113	347431	23558	309430
梁平区	Liangping District	342387	203701	399000	7296	29554
武隆区	Wulong District	168490	42755	321604	15750	53905
城口县	Chengkou County	88273	5575	382464	4979	11806
丰都县	Fengdu County	323683	126545	37800	12068	17031
垫江县	Dianjiang County	376783	207914	276616	14563	48904
忠　县	Zhongxian County	409451	225461	208695	28086	204194
云阳县	Yunyang County	403113	130285	331801	14431	119632
奉节县	Fengjie County	412203	68714	267345	19216	209648
巫山县	Wushan County	216678	21779	190302	13696	45815
巫溪县	Wuxi County	198588	15085	172952	9633	10931
石柱县	Shizhu County	224321	78569	313918	9896	13007
秀山县	Xiushan County	296033	136427	244710	27462	65336
酉阳县	Youyang County	347334	109900	252611	23088	15781
彭水县	Pengshui County	298543	65124	237375	18313	5394

5–25 各区县主要农作物产品产量（2012 年）
Output of Major Agricultural and Subsidiary Products by Region of Chongqing（2012）

续表 1（continued1） 单位：吨（ton）

地 区	Region	粮食 Grain	稻谷 Rice	蔬菜 Vegetables	油料 Oil-bearing Crops	水果 Fruits
重庆市	**Chongqing**	10605149	4753577	15083578	491625	2803114
万州区	Wanzhou District	492240	213558	853709	16447	245230
黔江区	Qianjiang District	220877	60631	173849	14153	30891
涪陵区	Fuling District	437123	208200	1822286	5381	110400
渝中区	Yuzhong District					
大渡口区	Dadukou District	719	27	39069		515
江北区	Jiangbei District	3898	1935	10166	47	2124
沙坪坝区	Shapingba District	11857	7062	56098	40	3910
九龙坡区	Jiulongpo District	17596	8330	103236	824	10978
南岸区	Nan'an District	9714	2525	24691		5423
北碚区	Beibei District	57232	22200	315166	1238	16505
渝北区	Yubei District	124012	44890	271576	2634	117044
巴南区	Ba'nan District	252647	109146	439997	2032	42308
长寿区	Changshou District	338084	173165	273704	8975	159435
江津区	Jiangjin District	627409	351261	742001	11792	190578
合川区	Hechuan District	704466	339260	625949	18752	64984
永川区	Yongchuan District	463159	329099	538101	14667	125953
南川区	Nanchuan District	293824	184103	333262	19208	58048
綦江区	Qijiang District	430977	188651	620486	9536	35495
大足区	Dazu District	401031	232198	309706	32418	52096
璧山区	Bishan District	162484	109940	565131	3644	98428
铜梁区	Tongliang District	314392	203975	547710	9780	20173
潼南区	Tongnan District	334406	184150	1640120	38126	52245
荣昌区	Rongchang District	273522	178070	415347	20194	29448
开州区	Kaizhou District	571479	182708	380875	25539	377950
梁平区	Liangping District	340835	199851	437723	9143	31214
武隆区	Wulong District	169390	41165	372706	17854	58249
城口县	Chengkou County	84423	4383	414592	4218	11885
丰都县	Fengdu County	322543	125297	42992	14248	20825
垫江县	Dianjiang County	376860	213111	309883	17020	50391
忠 县	Zhongxian County	405079	219947	222867	28372	235526
云阳县	Yunyang County	400611	127261	366903	15693	131147
奉节县	Fengjie County	398610	67818	288361	20727	238628
巫山县	Wushan County	206620	19702	202467	15777	56588
巫溪县	Wuxi County	191193	14012	185168	10121	18345
石柱县	Shizhu County	219725	74103	330020	9988	12733
秀山县	Xiushan County	294295	135669	262545	28292	66098
酉阳县	Youyang County	354629	110906	287412	24809	15680
彭水县	Pengshui County	297186	65268	257704	19938	5644

5-25 各区县主要农作物产品产量（2013 年）
Output of Major Agricultural and Subsidiary Products by Region of Chongqing（2013）

续表 2（continued2） 单位：吨（ton）

地 区	Region	粮食 Grain	稻谷 Rice	蔬菜 Vegetables	油料 Oil-bearing Crops	水果 Fruits
重庆市	**Chongqing**	**10551524**	**4771649**	**15448183**	**520004**	**3118522**
万州区	Wanzhou District	492914	212710	872043	16365	318294
黔江区	Qianjiang District	218373	59496	178372	14169	33678
涪陵区	Fuling District	434272	208114	1871989	5244	121852
渝中区	Yuzhong District					
大渡口区	Dadukou District	751	18	33381		996
江北区	Jiangbei District	3889	1805	8085	41	1695
沙坪坝区	Shapingba District	11234	6549	48131	91	4396
九龙坡区	Jiulongpo District	16732	7537	92876	874	13395
南岸区	Nan'an District	7263	1734	18487		5850
北碚区	Beibei District	53725	18939	282135	1043	21706
渝北区	Yubei District	118571	44797	303554	2705	128666
巴南区	Ba'nan District	244547	101190	410445	1881	48653
长寿区	Changshou District	337987	174052	278560	9744	167083
江津区	Jiangjin District	620951	350430	760398	13885	214409
合川区	Hechuan District	709104	338601	641477	20651	102010
永川区	Yongchuan District	466483	334678	559852	18728	136250
南川区	Nanchuan District	293586	181734	343725	20292	61419
綦江区	Qijiang District	389203	187216	625108	8388	38963
大足区	Dazu District	402077	234675	315029	33463	50998
璧山区	Bishan District	163602	111036	579849	3822	112515
铜梁区	Tongliang District	315831	209768	559480	11858	31542
潼南区	Tongnan District	335783	186838	1680761	36053	61018
荣昌区	Rongchang District	274924	181839	428172	21436	26930
开州区	Kaizhou District	570550	181886	389865	28507	373800
梁平区	Liangping District	341508	203708	454364	14870	35675
武隆区	Wulong District	169936	38998	452955	8013	43391
城口县	Chengkou County	83938	4350	424043	2547	4492
丰都县	Fengdu County	317503	125000	45461	20599	24874
垫江县	Dianjiang County	388970	224889	317819	17781	62240
忠 县	Zhongxian County	416627	233000	229508	27073	249267
云阳县	Yunyang County	398899	130227	375488	14967	158199
奉节县	Fengjie County	397706	69216	292017	23569	281943
巫山县	Wushan County	207872	19774	207539	17828	62123
巫溪县	Wuxi County	192109	14498	186705	10457	9346
石柱县	Shizhu County	214282	74648	343145	9944	14734
秀山县	Xiushan County	288464	130353	269925	34131	66661
酉阳县	Youyang County	346545	103608	296996	27545	18178
彭水县	Pengshui County	304812	63736	270445	21439	11281

5-25 各区县主要农作物产品产量（2014 年）
Output of Major Agricultural and Subsidiary Products by Region of Chongqing（2014）

续表 3（continued3）　　　　单位：吨（ton）

地 区	Region	粮食 Grain	稻谷 Rice	蔬菜 Vegetables	油料 Oil-bearing Crops	水果 Fruits
重庆市	**Chongqing**	**10438871**	**4754606**	**16299571**	**554631**	**3438608**
万州区	Wanzhou District	476947	209241	935605	17003	330038
黔江区	Qianjiang District	216319	58546	185761	15291	37787
涪陵区	Fuling District	423630	213278	1995878	4957	114400
渝中区	Yuzhong District					
大渡口区	Dadukou District	789	13	28558		626
江北区	Jiangbei District	3444	1677	7146	16	1429
沙坪坝区	Shapingba District	10838	6176	43794	127	4798
九龙坡区	Jiulongpo District	15537	6777	82877	1071	14501
南岸区	Nan'an District	4664	1385	15811		5552
北碚区	Beibei District	52319	20893	258449	958	20836
渝北区	Yubei District	117906	51131	299294	3454	133082
巴南区	Ba'nan District	236857	109896	406087	1111	38864
长寿区	Changshou District	333472	169586	292963	10278	150480
江津区	Jiangjin District	609454	349662	801556	15057	208461
合川区	Hechuan District	701925	335450	679467	21685	114838
永川区	Yongchuan District	469785	339215	590451	20524	158090
南川区	Nanchuan District	294183	180606	360839	22023	64662
綦江区	Qijiang District	363524	162545	645061	9055	35760
大足区	Dazu District	399372	234744	333139	35662	40882
璧山区	Bishan District	162900	109157	618810	4464	130060
铜梁区	Tongliang District	321849	211551	588806	12627	45608
潼南区	Tongnan District	336311	186370	1758898	37491	129513
荣昌区	Rongchang District	276057	181626	453901	20705	23659
开州区	Kaizhou District	557914	181572	417904	29569	405351
梁平区	Liangping District	328424	201080	488156	15486	76548
武隆区	Wulong District	173562	40727	521772	9033	40276
城口县	Chengkou County	83373	4151	455629	3265	3460
丰都县	Fengdu County	321170	127500	48507	21543	26905
垫江县	Dianjiang County	383923	226456	341427	20193	68727
忠 县	Zhongxian County	399987	217544	246445	30755	300019
云阳县	Yunyang County	395033	128155	399874	16728	217099
奉节县	Fengjie County	387791	67896	309484	25347	304630
巫山县	Wushan County	205293	18908	224788	21928	68132
巫溪县	Wuxi County	206425	15405	203717	11043	10875
石柱县	Shizhu County	213498	74574	358716	10424	15479
秀山县	Xiushan County	287261	130713	288618	35316	65847
酉阳县	Youyang County	362363	115939	318151	27744	19153
彭水县	Pengshui County	304770	64461	293234	22698	12181

5-25 各区县主要农作物产品产量（2015 年）
Output of Major Agricultural and Subsidiary Products by Region of Chongqing（2015）

续表 4（continued4） 单位：吨（ton）

地 区	Region	粮食 Grain	稻谷 Rice	蔬菜 Vegetables	油料 Oil-bearing Crops	水果 Fruits
重庆市	**Chongqing**	**10510549**	**4765632**	**17078563**	**581160**	**3718231**
万州区	Wanzhou District	473991	199189	993040	17619	369029
黔江区	Qianjiang District	215945	57952	193772	14615	44931
涪陵区	Fuling District	434947	212722	2040542	5324	146127
渝中区	Yuzhong District					
大渡口区	Dadukou District	832	9	19838		543
江北区	Jiangbei District	3294	1472	6791	17	1513
沙坪坝区	Shapingba District	10517	5864	40611	271	5965
九龙坡区	Jiulongpo District	14348	5659	77624	1502	18402
南岸区	Nan'an District	3496	538	11494		3922
北碚区	Beibei District	50569	20056	237365	1191	24251
渝北区	Yubei District	115488	50965	297438	2059	134823
巴南区	Ba'nan District	232033	111831	422089	1069	46831
长寿区	Changshou District	331219	170451	310441	10343	218537
江津区	Jiangjin District	619017	349138	843521	15556	184396
合川区	Hechuan District	699714	336980	721548	24432	123292
永川区	Yongchuan District	474081	337396	616058	22122	162371
南川区	Nanchuan District	293085	182735	387673	16965	69022
綦江区	Qijiang District	365656	158867	659440	9420	49515
大足区	Dazu District	403416	236896	357391	37597	61478
璧山区	Bishan District	163663	108608	639386	6284	109426
铜梁区	Tongliang District	328931	211266	618623	12823	38661
潼南区	Tongnan District	329404	185964	1825825	37549	86344
荣昌区	Rongchang District	279230	180864	480682	36320	25205
开州区	Kaizhou District	553280	181191	444013	33825	411464
梁平区	Liangping District	332748	201871	521866	14369	90495
武隆区	Wulong District	179968	41883	597362	9096	48805
城口县	Chengkou County	84414	4280	482626	3661	4104
丰都县	Fengdu County	323218	129660	49845	19547	22619
垫江县	Dianjiang County	398437	232853	367029	19361	58764
忠　县	Zhongxian County	405476	226728	259039	33680	336767
云阳县	Yunyang County	396993	129364	419154	26053	258711
奉节县	Fengjie County	399128	72489	330818	25243	334257
巫山县	Wushan County	205125	18597	239843	14540	82912
巫溪县	Wuxi County	207747	14869	216320	9893	13353
石柱县	Shizhu County	213144	74120	379112	6622	14631
秀山县	Xiushan County	292607	131128	310292	32889	77584
酉阳县	Youyang County	362788	116368	341759	32313	27007
彭水县	Pengshui County	312599	64809	318294	26989	12174

5-25 各区县主要农作物产品产量（2016 年）
Output of Major Agricultural and Subsidiary Products by Region of Chongqing（2016）

续表 5（continued5） 单位：吨（ton）

地 区	Region	粮食 Grain	稻谷 Rice	蔬菜 Vegetables	油料 Oil-bearing Crops	水果 Fruits
重庆市	**Chongqing**	**10781955**	**4875788**	**17954900**	**608526**	**3692436**
万州区	Wanzhou District	491205	219948	1034844	18549	393368
黔江区	Qianjiang District	223339	57197	206444	15825	49073
涪陵区	Fuling District	434148	215443	2131640	5402	136422
渝中区	Yuzhong District					
大渡口区	Dadukou District	1277	16	17728	18	545
江北区	Jiangbei District	3036	1217	6471	15	1953
沙坪坝区	Shapingba District	11091	5336	37444	283	5314
九龙坡区	Jiulongpo District	13844	4552	73152	1496	16061
南岸区	Nan'an District	2856	399	8722	13	4383
北碚区	Beibei District	50489	21803	218921	1232	24371
渝北区	Yubei District	116221	50156	297945	2226	56002
巴南区	Ba'nan District	231576	114378	424235	1128	48590
长寿区	Changshou District	332065	171210	328380	11560	163156
江津区	Jiangjin District	629155	349567	886723	16975	179375
合川区	Hechuan District	709664	339377	768123	25659	134203
永川区	Yongchuan District	475404	336410	647221	22242	103785
南川区	Nanchuan District	306200	184676	413346	17204	51025
綦江区	Qijiang District	402256	176327	672230	10319	60549
大足区	Dazu District	412721	239807	380192	40698	41249
璧山区	Bishan District	167101	107608	687207	6723	112299
铜梁区	Tongliang District	341576	213085	657659	13469	57420
潼南区	Tongnan District	366873	206618	1906431	49332	117664
荣昌区	Rongchang District	295885	180839	505240	22452	17650
开州区	Kaizhou District	575941	198129	470213	35028	394182
梁平区	Liangping District	343518	213611	513358	15332	99863
武隆区	Wulong District	184055	42774	558824	9558	56560
城口县	Chengkou County	86701	4199	51627	3157	4249
丰都县	Fengdu County	325163	131953	391503	19921	72046
垫江县	Dianjiang County	408547	237047	671148	19533	88066
忠 县	Zhongxian County	408239	219035	273305	37284	364225
云阳县	Yunyang County	397447	130578	441468	29827	304227
奉节县	Fengjie County	400748	72385	347134	26813	301920
巫山县	Wushan County	205332	17632	250243	16589	88532
巫溪县	Wuxi County	224006	14777	233136	11582	28699
石柱县	Shizhu County	224715	85017	398268	6598	15179
秀山县	Xiushan County	297286	131951	331588	33639	46074
酉阳县	Youyang County	363590	115852	366063	32038	37626
彭水县	Pengshui County	318684	64880	346724	28809	16530

5-25 各区县主要农作物产品产量（2017 年）
Output of Major Agricultural and Subsidiary Products by Region of Chongqing（2017）

续表 6（continued6）　　　　单位：吨（ton）

地区	Region	粮食 Grain	稻谷 Rice	蔬菜 Vegetables	油料 Oil-bearing Crops	水果 Fruits
重庆市	**Chongqing**	**10798713**	**4869921**	**18626281**	**623962**	**4033758**
万州区	Wanzhou District	492436	220186	1073468	19030	407005
黔江区	Qianjiang District	225231	57690	218472	15681	54809
涪陵区	Fuling District	437813	216224	2180705	5512	143767
渝中区	Yuzhong District					
大渡口区	Dadukou District	937	12	16681	1	517
江北区	Jiangbei District	2545	931	5448	16	1635
沙坪坝区	Shapingba District	10823	5223	35644	244	4903
九龙坡区	Jiulongpo District	12559	4092	70861	1427	12954
南岸区	Nan'an District	2070	96	7826	6	4093
北碚区	Beibei District	45835	18620	211606	1244	24138
渝北区	Yubei District	110300	47845	290942	2471	55451
巴南区	Ba'nan District	218997	106867	437865	1168	48165
长寿区	Changshou District	335205	172791	322625	11764	175505
江津区	Jiangjin District	628761	348097	927782	17678	203031
合川区	Hechuan District	706527	337597	808458	26139	135172
永川区	Yongchuan District	476137	339490	671904	23348	117237
南川区	Nanchuan District	306956	185141	440224	17254	53585
綦江区	Qijiang District	405761	176798	664168	13769	56801
大足区	Dazu District	415029	240678	399094	42057	46515
璧山区	Bishan District	166513	106357	709125	6770	125590
铜梁区	Tongliang District	345131	213865	682909	14282	57710
潼南区	Tongnan District	367178	206417	1953603	49787	163801
荣昌区	Rongchang District	294727	180164	527952	22921	24966
开州区	Kaizhou District	577709	199522	500323	35617	447210
梁平区	Liangping District	346730	215156	537934	15616	120993
武隆区	Wulong District	185132	42613	590988	9988	60944
城口县	Chengkou County	87659	4245	55936	3517	5881
丰都县	Fengdu County	326963	132750	415398	19549	69012
垫江县	Dianjiang County	409936	235636	715160	19772	99643
忠　县	Zhongxian County	410682	220334	290113	37749	371201
云阳县	Yunyang County	399813	130550	467547	31216	305727
奉节县	Fengjie County	404056	73122	367768	27335	324056
巫山县	Wushan County	206173	17171	256336	17166	115535
巫溪县	Wuxi County	226507	14752	246603	11745	39628
石柱县	Shizhu County	225344	85395	418597	6628	14801
秀山县	Xiushan County	297647	132179	352254	33761	70443
酉阳县	Youyang County	365006	116004	388913	32248	50500
彭水县	Pengshui County	321884	65312	365049	29485	20834

5-25 各区县主要农作物产品产量（2018 年）
Output of Major Agricultural and Subsidiary Products by Region of Chongqing（2018）

续表 7（continued7） 单位：吨（ton）

地 区	Region	粮食 Grain	稻谷 Rice	蔬菜 Vegetables	油料 Oil-bearing Crops	水果 Fruits
重庆市	**Chongqing**	**10793424**	**4869190**	**19327250**	**637002**	**4312656**
万州区	Wanzhou District	491524	220290	1106990	19219	432247
黔江区	Qianjiang District	227914	58038	232640	16266	59365
涪陵区	Fuling District	440272	216224	2269912	5903	155751
渝中区	Yuzhong District					
大渡口区	Dadukou District	876	10	16486		509
江北区	Jiangbei District	2533	1084	5404	13	1431
沙坪坝区	Shapingba District	10530	5138	35756	181	5494
九龙坡区	Jiulongpo District	12601	4278	71154	1424	13354
南岸区	Nan'an District	2075	99	7639		4138
北碚区	Beibei District	44968	18432	201134	968	24575
渝北区	Yubei District	110583	47942	291755	2513	57566
巴南区	Ba'nan District	216907	107177	452752	1142	50566
长寿区	Changshou District	336244	174440	337372	11851	187985
江津区	Jiangjin District	630792	349883	964452	17752	214553
合川区	Hechuan District	702827	337780	848529	26788	143004
永川区	Yongchuan District	476516	340000	698400	23761	125490
南川区	Nanchuan District	307190	185314	461146	17198	58497
綦江区	Qijiang District	408237	177833	677226	14898	60814
大足区	Dazu District	414519	240788	417396	43013	51535
璧山区	Bishan District	165728	105567	732388	6421	133565
铜梁区	Tongliang District	347991	213865	697986	14608	62874
潼南区	Tongnan District	370035	207885	1976212	49332	189976
荣昌区	Rongchang District	297170	181365	551514	23809	26697
开州区	Kaizhou District	572087	197198	524789	36765	468143
梁平区	Liangping District	347578	215672	563635	15859	128672
武隆区	Wulong District	186202	42977	615234	10557	66540
城口县	Chengkou County	87193	2900	57681	3863	6096
丰都县	Fengdu County	324423	133762	439766	19650	74508
垫江县	Dianjiang County	405570	233665	751181	20347	107936
忠 县	Zhongxian County	406356	220312	308570	38189	394993
云阳县	Yunyang County	401344	130990	491632	32240	316546
奉节县	Fengjie County	407291	73226	393540	27870	354841
巫山县	Wushan County	207380	17183	264144	17938	124778
巫溪县	Wuxi County	228897	14152	258710	12357	42494
石柱县	Shizhu County	221681	82099	436057	6437	15939
秀山县	Xiushan County	297833	132417	370663	34941	74912
酉阳县	Youyang County	366788	115952	410734	32463	53723
彭水县	Pengshui County	314769	63254	386672	30469	22549

5-25 各区县主要农作物产品产量（2019 年）
Output of Major Agricultural and Subsidiary Products by Region of Chongqing（2019）

续表 8（continued8）　　　　单位：吨（ton）

地 区	Region	粮食 Grain	稻谷 Rice	蔬菜 Vegetables	油料 Oil-bearing Crops	水果 Fruits
重庆市	**Chongqing**	**10751532**	**4870024**	**20087555**	**651898**	**4763907**
万州区	Wanzhou District	490970	221415	1150960	19479	464521
黔江区	Qianjiang District	228956	61086	243798	17189	61724
涪陵区	Fuling District	438990	215925	2329289	6145	170858
渝中区	Yuzhong District					
大渡口区	Dadukou District	853	10	16774		647
江北区	Jiangbei District	2456	1116	5427	14	1405
沙坪坝区	Shapingba District	10265	4910	36440	180	5847
九龙坡区	Jiulongpo District	12317	4142	69008	1319	13333
南岸区	Nan'an District	2064	107	8083		3924
北碚区	Beibei District	44442	17993	187407	930	24192
渝北区	Yubei District	109850	47685	295277	2641	59155
巴南区	Ba'nan District	215175	108500	471695	1219	53497
长寿区	Changshou District	330271	173210	363304	12365	204861
江津区	Jiangjin District	631146	349044	993683	17937	225595
合川区	Hechuan District	681927	331510	906605	28369	151996
永川区	Yongchuan District	476547	342542	713400	24652	133965
南川区	Nanchuan District	305841	186012	475206	17263	61408
綦江区	Qijiang District	405437	178605	735392	15496	63563
大足区	Dazu District	415011	240940	435168	44465	58654
璧山区	Bishan District	166322	105974	754801	5813	142407
铜梁区	Tongliang District	347707	213002	714149	14808	66604
潼南区	Tongnan District	372256	209145	2018178	50616	287380
荣昌区	Rongchang District	288459	175346	581611	24604	29488
开州区	Kaizhou District	570443	198586	558930	36525	523715
梁平区	Liangping District	352223	219970	593900	16362	152143
武隆区	Wulong District	188641	43378	633860	10801	70566
城口县	Chengkou County	84353	1350	61207	3942	6329
丰都县	Fengdu County	324041	134041	474451	19701	80088
垫江县	Dianjiang County	403378	233900	774353	20448	116234
忠 县	Zhongxian County	402752	220429	325144	38222	421109
云阳县	Yunyang County	405140	132980	512108	33661	337912
奉节县	Fengjie County	407906	73230	419509	28517	400545
巫山县	Wushan County	206839	16925	273428	18360	134092
巫溪县	Wuxi County	233162	13605	267764	12695	44428
石柱县	Shizhu County	218847	81835	449515	6432	19100
秀山县	Xiushan County	297922	132306	395736	35969	89190
酉阳县	Youyang County	367705	116450	431645	32991	59402
彭水县	Pengshui County	310918	62820	410350	31768	24029

5-25 各区县主要农作物产品产量（2020 年）
Output of Major Agricultural and Subsidiary Products by Region of Chongqing（2020）

续表 9（continued9） 单位：吨（ton）

地 区	Region	粮食 Grain	稻谷 Rice	蔬菜 Vegetables	油料 Oil-bearing Crops	水果 Fruits
重庆市	**Chongqing**	**10814189**	**4891910**	**20925677**	**670672**	**5148206**
万州区	Wanzhou District	493822	222550	1185906	19900	495928
黔江区	Qianjiang District	229884	61042	244643	18124	67775
涪陵区	Fuling District	442223	216165	2370196	6361	193602
渝中区	Yuzhong District					
大渡口区	Dadukou District	1003	13	16696		979
江北区	Jiangbei District	2469	1135	5571	15	1341
沙坪坝区	Shapingba District	10347	4657	38251	173	6150
九龙坡区	Jiulongpo District	12463	4155	70775	1298	13453
南岸区	Nan'an District	2104	111	9217		3748
北碚区	Beibei District	44447	17808	193612	920	24321
渝北区	Yubei District	110668	47615	300529	2668	61108
巴南区	Ba'nan District	216961	108470	503299	1232	59917
长寿区	Changshou District	327333	170405	378575	12658	217622
江津区	Jiangjin District	634520	351207	1022362	18354	239433
合川区	Hechuan District	691148	338959	962313	30409	160815
永川区	Yongchuan District	481145	345385	742076	26000	147469
南川区	Nanchuan District	307900	187103	499645	17467	65226
綦江区	Qijiang District	405861	178650	770380	15862	65408
大足区	Dazu District	418246	243917	454791	47189	64904
璧山区	Bishan District	167238	106360	789984	5798	154937
铜梁区	Tongliang District	350934	213977	739777	15236	70683
潼南区	Tongnan District	376015	209349	2098354	52944	306032
荣昌区	Rongchang District	289101	175245	613601	25339	31548
开州区	Kaizhou District	571823	199702	580251	36803	552987
梁平区	Liangping District	351987	218880	628847	16451	168895
武隆区	Wulong District	189057	43332	652701	10577	70029
城口县	Chengkou County	87445	1149	63936	3902	6539
丰都县	Fengdu County	327106	134102	502319	19482	85611
垫江县	Dianjiang County	405420	234954	801615	20522	131559
忠 县	Zhongxian County	405847	221818	350200	38950	453024
云阳县	Yunyang County	407288	133550	543949	35184	365347
奉节县	Fengjie County	408896	73725	443229	28711	449020
巫山县	Wushan County	205523	17115	287643	18665	153605
巫溪县	Wuxi County	235793	14231	282466	13108	47827
石柱县	Shizhu County	220315	82375	472769	6586	24354
秀山县	Xiushan County	300031	132995	422260	37054	97918
酉阳县	Youyang County	369604	116680	456364	33439	64346
彭水县	Pengshui County	312222	63025	426576	33293	24748

5-25 各区县主要农作物产品产量（2021 年）
Output of Major Agricultural and Subsidiary Products by Region of Chongqing（2021）

续表 10（continued10）　　　　单位：吨（ton）

地 区	Region	粮食 Grain	稻谷 Rice	蔬菜 Vegetables	油料 Oil-bearing Crops	水果 Fruits
重庆市	**Chongqing**	**10928403**	**4930492**	**21843320**	**684791**	**5531813**
万州区	Wanzhou District	497479	224158	1243987	20409	563745
黔江区	Qianjiang District	234226	62107	261767	18998	68219
涪陵区	Fuling District	448620	218448	2446198	6722	209971
渝中区	Yuzhong District					
大渡口区	Dadukou District	982	14	16246		1930
江北区	Jiangbei District	2447	1107	5540	11	1325
沙坪坝区	Shapingba District	10974	4763	41020	154	6445
九龙坡区	Jiulongpo District	11450	3982	68345	1269	11928
南岸区	Nan'an District	2078	144	9464		3838
北碚区	Beibei District	45049	18112	194184	960	24165
渝北区	Yubei District	111394	47679	301555	2701	67548
巴南区	Ba'nan District	218367	108991	546410	1252	65501
长寿区	Changshou District	330467	171380	380801	12413	230679
江津区	Jiangjin District	641403	355778	1065035	18887	258107
合川区	Hechuan District	698222	342637	1017265	30808	166746
永川区	Yongchuan District	483839	345572	740212	25677	141021
南川区	Nanchuan District	310177	188207	522373	17559	66731
綦江区	Qijiang District	407350	178914	815935	15897	66362
大足区	Dazu District	423927	244585	478987	48696	71098
璧山区	Bishan District	168838	107304	818513	6019	165783
铜梁区	Tongliang District	355168	215902	773175	15821	73962
潼南区	Tongnan District	376582	209493	2193391	53061	336943
荣昌区	Rongchang District	289910	175241	613344	25978	33432
开州区	Kaizhou District	582294	203820	617466	38981	583622
梁平区	Liangping District	357482	222484	670452	17133	201368
武隆区	Wulong District	191487	43397	674161	10775	71978
城口县	Chengkou County	90546	851	67739	3963	6669
丰都县	Fengdu County	333294	136221	541711	19951	93025
垫江县	Dianjiang County	410852	238573	833837	21235	138806
忠 县	Zhongxian County	409795	223473	372297	39329	483327
云阳县	Yunyang County	411135	133426	579988	35985	376504
奉节县	Fengjie County	410268	73981	461747	29071	490137
巫山县	Wushan County	209052	17841	297015	19201	163810
巫溪县	Wuxi County	239363	14260	299817	13312	52076
石柱县	Shizhu County	223530	83592	500149	6986	36140
秀山县	Xiushan County	301721	133217	442352	37679	103153
酉阳县	Youyang County	371985	117244	478625	34026	67450
彭水县	Pengshui County	316650	63597	452219	33870	28272

5-26 各区县主要农作物产品人均产量（2011 年）
Per Capita Output of Major Agricultural and Subsidiary Products by Region of Chongqing（2011）

单位：公斤 / 人（kg/person）

地 区	Region	粮食 Grain	稻谷 Rice	蔬菜 Vegetables	油料 Oil-bearing Crops	水果 Fruits
重庆市	**Chongqing**	**457.8**	**204.5**	**596.2**	**19.7**	**107.2**
万州区	Wanzhou District	378.8	166.9	612.0	12.2	176.2
黔江区	Qianjiang District	475.5	127.8	320.9	28.9	62.5
涪陵区	Fuling District	524.9	256.5	2046.5	6.6	129.5
渝中区	Yuzhong District					
大渡口区	Dadukou District	21.5	1.2	1231.5		19.7
江北区	Jiangbei District	159.2	68.3	430.1	1.5	70.0
沙坪坝区	Shapingba District	86.6	47.6	463.4	0.2	32.4
九龙坡区	Jiulongpo District	90.4	44.6	512.0	3.8	57.1
南岸区	Nan'an District	39.4	12.1	114.7		21.5
北碚区	Beibei District	216.4	103.4	983.3	3.4	56.4
渝北区	Yubei District	286.4	85.0	440.9	6.3	221.1
巴南区	Ba'nan District	468.5	188.1	749.8	3.8	74.0
长寿区	Changshou District	506.3	257.6	383.1	13.0	215.5
江津区	Jiangjin District	540.8	299.6	594.2	9.4	143.4
合川区	Hechuan District	589.5	278.2	485.4	15.1	40.4
永川区	Yongchuan District	621.9	438.2	689.5	21.1	152.5
南川区	Nanchuan District	489.2	305.6	514.4	31.1	81.4
綦江区	Qijiang District	421.7	206.6	643.7	8.1	38.9
大足区	Dazu District	588.3	333.1	422.4	39.0	72.6
璧山区	Bishan District	368.2	245.3	1109.3	7.3	186.5
铜梁区	Tongliang District	401.1	253.2	591.6	11.5	26.1
潼南区	Tongnan District	517.3	276.8	2297.0	55.1	77.2
荣昌区	Rongchang District	429.0	262.7	596.1	29.3	39.1
开州区	Kaizhou District	406.0	136.6	247.0	16.7	219.9
梁平区	Liangping District	426.5	253.7	497.0	9.1	36.8
武隆区	Wulong District	449.6	114.1	858.1	42.0	143.8
城口县	Chengkou County	398.4	25.2	1726.3	22.5	53.3
丰都县	Fengdu County	493.8	193.1	57.7	18.4	26.0
垫江县	Dianjiang County	500.8	276.4	367.7	19.4	65.0
忠 县	Zhongxian County	523.8	288.4	267.0	35.9	261.2
云阳县	Yunyang County	394.7	127.6	324.9	14.1	117.1
奉节县	Fengjie County	457.3	76.2	296.6	21.3	232.6
巫山县	Wushan County	405.6	40.8	356.2	25.6	85.8
巫溪县	Wuxi County	444.9	33.8	387.4	21.6	24.5
石柱县	Shizhu County	519.0	181.8	726.3	22.9	30.1
秀山县	Xiushan County	646.8	298.1	534.7	60.0	142.8
酉阳县	Youyang County	476.0	150.6	346.2	31.6	21.6
彭水县	Pengshui County	488.3	106.5	388.2	30.0	8.8

注：本表数据按乡村人口计算。
Note:Data in this table are calculated by rural population.

5-26 各区县主要农作物产品人均产量（2012 年）
Per Capita Output of Major Agricultural and Subsidiary Products by Region of Chongqing（2012）

续表 1（continued1）　　　　单位：公斤 / 人（kg/person）

地 区	Region	粮食 Grain	稻谷 Rice	蔬菜 Vegetables	油料 Oil-bearing Crops	水果 Fruits
重庆市	**Chongqing**	**460.5**	**206.4**	**654.9**	**21.3**	**121.7**
万州区	Wanzhou District	398.5	172.9	691.2	13.3	198.5
黔江区	Qianjiang District	479.6	131.7	377.5	30.7	67.1
涪陵区	Fuling District	538.2	256.4	2243.8	6.6	135.9
渝中区	Yuzhong District					
大渡口区	Dadukou District	23.2	0.9	1263.4		16.7
江北区	Jiangbei District	99.4	49.3	259.1	1.2	54.1
沙坪坝区	Shapingba District	85.7	51.1	405.6	0.3	28.3
九龙坡区	Jiulongpo District	82.4	39.0	483.7	3.9	51.4
南岸区	Nan'an District	35.7	9.3	90.6		19.9
北碚区	Beibei District	183.4	71.1	1009.7	4.0	52.9
渝北区	Yubei District	292.4	105.9	640.4	6.2	276.0
巴南区	Ba'nan District	450.6	194.7	784.7	3.6	75.5
长寿区	Changshou District	514.3	263.4	416.4	13.7	242.6
江津区	Jiangjin District	558.5	312.7	660.5	10.5	169.6
合川区	Hechuan District	593.9	286.0	527.7	15.8	54.8
永川区	Yongchuan District	636.4	452.2	739.4	20.2	173.1
南川区	Nanchuan District	573.4	359.3	650.3	37.5	113.3
綦江区	Qijiang District	483.4	211.6	696.0	10.7	39.8
大足区	Dazu District	498.2	288.5	384.8	40.3	64.7
璧山区	Bishan District	353.9	239.5	1231.1	7.9	214.4
铜梁区	Tongliang District	385.4	250.1	671.5	12.0	24.7
潼南区	Tongnan District	531.4	292.6	2606.3	60.6	83.0
荣昌区	Rongchang District	441.6	287.5	670.6	32.6	47.5
开州区	Kaizhou District	402.6	128.7	268.3	18.0	266.2
梁平区	Liangping District	409.4	240.0	525.7	11.0	37.5
武隆区	Wulong District	452.2	109.9	995.1	47.7	155.5
城口县	Chengkou County	380.4	19.7	1868.3	19.0	53.6
丰都县	Fengdu County	488.8	189.9	65.1	21.6	31.6
垫江县	Dianjiang County	504.7	285.4	415.0	22.8	67.5
忠　县	Zhongxian County	528.5	287.0	290.8	37.0	307.3
云阳县	Yunyang County	396.6	126.0	363.2	15.5	129.8
奉节县	Fengjie County	438.7	74.6	317.4	22.8	262.6
巫山县	Wushan County	389.7	37.2	381.9	29.8	106.7
巫溪县	Wuxi County	449.0	32.9	434.9	23.8	43.1
石柱县	Shizhu County	521.4	175.9	783.2	23.7	30.2
秀山县	Xiushan County	676.5	311.9	603.5	65.0	151.9
酉阳县	Youyang County	458.2	143.3	371.4	32.1	20.3
彭水县	Pengshui County	514.0	112.9	445.7	34.5	9.8

注：本表数据按乡村人口计算。
Note:Data in this table are calculated by rural population.

5-26 各区县主要农作物产品人均产量（2013 年）
Per Capita Output of Major Agricultural and Subsidiary Products by Region of Chongqing（2013）

续表 2（continued2） 单位：公斤 / 人（kg/person）

地 区	Region	粮食 Grain	稻谷 Rice	蔬菜 Vegetables	油料 Oil-bearing Crops	水果 Fruits
重庆市	**Chongqing**	**465.3**	**210.4**	**681.2**	**22.9**	**137.5**
万州区	Wanzhou District	404.3	174.5	715.3	13.4	261.1
黔江区	Qianjiang District	474.4	129.3	387.5	30.8	73.2
涪陵区	Fuling District	536.5	257.1	2312.7	6.5	150.5
渝中区	Yuzhong District					
大渡口区	Dadukou District	25.8	0.6	1145.7		34.2
江北区	Jiangbei District	129.1	59.9	268.4	1.4	56.3
沙坪坝区	Shapingba District	82.0	47.8	351.2	0.7	32.1
九龙坡区	Jiulongpo District	77.9	35.1	432.4	4.1	62.4
南岸区	Nan'an District	23.8	5.7	60.6		19.2
北碚区	Beibei District	171.8	60.5	902.0	3.3	69.4
渝北区	Yubei District	274.4	103.7	702.5	6.3	297.8
巴南区	Ba'nan District	433.0	179.2	726.8	3.3	86.2
长寿区	Changshou District	519.7	267.6	428.3	15.0	256.9
江津区	Jiangjin District	558.0	314.9	683.3	12.5	192.7
合川区	Hechuan District	660.6	315.4	597.6	19.2	95.0
永川区	Yongchuan District	634.8	455.4	761.9	25.5	185.4
南川区	Nanchuan District	580.9	359.6	680.1	40.1	121.5
綦江区	Qijiang District	439.9	211.6	706.5	9.5	44.0
大足区	Dazu District	527.6	307.9	413.3	43.9	66.9
璧山区	Bishan District	356.5	242.0	1263.5	8.3	245.2
铜梁区	Tongliang District	507.1	336.8	898.3	19.0	50.6
潼南区	Tongnan District	423.6	235.7	2120.1	45.5	77.0
荣昌区	Rongchang District	574.4	379.9	894.7	44.8	56.3
开州区	Kaizhou District	407.2	129.8	278.3	20.3	266.8
梁平区	Liangping District	406.8	242.7	541.3	17.7	42.5
武隆区	Wulong District	453.5	104.1	1208.8	21.4	115.8
城口县	Chengkou County	376.8	19.5	1903.5	11.4	20.2
丰都县	Fengdu County	483.3	190.3	69.2	31.4	37.9
垫江县	Dianjiang County	522.2	301.9	426.7	23.9	83.6
忠 县	Zhongxian County	548.2	306.6	302.0	35.6	328.0
云阳县	Yunyang County	409.0	133.5	385.0	15.3	162.2
奉节县	Fengjie County	438.7	76.4	322.1	26.0	311.0
巫山县	Wushan County	394.3	37.5	393.6	33.8	117.8
巫溪县	Wuxi County	409.9	30.9	398.4	22.3	19.9
石柱县	Shizhu County	516.8	180.0	827.6	24.0	35.5
秀山县	Xiushan County	661.9	299.1	619.4	78.3	153.0
酉阳县	Youyang County	445.8	133.3	382.1	35.4	23.4
彭水县	Pengshui County	525.3	109.8	466.0	36.9	19.4

注：本表数据按乡村人口计算。
Note:Data in this table are calculated by rural population.

5-26 各区县主要农作物产品人均产量（2014年）
Per Capita Output of Major Agricultural and Subsidiary Products by Region of Chongqing（2014）

续表3（continued3）　　　　单位：公斤/人（kg/person）

地区	Region	粮食 Grain	稻谷 Rice	蔬菜 Vegetables	油料 Oil-bearing Crops	水果 Fruits
重庆市	**Chongqing**	**464.7**	**211.7**	**725.6**	**24.7**	**153.1**
万州区	Wanzhou District	395.6	173.5	776.0	14.1	273.7
黔江区	Qianjiang District	467.0	126.4	401.0	33.0	81.6
涪陵区	Fuling District	524.3	264.0	2470.2	6.1	141.6
渝中区	Yuzhong District					
大渡口区	Dadukou District	30.6	0.5	1106.2		24.3
江北区	Jiangbei District	150.6	73.3	312.5	0.7	62.5
沙坪坝区	Shapingba District	80.2	45.7	324.1	0.9	35.5
九龙坡区	Jiulongpo District	72.8	31.7	388.2	5.0	67.9
南岸区	Nan'an District	14.6	4.4	49.7		17.4
北碚区	Beibei District	171.7	68.5	848.0	3.1	68.4
渝北区	Yubei District	294.3	127.6	747.0	8.6	332.2
巴南区	Ba'nan District	426.3	197.8	730.8	2.0	69.9
长寿区	Changshou District	530.4	269.7	466.0	16.3	239.3
江津区	Jiangjin District	553.3	317.5	727.7	13.7	189.3
合川区	Hechuan District	687.8	328.7	665.8	21.2	112.5
永川区	Yongchuan District	624.4	450.9	784.8	27.3	210.1
南川区	Nanchuan District	605.6	371.8	742.9	45.3	133.1
綦江区	Qijiang District	415.2	185.6	736.7	10.3	40.8
大足区	Dazu District	524.2	308.1	437.3	46.8	53.7
璧山区	Bishan District	368.2	246.8	1398.8	10.1	294.0
铜梁区	Tongliang District	519.5	341.5	950.4	20.4	73.6
潼南区	Tongnan District	434.6	240.8	2272.9	48.4	167.4
荣昌区	Rongchang District	578.1	380.4	950.6	43.4	49.5
开州区	Kaizhou District	398.2	129.6	298.3	21.1	289.3
梁平区	Liangping District	391.2	239.5	581.4	18.4	91.2
武隆区	Wulong District	459.6	107.8	1381.6	23.9	106.6
城口县	Chengkou County	372.6	18.6	2036.3	14.6	15.5
丰都县	Fengdu County	489.8	194.4	74.0	32.9	41.0
垫江县	Dianjiang County	516.9	304.9	459.7	27.2	92.5
忠　县	Zhongxian County	533.3	290.0	328.6	41.0	400.0
云阳县	Yunyang County	409.2	132.8	414.2	17.3	224.9
奉节县	Fengjie County	423.0	74.1	337.6	27.6	332.3
巫山县	Wushan County	396.3	36.5	433.9	42.3	131.5
巫溪县	Wuxi County	440.4	32.9	434.6	23.6	23.2
石柱县	Shizhu County	512.7	179.1	861.5	25.0	37.2
秀山县	Xiushan County	659.3	300.0	662.4	81.1	151.1
酉阳县	Youyang County	465.3	148.9	408.5	35.6	24.6
彭水县	Pengshui County	525.8	111.2	505.9	39.2	21.0

注：本表数据按乡村人口计算。
Note:Data in this table are calculated by rural population.

5–26 各区县主要农作物产品人均产量（2015 年）
Per Capita Output of Major Agricultural and Subsidiary Products by Region of Chongqing（2015）

续表 4（continued4）

单位：公斤 / 人（kg/person）

地 区	Region	粮食 Grain	稻谷 Rice	蔬菜 Vegetables	油料 Oil-bearing Crops	水果 Fruits
重庆市	**Chongqing**	**472.2**	**214.1**	**767.3**	**26.1**	**167.1**
万州区	Wanzhou District	398.5	167.5	834.8	14.8	310.2
黔江区	Qianjiang District	463.4	124.4	415.8	31.4	96.4
涪陵区	Fuling District	539.8	264.0	2532.4	6.6	181.4
渝中区	Yuzhong District					
大渡口区	Dadukou District	35.4	0.4	844.0		23.1
江北区	Jiangbei District	160.1	71.6	330.2	0.8	73.6
沙坪坝区	Shapingba District	78.4	43.7	302.8	2.0	44.5
九龙坡区	Jiulongpo District	67.3	26.6	364.3	7.0	86.4
南岸区	Nan'an District	10.9	1.7	36.0		12.3
北碚区	Beibei District	177.9	70.6	835.0	4.2	85.3
渝北区	Yubei District	296.3	130.8	763.1	5.3	345.9
巴南区	Ba'nan District	503.8	242.8	916.4	2.3	101.7
长寿区	Changshou District	528.5	272.0	495.4	16.5	348.7
江津区	Jiangjin District	565.0	318.7	769.9	14.2	168.3
合川区	Hechuan District	688.5	331.6	710.0	24.0	121.3
永川区	Yongchuan District	630.0	448.4	818.7	29.4	215.8
南川区	Nanchuan District	628.7	392.0	831.6	36.4	148.1
綦江区	Qijiang District	418.0	181.6	753.8	10.8	56.6
大足区	Dazu District	533.4	313.3	472.6	49.7	81.3
璧山区	Bishan District	373.6	248.0	1459.7	14.3	249.8
铜梁区	Tongliang District	535.2	343.8	1006.6	20.9	62.9
潼南区	Tongnan District	417.2	235.6	2312.7	47.6	109.4
荣昌区	Rongchang District	583.1	377.7	1003.9	75.9	52.6
开州区	Kaizhou District	389.7	127.6	312.7	23.8	289.8
梁平区	Liangping District	399.1	242.1	626.0	17.2	108.6
武隆区	Wulong District	483.0	112.4	1603.3	24.4	131.0
城口县	Chengkou County	380.6	19.3	2176.3	16.5	18.5
丰都县	Fengdu County	493.7	198.0	76.1	29.9	34.5
垫江县	Dianjiang County	537.7	314.3	495.3	26.1	79.3
忠 县	Zhongxian County	545.7	305.1	348.6	45.3	453.2
云阳县	Yunyang County	413.4	134.7	436.5	27.1	269.4
奉节县	Fengjie County	440.1	79.9	364.8	27.8	368.6
巫山县	Wushan County	394.4	35.8	461.1	28.0	159.4
巫溪县	Wuxi County	442.7	31.7	461.0	21.1	28.5
石柱县	Shizhu County	514.3	178.8	914.7	16.0	35.3
秀山县	Xiushan County	681.7	305.5	722.9	76.6	180.7
酉阳县	Youyang County	466.4	149.6	439.3	41.5	34.7
彭水县	Pengshui County	541.7	112.3	551.6	46.8	21.1

注：本表数据按乡村人口计算。
Note:Data in this table are calculated by rural population.

5-26 各区县主要农作物产品人均产量（2016年）
Per Capita Output of Major Agricultural and Subsidiary Products by Region of Chongqing（2016）

续表5（continued5）　　　　单位：公斤/人（kg/person）

地 区	Region	粮食 Grain	稻谷 Rice	蔬菜 Vegetables	油料 Oil-bearing Crops	水果 Fruits
重庆市	**Chongqing**	**484.4**	**219.1**	**817.5**	**27.7**	**168.1**
万州区	Wanzhou District	412.9	184.9	880.0	15.8	334.5
黔江区	Qianjiang District	479.3	122.7	440.8	33.8	104.8
涪陵区	Fuling District	538.8	267.4	2644.8	6.7	169.3
渝中区	Yuzhong District					
大渡口区	Dadukou District	54.3	0.7	780.7	0.8	24.0
江北区	Jiangbei District	147.6	59.2	318.5	0.7	96.1
沙坪坝区	Shapingba District	82.7	39.8	280.5	2.1	39.8
九龙坡区	Jiulongpo District	65.0	21.4	355.5	7.3	78.0
南岸区	Nan'an District	8.9	1.3	26.0		13.1
北碚区	Beibei District	177.6	76.7	886.8	5.0	98.7
渝北区	Yubei District	298.2	128.7	782.4	5.8	147.1
巴南区	Ba'nan District	502.8	248.3	947.3	2.5	108.5
长寿区	Changshou District	529.9	273.2	535.5	18.9	266.1
江津区	Jiangjin District	574.3	319.1	820.2	15.7	165.9
合川区	Hechuan District	698.3	333.9	762.7	25.5	133.3
永川区	Yongchuan District	631.8	447.0	864.7	29.7	138.7
南川区	Nanchuan District	656.8	396.1	905.3	37.7	111.8
綦江区	Qijiang District	459.8	201.6	768.2	11.8	69.2
大足区	Dazu District	545.7	317.1	506.7	54.2	55.0
璧山区	Bishan District	381.5	245.7	1575.7	15.4	257.5
铜梁区	Tongliang District	555.8	346.7	1072.7	22.0	93.7
潼南区	Tongnan District	464.7	261.7	2623.3	67.9	161.9
荣昌区	Rongchang District	617.9	377.7	1071.7	47.6	37.4
开州区	Kaizhou District	405.7	139.6	330.5	24.6	277.1
梁平区	Liangping District	412.1	256.2	617.0	18.4	120.0
武隆区	Wulong District	494.0	114.8	1496.5	25.6	151.5
城口县	Chengkou County	391.0	18.9	235.5	14.4	19.4
丰都县	Fengdu County	496.7	201.5	598.3	30.4	110.1
垫江县	Dianjiang County	551.4	319.9	910.2	26.5	119.4
忠　县	Zhongxian County	549.4	294.8	378.6	51.6	504.5
云阳县	Yunyang County	413.9	136.0	461.9	31.2	318.3
奉节县	Fengjie County	441.9	79.8	395.2	30.5	343.7
巫山县	Wushan County	394.8	33.9	479.2	31.8	169.5
巫溪县	Wuxi County	477.3	31.5	498.5	24.8	61.4
石柱县	Shizhu County	542.2	205.1	1031.8	17.1	39.3
秀山县	Xiushan County	692.6	307.4	798.8	81.0	111.0
酉阳县	Youyang County	467.4	148.9	469.9	41.1	48.3
彭水县	Pengshui County	552.3	112.4	603.7	50.2	28.8

注：本表数据按乡村人口计算。
Note:Data in this table are calculated by rural population.

5-26 各区县主要农作物产品人均产量（2017 年）

Per Capita Output of Major Agricultural and Subsidiary Products by Region of Chongqing（2017）

续表 6（continued6）

单位：公斤 / 人（kg/person）

地 区	Region	粮食 Grain	稻谷 Rice	蔬菜 Vegetables	油料 Oil-bearing Crops	水果 Fruits
重庆市	**Chongqing**	**497.4**	**224.3**	**857.9**	**28.7**	**185.8**
万州区	Wanzhou District	421.2	188.3	918.1	16.3	348.1
黔江区	Qianjiang District	480.8	123.1	466.3	33.5	117.0
涪陵区	Fuling District	543.1	268.2	2704.9	6.8	178.3
渝中区	Yuzhong District					
大渡口区	Dadukou District	43.7	0.6	778.6	0.1	24.1
江北区	Jiangbei District	146.1	53.4	312.7	0.9	93.9
沙坪坝区	Shapingba District	83.4	40.3	274.8	1.9	37.8
九龙坡区	Jiulongpo District	64.0	20.8	361.0	7.3	66.0
南岸区	Nan'an District	7.0	0.3	26.6		13.9
北碚区	Beibei District	177.3	72.0	818.7	4.8	93.4
渝北区	Yubei District	310.3	134.6	818.6	7.0	156.0
巴南区	Ba'nan District	492.3	240.2	984.2	2.6	108.3
长寿区	Changshou District	555.8	286.5	534.9	19.5	291.0
江津区	Jiangjin District	585.6	324.2	864.1	16.5	189.1
合川区	Hechuan District	702.2	335.5	803.5	26.0	134.3
永川区	Yongchuan District	632.7	451.2	892.9	31.0	155.8
南川区	Nanchuan District	686.3	414.0	984.3	38.6	119.8
綦江区	Qijiang District	471.1	205.3	771.1	16.0	65.9
大足区	Dazu District	553.2	320.8	532.0	56.1	62.0
璧山区	Bishan District	621.9	397.2	1931.4	18.4	342.1
铜梁区	Tongliang District	565.8	350.6	1119.5	23.4	94.6
潼南区	Tongnan District	503.7	283.2	2680.1	68.3	224.7
荣昌区	Rongchang District	615.6	376.3	1102.8	47.9	52.1
开州区	Kaizhou District	423.5	146.3	366.7	26.1	327.8
梁平区	Liangping District	418.8	259.9	649.7	18.9	146.1
武隆区	Wulong District	494.7	113.9	1579.1	26.7	162.8
城口县	Chengkou County	410.8	19.9	262.2	16.5	27.6
丰都县	Fengdu County	509.3	206.8	647.1	30.5	107.5
垫江县	Dianjiang County	556.8	320.0	971.3	26.9	135.3
忠 县	Zhongxian County	578.0	310.1	408.3	53.1	522.4
云阳县	Yunyang County	418.6	136.7	489.5	32.7	320.1
奉节县	Fengjie County	474.2	85.8	431.6	32.1	380.3
巫山县	Wushan County	385.5	32.1	479.3	32.1	216.0
巫溪县	Wuxi County	486.9	31.7	530.1	25.2	85.2
石柱县	Shizhu County	584.9	221.6	1086.5	17.2	38.4
秀山县	Xiushan County	639.1	283.8	756.3	72.5	151.2
酉阳县	Youyang County	468.7	148.9	499.4	41.4	64.8
彭水县	Pengshui County	568.8	115.4	645.1	52.1	36.8

注：本表数据按乡村人口计算。
Note:Data in this table are calculated by rural population.

5-26 各区县主要农作物产品人均产量（2018 年）
Per Capita Output of Major Agricultural and Subsidiary Products by Region of Chongqing（2018）

续表 7（continued7） 单位：公斤 / 人（kg/person）

地 区	Region	粮食 Grain	稻谷 Rice	蔬菜 Vegetables	油料 Oil-bearing Crops	水果 Fruits
重庆市	**Chongqing**	**500.1**	**225.6**	**895.5**	**29.5**	**199.8**
万州区	Wanzhou District	421.9	189.1	950.2	16.5	371.0
黔江区	Qianjiang District	485.6	123.7	495.7	34.7	126.5
涪陵区	Fuling District	546.0	268.1	2815.0	7.3	193.2
渝中区	Yuzhong District					
大渡口区	Dadukou District	43.1	0.5	810.9		25.1
江北区	Jiangbei District	146.4	62.6	312.3	0.7	82.7
沙坪坝区	Shapingba District	84.3	41.1	286.2	1.4	44.0
九龙坡区	Jiulongpo District	66.0	22.4	372.6	7.5	69.9
南岸区	Nan'an District	6.6	0.3	24.4		13.2
北碚区	Beibei District	195.7	80.2	875.5	4.2	107.0
渝北区	Yubei District	320.5	139.0	845.6	7.3	166.8
巴南区	Ba'nan District	477.4	235.9	996.5	2.5	111.3
长寿区	Changshou District	564.3	292.8	566.2	19.9	315.5
江津区	Jiangjin District	589.6	327.1	901.5	16.6	200.6
合川区	Hechuan District	689.2	331.2	832.1	26.3	140.2
永川区	Yongchuan District	637.3	454.7	934.0	31.8	167.8
南川区	Nanchuan District	699.6	422.0	1050.2	39.2	133.2
綦江区	Qijiang District	478.6	208.5	793.9	17.5	71.3
大足区	Dazu District	553.4	321.5	557.2	57.4	68.8
璧山区	Bishan District	463.1	295.0	2046.5	17.9	373.2
铜梁区	Tongliang District	574.2	352.9	1151.7	24.1	103.7
潼南区	Tongnan District	507.8	285.3	2712.0	67.7	260.7
荣昌区	Rongchang District	612.0	373.5	1135.9	49.0	55.0
开州区	Kaizhou District	421.8	145.4	386.9	27.1	345.2
梁平区	Liangping District	419.9	260.5	680.9	19.2	155.4
武隆区	Wulong District	497.8	114.9	1644.6	28.2	177.9
城口县	Chengkou County	411.6	13.7	272.3	18.2	28.8
丰都县	Fengdu County	516.2	212.8	699.7	31.3	118.5
垫江县	Dianjiang County	547.1	315.2	1013.3	27.4	145.6
忠 县	Zhongxian County	572.1	310.2	434.4	53.8	556.1
云阳县	Yunyang County	421.7	137.6	516.5	33.9	332.6
奉节县	Fengjie County	481.1	86.5	464.8	32.9	419.1
巫山县	Wushan County	387.5	32.1	493.5	33.5	233.1
巫溪县	Wuxi County	541.4	33.5	611.9	29.2	100.5
石柱县	Shizhu County	573.0	212.2	1127.1	16.6	41.2
秀山县	Xiushan County	641.7	285.3	798.7	75.3	161.4
酉阳县	Youyang County	471.2	149.0	527.6	41.7	69.0
彭水县	Pengshui County	563.9	113.3	692.7	54.6	40.4

注：本表数据按乡村人口计算。
Note:Data in this table are calculated by rural population.

5-26 各区县主要农作物产品人均产量（2019 年）
Per Capita Output of Major Agricultural and Subsidiary Products by Region of Chongqing（2019）

续表 8（continued8）

单位：公斤 / 人（kg/person）

地 区	Region	粮食 Grain	稻谷 Rice	蔬菜 Vegetables	油料 Oil-bearing Crops	水果 Fruits
重庆市	**Chongqing**	**507.3**	**229.8**	**947.8**	**30.8**	**224.8**
万州区	Wanzhou District	422.2	190.4	989.7	16.7	399.4
黔江区	Qianjiang District	486.1	129.7	517.6	36.5	131.1
涪陵区	Fuling District	544.3	267.7	2888.1	7.6	211.8
渝中区	Yuzhong District					
大渡口区	Dadukou District	42.5	0.5	836.5		32.3
江北区	Jiangbei District	142.1	64.6	314.0	0.8	81.3
沙坪坝区	Shapingba District	83.6	40.0	296.6	1.5	47.6
九龙坡区	Jiulongpo District	64.4	21.7	361.1	6.9	69.8
南岸区	Nan'an District	10.5	0.5	41.1		19.9
北碚区	Beibei District	197.4	79.9	832.6	4.1	107.5
渝北区	Yubei District	333.4	144.7	896.1	8.0	179.5
巴南区	Ba'nan District	496.7	250.5	1088.9	2.8	123.5
长寿区	Changshou District	565.2	296.4	621.8	21.2	350.6
江津区	Jiangjin District	596.9	330.1	939.8	17.0	213.4
合川区	Hechuan District	667.9	324.7	888.0	27.8	148.9
永川区	Yongchuan District	638.5	459.0	955.8	33.0	179.5
南川区	Nanchuan District	711.3	432.6	1105.2	40.1	142.8
綦江区	Qijiang District	495.3	218.2	898.4	18.9	77.6
大足区	Dazu District	568.5	330.0	596.1	60.9	80.3
璧山区	Bishan District	465.5	296.6	2112.7	16.3	398.6
铜梁区	Tongliang District	579.1	354.8	1189.4	24.7	110.9
潼南区	Tongnan District	512.0	287.7	2776.1	69.6	395.3
荣昌区	Rongchang District	603.1	366.6	1216.1	51.4	61.7
开州区	Kaizhou District	431.1	150.1	422.4	27.6	395.8
梁平区	Liangping District	429.0	267.9	723.4	19.9	185.3
武隆区	Wulong District	509.3	117.1	1711.2	29.2	190.5
城口县	Chengkou County	401.1	6.4	291.1	18.7	30.1
丰都县	Fengdu County	528.6	218.7	774.0	32.1	130.7
垫江县	Dianjiang County	546.9	317.1	1049.8	27.7	157.6
忠 县	Zhongxian County	577.7	316.2	466.4	54.8	604.0
云阳县	Yunyang County	426.3	139.9	538.9	35.4	355.6
奉节县	Fengjie County	481.7	86.5	495.4	33.7	473.0
巫山县	Wushan County	393.1	32.2	519.6	34.9	254.8
巫溪县	Wuxi County	576.7	33.7	662.3	31.4	109.9
石柱县	Shizhu County	559.8	209.3	1149.9	16.5	48.9
秀山县	Xiushan County	643.4	285.7	854.6	77.7	192.6
酉阳县	Youyang County	472.6	149.7	554.8	42.4	76.4
彭水县	Pengshui County	581.3	117.5	767.2	59.4	44.9

注：本表数据按乡村人口计算。
Note:Data in this table are calculated by rural population.

5-26 各区县主要农作物产品人均产量（2020 年）
Per Capita Output of Major Agricultural and Subsidiary Products by Region of Chongqing（2020）

续表 9（continued9）　　　　单位：公斤 / 人（kg/person）

地 区	Region	粮食 Grain	稻谷 Rice	蔬菜 Vegetables	油料 Oil-bearing Crops	水果 Fruits
重庆市	**Chongqing**	**515.3**	**233.1**	**997.0**	**32.0**	**245.3**
万州区	Wanzhou District	435.1	196.1	1044.9	17.5	437.0
黔江区	Qianjiang District	495.0	131.4	526.8	39.0	145.9
涪陵区	Fuling District	551.2	269.4	2954.4	7.9	241.3
渝中区	Yuzhong District					
大渡口区	Dadukou District	51.6	0.7	859.5		50.4
江北区	Jiangbei District	143.0	65.8	322.8	0.8	77.7
沙坪坝区	Shapingba District	88.9	40.0	328.5	1.5	52.8
九龙坡区	Jiulongpo District	67.3	22.4	382.1	7.0	72.6
南岸区	Nan'an District	10.9	0.6	47.9		19.5
北碚区	Beibei District	199.9	80.1	870.9	4.1	109.4
渝北区	Yubei District	344.7	148.3	936.0	8.3	190.3
巴南区	Ba'nan District	505.1	252.5	1171.7	2.9	139.5
长寿区	Changshou District	570.0	296.7	659.2	22.0	378.9
江津区	Jiangjin District	608.8	337.0	980.9	17.6	229.7
合川区	Hechuan District	682.1	334.5	949.6	30.0	158.7
永川区	Yongchuan District	649.5	466.2	1001.7	35.1	199.1
南川区	Nanchuan District	732.1	444.9	1188.0	41.5	155.1
綦江区	Qijiang District	501.8	220.9	952.6	19.6	80.9
大足区	Dazu District	573.0	334.2	623.1	64.7	88.9
璧山区	Bishan District	472.5	300.5	2231.9	16.4	437.7
铜梁区	Tongliang District	584.7	356.5	1232.6	25.4	117.8
潼南区	Tongnan District	518.3	288.5	2892.1	73.0	421.8
荣昌区	Rongchang District	604.7	366.5	1283.4	53.0	66.0
开州区	Kaizhou District	435.3	152.0	441.7	28.0	420.9
梁平区	Liangping District	431.1	268.1	770.2	20.1	206.8
武隆区	Wulong District	512.3	117.4	1768.7	28.7	189.8
城口县	Chengkou County	420.9	5.5	307.7	18.8	31.5
丰都县	Fengdu County	534.0	218.9	820.0	31.8	139.8
垫江县	Dianjiang County	551.5	319.6	1090.5	27.9	179.0
忠 县	Zhongxian County	586.7	320.7	506.3	56.3	654.9
云阳县	Yunyang County	429.1	140.7	573.1	37.1	384.9
奉节县	Fengjie County	485.3	87.5	526.1	34.1	532.9
巫山县	Wushan County	396.7	33.0	555.3	36.0	296.5
巫溪县	Wuxi County	597.1	36.0	715.2	33.2	121.1
石柱县	Shizhu County	571.2	213.6	1225.8	17.1	63.1
秀山县	Xiushan County	651.3	288.7	916.6	80.4	212.6
酉阳县	Youyang County	480.2	151.6	592.9	43.4	83.6
彭水县	Pengshui County	591.8	119.5	808.6	63.1	46.9

注：本表数据按乡村人口计算。
Note:Data in this table are calculated by rural population.

5-26 各区县主要农作物产品人均产量（2021 年）
Per Capita Output of Major Agricultural and Subsidiary Products by Region of Chongqing（2021）

续表 10（continued10）　　单位：公斤 / 人（kg/person）

地 区	Region	粮食 Grain	稻谷 Rice	蔬菜 Vegetables	油料 Oil-bearing Crops	水果 Fruits
重庆市	**Chongqing**	**527.5**	**238.0**	**1014.9**	**31.8**	**267.0**
万州区	Wanzhou District	458.4	206.5	1146.2	18.8	519.4
黔江区	Qianjiang District	515.1	136.6	575.6	41.8	150.0
涪陵区	Fuling District	561.7	273.5	3062.9	8.4	262.9
渝中区	Yuzhong District					
大渡口区	Dadukou District	53.8	0.8	890.1		105.7
江北区	Jiangbei District	151.4	68.5	342.7	0.7	82.0
沙坪坝区	Shapingba District	105.2	45.7	393.3	1.5	61.8
九龙坡区	Jiulongpo District	62.7	21.8	374.5	7.0	65.4
南岸区	Nan'an District	10.9	0.8	49.5		20.1
北碚区	Beibei District	211.9	85.2	913.3	4.5	113.7
渝北区	Yubei District	350.3	150.0	948.4	8.5	212.4
巴南区	Ba'nan District	530.0	264.5	1326.3	3.0	159.0
长寿区	Changshou District	580.3	300.9	668.7	21.8	405.1
江津区	Jiangjin District	610.7	338.8	1014.1	18.0	245.8
合川区	Hechuan District	691.7	339.4	1007.7	30.5	165.2
永川区	Yongchuan District	657.1	469.3	1005.2	34.9	191.5
南川区	Nanchuan District	766.7	465.2	1291.3	43.4	165.0
綦江区	Qijiang District	505.7	222.1	1012.9	19.7	82.4
大足区	Dazu District	581.0	335.2	656.5	66.7	97.4
璧山区	Bishan District	478.9	304.4	2321.6	17.1	470.2
铜梁区	Tongliang District	597.3	363.1	1300.3	26.6	124.4
潼南区	Tongnan District	519.9	289.2	3027.9	73.2	465.1
荣昌区	Rongchang District	611.1	369.4	1292.8	54.8	70.5
开州区	Kaizhou District	443.4	155.2	470.2	29.7	444.4
梁平区	Liangping District	440.6	274.2	826.4	21.1	248.2
武隆区	Wulong District	521.0	118.1	1834.3	29.3	195.8
城口县	Chengkou County	651.5	6.1	487.4	28.5	48.0
丰都县	Fengdu County	546.8	223.5	888.7	32.7	152.6
垫江县	Dianjiang County	564.3	327.7	1145.3	29.2	190.7
忠 县	Zhongxian County	596.3	325.2	541.8	57.2	703.3
云阳县	Yunyang County	436.1	141.5	615.2	38.2	399.4
奉节县	Fengjie County	487.8	88.0	549.0	34.6	582.7
巫山县	Wushan County	406.2	34.7	577.1	37.3	318.3
巫溪县	Wuxi County	612.9	36.5	767.8	34.1	133.4
石柱县	Shizhu County	582.9	218.0	1304.2	18.2	94.2
秀山县	Xiushan County	658.1	290.6	964.8	82.2	225.0
酉阳县	Youyang County	489.3	154.2	629.6	44.8	88.7
彭水县	Pengshui County	603.9	121.3	862.5	64.6	53.9

注：本表数据按乡村人口计算。
Note:Data in this table are calculated by rural population.

5-27 各区县主要畜禽产品产量（2017年）
Output of Major Livestock and Poultry Products by Region of Chongqing（2017）

单位：吨（ton）

地 区	Region	猪肉 Pork	禽肉 Meat of Poultry	禽蛋产量 Poultry Eggs
重庆市	**Chongqing**	**1299700**	**322027**	**403141**
万州区	Wanzhou District	56381	9955	9395
黔江区	Qianjiang District	48171	2979	1981
涪陵区	Fuling District	49516	13343	11958
渝中区	Yuzhong District			
大渡口区	Dadukou District	5	11	132
江北区	Jiangbei District	304	58	179
沙坪坝区	Shapingba District	231	153	196
九龙坡区	Jiulongpo District	914	304	761
南岸区	Nan'an District	204	116	284
北碚区	Beibei District	1948	884	2186
渝北区	Yubei District	7338	4326	6581
巴南区	Ba'nan District	12799	4005	11820
长寿区	Changshou District	43806	17719	45323
江津区	Jiangjin District	59719	17103	22956
合川区	Hechuan District	75445	18811	22596
永川区	Yongchuan District	51736	24116	13731
南川区	Nanchuan District	45714	8650	8230
綦江区	Qijiang District	47423	8047	14638
大足区	Dazu District	44131	11251	10967
璧山区	Bishan District	16537	38029	6180
铜梁区	Tongliang District	33598	22996	46938
潼南区	Tongnan District	53265	8744	13100
荣昌区	Rongchang District	53530	10151	9231
开州区	Kaizhou District	74868	9280	12352
梁平区	Liangping District	45406	13945	9536
武隆区	Wulong District	34439	2090	2637
城口县	Chengkou County	8042	4108	4471
丰都县	Fengdu County	35349	12004	20399
垫江县	Dianjiang County	48538	9559	16829
忠 县	Zhongxian County	45892	7025	21258
云阳县	Yunyang County	59213	6715	20414
奉节县	Fengjie County	45227	4721	9258
巫山县	Wushan County	35883	3847	4815
巫溪县	Wuxi County	39950	4735	3072
石柱县	Shizhu County	16934	2939	3122
秀山县	Xiushan County	22447	9480	4453
酉阳县	Youyang County	46122	6029	3828
彭水县	Pengshui County	38675	3799	7334

5-27 各区县主要畜禽产品产量（2018 年）
Output of Major Livestock and Poultry Products by Region of Chongqing（2018）

单位：吨（ton）

地 区	Region	猪肉 Pork	禽肉 Meat of Poultry	禽蛋产量 Poultry Eggs
重庆市	**Chongqing**	**1321599**	**323401**	**414600**
万州区	Wanzhou District	57642	10098	9662
黔江区	Qianjiang District	48870	2912	2264
涪陵区	Fuling District	51184	13572	12494
渝中区	Yuzhong District			
大渡口区	Dadukou District	5	9	115
江北区	Jiangbei District	299	57	175
沙坪坝区	Shapingba District	238	146	223
九龙坡区	Jiulongpo District	912	295	780
南岸区	Nan'an District	194	91	300
北碚区	Beibei District	1865	845	2193
渝北区	Yubei District	7133	4225	6320
巴南区	Ba'nan District	12719	3915	10905
长寿区	Changshou District	42471	16416	47623
江津区	Jiangjin District	61168	17241	23511
合川区	Hechuan District	77621	18870	23916
永川区	Yongchuan District	52558	24445	14308
南川区	Nanchuan District	46517	8703	8398
綦江区	Qijiang District	47924	8129	14756
大足区	Dazu District	44765	11452	11471
璧山区	Bishan District	16802	38486	6122
铜梁区	Tongliang District	32593	22402	47673
潼南区	Tongnan District	53225	8870	13506
荣昌区	Rongchang District	54393	10323	9618
开州区	Kaizhou District	76283	9475	12616
梁平区	Liangping District	45529	14047	10016
武隆区	Wulong District	35380	2114	2746
城口县	Chengkou County	8246	4188	4620
丰都县	Fengdu County	36206	11976	20891
垫江县	Dianjiang County	50059	9647	17232
忠 县	Zhongxian County	47064	7096	21928
云阳县	Yunyang County	60802	6806	20916
奉节县	Fengjie County	46385	4837	9670
巫山县	Wushan County	36601	3917	5015
巫溪县	Wuxi County	40812	4853	3265
石柱县	Shizhu County	17361	2973	3170
秀山县	Xiushan County	23082	9864	4602
酉阳县	Youyang County	46956	6167	3951
彭水县	Pengshui County	39735	3939	7629

5-27 各区县主要畜禽产品产量（2019 年）
Output of Major Livestock and Poultry Products by Region of Chongqing（2019）

单位：吨（ton）

地 区	Region	猪肉 Pork	禽肉 Meat of Poultry	禽蛋产量 Poultry Eggs
重庆市	**Chongqing**	**1120713**	**340601**	**435200**
万州区	Wanzhou District	51313	10620	10248
黔江区	Qianjiang District	45609	2738	2854
涪陵区	Fuling District	45053	14467	13045
渝中区	Yuzhong District			
大渡口区	Dadukou District	25	35	73
江北区	Jiangbei District	201	84	132
沙坪坝区	Shapingba District	222	155	226
九龙坡区	Jiulongpo District	612	300	756
南岸区	Nan'an District	118	68	236
北碚区	Beibei District	1565	819	2395
渝北区	Yubei District	5970	3974	5293
巴南区	Ba'nan District	11202	4046	10323
长寿区	Changshou District	35163	17058	57062
江津区	Jiangjin District	46166	18601	24005
合川区	Hechuan District	69844	20041	24830
永川区	Yongchuan District	32256	26597	14987
南川区	Nanchuan District	38283	9001	8537
綦江区	Qijiang District	37505	8489	14623
大足区	Dazu District	27743	11716	11630
璧山区	Bishan District	13730	39441	5987
铜梁区	Tongliang District	26234	24903	47954
潼南区	Tongnan District	44279	9630	14880
荣昌区	Rongchang District	30559	11740	10683
开州区	Kaizhou District	69047	9770	12776
梁平区	Liangping District	40280	15150	10901
武隆区	Wulong District	33083	2142	2816
城口县	Chengkou County	8115	4335	5484
丰都县	Fengdu County	33197	12352	22708
垫江县	Dianjiang County	43280	10140	17863
忠 县	Zhongxian County	40910	7303	22021
云阳县	Yunyang County	56240	7001	21297
奉节县	Fengjie County	42611	4975	10001
巫山县	Wushan County	34004	4089	5203
巫溪县	Wuxi County	39031	5043	3465
石柱县	Shizhu County	16023	3081	3205
秀山县	Xiushan County	21551	10333	4834
酉阳县	Youyang County	43262	6337	4068
彭水县	Pengshui County	36427	4029	7799

5-27 各区县主要畜禽产品产量（2020 年）
Output of Major Livestock and Poultry Products by Region of Chongqing（2020）

单位：吨（ton）

地 区	Region	猪肉 Pork	禽肉 Meat of Poultry	禽蛋产量 Poultry Eggs
重庆市	**Chongqing**	**1088211**	**350564**	**457166**
万州区	Wanzhou District	49275	11333	11058
黔江区	Qianjiang District	45050	2788	3563
涪陵区	Fuling District	45682	14670	13608
渝中区	Yuzhong District			
大渡口区	Dadukou District	23	54	192
江北区	Jiangbei District	113	104	123
沙坪坝区	Shapingba District	244	165	252
九龙坡区	Jiulongpo District	930	326	798
南岸区	Nan'an District	165	84	182
北碚区	Beibei District	1705	781	2411
渝北区	Yubei District	4768	2915	4916
巴南区	Ba'nan District	11046	4123	9970
长寿区	Changshou District	35086	17138	58880
江津区	Jiangjin District	45395	19578	25606
合川区	Hechuan District	70309	21142	27062
永川区	Yongchuan District	20530	29689	16313
南川区	Nanchuan District	36976	9161	8642
綦江区	Qijiang District	34221	8176	14631
大足区	Dazu District	24626	12615	12609
璧山区	Bishan District	13676	40079	6486
铜梁区	Tongliang District	27206	26506	48227
潼南区	Tongnan District	42367	10304	15109
荣昌区	Rongchang District	33906	12089	12065
开州区	Kaizhou District	67560	10123	12733
梁平区	Liangping District	39450	15919	11903
武隆区	Wulong District	32510	2152	2973
城口县	Chengkou County	8168	4174	5740
丰都县	Fengdu County	32231	12004	25799
垫江县	Dianjiang County	39517	10220	20435
忠 县	Zhongxian County	42658	7466	22636
云阳县	Yunyang County	55048	7076	21821
奉节县	Fengjie County	40184	4634	10211
巫山县	Wushan County	32971	4193	6246
巫溪县	Wuxi County	38565	4491	3690
石柱县	Shizhu County	16015	2951	3132
秀山县	Xiushan County	21495	11323	5074
酉阳县	Youyang County	42509	6436	4167
彭水县	Pengshui County	36031	3582	7903

5-27 各区县主要畜禽产品产量（2021 年）
Output of Major Livestock and Poultry Products by Region of Chongqing（2021）

单位：吨（ton）

地 区	Region	猪肉 Pork	禽肉 Meat of Poultry	禽蛋产量 Poultry Eggs
重庆市	**Chongqing**	**1420122**	**367396**	**478690**
万州区	Wanzhou District	81357	12375	11583
黔江区	Qianjiang District	56860	3099	4595
涪陵区	Fuling District	53070	15064	14506
渝中区	Yuzhong District			
大渡口区	Dadukou District	35	74	171
江北区	Jiangbei District	134	158	114
沙坪坝区	Shapingba District	306	186	233
九龙坡区	Jiulongpo District	1128	355	880
南岸区	Nan'an District	186	75	185
北碚区	Beibei District	2540	930	2782
渝北区	Yubei District	6345	2493	5083
巴南区	Ba'nan District	14829	4437	9699
长寿区	Changshou District	45394	16694	61037
江津区	Jiangjin District	62289	20886	26592
合川区	Hechuan District	84570	22078	28933
永川区	Yongchuan District	31420	28377	16000
南川区	Nanchuan District	48059	9257	8774
綦江区	Qijiang District	48300	8588	14710
大足区	Dazu District	41890	13748	13033
璧山区	Bishan District	17240	42731	6135
铜梁区	Tongliang District	37000	27858	49621
潼南区	Tongnan District	58274	11594	16255
荣昌区	Rongchang District	49867	11663	12456
开州区	Kaizhou District	83409	10875	13332
梁平区	Liangping District	50039	16584	12405
武隆区	Wulong District	37756	2293	4456
城口县	Chengkou County	10248	4274	5625
丰都县	Fengdu County	41806	16107	30252
垫江县	Dianjiang County	50105	10950	21535
忠 县	Zhongxian County	54933	7695	23552
云阳县	Yunyang County	70826	7962	22967
奉节县	Fengjie County	52083	5243	10491
巫山县	Wushan County	42808	4415	6816
巫溪县	Wuxi County	45038	4404	3702
石柱县	Shizhu County	19575	3050	2948
秀山县	Xiushan County	26030	10501	5400
酉阳县	Youyang County	49254	6969	4258
彭水县	Pengshui County	45119	3354	7574

5-28 各区县主要畜禽产品人均产量（2017 年）
Per Capita Output of Major Livestock and Poultry Products by Region of Chongqing（2017）

单位：公斤 / 人（kg/person）

地 区	Region	猪肉 Pork	禽肉 Meat of Poultry	禽蛋产量 Poultry Eggs
重庆市	**Chongqing**	**59.9**	**14.8**	**18.6**
万州区	Wanzhou District	48.2	8.5	8.0
黔江区	Qianjiang District	102.8	6.4	4.2
涪陵区	Fuling District	61.4	16.6	14.8
渝中区	Yuzhong District			
大渡口区	Dadukou District	0.2	0.5	6.2
江北区	Jiangbei District	17.5	3.3	10.3
沙坪坝区	Shapingba District	1.8	1.2	1.5
九龙坡区	Jiulongpo District	4.7	1.5	3.9
南岸区	Nan'an District	0.7	0.4	1.0
北碚区	Beibei District	7.5	3.4	8.5
渝北区	Yubei District	20.6	12.2	18.5
巴南区	Ba'nan District	28.8	9.0	26.6
长寿区	Changshou District	72.6	29.4	75.1
江津区	Jiangjin District	55.6	15.9	21.4
合川区	Hechuan District	75.0	18.7	22.5
永川区	Yongchuan District	68.8	32.0	18.2
南川区	Nanchuan District	102.2	19.3	18.4
綦江区	Qijiang District	55.1	9.3	17.0
大足区	Dazu District	58.8	15.0	14.6
璧山区	Bishan District	45.0	103.6	16.8
铜梁区	Tongliang District	55.1	37.7	76.9
潼南区	Tongnan District	73.1	12.0	18.0
荣昌区	Rongchang District	111.8	21.2	19.3
开州区	Kaizhou District	54.9	6.8	9.1
梁平区	Liangping District	54.8	16.8	11.5
武隆区	Wulong District	92.0	5.6	7.0
城口县	Chengkou County	37.7	19.3	21.0
丰都县	Fengdu County	55.1	18.7	31.8
垫江县	Dianjiang County	65.9	13.0	22.9
忠 县	Zhongxian County	64.6	9.9	29.9
云阳县	Yunyang County	62.0	7.0	21.4
奉节县	Fengjie County	53.1	5.5	10.9
巫山县	Wushan County	67.1	7.2	9.0
巫溪县	Wuxi County	85.9	10.2	6.6
石柱县	Shizhu County	44.0	7.6	8.1
秀山县	Xiushan County	48.2	20.4	9.6
酉阳县	Youyang County	59.2	7.7	4.9
彭水县	Pengshui County	68.3	6.7	13.0

注：本表数据按乡村人口计算。
Note:Data in this table are calculated by rural population.

5-28 各区县主要畜禽产品人均产量（2018年）
Per Capita Output of Major Livestock and poultry Products by Region of Chongqing（2018）

单位：公斤/人（kg/person）

地 区	Region	猪肉 Pork	禽肉 Meat of Poultry	禽蛋产量 Poultry Eggs
重庆市	**Chongqing**	**61.2**	**15.0**	**19.2**
万州区	Wanzhou District	49.5	8.7	8.3
黔江区	Qianjiang District	104.1	6.2	4.8
涪陵区	Fuling District	63.5	16.8	15.5
渝中区	Yuzhong District			
大渡口区	Dadukou District	0.2	0.4	5.7
江北区	Jiangbei District	17.3	3.3	10.1
沙坪坝区	Shapingba District	1.9	1.2	1.8
九龙坡区	Jiulongpo District	4.8	1.5	4.1
南岸区	Nan'an District	0.6	0.3	1.0
北碚区	Beibei District	8.1	3.7	9.5
渝北区	Yubei District	20.7	12.2	18.3
巴南区	Ba'nan District	28.0	8.6	24.0
长寿区	Changshou District	71.3	27.6	79.9
江津区	Jiangjin District	57.2	16.1	22.0
合川区	Hechuan District	76.1	18.5	23.5
永川区	Yongchuan District	70.3	32.7	19.1
南川区	Nanchuan District	105.9	19.8	19.1
綦江区	Qijiang District	56.2	9.5	17.3
大足区	Dazu District	59.8	15.3	15.3
璧山区	Bishan District	46.9	107.5	17.1
铜梁区	Tongliang District	53.8	37.0	78.7
潼南区	Tongnan District	73.0	12.2	18.5
荣昌区	Rongchang District	112.0	21.3	19.8
开州区	Kaizhou District	56.2	7.0	9.3
梁平区	Liangping District	55.0	17.0	12.1
武隆区	Wulong District	94.6	5.7	7.3
城口县	Chengkou County	38.9	19.8	21.8
丰都县	Fengdu County	57.6	19.1	33.2
垫江县	Dianjiang County	67.5	13.0	23.2
忠 县	Zhongxian County	66.3	10.0	30.9
云阳县	Yunyang County	63.9	7.2	22.0
奉节县	Fengjie County	54.8	5.7	11.4
巫山县	Wushan County	68.4	7.3	9.4
巫溪县	Wuxi County	96.5	11.5	7.7
石柱县	Shizhu County	44.9	7.7	8.2
秀山县	Xiushan County	49.7	21.3	9.9
酉阳县	Youyang County	60.3	7.9	5.1
彭水县	Pengshui County	71.2	7.1	13.7

注：本表数据按乡村人口计算。
Note:Data in this table are calculated by rural population.

5-28 各区县主要畜禽产品人均产量（2019 年）
Per Capita Output of Major Livestock and poultry Products by Region of Chongqing（2019）

单位：公斤 / 人（kg/person）

地 区	Region	猪肉 Pork	禽肉 Meat of Poultry	禽蛋产量 Poultry Eggs
重庆市	**Chongqing**	**52.9**	**16.1**	**20.5**
万州区	Wanzhou District	44.1	9.1	8.8
黔江区	Qianjiang District	96.8	5.8	6.1
涪陵区	Fuling District	55.9	17.9	16.2
渝中区	Yuzhong District			
大渡口区	Dadukou District	1.2	1.7	3.6
江北区	Jiangbei District	11.6	4.9	7.6
沙坪坝区	Shapingba District	1.8	1.3	1.8
九龙坡区	Jiulongpo District	3.2	1.6	4.0
南岸区	Nan'an District	0.6	0.3	1.2
北碚区	Beibei District	7.0	3.6	10.6
渝北区	Yubei District	18.1	12.1	16.1
巴南区	Ba'nan District	25.9	9.3	23.8
长寿区	Changshou District	60.2	29.2	97.7
江津区	Jiangjin District	43.7	17.6	22.7
合川区	Hechuan District	68.4	19.6	24.3
永川区	Yongchuan District	43.2	35.6	20.1
南川区	Nanchuan District	89.0	20.9	19.9
綦江区	Qijiang District	45.8	10.4	17.9
大足区	Dazu District	38.0	16.0	15.9
璧山区	Bishan District	38.4	110.4	16.8
铜梁区	Tongliang District	43.7	41.5	79.9
潼南区	Tongnan District	60.9	13.2	20.5
荣昌区	Rongchang District	63.9	24.5	22.3
开州区	Kaizhou District	52.2	7.4	9.7
梁平区	Liangping District	49.1	18.5	13.3
武隆区	Wulong District	89.3	5.8	7.6
城口县	Chengkou County	38.6	20.6	26.1
丰都县	Fengdu County	54.2	20.2	37.0
垫江县	Dianjiang County	58.7	13.7	24.2
忠 县	Zhongxian County	58.7	10.5	31.6
云阳县	Yunyang County	59.2	7.4	22.4
奉节县	Fengjie County	50.3	5.9	11.8
巫山县	Wushan County	64.6	7.8	9.9
巫溪县	Wuxi County	96.5	12.5	8.6
石柱县	Shizhu County	41.0	7.9	8.2
秀山县	Xiushan County	46.5	22.3	10.4
酉阳县	Youyang County	55.6	8.1	5.2
彭水县	Pengshui County	68.1	7.5	14.6

注：本表数据按乡村人口计算。
Note:Data in this table are calculated by rural population.

5-28 各区县主要畜禽产品人均产量（2020 年）
Per Capita Output of Major Livestock and poultry Products by Region of Chongqing（2020）

单位：公斤 / 人（kg/person）

地 区	Region	猪肉 Pork	禽肉 Meat of Poultry	禽蛋产量 Poultry Eggs
重庆市	**Chongqing**	**51.8**	**16.7**	**21.8**
万州区	Wanzhou District	43.4	10.0	9.7
黔江区	Qianjiang District	97.0	6.0	7.7
涪陵区	Fuling District	56.9	18.3	17.0
渝中区	Yuzhong District			
大渡口区	Dadukou District	1.2	2.8	9.9
江北区	Jiangbei District	6.5	6.0	7.1
沙坪坝区	Shapingba District	2.1	1.4	2.2
九龙坡区	Jiulongpo District	5.0	1.8	4.3
南岸区	Nan'an District	0.9	0.4	0.9
北碚区	Beibei District	7.7	3.5	10.8
渝北区	Yubei District	14.9	9.1	15.3
巴南区	Ba'nan District	25.7	9.6	23.2
长寿区	Changshou District	61.1	29.8	102.5
江津区	Jiangjin District	43.6	18.8	24.6
合川区	Hechuan District	69.4	20.9	26.7
永川区	Yongchuan District	27.7	40.1	22.0
南川区	Nanchuan District	87.9	21.8	20.5
綦江区	Qijiang District	42.3	10.1	18.1
大足区	Dazu District	33.7	17.3	17.3
璧山区	Bishan District	38.6	113.2	18.3
铜梁区	Tongliang District	45.3	44.2	80.4
潼南区	Tongnan District	58.4	14.2	20.8
荣昌区	Rongchang District	70.9	25.3	25.2
开州区	Kaizhou District	51.4	7.7	9.7
梁平区	Liangping District	48.3	19.5	14.6
武隆区	Wulong District	88.1	5.8	8.1
城口县	Chengkou County	39.3	20.1	27.6
丰都县	Fengdu County	52.6	19.6	42.1
垫江县	Dianjiang County	53.8	13.9	27.8
忠 县	Zhongxian County	61.7	10.8	32.7
云阳县	Yunyang County	58.0	7.5	23.0
奉节县	Fengjie County	47.7	5.5	12.1
巫山县	Wushan County	63.6	8.1	12.1
巫溪县	Wuxi County	97.7	11.4	9.3
石柱县	Shizhu County	41.5	7.7	8.1
秀山县	Xiushan County	46.7	24.6	11.0
酉阳县	Youyang County	55.2	8.4	5.4
彭水县	Pengshui County	68.3	6.8	15.0

注：本表数据按乡村人口计算。
Note:Data in this table are calculated by rural population.

5-28 各区县主要畜禽产品人均产量（2021 年）
Per Capita Output of Major Livestock and poultry Products by Region of Chongqing（2021）

单位：公斤 / 人（kg/person）

地 区	Region	猪肉 Pork	禽肉 Meat of Poultry	禽蛋产量 Poultry Eggs
重庆市	**Chongqing**	**68.6**	**17.7**	**23.1**
万州区	Wanzhou District	75.0	11.4	10.7
黔江区	Qianjiang District	125.0	6.8	10.1
涪陵区	Fuling District	66.4	18.9	18.2
渝中区	Yuzhong District			
大渡口区	Dadukou District	1.9	4.1	9.4
江北区	Jiangbei District	8.3	9.8	7.1
沙坪坝区	Shapingba District	2.9	1.8	2.2
九龙坡区	Jiulongpo District	6.2	1.9	4.8
南岸区	Nan'an District	1.0	0.4	1.0
北碚区	Beibei District	11.9	4.4	13.1
渝北区	Yubei District	20.0	7.8	16.0
巴南区	Ba'nan District	36.0	10.8	23.5
长寿区	Changshou District	79.7	29.3	107.2
江津区	Jiangjin District	59.3	19.9	25.3
合川区	Hechuan District	83.8	21.9	28.7
永川区	Yongchuan District	42.7	38.5	21.7
南川区	Nanchuan District	118.8	22.9	21.7
綦江区	Qijiang District	60.0	10.7	18.3
大足区	Dazu District	57.4	18.8	17.9
璧山区	Bishan District	48.9	121.2	17.4
铜梁区	Tongliang District	62.2	46.9	83.5
潼南区	Tongnan District	80.4	16.0	22.4
荣昌区	Rongchang District	105.1	24.6	26.3
开州区	Kaizhou District	63.5	8.3	10.2
梁平区	Liangping District	61.7	20.4	15.3
武隆区	Wulong District	102.7	6.2	12.1
城口县	Chengkou County	73.7	30.8	40.5
丰都县	Fengdu County	68.6	26.4	49.6
垫江县	Dianjiang County	68.8	15.0	29.6
忠 县	Zhongxian County	79.9	11.2	34.3
云阳县	Yunyang County	75.1	8.4	24.4
奉节县	Fengjie County	61.9	6.2	12.5
巫山县	Wushan County	83.2	8.6	13.2
巫溪县	Wuxi County	115.3	11.3	9.5
石柱县	Shizhu County	51.0	8.0	7.7
秀山县	Xiushan County	56.8	22.9	11.8
酉阳县	Youyang County	64.8	9.2	5.6
彭水县	Pengshui County	86.1	6.4	14.4

注：本表数据按乡村人口计算。
Note:Data in this table are calculated by rural population.

主要指标解释

粮食产量 指全社会的产量。包括国有经济经营的、集体统一经营的和农民家庭经营的粮食产量，还包括工矿企业办的农场和其他生产单位的产量。粮食除包括稻谷、小麦、玉米、高粱、谷子及其他杂粮外，还包括薯类和豆类。其产量计算方法，豆类按去豆荚后的干豆计算；薯类（包括甘薯和马铃薯，不包括芋头和木薯）1963 年以前按每 4 公斤鲜薯折 1 公斤粮食计算，从 1964 年开始及以后改为按 5 公斤鲜薯折 1 公斤粮食计算。城市郊区作为蔬菜的薯类（如：马铃薯等）按鲜品计算，并且不作粮食统计。其他粮食一律按脱粒后的原粮计算。1989 年以前全国粮食产量数据主要靠全面报表取得，1989 年开始使用抽样调查数据。

油料产量 指全部油料作物的生产量。包括花生、油菜籽、芝麻、向日葵籽，胡麻籽（亚麻籽）和其他油料。不包括大豆，也不包括木本油料和野生油料。花生以带壳干花生计算。

水产品产量 指人工养殖的水产品和天然生长的水产品的捕捞量。包括海水的鱼类、虾蟹类、贝类和藻类以及内陆水域的鱼类、虾蟹类和贝类，不包括淡水生植物。水产品产量是通过各级水产和统计部门逐级上报取得数据。1995 年及以前，贝类中牡蛎按鲜肉计算；蚶、蛤、蛏按 5 斤鲜品折 1 斤计算。1996 年以后则统一按鲜品计算。

猪、牛、羊肉产量 指当年出栏并已屠宰后除去头蹄下水后带骨肉（即胴体重）的重量。

期初（末）畜禽存栏头（只）数 指报告期初（末）农村各种合作经济组织和国营农场、农民个人、机关、团体、学校、工矿企业，部队等单位以及城镇居民饲养的大牲畜、猪、羊、家禽等畜禽的存栏头（只）数。

农作物播种面积 指实际播种或移植有农作物的面积，凡是实际种植有农作物的面积，不论种植在耕地上还是种植在非耕地上，均包括在农作物播种面积中。在播种季节基本结束后，因遭灾而重新改种和补种的农作物面积，也包括在内。它是反映我国耕地面积利用情况的一个重要指标。目前，农作物播种面积主要包括粮食、棉花、油料、糖料、麻类、烟叶、蔬菜和瓜类、药材和其他农作物九大类。

有效灌溉面积 指具有一定的水源，地块比较平整，灌溉工程或设备已经配套，在一般年景下当年能够进行正常灌溉的耕地面积。在一般情况下，有效灌溉面积应等于灌溉工程或设备已经配备，能够进行正常灌溉的水田和水浇地面积之和。它是反映我国耕地抗旱能力的一个重要指标。

农用化肥施用量 指本年内实际用于农业生产的化肥数量，包括氮肥、磷肥，钾肥和复合肥。化肥施用量要求按折纯量计算数量。折纯法化肥施用量是把氮肥、磷肥和钾肥分别按含氮、含五氧化二磷、含氧化钾的百分之一百成份折算后的数量。复合肥按其所含主要成分折算。公式为：

折纯量 = 实物量 × 某种化肥有效成份含量的百分比

农业机械总动力 指主要用于农、林、牧、渔业的各种动力机械的动力总和。包括耕作机械、排灌机械、收获机械、农用运输机械、植物保护机械、牧业机械、林业机械、渔业机械和其他农业机械［内燃机按引擎马力折成瓦（特）计算，电动机按功率折成瓦（特）计算］。不包括专门用于乡、镇、村、组办工业、基本建设、非农业运输、科学试验和教学等非农业生产方面用的动力机械与作业机械。

乡村从业人员 指乡村人口中劳动年龄在 16 周岁以上实际参加生产经营活动并取得实物或货币收入的人员，包括劳动年龄内经常参加劳动的人员，也包括超过劳动年龄但经常参加劳动的人员，但不包括户口在家的在外学生、现役军人和丧失劳动能力的人，也不包括待业人员和家务劳动者。从业人员按从事主业时间最长（时间相同按收入）分为农业从业人员、工业从业人员、建筑业从业人员、交通运输业、仓储及邮电通信业从业人员、批零贸易及餐饮业从业人员、其他非农行业从业人员。

乡村人口 指乡村地区常住居民户数中的常住人口数，即经常在家或在家居住 6 个月以上，而且经济和生活与本户连成一体的人口。外出从业人员在外居住时间虽然在 6 个月以上，但收入主要带回家中，经济与本户连为一体，仍视为家庭常住人口；在家居住，生活和本户连成一体的国家职工、退休人员也为家庭常住人口。但是现役军人、中专及以上（走读生除外）的在校学生、以及常年在外（不包括探亲、看病等）且已有稳定的职业与居住场所的外出从业人员，不应当作家庭常住人口。

六
农民工
Migrant Workers

简要说明

一、本篇主要内容

本篇资料反映重庆农民工发展变化情况，包括农民工数量、流向、结构、就业、收支、生活、社会保障及创业等情况。农民工是指户籍在乡村、一年内从事非农产业在6个月以上的农村劳动力。

二、数据来源及调查方法

农民工监测调查是以省为总体，以人口普查数据为基础，采用分层、多阶段、PPS抽样方法随机抽选调查小区，在抽中的调查小区内按照系统抽样方法随机抽选调查住宅和住户。重庆农民工调查共抽取184个调查小区，1840个农村住户，样本分布在全市的24个区（除渝中、南岸和江北区）、5个国家调查县。

调查内容主要包括：调查小区的人口及劳动力数量，以及举家外出情况（用以推算外出劳动力数量）；农户家庭成员基本情况；农户劳动力就业基本情况；农户非农务工人员工作条件、收支情况、生活情况和社保情况；农户劳动力本地非农自营和创业情况；农户子女教育情况。

6-1 全市农民工数量（2013-2021 年）
The Number of Migrant Workers（2013-2021）

指标	Item	计量单位	Unit	2013 年	2014 年	2015 年	2016 年	2017 年	2018 年	2019 年	2020 年	2021 年
一、全市农民工数量	**The Number of Migrant Workers**	**万人**	**10 000 persons**	**748.8**	**746.0**	**729.1**	**736.7**	**744.8**	**766.0**	**758.6**	**736.6**	**756.3**
按农民工类型分	By Means of Migrant Workers											
1. 举家外出的农村劳动力	Rural Labor Force who travel with their families	万人	10 000 persons	245.7	256.0	284.7	288.7	289.2	279.3	269.8	262.0	251.9
2. 外出（乡外）务工或自营农民工	Go out （outside rural areas） for Work or Self-employed Migrant Workers	万人	10 000 persons	357.5	345.9	299.4	280.7	280.5	274.6	272.1	260.6	261.7
3. 乡内务工或自营农民工	Rural Migrant Workers or Self-employed Migrant Workers	万人	10 000 persons	145.6	144.1	145.0	167.3	175.1	212.1	216.7	214.0	242.7
二、全市乡村劳动力数量	**Rural Labor Force**	**万人**	**10 000 persons**	**1328.8**	**1313.0**	**1309.2**	**1302.5**	**1281.7**	**1258.4**	**1232.8**	**1216.5**	**1342.6**
农民工数量占比	The Proportion of Migrant Workers	%	%	56.4	56.8	55.7	56.6	58.1	60.9	61.5	60.6	56.3

注：1）农民工是指户籍为本地农业户口，且在本年度从事非农务工或非农自营活动 6 个月及以上的农村劳动力。

2）本表农民工数量是国家统计局反馈的推算数。

3）抽样方法及样本量。对于举家外出的农户，采用整群抽样方法，全市抽取了 184 个调查小区；对于没有举家外出的农户，采用与规模大小成比例的概率抽样方法，全市抽取了 1840 个农户。

4）除本表外，本《年鉴》发布的有关农民工数据，农民工口径均未包括举家外出的农村劳动力。

Notes: a）Migrant workers refer to the rural labor force whose household registration is local agricultural household and who are engaged in off-farm work or self-support activities for 6 months or more in this year

b）The number of migrant workers in this table is the estimate given back by the National Bureau of Statistics.

c）Sampling method and sample size.Cluster sampling method was adopted for farmers with their families out. 184 investigation plots were selected in the whole city.For farmers who did not go out with their families, a probability sampling method proportional to their size was adopted to select 1840 farmers in the whole city.

d）In addition to this table, the yearbook published data on migrant workers,do not include the rural labor force with their families out.

6-2 农民工基本情况（2013–2021 年）
The Basic Conditions of Migrant Workers（2013–2021）

单位：%（%）

指标	Item	2013 年	2014 年	2015 年	2016 年	2017 年	2018 年	2019 年	2020 年	2021 年
调查的农民工数量	The Number of Migrant Workers Surveyed	100.0	100.0	100.0	100.0	100.0	100.0	100.0	100.0	100.0
一、按性别分	Grouped By Gender									
男性	Male	64.8	65.5	65.5	66.2	65.8	64.3	65.1	64.6	64.0
女性	Female	35.2	34.5	34.5	33.8	34.2	35.7	34.9	35.4	36.0
二、按年龄分	Grouped By Age									
16–19 岁	Aged 16–19	3.4	2.5	1.9	1.6	0.8	1.4	0.5	0.5	0.4
20–24 岁	Aged 20–24	11.6	11.4	11.4	11.1	10.4	8.2	7.0	5.4	6.0
25–29 岁	Aged 25–29	14.9	16.2	15.3	13.9	13.1	11.9	11.9	10.7	9.6
30–34 岁	Aged 30–34	10.5	10.3	10.6	11.8	11.2	13.0	12.7	13.5	10.8
35–40 岁	Aged 35–40	19.7	16.1	14.0	11.2	11.8	11.9	12.0	13.0	13.9
41–50 岁	Aged 41–50	28.3	29.0	32.9	33.5	33.7	33.8	31.2	29.1	27.6
51–60 岁	Aged 51–60	9.0	11.0	11.1	13.3	14.4	15.9	20.4	22.4	27.6
61–65 岁	Aged 61–65	1.9	2.4	2.0	2.0	2.4	2.4	3.2	3.6	3.2
66 岁及以上	Aged 66 and Over	0.6	1.3	0.9	1.5	2.1	1.5	1.2	1.7	1.9
三、按文化程度分	Grouped by Educational Level									
未上过学	Never Go to School	1.0	1.0	1.1	1.1	0.9	0.8	0.2	0.1	0.1
小学	Primary	15.5	16.5	14.1	12.5	12.6	17.0	18.6	17.5	16.6
初中	Junior Secondary School	65.8	63.3	62.5	61.2	60.7	55.5	54.9	55.6	54.5
高中	Senior Secondary School	13.9	14.8	16.4	18.4	18.2	17.2	16.7	17.1	17.9
大学专科	Junior College	2.8	3.0	4.5	5.2	5.7	6.8	7.2	7.1	7.7
大学本科	Undergraduate College	0.9	1.4	1.3	1.7	2.0	2.7	2.4	2.5	3.1
研究生	Graduate Degree and above	0.1	0.0	0.1	0.0	0.0	0.0	0.1	0.1	0.1
四、接受技能培训情况	Skills Training Received									
接受过农业技术培训人数的占比	Percentage of Migrant Workers Trained in Agricultural Techniques	8.5	8.9	10.3	12.6	21.4	17.8	19.9	30.0	33.5
接受过非农技术培训人数的占比	Percentage of Migrant Workers Trained in Off-farm Techniques	33.3	23.6	26.5	27.2	33.3	32.7	35.6	48.7	52.0

6-3 农民工参加医疗保险和养老保险情况（2013-2021 年）
Conditions of Participate in Medical Insurance and Pension Insurance of Migrant Workers (2013-2021)

单位：%（%）

指标	Item	2013 年	2014 年	2015 年	2016 年	2017 年	2018 年	2019 年	2020 年	2021 年
调查的农民工数量	Number of Migrant Workers Surveyed	100.0	100.0	100.0	100.0	100.0	100.0	100.0	100.0	100.0
一、参加医疗保险的人数的占比	Percentage of People Covered by Health Insurance									
1. 新型农村合作医疗	New Rural Cooperative Medical System	92.6	93.2	91.9	91.3	88.0	81.8			
2. 城镇职工基本医疗保险	Basic Medical Insurance for Urban Workers	3.1	2.8	3.5	3.3	4.1	7.4	8.2	8.7	10.9
3. 城乡居民基本医疗保险	Social Pension Insurance for Urban and rural Residents	3.0	3.5	3.7	4.7	7.4	10.1	90.5	90.5	88.9
4. 公费医疗	Free Medical Care	0.1	0.1	0.0	0.0	0.0	0.0	0.0	0.0	0.0
5. 商业医疗保险	Commercial Health Insurance	0.1	0.1	0.2	0.3	0.4	0.7	0.9	1.0	0.6
6. 其他医疗保险	Other Medical Insurance	0.4	0.4	0.6	0.4	0.2	0.3	0.1	0.3	0.2
7. 没有参加任何医疗保险	Without Any Medical Insurance	1.1	0.4	0.3	0.1	0.1	0.0	0.1	0.3	0.0
二、参加养老保险的人数的占比	Share of the Number of People Participating in the Old-age Insurance									
1. 新型农村社会养老保险	New Rural Social Endowment Insurance	67.1	67.2	68.0	70.0	67.3	52.3			
2. 城镇职工基本养老保险	Basic Old-age Insurance for Urban Workers	5.1	4.9	5.8	5.3	7.4	12.3	21.8	16.4	19.1
3. 城乡居民社会养老保险	Social Pension Insurance for Urban and Rural Residents	6.3	6.8	4.5	4.6	3.7	5.5	43.8	52.0	55.8
4. 企业年金	Enterprise Annuity							1.5	0.9	0.2
5. 商业养老保险	Commercial Endowment Insurance	1.0	0.9	1.3	1.0	1.1	1.2	1.2	1.3	0.7
6. 其他养老保险	Other Old-age Insurance	1.5	1.9	2.8	1.6	2.3	2.0	3.0	3.2	3.3
7. 没有参加任何养老保险	Without Any Old-age Insurance	19.3	18.8	18.0	17.6	18.5	27.1	28.7	26.5	21.9

说明：重庆实行城乡居民基本医疗保险和城乡居民基本养老保险；因调查制度调整，2019 年新增企业年金。

Notes: In 2019, Chongqing implemented basic medical insurance and old-age insurance for urban and rural residents; New Enterprise Annuity in 2019 due to adjustment of investigation system.

6-4 农民工从业区域、从事行业和职业（2013-2021 年）
Working Area ,Industry and Occupation of Migrant Workers（2013-2021）

单位：%（%）

指标	Item	2013 年	2014 年	2015 年	2016 年	2017 年	2018 年	2019 年	2020 年	2021 年
调查的农民工数量	Number of Migrant Workers Surveyed	100.0	100.0	100.0	100.0	100.0	100.0	100.0	100.0	100.0
一、本年度主要从业区域的构成情况	Composition of the Major Regions of Employment in the Current Year									
1. 乡内	In the Township	19.4	19.3	19.9	22.7	23.5	27.7	28.6	29.0	49.1
2. 乡外县内	Outside the Township, inside the County	12.5	15.1	14.0	12.4	12.4	18.0	19.1	19.9	15.5
3. 县外省内	Outside the County, inside the Province	22.7	23.6	23.2	25.4	25.1	17.9	19.4	19.6	15.1
4. 省外国内	Other Provinces	45.4	42.0	42.9	39.5	39.0	36.4	32.9	31.5	20.2
5. 国外及港澳台地区	Overseas, Hong Kong, Macao and Taiwan	0.0	0.0	0.1	0.0	0.0	0.1	0.0	0.0	0.0
二、本年度从事主要行业的构成情况	Composition of Major Industries Engaged in This Year									
1. 第一产业	Primary Industry	0.2	0.2	0.0	0.2	0.2	0.3	0.1	0.3	0.1
（1）农、林、牧、渔业	Farming , Forestry,Animal Husbandry and Fishery	0.2	0.2	0.0	0.2	0.2	0.3	0.1	0.3	0.1
2. 第二产业	Secondary Industry	61.4	63.2	58.1	52.6	51.6	49.2	49.9	50.0	48.4
（2）采矿业	Mining	2.5	2.3	2.2	1.6	1.3	1.1	0.9	0.8	0.6
（3）制造业	Manufacturing	25.7	25.8	25.8	23.5	21.8	18.4	18.3	18.2	16.0
（4）电力、热力、燃气及水的生产和供应业	Electric Power, Heat, Gas and Water Production and Supply	2.2	2.0	1.3	1.2	1.4	1.4	1.6	1.5	1.5
（5）建筑业	Construction	30.9	33.1	28.9	26.3	27.2	28.3	29.1	29.4	30.3
3. 第三产业	Tertiary Industry	38.3	36.6	41.9	47.2	48.2	50.5	49.9	49.7	51.5
（6）批发和零售业	Wholesale and Retail Industry	10.2	9.4	11.2	10.4	11.4	10.9	11.2	11.0	10.5
（7）交通运输、仓储和邮政业	Transport, Storage and Post	5.1	4.9	6.2	6.4	6.7	5.6	6.3	6.7	7.0
（8）住宿和餐饮业	Hotels and Catering Services	8.0	8.0	7.0	7.5	7.3	8.3	8.4	7.3	6.6
（9）信息传输、软件和信息技术服务业	Information Transmission,Software and Information Technology	2.0	1.5	1.3	1.8	1.5	1.5	2.0	1.7	1.5
（10）金融业	Financial Intermediation	0.2	0.3	0.5	0.2	0.2	0.4	0.5	0.5	0.4

6-4 农民工从业区域、从事行业和职业（2013-2021 年）
Working Area ,Industry and Occupation of Migrant Workers（2013-2021）

续表（continued） 单位：%（%）

指标	Item	2013 年	2014 年	2015 年	2016 年	2017 年	2018 年	2019 年	2020 年	2021 年
（11）房地产业	Real Estate	0.4	0.2	0.4	0.2	0.3	0.6	0.4	0.6	0.5
（12）租赁和商务服务业	Leasing and Business Services	1.4	1.2	0.8	1.8	0.8	1.5	1.4	1.2	0.7
（13）科学研究和技术服务	Scientific Research and Technical Services	0.6	0.4	0.5	0.2	0.2	0.3	0.0	0.0	0.0
（14）水利、环境和公共设施管理业	Management of Water Conservancy,Environment and Public Facilities	0.2	0.3	0.2	0.5	0.2	0.6	0.6	0.6	0.9
（15）居民服务、修理和其他服务业	Services to Households , Repair and Other Services	7.7	6.3	8.1	11.4	11.4	10.9	10.9	11.6	13.6
（16）教育	Education	0.4	0.8	0.8	1.5	1.2	1.7	1.5	1.0	1.3
（17）卫生、社会工作	Health and Social Work	0.8	1.4	2.0	1.8	2.3	2.5	2.5	2.9	2.7
（18）文化、体育和娱乐业	Culture, Sports and Entertainment	0.5	0.5	0.9	1.1	1.2	0.7	0.5	0.5	1.0
（19）公共管理、社会保障和社会组织	Public Management, Social Security and Social Organization	1.0	1.4	2.0	2.5	3.6	5.0	3.7	3.7	4.6
（20）国际组织	International Organization	0.0	0.0	0.0	0.0	0.0	0.0	0.0	0.0	0.0
三、本年度从事主要职业的构成情况	Composition of Major Occupations Engaged in This Year									
1. 党和国家机关、群团组织、企事业单位负责人	Persons in Charge of Party and State Organs, Mass Organizations, Enterprises and Institutions	0.5	0.9	0.5	1.1	0.6	0.6	0.5	0.4	0.2
2. 专业技术人员	Professional Personnel	16.0	13.6	18.2	17.9	17.9	11.3	11.8	12.8	14.9
3. 办事人员和有关人员	Clerical and Related Personnel	5.4	5.9	5.9	5.6	9.6	12.1	10.8	12.3	18.5
4. 社会生产服务和生活服务人员	Social Production Services and Life Service Personnel	20.9	16.8	18.8	17.3	18.6	20.5	24.0	25.7	35.9
5. 农、林、牧、渔、水利业生产及辅助人员	Agricultural, Forestry, Animal Husbandry, Fishery and Water Conservancy Production and Auxiliary Personnel	1.0	1.4	0.6	1.7	0.9	1.4	1.1	1.1	0.7
6. 生产制造及有关人员	Production, Manufacturing and Related Personnel	28.1	27.8	22.8	22.8	19.0	21.1	22.6	22.8	23.7
7. 军人	Soldier	0.1	0.1	0.1	0.2	0.0	0.1	0.0	0.0	0.0
8. 不便分类的其他从业人员	Other Practitioners Who are not in a Position to Classify	28.1	33.5	33.1	33.5	33.4	32.9	29.1	24.8	6.0

6-5 农民工的从业类型、从业时间和收入（2013-2021 年）
Working type,Time and Income of Migrant Workers（2013-2021）

指标	Item	计量单位	Unit	2013 年	2014 年	2015 年	2016 年
调查的农民工数量	Number of Migrant Workers Surveyed			100.0	100.0	100.0	100.0
一、本年度本地务农	Farming in Town						
1. 农民工中从事过本地务农的人数占比	Proportion of Migrant Workers Who Have Been Engaged in Local Farming	%	%	19.6	18.1	14.7	13.5
2. 其人均本地务农时间	Per Capita Farming Time	月	month	2.3	2.2	2.5	2.5
二、本年度本地非农自营	Non-agricultural Self-employment in Town						
1. 农民工中从事过本地非农自营的人数占比	Proportion of Migrant Workers Who Have Engaged in Local Non-farm Welf-employment	%	%	11.9	11.9	12.2	14.3
2. 其人均非农自营时间	Per Capita Non-farm Self-employed time	月	month	9.1	8.9	9.6	9.4
3. 其人均非农自营收入	Per Capita Non-farm Self-employed Income	元	yuan	24138.8	27689.5	34260.4	35099.1
三、本年度本地非农务工	Non-farm Workers						
1. 农民工中从事过本地非农务工的人数占比	Proportion of Migrant Workers Who have Worked as Local Non-farm Workers	%	%	21.0	22.9	25.4	27.6
2. 其人均非农务工时间	Per Capita Non-farm Working Hours	月	month	8.5	8.6	9.2	9.6
3. 其人均非农务工收入	Per Capita Income of Non-farm Workers	元	yuan	22961.9	26372.6	28628.0	33662.9
四、本年度外出务工	Out-of-town Workers						
1. 农民工中从事过外出务工的人数占比	Proportion of Migrant Workers Who Have Worked as Migrant Workers	%	%	67.1	65.9	62.8	58.6
2. 其人均外出务工时间	Per Capita Working Time Away from Home	月	month	10.1	10.1	10.1	10.1
3. 其人均外出务工收入	Per Capita Income of Migrant Workers	元	yuan	32154.9	36016.3	36832.9	38252.9
4. 其人均寄带回金额	Amount Per Person Went Back	%	%	15231.9	17038.3	18929.9	21096.6
5. 其人均生活消费总支出	Total Consumption Expenditure Per Capita	元	yuan	9123.6	9282.7	10441.0	11115.4
五、本年度外出自营	Non-agricultural Self-employment Outside the Town						
1. 农民工中从事过外出自营的人数占比	Proportion of Migrant Workers Engaged in Self-employment	%	%	2.0	2.4	2.1	1.9
2. 其人均外出自营时间	Per Capita Out-of-home Time	月	month	10.8	10.1	10.2	9.8
3. 其人均外出自营收入	Per Capita Income from Self-employment	元	yuan	48000.0	62090.9	42342.9	50750.0
4. 其人均寄带回金额	Amount Per Person Sent Back	%	%	14090.9	32618.2	21400.0	27093.8
5. 其人均生活消费总支出	Total Consumption Expenditure Per Capita	元	yuan	14333.3	15790.9	12714.3	13543.8
附记：本年度外出务工和自营	Migrant Workers and Self-employed Workers						
1. 农民工中从事过外出务工和自营的人数占比	Proportion of Migrant Workers Engaged in Migrant Work and Self-employment	%	%	69.1	68.3	64.9	60.5
2. 其人均外出务工和自营时间	Per Capita Time of Working and Self-employment	月	month	10.1	10.1	10.1	10.1
3. 其人均外出务工和自营收入	Per Capita Migrant Workers and Self-employed Income	元	yuan	32610.8	36937.8	37014.5	38640.0
4. 其人均寄带回金额	Amount Per Person Sent Back	%	%	15199.1	17588.9	19011.4	21282.4
5. 其人均生活消费总支出	Total Consumption Expenditure Per Capita	元	yuan	9273.5	9512.7	10515.9	11190.7

6-5 农民工的从业类型、从业时间和收入（2013-2021年）
Working type,Time and Income of Migrant Workers（2013-2021）

续表（continued）

指标	Item	计量单位	Unit	2017年	2018年	2019年	2020年	2021年
调查的农民工数量	Number of Migrant Workers Surveyed			100.0	100.0	100.0	100.0	100.0
一、本年度本地务农	Farming in Town							
1. 农民工中从事过本地务农的人数占比	Proportion of Migrant Workers Who Have Been Engaged in Local Farming	%	%	13.4	10.1	8.3	7.7	7.0
2. 其人均本地务农时间	Per Capita Farming Time	月	month	2.1	2.4	2.5	2.3	2.3
二、本年度本地非农自营	Non-agricultural Self-employment in Town							
1. 农民工中从事过本地非农自营的人数占比	Proportion of Migrant Workers Who Have Engaged in Local Non-farm Welf-employment	%	%	13.6	11.8	12.9	14.6	14.2
2. 其人均非农自营时间	Per Capita Non-farm Self-employed time	月	month	9.8	9.7	9.7	9.6	9.8
3. 其人均非农自营收入	Per Capita Non-farm Self-employed Income	元	yuan	37705.2	40551.9	41572.8	50269.1	48662.4
三、本年度本地非农务工	Non-farm Workers							
1. 农民工中从事过本地非农务工的人数占比	Proportion of Migrant Workers Who have Worked as Local Non-farm Workers	%	%	28.4	29.4	29.7	33.3	38.1
2. 其人均非农务工时间	Per Capita Non-farm Working Hours	月	month	9.5	9.4	9.0	9.0	9.6
3. 其人均非农务工收入	Per Capita Income of Non-farm Workers	元	yuan	34530.5	36741.8	36583.0	36171.8	39739.2
四、本年度外出务工	Out-of-town Workers							
1. 农民工中从事过外出务工的人数占比	Proportion of Migrant Workers Who Have Worked as Migrant Workers	%	%	58.3	46.2	47.7	53.1	49.2
2. 其人均外出务工时间	Per Capita Working Time Away from Home	月	month	10.1	11.8	9.8	9.1	9.9
3. 其人均外出务工收入	Per Capita Income of Migrant Workers	元	yuan	40676.6	41506.5	42276.0	40233.5	47247.0
4. 其人均寄带回金额	Amount Per Person Went Back	%	%	22683.8	22479.7	22892.3	23112.4	27325.5
5. 其人均生活消费总支出	Total Consumption Expenditure Per Capita	元	yuan	10823.9	11632.4	12883.9	12088.3	12636.8
五、本年度外出自营	Non-agricultural Self-employment Outside the Town							
1. 农民工中从事过外出自营的人数占比	Proportion of Migrant Workers Engaged in Self-employment	%	%	1.6	2.5	1.4	1.7	1.7
2. 其人均外出自营时间	Per Capita Out-of-home Time	月	month	9.1	10.7	10.5	10.2	10.1
3. 其人均外出自营收入	Per Capita Income from Self-employment	元	yuan	57074.1	76903.4	61605.6	60760.0	76684.0
4. 其人均寄带回金额	Amount Per Person Sent Back	%	%	33888.9	21139.0	38921.9	30040.9	38455.9
5. 其人均生活消费总支出	Total Consumption Expenditure Per Capita	元	yuan	13956.8	14728.8	14273.0	19164.4	19466.1
附记：本年度外出务工和自营	Migrant Workers and Self-employed Workers							
1. 农民工中从事过外出务工和自营的人数占比	Proportion of Migrant Workers Engaged in Migrant Work and Self-employment	%	%	59.8	48.7	49.1	54.8	50.9
2. 其人均外出务工和自营时间	Per Capita Time of Working and Self-employment	月	month	10.1	11.7	9.8	9.1	9.9
3. 其人均外出务工和自营收入	Per Capita Migrant Workers and Self-employed Income	元	yuan	41112.8	43305.3	42823.0	40869.1	48221.0
4. 其人均寄带回金额	Amount Per Person Sent Back	%	%	22981.9	22411.6	23346.0	23326.9	27693.8
5. 其人均生活消费总支出	Total Consumption Expenditure Per Capita	元	yuan	10907.3	11789.7	12923.2	12307.4	12862.8

6-6 外出农民工从业地区（2013-2021 年）
Working Area of Migrant Workers（2013-2021）

单位：%（%）

指标	Item	2013 年	2014 年	2015 年	2016 年	2017 年	2018 年	2019 年	2020 年	2021 年
调查的外出农民工数量	Number of Migrant Workers Surveyed	100.0	100.0	100.0	100.0	100.0	100.0	100.0	100.0	100.0
一、外出从业区域	Outing Area									
（一）本省	Home Province	43.7	48.0	46.4	48.9	49.0	49.6	53.9	55.6	59.6
1. 乡外县内	Outside the Township, inside the County	15.5	18.8	17.4	16.1	16.2	24.9	26.8	28.0	29.2
2. 县外省内	Outside the County, inside the Province	28.2	29.2	29.0	32.8	32.8	24.7	27.1	27.6	30.5
（二）省外	Out of province	56.3	52.0	53.6	51.1	51.0	50.4	46.1	44.4	40.4
1. 东部地区	Eastern Region	47.1	42.3	43.0	38.5	38.9	35.8	32.3	29.9	28.1
北京	Beijing	1.6	0.9	1.0	0.9	1.2	0.6	0.7	0.2	0.2
天津	Tianjing	0.3	0.2	0.1	0.0	0.0	0.2	0.4	0.8	0.7
河北	Hebei	0.0	0.2	0.5	0.5	0.4	1.0	0.9	0.7	1.0
辽宁	Liaoning	0.8	0.2	0.4	0.2	0.1	0.4	0.4	0.3	0.0
上海	Shanghai	1.8	1.2	1.7	2.2	1.9	2.1	1.8	1.9	1.2
江苏	Jiangsu	2.1	1.4	0.8	1.6	1.7	2.1	2.7	2.6	2.5
浙江	Zhejiang	10.5	10.3	7.4	6.5	7.2	5.5	5.2	5.4	5.5
福建	Fujian	8.9	6.2	10.8	6.7	7.9	7.5	5.4	4.7	3.6
山东	Shandong	0.2	0.2	0.0	0.6	0.1	0.2	0.5	0.7	0.8
广东	Guangdong	20.8	21.1	20.2	19.2	18.4	15.8	13.9	12.2	12.0
海南	Hainan	0.2	0.5	0.1	0.3	0.1	0.5	0.4	0.4	0.5
2. 中部地区	Central region	1.8	2.1	2.3	2.1	2.2	3.9	3.7	4.7	4.4
山西	Shanxi	0.0	0.6	0.5	0.1	0.1	0.7	0.2	0.7	0.4
吉林	Jilin	0.1	0.0	0.1	0.2	0.1	0.0	0.0	0.0	0.0
黑龙江	Heilongjiang	0.2	0.0	0.2	0.1	0.0	0.3	0.3	0.3	0.0
安徽	Anhui	0.2	0.1	0.2	0.0	0.0	0.3	0.1	0.6	0.4
江西	Jiangxi	0.0	0.2	0.5	0.2	0.1	0.5	0.4	0.2	0.7
河南	Henan	0.4	0.2	0.1	0.3	0.3	0.7	0.6	0.8	0.8
湖北	Hubei	0.7	0.9	0.7	1.4	1.3	1.3	1.6	1.2	1.5
湖南	Hunan	0.3	0.1	0.1	0.2	0.4	0.2	0.6	0.9	0.6
3. 西部地区	Western region	7.4	7.5	8.2	9.9	9.8	10.5	10.0	9.8	7.9
内蒙古	Neimenggu	0.4	0.2	0.2	0.1	0.1	0.2	0.4	0.3	0.3
广西	Guangxi	0.0	0.1	0.1	0.4	0.4	0.2	0.4	0.5	0.2
重庆	Chongqing	43.7	48.0	46.4	48.9	49.0	49.6	53.9	55.6	59.6
四川	Sichuan	2.5	2.5	3.3	4.0	3.2	2.7	3.2	3.0	2.5
贵州	Guizhou	0.7	0.6	0.4	1.3	2.1	3.4	2.1	2.7	2.0
云南	Yunnan	2.2	2.8	2.4	1.9	1.4	1.1	1.3	1.3	0.7
西藏	Xizang	0.2	0.2	0.4	0.8	0.8	0.3	0.4	0.4	0.5
陕西	Shanxi	0.4	0.0	0.0	0.7	0.2	0.9	0.5	0.2	0.2
甘肃	Gansu	0.0	0.0	0.2	0.0	0.3	0.5	0.2	0.3	0.3
青海	Qinghai	0.2	0.4	0.0	0.2	0.2	0.0	0.1	0.0	0.2
宁夏	Ningxia	0.0	0.0	0.1	0.0	0.1	0.1	0.3	0.3	0.1
新疆	Xinjiang	0.9	0.6	1.2	0.7	1.0	1.1	1.1	0.9	1.0
4. 其他地区	Other areas	0.0	0.1	0.1	0.0	0.0	0.2	0.1	0.0	0.0
港澳台	Hong Kong, Macao and Taiwan	0.0	0.0	0.0	0.0	0.0	0.0	0.0	0.0	0.0
国外	Abroad	0.0	0.1	0.1	0.0	0.0	0.2	0.1	0.0	0.0
二、外出从业地区类型	Types of outing employment area									
1. 直辖市	Municipality	28.0	23.4	24.9	27.1	31.0	24.4	26.0	31.6	35.1
2. 省会城市	Provincial Capital	21.9	22.4	23.2	17.8	17.9	20.8	20.7	19.2	17.1
3. 地级市	Prefecture-level City	21.3	21.7	22.5	20.0	19.3	17.4	13.3	10.8	9.9
4. 县市城区	County	23.4	21.9	20.7	23.4	23.3	28.6	30.1	30.2	29.0
5. 建制镇	town	4.4	8.3	7.5	10.0	7.9	7.1	8.9	7.4	7.7
6. 村委会	Village	0.3	0.2	0.4	0.2	0.6	1.4	0.9	0.7	1.0
7. 其他地区	Others	0.8	2.0	0.8	1.5	0.0	0.3	0.1	0.0	0.1

6-7 外出农民工外出方式、工作变更及居住情况（2013-2021 年）
Conditions of Way Out,Job Change and House Situation Of Migrant Workers（2013-2021）

指标	Item	计量单位	Unit	2013 年	2014 年	2015 年	2016 年
调查的外出农民工数量	Number of Migrant Workers Surveyed	%	%	100.0	100.0	100.0	100.0
一、外出方式构成	Type of Outing						
1. 政府（单位）组织	Organised by Government	%	%	0.6	1.1	1.0	0.8
2. 中介组织介绍	Organised by Intermediary	%	%	1.4	1.4	1.5	1.7
3. 亲朋好友介绍	Organised by Family and Friends	%	%	48.0	48.2	42.7	42.2
4. 自发	By Myself	%	%	47.9	45.2	50.7	51.9
5. 其他	Others	%	%	2.1	4.1	4.1	3.4
二、务工期间更换工作情况	Change of Employment During Employment						
更换工作人数占外出农民工的比重	The Number of People Changing Jobs Accounts for the Proportion of Migrant Workers	%	%	21.7	11.7	10.4	10.0
其人均更换工作的次数	Number of Job Changes Per Capita	次	frequency	1.5	1.7	1.6	1.9
三、外出从业住所类型构成	Type Composition of Outing Employment Residence						
1. 单位宿舍	Quarters	%	%	24.1	20.5	22.8	21.5
2. 工地工棚	Construction Shed	%	%	18.0	21.1	15.8	14.0
3. 生产经营场所	Place of Production and Business	%	%	6.0	5.3	4.2	6.0
4. 与人合租住房	Share a Flat	%	%	20.7	20.1	26.4	23.2
5. 独立租赁住房	Self-contained Rental Housing	%	%	22.8	22.0	21.1	23.0
6. 务工地自购房	Home Purchase on Construction Site	%	%	1.8	1.5	1.8	1.9
7. 乡外从业但回家居住（老家）	Live at Home	%	%	4.4	6.1	5.4	5.6
8. 其他	Others	%	%	2.4	3.5	2.5	4.7

6-7　外出农民工外出方式、工作变更及居住情况（2013-2021 年）
Conditions of Way Out,Job Change and House Situation Of Migrant Workers（2013-2021）

续表（continued）

指标	Item	计量单位	Unit	2017 年	2018 年	2019 年	2020 年	2021 年
调查的外出农民工数量	Number of migrant workers surveyed	%	%	100.0	100.0	100.0	100.0	100.0
一、外出方式构成	Type of outing							
1. 政府（单位）组织	organised by Government	%	%	0.7	0.7	1.1	1.0	0.7
2. 中介组织介绍	organised by Intermediary	%	%	1.1	0.6	0.4	0.8	0.5
3. 亲朋好友介绍	organised by Family and friends	%	%	47.8	36.3	38.5	40.2	34.5
4. 自发	By myself	%	%	46.9	56.8	54.5	53.7	59.1
5. 其他	Others	%	%	3.5	5.5	5.5	4.3	5.1
二、务工期间更换工作情况	Change of employment during employment							
更换工作人数占外出农民工的比重	The number of people changing jobs accounts for the proportion of migrant workers	%	%	12.5	14.2	15.5	12.8	13.0
其人均更换工作的次数	Number of job changes per capita	次	frequency	1.8	1.6	1.6	1.5	1.4
三、外出从业住所类型构成	Type composition of outing employment residence							
1. 单位宿舍	Quarters	%	%	26.1	25.0	27.2	27.9	26.6
2. 工地工棚	Construction shed	%	%	15.3	19.1	21.4	20.1	21.2
3. 生产经营场所	Place of production and business	%	%	4.0	3.6	3.0	1.5	2.1
4. 与人合租住房	Share a flat	%	%	19.8	12.8	9.8	8.0	9.2
5. 独立租赁住房	self-contained rental housing	%	%	22.2	22.4	18.3	19.0	15.2
6. 务工地自购房	Home Purchase on construction site	%	%	2.3	5.0	6.5	5.6	5.6
7. 乡外从业但回家居住（老家）	live at home	%	%	6.7	9.1	9.7	12.2	15.7
8. 其他	Others	%	%	3.6	3.0	4.0	5.5	4.4

6-8 外出农民工从事行业与职业（2013-2021 年）
Industry and Occupation of Migrant Workers（2013-2021）

单位：%（%）

指标	Item	2013 年	2014 年	2015 年	2016 年
调查的外出农民工数量	Number of Migrant Workers Surveyed	100.0	100.0	100.0	100.0
一、本年度从事主要行业的构成情况	Composition of Major Industries Engaged in This Year				
1. 第一产业	Primary Industry	0.4	0.3	0.0	0.4
（1）农、林、牧、渔业	Farming , Forestry,Animal Husbandry and Fishery	0.4	0.3	0.0	0.4
2. 第二产业	Secondary Industry	69.4	70.9	68.4	63.3
（2）采矿业	Mining	1.6	2.2	1.4	1.5
（3）制造业	Manufacturing	32.0	31.7	32.6	29.3
（4）电力、热力、燃气及水的生产和供应业	Electric Power, Heat, Gas and Water Production and Supply	2.4	1.6	1.4	1.3
（5）建筑业	Construction	33.4	35.4	33.0	31.2
3. 第三产业	Tertiary Industry	30.3	28.8	31.6	36.4
（6）批发和零售业	Wholesale and Retail Industry	5.8	5.3	6.3	5.5
（7）交通运输、仓储和邮政业	Transport, Storage and Post	3.6	3.7	4.5	5.3
（8）住宿和餐饮业	Hotels and Catering Services	7.2	8.6	7.3	7.0
（9）信息传输、软件和信息技术服务业	Information Transmission,Software and Information Technology	2.5	1.7	1.4	2.2
（10）金融业	Financial Intermediation	0.4	0.2	0.6	0.3
（11）房地产业	Real Estate	0.6	0.2	0.5	0.3
（12）租赁和商务服务业	Leasing and Business Services	1.4	1.2	0.8	2.1
（13）科学研究和技术服务	Scientific Research and Technical Services	0.6	0.4	0.5	0.3
（14）水利、环境和公共设施管理业	Management of Water Conservancy,Environment and Public Facilities	0.2	0.4	0.2	0.1
（15）居民服务、修理和其他服务业	Services to Households , Repair and Other Services	7.0	5.3	6.4	9.9
（16）教育	Education	0.0	0.4	0.5	0.7
（17）卫生、社会工作	Health and Social Work	0.4	0.6	1.2	1.0
（18）文化、体育和娱乐业	Culture, Sports and Entertainment	0.4	0.2	1.0	1.0
（19）公共管理、社会保障和社会组织	Public Management, Social Security and Social Organization	0.3	0.5	0.5	0.7
（20）国际组织	International Organization	0.0	0.0	0.0	0.0
二、本年度从事主要职业的构成情况	Composition of Major Occupations Engaged in This Year				
1. 党和国家机关、群团组织、企事业单位负责人	Persons in Charge of Party and State Organs, Mass Organizations, Enterprises and Institutions	0.0	0.6	0.3	0.5
2. 专业技术人员	Professional Personnel	18.0	14.0	20.4	21.2
3. 办事人员和有关人员	Clerical and Related Personnel	5.8	5.3	5.8	4.4
4. 社会生产服务和生活服务人员	Social Production Services and Life Service Personnel	17.3	14.6	14.4	15.4
5. 农、林、牧、渔、水利业生产及辅助人员	Agricultural, Forestry, Animal Husbandry, Fishery and Water Conservancy Production and Auxiliary Personnel	1.0	1.1	0.4	1.0
6. 生产制造及有关人员	Production, Manufacturing and Related Personnel	30.4	30.3	25.0	23.7
7. 军人	Soldier	0.0	0.2	0.0	0.0
8. 不便分类的其他从业人员	Other Practitioners Who are not in a Position to Classify	27.6	33.8	33.6	33.8

6-8 外出农民工从事行业与职业（2013-2021 年）
Industry and Occupation of Migrant Workers（2013-2021）

续表（continued）

单位：%（%）

指标	Item	2017 年	2018 年	2019 年	2020 年	2021 年
调查的外出农民工数量	Number of Migrant Workers Surveyed	100.0	100.0	100.0	100.0	100.0
一、本年度从事主要行业的构成情况	Composition of Major Industries Engaged in This Year					
1. 第一产业	Primary Industry	0.3	0.6	0.3	0.6	0.2
（1）农、林、牧、渔业	Farming , Forestry,Animal Husbandry and Fishery	0.3	0.6	0.3	0.6	0.2
2. 第二产业	Secondary Industry	62.6	62.7	62.0	60.7	61.2
（2）采矿业	Mining	0.7	0.9	1.1	1.1	0.6
（3）制造业	Manufacturing	28.4	25.4	24.4	22.7	20.7
（4）电力、热力、燃气及水的生产和供应业	Electric Power, Heat, Gas and Water Production and Supply	0.9	1.6	2.0	1.7	1.6
（5）建筑业	Construction	32.7	34.8	34.4	35.2	38.3
3. 第三产业	Tertiary Industry	37.1	36.7	37.8	38.6	38.7
（6）批发和零售业	Wholesale and Retail Industry	6.3	5.2	5.0	4.7	4.4
（7）交通运输、仓储和邮政业	Transport, Storage and Post	5.0	3.4	4.7	5.8	5.8
（8）住宿和餐饮业	Hotels and Catering Services	7.5	8.6	8.6	7.4	7.3
（9）信息传输、软件和信息技术服务业	Information Transmission,Software and Information Technology	2.4	1.6	2.6	2.4	2.1
（10）金融业	Financial Intermediation	0.2	0.7	0.8	0.7	0.6
（11）房地产业	Real Estate	0.5	0.7	0.6	0.8	0.8
（12）租赁和商务服务业	Leasing and Business Services	1.2	1.6	1.8	1.9	0.8
（13）科学研究和技术服务	Scientific Research and Technical Services	0.4	0.3	0.1	0.1	0.0
（14）水利、环境和公共设施管理业	Management of Water Conservancy, Environment and Public Facilities	0.1	0.4	0.4	0.3	0.3
（15）居民服务、修理和其他服务业	Services to Households , Repair and Other Services	8.9	9.9	9.0	9.4	10.8
（16）教育	Education	0.8	1.6	1.7	1.4	1.8
（17）卫生、社会工作	Health and Social Work	1.2	1.5	1.3	2.2	2.1
（18）文化、体育和娱乐业	Culture, Sports and Entertainment	1.1	0.9	0.6	0.7	1.4
（19）公共管理、社会保障和社会组织	Public Management, Social Security and Social Organization	1.6	0.5	0.6	0.6	0.5
（20）国际组织	International Organization	0.0	0.0	0.0	0.0	0.0
二、本年度从事主要职业的构成情况	Composition of Major Occupations Engaged in This Year					
1. 党和国家机关、群团组织、企事业单位负责人	Persons in Charge of Party and State Organs, Mass Organizations, Enterprises and Institutions	0.2	0.3	0.1	0.0	0.1
2. 专业技术人员	Professional Personnel	20.3	10.5	12.1	15.2	17.5
3. 办事人员和有关人员	Clerical and Related Personnel	8.6	9.1	8.4	10.1	15.4
4. 社会生产服务和生活服务人员	Social Production Services and Life Service Personnel	15.7	16.5	20.8	21.1	31.0
5. 农、林、牧、渔、水利业生产及辅助人员	Agricultural, Forestry, Animal Husbandry, Fishery and Water Conservancy Production and Auxiliary Personnel	0.3	1.4	0.8	1.0	0.5
6. 生产制造及有关人员	Production, Manufacturing and Related Personnel	19.8	25.6	28.3	26.9	29.9
7. 军人	Soldier	0.0	0.1	0.0	0.1	0.0
8. 不便分类的其他从业人员	Other Practitioners Who are not in a Position to Classify	35.1	36.7	29.5	25.7	5.7

6-9 外出农民工从业时间与收入（2013-2021 年）
Employment Time and Income of Migrant Workers（2013-2021）

指标	Item	计量单位	Unit	2013 年	2014 年	2015 年	2016 年
调查的外出农民工数量	Number of Migrant Workers Surveyed	%	%	100.0	100.0	100.0	100.0
一、按从事当前工作的时间长度分	By Length of Time Spent in the Current Job						
1 年以下	Less than 1 Year	%	%	17.3	15.9	8.9	12.7
1-2 年	1-2 Years	%	%	12.8	13.3	16.9	15.5
2-5 年	2-5 Years	%	%	39.6	35.8	33.0	40.4
5 年及以上	More than 5 Years	%	%	30.3	35.0	41.3	31.5
二、按每月平均工作的天数分	By Average Number of Days Worked Per Month						
15 天以下	Under 15 Days	%	%	1.1	1.4	0.8	1.7
15-22 天	15-22 Days	%	%	21.7	24.4	24.6	20.5
22-26 天	22-26 Days	%	%	46.8	45.2	52.1	54.0
26 天以上	More than 26 Days	%	%	30.5	29.0	22.6	23.9
三、按每天平均工作的小时数分	By Average Number of Hours Worked Per Day						
不到 6 小时	Under 6 Hours	%	%	0.1	0.2	0.3	0.2
6-8 小时	6-8 Hours	%	%	1.5	1.3	1.4	2.7
8-10 小时	8-10 Hours	%	%	67.1	66.0	73.9	70.0
其中：8 小时	8 Hours	%	%	46.0	45.8	57.7	51.0
10-12 小时	10-12 Hours	%	%	28.5	30.3	22.8	24.9
12 小时及以上	More than 12 Hours	%	%	2.8	2.2	1.6	2.2
四、按每月平均收入分	By Average Monthly Income						
800 元以下	Less than 800 RMB	%	%	0.1	0.0	0.0	0.0
800-1000 元	800-1000 RMB	%	%	0.4	0.0	0.0	0.0
1000-1500 元	1000-1500 RMB	%	%	3.9	0.3	0.6	0.4
1500-2000 元	1500-2000 RMB	%	%	8.5	3.6	3.3	3.0
2000-3000 元	2000-3000 RMB	%	%	39.3	27.3	22.7	19.5
3000-5000 元	3000-5000 RMB	%	%	42.6	59.5	58.2	58.7
5000 元及以上	More than 5000 RMB	%	%	5.3	9.1	15.3	18.4
附记：	Notes:						
人均从事当前工作的时间长度	Length of Time Per Person in the Current Job	年	Year	4.7	4.9	5.1	4.9
人均每月工作的天数	Number of Days Worked Per Person Per Month	日	Day	24.8	24.7	24.4	24.6
人均每天工作的时间长度	Average Number of Hours Worked Per Person Per Day	小时	Hour	8.9	8.9	8.7	8.7
人均月收入	Per Capita Monthly Income	元	Yuan	2898.3	3331.5	3575.6	3761.9

6-9 外出农民工从业时间与收入（2013-2021 年）
Employment Time and Income of Migrant Workers（2013-2021）

续表（continued）

指标	Item	计量单位	Unit	2017 年	2018 年	2019 年	2020 年	2021 年
调查的外出农民工数量	Number of Migrant Workers Surveyed	%	%	100.0	100.0	100.0	100.0	100.0
一、按从事当前工作的时间长度分	By Length of Time Spent in the Current Job							
1 年以下	Less than 1 Year	%	%	10.5	20.1	16.2	14.0	17.1
1-2 年	1-2 Years	%	%	15.0	18.3	18.7	16.8	18.0
2-5 年	2-5 Years	%	%	38.3	30.0	30.6	32.8	30.0
5 年及以上	More than 5 Years	%	%	36.2	31.6	34.4	36.3	34.9
二、按每月平均工作的天数分	By Average Number of Days Worked per month							
15 天以下	Under 15 Days	%	%	0.7	2.3	1.5	0.6	0.9
15-22 天	15-22 Days	%	%	16.5	25.5	29.5	28.1	25.0
22-26 天	22-26 Days	%	%	56.3	55.5	56.1	55.5	56.4
26 天以上	More than 26 Days	%	%	26.5	16.8	12.9	15.8	17.6
三、按每天平均工作的小时数分	By Average Number of Hours Worked Per Day							
不到 6 小时	Under 6 Hours	%	%	0.1	0.3	0.2	0.4	0.4
6-8 小时	6-8 Hours	%	%	1.0	1.6	1.5	0.9	2.2
8-10 小时	8-10 Hours	%	%	74.2	69.1	75.2	75.5	74.6
其中：8 小时	8 Hours	%	%	57.9	57.4	64.9	60.5	60.6
10-12 小时	10-12 Hours	%	%	23.4	25.1	19.7	21.6	21.2
12 小时及以上	More than 12 Hours	%	%	1.3	3.8	3.4	1.6	1.6
四、按每月平均收入分	By Average Monthly Income							
800 元以下	Less than 800 RMB	%	%	0.0	0.0	0.0	0.0	0.0
800-1000 元	800-1000 RMB	%	%	0.1	0.1	0.0	0.0	0.0
1000-1500 元	1000-1500 RMB	%	%	0.0	0.5	0.3	0.1	0.1
1500-2000 元	1500-2000 RMB	%	%	2.1	2.4	1.7	1.0	0.7
2000-3000 元	2000-3000 RMB	%	%	12.4	13.9	11.7	10.4	9.7
3000-5000 元	3000-5000 RMB	%	%	66.6	60.7	62.0	62.9	52.0
5000 元及以上	More than 5000 RMB	%	%	18.8	22.4	24.4	25.6	37.4
附记：	Notes:							
人均从事当前工作的时间长度	Length of Time Per Person in the Current Job	年	Year	5.3	5.0	5.3	5.3	5.2
人均每月工作的天数	Number of Days Worked Per Person Per Month	日	Day	25.0	24.2	24.0	24.4	24.4
人均每天工作的时间长度	Average Number of Hours Worked Per Person Per Day	小时	Hour	8.7	8.7	8.6	8.6	8.6
人均月收入	Per capita Monthly Income	元	Yuan	3964.6	4006.3	4109.1	4168.9	4510.1

6-10 外出农民工的社会保障与福利情况（2013-2021 年）
Conditions of Social Security and Welfare of Migrant Workers（2013-2021）

指标	Item	计量单位	Unit	2013 年	2014 年	2015 年	2016 年
调查的外出农民工数量	Number of Migrant Workers Surveyed	%	%	100.0	100.0	100.0	100.0
一、按从业的劳动关系分	Distribution by Employment Relationship						
1. 无固定期限劳动合同工	Open-ended Contract Worker	%	%	15.1	13.8	15.6	14.5
2. 一年及以上劳动合同工	Labor Contract Worker of One Year or Above	%	%	19.6	17.2	17.3	19.3
3. 一年以下劳动合同工	Less than One Year Labor Contract Worker	%	%	3.4	2.8	2.8	3.2
4. 没有劳动合同	No Employment Contract	%	%	56.7	58.3	57.7	56.2
5. 自营	Self-employed	%	%	3.1	4.7	5.2	5.5
6. 其他	Others	%	%	2.2	3.2	1.3	1.3
二、缴纳五险一金的人数占比	The Number of People Who Pay Five Insurance and One Gold Account for the Proportion						
1. 缴纳养老保险	Endowment Insurance	%	%	13.0	12.5	16.5	13.2
2. 缴纳工伤保险	Industrial Injury Insurance	%	%	30.1	26.3	25.5	22.8
3. 缴纳医疗保险	Medical Insurance	%	%	16.5	15.8	16.9	12.9
4. 缴纳失业保险	Unemployment Insurance	%	%	8.2	7.4	11.7	9.6
5. 缴纳生育保险	Maternity Insurance	%	%	4.7	5.1	9.0	6.7
6. 缴纳住房公积金	Housing Fund	%	%	3.2	2.8	4.1	3.5
三、按单位或雇主提供伙食情况分	Food provided by Unit or Employer						
1. 每天提供三顿	Three Meals a Day	%	%	13.5	13.5	16.5	17.3
2. 每天提供两顿	Two Meals a Day	%	%	13.2	11.8	12.3	11.8
3. 每天提供一顿	One Meals a Day	%	%	15.1	15.2	15.0	16.7
4. 不提供，但补贴部分伙食费	No, but part of the Meal is Subsidized	%	%	7.8	7.8	10.0	6.4
5. 不提供，也没有补贴	No, no Subsidies	%	%	50.5	51.7	46.2	47.8
四、按单位或雇主提供住宿情况分	Accommodation by Unit or Employer						
1. 提供住宿	Accommodation is Provided	%	%	45.8	43.7	40.1	40.8
2. 不提供住宿，但住房有补贴	No Dormitories, but the Housing is Subsidized	%	%	14.0	15.0	15.7	12.6
3. 不提供住宿，也没有住房补贴	No Dormitories, No Subsidized	%	%	40.2	41.3	44.2	46.6

6-10 外出农民工的社会保障与福利情况（2013-2021 年）
Conditions of Social Security and Welfare of Migrant Workers（2013-2021）

续表（continued）

指标	Item	计量单位	Unit	2017 年	2018 年	2019 年	2020 年	2021 年
调查的外出农民工数量	Number of Migrant Workers Surveyed	%	%	100.0	100.0	100.0	100.0	100.0
一、按从业的劳动关系分	Distribution by Employment Relationship							
1. 无固定期限劳动合同工	Open-ended Contract Worker	%	%	11.9	9.4	13.1	15.9	18.4
2. 一年及以上劳动合同工	Labor Contract Worker of One Year or Above	%	%	18.0	22.7	19.5	23.6	20.4
3. 一年以下劳动合同工	Less than One Year Labor Contract Worker	%	%	2.5	3.0	5.5	7.7	10.8
4. 没有劳动合同	No Employment Contract	%	%	60.8	52.7	51.7	44.4	41.5
5. 自营	Self-employed	%	%	4.6	5.5	3.9	4.3	4.2
6. 其他	Others	%	%	2.3	6.7	6.3	4.3	4.7
二、缴纳五险一金的人数占比	The Number of People Who Pay Five Insurance and One Gold Account for the Proportion							
1. 缴纳养老保险	Endowment Insurance	%	%	13.5	17.7	17.7	24.3	24.4
2. 缴纳工伤保险	Industrial Injury Insurance	%	%	21.8	30.7	30.7	44.4	44.7
3. 缴纳医疗保险	Medical Insurance	%	%	11.9	19.0	20.6	26.5	24.5
4. 缴纳失业保险	Unemployment Insurance	%	%	8.6	13.7	13.7	22.9	20.3
5. 缴纳生育保险	Maternity Insurance	%	%	6.8	12.5	12.0	20.2	17.3
6. 缴纳住房公积金	Housing Fund	%	%	3.0	6.4	5.3	9.2	5.6
三、按单位或雇主提供伙食情况分	Food provided by Unit or Employer							
1. 每天提供三顿	Three Meals a Day	%	%	16.7	23.9	26.6	26.5	26.1
2. 每天提供两顿	Two Meals a Day	%	%	11.8	11.4	11.0	12.2	13.3
3. 每天提供一顿	One Meals a Day	%	%	16.4	16.2	14.2	15.4	14.9
4. 不提供，但补贴部分伙食费	No, but part of the Meal is Subsidized	%	%	5.5	8.6	6.5	9.8	3.8
5. 不提供，也没有补贴	No, no Subsidies	%	%	49.7	39.9	41.6	36.2	41.9
四、按单位或雇主提供住宿情况分	Accommodation by Unit or Employer							
1. 提供住宿	Accommodation is Provided	%	%	47.7	53.8	57.2	55.8	54.3
2. 不提供住宿，但住房有补贴	No Dormitories, but the Housing is Subsidized	%	%	6.6	5.5	4.7	6.9	5.0
3. 不提供住宿，也没有住房补贴	No Dormitories, No Subsidized	%	%	45.7	40.6	38.1	37.4	40.7

农民工 农民工是指户口性质为本乡农业户籍，在本年度内，在本乡或本乡外从事非农活动（非农自营和务工）6个月及以上的农村劳动力。举家外出的农村劳动力和在乡外从事农业务工的农村劳动力也视为农民工。